D1751858

Schwäbisch Hall
Geschichte einer Stadt

Schwäbisch Hall

Geschichte einer Stadt

Andreas Maisch und Daniel Stihler
unter Mitarbeit von Heike Krause

Herausgegeben von
Stadtarchiv Schwäbisch Hall, Geschichts-Werkstatt
Förderverein Stadt- und Kreisarchiv

Swiridoff Verlag Künzelsau

Impressum

© 2006 Swiridoff Verlag, Künzelsau

Das Werk einschließlich aller seiner Teile ist urheberrechtlich geschützt.
Jede Verwertung ist ohne Zustimmung des Verlages unzulässig.
Das gilt insbesondere für Vervielfältigungen, Übersetzungen, Mikroverfilmungen
und die Einspeicherung und Verarbeitung in elektronischen Systemen.

Herstellung: Swiridoff-Team, Künzelsau
Satz, Gestaltung incl. Umschlag: Neues Sortiment, Karlsruhe
Druck: Engelhardt & Bauer, Karlsruhe
Buchbinderei: Oldenbourg Buchmanufaktur, Monheim

ISBN 3-89929-078-X

Die Herausgabe des Bandes wurde gefördert durch:

Sparkasse Schwäbisch Hall – Crailsheim,
Schwäbisch Hall

OPTIMA filling and packaging machines GmbH,
Schwäbisch Hall

Ishida Europe,
Schwäbisch Hall

Wilhelm Gronbach GmbH & Co. KG
Transporte – Baustoffe – Mulden – Wertstoffhalle
Schwäbisch Hall – Hessental

Geschichts Werkstatt
Förderverein Stadtarchiv
und Kreisarchiv Schwäbisch Hall

hall 1156
Schwäbisch Hall 2006

Vorwort Hermann-Josef Pelgrim 7
Vorwort Dieter Breitner 9
Einleitung Andreas Maisch, Daniel Stihler 11

1. Vor der Geschichte: Geologie und frühe Siedlungsspuren 15
2. Aller Anfang ist unklar: Die erste urkundliche Erwähnung von Schwäbisch Hall 20
3. St. Michael und das staufische Hall 24
4. Interregnum, Limpurg und der „Wiener Schiedsspruch" 30
5. Der innere Ausbau der Stadt: Verfassung und Verwaltung bis 1340 33
6. Comburg – Kloster und Stift 40
7. Haller Geschäfte: Das Wirtschaftsleben der Stadt im 14. Jahrhundert 47
8. Die religiöse Infrastruktur um 1300 54
9. Guta Veldner – eine tüchtige Frau 63
10. Der Schwarze Tod 66
11. Städtebündnisse, Verpfändungen und kaiserliche Faulpelze 71
12. Das Leben in der Stadt im Spätmittelalter 75
13. Der Erwerb des Landgebiets und die Landhegen 83
14. Bürger und Bauern 88
15. Frömmigkeit im Spätmittelalter 94
16. „Solch Schnappen aufeinander": Kriege und Fehden im Spätmittelalter 103
17. Die Große Zwietracht 108
18. Kirchen, Treppen, Bollwerke: Städtebau am Anfang des 16. Jahrhunderts 114
19. Mist im Haus? Umwelt, Umweltverschmutzung und Hygienemaßnahmen 118
20. Johannes Brenz und die Reformation 126
21. „Wir wollen auch einmal auf die Bank": Der Bauernkrieg von 1525 131
22. Porträt einer Dame – Sibilla Egen 136
23. Ein „Lustgart der Kirchen Christi": Das Bildungswesen der Stadt 143
24. Gnädiger Kaiser oder gnädiger Gott? Durchsetzung und Krise der Reformation 155
25. Nach dem Interim: Hall in der zweiten Hälfte des 16. Jahrhunderts 160
26. Fromme Lutheraner: Religiosität nach der Reformation 168
27. Hexen hexen nicht 176
28. Die Wirtschaft der Stadt zwischen 1500 und 1800 185
29. Johann Schneck, die Württemberger und Hall 196
30. Der Dreißigjährige Krieg 1618–1648 201
31. Wiederaufbau nach dem Krieg 207
32. Stättmeister Georg Friedrich Seifferheld 211
33. Gegen den „Erz-Feind christlichen Namens": Militärwesen und Reichskriege 218
34. Der Tod der Maria Barbara Fischer 224
35. Zensur war eine „Notdurft": Die Buchdrucker der Reichsstadt 229
36. Das gelehrte Hall 233
37. Mayer Seligmann, Moses Mayer und Nathan David – Juden in Hall ab 1688 239
38. Das Territorium der Reichsstadt im 18. Jahrhundert 242

39. Die Stadt brennt! 1680 und 1728	249
40. Die Gesellschaft der Reichsstadt im 18. Jahrhundert	256
41. Die Reform der Saline	268
42. Ehre, Geld und Liebe: Der Fall Pachelbel	275
43. Das Spital und die Armen im 18. Jahrhundert	280
44. Die Gefährlichkeit der Archivare: Georg David Jägers Rache	285
45. Vom Kaiser verlassen, von Frankreich verkauft: Das Ende der Reichsstadt	289
46. Napoleon, das Königreich Württemberg und Hall	296
47. Revolutionäre, schwarze Schafe und notleidende Handwerker: Auswanderung im 19. Jahrhundert	303
48. „Ernste Ereignisse durchzucken wie ein Blitzstrahl die Gemüther" – vom Vormärz zur Revolution von 1848	308
49. Die Verwaltung der Armut im 19. Jahrhundert	314
50. Niedergang und Wiederaufstieg der Bildungsstadt	321
51. Gewerbe und Handel im 19. und 20. Jahrhundert	327
52. Vom Ende des Deutschen Bundes bis zum Kaiserreich	339
53. Eine neue Stadt – Städtebau und Infrastruktur bis 1914	350
54. Diakonissenhaus – Diakonissenanstalt – Evangelisches Diakoniewerk	356
55. „Eine Zeit des großen Sterbens": Der Erste Weltkrieg und die Revolution von 1918	361
56. Das politische Leben in der Weimarer Republik	367
57. Siedlungen, Sanierungen, Infrastruktur, Verkehr: Die baulichen Veränderungen im 20. Jahrhundert	376
58. „Anbetung der Gewalt": Der Nationalsozialismus	383
59. „Unsere Feinde sollen nur Trümmer vorfinden": Der Zweite Weltkrieg	395
60. Die Vernichtung der jüdischen Gemeinde und das Konzentrationslager Hessental	407
61. Die Nachkriegszeit 1945–1955	418
62. Die letzten 50 Jahre	430

Abkürzungen:

fl Gulden
ß   Schilling
h   Heller
x   Kreuzer
lb Pfund

Vorwort des Oberbürgermeisters

Am 10. Februar 1156 wurde St. Michael, die Hauptkirche der späteren Stadt Schwäbisch Hall, geweiht. Dieses erste sichere Datum der Stadtgeschichte (die genaue Datierung des älteren „Öhringer Stiftungsbriefs" ist unsicher) ist Anlass, das 850-jährige Jubiläum Schwäbisch Halls zu feiern und auf die reiche Geschichte der Stadt zurückzublicken, was immer auch bedeutet, die Gegenwart zu beschreiben und das Fundament für die Zukunft zu legen.

Grund für die Anlage der Stadt war die Salzquelle, auf der auch in den kommenden Jahrhunderten der Wohlstand der Bürgerinnen und Bürger basierte. Dazu trat im 12. und 13. Jahrhundert die Prägung des Hellers, des Haller Pfennigs, den die staufischen Könige und Kaiser herstellen und verbreiten ließen. Als die Münze im 14. Jahrhundert an Bedeutung verlor, entwickelte sich Schwäbisch Hall zu einem regionalen Handelszentrum, das sein Umland auch politisch dominierte.

Die Einführung der Reformation, vorangetrieben von Johannes Brenz, verschaffte der Stadt zusätzlich eine kulturelle Ausstrahlung. Der Haller Reformator beeinflusste maßgeblich die Landeskirchen von Brandenburg-Ansbach und Württemberg.

Das Ende des Alten Reiches, der Verlust der Selbstständigkeit bedeuteten für Schwäbisch Hall einen gravierenden Einschnitt: Die Stadt musste mit zugleich größeren und kleineren Verhältnissen zurecht kommen. Größere – weil im Königreich Württemberg Grenzen und Schutzzölle weggefallen waren und sich die städtischen Gewerbetreibenden neuer Konkurrenz ausgesetzt sahen. Kleinere – weil die staatlichen Funktionen der ehemaligen Reichsstadt aufgehoben worden und die neuen Aufgaben die einer Oberamtsstadt unter zahlreichen anderen vergleichbaren Städten waren.

Dennoch meisterte Schwäbisch Hall auch diese Krise. Spätestens ab dem Ende des 19. Jahrhunderts entwickelte sich die Stadt zum Bildungs- und Kulturstandort, wobei der Bogen von den Schulen bis zu den Freilichtspielen reicht. Dies setzte sich in den letzten fünfzig Jahren umfangreich fort. Heute inspiriert das Kulturleben der Stadt, es signalisiert Weltoffenheit, auch und gerade weil es vom Engagement der Bürgerinnen und Bürger getragen wird. Wenn es eine Lehre aus der Vergangenheit gibt, dann ist es die, dass Krisen zu bewältigen sind, wenn die Bürgerinnen und Bürger sich für ihre Stadt einsetzen.

Der Dank der Stadt Schwäbisch Hall gehört den Autorinnen und Autoren Heike Krause, Andreas Maisch und Daniel Stihler, die sich mit großem Einsatz in den letzten Jahren der Erforschung und Vermittlung der Geschichte der Stadt Schwäbisch Hall widmeten. Dank geht auch an die „Geschichts-Werkstatt. Förderverein Stadt- und Kreisarchiv Schwäbisch Hall" für entscheidende Beiträge zur Finanzierung. Dieter Breitner, Emmy Kunz und Elke Däuber sammelten Spenden von zahlreichen Firmen und Privatpersonen, die dem Druck der Stadtgeschichte zugute kamen. Danken möchte ich schließlich dem Swiridoff Verlag Künzelsau – namentlich dem Verlagsleiter Norbert Brey – für die Publikation des Bandes „Schwäbisch Hall. Geschichte einer Stadt".

Hermann-Josef Pelgrim

Vorwort des Vorsitzenden der „Geschichts-Werkstatt"

Die Finanzkrise der öffentlichen Haushalte, insbesondere die der Stadt Schwäbisch Hall, führte 2002 zur Gründung der „Geschichts-Werkstatt", die als Förderverein für das Stadtarchiv und das Kreisarchiv Schwäbisch Hall tätig wird. Der Förderverein macht die Arbeit der überaus reichen und wichtigen Archive in der Öffentlichkeit stärker bekannt. Er stellt Kontakte her, organisiert Arbeitsgruppen und Fahrten zu wichtigen Ausstellungen. Mitglieder erhalten exklusive Einblicke in die Archive.

Jetzt, drei Jahre nach ihrer Gründung, freut sich die Geschichts-Werkstatt, mit dem vorliegenden Band „Schwäbisch Hall. Geschichte einer Stadt" einen gewichtigen Beitrag zum 850jährigen Stadtjubiläum leisten zu können. In zahlreichen Veranstaltungen der letzten Jahre – insbesondere Führungen – wurden Spenden eingeworben, die die Finanzierung der Stadtgeschichte erlaubten.

Über die finanzielle Seite hinaus haben sich zahlreiche Vereinsmitglieder auch inhaltlich engagiert: Liselotte Kratochvil, Elke und Friedrich Däuber, Emmy Kunz und Ulrike Marski lasen die Manuskriptfassung und machten Verbesserungsvorschläge, die dem Band zu gute kamen.

Über der Öffentlichkeitsarbeit sollte nicht vergessen werden, dass bevor Ergebnisse präsentiert werden können – sei es Vortrag, Führung oder Buch – viele geduldige Stunden Arbeit geleistet werden müssen, um Archivgut überhaupt zugänglich zu machen: Archivalien müssen verzeichnet, signiert, gereinigt und fallweise restauriert werden. Sie sollten zusätzlich auf Mikrofilmen gesichert werden und ihre Lagerung muss bestimmten Anforderungen an Temperatur, Luftfeuchtigkeit und Feuersicherheit genügen. Dies alles sind Tätigkeiten, die Bürgerinnen und Bürger so ohne weiteres nicht zur Kenntnis nehmen brauchen, deren Resultate erst bei Recherchen und Auskünften und eben bei Veranstaltungen deutlich werden. Archive, die nur auf „events" setzen, ohne ihre Bestände zu erschließen, können keinen Bestand haben. Auch die Unterstützung dieser Arbeiten gehört deshalb zu den Aufgaben eines Fördervereins. Sie bilden letztlich auch die Basis für den vorliegenden Band, dem ich eine gute Aufnahme und weite Verbreitung wünsche.

Möglicherweise motiviert er auch die eine oder den anderen sich für die Erhaltung, Erforschung und Vermittlung der Stadtgeschichte einzusetzen, was gleichzeitig bedeutet, sich für die Archive von Stadt und Landkreis zu engagieren.

Dieter Breitner

Für Julian und Johannes
Für Anne, Jonathan und Malena

Einleitung

Zwischen 1896 und 1898 erschien die „Hällische Geschichte. Geschichte der Reichsstadt Hall und ihres Gebiets" von Julius Gmelin. Dies war der erste gedruckte Gesamtüberblick über die Historie der Stadt von den Anfängen bis 1802. Gmelin konzentrierte sich allerdings sehr stark auf das Mittelalter, die nachreformatorische Geschichte fand kaum mehr statt, die des 19. Jahrhunderts gar nicht. Gmelins Quellen bildeten vor allem die Haller Chronisten Georg Widman und Johann Herolt, die in der ersten Hälfte des 16. Jahrhunderts lebten und schrieben, die immense Überlieferung des Haller Archivs fand daneben kaum Berücksichtigung.

Das Interesse für die Geschichte der eigenen Stadt war im 16. Jahrhundert erwacht. „Zwietracht" und Reformation wirkten als Brüche, die eine Zeitenwende signalisierten, zu der man sich positiv (Johann Herolt) oder ablehnend (Georg Widman) verhalten konnte. Auch sonst mehrte sich das historische Interesse: Die adlige Familie Senft hielt ihre Überlieferungen fest, die Stadt ließ ihre wichtigsten Privilegien abschreiben und im prachtvollen „Freiheitenbuch" niederlegen. In den folgenden Jahrhunderten wurden die Widman- und Heroltchroniken vielfach fortgesetzt, neue entstanden – wie Morhards „Hausbuch" Anfang des 17. Jahrhunderts und wie die Colland-Chronik im 18. Jahrhundert. Das städtische Archiv wurde von Friedrich Sybäus Müller und Georg Bernhard Laccorn zu Beginn des 18. Jahrhunderts durchforstet, dickleibige Repertorien angelegt, Quellen gesammelt. Gerechtfertigt wurde dies zunächst zwar durch das Interesse der Verwaltung an Rechtssicherheit und Kontinuität, aber historische Fragestellungen spielten durchaus eine Rolle – so bei der Anlage des „Epitaphienbuchs", das alle Grabdenkmäler in St. Michael und anderen Kirchen der Stadt verzeichnen wollte und sollte.

Neuen Auftrieb für die historische Forschung brachte das 19. Jahrhundert. 1815 trug Louis von Gaupp, ein württembergischer Hauptmann, der in Hall lebte, Notizen für einen historischen „Umriss" der Stadt zusammen, der viel aus den Widman-/Herolt-Chroniken schöpfte. In die Jahre um 1855 gehört Georg Christian Wilhelm von Bühlers Übersicht über die Geschichte der Saline und des Flosswesens, das Limpurg und die Reichsstadt miteinander verband. Professioneller und leichter zugänglich wurden die Arbeiten nach der Publikation der Oberamtsbeschreibung aus der Feder von Rudolph Moser und nach der Gründung des Historischen Vereins für Württembergisch Franken 1847, der mit seinem Jahrbuch eine Veröffentlichungsmöglichkeit bereitstellte. Die frühen Vereinsvorstände wie Hermann Bauer und Ottmar Schönhuth arbeiteten selber als Historiker, kannten die Quellen und beherrschten die wissenschaftliche Methodik ihrer Zeit. Als gegen Ende des 19. Jahrhunderts die Geschichte einer Stadt zur Eigenwerbung eingesetzt wurde, wirkten Conrad Schauffele und Georg Fehleisen an der Popularisierung mit. Das Salzsiederfest und die „Pfingstfestspiele" verdankten ihnen viel. In der Folge nahm die Zahl der historisch Engagierten und Interessierten zu. Wilhelm German und Wilhelm Hommel, Eduard Krüger und Emil Kost sind aus der ersten Hälfte des 20. Jahrhunderts zu nennen. Nach 1945 brachten vor allem die Arbeiten Gerd Wunders (vielfach unterstützt von Georg Lenckner) die Geschichte der Reichsstadt und ihrer Bewohnerinnen und Bewohner einem weit über Schwäbisch Hall hinaus reichenden Publikum zur Kenntnis.

Ihnen allen – von Widman bis Wunder – verdankt die vorliegende Stadtgeschichte vieles. Ohne sie wäre es unmöglich gewesen, diesen Überblick zu verfassen.

Im Laufe der Jahrhunderte hat sich die Definition und der Einzugsbereich der Stadt verändert. Unsere Stadtgeschichte bezieht sich auf den jeweiligen Gebietsstand, reflektiert also nicht die Geschichten der mittlerweile eingemeindeten Ortschaften. Diese führten die längste Zeit ihrer Historie ein Eigenleben, das es unmöglich macht, sie einfach der Stadt Schwäbisch Hall unterzuordnen. Für einen Teil dieser Orte haben wir schon Ortsgeschichten verfasst (Weckrieden, Gelbingen, Bibersfeld), weitere werden folgen (Gottwollshausen).

Schwierigkeiten für Historiker bereitet vor allem die aktuellste Zeit. Hier fehlt noch der nötige Überblick, der wirklich Tendenzen erkennen lässt. Zu sehr sind wir Augenblickserscheinungen und -entscheidungen unterworfen. Das letzte Kapitel bietet deshalb auch nur Schlaglichter zur jüngsten Entwicklung. Über die – natürlich subjektive Auswahl – hinausgehende Wertungen bleiben einer dereinstigen Fortschreibung der Stadtgeschichte vorbehalten.

Unsere Stadtgeschichte gliedert sich in relativ viele, aber kurze Kapitel, die teilweise chronologisch, teilweise aber auch thematisch ausgerichtet sind. Im Layout erkennbar werden einzelne Abschnitte bestimmten Fragestellungen (wie Politik-, Sozial- oder Kulturgeschichte) zugeordnet, was den Leserinnen und Lesern den Zugriff auf bestimmte Themen erleichtern soll. Vielen Kapiteln haben wir eine Zeittafel vorangestellt, um die Einordnung von Ereignissen und die Zuordnung von Strukturen und Prozessen, wie wir sie für die Stadt Schwäbisch Hall festgehalten haben, zu übergreifenden historischen Entwicklungen deutlich zu machen. Lokale Geschichte lässt sich nicht von „nationaler" oder europäischer ableiten, sie nutzt Spielräume und verläuft anhand eigener Linien, wird aber selbstverständlich von der großen Historie beeinflusst.

Weitere Kästen thematisieren Sonderthemen. Hier haben wir kurze Artikel zu bestimmten Fragen, Biographien oder wichtige Textdokumente eingerückt, die die Analysen und Erzählungen ergänzen, differenzieren und anschaulicher machen. Beispielhaft werden hier Informationen zur frühen Baugeschichte, zum Namen der Stadt, zu Stadtwappen, Kampfgericht, Heller und gebräuchlichen Maßen, der Ratsbibliothek, Musik- und Theaterleben in der Reichsstadt, dem Hungerjahr 1817 und dem Bordell in der Gelbinger Gasse geboten. Für die neuere Zeit werden die Entwicklung der Bausparkasse Schwäbisch Hall, das Vereinsleben im 19. Jahrhundert, die Entstehung und Veränderungen des Siederfests und der Freilichtspiele thematisiert. Die „Dolan Barracks" und die Ehrenbürger der Stadt Schwäbisch Hall bilden weitere Schwerpunkte.

Abgedruckt haben wir als Textdokumente z. B. das Verzeichnis der Besitzer der Pfannen in der Saline von 1306, Auszüge aus einem Nachlassverzeichnis von 1524, ein Brunnenverzeichnis von 1576, die Schilderung des „Haller Hexenbades" 1644 oder das Besitzergreifungspatent von 1802. Biographien bekannter und bislang eher unbekannter Hallerinnen und Haller wie Conrad Heyden, Anna Büschler, Georg Widman und Johann Herolt, Thomas Schweicker und Leonhard Kern, Felix Christian Gottlieb, Nikolaus David Müller und Karl Friedrich von Hufnagel, Georg David Weber, Wilhelm Prinzing, Mendel Gutt und Max Kade zeigen die Auswirkungen von doch immer etwas abstrakter Geschichte auf die Lebensläufe von Menschen. Eigene biographische Kapitel erhielten Personen wie Guta Veldner und Sibilla Egen, Georg Friedrich Seifferheld und Maria Barbara Fischer, Friedrich Gabriel Pachelbel von Gehag, Georg David Jäger und Catharina Magdalena Weber, die in ihrer Gegensätzlichkeit die in den allgemeinen Kapiteln enthaltenen Informationen nochmals auffächern und konkreter werden lassen sollen.

Die gesamten Texte mit allen Anmerkungen, Literaturverzeichnis und Indizes befinden sich nur auf der beiliegenden CD, um den gedruckten Text zu entlasten. Auch einige Dokumente, die in der Druckfassung keinen Platz mehr fanden, haben wir dort veröffentlicht. Für Menschen, die mit Computern und Textverarbeitung Schwierigkeiten haben, liegen im Stadtarchiv Schwäbisch Hall Ausdrucke vor.

Schließlich gebührt noch zahlreichen Diskussionspartner/innen und Mithelfenden Dank. Zunächst richtet er sich an die derzeitigen und ehemaligen Mitarbeiterinnen und Mitarbeiter des Stadtarchivs Schwäbisch Hall Gerlinde Eymann, Renate Duarte Santos, Claudia Azyer, Emmy Kunz, Birgit Eckart-Siller, Melanie Wagenblast, Meike Hofmann, Stefanie Benz und Fabian Seeger, die in verschiedenen Funktionen und Aufgabenbereichen zum Entstehen dieses Bandes engagiert beigetragen haben. Ohne zu verzeichnen, zu ordnen, rückzuordnen und zu signieren kann kein Archiv bestehen und keine Stadtgeschichte entstehen. Überaus wohlwollend unterstützte der Leiter des Fachbereichs „Städtische Kultureinrichtungen" Albrecht Bedal das Entstehen des Buches. Wir griffen auch häufig auf den Sachverstand von Mitarbeiterinnen und Mitarbeitern anderer Ämter der Stadtverwaltung wie des Standesamts und des Baurechtsamts zurück. Hilfreich waren die Kontakte zu anderen Archiven. An erster Stelle ist das Kreisarchiv Schwäbisch Hall mit Hans-Peter Müller, Monika Kolb und Beate Iländer zu nennen. Edith Holzer vom Stadtarchiv Schorndorf ließ uns die Kopie des Inventars von Friedrich David Gräter zukommen. Sabine Holtz, Beate Stegmann und Wolfgang Zimmermann vom Landesarchiv Baden-Württemberg arbeiteten parallel an der im letzten Jahr erschienen Kreisbeschreibung. Auch hier ergaben sich viele fruchtbare Kontakte. Gerhard Lubich und Rainer Jooß waren für die mittelalterlichen Teile wichtige Anreger, ebenso Hans-Werner Hönes für alle Fragen, die mit der Baugeschichte von St. Michael zusammenhingen, und Christoph Weismann für Johannes Brenz. Hans Friedrich Pfeiffer und Heinz Schmieg machten auf Archivalien, Fotos und Erzählungen aufmerksam. Heike Krause verfasste nicht nur das Kapitel zur Geschichte des Diakonissenkrankenhauses, sondern leistete auch zentrale Gedankenhilfe zu zahlreichen anderen Themen (von Scheidungsprozessen in der frühen Neuzeit bis zum Ersten Weltkrieg). Unser Dank gehört schließlich auch denjenigen, die durch ihre Teilnahme an Gesprächsrunden und Kursen, in denen Teile der Stadtgeschichte vorgestellt wurden, zu ihrer Verbesserung wesentlich beigetragen haben. Das Manuskript lasen Ulrike Marski und Edith Amthor, Elke und Friedrich Däuber, Emmy Kunz und Liselotte Kratochvil, was sich in einer deutlichen Reduktion der Fehler niederschlägt. Ohne den Förderverein „Geschichts-Werkstatt" des Stadtarchivs und seinen Vorsitzenden Dieter Breitner, der unermüdlich Kontakte knüpfte und Spenden sammelte, hätte dieser Band nicht entstehen können.

Andreas Maisch, Daniel Stihler

Vor der Geschichte: Geologie und frühe Siedlungsspuren

Muschelkalkaufschluss an der Stuttgarter Straße

Die Landschaft des Schwäbisch Haller Raumes wird durch die vor 225 bis 190 Mio. Jahren entstandenen Gesteine aus dem Zeitalter der Trias aufgebaut. Der Buntsandstein, entstanden durch die Ablagerung von Verwitterungsprodukten in wüstenartigen Gebieten, bildet die unterste Schicht, tritt aber nicht an die Oberfläche. Auf ihm liegt der Muschelkalk. In seiner Entstehungsphase bildete sich ein flaches Meer, dessen Wasseraustausch mit den damaligen Ozeanen zeitweilig behindert war. Dies führte zu seiner Übersalzung und zur Ablagerung salzhaltiger Gesteine und kompakter Salzschichten. Deren Auslaugung durch das Grundwasser und das Austreten dieser die Salzgewinnung ermöglichenden „Sole" (Salzlauge) im Kochertal gab wahrscheinlich den Anstoß für das Entstehen der Stadt Schwäbisch Hall. Die zahlreichen Versteinerungen von Meerestieren wie Muscheln, Brachiopoden (Armfüßer), Schnecken oder Seelilien haben dem rund 200 m dicken Schichtpaket seinen Namen gegeben. Seine Ablagerung in einem Flachmeer war nur durch das kontinuierliche Absinken des Meeresbodens möglich. Die Phase des Keuper ist gekennzeichnet durch das Verschwinden des Muschelkalkmeeres und der Ablagerung einer Vielfalt von Gesteinen, die aus gelegentlichen Meeresvorstößen, Seen, vor allem aber aus ausgedehnten Flusslandschaften und Wüstengebieten stammen. Die nachfolgenden Meeresablagerungen des Jura wurden ab der Kreidezeit (vor 135 Mio. Jahren) wieder abgetragen, nachdem sich unsere Region durch Verschiebungen der Erdkruste angehoben hatte. Dies wurde im Tertiär (vor 60 Mio. Jahren) durch die Auffaltung der Alpen und den

Einbruch des Oberrheintalgrabens verstärkt. Das zunächst in Richtung Donau, später Richtung Rheintal abfließende Wasser hat große Gesteinsmengen abgetragen, das tief in den Muschelkalk eingeschnittene Kochertal entstehen lassen und die Stufen der verschiedenen Gesteinsschichten herausmodelliert. Auf diese Weise sind über dem heutigen Höhenniveau Schwäbisch Halls etwa 600 m Keuper- und Juraschichten abgetragen worden. Der Einkorn (Hessental) markiert im Schwäbisch Haller Gebiet den sogenannten „Keuperschichtstufenrand", den Übergang von der im Unterkeuper und Muschelkalk liegenden Haller Ebene zu den von den höheren Keupersandsteinen gebildeten Schwäbisch-Fränkischen Waldbergen.

Wesentlichen Anteil an der Bildung der heutigen Landschaft hatten auch die ab dem Beginn des Quartärs vor 1,8 Mio. Jahren einsetzenden Eiszeiten. In den Dauerfrostböden wurde das Gestein durch Frostsprengung zerstört, der Schutt durch periodisch fließende Flüsse abtransportiert. Der durch Winde aus dem Oberrheingebiet hierher transportierte und abgelagerte Gesteinsstaub bildete den auf dem Lettenkeuper-Gestein aufliegenden Lößboden, dem die Fruchtbarkeit der Haller Ebene mit zu verdanken ist. In den Warmzeiten war die Region bewaldet, in den Kaltzeiten gab es eine Tundrenvegetation. In der nacheiszeitlichen Phase (10.000 v. Chr. bis heute) entstanden die steilen Klingen an den Schichtstufen- und Talrändern, wobei sich das Gesteinsmaterial in Form von Schwemmfächern an den Hängen ablagerte. Die erhöhte Lage machte diese Stellen zu günstigen Siedlungsstandorten. Durch immer wiederkehrende Veränderungen seines Bettes hat der Kocher eine teilweise weite Talaue gebildet, in der sich über den Flusskiesen fruchtbare Auelehme abgelagert haben. Die frühen Ansiedlungen haben diesen Effekt durch Waldrodungen verstärkt; der an den Talhängen und Hochflächen weggespülte Boden hat das Bodenniveau in den Talauen bis in die jüngste Zeit ansteigen lassen.

Diese Gegebenheiten haben die vor- und frühgeschichtliche Besiedelung des Schwäbisch Haller Raumes maßgeblich geprägt. Die bewaldeten, sandigen Höhen des mittleren Keuper wurden von den frühen Menschen eher gemieden, während auf den fruchtbaren Lößflächen der Haller Ebene seit der Jungsteinzeit Siedlungen bestehen. Charakteristisch für die Vorgeschichte der Region ist das Fehlen eigenständiger Kulturentwicklungen. Sie war stets von den in der Nachbarschaft gelegenen Zentren, z. B. an Neckar und Main, beeinflusst. Verschiedenartige Einflüsse trafen und überlagerten sich. Zeitweilig war das Gebiet am Kocher auch ein Rückzugsgebiet, in dem andernorts bereits verschwundene Formen fortlebten.

Wie im gesamten Gebiet am Mittellauf des Kochers treten in der Schwäbisch Haller Region Spuren vorzeitlicher Menschen relativ spät auf. Relikte aus der Altsteinzeit (Paläolithikum, 50.000 bis 10.000 v. Chr.), der Phase der großen Vereisung Mitteleuropas, sind nicht bekannt. Knochen der Tiere, die von diesen frühen Menschen gejagt wurden, sind hingegen gelegentlich gefunden worden, so der bereits 1605 entdeckte und bis heute in St. Michael aufbewahrte Mammutzahn. Erste Funde aus der Mittelsteinzeit (Mesolithikum, ca. 9.–5. Jahrtausend v. Chr.) stammen aus Eltershofen, Gelbingen und vom Einkorn. Es handelt sich meist um Werkzeuge aus Silexstein („Feuerstein"), z. B. Spitzen für Pfeile und Jagdharpunen. Die Menschen dieser Zeit lebten von der Jagd, dem Fischfang und dem Sammeln von Wildfrüchten; feste Siedlungen legten sie nicht an. Die Funde entstammen wahrscheinlich gelegentlich aufgesuchten Rastplätzen.

In der Jungsteinzeit (Neolithikum, 5. Jahrtausend v. Chr. bis ca. 1800 v. Chr.) entstanden mit der Einwanderung der ersten bäuerlichen Menschengruppen der bandkeramischen Kultur auf den

Scherben aus der ab 1967 ausgegrabenen bandkeramischen Siedlung in den Kreuzäckern

Hochflächen beiderseits des Kochers erstmals Ansiedlungen im Haller Gebiet. Die Lebensweise dieser nach den Verzierungen ihrer Tongefäße bezeichneten, aus dem nordwestungarisch-slowakischen Raum stammenden „Bandkeramiker" bedeutete einen wesentlichen Fortschritt gegenüber derjenigen der mittelsteinzeitlichen Jäger und Sammler: Sie lebten in aus Holz und verputztem Flechtwerk errichteten Häusern, bauten Kulturpflanzen (die Dinkel-Unterart Emmer, Dinkel, Gerste, Linsen und Bohnen) an und hielten Haustiere (Schaf, Ziege, Rind, Schwein), die sie von den Zufälligkeiten der Jagd unabhängig machten. Die ersten Siedler auf Schwäbisch Haller Stadtgebiet trugen Kleider aus gewebten Woll- oder Leinenstoffen, stellten – überwiegend zur Vorratshaltung – die namensgebende Keramik her und arbeiteten mit Äxten, Sensen und anderen Werkzeugen aus Stein und Holz oder Knochen. Beim Ackerbau verwendeten sie wahrscheinlich hölzerne Grabstöcke. Die Häuser gruppierten sich zu dorfartigen, möglicherweise mehrere hundert Einwohner umfassenden Siedlungen. Deren hohe Anzahl im Stadtgebiet – mindestens 13 Plätze sind bekannt – erklärt sich daraus, dass diese frühen Bauern noch keine Düngung kannten, die Böden schnell erschöpften und dadurch ein Wechsel des Nutzlandes und der Wohnplätze notwendig wurde. So war die ab 1967 ausgegrabene Siedlung auf dem Wolfsbühl (Kreuzäcker) höchstens 25 Jahre bewohnt. Nachgewiesen sind auf dem Stadtgebiet auch Siedlungen

Darstellung der Legende von der Auffindung der Salzquelle durch einen Grafen von Westheim: Lithographie nach einem Gemälde von Georg Peter Groß, um 1830

der nachfolgenden „Rössener Kultur" (um 3.500 v. Chr.), bei der Jagd und Viehzucht eine wichtigere Rolle spielten.

Weitgehend unbekannt sind hingegen die Verhältnisse während der späten Jungsteinzeit und des Übergangs auf die frühe Bronzezeit (ca. 1800–1550 v. Chr.). Die bronzezeitliche Hügelgräberkultur (1550–1300 v. Chr.) ist durch Einzelfunde – Grabhügel am Einkorn und in Heimbach – dokumentiert, die jedoch keine Rückschlüsse auf die Besiedlung dieser Zeit erlauben. Erst für die durch den Übergang zur Leichenverbrennung gekennzeichnete Urnenfelderkultur (ca. 1300–700 v. Chr.) sind in Hessental und Weckrieden wieder Siedlungen nachweisbar; aus Gailenkirchen stammt ein schönes Bronzeschwert dieser Zeit. In dieser Epoche hat sich eine reiche, hochstehende Kultur entwickelt, in der Bronze (eine Legierung aus Kupfer und Zinn) das vorherrschende Werkmetall war. Möglicherweise verliefen auf den Anhöhen des Kochertals bereits Handelswege.

In der folgenden Kulturperiode, der Hallstattzeit (ca. 700–450 v. Chr.), wird das Eisen allgemein als Werkmetall verwendet. Aus dieser „Älteren Eisenzeit" stammen auf dem Haller Stadtgebiet Grabhügel auf dem Hasenbühl und dem Einkorn. Wirtschaftliche Basis war weiterhin der Ackerbau; Hinweise auf Metallverarbeitung und andere Gewerbe fehlen bislang. Mächtige Herrensitze wie die „Heuneburg" an der Donau und reich ausgestattete Gräber wie das des „Keltenfürsten von Hochdorf", die die Existenz eines mächtigen, wohlhabenden Adels belegen, sind im Haller Raum nicht anzutreffen. Die bislang entdeckten Gräber sind eher ärmlich ausgestattet, Siedlungen – abgesehen von der Stöckenburg (Vellberg) – bislang nicht bekannt. Deshalb vermutet man, dass der Kocherraum in dieser Zeit ein eher dünner besiedeltes, armes Randgebiet war.

Auch im Übergang zur Latènezeit (500/450 v. Chr. bis um Chr. Geb.), als deren Träger erstmals die Kelten namentlich belegt sind, erweist sich der Charakter der Haller Region als Rückzugsgebiet, in der hallstattzeitliche Formen noch längere Zeit fortexistieren. Spätestens mit dem Beginn dieser Epoche entstand auf dem Gebiet der heutigen Altstadt eine keltische Salzgewinnungsanlage. Reste dieser Saline wurden 1939 beim Bau der Kreissparkasse entdeckt. Dass die Kelten, wie früher vermutet, auch Erzverhüttung betrieben haben, wird inzwischen bezweifelt. Bohrungen im Altstadtbereich zufolge umfasst das von den Kelten besiedelte Areal 1 bis 1,5 Hektar und liegt im Bereich zwischen Neuer Straße, Hafenmarkt, Haalstraße und Schwatzbühlgasse. Da bislang keine weiteren Ausgrabungen durchgeführt werden konnten, ist die Größe der keltischen Saline ebenso unbekannt wie das Aussehen der zugehörigen Wohnsiedlung. Unbekannt sind auch mögliche Zusammenhänge mit der möglicherweise keltischen Wallanlage auf der Oberlimpurg oder der befestigten Siedlung auf der Stöckenburg. Die Umgebung von Schwäbisch Hall muss damals relativ dicht besiedelt gewesen sein; Siedlungsspuren wurden auch in Gelbingen, Hessental und Weckrieden entdeckt. Zahlreiche Einzelfunde aus der Region, die wohl meist aus unbeobachtet zerstörten Gräbern stammen, lassen vermuten, dass es weitere, bisher nicht entdeckte keltische Wohnplätze gegeben hat. Bekannteste Fundstücke dieser Art sind die sogenannten „Regenbogenschüsselchen", napfförmige, nach griechischen Vorbildern geprägte Goldmünzen.

Trog aus der 1939 ausgegrabenen keltischen Saline im Bereich „Hinter der Post"

Anhand der erwähnten Bohrungen hat man den Beginn der Haller Ansiedlung auf die Hallstatt- bis Frühlatènezeit (um 500 v. Chr.) datiert, ihr Ende auf etwa 200 v. Chr.; aus Keramikfunden wurde jedoch auch auf ein späteres Ende um Christi Geburt geschlossen. Die Gründe für dieses Ende sind nicht bekannt. Die Überdeckung der Salinenreste mit einer bis zu 5 m mächtigen Hangsedimentschicht lässt eine Verschüttung durch einen Erdrutsch vermuten. Ein Grund könnte aber auch die mit der Expansion des römischen Reichs einhergehende Ausbreitung von Meersalz aus dem Mittelmeerraum gewesen sein. Diese übermächtige Konkurrenz hat wohl in fast ganz Mitteleuropa – möglicherweise also auch in Schwäbisch Hall – das Ende der Salzgewinnung bewirkt. Für ein Fortbestehen einer Siedlung nach dem Ende der Saline gibt es derzeit keine Anhaltspunkte; weder der Stadtname „Hall", dessen keltische Herkunft unbewiesen ist, noch die angeblich vorchristliche „Haalgeist"-Tradition können hierzu dienen.

Die Römer, die sich mit der Anlage des Limes und des Kastells in Mainhardt in unmittelbarer Nähe niederließen, haben im Stadtgebiet ebenso wenig Spuren hinterlassen wie die spätantike germanische Besiedlung. Erst nach einer Lücke von 600 bis 800 Jahren liegen ab der frühmittelalterlichen Merowingerzeit (ab etwa 600 n. Chr.) wieder Kulturspuren vor, die jedoch nicht zwangsläufig schon das Bestehen einer Ansiedlung belegen.

Aller Anfang ist unklar: die erste urkundliche Erwähnung von Schwäbisch Hall

1024	Konrad II. (Sohn der Adelheid „von Öhringen") wird deutscher König.
1046	Synode von Sutri: König Heinrich III. setzt drei Päpste ab.
1049	Beginn der Reform der Kirche.
1054	Trennung von westlicher (römischer/lateinischer) und östlicher (griechischer/orthodoxer) Kirche.
1075	Eskalation des Investiturstreits zwischen Kirche und Königtum.
1077	Bußgang Heinrichs IV. nach Canossa.
1078	Umwandlung der Comburg in ein Kloster.
1090	„Mainzer Vertrag": Der Erzbischof von Mainz erwirbt Kloster Comburg.
1096	Erster Kreuzzug, der 1099 zur Eroberung Jerusalems führt.
1105	Absetzung Heinrichs IV. durch seinen Sohn Heinrich V.
1122	Wormser Konkordat: Abschluss des Investiturstreits.

Aus dem langen Zeitraum zwischen dem Ende der keltischen Saline und dem Hochmittelalter liegen kaum eindeutigen Zeugnisse über eine Siedlung an Stelle der heutigen Stadt Schwäbisch Hall vor. Dies ändert sich erst mit dem 11. Jahrhundert, genauer gesagt mit dem sog. Öhringer Stiftungsbrief, der auf das Jahr 1037 datiert ist. Eigentlicher Inhalt dieses Stiftungsbriefs ist die Gründung des Chorherrenstifts Öhringen durch Bischof Gebhard von Regensburg und seine Mutter Adelheid. Der Bischof stattete das Stift mit Besitz aus: Es erhielt die vier Dörfer Ohrnberg, Pfahlbach, Eichach und Ernsbach. Zusätzlich werden alle Besitzungen und Rechte genannt, die Öhringen schon früher erhalten hatte, was die Zehnten von Öhringen und die in den Siedlungen im Ohrnwald betraf. Geregelt wurde schließlich der weltliche Schutz des Stifts (die sog. Vogtei), den Gebhard dem Grafen Burchard von Comburg übertrug, wobei der Vogt im Falle von Amtsmissbrauch abgesetzt werden konnte. Im Anschluss werden alle Güter aufgezählt, die der Bischof und seine Vorgänger der Kirche von Öhringen geschenkt hatten. Schließlich nennt die Urkunde prominente Zeugen für die Schenkung.

Hall wird in dieser Urkunde an zwei Stellen erwähnt: Zum einen erhielt Burchard von Comburg die Hälfte des Ortes (*villa*) Hall als Entschädigung für seine Dienste als Vogt, zum anderen waren fünf Grundstücke (*aree*) in Hall unter den Schenkungen für das Öhringer Stift begriffen. Aus *Villa* leitet sich das deutsche Wort Weiler ab, so dass im Umkehrschluss eine *villa* sicherlich keine sehr bedeutende Siedlung war.

Dies alles hört sich recht einfach an. Kompliziert wird es nun dadurch, dass der Öhringer Stiftungsbrief eine Fälschung ist, die mit Sicherheit nicht aus dem Jahr 1037 stammt und auch über die zu diesem Datum in Hall und Umgebung herrschenden Verhältnisse nichts aussagt. Der Nachweis der Fälschung knüpft an eine Fülle von Indizien an: Die freie Wahl des Vogtes zum Beispiel kann nicht von 1037 stammen, eine solche Klausel muss während des Investiturstreites, in dem es um eben diese Fragen ging, entstanden sein, was die Entstehung des Öhringer Stiftungsbriefes in den Jahren zwischen 1075 und 1122 nahe legt. Gerhard Lubich hat mit überzeugenden Argumenten eine Neudatierung der Urkunde vorgenommen; aufgrund der Namen der

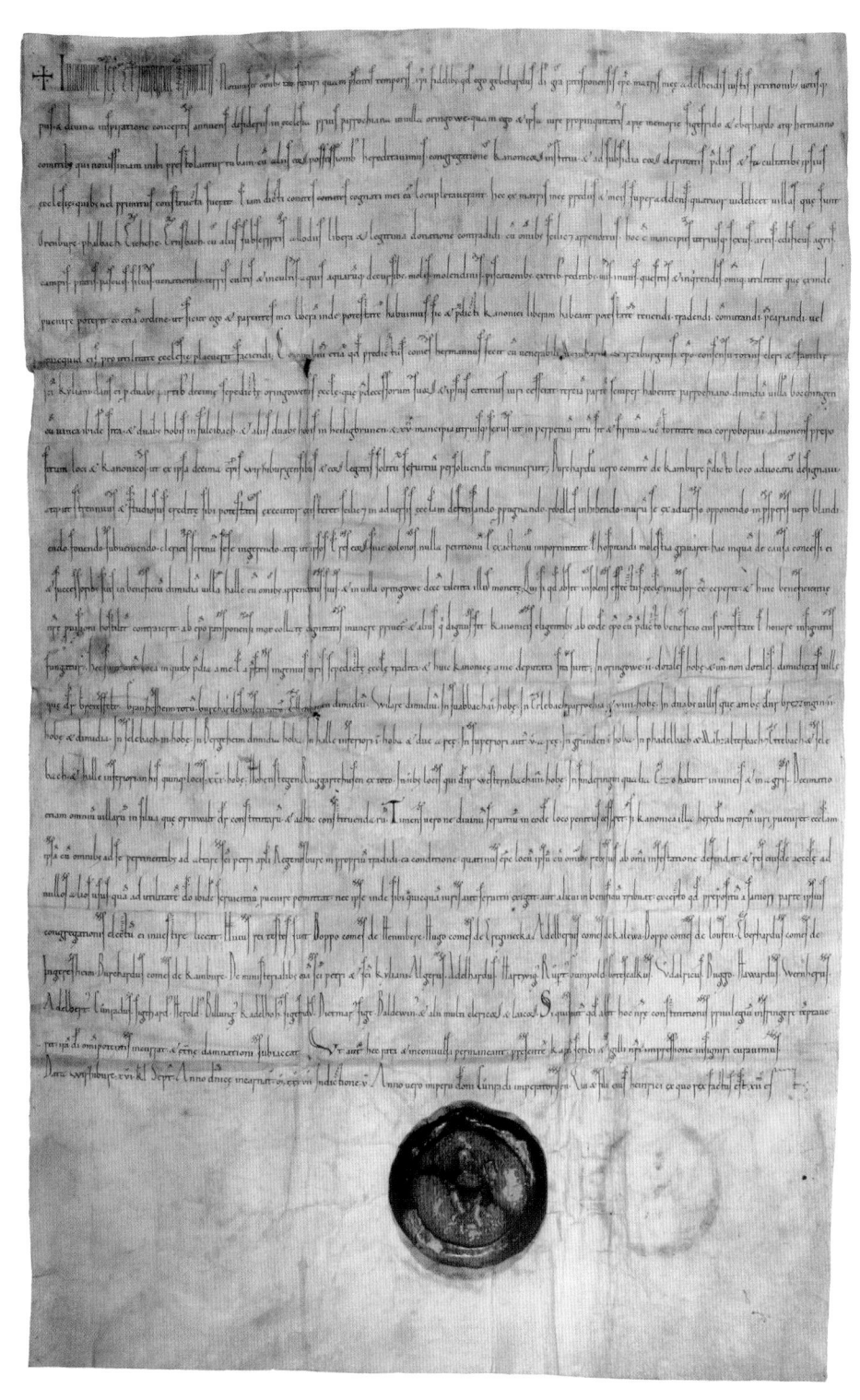

Der angeblich von 1037 stammende „Öhringer Stiftungsbrief"

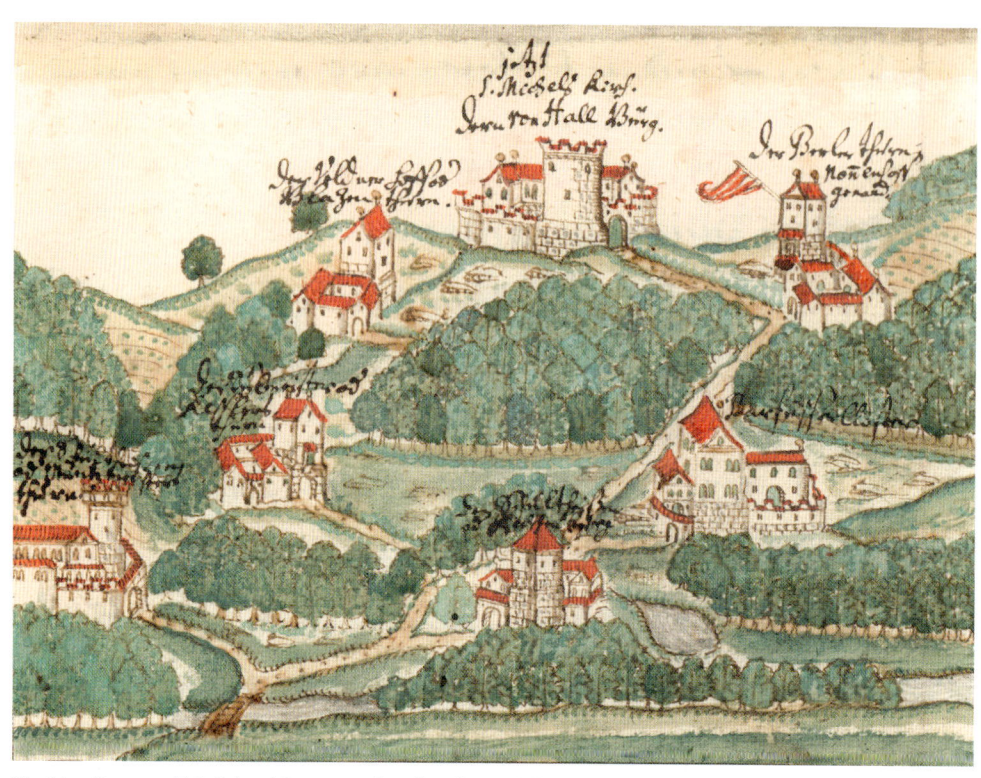

Die sieben Burgen zu Hall. Federzeichnung aus einer Chronik vom Anfang des 17. Jahrhunderts

Zeugenliste weist er sie in die letzten Jahre des 11. Jahrhunderts, einen Zeitpunkt, zu dem die meisten der genannten Zeugen auch anderweitig nachweisbar sind. Der Öhringer Stiftungsbrief entlarvt sich damit als aus verschiedenen Vorgängerurkunden zusammengeschriebene Kompilation. Sein Aussagegehalt für die Haller Stadtgeschichte ist – abgesehen von der Tatsache der Ersterwähnung – entsprechend niedrig.

Allerdings gibt es auch sonst kaum Indizien für die Entwicklung des Ortes Hall im 11. Jahrhundert. Die archäologischen Funde – wie die angeblichen Reste eines salischen Rathauses – sind eher schlecht datiert und liefern über den Nachweis, dass eine Siedlung im 11. Jahrhundert bestand und deren ungefähre Lage, nur wenige direkte Hinweise auf das Siedlungsbild (s. Kasten).

Indirekte sind gleichfalls eher enttäuschend. Keine der Haller Kirchen, die seit dem 12. oder 13. Jahrhundert nachweisbar sind, war eine selbstständige Pfarrkirche. St. Michael galt als Tochterkirche von St. Johann Baptist in Steinbach, St. Katharina war Westheim zugeordnet. St. Jakob könnte möglicherweise die älteste Haller Kirche sein, die schon um 1100 auf Initiative der Comburg gestiftet worden sein soll. Allerdings bestünde dann auch hier Abhängigkeit von Steinbach bzw. Comburg. Schriftliche Zeugnisse zur Jakobskirche fehlen vor 1236 (als sie den Franziskanern überlassen wurde), so dass dies alles sehr hypothetisch bleiben muss.

Da die Einteilung der mittelalterlichen Pfarreien über lange Zeiträume hinweg statisch war, der Ort, an dem die Urpfarrei eingerichtet wurde, aber sicher mit dessen Bedeutung korrespondierte, lässt der geringe Status der späteren Haller Pfarreien den Rückschluss zu, dass Hall zu dem Zeitpunkt, zu dem die Pfarreien organisiert wurden, keine größere Siedlung war. Umgekehrt legt es den Schluss nahe, dass Steinbach und Westheim älter sind als Hall.

Dass die Grafen von Comburg ihre Burg oberhalb von Steinbach errichteten, während doch in oder zumindest bei Hall vergleichbar gute Bauplätze zur Verfügung gestanden hätten – wie zum Beispiel diejenigen, an denen später St. Michael bzw. Oberlimpurg errichtet wurden – legt einen ähnlichen Schluss nahe. Auch die Überwachung einer etwa vorhandenen und genutzten Salzquelle wäre von den genannten Standorten aus einfacher gewesen als von der Comburg aus. Zusammenfassend und resignierend wird also festzuhalten sein, dass vor dem Ende des 11. Jahrhunderts an Stelle der Stadt Hall nichts geboten war, was die Anziehungskraft eines solchen Mittelpunkts wie Steinbach hätte ausgleichen können.

Ein Vergleich mit Städten, die am Ende des Alten Reiches (um 1800) in etwa so groß wie Schwäbisch Hall waren, zeigt Folgendes: Heilbronn ist in einer Reihe karolingischer Urkunden belegt (fünf aus dem 9. Jahrhundert), in einer ottonischen (923), im Öhringer Stiftungsbrief, in einer Urkunde vom Ende des 11. Jahrhunderts, deren Bezug auf Heilbronn aber fraglich ist, in keiner aus dem 12. Jahrhundert, aber in 55 aus dem 13. Jahrhundert. Hall dagegen wird erstmals im Öhringer Stiftungsbrief genannt, es folgen eine Urkunde aus dem 12. Jahrhundert und 49 aus dem 13. Jahrhundert. In Nördlingen scheint die Überlieferung erst nach 1233 einzusetzen, 45 Urkunden stammen aus den Jahren vor 1300. Rothenburgs ob der Tauber Urkundenüberlieferung setzt 1182 ein, umfasst zwei oder drei Urkunden des 12. Jahrhunderts, aber 195 des 13. Jahrhunderts. Die spärliche Haller Überlieferung vor 1300 ist also kein Sonderfall, andere Städte sind nicht wesentlich besser dokumentiert.

Archäologische und bauhistorische Befunde

Geringe Siedlungsspuren aus der Merowingerzeit scheinen im Keckenhof vorzuliegen, einige in Resten erhaltene Keller im Bereich Steinerner Steg, Haalstraße, Untere Herrngasse belegen eine Siedlung des 11. Jahrhunderts. Aus dieser Zeit stammen auch Kellerbauten in der Katharinenvorstadt. Die erste fassbare Siedlung um 1050 könnte anscheinend zwischen Spitalbach und Haalstraße, locker um den Platz Hinter der Post gruppiert, gelegen haben. Sie hatte wohl die Gestalt eines Eis. Ein weiterer Siedlungskern befand sich im Bereich des Keckenhofs, der unter Umständen mit dem „Ei" verbunden war. Schließlich standen jenseits des Kochers menschliche Behausungen. Die Parzellenstruktur im „Ei" weicht von der im übrigen Altstadtbereich ab. Hier lassen sich eher Einzelblöcke als die später typischen Straßenzüge erkennen. Eine erste Erweiterung dehnte die Siedlung in Richtung Haalplatz aus. Damit zusammenhängend könnte auch der Milchmarkt entstanden sein.

Zwischen 1150 und 1250 erweiterte sich die Stadt im Bereich der Herrngassen und der Pfarrgasse. Dieses Areal scheint von Anfang an mit steinernen Häusern bebaut worden zu sein. Die ältesten datierbaren Fachwerkbauten gehören erst in das späte 13. Jahrhundert. Die Gebäude der Zeit um 1200 weisen in der Regel einen längsrechteckigen Grundriss mit einer Breite von 8 oder 9 Metern und einer Länge von 10 bis 12 Metern auf. Die ehemaligen Erdgeschosse befinden sich heute im Untergeschoss, da im 14. Jahrhundert sich das Straßenniveau auffällig hob – sicher im Zusammenhang mit dem Stadtbrand von 1316. Im 14. Jahrhundert verdichtet sich auch die Bebauung, während vorher die Häuser mindestens auf drei Seiten frei standen.

03 St. Michael und das staufische Hall

1138	Der Staufer Konrad III. wird deutscher König.
1152	Sein Neffe Friedrich Barbarossa folgt ihm als deutscher König.
1158	Definition der kaiserlichen Rechte in Italien auf einem Tag in Roncaglia (bei Piacenza).
1176	Friedrich Barbarossa unterliegt in der Schlacht von Legnano dem Lombardischen Städtebund.
1177	Friede von Venedig zwischen Kaiser und Papst.
1180	Prozess gegen Heinrich den Löwen, der seine Herzogtümer Bayern und Sachsen verliert.
1190	Heinrich VI. (Sohn Friedrich Barbarossas) wird deutscher König.
1194	Heinrich VI. wird in Palermo zum König von Sizilien gekrönt.
1198–1208	Thronstreit zwischen Philipp von Schwaben (Sohn Friedrich Barbarossas) und dem Welfen Otto IV. (Sohn Heinrichs des Löwen).
1212	Friedrich II. (Sohn Heinrichs VI.) wird deutscher König; Krieg mit Otto IV.
1214	Die englisch-welfische Partei unterliegt der französisch-staufischen in der Schlacht von Bouvines. Friedrich II. setzt sich als deutscher König durch.
1220	Verzicht Friedrichs II. auf die Ausübung wichtiger königlicher Rechte in geistlichen Territorien (Confoederatio cum principibus ecclesiasticis).
1231	Sein Sohn Heinrich (VII.) verspricht im Statutum in favorem principum den weltlichen Fürsten eine Beschränkung der königlichen Territorial- und Städtepolitik.
1245	Das Konzil von Lyon setzt Friedrich II. ab.
1250	Tod Friedrichs II.

Die zweite Urkunde, in der von Schwäbisch Hall die Rede ist, datiert auf das Jahr 1156, also beinahe 120 Jahre nach dem angeblichen Datum des Öhringer Stiftungsbriefs und sicherlich mehr als ein halbes Jahrhundert nach seiner tatsächlichen Entstehung. 1156 bestätigt Bischof Gebhard von Würzburg, dass er die auf Comburger Grund und Boden erbaute Kirche – das Münster (*monasterium*) zu Hall – auf Jesus Christus, die Gottesmutter Maria, das sieghafte Kreuz und den Erzengel Michael geweiht habe. Die materielle Ausstattung sei dieser Kirche durch Herzog Friedrich von Schwaben übergeben worden. Betont wurde insbesondere, dass diese neue Kirche eine Tochter der Kirche in Steinbach sei und zu bleiben habe. Zwei Anhänge handeln von der Gründung eines Jahrmarktes zu Michaelis (29. September), für den ein besonderer Friede verkündet wurde, der sieben Tage vor und nach dem Fest eingehalten werden soll, und von den Reliquien, die im Michaelsaltar der Kirche deponiert wurden.

Mittlerweile hatten sich die Rahmenbedingungen im Umfeld der späteren Stadt Schwäbisch Hall dramatisch verändert. 1116 waren die Grafen von Comburg-Rothenburg ausgestorben, ihre Herrschaftspositionen hatte der Staufer Konrad – später König Konrad III. – als Herzog von Franken übernommen. Die Staufer organisierten ihren Machtbereich ausgesprochen wirkungsvoll, wobei sie auf das Lehnswesen, Ministerialen als Dienstleute und Städte zurückgriffen. In diesen Zusammenhang gehört auch die Entstehung Halls als Stadt.

Die Weiheurkunde für St. Michael von 1156

Nun ist die Urkunde von 1156 ebenfalls eine Fälschung, sie ist aber im Unterschied zum Öhringer Stiftungsbrief recht zeitnah entstanden (in den 1180er Jahren), so dass sich die beschriebenen Sachverhalte einigermaßen genau datieren lassen. An der Datierung der Weihe auf das Jahr 1156 lässt sich zumindest nicht zweifeln. Weniger exakt kann der Zeitpunkt der Errichtung des Michaelismarktes bestimmt werden: Diese Passage könnte genauso gut aus den 1170er oder 1180er Jahren stammen wie von 1156.

1156 erscheinen – und dies sind die wichtigsten Erkenntnisse, die sich aus dieser Urkunde gewinnen lassen – die Einwohner des *locus* (also des Ortes) Hall noch nicht als Städter, aber doch schon als Gruppe, die zu gemeinsamem Handeln in der Lage war. Denn sie – die Einwohner – hatten die Michaelskirche errichtet. Während der Öhringer Stiftungsbrief Hall noch als *villa* mit Hofstätten kennt, erscheint es jetzt als gewerblich fundierte Siedlung, die sich wesentlich über den Stand des 11. Jahrhunderts hinaus vergrößert hatte. Grundlage des Gewerbes kann eigentlich nur die Salzgewinnung gewesen sein, von der auch die Stellung Halls als Handelsplatz abhing. Hier erhält nun auch der unter königl-

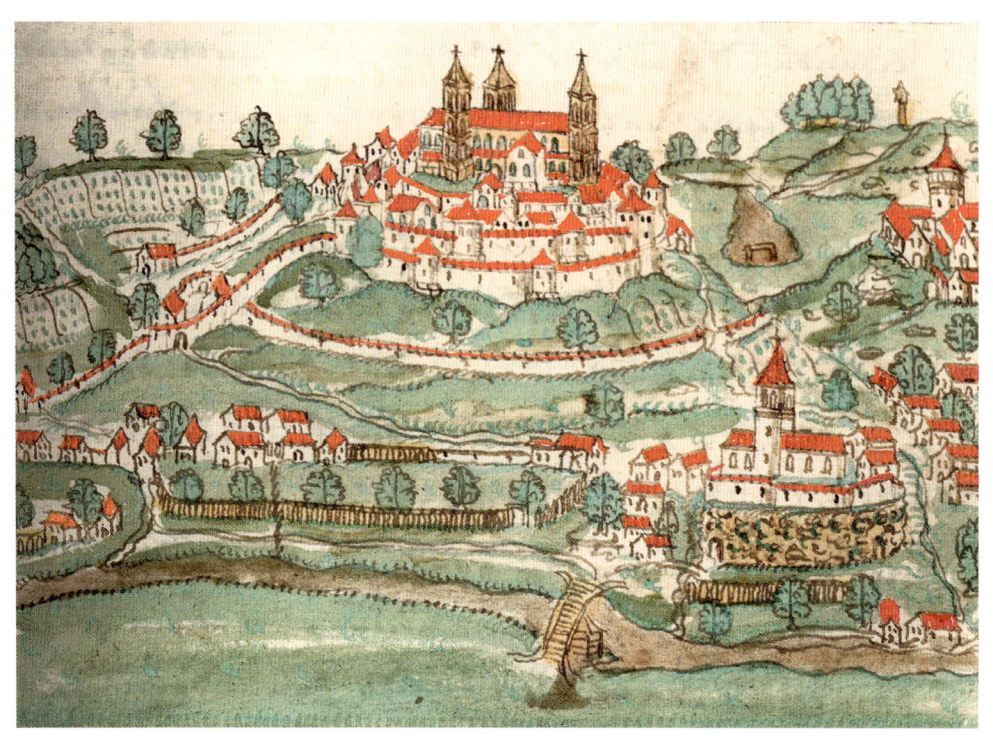

Comburg und Steinbach in einer Chronik des frühen 17. Jahrhunderts

lichem Schutz stehende Michaelismarkt seine Bedeutung. Selbst wenn der Jakobimarkt älter gewesen sein sollte, stand er doch wahrscheinlich nicht unter solcher Protektion, was seine Attraktivität für auswärtige Kaufleute gemindert haben dürfte.

Die Bezeichnung der Michaelskirche als *monasterium* wurde so gedeutet, als ob sie nicht als Pfarrkirche, sondern als Stiftskirche oder auch Propstei von Comburg aus gegründet worden sei. Unter Umständen sei sie erst im 13. Jahrhundert zur Pfarrkirche geworden und habe dann die Jakobskirche abgelöst, die ihrerseits zur Franziskanerkirche wurde. Allerdings hält die Urkunde von 1156 ja ausdrücklich fest, dass die Kirche von den Einwohnern von Hall gebaut worden sei und der Kirche von Steinbach unterstehe, was beides im Falle einer Comburger Propstei keinen Sinn macht. Warum hätten die Haller Einwohner den Mönchen eine Kirche bauen sollen? Trotz der Bezeichnung *monasterium* (die nur selten im allgemeinen Sinne von Kirche verwendet wurde) scheint es am wahrscheinlichsten, dass die Michaelskirche von Anfang an von ihren Erbauern – den hällischen Einwohnern – zur Pfarrkirche bestimmt war, auch wenn sie noch Jahrhunderte lang Filial von Steinbach blieb.

Im Unterschied zu vielen anderen entstehenden Städten des 12. Jahrhunderts wurde Hall nicht von Kaufleuten dominiert, sondern von Adels- und Ministerialenfamilien, die mit dem Aufschwung der Salzgewinnung und der Münze sich nach Hall orientierten.

1204 wird Hall zum ersten Mal als Stadt bezeichnet: Der deutsche König Philipp von Schwaben spricht von seiner Stadt Hall und von den Bürgern dieser Stadt, als er die Salzpfannen des Klosters Adelberg von der Schatzung und allen königlichen Steuern befreit. Auch der Schultheiß als königlicher Beamter mit Aufsichtsrechten über Stadt und Saline wird in diesem Zusammenhang erstmals genannt. Er erscheint in weiteren Urkunden von 1216 und 1225. 1228 stellen Schultheiß Heinrich und die gesamte Bürgerschaft (*totaque civium universitas*) eine Urkunde über die Neustiftung eines Hospitals, das Johannes dem Täufer gewidmet wurde, durch ihren Mitbürger Sivridus und dessen Frau Agatha aus. Mit dem ersten Viertel des 13. Jahrhunderts wurde Hall also eindeutig als Stadt betrachtet, deren Einwohner Bürger waren und die über eine – rudimentäre – Verwaltung verfügte (Schultheiß, Gemeinschaft der Bürger).

Selbstständig durfte die Stadt zu dieser Zeit noch nicht handeln: Sie war abhängig von den Staufern, die sie förderten, die sie im Gegenzug aber als Herrschaftsmittelpunkt für ihre Besitzungen im südwestlichen Franken und nordöstlichen Schwaben nutzten. Über diese herrschaftliche Funktion hinaus waren die Staufer selbstverständlich am Salz interessiert, dessen Gewinnung und Vertrieb für den Ausbau der Siedlung Hall einen mächtigen Antrieb darstellte. Haller Salz scheint bald eine beträchtliche Verbreitung in Süddeutschland gefunden zu haben. Der kommerzielle Aspekt und die damit verbundenen Gewinne sind aber wiederum nur ein Aspekt, denn Anteile an der Saline wurden auch an Klöster abgegeben, wodurch wiederum diese Institutionen enger an die Staufer gebunden wurden und am Gedeihen der staufischen Stadt interessiert waren. Beteiligt wurden so die Klöster Elchingen, Denkendorf, Schöntal und Adelberg sowie das Stift Backnang.

In die gleiche Richtung deutet die Entstehung einer staufischen Münze in Hall, deren Produkt als Heller (= hällischer Pfennig) bekannt wurde. Der Heller war ein vergleichsweise schlechtes Geldstück, dessen Silbergehalt unter dem der konkurrierenden bischöflichen Münzstätten lag. Genau deshalb allerdings setzte sich der Heller durch. Der Heller zeigte von Anfang an die charakteristischen Symbole von Kreuz und Hand, die sich noch heute im Stadtwappen Schwäbisch Halls wiederfinden. Die Stadtherren profitierten wiederum doppelt: ihnen fielen die Einnahmen aus der Neuprägung ebenso zu wie die Gewinne aus den Wechselgeschäften, die bei der Vielfalt mittelalterlicher Währungen unumgänglich waren. Elisabeth Nau hat den Heller geradezu als „Kitt der staufischen Hausmacht" bezeichnet. Am dramatischen Wertverlust des Hellers, der im Spätmittelalter eintrat, war die Haller Münze nicht mehr verantwortlich beteiligt. Der Heller wurde in dieser Zeit auch in zahlreichen anderen Städten geprägt.

Verwaltet wurde die wachsende Stadt von Dienstmannen der Staufer, sog. Ministerialen. Diese waren ursprünglich unfrei, rückten aber im Laufe der Zeit sozial so stark auf, dass sie vom niederen Adel kaum mehr zu unterscheiden waren. Ihnen wurden die wichtigsten Ämter übertragen: das des Schultheißen, des Sul- und des Münzmeisters. Ein Teil der Familien verfügte daneben über ländliche

Reste romanischer Freskomalereien aus dem späten 12. Jahrhundert in der Magdalenenkapelle der Michaelskirche. Oben Christus in der Mandorla mit den Evangelistensymbolen Engel und Löwe, unten der Besuch der Engel bei Abraham.

Herrschaftsrechte. Haupterwerbsquelle dürfte aber für die „adligen" wie die „bürgerlichen" Einwohner der Stadt der Handel gewesen sein.

Auch persönlich waren die Staufer in Hall des öfteren präsent: 1190 hielt Kaiser Heinrich VI. einen Hoftag *apud Hallam in Suevia*, also bei oder in Hall in Schwaben, zu dem 4.000 Fürsten, Edle und Ritter gekommen sein sollen. Auch die Nachfolger Heinrichs VI., Philipp von Schwaben, Heinrich (VII.) und Konrad IV., hielten sich zum Teil mehrmals in Schwäbisch Hall auf. Dies unterstreicht einerseits die Bedeutung der Stadt und brachte Einnahmen, verursachte andererseits aber auch Kosten: Beherbergung und Verköstigung des Königs samt Gefolge waren von der Stadt zu bestreiten. Darüber hinaus musste Schwäbisch Hall Reichssteuern bezahlen. In dem erhaltenen Reichssteuerverzeichnis von 1241 war es mit 200 Mark Silber veranschlagt, was sekundär auf 170 Mark ermäßigt wurde. Die Summe ist dennoch spektakulär: Frankfurt am Main entrichtete 250 Mark, Gelnhausen, Hagenau und Basel 200 Mark, Schwäbisch Gmünd 160 Mark, während Rothenburg mit 90, Dinkelsbühl mit 40 und Wimpfen ebenfalls mit 40 Mark belastet wurden. Diese Summen zeigen die erhebliche finanzielle Leistungsfähigkeit der Stadt zu diesem Zeitpunkt.

Um 1250 scheint Hall also ein blühendes Zentrum gewesen zu sein, vielleicht schon eine Art „staufische Vorzeigestadt" (Gerhard Lubich). Der Niedergang der Staufer gefährdete dementsprechend Wohlstand wie Bedeutung der Stadt und ihrer Bürger.

„Hall" und „Schwäbisch Hall"

Der Name „Hall" leitet sich möglicherweise von einer westgermanischen Wortfamilie mit der Bedeutung „unter Hitzeeinwirkung austrocknen" ab, was sicher in Bezug zu der frühen Salzgewinnung am Ort steht. Die Siedlung lag in Franken: Sie gehörte zum Bistum Würzburg und ihre Bewohner sprachen einen fränkischen Dialekt. Dennoch wurde bereits 1190 Hall als „in Schwaben" liegend bezeichnet. Dies erklärt sich durch die Zugehörigkeit zum Herrschaftsbereich der Staufer, deren wichtigstes Amt das eines Herzogs von Schwaben war. Im 15. Jahrhundert trug die Reichsstadt intensive Konflikte mit dem Landgericht Würzburg aus und erklärte 1442, sie heiße Schwäbisch Hall und liege auf schwäbischem Erdreich, also außerhalb der Zuständigkeit des Würzburger Gerichts (s. Kap. 11). 1489 beschloss der Rat, die Stadt solle sich in allen offiziellen Schreiben stets als *Schwebischen Hall* bezeichnen (s. Kap. 5). Konsequenterweise entschied sich Ende des 15. Jahrhunderts Schwäbisch Hall für die Zugehörigkeit zum Schwäbischen Reichskreis, während ihre Nachbarn (Hohenlohe und Limpurg) für den Fränkischen optierten. Von da an bis zum Ende der Reichsstadtzeit erscheint die Stadt stets als „Schwäbisch Hall". Nach 1802 strichen die neuen württembergischen Herren den Bezug auf das alte Herzogtum: Die Oberamtsstadt hieß nur noch „Hall". 1934 änderten Gemeinderat und Innenministerium den Stadtnamen wieder in „Schwäbisch Hall".

Stadtwappen

Das heutige Wappen der Stadt zeigt einen geteilten Schild, in dessen oberer Hälfte auf goldenem Grund das goldene Kreuz in rotem Kreis, in der unteren Hälfte die silberne Hand in blauem Kreis mit silbernem Rand steht. Kreuz und Hand wurden vom Heller übernommen. Sie sind Rechts- und Machtzeichen, die den Marktfrieden und das Marktrecht symbolisieren. Historische Darstellungen weichen z. T. deutlich vom heutigen Stand ab.

Chronica

Der Löblichen Reichſtatt Schwe=
biſchen Hall, dero Landtſchafft, Bürgen vnd
Geſeſſen, Jun: vmbgeſeſſenen Adels, zu
welcher Zeit dieſelben gelebt Bürger
geweſen, vnd wider abgeſtor=
ben, wie bey Warwen
zu finden, beſchri=
ben durch

Weylandt Den Ehrnveſten Hochgelerthen Herrn Georg
Widmann beeder Rechten Doctorn, diser der Hey: Reichs Statt Schwe=
biſchen Hall wohlverdientem Raths vnd Advocaten auch des Adel=
ichen Stiffts Comberg Syndico, sec: gedechtnus, Dediciert Thiem
E: E: Hoch: vnnd Wohlweyſen Rath Mitwochen nach Invo=
cavit den 22. February Anno. 1553.

Titelblatt einer Handschrift der Widman-Chronik des frühen 17.Jh. mit der Darstellung des Stadtwappens und des Reichsadlers

04 Interregnum, Limpurg und der „Wiener Schiedsspruch"

1250	Konrad IV. wird deutscher König.
1254–1273	Interregnum: Kein allgemein anerkannter deutscher König.
1257	Doppelwahl: Richard von Cornwall, Bruder des englischen Königs, und Alfons X., König von Kastilien, werden zu deutschen Königen gewählt.
1266	Manfred, König von Sizilien und Sohn Friedrichs II., verliert die Schlacht von Benevent gegen Karl von Anjou.
1268	Konradin, Sohn Konrads IV., unterliegt in der Schlacht von Tagliacozzo den Anjou und wird in Neapel hingerichtet.
1273	Ende des Interregnums: Rudolf von Habsburg wird deutscher König.
1273	Beginn der Rückforderungen von entfremdetem Reichsbesitz durch den König.
1278	Schlacht auf dem Marchfeld: Rudolf von Habsburg schlägt Ottokar II. von Böhmen, den größten „Erben der Staufer" (aus deren Besitz er sich Österreich und Steiermark angeeignet hatte).
1282	Rudolf belehnt seine Söhne mit Österreich und Steiermark: Beginn der habsburgischen Herrschaft in ihrem späteren Stammland.

Die „staufische Vorzeigestadt" Hall geriet in schwere Turbulenzen, als die Staufer ihre Machtpositionen in Deutschland verloren. Die letzten Staufer – Konrad IV., Manfred und Konradin – versuchten zunächst, ihre Stellung in Italien zu halten, scheiterten aber. 1268 verlor Konradin die Schlacht von Tagliacozzo gegen Karl von Anjou und wurde in Neapel hingerichtet. Nachfahren der Staufer waren in weiblicher Linie dann u. a. noch die Könige von Kastilien und die von Aragon (beide in Spanien), wobei die letzteren nach der Sizilianischen Vesper 1282 die Erben der Staufer in Sizilien wurden.

Der Niedergang der Staufer hinterließ in Deutschland ein Machtvakuum, das der Gegenkönig der letzten Staufer (Wilhelm von Holland) und die nach dessen Tod gewählten Kandidaten der beiden Parteien (Richard von Cornwall von der welfischen, Alfons X. von Kastilien von der staufischen) nicht füllen konnten. Entsprechend setzte ein allgemeines Gerangel um Herrschaftsrechte und Besitz der Staufer an. Die großen Fürsten emanzipierten sich völlig vom Königtum, auch viele der kleineren Herrschaften wurden selbstständig.

Die Stadt Hall wurde zum Objekt der Begierde für die Schenken von Limpurg, die bis zuletzt treue Gefolgsleute der Staufer gewesen waren, also eine relativ schlechte Ausgangsbasis für den Kampf aller gegen alle hatten, während zum Beispiel die Grafen von Württemberg die staufische Seite früh verlassen und sich bis zu dem Zeitpunkt, zu dem die Limpurger den Kampf überhaupt erst aufnahmen, schon zahlreiche Rechte der ehemaligen Königsfamilie angeeignet hatten.

Eine Schwächung der Limpurger hatte sich schon früher ergeben: Schenk Walter von Limpurg ergriff 1234/35 Partei für den aufständischen Sohn Friedrichs II., Heinrich (VII.), während Gottfried von Hohenlohe sich mit dem Vater verbündete. Resultat war, dass Walter zusammen mit Heinrich (VII.) verlor, Gottfried aber gewann. Die limpurgischen Ansprüche u. a. auf Langenburg konnten von diesem Zeitpunkt an nicht mehr aufrecht erhalten oder gar realisiert werden.

Darstellung der Burg Limpurg und des Dorfs Unterlimpurg aus einer Chronik des frühen 17. Jahrhunderts

In der nächsten Generation versuchte Schenk Walter II. für die Limpurger zu sichern, was zu bekommen war. Zu bekommen war zunächst das, was der König verpachtete, um für sich Geldquellen zu erschließen. Für solche Transaktionen kam vor allem das Steueraufkommen der Städte in Betracht. So erhielt Gottfried von Hohenlohe z. B. die Stadt Rothenburg. Schenk Walter II. nun behauptete 1251, Konrad IV. habe ihm den Wildbann, in dessen Gebiet die Stadt Hall liege, und 450 Pfund Heller der Haller Steuer verliehen, wofür er auch einen Zeugen beibrachte. Der Wahrheitsgehalt dieser Behauptung lässt sich nur schwer überprüfen, aber viele der Herren, die in diesen Jahren sich am Kampf um die Macht beteiligten, hatten keine besseren. Für Hall stand sein Status als unmittelbar dem Kaiser zugeordnete Stadt auf dem Spiel – und es setzte sich zur Wehr. 1255 wurde vor König Wilhelm ein Stillhalteabkommen ausgehandelt, dass bis zur endgültigen Schlichtung durch eine königliche Kommission gelten sollte. Der Limpurger konnte vorläufig den Bezug einer Steuer in Höhe von 350 Pfund Hellern von der Stadt durchsetzen. 1260 folgte das nächste Abkommen zwischen Limpurg und Hall, dieses Mal ohne Beteiligung des Königs. Schenk Walter II. wurde zu einer Art von kommissarischem Stadtherrn, der unter anderem den Schultheißen ernennen durfte. In den folgenden Jahren aber scheint es prompt zu einer Beschränkung der Einflussmöglichkeiten des Schultheißen von Seiten der Bürgerschaft gekommen zu sein: Denn bis 1268 wurden die Schriftstücke der städtischen Kanzlei mit dem Siegel des Schultheißen versehen, ab 1271 aber taucht an gleicher Stelle ein Siegel der Bürgergemeinde auf. Der Einfluss des Schultheißen und des Schenken ging zurück.

1273 änderten sich die politischen Rahmenbedingungen einschneidend: Rudolf von Habsburg wurde zum deutschen König gewählt, das Interregnum – die königslose Zeit – war zu Ende. Rudolf versuchte, an die Herrschaft Friedrichs II. anzuknüpfen, bestätigte zum Beispiel nur solche Urkunden, die der Kaiser vor 1245 ausgestellt hatte, während die Dokumente aus der anschließenden Zeit der Wirrnisse für nicht unbedingt gültig erachtet wurden. 1276 erhielt Hall von Rudolf die Befreiung von fremden Gerichten – wie insgesamt 38 südwestdeutsche Städte. Die Städte wurden dadurch vor den Ansprüchen benachbarter Herrschaften geschützt. 1280 sollte Gottfried II.

Titelblatt des großen „Freiheitenbuchs" aus dem 16. Jahrhundert, in dem die wichtigsten Privilegien der Reichsstadt Schwäbisch Hall festgehalten wurden

von Hohenlohe als Landrichter der Reichsvogtei Wimpfen die Streitigkeiten zwischen Hall und Limpurg definitiv schlichten. Der „Wiener Schiedsspruch" regelte zunächst den Austausch von Gefangenen und Entschädigungen für zerstörte Besitztümer. Offenbar waren in den Jahren zuvor die Auseinandersetzungen zwischen Hall und Limpurg eskaliert und hatten militärische Dimensionen angenommen. Im nächsten Abschnitt wurde eine Schiedsgerichtsbarkeit installiert und ein Konfliktlösungsmechanismus im Falle von Gebietsstreitigkeiten festgeschrieben: Benachbarte Herren sollten dabei vermitteln. Insgesamt ging Hall als eindeutiger Sieger aus den Streitigkeiten mit den Limpurgern hervor, die Stadt hatte ihren Anspruch, Reichsstadt zu sein, durchgesetzt. Die Limpurger blieben auf den Wildbann und den damit zusammenhängenden Waldbesitz beschränkt. Der Ausbau von Unterlimpurg zur „Hauptstadt" der limpurgischen Besitzungen scheiterte, in Konkurrenz zur Stadt konnte sich der Ort nicht entwickeln. Schwäbisch Hall hatte seine Autonomie gewahrt, auch wenn der König weiterhin Stadtherr blieb. Der innere Ausbau des städtischen Gemeinwesens beschleunigte sich.

Eine Strophe aus einem Minnelied Konrad von Limpurgs

Swaz der sumer vröuden bringet
daz dien kleinen vogelîn sanfte tuot,
Swaz diu nahtegal gesinget,
doch so trûret alles mir der muot:
Diu mich twinget und ie twank,
nach der ie mîn herze rank,
dur ir êre
singe ich niuwen sank.

Übersetzt von Ludwig Tieck:

Was der Lenz für Freuden bringet,
die so sanft den kleinen Vöglein tut,
was die Nachtigall uns singet,
das verscheucht mir nicht den trüben Mut!
Ach, die mich in Fesseln zwang,
nach der je mein Herz so rang,
zwinget mich zu sehr, die hehre!
Ihr zur Ehre
sing ich neuen Sang!

Der innere Ausbau der Stadt: Verfassung und Verwaltung bis 1340

05 Politikgeschichte

1291	„Ewiger Bund" der drei Waldstätte Uri, Schwyz und Unterwalden: Entstehung der Schweiz.
1292–1298	Adolf von Nassau ist deutscher König.
1298–1308	Königtum Albrechts I. (von Habsburg).
1308–1313	König Heinrich VII. (von Luxemburg).
1314	Doppelwahl: Ludwig IV. der Bayer (von Wittelsbach) (regiert bis 1347) und Friedrich der Schöne von Habsburg werden zu deutschen Königen gewählt.
1322	Ludwig der Bayer setzt sich durch.
1338	Kurverein von Rhens: Die Kurfürsten weisen päpstliche Ansprüche auf die Bestätigung des deutschen Königs zurück.

Im 13. Jahrhundert war die Verwaltung der Stadt – soweit die Quellen das erkennen lassen – noch relativ einfach aufgebaut. An der Spitze amtierte der Schultheiß, der vom Kaiser/König ernannt wurde. Ihm zur Seite stand ein Schöffengericht, das 1249 erstmals erwähnt wird. Beide Institutionen blieben in der Zeit des Interregnums nicht frei von äußeren Einmischungen: Die Limpurger versuchten ihre Kandidaten durchzudrücken. Erst nach dem „Wiener Schiedsspruch" konnte die Stadt beginnen, ihre Angelegenheiten einigermaßen selbstständig zu regeln.

Ein erstes Zeichen für die größere Bedeutung der Gesamtheit der städtischen Einwohnern den führenden Ministerialen gegenüber ist die Übergabe des Kornhauses durch die Adligen an die Stadt. Der Adel verzichtete auf Sonderrechte, das Kornhaus stehe der *universitas* (d. h. Gemeinde) zu.

Zu Beginn des 14. Jahrhunderts treten Stättmeister und Rat als städtische Einrichtungen auf (beide erstmals 1307 erwähnt). Die Richter bildeten nun einen Teil des Rates. Die Befugnisse des Stättmeisters sind in dieser frühen Zeit nur vage umrissen, auch die Herleitung der Bezeichnung selbst ist unklar. Die Chronisten des 16. Jahrhunderts – Johann Herolt und Georg Widman – stellen einen Bezug zur Ummauerung der Vorstädte und zu deren völliger Einbeziehung in das Stadtgebiet her: *Von dem namen stattmeysterr: ... Daher man den burgermeister zu Hall einen stettmeister nent, als einen herrn über die drei underschidlich stett, die vormals drey herrn zu der hohen oberkeyt ... gehapt.* Die Städte waren Altstadt, Katharinenvorstadt und Gelbinger Vorstadt, denen die Chronisten jeweils den Charakter eigener Gemeinwesen verleihen. Dies kann historisch nicht stimmen, da die Ummauerung der Vorstädte erst dreißig Jahre nach der ersten Erwähnung des Stättmeisteramtes erfolgte und sich für keine der Vorstädte eine eigene Verwaltung nachweisen lässt. Immerhin legte der Rat erst 1489 fest, dass ab sofort (!) Urkunden und Schreiben nicht mehr mit *burgermeister*, sondern mit *stetmeister* unterschrieben werden sollten. Gleichzeitig wurde auch beschlossen, dass der Name der Stadt immer *Schwebischen Hall* (nicht aber nur: Hall) lauten solle (s. Kap. 3). Die Namen der Stadt und ihrer wichtigsten Vertreter wurden also erst sehr spät endgültig – d. h. für die nächsten dreihundert Jahre – fixiert.

Stättmeister wie Richter und Ratsherren stammten aus den Reihen der stadtadligen Familien Schwäbisch Halls, die von den staufischen Ministerialen abstammten,

Wappen der Familie Sulmeister/Senft aus einer Chronik des frühen 17. Jahrhunderts

sich aber ebenso wie die Stadt mittlerweile von königlicher Beeinflussung weitgehend befreit hatten. 1327 erscheinen in einer Urkunde z. B. die Richter Herman, alter Schultheiß, Conrad Brune, Cleiner Kuntz Egen, Burchard Sulmeister, Peter und Utze Münsmeister, Eberhart Philips und Heinrich Hagedorn. Vorsitzender des Gerichts war der Schultheiß Herman Lacher. 1331 tagte das Gericht unter dem Vorsitz von Schultheiß Eberhart Philips und war mit Heinrich Sulmeister, Peter Münsmeister, Utz Münsmeister, Heinrich von Tullawe, Heinrich Hagedorn, Ulrich Schultheize, Heinrich und Conrad Veldener besetzt. Neben diesen Familien – den Egen, Eberhard, Schultheiß (später Rinderbach und Münzmeister), Sulmeister (später Senft), von Tullau oder Berler, Veldener/Veldner, die auch als von Gailenkirchen, Stetten oder Geyer bezeichnet werden, Lacher/Lecher (später Schneewasser) – sind noch die Geschlechter Unmuß von Altenhausen, von Münkheim, von Döttingen oder Bachenstein, von Eltershofen oder Nagel, Schletz, Keck und von Morstein zu nennen. Alle diese Adligen besaßen Güter auf dem Land, von denen sie wesentliche Teile ihres Einkommens bezogen, daneben verfügten sie über städtischen Grundbesitz und Anteile an den Salzpfannen. Schließlich besetzten sie die städtischen Ämter. Sie vertraten die Reichsstadt nach außen – gegenüber benachbarten Herrschaften und dem Kaiser – und nach innen, den anderen Einwohnern gegenüber, die zu dieser Zeit noch nicht „Bürger" hießen. Der Titel „Bürger" wurde noch im frühen 16. Jahrhundert von den Adligen selbst für ihre eigene Gruppe reserviert, die anderen waren Angehörige der Gemeinde. So verwundert es nicht, dass auch die Chronisten des 16. Jahrhunderts Hall noch als Stadt des Adels titulierten,

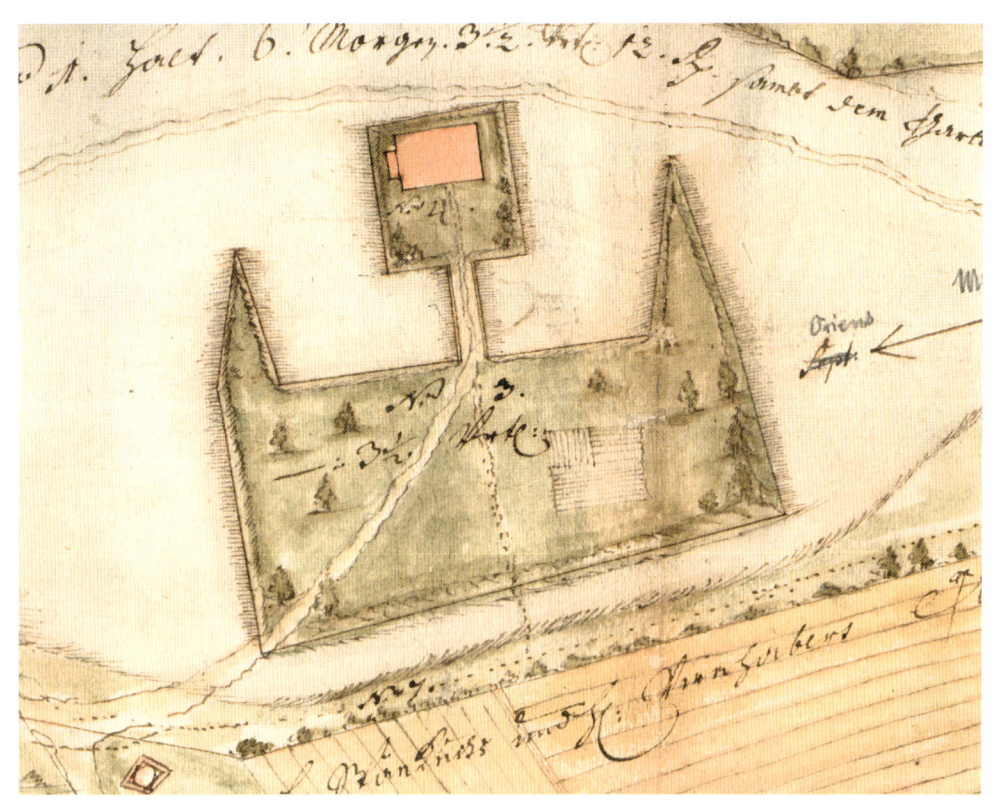

Die Burgstelle von Altenhausen auf einer Flurkarte von etwa 1750

oder wie Georg Widman schreibt, *dasz Schwäbisch Hall vor alters eine statt desz adels gewest*. Allerdings gelte zu seiner Zeit: *Sic transit gloria mundi oder Dann unszer leben allhier uf erden ist wie eine waszerblasz zugänglich*. 200 Jahre nach Ausbildung der stadtadligen Gesellschaft waren ihr Glanz und ihre Macht Vergangenheit.

Die „Gemeinen", d. h. Nichtadligen, organisierten sich in der ersten Hälfte des 14. Jahrhunderts in genossenschaftlichen Berufsgruppen. Diese Gruppen – die Zünfte – versuchten, das Wirtschaftsleben zu ordnen, Qualität und Absatz der Waren zu kontrollieren, die Lehrlings- und Gesellenausbildung zu regeln. Bald strebten sie aber auch nach einem Anteil am städtischen Regiment – zumindest außerhalb von Schwäbisch Hall. In Hall wird der Begriff „Zunft" nie verwendet, auch wenn es die Genossenschaften mit den genannten Aufgaben sicher gab. Noch unklarer als die Existenz von Zünften ist die des bei den Chronisten genannten „Unterrats". Widman und Herolt bezeichnen ihn als Untergericht, das in bürgerlichen Sachen wie Schulden, Erbfällen oder Beleidigungen zuständig gewesen sei, während das ausschließlich mit Adligen besetzte Obergericht über die wichtigen Sachen geurteilt habe. Keiner der beiden Chronisten stellt einen Bezug zur Besetzung dieses Untergerichts mit Handwerkern her. Neben Handwerkern – unter denen die Salzsieder die bedeutendste Gruppe waren – gab es sicherlich auch noch mancherlei Händler und die Inhaber unbedeutenderer öffentlicher Ämter, schließlich auch noch diejenigen Gruppen, die nicht einmal zur Gemeinde rechneten – wie Taglöhner, Fuhrleute und kleine Landwirte, die aber alle auch in der Stadt vertreten waren.

Wie es auch immer um die genaue Organisation der Handwerker beschaffen gewesen sein mag, sie verlangten auf jeden Fall ihren Anteil an der Macht. 1340 schlichtete eine kaiserliche Kommission die vorher in Schwäbisch Hall herrschende Unruhe *(kriege und ufleufe)*. Sie verfügte zunächst eine Generalamnestie, um die Grundlage für einen Neuanfang zu schaffen. Anordnungen aus der Zeit der *Zwietracht* sollten vom künftigen Rat überprüft werden, die diversen Zusammenschlüsse der gegnerischen Parteien wurden aufgehoben. Dann wurde die Zusammensetzung des Rates festgeschrieben: Von den 26 Ratsherren sollten in Zukunft zwölf aus den Reihen der adligen Familien stammen (diese waren gleichzeitig die Richter), sechs aus denen der *mittlern pürger* und acht aus denen der Handwerker. Die Mittelbürger scheinen reichere Einwohner der Stadt gewesen zu sein, die sich von den normalen Handwerkern und Krämern abhoben, also Leute, die ihr Geld im Handel oder durch Grundbesitz verdienten. Der Stättmeister als Vorsitzender des Rates wurde jeweils auf Jakobi (25. Juli) neu gewählt; zu diesem Termin ergänzte sich auch der Rat selbst. Schließlich sollte kein Ratsmitglied Lohnempfänger sein.

Formal war diese Zusammensetzung des Rates ein Sieg der Handwerker, tatsächlich blieben aber die Bastionen des Adels vorläufig erhalten. Erst im Laufe der Zeit rückten reich gewordene Handwerker auch in das Gericht vor und verdrängten schließlich die Stadtadligen weitgehend. Demokratisch war diese Ratsverfassung in keinem Sinne: Sie institutionalisierte die Herrschaft der Wohlgeborenen und Wohlhabenden, die auch die Wohlmeinenden sein, aber auch ihre eigenen Interessen verfolgen konnten.

Insgesamt war Hall im 14. Jahrhundert schon eine recht große Stadt: Die Einwohnerzahl dürfte sich auf 3.000 bis 5.000 belaufen haben, womit es in der selben Größenkategorie lag wie Mainz, Freiburg, Konstanz oder Nördlingen. Das äußere Bild der Stadt war von den Befestigungen geprägt, die im 14. Jahrhundert in ihren Grundzügen entstanden, auch wenn die äußere Erscheinung im 16. Jahrhundert nochmals wesentlich verändert wurde. 1264 wird eine

Das Haller Kampfgericht in einer Darstellung der Chronik von Johann Marius Bühl von etwa 1820

Stadtmauer um Hall erstmals erwähnt, 1324 scheint die Gelbinger Vorstadt in die Befestigungen einbezogen worden zu sein, 1363 war die Ummauerung der Vorstädte jenseits Kochens abgeschlossen.

Gleichzeitig entstanden auch innerhalb der Stadt zahlreiche neue Bauten, wobei die staufischen Wohntürme bestehen blieben. Bis heute erhalten blieb aber allein der „Keckenturm" (von ca. 1240), die anderen verschwanden in Neubauten oder fielen dem Stadtbrand 1728 zum Opfer. Öffentliche Gebäude gab es nur wenige – abgesehen von den Kirchen (s. Kap. 8).

Nach dem Stadtbrand von 1316 und der Übergabe des Spitals durch die Johanniter an die Stadt entstand dieses am Spitalbach neu. Die Neubauten werden als *sumptuosis aedificiis* bezeichnet, also als teure Bauwerke. Unmittelbar im Anschluss daran profitierte das Spital von zahlreichen Zuwendungen der Bürgerinnen und Bürger, die die materielle Basis für weitere Immobiliengeschäfte in den folgenden Jahrhunderten schufen.

Über das Aussehen der Saline um 1300 lassen sich kaum gesicherte Angaben machen. Der Haalbrunnen scheint schon zu diesem Zeitpunkt achteckig gefasst gewesen zu sein und erhielt 1309 eine Brüstung. Um ihn herum befanden sich Haalhäuser, zum Kocher hin bestand eine Mauer mit zahlreichen Durchlässen, durch die das Holz in den Haal transportiert werden konnte.

Der „Blockgassenkocher" – ein Seitenarm des Kochers, der den Haal von der Altstadt getrennt haben soll – gehört dagegen in das Reich der Legenden. Neue archäologische Untersuchungen entdeckten Kellergewölbe des 13. Jahrhunderts an der Stelle, an der er geflossen sein soll.

Am Kocher entlang befanden sich einige Mühlen – nur der Standort der 1351 erstmals erwähnten Dorfmühle ist eindeutig, da sie bis ins 20. Jahrhundert in Betrieb war. Der Müller soll den Siedern schon im Mittelalter jährlich einen Kuchen gestiftet haben, was mit der Hilfe der Sieder während des Stadtbrandes 1316 für den Müller in Verbindung gebracht wird.

Das adlige Kampfgericht

Das adlige Kampfgericht in Schwäbisch Hall hat möglicherweise hochmittelalterliche Ursprünge. Adlige trugen hier ihre Rechtsstreitigkeiten in Form eines Turniers aus. Der Zweikampf hatte entsprechend der Kampfordnung vor sich zu gehen. Er fand auf dem Fischmarkt statt, der für diesen Zweck abgeschrankt und mit Sand aufgeschüttet wurde. Den Zuschauern, unter denen sich keine Frauen und Kinder unter 12 Jahren befinden durften, wurde eingeschärft, sich ruhig zu verhalten. Der Sieger galt als unschuldig, der Unterlegene – sofern er überlebte – als ehrlos.
Dieses Haller Kampfgericht war auch überregional bekannt: Allein die Markgrafen von Baden nannten im 15. Jahrhundert Hall zweimal als möglichen Kampfort, ohne dass diese Duelle zustande gekommen wären. 1430 verbot Papst Martin V. das Haller Kampfgericht – auf Bitten von Einwohnern der Stadt, da es zum Recht des Stärkeren führe und somit Anlass zur Sünde gebe. Zudem existiere in Hall ein ordentliches Gerichtswesen. Dies steht möglicherweise in Zusammenhang damit, dass 1429 König Sigismund der Stadt Schwäbisch Hall die Blutgerichtsbarkeit übertragen hatte, also nun die städtischen Richter über Leben und Tod urteilen konnten, das Kampfgericht störte von da ab wohl nur noch.
Der letzte Kampf fand 1523 statt: Die Brüder Gabriel und Rudolf Senft kämpften auf dem Unterwöhrd gegeneinander, beide wurden schwer verwundet, überlebten aber. Damit war das adlige Kampfgericht, ein letzter Ausfluss der mittelalterlichen Gottesurteile und der Fehde, endgültig anachronistisch geworden. Anträge auf weitere Kämpfe lehnte der Rat ab.

Mittelalterliche Hellerprägungen mit den Münzzeichen Kreuz und Hand, die sich auch im Stadtwappen wiederfinden

Stadtbrände waren im Mittelalter eine enorme Gefahr, bestanden doch die meisten Häuser aus Holz. Dies sich vorzustellen fällt heutzutage schwer, da aus der Zeit vor der Mitte des 14. Jahrhunderts im wesentlichen die repräsentativen Steinbauten erhalten sind. Die Lebenswelt mittelalterlicher Menschen war aber weniger von solch großzügigen Bauten, als von engen und schmutzigen Gassen und beengten Raumverhältnissen in kalten und zugigen Häusern geprägt.

Die Erfindung eines großen Verlusts: Das Archiv und der Stadtbrand

Grosze brunst zu Hall. Anno domini 1376 verbronn Hall von eigenem fewer, dasz man von einer porth, nemblichen vom Sulverthor zum Stättthor möchte sehen. So beschreibt der Chronist des 16. Jahrhunderts Georg Widman eines der einschneidenden Ereignisse der Stadtgeschichte. Der andere Chronist Johann Herolt übernimmt Datum und Zusammenfassung, reichert das Ganze aber noch mit einigen Details an. Beide vermissen offenbar gesicherte historische Nachrichten von vor 1376 und verbinden beides mit der eleganten Konstruktion, ältere Dokumente seien eben 1376 verbrannt. Vom städtischen Archiv ist bei beiden nicht die Rede, denn dieses war geheim und keinem von beiden Chronisten überhaupt zugänglich. Dass das Archiv bei einem Stadtbrand 1376 zugrunde gegangen sei, wird zum ersten Mal in einer Hallenser Dissertation von 1699 behauptet, die vom Haller Johann Friedrich Hezel stammt und bei Johann Peter Ludewig, ebenfalls aus Hall und damals Kanzler der Universität Halle, eingereicht wurde: „... seit dieser Zeit [blieb] das Haller Archiv – literarisch – vernichtet." (Friedrich Pietsch) Historisch richtig ist daran gar nichts: Der Brand gehört in das Jahr 1316 – aus dem eine in solchen Fällen übliche Befreiung von der Reichssteuer vorliegt (im Unterschied zu 1376) – und eine Schädigung des Archivs ist für beide Daten eher unwahrscheinlich. Die Chronisten scheinen dagegen die Opfer eines Lesefehlers geworden zu („7" anstelle von „1").

Der Heller und die Haller Münze

Die früheste Erwähnung von Haller Pfennigen stammt aus dem ausgehenden 12. Jahrhundert. 1189 kaufte Kloster Adelberg von Kloster St. Georgen im Schwarzwald ein Gut um 23 Pfund Haller Geldes. Diese ersten Heller weisen auf der einen Seite die konsequent falsch geschriebene Umschrift AHALLE auf, auf der Rückseite beziehen sie sich auf Friedrich Barbarossa (F.R.I.S.A. – FRIDERICUS ROMANORUM IMPERATOR SEMPER AUGUSTUS). In den nächsten Jahrzehnten tritt der Heller in zahlreichen Urkundennennungen und Fundstätten auf. Die Typen variieren, zeigen aber immer Kreuz und Hand. Der große Erfolg des Hellers geht auf den Einfluss der Staufer zurück, die sich hier in einem vorher münzstättenfreien Raum eine Geldsorte schufen, die nicht mehr regional begrenzt im Umlauf war, sondern sich reichsweit ausdehnte. Der Ausstoß an Münzen war gewaltig, der Edelmetallgehalt geringer als der Nennwert auswies: Schlechtes Geld vertrieb gutes. Für die Stadt war die Hellerprägung eminent wichtig, was sich auch darin zeigt, dass die Münzsymbole in Siegel und Wappen der Stadt übernommen wurden. Hall wurde als Münzstätte reich, nicht aufgrund der Salzproduktion, die Ursache der Stadtentstehung gewesen war. Schon im 13. und 14. Jahrhundert kursierten Fälschungen der Heller, was die Popularität der Münze noch einmal belegt, aber auch wirtschaftliche Schäden anrichtete. Die Haller Reichsmünze gelangte Ende des 13. Jahrhunderts in fremde Hände: 1297 verpfändete König Adolf von Nassau sie an den Edlen von Breuberg (nebst der Stadt Mosbach), und unter König Albrecht (1298–1308) war sie an ein Florentiner Konsortium verpachtet, das viel zur Verbreitung des Hellers beigetragen hat. Zwei Faktoren – Bartolo di Lapo Morelli und Neri di Ghinuccio Buonsantini – sollen ihre Compagnons um 6.365 fl geschädigt haben. Aus einem Münzstätteninventar nach dem Tod Kaiser Heinrichs VII., das in Pisa gefunden worden und 1308 oder 1309 entstanden war, geht hervor, dass der Silbervorrat sich auf 4.290 Mark belief, was für ca. 3 Millionen Heller ausgereicht hätte. In den Jahren danach wurde der Heller auch in zahlreichen anderen Münzstätten geprägt, 1310 etwa werden Wimpfener und Münchner Heller genannt. Folge war eine nochmalige Ausdehnung des Verbreitungsgebietes und eine drastische Verschlechterung des Feingehalts, der erst Kaiser Karl IV. 1356 zu steuern versuchte. Die Reichsmünze in Hall bestand noch bis in die letzten Jahrzehnte des 14. Jahrhunderts. 1369 war sie an den Nürnberger Großunternehmer Leopold Groß verpachtet, der auch die Münzen in Nürnberg, Frankfurt/Main und Ulm betrieb. 1385 wurde Hall – neben Augsburg, Nürnberg und Ulm – zu einer der vier prägeberechtigten Städte des Reiches bestimmt.

Schon ab der Mitte des 14. Jahrhunderts hatte die Stadt versucht, zunehmend Einfluss auf die Münze zu gewinnen. 1396 schließlich erlaubte König Wenzel der Stadt Schwäbisch Hall, Münzen zu schlagen – zunächst begrenzt auf acht Jahre, ab 1397 aber auf ewig. Die Produktionsmenge dieser städtischen Münze scheint gering gewesen zu sein, die große Zeit des Hellers war vorbei. Er bildete jetzt die kleinste Einheit in einem vielfältig differenzierten Geldsystem. 1515–1517 prägte die Stadt sogar noch Großsilbermünzen (Halbbatzen und Batzen), wobei 1517 schon nicht mehr in Hall, sondern in Schwabach produziert wurde. Die nächsten Prägungen in Hall datieren erst von 1545. Es handelt sich um Taler im Wert von 68 Kreuzern, die die letzten in Hall geprägten Münzen waren. Alle weiteren Münzen und Medaillen, die die Stadt in Auftrag gab, entstanden auswärts. Zahlungsmittel im engeren Sinne waren das nur noch selten: Die Stücke wurden an verdiente Mitbürger ausgegeben und als Familienbesitz vererbt. Der Standort der Münze ist unklar, das einzig sicher identifizierbare Gebäude ist das sog. Münzhaus in der Gelbinger Gasse 83, das aber wahrscheinlich nur die städtische Münze des 15. Jahrhunderts beherbergte. 1494 soll für die Prägestätte Raum unter dem neuen Rathaus geschaffen worden sein.

Comburg – Kloster und Stift

529	Mönchsregel des Benedikt von Nursia.
910	Gründung von Cluny in Burgund. Studium, Askese und Handarbeit treten zurück, der feierliche Kult für Lebende und Verstorbene rückt ins Zentrum.
1059	Neugründung von Hirsau, das von Cluny stark beeinflusst ist.
1098	Gründung von Cîteaux (Mutterkloster der Zisterzienser) in Burgund, das Askese, Handarbeit und Armut in den Mittelpunkt des klösterlichen Lebens stellt, sich also von den cluniazensischen Benediktinern deutlich absetzt.
1216 bzw. 1223	Päpstliche Anerkennung der Dominikaner und der Franziskaner, der wichtigsten beiden Bettelorden. Die Dominikaner verbinden Armut mit dem Willen zur Bekämpfung der Ketzerei, der Seelsorge für die (vorwiegend) städtische Bevölkerung und dem Theologiestudium. Die Franziskaner radikalisieren die Forderungen nach Armut und Heimatlosigkeit.
ab 1309	Päpste residieren in Avignon (bis 1378 bzw. 1415).
1378–1415	Große Kirchenspaltung: Zeitweise gibt es drei Päpste.
1414–1418	Konzil von Konstanz mit den Zielen, die Kirche zu einigen, sie zu reformieren und die Ketzerei zu bekämpfen.
1545–1563	Konzil von Trient: Reform der (katholischen) Kirche.

1078 verwandelten drei Grafen von Comburg, Burkhart, Rugger und Heinrich, ihre Burg auf dem Umlaufberg des Kochers in ein Kloster. Dieser Schritt war im 11. Jahrhundert nicht so selten, der Investiturstreit lieferte die Motive. Die Stiftung eines Klosters konnte außerdem eine Tradition schaffen, die die Familiengeschichte der Stifter schriftlich festhielt und durch Fürbitte der verstorbenen Familienmitglieder gedachte. So standen auch an der Stelle von Klöstern wie Banz oder Melk ursprünglich Burgen.

Die ersten Mönche auf der Comburg kamen möglicherweise aus Brauweiler im Rheinland, dessen Abt Wolfhelm mit Graf Burkhart befreundet gewesen sein soll. Die ähnlichen Patrozinien von Brauweiler und Comburg sprechen zusätzlich dafür. Sehr schnell nach Gründung des Klosters geriet Comburg unter den Einfluss der Reformabtei Hirsau, deren Abt Wilhelm für sich in Anspruch nahm, Comburg – sowie Schaffhausen und Petershausen – wiederhergestellt zu haben, nachdem sie fast zerstört gewesen seien.

Am 21. Dezember 1088 wurde die Klosterkirche durch Bischof Adalbero von Würzburg geweiht. Adalbero war der zuständige Diözesanbischof, allerdings auch ein ausgewiesener Gegner Kaiser Heinrichs IV. im Investiturstreit.

Wenig später wurden die Außenbeziehungen des Klosters grundlegend neu geordnet: Die Einsetzung des Abtes sollte in Zukunft vom Erzbischof von Mainz vorgenommen werden, während der Abt seinerseits dann den Klostervogt – den Vertreter des Klosters in weltlichen Angelegenheiten – auswählte und installierte. Schließlich wurde Comburg Mainz unterstellt, das das Kloster fortan auch visitieren sollte. Völlig ausgeschaltet wurde der Bischof von Würzburg, obwohl 1090 zum Zeitpunkt des Mainzer Vertrages dort Emehard von Comburg, der Bruder der Grafen, amtierte, der allerdings von Mainz nicht anerkannt wurde.

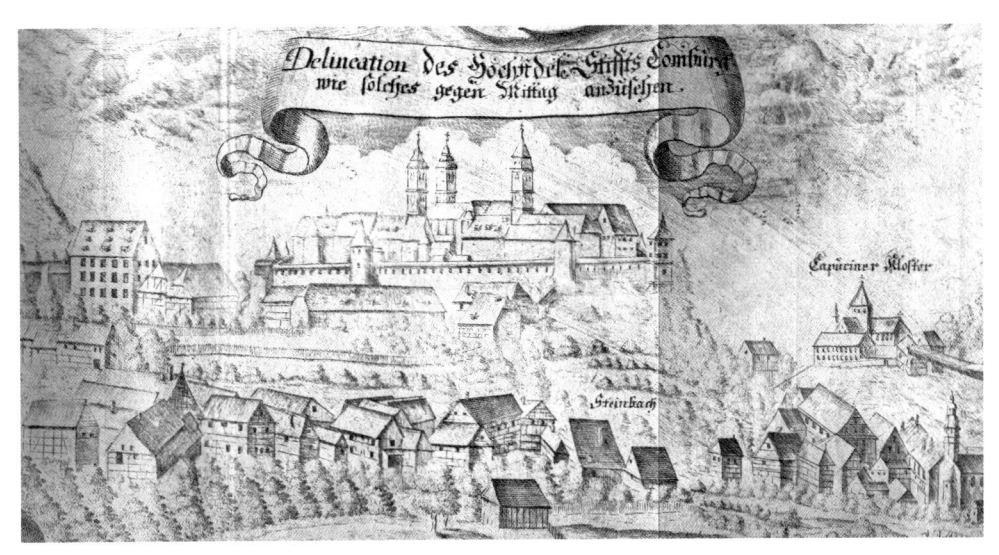

Die Großcomburg mit der Kleincomburg (hier: Kapuzinerkloster) und Steinbach. Kupferstich von Johann Salver, 1706

Noch mysteriöser als die Geschichte der Großcomburg in dieser frühen Zeit, ist die der Kleincomburg, wo nach einer Nachricht von 1291 ein Frauenkloster bestand, das Anteile an der Haller Saline hatte. Der Bau von St. Ägidien selbst scheint von 1108 zu stammen. Ob allerdings im 12. Jahrhundert dort tatsächlich ein Frauenkonvent sich niedergelassen hatte und ob Kontinuität zwischen diesem Konvent und dem 1291 belegten besteht, ist völlig unsicher. Wenige Jahre nach 1291 verschwand er auf jeden Fall wieder.

In den Jahren unmittelbar nach seiner Gründung und der Unterstellung unter Mainz erhielt Comburg zahlreiche Zuwendungen und Schenkungen, die in ganzen Dörfern oder einzelnen Höfen und Häusern bestehen konnten. Neben der Stifterfamilie der Grafen von Comburg ist insbesondere ein Wignand, Bürger und Dienstmann zu Mainz, erwähnenswert, bei dem es sich um einen Ministerialen des Erzbischofs handelte, der außerordentlich reich gewesen zu sein scheint und auch St. Alban in Mainz mit Stiftungen bedachte.

Nach dem Aussterben der Comburger Grafen rückten die Staufer in deren Herrschaftspositionen ein und übernahmen wohl auch die Vogtei über das Kloster Comburg, das dadurch, nachdem die Staufer Könige und Kaiser geworden waren, in unmittelbare Nähe zum Königtum rückte. 1140 hielt sich König Konrad III. auf der Comburg auf, die Zeugenliste einer Urkunde für einen italienischen Adligen lässt die Prominenz erkennen, die sich damals im Kloster versammelt hatte: Die Bischöfe von Würzburg und Speyer gehörten ebenso dazu wie der Stiefbruder des Königs (der spätere Herzog von Österreich Heinrich Jasomirgott), deutsche und italienische Grafen, der königliche Kanzler Arnold von Wied und der Protonotar Heribert, später Erzbischof von Besançon. Weniger dicht ist dann die Überlieferung aus den folgenden Jahren: Der Hoftag Kaiser Heinrichs VI. fand wohl eher in Hall als auf der Comburg statt.

Nach dem Untergang der Staufer geriet wie die Stadt Schwäbisch Hall auch das Kloster Comburg unter den Druck der Schenken von Limpurg, die behaupteten, von König Konrad IV. pfandweise die Vogtei über das Kloster erhalten zu haben, was Comburg und Mainz energisch bestritten. Die Vogtei blieb für die nächsten Jahre bei den aus wechselnden Familien stammenden Königen. 1318 allerdings wurde der Schirm

Kleincomburg

der Stadt Schwäbisch Hall übertragen, die 1323 bestätigte, dass Comburg zum Reich gehöre, d. h. die Reichsunmittelbarkeit der Comburg sollte durch ihre Zuordnung zur Reichsstadt nicht gefährdet werden. Die Haller erwähnten 1323 auch, dass sie Comburg für die Mitwirkung an der Gründung des städtischen Spitals dankbar seien. Auch die folgenden Herrscher hielten diesen Rechtszustand aufrecht, obwohl sich die Stellung der Stadt gegenüber dem Kloster durch die erweiterten städtischen Privilegien verstärkt haben dürfte.

Die Vogtei der Stadt über das Kloster sicherte auch deren Kontrolle über die Hauptkirche. Denn seit 1287 war die Pfarrei Steinbach (und St. Michael, das als einzige Filialkirche namentlich erwähnt wurde) nach Comburg inkorporiert, d. h. die Einkünfte der Pfarrei flossen an die Abtei, die im Gegenzug nur einen Vikar zu besolden hatte, der die Aufgaben des Pfarrers wahrnahm.

Der Besitz der Comburg lässt sich im 13. Jahrhunderten aus einem päpstlichen Privileg von 1248 ersehen, in dem Besitz an 19 Orten aufgezählt wird. In Steinbach, Gebsattel und Reinsberg kontrollierte das Kloster auch Niedergericht und Vogtei, der übrige Besitz streute weit. Bis 1320 scheint nur relativ wenig dazu gekommen zu sein: Lediglich vier größere Schenkungen sind festgehalten. Immerhin besaß Comburg auch Rechte in der Umgebung um Mainz, die auf die früheren engen Beziehungen zum Erzbischof und zu den Mainzer Stiftern zurückgehen. Dazu gehörten z. B. Güter und ein Anteil an der Pfarrei in Astheim (Kreis Groß-Gerau). Ankäufe sind außerordentlich selten. Sie betreffen im wesentlichen die Besitzschwerpunkte Tüngental und Gebsattel, in die die Comburg erhebliche Kapitalien investierte, um ihre Stellung dort zu verstärken. Die Zahl der Verkäufe liegt viel höher als die der Erwerbungen. Comburg zog sich bis 1320 fast völlig aus dem Taubertal zurück, wo Weikersheim und Schäftersheim verkauft wurden und man sich von den Besitztümern in Creglingen trennte. Auch Besitz in Heilbronn und Waldmühlbach (Neckar-Odenwald-Kreis) wurde verkauft.

Zwischen 1317 und 1320 spitzte sich die Krise zu: Eine Schuldenaufstellung von 1318 ergab eine Gesamtsumme der Verbindlichkeiten von 3.220 Pfund Heller, denen Einkünfte in Höhe von 250 Pfund Hellern gegenüberstanden. Notmaßnahmen zwangen zu Güterverkäufen, zur Auflösung des Konvents und zur Verteilung der Mönche auf andere Klöster. Der Abt erhielt die Generalvollmacht, alle für die Sanierung nötigen Schritte unternehmen zu dürfen.

Die Schwierigkeiten hatten sicherlich schon viel früher begonnen, wofür die Eingliederung der Pfarreien Gebsattel, Tüngental, Steinbach und Künzelsau 1259 und 1287 ein Indiz ist. Die Inkorporation der Pfarreien brachte stabile Einkünfte, wie sie aus der Grundherrschaft, den agrarischen Besitzungen, nicht mehr zur Verfügung standen. Zudem verfügte die Comburg seit dem Untergang der Staufer über keinen Vogt mehr, der sie gegen die Übergriffe benachbarter Herrschaften geschützt hätte. Die Limpurger Ansprüche mussten mit großem Aufwand abgewehrt werden, aber auch andere Adlige setzten sich auf Land des Klosters fest oder belegten klösterliche Untertanen mit Abgaben. Zudem tobte in diesen Jahren die Auseinandersetzung zwischen Ludwig dem Bayern und Friedrich dem Schönen, während der 1316 Ludwig z. B. ein Lager bei Tüngental bezogen hatte, was die Klosterbesitzungen dort sicherlich schwer schädigte. Schließlich waren die Jahre 1315 bis 1317 auch Hungerjahre, in denen die Getreidepreise in die Höhe schossen. „Verschiedene Ursachen, schlechte Verwaltung, Hungerjahre, in denen auch noch Heere im Land lagen, wirkten demnach zusammen und führten den Klosterbankrott herbei." (Rainer Jooß)

In den Jahrzehnten danach besserten sich die Verhältnisse keineswegs. Wie lange der Konvent aufgelöst blieb, ist unklar. Lange kann es nicht gewesen sein, denn schon aus den 1320er Jahren wird von Streitigkeiten zwischen Abt und Konvent berichtet, die sich in den Jahren danach fortsetzten und an Intensität gewannen. Mehrere bischöfliche Schlichtungskommissionen waren erforderlich, um die desolaten Verhältnisse im Kloster einigermaßen zu ordnen. Schließlich wurde die Vermögensverwaltung von Abt und Konvent völlig getrennt, der Abt erhielt 1/3, die Mönchsgemeinschaft 2/3 der Einkünfte zugeschrieben. Haupteffekt war, dass sich beide Teile nun getrennt verschuldeten. Verkäufe überwogen die Erwerbungen weiter beträchtlich, der Niedergang des Klosters ging weiter.

Erst nach 1360 kam es zu einer Besserung der wirtschaftlichen Situation, die zu vermehrten Güterkäufen bis in die Mitte des 15. Jahrhunderts hinein führte. Bemerkenswert war insbesondere die Inkorporation der Pfarrei Erlach-Gelbingen. Im Zusammenhang damit stand die größte mittelalterliche Neuerwerbung des Klosters überhaupt: Für 2.500 fl kaufte Comburg von Philipp Eberhard ein Haus mit Zubehör in Gelbingen, in dem der Kaplan wohnte. Nach gescheiterten Reformversuchen in der Mitte des 15. Jahrhunderts scheinen sich in Comburg reformunwillige Mönche konzentriert zu haben, die die Umwandlung des Klosters in ein Chorherrenstift einer Verschärfung der klösterlichen Regeln vorzogen. Parallel setzte der wirtschaftliche Niedergang massiv ein, der 1521 zum Zusammenbruch und zu gewaltigen Verkäufen von Gütern führten. Jetzt – und in den Jahren danach – räumte Comburg die jahrhundertelang gehaltenen Positionen in Gelbingen, Weckrieden und Erlach zugunsten der Stadt Schwäbisch Hall und des dortigen Spitals. Die Besitzungen um Mainz gingen ebenfalls verloren. Selbst das Amt Gebsattel sollte verkauft werden und wurde der Stadt Rothenburg angeboten. Da Comburg aber 24.000 fl verlangte, Rothenburg den Wert aber nur mit 17.600 fl ermittelte und maximal 12.000 fl zahlen wollte, kam dieser Handel nicht zustande. Verschuldet war das Kloster vor allem bei der Stadt Schwäbisch Hall und bei Haller Bürgern, aber auch beim Bischof und anderen geistlichen Personen und Institutionen. Sicherlich hatte Comburg auch unter den Kriegen des 15. Jahrhunderts gelitten, aber die Hauptverantwortung liegt doch wohl bei einer desolaten Wirtschaftsverwaltung und dem zerrütteten Konvent.

In der Mitte des 16. Jahrhunderts bestand das Comburger Territorium, also der Bereich, in dem die wesentlichen Grund- und Vogtrechte konzentriert waren, aus Steinbach, Großallmerspann und Hausen an der Rot, während die Rechte in Gebsattel, Tüngental, Hessental, Tullau, Mistlau und Gaggstatt gemeinsam mit anderen Herrschaften (der Stadt Schwäbisch Hall, der Stadt Rothenburg, den Grafen von Hohenlohe z. B.) wahrgenommen werden mussten. Viel war von den mittelalterlichen Besitzungen der Comburg also nicht geblieben.

Reformbemühungen hatten wie erwähnt ab 1447 eingesetzt, als grobe Unordnungen auf der Comburg festgestellt wurden. Die Mönche aßen Fleisch, und die Güterverwaltung war desolat. Die Mönche und der Abt drängten, um weiteren Vorschlägen der Benediktiner nach Beachtung der Mönchsregel zu entgehen, auf die Umwandlung in ein Ritterstift, zumal die Mönche sowieso aus den Reihen des Adels stammten. Diese Bemühungen erbrachten 1483 erste Resultate: Würzburg und die Schenken von Limpurg zogen an einem Strang. Würzburg versuchte seinen territorialen Einfluss auszudehnen, den Schenken lag an einer Art Familienstift unmittelbar angrenzend an ihr Gebiet. Dann erhoben allerdings die noch immer mit der Vogtei betraute Reichsstadt Schwäbisch Hall und der Benediktinerorden Einspruch. Papst und Kaiser widersetzten sich zunächst jeder Veränderung, schließlich aber knickte der Kaiser ein und übertrug die Vogtei an Würzburg, das sie an Schenk Wilhelm weiterverlieh. Damit war der Weg für die Umwandlung offen. Am 5. Dezember 1488 wandelte Papst Innozenz VIII. Kloster Comburg in ein weltliches Chorherrenstift um, aus „schlechten Mönchen waren schlechte Chorherren" (Rainer Jooß) geworden. Streitigkeiten mit Hall wegen der bisherigen Abgaben Comburgs an die Reichsstadt dauerten noch einige Jahre fort, wurden dann aber durch Vergleich beigelegt.

Nach der Umwandlung der Comburg in ein Chorherrenstift lebten acht Chorherren und ca. zehn Chorvikare, die die Gottesdienste verrichteten, auf der Comburg. Die Chorherren waren nie alle anwesend, sondern besaßen gleichzeitig weitere Pfründen in Würzburg, Bamberg, Eichstätt, Augsburg, Mainz oder Ellwangen. Die Comburger Chorherrenstellen waren Adligen vorbehalten. Die Stelleninhaber stammten dementsprechend aus den Reihen des schwäbischen, rheinischen und fränkischen Niederadels.

Von den Pröpsten und Dekanen ist zunächst vor allem Erasmus Neustetter, der von 1551 bis 1594 das Dekanat bekleidete, zu erwähnen. Er nahm auf der Comburg einige bauliche Veränderungen vor und kümmerte sich intensiv um die Bibliothek, die vorher recht kümmerlich gewesen sein muss, nun aber durch Zukäufe ausgebaut wurde. Die bedeutendste Neuerwerbung war die der Büchersammlung des bayerischen Kanzlers Leonhard von Eck 1572.

Obwohl die Schenken von Limpurg zum evangelischen Glauben übergegangen waren, verhinderte Würzburg als Schutzherr die Reformierung (und damit Aufhebung) des Stifts Comburg. Comburg mitsamt seinen Dörfern blieb als katholische Enklave inmitten protestantischer Nachbarn erhalten.

Der Dreißigjährige Krieg und die schwedische Besetzung brachten die kurzfristige Aufhebung des Stifts: König Gustav Adolf schenkte das Stift einem württembergischen Obersten Bernhard Schaffalitzki von Muckendell, der die Stiftsherren und Vikare vertrieb und den evangelischen Gottesdienst einführte. Nach der Schlacht von Nördlingen 1634 wurde die Comburg als katholische Einrichtung wiederhergestellt.

Schon in den letzten Jahrzehnten des 17. Jahrhunderts missionierten Kapuziner im

Comburger Territorium, seit 1713 bestand auf der Kleincomburg für diese Mönche ein eigenes Kloster. Ab 1736 war ein Konvertitenhospital in Steinbach eingerichtet. Comburgische Bauerngüter wurden zu dieser Zeit nur noch an Katholiken verliehen, was die ehemaligen protestantischen Besitzer der Höfe zum Abzug zwang. Großallmerspann und Hausen wurden auf diese Art katholisiert.

Das 18. Jahrhundert brachte einen Neubau der Klosterkirche (mit Ausnahme der Türme), die Dekan Wilhelm Ulrich von Guttenberg abreißen ließ. Die Kirche wurde von Joseph Greissing neu errichtet. Auch die Dechantei wurde neu gebaut.

Die selbstständige Geschichte der Comburg endete 1802, als sie im Reichsdeputationshauptschluss Württemberg zugesprochen wurde. Am 4. Oktober 1802 rückten württembergische Truppen ein, im Januar 1803 wurde das Stift aufgehoben, der Gottesdienst verboten und der Silberschatz, der reichste in allen von Württemberg säkularisierten Klöstern, in die Münze nach Ludwigsburg verbracht. Die Bibliothek kam 1805 zunächst nach Ellwangen, dann nach Stuttgart.

Die letzten Stiftsherren erhielten Pensionen, die ihnen eine bescheidene Existenz ermöglichten. Einer der Chorherren stieg aber nach 1818 auf: Lothar Karl Anselm Freiherr von Gebsattel wurde erster Erzbischof von München-Freising.

In einer Übergangszeit wurden zunächst verschiedene Ämter auf der Comburg in den verlassenen Chorherrenhäusern untergebracht. In den Jahren um 1810 wohnte für einige Jahre Prinz Paul von Württemberg, der jüngere Sohn König Friedrichs von Württemberg und Bruder des späteren Königs Wilhelm I., hier. 1817 begann eine neue Phase, denn das königliche Ehreninvalidenkorps wurde von Stuttgart nach Comburg verlegt. Ihm gehörten ehemalige Soldaten und Offiziere an, die entweder ihre Dienstzeit beendet oder im militärischen Dienst kriegsverletzt worden waren und deshalb vom Staat weiter versorgt wurden.

Epitaph von Erasmus Neustetter im Würzburger Dom. Im Hintergrund ist die Comburg zu erkennen

Die Gebäude wurden in kleine Wohnungen unterteilt, in denen die Invaliden mit ihren Familien wohnen konnten. Sie bildeten eine eigene Kirchengemeinde und wurden auf einem separaten Friedhof begraben. 1909 wurde das Ehreninvalidenkorps aufgehoben, der letzte Veteran (aus dem preußisch-österreichischen Krieg von 1866) starb 1925 auf der Comburg.

1926 gründete Theodor Bäuerle die Heimvolkshochschule zur Erwachsenenbildung, die auf der Comburg Räume erhielt, aber 1936 durch das nationalsozialistische Regime aufgelöst wurde. In den Jahren danach absolvierten Steinmetze und Maurer

Fortbildungslehrgänge im ehemaligen Ritterstift. Als Arbeitsmaterial wurden ihnen die Grabsteine des jüdischen Friedhofs in Steinbach zur Verfügung gestellt. Daneben nutzten Hitlerjugend und Arbeitsdienst die Baulichkeiten. Im Zweiten Weltkrieg waren Flüchtlinge und Kriegsgefangene, danach *Displaced Persons*, also ehemalige Zwangsarbeiter und Kriegsgefangene, einquartiert.

1947 gelang es, an die Zeit vor 1933 anzuknüpfen. Theodor Bäuerle – nunmehr württembergischer Kultusminister – und Gerhard Storz – damals Schulleiter in Schwäbisch Hall, später Kultusminister von Baden-Württemberg – setzten sich mit Ihrem Vorschlag, eine Akademie für Lehrerfortbildung auf der Comburg zu errichten, durch. Diese besteht bis heute.

Kloster oder Chorherrenstift

Die für Westeuropa bedeutendste Richtschnur mönchischen Lebens waren die Vorschriften, die Benedikt von Nursia im 6. Jahrhundert für das Kloster Montecassino verfasste. Sie legten Armut, Ehelosigkeit, Gehorsam und Zugehörigkeit zu einem bestimmten Konvent als Grundwerte des Mönchtums fest. Die benediktinische Regel wurde durch das Wirken des 910 gegründeten Klosters Cluny (in Burgund) wieder belebt und aktualisiert. Bedeutendste Vertreterin der Cluniazenser in Südwestdeutschland war die Abtei Hirsau im Schwarzwald (1059 im Sinne Clunys reformiert). Im Unterschied zu Klöstern lebten Chorherren nicht in Gemeinschaft, sondern konnten Privateigentum haben, in eigenen Wohnungen leben und, wenn sie wollten, den geistlichen Stand verlassen und in die Welt zurückkehren. Voraussetzung für die Aufnahme als Chorherr waren adlige Abkunft, körperliche Unversehrtheit, Ehelosigkeit und die Zugehörigkeit zum geistlichen Stand (aber nicht unbedingt die Priesterweihe).

Comburg oder Komburg

Etliche Autoren verwenden die Schreibweise Komburg, die sie als die historisch überlieferte ansehen. Die amtlich richtige ist dagegen die Form Comburg.

Haller Geschäfte:
Das Wirtschaftsleben der Stadt im 14. Jahrhundert

> Mitte des 11. Jahrhunderts hatte in Europa ein wirtschaftlicher Aufschwung eingesetzt. Landwirtschaft, Handel und Handwerk entwickelten sich, getragen von Innovationen (z. B. Dreifelderwirtschaft, Mühlen, Geldgeschäfte), rasch. Städte blühten auf bzw. entstanden neu. Die meisten Städte blieben klein, aber in ihnen konzentrierte sich das Handwerk und der Handel. Kaufmannsgilden und Handwerkerzünfte organisierten Absatz und Produktion. Zu Beginn des 14. Jahrhunderts ließen sich Anzeichen einer Stagnation feststellen, die Wirtschaftsentwicklung verlangsamte sich. Von der Agrarkrise, deren Effekte gegen Ende des 14. Jahrhunderts deutlich wurden, profitierten aber die Städte: Die Kaufkraft der Handwerkerlöhne stieg drastisch an, ländliche Produkte wurden billiger, städtische teurer.

Während die Münze und der Haller Heller zu Beginn des 14. Jahrhunderts an Bedeutung verloren hatten, galt für die Salzgewinnung das Gegenteil. Salz war der älteste Wirtschaftszweig der Stadt, es hatte Entstehung und Entwicklung der Stadt über die Jahrhunderte bestimmt.

Ursprünglich war die Ausbeutung der Salzvorkommen sicher ein königliches Vorrecht, das aber zu einem unbekannten Zeitpunkt zumindest teilweise an die Grafen von Comburg und Rothenburg bzw. die staufischen Ministerialen gelangt sein muss. 1216 wird zum ersten Mal der „Sulmeister" erwähnt, dessen Aufgabe es war, den Salinenbetrieb zu leiten. Das Amt wurde von Haller Stadtadligen besetzt.

Aus dem 13. Jahrhundert liegen nur verschiedene königliche Verleihungen von Salzrechten an Klöster vor, so dass über die Organisation der Saline zu diesem Zeitpunkt kaum etwas gesagt werden kann.

Von 1306 stammt das erste Verzeichnis der Sieden. Die Gesamtzahl der Pfannen

Ein Salzfuhrwerk (rechts) bei Untermünkheim. Federzeichnung aus einer Chronik des frühen 17. Jahrhunderts

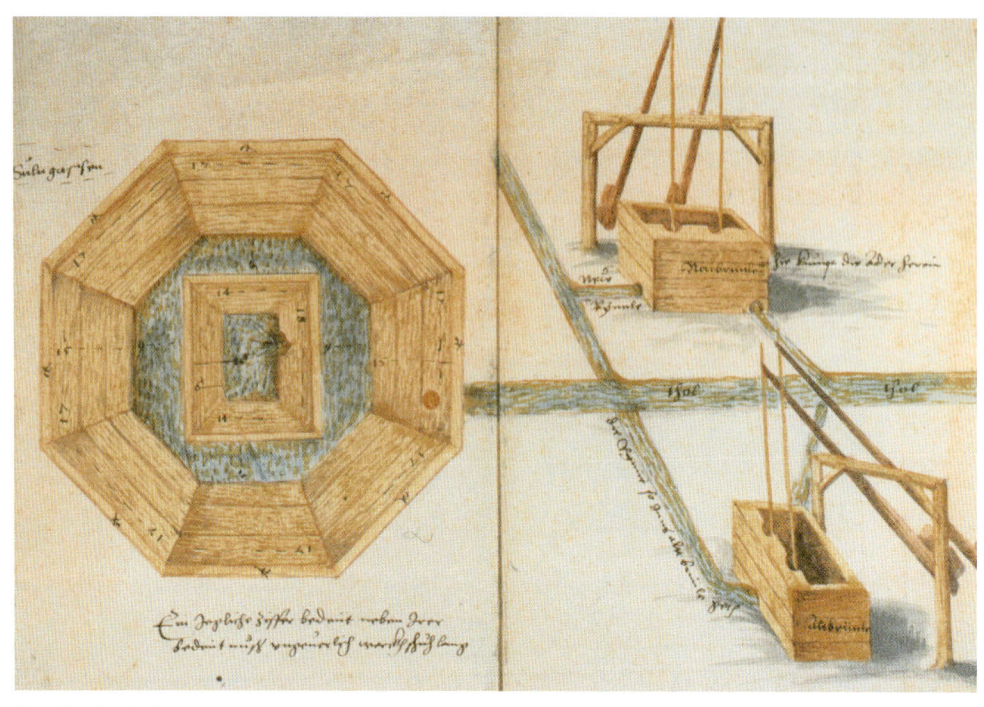

Grundriss des Haalbrunnens von 1590

wurde mit ungefähr 110 angegeben, jede Pfanne wurde zu 20 Eimern Sole gerechnet (mit Ausnahmen), wobei ein Eimer ca. 50 Litern entspricht. Von diesen Pfannen gehörten dem Königtum gerade noch 5 Pfannen und 5 Eimer, geistliche Einrichtungen verfügten über 20 Pfannen, während der ganze Rest von 70 Prozent des Aufkommens Haller Bürgerinnen und Bürgern zukam. Größte Einzelbesitzerin war Guta Veldner mit 17 Pfannen und 8 Eimern; der Stadtadel insgesamt besaß 55 Pfannen, nicht-adlige Bürger 17,5 Pfannen.

Die Siedensberechtigten (dazu s. unten) scheinen schon in diesen Jahren eine Art Genossenschaft gebildet zu haben, die den Ablauf der Salzgewinnung organisierte. Als Vertreter der eigentlichen Sieder könnten schon im 14. Jahrhundert die „Viermeister" amtiert haben, die sich um die praktische Seite der Produktion kümmerten: Holz als Brennstoff musste ebenso geliefert werden wie Eisen für die Reparatur der Pfannen. 1385 entstanden Statuten, die von der Siedersgemeinschaft selber vereinbart worden waren, noch ohne Eingriff der Stadt.

Der Rat dehnte im Laufe der Zeit seine Einwirkungsmöglichkeiten aus: Zum einen ernannte er die Viermeister, denen gegenüber er auch ein Weisungsrecht in Anspruch nahm. Vom Haalgericht, das für Streitigkeiten zwischen Siedern und Siedensberechtigten zuständig war, konnte an den Rat appelliert werden. Auch hier ergab sich ein steigender Einfluss des Rates. Schließlich wurde die Stadt auch direkt Eigentümerin von Siedenspfannen. Gegen Ende des Mittelalters besaß die Stadt 25 Pfannen 8 Eimer, das unter enger städtischer Aufsicht stehende Spital 11 Pfannen 10 Eimer und geistliche Institutionen 20 Pfannen. 31 Pfannen gehörten Nicht-Adligen, nur noch 22 den ehemals dominierenden Stadtadligen.

Die Besitzrechte der Saline waren parallel zu den Besitzrechten an Land organisiert: Die Siedensberechtigten waren die Lehensherren, die Sieder die Lehensnehmer. Die Rechte der Lehensherren wurden später als „Eig",

Haalbrunnen mit Schöpfwerk. Kolorierte Zeichnung von 1716/1717

die der Lehensnehmer als „Erb" bezeichnet. Ursprünglich aber waren die Rechte der letzteren kein „Erb", also keine erblichen Rechte, sondern nur Rechte auf Zeit, also Pacht. Entsprechend der Splittung der Besitzrechte waren die Aufgaben verteilt: Die Herren hatten für die Instandhaltung der Sieden und Baumaßnahmen aufzukommen. Sie einigten sich mit den Siedern über den „Bestand", d. h. die Höhe der Pacht („Rechnung") und die Dauer des Siedens („Siedensjahr"). Der Bestand wurde jährlich neu geregelt. Konnten sich Herren und Sieder nicht einigen, wurde Woche für Woche ein Bestand festgelegt, was allerdings nur einmal passiert zu sein scheint.

Die Bestandsverleihung war ein Ritual: Der Stättmeister gab dem Vertreter der Sieder (der im Mittelalter traditionell das älteste Mitglied der Familie Senft war) den „Handschlag". Dadurch wurde das Lehen von den Herren auf die Lehensnehmer übertragen und der Bestand für gültig erklärt.

Gemäß den Besitzrechten waren nun aber keineswegs alle Sieder gleich. Ein kleiner Teil der Sieder besaß das Eigen an einem Sieden, das sie selber sotten. Die weitaus meisten Sieder dagegen mussten ihr Sieden „leihen", d. h. von einem Lehensherrn das Recht erhalten, sieden zu dürfen. Eine jährliche Pacht bot dem Sieder kaum eine Existenzgrundlage, konnte er doch im nächsten Jahr nicht unbedingt wieder damit rechnen, ein Sieden zu bekommen. Das Bestreben der Sieder war es also, längerfristige Pachtverträge auszuhandeln. 1312 z. B. erhielten Lugart gen. Wägin und ihr Sohn Konrad ein Sieden auf ihrer beider Lebenszeit. Schließlich wurde die Erbleihe entwickelt, die den Siedern das Recht gab, ihr Sieden an ihre Erben weitergeben zu dürfen, im Gegenzug aber dazu führte, dass sie die Kosten für Betrieb und Instandhaltung des „Haalhauses" und der Gerätschaften zu tragen hatten. Der erste erhaltene Erbbrief stammt von den Haller Franziskanern und übertrug Cunz Vogelmann 1372 zwei Sieden zu Erbe.

Dieses Erbe unterlag den normalen Erbrechten, d. h. es konnte geschlossen vererbt oder geteilt werden. Da eine reale Teilung eines Siedens nicht möglich war und in jedem Jahr immer nur einer sieden konnte, wurden die Nutzungsrechte in den aufeinanderfolgenden Jahren verteilt.

Die Salzproduktion selber veränderte sich im Mittelalter (und bis ins 18. Jahrhundert hinein) kaum. Ihre Methode wird als „Gewöhrdgradierung" bezeichnet. Im Jahr 1309 wurde die Haller Salzquelle neu aufgebaut und mit einer höheren Brüstung versehen, um zu verhindern, dass Kocherwasser sich mit der Sole mischte und so den Salzgehalt senkte. Aus dem Brunnen holten die Schöpfknechte das salzhaltige Wasser, das in Rinnen in die Sied- oder Haalhäuser floss. An der Außenseite jeden Haalhauses befand sich ein Kasten, in dem man die Sole sammelte, bevor sie in das Innere des Haalhauses geleitet wurde. Dort befand sich der sog. *Naach*, ein langer Holztrog. In diesem *Naach* wurde die Konzentration der Sole erhöht, indem der Sieder das *Gewöhrd* zur Sole hinzufügte. *Gewöhrd* waren Gegenstände, die bei einem früheren Siedensprozess mit der Sole in Berührung gekommen waren – alte Salzbehälter, Pfannenreste, Ofenmaterial etc. – und an denen sich Salz abgelagert hatte. Durch die Zugabe des *Gewöhrds* erhöhte sich der Salzgehalt der Sole von 5 auf 20 %. Erst dann schloss sich das eigentliche Sieden an, das in eisernen Pfannen vor sich ging. Diese Pfanne stand auf einem Herd, der alle drei Wochen erneuert werden musste. In mehreren Durchgängen wurde die Sole erhitzt, Reststoffe entfernt, die wieder dem *Gewöhrd* zugeführt wurden, bis schließlich das Salz ausgefallen und so trocken war, das es gestapelt werden konnte. Die produzierten Salzplatten – sog. *Schilpen* – wurden nochmals getrocknet und kamen dann in den Handel. Ein Siedevorgang *(Sud)* dauerte etwa 16 Stunden und produzierte 16 Schilpen à 30 Pfund. Die Gesamtproduktion der mittelalterlichen Saline dürfte in der Größenordnung von 20.000 Zentnern gelegen haben.

Die Arbeitsbedingungen im Haal waren hart, der Verdienst eher gering. Die meisten

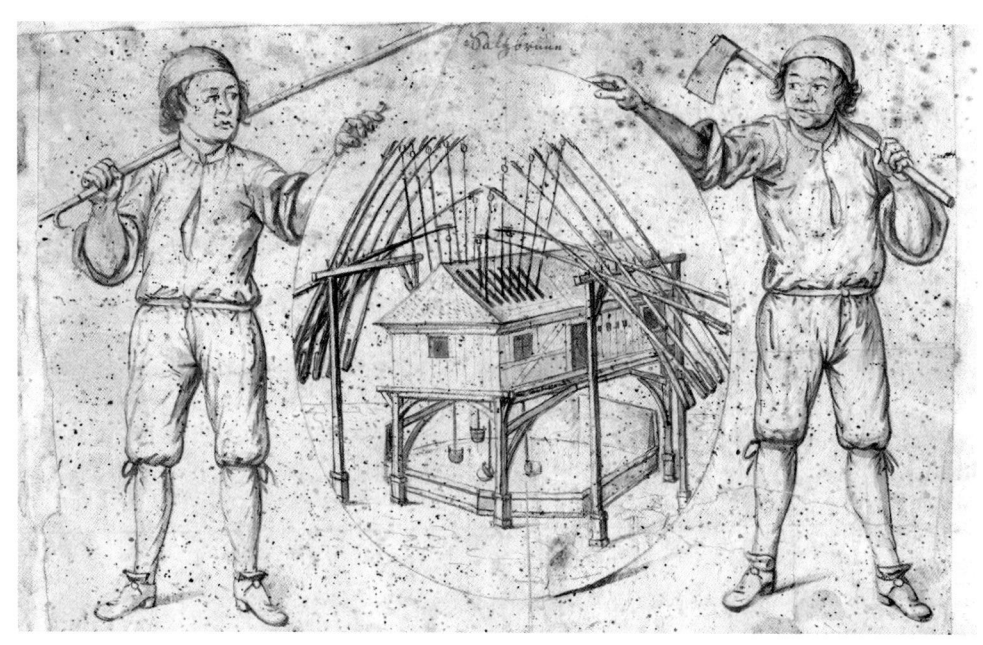

Haalbrunnen mit Schöpfwerk und Sieder mit ihren Arbeitsgeräten Flößerhaken und Axt. Tuschzeichnung nach einer Vorlage aus dem 18. Jahrhundert

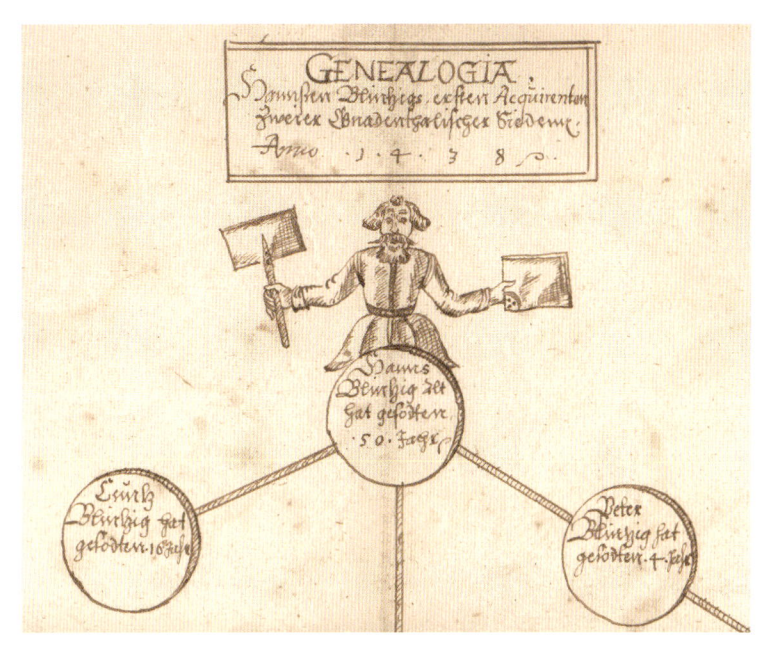

Ausschnitt aus dem Stammbaum der Familie Blinzig mit dem Stammsieder Hans Blinzig. Zeichnung um 1589

Salzsieder gehörten zu den gering veranschlagten Steuerzahlern. Wenn einzelne Siedersfamilien reich waren oder wurden, stammte das Vermögen meistens nicht aus dem Arbeitseinkommen im Haal, sondern aus anderen Quellen.

Der Verkauf des Salzes in der Stadt erfolgte im städtischen Salzhaus, in dem 1414 z. B. 41 Läden vermietet waren. Das Haller Salz genoss einen guten Ruf. Hauptabsatzmärkte waren Speyer, Straßburg und Basel, daneben Württemberg. Relativ wenig scheint nach Osten in Richtung Nürnberg verkauft worden zu sein, obwohl die Stadt Schwäbisch Hall doch lebhafte Handelsbeziehungen mit der fränkischen Metropole unterhielt. Dort aber dominierte das bayerische und österreichische Salz.

Auf der Rückfahrt brachten die Salzführer vor allem Wein mit, dessen Aufkauf und Weitervertrieb im 14. Jahrhundert noch in den Händen des Stadtadels lag. Neckar- und Rheinwein waren dem Kocherwein deutlich überlegen – sowohl für den Eigenverbrauch als auch für den Fernhandel, diesmal in Richtung Osten. Die „Mittelbürger", die 1340 eine so starke Stellung im Rat gewannen, dürften gerade auch nicht-adlige Bürger gewesen sein, die dem Adel im Handel Konkurrenz machten.

Am Salz hingen die anderen wirtschaftlichen Tätigkeiten: Handwerker waren mit Ausbesserung und Erneuerung der Gerätschaften im Haal beschäftigt, Taglöhner, Fuhrleute, Händler mit dem Salzverkauf. Holz wurde aus den limpurgischen Wäldern bezogen, was wiederum den dortigen Bauern ein Auskommen sicherte.

Zahlreich waren aber schon im Mittelalter die übrigen Handwerke: Metzger und Bäcker, Tucher, Weber, Schneider und Hutmacher, Gerber und Schuhmacher, Nadler und Schmiede, Kübler, Schreiner, Maurer und Zimmerleute deuten das Spektrum an. Das Handwerk war zunächst auf die Deckung des örtlichen Bedarfs ausgerichtet. Die Handwerker hatten sich zu Genossenschaften zusammengeschlossen, die Kontrollen über Qualität und Quantität der produzierten Waren ausübten, die Ausbildung von Lehrlingen und Gesellen regelten, die Übertragung von Betrieben billigen mussten und soziale Aufgaben übernahmen. Sozial einheitlich waren diese Genossenschaften nicht: Es gab reiche und arme Metzger wie Schneider. Reichtum ließ sich allerdings häufiger in den Gewerben erringen, die relativ viel Handel betreiben. Die Metzger etwa beteiligten sich am Viehhandel, die Bäcker am Getreidehandel, Tucher waren gleichzeitig als Krämer, Wechsler und Weinhändler tätig. Berufszweige mit wenig Handel wie Schuster, Schneider oder Weber hatten geringe Verdienstmöglichkeiten; Handwerker in diesen Gewerben waren tendenziell ärmer als die in den anderen.

Das Zunftsystem schloss weder soziale Unterschiede noch wirtschaftliche Dynamik aus: Gerade die Ausbildungsregeln, die die Gesellen zum Wandern zwangen, führten auch zu einem intensiven Erfahrungsaustausch über große Entfernungen hinweg, die die Produktionswege und -weisen veränderten.

Darstellung des Haalgeists aus der Colland-Chronik von 1774

Die folgende Urkunde vom 19. Mai 1306 ist nur in einer Abschrift des 16. Jahrhunderts der sogenannten Senften-Chronik überliefert. Sie enthält das früheste Verzeichnis der Besitzer der Pfannen im Haal. Später wird von einer Gesamtzahl der Pfannen von 111 ausgegangen, eine Zahl, die aber in der vorliegenden Urkunde nicht erscheint. Die Addition ergibt auch ein anderes Ergebnis als das angegebene (127 Pfannen 11 Eimer statt 109 Pfannen 17 Eimer). Wahrscheinlich wurde ein ursprüngliches Verzeichnis im Laufe der Jahre ergänzt, Nachträge eingefügt und anderes gestrichen, was bei der Abschrift unberücksichtigt blieb. Damit lassen sich die wirren Angaben einigermaßen erklären.

In gottes namen. Amen. Das seindt die sieden alhie zu Hall in dem Hale. Zu dem ersten des königs sieden seindt 5 pfannen und 5 aymer. Die herren von Comberg hont 8 aymer. Die herren von Madelberg 4 pfannen. Die frawen von Gnadenthal 6 pfannen. Die frawen von Liechtenstern 3 ½ pfannen. Die herren von Denckendorf 16 aymer. Die hern von Elchingen 32 aymer. Die hern von Nerißhaim 8 aymer. Die frawen von Celle 32 aymer. Das spital zu Halle hat 5 pfannen one 4 aymer. Pfaff Beringners altar zu sant Katharin 1 pfannen. Die hern von Ahausen 16 aymer. Die Sulmaister an der brucken 1 pfannen. Walther, ir sone, ain pfannen und 8 aymer von dem sulampt. Burkchart Sulmaister zwo pfannen one 4 aymer und 8 aymer von dem sulampt. Niclaus Sulmeister zwo pfannen one 4 aymer. Ulrich von Gailnkirchen ain pfannen. Cunrath, Walther Egen sone, 1 pfannen. Herr Hainrich Lächer 1 pfannen und aber ain pfannen. Herman der alt schulthais zwo pfannen und 4 aymer. Hainrich Müntzmaister ain pfannen. Er und Salome, sein schwester, ain pfannen. Conradt Müntzmaister, ir bruder, 3 pfannen on 3 aymer. Conradt,

Ulrich Müntzmeisters sone, 16 aymer. Bäbestin 12 aymer. Die hern von Schönthal 2 pfannen 8 aymer. Herr Hainrich Unmaß zwo pfannen und 5 aymer. Treutwein 2 pfannen und 5 aymer. Walther Slegel 5 aymer. Treutwein und Herman Cristan 3 pfannen. Peter Müntzmaister 1 pfannen. Die Feldnerin 17 pfannen und 8 aymer. Hainrich Veldner 3 pfannen. Der gut Egen 2 pfannen on fünf aymer. So hatt er und Cunradt Veldner 1 pfannen. Und Ospirn und er und Clain Cuntz Egen aine pfannen, die was Claus Müllins. Die Teutschen herren von Mergethaim 2 pfannen. Der Brune 16 aymer und 2 pfannen. Die minnern brüder 1 pfannen. Ermenrichin 1 pfannen. Adel Brantmarin zwo pfannen. Die Hagendörnin zwo pfannen und 2 aymer. Cunradt Mangolt 1 pfannen. Die Mülnerin 4 aymer. H. Hagendorn 3 pfannen und 16 aymer. Die Unmussin 16 aymer. Hainrich, ir sone, 1 pfannen. Hans Mangolt 1 pfannen. Berchtold Schletz 1 pfannen. Die kindt von Talaw 3 pfannen. Eberhard pfannenschmidt und Seyfridt Cumpelcorse haben ein sieden miteinander. Herman Gründelhart 12 aymer. Cunratt der schreiber 1 pfannen. Die alt Wergin 12 aymer. Seitz Hirlitt 16 aymer. Lörayin 1 pfannen. Hofmann 3 pfannen. Gernot der alt 1 pfannen. Gernot und Herman, seine sone, 16 aymer und Gernot besonder 1 pfannen 20 aymer. Cunrat Huber 10 aymer. Walther Craußhar 10 aymer. Gere Gieserin 10 aymer. Seyfrid alt 10 aymer. Hermans kindt von Haimbach 30 aymer. Dierolf der ledergerber zwo pfannen. Hainrich Sulmeister 1 pfannen und 16 aymer. Tirolfin 5 aymer. Luppenbach 4 aymer. Hartman Hophaw 1 pfannen. Dise pfannen sollen in dem Haal sein und nicht mehr als die burger von Hall erfaren haben und hont deß zu offen urkunth ir gemaines innsigel geben an disen brief. Und geschach das, do man zalt von gottes geburt XIIIc jar in dem sechsten jare darnach an dem negsten dornstag vor sant Urbanus tag.
Der pfannen seindt zehen und hundert one 3 aymer.

08 Die religiöse Infrastruktur um 1300

Schwäbisch Hall war um 1300 eine Stadt mit 3.000 bis 5.000 Einwohnern – genauere Schätzungen sind für diese frühe Zeit nicht möglich. In der ersten erhaltenen Beetliste von 1396 sind 1204 Haushalte aufgeführt. Für die Größe dieser Haushalte gibt es dagegen keinerlei Anhaltspunkte: Darunter können sich Einzelpersonen wie ganze Familien samt Gesinde und Anverwandten ohne eigenes Vermögen verstecken. Auf eine wie auch immer begründete Umrechnung soll daher verzichtet werden – und uns die ungefähre Schätzung genügen.

Dieser Haller Bevölkerung standen im 14. Jahrhundert drei Pfarrkirchen, eine Reihe von Kapellen ohne Pfarrstatus und mit St. Jakob eine Klosterkirche zur Verfügung. Unterlimpurg, das zu diesem Zeitpunkt noch nicht zu Hall gehörte, hatte seine eigene Pfarrkirche. Die religiöse Infrastruktur war also sehr dicht. Religion war den mittelalterlichen Menschen offensichtlich wichtig.

Mittelalterlicher Glaube integrierte Gruppen und Gesellschaften durch gemeinsame Wertüberzeugungen. Soziale Ungleichheit wurde durch den Willen Gottes gerechtfertigt. Recht und Macht wurden auf Gott zurückgeführt. Schutzpatrone konnten die städtischen Freiheitsrechte verkörpern. Im Rahmen von Prozessionen konstituierten sich Städte als Kultgemeinschaften, Übel wie Seuchen, Missernten, Kriege und Naturkatastrophen wurden durch Akte kollektiver Frömmigkeit abzuwenden gesucht. Umgekehrt war gutes Leben nur mit Hilfe Gottes und der Heiligen möglich. Auf Wunder wurde vertraut. Der strafende Gott legitimierte städtische Disziplinierungsmaßnahmen, die seinen Zorn von den Bürgern abwenden sollten.

Bilder dienten der individuellen Frömmigkeit, aber auch als Symbole kollektiver Identität. Altar- und Heiligenbilder drückten die religiösen Erwartungen der Stifter aus, stellten sie aber zugleich selbst dar und integrierten Vorfahren und Nachkommen, indem sie deren Namen und Aussehen festhielten und damit dem Familienbewusstsein Kristallisationspunkte lieferten.

Das Totengedenken gewann in der spätmittelalterlichen Kirche eine kaum zu überschätzende Bedeutung. Die Messe wurde schon seit der Spätantike als Opfer verstanden, das der Priester darbrachte, dessen Fürbitten im Gegenzug dann als besonders wirkungsmächtig galten. Insbesondere konnten Messen die Zeit, die die Seelen der Sünder im Fegefeuer verbringen mussten, verkürzen. Um die Totenmessen in würdigem Rahmen feiern zu können, entstanden schon ab dem 14. Jahrhundert zahlreiche Altarstiftungen.

Frömmigkeit drückte sich in Schwäbisch Hall im 14. Jahrhundert zunächst – für uns heute noch sichtbar – in Kirchenbauten aus. „Ästhetisch ansprechend gestaltete Architektur dient sowohl der kollektiven Selbstdarstellung der bürgerlichen und kirchlichen Gemeinde als auch dem Ansehen und der Erinnerung der Stifter und ihrer Familien." (Klaus Schreiner) Die Investitionen in Kirchen, Kapellen und Klöster waren gewaltig, der mittelalterlichen Armutsbewegung zum Trotz. Rechnungsunterlagen sind aus dieser frühen Zeit keine erhalten; wie groß der Aufwand war, lässt sich rückschließend aber daran ermessen, wie schwer den Gemeinden später der reine Unterhalt der Kirchen- und Kapellenbauten fiel.

Zudem müssen – zumindest bei den späteren Kirchen- und Kapellenbauten – eine Vielzahl spezialisierter Handwerker zur

Verfügung gestanden haben, um diese steinernen (!) Bauten errichten zu können. Handlangerdienste der Gläubigen durften noch vorgekommen sein, waren aber für das Bauwesen wohl eher sekundär. Die Stifter sorgten für eine Anfangsfinanzierung, gaben den Bauplatz, dotierten eine Pfründe und hofften auf weitere Beiträge, für die die Gewährung von Ablässen oft zentrale Voraussetzung war. Etliche der Kapellen waren ganz eindeutig mit bestimmten Familien des Stadtadels verbunden (die Schuppachkapelle mit den Unmuoßen von Altenhausen, die Schöntaler Kapelle mit den Bachenstein, die Josenkapelle mit den Schneewasser, die Veldnerkapelle schließlich mit der Familie gleichen Namens).

Zu den Stiftungen für den Bau an sich kamen noch die Gaben für einzelne Altäre in den Kirchen und Kapellen, die in der Regel mit der Feier von Messen zum Gedenken an die Stifter verbunden waren. Auch hier liegt – wie bei den Kirchenbauten – ein eindeutiger Schwerpunkt im 14. Jahrhundert, wie zum Beispiel die Altarstiftungen in St. Michael ausweisen. Im frühen 15. Jahrhundert entstanden entschieden weniger neue Altäre, was allerdings auch darin liegen kann, dass ein gewisser Sättigungsgrad erreicht war.

Schließlich ließ sich Frömmigkeit nicht nur durch Stiftungen, sondern auch durch ein Leben in der Nachfolge Christi verwirklichen. Für diese Tendenz stehen die Bettelorden des 13. Jahrhunderts (in Hall die Franziskaner) und die frommen Frauen, die sich zu – zunächst provisorischen und auf Zeit angelegten – Gemeinschaften zusammenschlossen. Gebetsbruderschaften realisierten dann aber auch die Priester und Kapläne an den großen Pfarrkirchen St. Katharina und – deutlich später – St. Michael.

Über die Verehrung bestimmter Heiligenbilder oder Prozessionen lässt sich für das Haller 14. Jahrhundert leider kaum eine gesicherte Aussage machen. Lediglich die beson-

Kopf an einem Säulenfuß aus dem Chor von St. Jakob aus dem frühen 13. Jahrhundert bei der Ausgrabung durch Eduard Krüger, 1951

dere Verehrung eines Bildes des Gekreuzigten auf dem Friedhof bei St. Jakob ist für 1385 durch einen Ablass bezeugt. Immerhin sammelten sich bis zur Reformation in den Kirchen große Mengen an Reliquien an, die sicherlich von der Bevölkerung verehrt wurden und auf das 14. Jahrhundert zurückgingen. Als eine Art Stadtheiliger fungierte in Schwäbisch Hall der Erzengel Michael, der von der Vorhalle der Kirche aus die Stadt zu seinen Füßen hatte und der auch im gotischen Neubau der Kirche an prominenter Stelle vertreten ist.

St. Michael

St. Michaels Anfängen wurde schon gedacht. Diese größte Kirche der Stadt war 1156 geweiht worden. Von der romanischen Basilika, die wahrscheinlich kein Querschiff hatte, ist noch der monumentale Turm erhalten. Um 1300 kam die Statue des Erzengels an der Mittelsäule der Vorhalle hinzu. 1427 wurde das romanische Schiff abgerissen und mit dem gotischen Neubau der Kirche begonnen. Eine eigenständige Pfarrei war die Michaelskirche nicht: Sie unterstand der Steinbacher Pfarrkirche St. Johann Baptist als Filial.

In St. Michael bestanden zahlreiche Altäre, an denen jeweils eigene Kapläne amtierten.

An diesen Altären wurden Messen für das Seelenheil der Verstorbenen gelesen, die als zunehmend wichtig angesehen wurden. Die frühesten Erwähnungen betreffen den Georgs- und den Marienaltar 1336 bzw. 1337, die beide zu diesem Zeitpunkt schon länger bestanden. 1351 wurde der Maria Magdalenen-, 1364 der Nikolaus- und 1374 der Dreikönigsaltar gestiftet. Im 14. Jahrhundert kamen noch Heilig Kreuz (1391) und Wendrich (1399) hinzu. Der Ulrichaltar wurde 1405 aus der Burg Bielriet nach St. Michael verlegt. Stiftungen des 15. Jahrhunderts waren der Fronleichnams- und der Sakramentsaltar von 1447 bzw. 1467.

Eine Bruderschaft des Pfarrers und der Kapläne an St. Michael wurde 1401 von Comburg und Würzburg bestätigt. Auch sie stand im Zusammenhang des Totengedenkens, sollte sie doch zum einen die Stiftungen für Laien erleichtern und übernahm zum anderen die Seelenmessen für ihre Mitglieder. 1403 wurde die Satzung dieser Bruderschaft überarbeitet und erneuert. 1456 hinterließ Leonhard Layding, Pfarrer an St. Michael, seine Bücher der Bibliothek der Michaelskirche, die damit als bestehend vorausgesetzt wird.

Veldnerkapelle

1345 stiftete Guta Veldner zu ihrem Seelenheil und zu dem ihrer Ehemannes, ihrer Vorfahren und Nachkommen Güter in die von ihr erbaute Kapelle auf dem Kirchhof St. Michael. Dabei handelte es sich um Hausbesitz in Hall, Abgaben von einer Schmiede und einer Fleischbank, einem Hof in Veinau und diversen Äckern und Gärten. 1351 wurde die Stiftung und ihr Besitz von Comburg bestätigt, die Auswahl des Kaplans sollte auf Lebenszeit bei Guta Veldner und ihren Kindern verbleiben. 1360 erfolgte eine Stiftung zugunsten von Wachs und Öl in der Kapelle. Insgesamt bestanden in dieser Kapelle vier Altäre (Ambrosius, Franziskus, Frauenaltar, Leonhard). Die meisten Stiftungen stammten von Angehörigen der Familie Veldner und ihrer Nachfahren.

Kapelle St. Anna auf dem Friedhof von St. Michael und weitere kleine Kapellen

Der Kärner – das Beinhaus – auf dem Friedhof St. Michael war gleichzeitig eine Kapelle zu Ehren der hl. Anna. Er war im Jahr 1400 neu errichtet worden. Eine weitere – allerdings nur einmal erwähnte – Kapelle bei St. Michael war 1402 der Ehre Gottes, Mariens, den heiligen Theobald und Dorothea geweiht. 1416 erhielt der Rat vom Würzburger Bischof die Erlaubnis, eine Kapelle außerhalb des Langenfelder Tores anlegen und für diesen Zweck Geld sammeln zu dürfen. Dieses religiöse Bauwerk hätte eher weltliche Funktionen gehabt, wäre es denn gebaut worden. Durch seine Lage hätte es als Verstärkung der Stadtbefestigung den Limpurgern gegenüber gewirkt. Der Bau soll auf Anraten Kaiser Sigismunds selbst unterblieben sein.

Franziskaner in St. Jakob

Direkt gegenüber St. Michael lag die Jakobskirche, die seit 1236 Klosterkirche der Franziskaner war. Ihre Baugeschichte ist problematisch: Die Fundamente wurden am Hafenmarkt ermittelt, was eine unattraktive Hang- oder Kellerlage ergibt (die eigentlich nur erklärbar ist, wenn St. Michael schon als bestehend angenommen wird). Die datierbaren Baureste stammen aus dem 12./13. Jahrhundert, Querhaus und Chor wohl erst aus den Jahren nach 1236.

Die Franziskaner waren im 13. Jahrhundert Träger einer modernen Frömmigkeitsbewegung. Hatten die Cluniazenser den Schwerpunkt auf die Gebete für das eigene Seelenheil und das der Angehörigen gelegt, hatten die Zisterzienser die Arbeit neu bewertet, so setzten die Franziskaner (und die in Hall nicht vertretenen Dominikaner) auf die Nachfolge Christi in Armut. Zugleich erbrachten sie Predigtleistungen für die wachsende städtische Bevölkerung. Die Priester der Pfarreien spendeten zwar die Sakramente, boten aber darüber hinaus kaum Orientierung für die Gestaltung eines christlichen Lebens. Diese Lücke füllten die Bettelorden.

Schnell scheint es zu Auseinandersetzungen zwischen den Priestern der Pfarreien und denen der Franziskaner gekommen zu sein: Zu einem unbekannten Zeitpunkt im 13. Jahrhundert ermahnte der Bischof von Würzburg den Haller Dekan, die Franziskaner nicht an der Predigt und dem Abnehmen der Beichte zu stören. Als Anhänger Kaiser Ludwigs des Bayern befanden sich die Haller Franziskaner wie die Stadt in Exkommunikation und Interdikt, von dem sie 1348 und 1349 losgesprochen wurden.

Zwischen 1348 und 1392 werden Prokuratoren des Haller Konvents erwähnt, die aus den Reihen der vornehmen Bürger stammten. Grundstücksgeschäfte wurden zunächst über die Prokuratoren, später direkt von Gardian und Konvent abgewickelt.

Der Grund- und Gültbesitz des Franziskanerklosters stammte zum kleineren Teil aus Ankäufen, zum größeren Teil aus Stiftungen. Regionale Schwerpunkte waren neben der Stadt Hall, in der das Kloster neben Gülten aus Häusern und Gärten auch ein Sieden besaß, die Dörfer im Umfeld der Reichsstadt bis nach Künzelsau. Während vor 1400 vor allem aus den Reihen der stadtadligen Familien gestiftet wurde, lassen sich für das 15. und frühe 16. Jahrhundert auch Zuwendungen von Salzsiedern und Handwerkern nachweisen.

Der Schwerpunkt der Tätigkeit der Haller Franziskaner lag – wie angedeutet – auf der Predigt. Seit 1399 sind Lektoren erwähnt, die ihre Mitbrüder in der Theologie unterrichteten. Großen Raum nahmen die Gottesdienste für die Verstorbenen ein: Jahrtagsstiftungen sind seit 1324 belegt. Die Vorschriften für die Abhaltung der Messen wechseln. Sind sie ursprünglich wenig detailliert, so gehen im Laufe der Zeit die Bestimmungen sehr ins Einzelne. Für 1418 ist eine Zahl von acht Priestern im Haller Konvent bezeugt. Genannt werden außerdem Schüler, bei denen es sich aber auch um die Novizen handeln könnte, nicht um externe Schüler.

Nach der Übergabe an die Franziskaner wurden in St. Jakob neue Altäre aufgestellt, Ablässe bestanden zugunsten der heiligen Franziskus, Antonius und Klara. In der zweiten Hälfte des 13. Jahrhunderts scheint es auch darüber hinaus zu baulichen Veränderungen an der Kirche gekommen zu sein, denn 1307 mahnte König Albrecht die Stadt Schwäbisch Hall, die Franziskaner nicht am Bauen zu hindern. Durch Ablässe aus dem 14. und 15. Jahrhundert sind Altäre der heiligen Franziskus, Ludwig, Antonius, Klara, Katharina, Maria Magdalena, Barbara und Dorothea urkundlich überliefert. Ein Bild des Gekreuzigten auf der linken Seite des Kirchhofs erfreute sich besonderer Verehrung.

Der Friedhof des Jakobsklosters diente als Begräbnisstätte für die Familien des Haller Stadtadels. Noch 1522 wurde der Ratsherr Hans von Morstein hier beigesetzt.

Die Haller Franziskaner betreuten auch die Gemeinschaften frommer Frauen, von denen es in Schwäbisch Hall drei gegeben zu haben scheint: Eine Klause in Unterlimpurg lässt sich zwischen 1328 und 1417 nachweisen; Klausnerinnen bei St. Katharina werden 1349 bis 1426 erwähnt. Die dritte Gemeinschaft waren die sog. Beginen.

Beginen

1277 gestattete der Würzburger Bischof den Haller Franziskanern, dass Beginen und andere Personen bei ihnen den Gottesdienst besuchen dürften, selbst wenn die Stadt mit einem Interdikt belegt sein sollte. 1305 werden zwei Schwestern, Gertrud und Agnes von Hall, erwähnt und als Beginen bezeichnet. Eine dritte Schwester war Klarisse in Heilbronn. Ob diese Hinweise ausreichen, auf die Existenz von Beginen in Schwäbisch Hall zu Beginn des 14. Jahrhunderts zu schließen, sei dahingestellt. 1344 vermachte Schwester Jut von Dörzbach ihr Haus in Schwäbisch Hall den Franziskanern. In diesem Haus wohnten die beiden Schaffnerinnen (die beide Adelheid hießen) des Barfüßerklosters, die dort auch unabhängig von ihrer Funktion das Wohnrecht behalten sollten. Eine Schaffnerin Adelheid wird auch 1351 noch einmal erwähnt. Die Bezeichnung „Schwester" und die Verbindung mit den Schaffnerinnen deutet an, dass hier Laien der Dritten Regel gemeint sind, die Dienstleistungen für die Franziskaner erbrachten, die diesen selbst nicht möglich oder erlaubt waren. 1339 wird so auch der Güterpfleger Conrad Egen als Schaffner genannt.

Sicheren Boden betritt man mit einer Urkunde vom 9. September 1348, in der explizit die Meisterin Adelheid von der Dritten Regel und ihr Konvent genannt werden. Nicht entscheiden lässt sich, ob diese Meisterin Adelheid mit einer der beiden Schaffnerinnen identisch ist oder nicht.

1350 vermachte die „geistliche Tochter" Gret Betz, Bürgerin zu Schwäbisch Hall, ihr Haus den „guten Kindern" oder „willigen Armen", was sicher auch eine Gemeinschaft bezeichnet, die nach der Dritten Regel lebte oder leben wollte. Die Vormünder oder Pfleger, die diese Stiftung annahmen, Conrad Egen und Hans von Gailenkirchen, waren dieselben wie die des Barfüßerklosters. 1383 wird dieses Haus noch einmal genannt: Es lag hinter dem Haus des Stubentaler, der seinerseits in der Schuppach lebte. 1389 erscheint in einer Urkunde eine Schwester Adelheid Tüingerin, die einen Jahrtag im Franziskanerkloster stiftete.

So ergibt sich bis gegen Ende des 14. Jahrhunderts der Eindruck, dass eine ganze Anzahl von Frauen sich der Dritten Regel angeschlossen hatten, wohl an verschiedenen Stellen in der Stadt lebten und dem Franziskanerkloster verbunden waren. Eine Klausur oder auch nur eine strengere Abschließung gegen die Welt erscheint dagegen eher unwahrscheinlich.

St. Katharina

Der Bau der Pfarrkirche St. Katharina stammt aus der Mitte des 13. Jahrhunderts. Im folgenden Jahrhundert wurde er modernisiert. 1363 weihte ein Vertreter des Bischofs von Würzburg den Chor neu und gewährte den Besuchern der Kirche einen Ablass. Zu diesem Zeitpunkt waren auch die Grenzen der Pfarrei geregelt: Um 1354 hatte offenbar der Pfarrer von St. Katharina einen Prozess gegen den von St. Michael wegen der genauen Abgrenzung der Pfarrbezirke angestrengt. Der Würzburger Bischof entschied, dass beide separate Pfarreien seien und der Kocher die Grenze markiere. St. Katharina appellierte gegen diese Entscheidung beim Papst. Die Kirche blieb weiterhin Filial von Westheim (wie in einem Ablassbrief von 1347 fixiert).

Den Pfarrer von St. Katharina erwähnt erstmals eine Urkunde von 1283. 1306 erscheint ein Altar der Kirche in der Liste der Pfannenbesitzer. Im 14. Jahrhundert kamen wie in St. Michael Altarstiftungen dazu, so wurde 1331 eine Pfründe auf den Altar der heiligen Nikolaus und Martin in St. Katharina gestiftet. 1335 ist von vier Kaplänen in der Kirche die Rede. 1344 bestätigte Bischof Otto von Würzburg die

St. Katharina in der ersten Hälfte des 19. Jahrhunderts auf einer etwas naiven Zeichnung von Peter Koch, 1878 drei Altäre in der Kirche. An St. Katharina bestand eine Bruderschaft der Priester, die 1346 erstmals erwähnt wird; damit ist sie ein halbes Jahrhundert älter als die an St. Michael. 1347 bestand sie aus 13 Priestern. 1354 bekräftigte der Abt von Murrhardt als Patronatsherrn der Westheimer Kirche ihre Satzungen.

Johanniter in St. Johann

Im letzten Jahrzehnt des 12. Jahrhunderts wurde die Johanniterkommende in Schwäbisch Hall wahrscheinlich im Anschluss an den Dritten Kreuzzug gegründet. Genaue Nachrichten allerdings fehlen. Baugeschichtliche Untersuchungen der Johanniterkirche und der zugehörigen Gebäude weisen in die Jahre um 1200. Die Kirche wurde 1385 bis 1404 in gotischem Stil erneuert.

1249 übernahm die Kommende das 1228 erstmals erwähnte städtische Spital, wobei sich die Johanniter zur Aufnahme von maximal 20 Kranken verpflichteten. Dauerhaft Behinderte (wie Blinde und Lahme) sowie chronisch Kranke waren von der Versorgung ausgeschlossen. Im Gegenzug erhielt die Kommende das Vermögen des Spitals, worunter vor allem die Nutzungsrechte an zwei Sieden erwähnenswert waren.

In den folgenden Jahren bekam die Kommende zahlreiche Zuwendungen von den adligen Familien der näheren und weiteren Umgebung (Herren von Krautheim, von Hohenlohe, von Bielriet, von Limpurg, von Heimberg etc.), die zu einer erheblichen Ausweitung ihres Besitzes führten. Zukunftsweisend wurde der Erwerb des Patronats über Affaltrach 1289 von den Herren von Walldürn bzw. den Grafen von Löwenstein, mit dem die Haller Kommende in einer Gegend Fuß fasste, in der später der Schwerpunkt ihrer Besitzungen liegen sollte. Weiterer Besitz in Affaltrach und Umgebung folgte unmittelbar. Auch in Hall und seinem Umland gelangen weitere Erwerbungen – so besonders in Gottwollshausen, Gliemen und Eltershofen.

Die Kommende unterhielt enge Beziehungen zum fränkischen Adel und zu den adligen Familien der Stadt Schwäbisch Hall, zu deren bevorzugtem Begräbnisplatz die Johanniterkirche wurde.

Die Kommende Hall gehörte zum Großpräzeptorat Franken und unterstand der „Ordenszunge" Deutschland. Die Leitung der Kommende lag bei den Komturen, deren Namen ab 1249 überliefert sind. In Abwesenheit des Komturs amtierte ein Prior als Leiter. 1249 gehörten anscheinend drei Brüder der Kommende an, 1317 waren es zehn.

Im 15. Jahrhundert sind drei ständige Geistliche an der Johanniterkirche bezeugt, die aus dem Orden selbst stammten. Drei war auch die Zahl der nachweisbaren Altäre in der Kirche, die St. Johann Baptist, St. Johann Evangelist, Michael, Georg und Katharina geweiht waren.

1317 wurde das Spital in städtische Regie übernommen. Die 1249 von der Stadt an die Johanniter übergebenen zwei Siederechte erhielt die Kommune zurück. Alle weiteren Ansprüche wurden mit 100 Pfund Heller abgegolten.

Spital

Die Übernahme von Spitälern in städtische Regie war um diese Zeit keineswegs eine Seltenheit: Die Bereitschaft zu stiften, war innerhalb der Bürgerschaft vorhanden. Die Gemeinden und die Bürger strebten danach, diese Stiftungen unter ihrer Aufsicht zu behalten, um die Finanzen und die Erwerbspolitik der Institutionen kontrollieren zu können. Schwäbisch Hall war also keineswegs eine Ausnahme.

Das Spital selbst wurde – wie geschildert – 1228 zum ersten Mal erwähnt, als Sivridus und Agatha ihr Vermögen einer bereits bestehenden, aber in Verfall geratenen Einrichtung zukommen ließen und ihr weiteres Leben dem Dienst an den Kranken widmeten, wofür sie von allen Abgaben und Diensten Dritten gegenüber befreit werden. Dieses Spital war St. Johannes geweiht, seine Lage ist unbestimmt. Nicht weniger als 39 Zeugen führt die Urkunde auf, die von Schultheiß Heinrich besiegelt wurde, was schon zeigt, dass ihr große Bedeutung zukam. Von 1249 bis 1317 fungierte der Johanniterorden als Träger auch des städtischen Spitals, eigenständige Nachrichten zu seiner Geschichte fehlen. Im zuletzt genannten Jahr wurde das Spital vom Weiler an den Nordwestrand der Kernstadt verlegt. Als zusätzliche Begründung für die Übernahme durch die Stadt diente die angeblich schlechte Versorgung der Kranken durch die Johanniter, die nicht einmal die Gebäude richtig im Stand gehalten hätten. Wie viel davon Propaganda, wie viel Tatsachen entspricht, sei dahingestellt. Seit 1317 zeichnete auf jeden Fall die Stadt für den Betrieb des Hospitals verantwortlich. 1319 wurde in einem Ablassbrief der Kreis der zu Versorgenden neu definiert: Blinde, Lahme, Waisen, Unmündige, Kranke und Körperbehinderte sollten in den Genuss spitalischer Leistungen kommen. Zwei Vertreter des Rates führten als Hospitalpfleger die Aufsicht über das Vermögen, ein Spitalmeister stand an der Spitze der Verwaltung. Sie erweiterten durch die Annahme von Stiftungen und die Wiederanlage der Überschüsse den Besitz des Spitals beträchtlich. Beispielhaft seien die Stiftungen der Bete Venerin von 1332, der Elsbeth Schleglerin von 1339 und des Fritz Ornloch und seiner Frau von 1341 genannt. Die Erträge des Spitals müssen hoch gewesen sein: So konnte es z. B.1348/1349 für die Summe von 445 Pfund Heller vier Höfe in der Umgebung der Stadt erwerben. Im Jahr 1400 besaß das Spital acht große Höfe, 18 kleinere Güter, 14 Feldlehen und 230 Morgen Wald, was – gemessen an den späteren Verhältnissen – noch relativ bescheiden ist, aber doch schon zeigt, dass eine zielgerichtete Politik hinter den Ankäufen stand, die gleichzeitig danach strebte, den spitalischen Besitz zu expandieren und an bestimmten lokalen Schwerpunkten zu konzentrieren und zu konsolidieren. Gegen Ende des 14. Jahrhunderts veränderten sich Aufgaben und Finanzierungsgrundlage des Spitals: Seit den 1390er Jahren wurden Pfründner aufgenommen, die sich gegen Übergabe ihres Vermögens für den Rest ihres Lebens in das Spital einkaufen und dort verpflegen lassen konnten. Bis dahin wurden Spitalinsassen aus Barmherzigkeit aufgenommen, nun konnten Leistungen gegen Geld erworben und rechtlich verbindlich eingefordert werden. Das Spital ergänzte seine Aufgabe als Armen- und Siechenhaus um die eines Altersheims.

St. Nikolaus vor dem Gelbinger Tor

Als zusätzliche soziale Einrichtung war um 1300 das Aussätzigenhaus bei St. Nikolaus vor dem Gelbinger Tor hinzugekommen (erste sichere Erwähnung 1296). 1309 und 1310 erhielt die Kapelle Ablässe, 1322 kamen die *uzsetzln* in den Genuss der ersten urkundlich belegten Stiftung. 1338 und 1339 folgten weitere Gaben an Leprosenhaus und Kapelle. Die Aussätzigen oder Sondersiechen waren eine für mittelalterliche Städte besonders problematische Gruppe, da sie von der übrigen Bevölkerung isoliert werden mussten. Der Aussatz, die Lepra, ist eine der wenigen Krankheiten, für die schon in dieser Zeit die Ansteckung durch Körperkontakt festgestellt war. Noch 1502 stiftete Mathis Täfner eine Messe am Wolfgangsaltar der Nikolauskapelle.

St. Maria in der Schuppach

Die Schuppachkapelle – die in der ersten Hälfte des 15. Jahrhunderts in der Regel als Georgs-, erst nach 1470 im Zusammenhang mit ihrem Neubau als Marienkapelle bezeichnet wird – entstand in den Anfangsjahren des 14. Jahrhunderts. Ihre Stiftung soll auf einen Mord zurückgehen: Ein Angehöriger der Familie Unmuoß von Altenhausen war beim Spiel mit einem Mitglied der Familie Eberwein aneinandergeraten. Da der Unmuoß wusste, dass der

Eberwein jeden Abend nach dem Abendessen bei einem Freund einen Schlaftrunk einnahm, schlich er sich durch das Loch, durch das der Schuppach damals in die Stadt floss, hinein, passte den Eberwein ab und erschlug ihn. Anschließend entkam er auf dem gleichen Weg. Die Haller nahmen für den Mord an ihrem Mitbürger Rache, zogen nach Altenhausen und verbrannten den dortigen Wohnsitz der Unmuoß, wobei sie den eigentlichen Täter aber nicht erwischten. Schließlich kam ein Vergleich zustande, der vorsah, dass der Unmuoß an der Stelle des Mordes einen St. Georgs-Altar stiften solle. Diese Altarstiftung soll die Grundlage für die Unmüßige Kapelle gewesen sein. Wie leider so oft bei schönen Geschichten lässt sich das alles archivalisch nicht belegen. 1322 – in der ersten Urkunde, die die Kapelle erwähnt – garantieren der Ritter Heinrich Unmuoß und sein Kaplan (ebenfalls ein Heinrich) die Rechte der Pfarrkirche St. Michael, die durch die offenbar neue Kapelle nicht verletzt werden sollen. 1323 hieß es prosaisch, dass die Kapelle im Hof des Ritters liege. Sie wurde in diesem Jahr geweiht und mit Einkünften in Hessental ausgestattet. Wahrer Kern der Mordgeschichte scheint also zu sein, dass der adlige Ritter Heinrich Unmuoß eine Hauskapelle stiftete, an der sein Kaplan amtierte. Warum er dies tat, geben die Urkunden nicht preis.

Schöntaler Kapelle

1364 sollen Walter von Bachenstein und Walter Senft der Alte eine Unserer Lieben Frauen geweihte Kapelle beim Cappelthor (später Stätt-Tor) gestiftet haben und samt ihren Häusern dem Kloster Schöntal an der Jagst übergeben haben. 1401 soll eine Wallfahrt zu dieser Kapelle begonnen haben, im Anschluss an einen Zweikampf auf dem Marktplatz, dessen Sieger auf Knien vom Marktplatz bis zur Kapelle gerutscht sein soll – als Dank für seinen Triumph. Auch hier stimmen die Überlieferung in den Chroniken und der archivalische Befund nicht überein: Tatsächlich bestand die Schöntaler Kapelle schon 1296, als für sie ein Ablassbrief in Rom ausgestellt wurde. 1341/42 amtierte bereits ein Kaplan an der Frauenkapelle am Gelbinger Tor. Für 1365 sind Stiftungen des Heinrich Weigner und seiner Ehefrau Berle Tigelerin (sie stifteten einen Hof in Unterscheffach) sowie des Conrad von Bachenstein (der Geld und Salz zugunsten der Pfründe gab) belegt. 1385 erhielt die Kapelle einen weiteren Ablassbrief.

Josenkapelle

Der erste archivalische Nachweis für die St. Josen-Kapelle in der Gelbinger Gasse stammt von 1385, als die Kapelle ein Grundstück in der Gasse erwarb, das zur Herberge für arme Pilger bestimmt war. Der Bau selbst

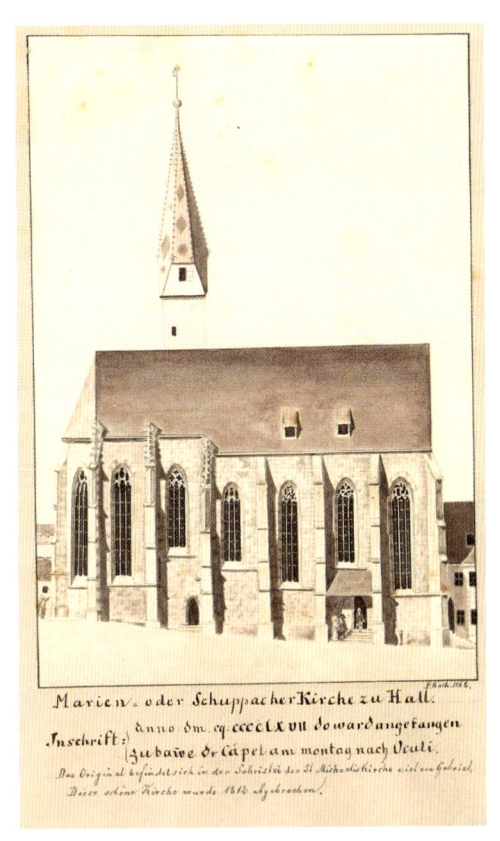

Die Schuppachkirche kurz vor ihrem Abbruch 1812. Zeichnung von Peter Koch nach einer älteren Vorlage, 1868

könnte ein Jahrhundert älter sein. Noch im gleichen Jahr 1385 stifteten Peter Schnewazzer und seine Frau einen Weingarten. Zu diesem Zeitpunkt gab es in der Kapelle („Jakobskapelle") schon drei Altäre, aber nur einen Kaplan. Drei Jahre später folgte ein Hof in Weckrieden, den Sitz Schnewazzer übergab. Auf eine wesentlich breitere Grundlage wurde die Kapelle 1397 durch die Altarstiftung des Sifrid Snewasser gestellt, der nach Wortlaut der Urkunde den Altar der heiligen Jakob und Jodocus in der Kapelle errichtet haben soll (wobei der Jakobsaltar schon vorher erwähnt wird). Auf jeden Fall dotierte er den Altar und die zugehörige Kaplanstelle reichlich.

Urbanskirche

Der Name der Kirche ist nicht historisch. In den Quellen erscheint sie vor dem Ende des 18. Jahrhunderts stets nur als Kirche zu Unterlimpurg. Der heilige Urban taucht als Patron der Kapelle zum ersten Mal im Geschichtswerk des Martin Crusius 1595/1596 auf und wanderte von da in die Chronik des Caspar Sagittarius und in die Uffenheimischen Nebenstunden des Jakob Friedrich Georgii von 1740.

Die Kirche gehörte im 14. Jahrhundert noch nicht zu Hall, sie geht auf eine Stiftung der Schenken von Limpurg aus den Jahren um 1230 zurück. 1283 löste Schenk Walter von Limpurg die Comburger Rechte über die Kapelle in Unterlimpurg ab (capelle suburbi castri nostri Limpurg), die Unterlimpurger Kirche wurde Pfarrkirche. Sie war Unserer lieben Frauen geweiht. 1328 soll eine Frau von Limpurg eine Frauenklause in Unterlimpurg bei der Pfarrkirche gestiftet haben. 1541 kam die Kirche mit der Vorstadt zur Reichsstadt.

Das Ställ-Tor mit dem Erzengel St. Michael als Schutzheiligem. Zeichnung Peter Kochs von 1868 nach einer Vorlage von 1807

Epitaph des Sitz Schneewasser von 1409

Guta Veldner – eine tüchtige Frau

Guta Veldner war die Ehefrau des Conrad Veldner, dessen Familie auf die staufischen Ministerialen zurückging, unter deren Führung im 12. und 13. Jahrhundert die Stadt Schwäbisch Hall sich entwickelt hatte. Der erste identifizierbare Urahn dieser Familie war ein Egino, von dem sich der Familienname „Egen" ableitete. Die Nachkommen des Walter Egen aber hießen dann Ulrich von Gailenkirchen, Conrad Veldner, Walter Schlegel und Kleinkunz, genannt Egen. D. h. nur einer der männlichen Nachkommen übernahm den Namen Egen, die anderen nannten sich nach Familiensitzen oder nach Anverwandten. Die Verfestigung der Nachnamen ist erst eine Erscheinung des 15. oder gar des 16. Jahrhunderts.

Guta Veldner war wahrscheinlich adliger Herkunft, Widman bezeichnet sie als eine geborene von Vellberg. Ob dies stimmt, sei dahingestellt. Durch ihre Ehe mit Conrad Veldner wurde sie auf jeden Fall Mitglied des Haller Stadtadels, der auch in der ersten Hälfte des 14. Jahrhunderts noch den Rat – also die städtische Politik – und das Wirtschaftsleben dominierte. Er besaß große Anteile an der Saline und Güter außerhalb der Stadt, betrieb aber auch Handelsgeschäfte, während ein Leben von den erworbenen und ererbten Zinserträgen eher untypisch gewesen zu sein scheint.

Conrad Veldner lässt sich zwischen 1286 und 1311 als Ratsherr nachweisen. Seine aktiven Geschäfte betreffen Grundstücke in Bibersfeld, Untermünkheim und Gottwollshausen und offenbaren enge Verbindungen zu den Haller Johannitern.

Nach 1311 verschwindet Conrad Veldner aus der Überlieferung, er dürfte um diese Zeit verstorben sein.

Ab 1316 erscheint dann seine Witwe Guta als Oberhaupt der Familie Veldner. Die erste Angelegenheit, die sie in Aktion zeigt, ist die Beilegung des Streits um die Kellerhälse. Die Kellerhälse stellten einen Zugang von der Straße in die Keller dar, waren also eine Art Rampe, über die insbesondere Weinfässer hinab- und hinauftransportiert werden konnten. Auf der anderen Seite reichten sie zum Teil weit in die Straßen hinein und bildeten so Verkehrshindernisse. 1316 wurde vier Bürgerinnen und Bürgern auferlegt, ihre Kellerhälse beseitigen zu lassen. Unter diesen befand sich auch Guta Veldner. Die anderen waren Bertold Schletz, dessen Bruder Conrad Schletz und Berle Hagedornin. Die geringe Zahl von Personen, die ihre Kellerhälse beseitigen mussten, flößt ein gewisses Misstrauen ein. Möglicherweise drehte es sich weniger um den Zugang zu Kellern als um die große Politik: Bertold Schletz scheint ein Anhänger Ludwig des Bayern gewesen zu sein, dem sich die Stadt Schwäbisch Hall im Herbst

Wappen der Familie Veldner, die auch von Stetten, Kleincontz, Geyer oder von Gailenkirchen genannt wurde, aus einer Chronik des frühen 17. Jahrhunderts

St. Michael um 1720. Die Veldner-Kapelle auf dem Friedhof bei der Kirche wurde abgerissen, als die Freitreppe angelegt wurde. Ein Inschriftenstein aus der Kapelle befindet sich noch im Chor von S. Michael.

desselben Jahres 1316 unterwerfen musste, während sie vorher auf der Seite des habsburgischen Kandidaten Friedrich des Schönen gestanden hatte. Bertold Schletz wurde jetzt Ratsherr. Als 1319 die Stadt erneut die Seiten wechselte und zu Friedrich dem Schönen übertrat, verschwand Bertold Schletz wieder aus dem Rat. Der Streit um die Kellerhälse könnte also weniger eine verkehrspolitische Maßnahme gewesen sein als der Versuch, den Anhang einer politischen Gruppierung durch finanzielle Einbußen zu strafen.

In anderer Interpretation könnte es sich um Streitigkeiten im Rahmen des Wiederaufbaus der Stadt nach dem Brand von 1316 handeln: Brandschutt ließ man im Mittelalter in der Regel liegen, wodurch sich das Niveau der ungepflasterten Straßen deutlich erhöhte. Dies wiederum hätte zu einer Verlängerung der Kellerhälse führen müssen, wollte man die Keller unverändert beibehalten. Betroffen waren unter Umständen nur einige wenige Haus- und Kellerbesitzer – und dies könnte auch erklären, warum der Rat nicht die Abschaffung der langen Rampen dekretierte, sondern den Weg einer Vereinbarung mit den Betroffenen suchte, wie aus dem Text der Urkunde eindeutig hervorgeht.

Zurück zu Guta Veldner. Sie scheint durch den Streit von 1316 auf jeden Fall in ihren ökonomischen Möglichkeiten nicht eingeschränkt worden zu sein. Im Jahr 1318 hatte sich die finanzielle Situation der Comburg so verschlechtert, dass eine Kommission einberufen werden musste, die eine Bilanz des Vermögens erstellte und Notmaßnahmen vorschlug. Zu den Gläubigern des Klosters gehörte auch Guta Veldner, die als Sicherheit für ihren Kredit die gesamte Klosterbibliothek empfangen hatte sowie zahlreiche liturgische Gewänder, Kultgegenstände und Reliquiare. 1320 klagte Comburg in Würzburg gegen Guta auf Herausgabe des Klostereigentums. Diese aber zeigte sich stur, woraufhin die gesamte Stadt mit dem Interdikt – dem Kirchenbann – belegt wurde. Den gewünschten Effekt scheint diese Maßnahme nicht gehabt zu haben, denn die Haller Franziskaner unterliefen die Verfügung des Würzburger Archidiakons und spendeten weiterhin die Sakramente.

1324 griff der Comburger Abt zu anderen Mitteln und versuchte, den Besitz des Klosters mit Gewalt zurückzuholen, was zu seiner Gefangennahme führte. Guta Veldner wird im Zusammenhang mit dieser Aktion nicht erwähnt, wohl aber ihr Schwager, Ulrich von Gailenkirchen, der um diese Zeit verstarb und trotz seiner Exkommunikation von den Franziskanern die Absolution erhalten hatte. Erst 1333 fand die Affäre dann ein Ende, als Kaiser Ludwig der Bayer die Stadt ultimativ aufforderte, für die Rückgabe der bei Guta Veldner deponierten Objekte an das Kloster zu sorgen, widrigenfalls er andere Mittel und Wege finden werde, der Comburg zu helfen. Die Drohung scheint gewirkt zu haben, aber immerhin hatte die Witwe 15 Jahre lang ihre Ansprüche behauptet.

Die Geschäftstüchtigkeit der Witwe Veldner wird schließlich auch durch ihre Stiftungstätigkeit belegt: Stiftungen dienten nicht nur dem Seelenheil, sie hatten auch Nebeneffekte – wie die Absicherung von Familienangehörigen und Steuerersparnis.

1345 stiftete sie Vermögensteile an die von ihr erbaute Kapelle auf dem Kirchhof von St. Michael, bei denen es sich um Einnahmen aus Häusern und Gütern in Schwäbisch Hall, Unterlimpurg und Veinau handelte. Von dieser Stiftung wurde ein Priester besoldet, dessen Ernennung wiederum bei der Familie lag. Die Stifterfamilien – außer Guta Veldner stifteten auch weitere Veldner und von Stetten – konnten also die Pfründe zur Versorgung von Familienangehörigen nutzen. Außerdem unterlag das gestiftete Vermögen nicht mehr der Beet, der Vermögenssteuer, da es ja der Kirche gehörte, auch wenn die Familie weiter darüber verfügte.

Zwischen 1345 und 1351 muss Guta Veldner verstorben sein. Sie war sicherlich alt geworden, da sie ihren Mann ja um mehr als drei Jahrzehnte überlebt hatte.

Die Spielräume, die Guta Veldner nutzte, verdankte sie ihrer Witwenschaft und ihrem Reichtum. Für verheiratete Frauen handelten im 14. Jahrhundert zumindest auf Papier und Pergament stets ihre Männer, erst der Tod des Mannes ermöglichte den Frauen eine aktivere Rolle. Die Stadt sicherte sie vor körperlicher Gewalt und blanker Machtdemonstration. Der städtische Friede, das Stadtrecht und die Solidarität der Bürger waren die Voraussetzungen für eine eigenständige Rolle (reicher) Frauen. Guta Veldner war selbst im 14. Jahrhundert keineswegs ein Einzelfall: Zu nennen wären etwa noch Berle Hagedorn, aus späterer Zeit könnten Katharina Büschler und Sibilla Egen angeführt werden.

10 Der Schwarze Tod

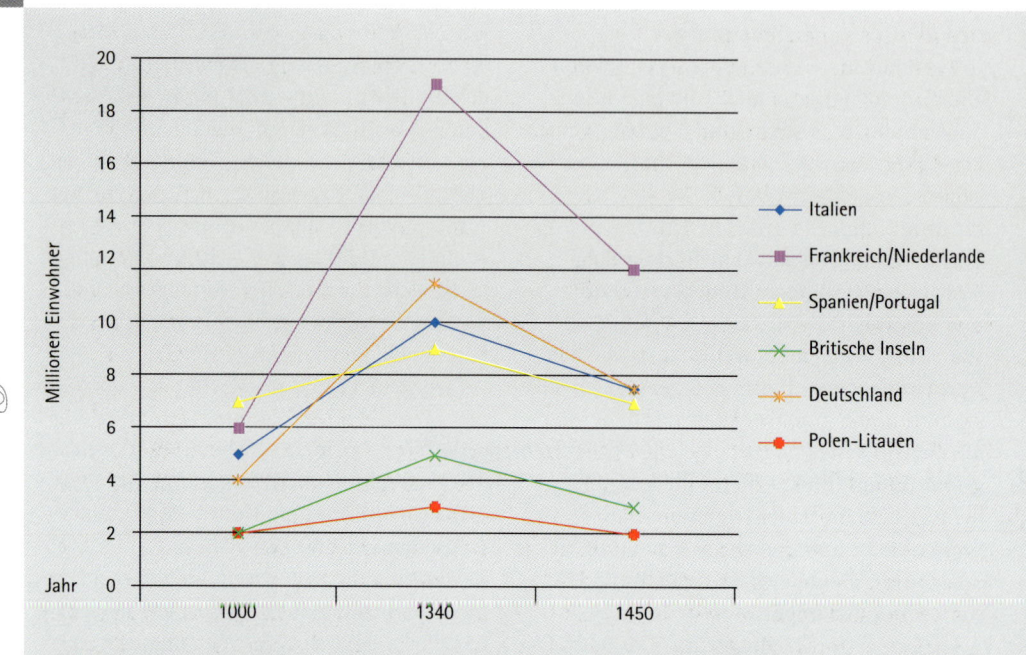

Bevölkerungsentwicklung ausgewählter europäischer Länder zwischen 1000 und 1450. Nach dem Jahr 1000 nahm die Bevölkerungszahl in den meisten europäischen Ländern deutlich zu. Besonders stark fiel der Anstieg in Frankreich, den Niederlanden und Deutschland aus, wo sich die Bevölkerung bis 1340 in etwa verdreifachte. England, Wales, Schottland und Irland erhöhten ihre Einwohnerzahl auf das Zweiundhalbfache, Italien verdoppelte sie. Die iberische Halbinsel und Polen wuchsen schwächer. Nach 1340 kam es in allen Ländern zu dramatischen Einbrüchen, die die Zahl der Einwohner teilweise auf das Niveau der Jahrtausendwende zurückwarf (so in Spanien/Portugal und Polen/Litauen), in den meisten Regionen aber das Anderthalb- oder Zweifache der Ausgangszahl übrig ließ.

Die erste sicher nachweisbare Pest in heutigem Sinn wütete zwischen 541 und 544 n. Chr. im Mittelmeerraum („Justinianische Pest"). Bis um 750 folgten weitere Epidemien, dann aber erlosch die Krankheit – für 600 Jahre.

Die Pest ist eigentlich eine Krankheit kleiner Nagetiere – vor allem von Ratten. Der Erreger ist ein Bakterium, die Yersinia Pestis. Übertragen werden die Erreger durch den Rattenfloh, dessen Stich die Bakterien von einem Wirtstier zum nächsten transportieren. Befällt der Rattenfloh die Wanderratte, beschränkt sich die Krankheit mit hoher Wahrscheinlichkeit auf die Ratten. Infiziert er dagegen die Hausratte, gelangt er unmittelbar in menschliche Siedlungsräume und Behausungen, denn im Unterschied zu den Wanderratten sind Hausratten standorttreu, wechseln also ihre Nester nicht. Sterben die Ratten, wechseln die Rattenflöhe auf Menschen, während sie Haustiere – wie Pferde,

66 Sozialgeschichte

Rinder und Schafe, aber auch Hunde und Katzen – offenbar meiden. Flöhe können bis zu 30 Tage ohne Wirtstier überleben und dann aus Kleidern, Ritzen oder Lumpen heraus Menschen befallen und stechen.

Bei der Beulenpest verfärbt sich an der Einstichstelle des Flohs die Haut blauschwarz, danach schwellen die Lymphknoten an. Nach etwa einer Woche erfolgt entweder eine Besserung – wobei die Begleitsymptome rasende Kopfschmerzen, Benommenheit, Fieber etc. sind – oder die Lymphknotenbarriere bricht und die Erreger gelangen ins Blut, was zur Sepsis („Blutvergiftung") führt. Bleibt diese aus, können Schwellungen der Lymphknoten, Hautunterblutungen, Schwindel und Halluzinationen auftreten, mit möglicherweise ebenfalls noch tödlichen Folgen. Die Lungenpest wird direkt durch Tröpfcheninfektion (wie Schnupfen oder Grippe) übertragen, wobei die Erreger aus der Lunge direkt in die Blutbahn gelangen, so dass der Tod schneller als bei der Beulenpest innerhalb von ein bis zwei Tagen eintritt. Beulen- und Lungenpest können jederzeit in einander übergehen, es handelt sich lediglich um zwei verschiedene Verlaufsformen einer Krankheit.

Der saisonale Zyklus der Pest hängt vom Auftreten der Ratten und der Rattenflöhe ab. Epidemien erreichten meist im Herbst ihren Höhepunkt, wenn sich die Ratten im Spätsommer und die Flöhe wenig später vermehrt hatten. Kalte Winter verhinderten den Fortgang der Krankheit, da die Flöhe dann in eine Art Kältestarre fallen.

Der Ursprung der großen Pestepidemie von 1348/49 in Europa lag in Mittelasien, wo es schon in den 1330er Jahren zu einer großen Sterblichkeit gekommen zu sein scheint. In den vierziger Jahren waren anscheinend im Osten China, im Westen Persien und Aserbaidschan betroffen. Im Frühjahr 1347 erreichte die Pest Caffa auf der Krim, eine Niederlassung der Genuesen am Schwarzen Meer. Bis in den Sommer 1347 waren bereits Trapezunt an der Südküste des Schwarzen Meeres, Zypern, Alexandria und Konstantinopel, die Hauptstadt des Byzantinischen Reiches, befallen.

Die nächsten Stationen lagen in den Mittelmeerländern und in Frankreich. Noch im Frühjahr 1348 waren Kärnten und die Steiermark erreicht, im Juni 1348 starben in Mühldorf am Inn die Menschen an der Epidemie: Es war damit die erste Stadt nördlich der Alpen, die heimgesucht wurde. Der größte Teil Deutschlands sah aber erst 1349 den Ausbruch der Krankheit, die am 8. Juli 1349 in Straßburg begann. Augsburg, Ulm, Esslingen und Stuttgart waren ebenso betroffen wie Mainz und Frankfurt. Nürnberg, Würzburg und Prag blieben 1349 dagegen verschont.

Für Schwäbisch Hall gibt es – nach bisherigem Kenntnisstand – keinen Nachweis, dass die Pest 1349 oder 1350 in der Stadt wütete. Weder die Chronisten (die allerdings erst 150 Jahre später lebten) noch Urkunden erwähnen eine Seuche für diese Jahre. Da Nürnberg und Würzburg verschont blieben, ist es nicht unwahrscheinlich, dass auch Schwäbisch Hall ausgespart blieb. Erst für 1356 bezeugt Lorenz Fries ein großes Sterben zu Würzburg und in dem Land zu Franken.

Unabhängig von der Pest entwickelten sich zwei weitere Bewegungen: Zum einen die Geißlerzüge, zum anderen die Morde an den jüdischen Gemeinden.

Die Geißler waren eine Bußbewegung; sie zogen zu Hunderten durch Städte und Dörfer und baten Gott, sie vor dem Tod zu verschonen, das befürchtete Kommen des Antichrists und das Weltende aufzuschieben. Sie schlugen sich, um ihre extreme Buße zum Ausdruck zu bringen, mit Geißeln, die mit nadelscharfen Stacheln besetzt waren, und fügten sich blutende Wunden bei. Dazu intonierten sie monotone Gesänge und bekannten öffentlich ihre Sünden. Höhepunkt war dann schließlich eine Geißlerpredigt, die in Konkurrenz zu den Predigten der Bettelorden stattfand, und zu Reue und Buße anhielt.

Allerdings führten Auftritte der Geißler auch zu Tumulten, da sie sich vor allem die

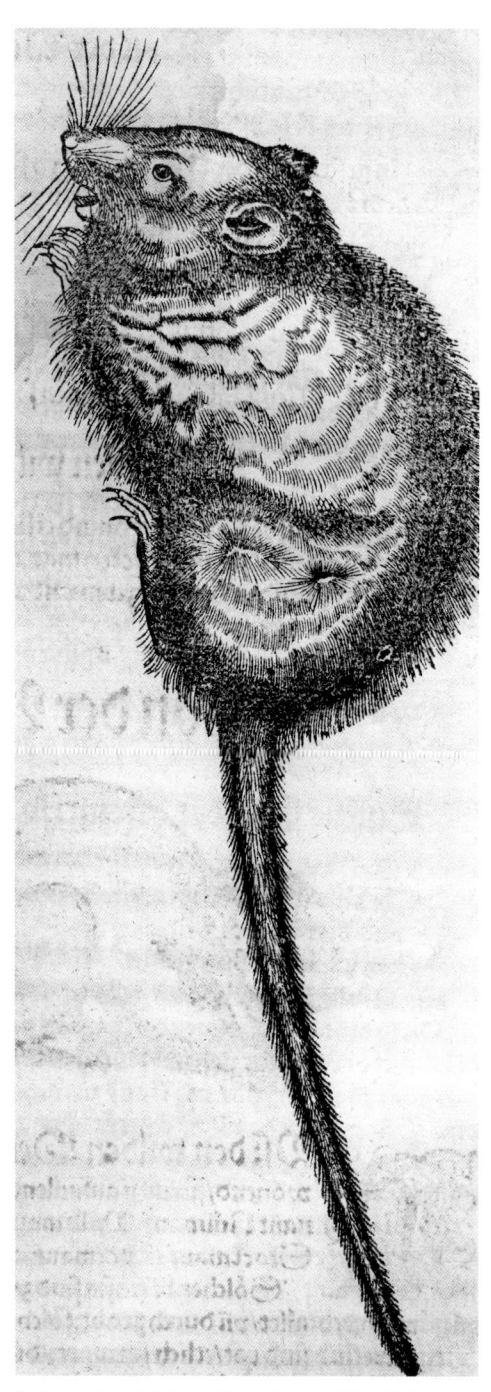

Ratte aus Conrad Geßners Tierbuch, das 1583 in Zürich gedruckt wurde. Die Rolle der Ratte bei der Verbreitung der Pest erwähnt Geßner nicht, dafür aber die Verwendung von Rattendreck als Haarwuchsmittel.

jüdischen Gemeinden als Angriffsziele aussuchten. Zudem wendeten ihre Bußübungen die Pest keineswegs ab, vielmehr folgte die Seuche oft direkt auf ihren Durchzug, so dass sie bald als Verbreiter der Krankheit, nicht mehr als Heilmittel galten. Schließlich kam Kritik an der Kirche und vor allem am hohen Klerus hinzu, was dazu führte, dass sich die Geistlichkeit von den Geißlern distanzierte.

Die Flagellantenbewegung zeigt in ihrer Irrationalität, ihrer Unorganisiertheit und ihrer Gewalttätigkeit typisch mittelalterliche Züge – und belegt die Angst der Menschen des 14. Jahrhunderts vor einem ihnen unbegreiflich scheinenden Seuchentod.

Am 2. Mai 1349 waren die Flagellanten (Geißler) in Würzburg, wohin sie aus Polen, Ungarn, Sachsen und Thüringen gelangt waren. Von Würzburg führte ihr Weg weiter einerseits nach Schwäbisch Hall und Esslingen, andererseits nach Frankfurt. Über ihren Auftritt in Schwäbisch Hall gibt es aber sonst keine weiteren Nachrichten.

Die wirtschaftlichen Auswirkungen der Pest waren gewaltig. Die Löhne stiegen deutlich an, da Arbeitskräfte fehlten. Auch die Preise für handwerkliche Produkte erhöhten sich. Einige europäische Staaten reagierten auf die neuen Verhältnisse mit Zwangsmaßnahmen, im Rahmen derer Preise und Löhne festgeschrieben wurden und Arbeitszwang verfügt wurde. Insgesamt verbesserte sich die Position der Städte und ihrer Bewohner, die mehr für ihre Produkte erlösen konnten, während die Erzeugnisse der Landwirtschaft billiger zu haben waren.

Ebenfalls in nur lockerem Zusammenhang mit der Pest standen 1348/49 die Judenverfolgungen in vielen Regionen Europas – darunter auch in Schwäbisch Hall, für das sich die übrigen Ereignisse des Pestjahres – wie gesagt – nur indirekt belegen lassen. Über die Geschehnisse des Jahres 1349 berichtet Georg Widman: *Dann ich habe von etlichen alten desz adels gehört, alsz gedachter kayszer anno domini [1349] den reichsständen gebotte, ihre juden auszzutreiben, den edlen gantzen und den burgern halben wucher nachzulaszen, habe ein Kuchenmeister zu Bielriett alle auszgetribene juden von Hall zue sich mit leib und gutt in sein schlosz Bielriett genommen und nach auszgang eines monaths sie widerumb auszgejagt, sagendte, der kayser habe ihme solches gebotten und all der juden zue ihme geflehntes hab und gutt innen behalten, und die juden mit lehrer hand zihen laszen. Es hat auch die von Hall anno Christi 1350 die juden auszzutreiben verursacht. Dann im selbigen jahr haben die von Hall etliche juden, die ein kindt vom weyler Hagenbach gestohlen und umbgebracht, in einem alten thurn zu Hall uf dem Rosenbühl ligendt verbrandt und ersteckth, seithero wider gebaueth, der newe oder burgerthurn genandt wirdt.* Die parallele Überlieferung bei Johann Herolt ist kürzer: *Anno domini [1349] da verbranten die vonn Hall die Juden in dem thurn uff dem Rosenbühel genant, und sind schier alle Juden, die in Teutschlandt wonhafft waren, dazumal mit fewr ausgetilgt, darumb das sie alle prunnen im land zu vergifften im sin hetten und zum theil (vollpracht), als ir vil sollen bekannt haben. Welche aber nit, sein dazumal sunst aus vilen reichstetten vertreyben.* Ritualmord und Brunnengiftung – zwei der gängigsten Vorwürfe gegen Juden – werden von den Haller Chronisten, die allerdings erst mehr als 150 Jahre nach den Ereignissen schrieben, zusammenmontiert, um die Ermordung und Vertreibung der Haller Juden zu rechtfertigen. Ob sie viel über die tatsächlichen Geschehnisse der Jahre 1348–1350 aussagen, ist eine andere Frage. Beide Chronisten datieren die Judenverfolgung in das Jahr 1350, stattgefunden haben aber muss sie im Frühjahr 1349, denn am 6. April 1349 verlangten in kaiserlichem Auftrag die Grafen Eberhard und Ulrich von Württemberg 800 fl von der Stadt Schwäbisch Hall als Sühne für den Totschlag an den Juden und als Entschädigung für die von der Stadt übernommenen Habseligkeiten. Am 9. April 1349 scheint diese Summe bereits beglichen gewesen zu sein, denn an diesem Tag beurkundete Kaiser Karl IV., dass die Zahlung geleistet worden sei und dass das zurückgelassene Gut der Juden nunmehr der Stadt gehöre.

1356 ist von der Synagoge in der Nähe der *Sulfurt* die Rede. Ein neben der Judenschule liegendes Haus wurde verkauft. Ob dies bedeutet, dass 1356 die Synagoge noch als Gotteshaus diente (und damit bereits wieder oder immer noch eine jüdische Gemeinde in Hall bestand) oder ob es sich nur um eine traditionelle Bezeichnung dieses Gebäudes handelt, wird aus der Urkunde nicht klar. 1373 scheint es auf jeden Fall wieder einige Juden in Hall gegeben zu haben, denn Kaiser Karl IV. übertrug Kraft von Hohenlohe den Schutz der Juden in Hall – und zwar sowohl derjenigen, die jetzt dort wohnen, wie der, die in Zukunft dort leben werden. 1376 erwarben die Juden Abraham und Merge ein Haus an der Sulfurt vom Salzsieder Wernlin Veyhel. Das wirtschaftliche Überleben dieser Juden wurde durch willkürliche Streichung von Kapitalien und Zinsen gefährdet: So traf 1385 König Wenzel mit den Reichsstädten eine Vereinbarung, nach der die z. B. die Zinsen auf allen Schulden, die älter als ein Jahr waren, gestrichen werden sollten. Im gleichen Jahr erhielt die Stadt Hall wie andere Städte auch, das Recht, Juden aufzunehmen, wobei die Hälfte des Ertrags an den König abzuführen war.

So markiert das Jahr 1350 zwar einen Einschnitt in der Geschichte der jüdischen Gemeinde, aber keinen Endpunkt. Auf wahrscheinlich bescheidenem Niveau lebten bald wieder Menschen jüdischen Glaubens in der Stadt am Kocher.

Chronologie der Pestwellen 1346–1460

Die Pest war nach 1348/1350 in Europa ein ständig wiederkehrendes Phänomen. Die folgende Grafik zeigt die Zahl der Nachrichten, die über Pestausbrüche in Deutschland überliefert sind. Deutlich werden die großen Wellen. Außer 1348/1350 waren vor allem 1357/1359, 1363, 1370/1372, 1380/1381, 1395/1396, 1405, 1420/1421, 1428, 1438/1439 und 1450 schlimme Jahre, in denen die Pest an zahlreichen Orten wütete. Irgendwo in Europa war nach 1350 immer ein Pestjahr.

Zahl der Pestnachrichten pro Jahr

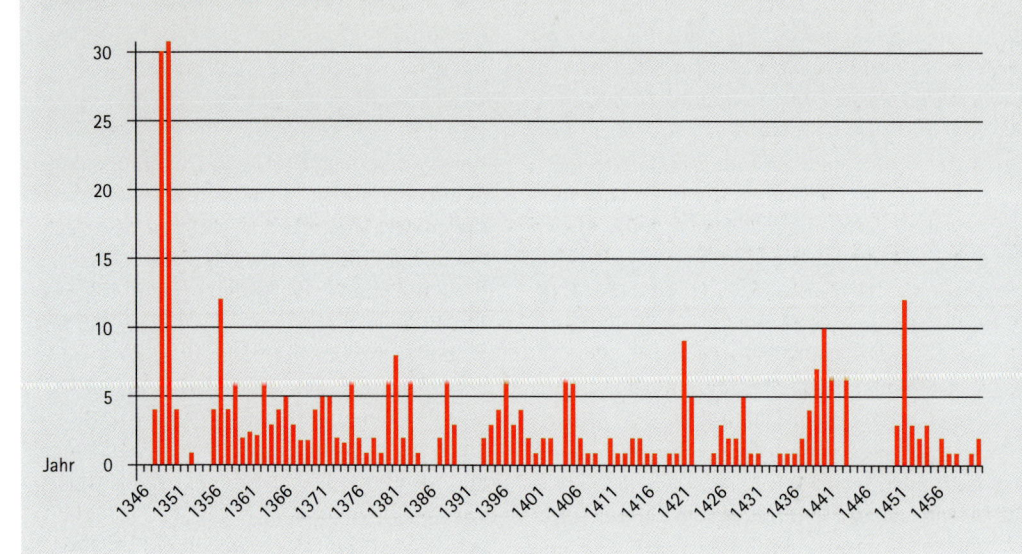

Städtebündnisse, Verpfändungen und kaiserliche Faulpelze

1314–1347	Ludwig IV., der Bayer, deutscher König und Kaiser.
1346–1378	Karl IV. von Luxemburg, deutscher König und Kaiser.
1348	Gründung der Universität Prag.
1356	Goldene Bulle mit der Regelung der Kaiserwahl.
1373	Kauf der Mark Brandenburg durch Kaiser Karl IV.
1378–1400	Wenzel, deutscher König.
1386	Schlacht bei Sempach: Die Schweizer und die Rheinischen Städte besiegen die Habsburger.
1386	Gründung der Universität Heidelberg.

In staufischer Zeit hatten sich manche Herrscher auf die Städte gestützt, um den Machtansprüchen der Hochadligen entgegentreten zu können. Später – in der zweiten Hälfte des 13. Jahrhunderts – mussten sich die Städte – so auch Hall gegen die Schenken von Limpurg – zur Wehr setzen: Die Territorialherren strebten danach, die ehemals königlichen Städte in ihre Herrschaftsgebiete einzugliedern, die Städte wollten bei König/Kaiser und Reich verbleiben. Im 14. Jahrhundert waren die Städte zu eigenständigen Machtfaktoren herangewachsen, um deren Gunst die Könige und vor allem diejenigen, die es werden wollten, zu buhlen hatten.

Da es im 14. Jahrhundert häufiger zu Doppelwahlen kam, also zwei Kandidaten sich als legitime Könige betrachten konnten, ergaben sich für geschickt agierende Städte Spielräume. 1314 etwa, als der Wittelsbacher Ludwig der Bayer und der Habsburger Friedrich der Schöne gewählt worden waren, nutzte die Reichsstadt Schwäbisch Hall die Gelegenheit und ließ sich zunächst ihre Privilegien bestätigen. Danach gewährte Ludwig der Bayer ihr einige zusätzliche Vergünstigungen: Hall wurde 1316 auf zwei Jahre von Abgaben und Diensten befreit – was vielleicht im Zusammenhang mit dem Stadtbrand dieses Jahres steht – und erhielt militärische Unterstützung zugesichert. 1318 erneuerte Ludwig die Befreiung der Stadt von fremden Gerichten (darunter auch dem Landgericht Würzburg) und verlieh ihr die Vogtei über Comburg. Die Parteinahme für Ludwig hatte sich also ausgezahlt. 1319 oder 1320 allerdings wechselte Schwäbisch Hall die Seiten und ließ sich von Friedrich dem Schönen die gleichen Dinge noch einmal bestätigen und erreichte eine weitere zweijährige Steuerbefreiung. 1322 setzte sich Ludwig der Bayer durch, Hall anerkannte den Erfolg, Ludwig erneuerte seine Verfügungen, eine Befreiung von den Steuern allerdings war jetzt nicht mehr drin.

In die Regierungszeit Ludwigs des Bayern fällt der erste Beitritt der Stadt Hall zu einem Städtebund. Städtebünde erwuchsen aus königlichen Landfrieden, die Städte und Adlige zusammenspannten, mit dem Ziel, den Frieden in einer bestimmten Region zu wahren. Auch an den späteren Städtebünden waren nicht nur Städte beteiligt, sie gingen lediglich auf städtische Initiativen zurück. Die Zielsetzungen waren weiter als die der Landfriedensbündnisse. Neben der Friedenswahrung spielten auch die Durchsetzung genuin städtischer Interessen wie der Ausbau ihrer Autonomie nach außen und innen und die Regelung wirtschaftlicher Fragen eine Rolle.

1331 trat Hall gleich zwei derartigen Bündnissen bei: Zum einen einem Beistands-

Schwaben und Franken auf einer Karte von 1553 nach der Vorlage aus Sebastian Münsters Kosmographie

pakt mit den Städten Esslingen, Reutlingen, Rottweil, Weil der Stadt, Weinsberg, Heilbronn und Gmünd, zum anderen dem auf kaiserliche Initiative zustande gekommenen „Esslinger Bund", dem 22 Reichsstädte neben den Söhnen Ludwigs des Bayern, dem Bischof von Augsburg und anderen angehörten. Im folgenden Jahrzehnt wuchs dieser Bund zum „Schwäbischen Städtebund", dem 1340 auch der Graf von Württemberg beitrat, dessen aggressive Politik in den Jahren zuvor die Städte massiv bedroht hatte.

Der Tod Ludwigs des Bayern und die Nachfolge des Luxemburgers Karl IV. ließ die Städte die Auflösung ihres Bundes befürchten, was sich dann aber nicht bewahrheitete. Karl IV. bestätigte den Städtebund, dehnte ihn aber 1359 zu einem Landfrieden aus. Zum Problem für viele Städte in diesen Jahren wurde aber die kaiserliche Politik, die finanziellen Ressourcen der Städte stärker auszubeuten und sie an Fürsten zu verpfänden. Dies kam in Südwestdeutschland vor allem den Grafen von Württemberg zugute, die sich damit die Kontrolle über einige Städte sichern konnten. Auch Hall zahlte teilweise seine Steuern und Abgaben an die Grafen, 1361 allerdings löste der Kaiser das Reichsschultheißenamt von ihnen aus, was allerdings nur dazu führte, dass er es wenige Jahre später erneut versetzte (diesmal an die Landgrafen von Leuchtenberg).

Die Übergriffe der Württemberger spitzten sich in den folgenden Jahren zu, 1372 trugen Städtebund und Graf ihren Konflikt militärisch aus. In der Schlacht von Altheim auf der Schwäbischen Alb unterlagen die Städte. Prompt ernannte Kaiser Karl IV. Graf Eberhard von Württemberg zum Eintreiber der enormen Summen, die er den Städten

Die Stadtseite des Riedener Tors auf einer Zeichnung Peter Kochs von 1878

auferlegte, weil er für sich und seine Familie die Mark Brandenburg kaufen wollte. Von Ulm wurden 1373 18.000 fl, von Hall 2.400 fl gefordert. 1376 setzten sich die Städte unter Führung von Ulm gegen den Kaiser zur Wehr. Diesmal siegten in der Schlacht bei Reutlingen die Städte, der Kaiser versprach in Zukunft auf die Verpfändung und den Verkauf von Reichsstädten zu verzichten.

Der Schwäbische Städtebund war jetzt auf dem Höhepunkt seines Einflusses angekommen, 1381 schloss er sich mit dem Rheinischen Städtebund zusammen. Auf den Städtetagen war jede Stadt durch mindestens einen Gesandten vertreten, nur die großen Städte Ulm, Konstanz, Esslingen, Augsburg, Regensburg und Nürnberg hatten zwei. Geregelt waren auch die Beiträge, die jede Stadt zu leisten hatte, sowie die Stärke der militärischen Aufgebote, die sie im Konfliktfall stellen musste. Der Städtebund vertrat die Städte nach außen, stabilisierte aber auch die Herrschaft nach innen, da er im Fall innerer Unruhen intervenieren durfte.

Die Konflikte zwischen Adel, Fürsten und Städten allerdings dauerten fort, und es war nur eine Frage der Zeit, bis die Kontrahenten wieder die Entscheidung auf dem Schlachtfeld suchen würden. Durch die Ausdehnung der Städtebünde wurden auch den meisten Mitgliedern fernliegende Auseinandersetzungen zu Angelegenheiten des Bundes. Als daher 1387 die Herzöge von Bayern den Erzbischof von Salzburg gefangen nahmen und Kaufleute ausplünderten, schritt der Schwäbische Städtebund zum Krieg, an dem sich auf bayerischer Seite der alte württembergische Gegner beteiligte. Die Schlacht von Döffingen – an der Friedhofsmauer – wurde für den Schwäbischen Städtebund entscheidend: Er erlitt eine vernichtende Niederlage

11. Städtebündnisse, Verpfändungen und kaiserliche Faulpelze 73

gegen den Württemberger, seine Macht war damit gebrochen. Zwar setzten sich die Verbindungen unter den Städten in den nächsten Jahren fort, aber großen Einfluss erlangte keiner dieser Zusammenschlüsse, an denen auch Hall beteiligt war, mehr.

Die Städte fanden in diesen Jahren keinen Rückhalt am König/Kaiser: König Wenzel verkündete zwar Landfrieden, unternahm aber nichts zu deren Durchsetzung. Seine Machtposition in Böhmen war schon unterhöhlt, im Reich war er zwischen 1388 und 1396 überhaupt nicht mehr präsent. Im Jahr 1400 setzten ihn die rheinischen Kurfürsten ab und wählten Ruprecht von der Pfalz zum neuen König. Wenzel lebte noch bis 1419, hatte aber selbst in seinem Stammland Böhmen keine Macht mehr. Hall hatte dem König, der wegen seiner „Faulheit" verrufen war, immerhin zu verdanken, dass es 1381 von den Landgrafen von Leuchtenberg das Reichsschultheißenamt für 4.000 Pfund Heller pfandweise erwerben konnte, wodurch dieses wichtige Amt zu einem rein städtischen wurde. 1385 hatte er die Schulden der Stadt und ihrer Bürger (wie auch zahlreicher anderer Städte) bei Juden gestrichen bzw. die Zinsen erlassen, was auf eine Teilenteignung der jüdischen Gläubiger zugunsten der Städte hinauslief. Im Gegenzug war ein Betrag an die königliche Finanzverwaltung zu zahlen. Im gleichen Jahr beschränkte Wenzel die Prägung des Hellers auf Augsburg, Nürnberg, Ulm und Hall, was einen ökonomischen Vorteil für die Stadt bedeutete. Ab 1393 durfte die Stadt die Hälfte der Judensteuer für sich behalten. 1396 schließlich erhielt die Stadt Schwäbisch Hall auf acht Jahre das Recht, Münzen zu prägen (vorher war der Heller vom Reich geschlagen worden). Nach der Absetzung Wenzels bestätigte König Ruprecht zwar alle Rechte, die die Stadt Hall von früheren Königen und Kaisern erhalten hatte, nicht aber die, die ihr von König Wenzel verliehen worden waren. Separat ergingen aber am gleichen Tag Bestätigungen der Verpfändung des Reichsschultheißenamts an die Stadt – was sicherlich das wichtigste von Wenzel erhaltene Privileg darstellte –, der Münzprägung und der Einziehung der Judensteuer durch die Stadt. Damit waren die von Wenzel errungenen Privilegien alle bestätigt und blieben der Stadt erhalten.

> **„Hall", „Schwäbisch Hall" und das Landgericht Würzburg**
>
> Die Auseinandersetzungen zwischen der Reichsstadt Hall und dem Landgericht Würzburg waren alt. Das Landgericht beanspruchte die Gerichtsbarkeit in ganz Franken, was von konkurrierenden Gerichten und den Reichsstädten nicht anerkannt wurde. 1421 war es zu einem Streit zwischen der Stadt und zwei Mitgliedern der Familie von Stetten gekommen, den das Landgericht Würzburg zu schlichten beanspruchte. Daraufhin wandte sich die Stadt, die für Würzburg nur „Hall" hieß, als „Schwäbisch Hall" an das Hofgericht zu Rottweil und ließ sich von dort, ihre Freiheit von den Würzburger Ansprüchen bestätigen. In den folgenden Jahren urkundete die Stadt nach außen als „Schwäbisch Hall", stadtintern aber als „Hall", eine Bezeichnung, die auch der Bischof von Würzburg beibehielt. Nach 1439/1442 werden auch innerstädtische Angelegenheiten im Namen der Stadt „Schwäbisch Hall" geregelt. 1442 erklärten die Haller Vertreter bei einem Gerichtstermin: *Sie hießen Swäbisch Halle und lägen auf Swäbischem Erdreich.*

12. Das Leben in der Stadt im Spätmittelalter

Erste gedruckte Stadtansicht aus der Kosmographie von Georg Braun und Franz Hogenberg, um 1580

Wie viele spätmittelalterliche Städte war Schwäbisch Hall in Wohnviertel oder Nachbarschaften gegliedert, die zwar keine starren Grenzen hatten, aber doch die Identität der Bewohner mitprägten. 1456 z. B. wurden unterschieden: Die Pfaffengasse, Ime Hoffe (d. h. im Berler- oder Nonnenhof), Rintmarkt, Rosenbühel, Cappelle, Vischmarkt, Ine der Klingen, Metzlergasse, Ime Spitale, Am Bache, Eychtore, Brugktore, Frawenhuse, Ime Hale, Grasmarkt, Milchmarkt, Kornhuß, Sporergasse, Eselgaß, Brothuß, Alt Fleischbenck, Sulfurt, Vorderbade, Ime Wyler, Haynbacher Gasse, St. Johanns, St. Kathrin, Zollhütte, Lullentore, Hochgasse, Genßberg, Blentstatt, Selhuß, Haffenbühel und St. Jos. Namengebend waren also bevorzugt öffentliche Gebäude, die Gassen, Märkte und Tore. Die Einteilung war recht kleinräumig und erleichterte die Orientierung.

Die meisten Haller hatten für die Obrigkeit 1456 schon einen Vor- und einen Nachnamen, ihre Berufe dagegen wurden nur selten aufgeführt. Ein Teil der Bevölkerung existierte allerdings nur unter einem Nachnamen oder einem Spitznamen: So führt die Steuerliste von 1456 einen „Wildsawe" und eine „Schwelblin" auf, einen „Pfielsticker", einen „Klingenfels" und „Santzenbachs Töchter Kind". Hin und wieder wurden Vor- und Nachnamen zusammengezogen, so beim „Feuchtheintz", beim „Schnyderhanns" und beim „Hubsitz". Angaben für Frauen sind häufig pauschaler („Adelheit Begerin ir muter", „Ulrich Rorman sin swiger"). Ganz abgeschlossen war der Prozess der Namensgebung noch nicht: Manche Bürger führten neben ihrem eigentlichen Familiennamen noch einen weiteren: So wurde Stefan Krübel auch Teufel genannt, Claus Wälling

Grabstein des Conrad Treutwein (gestorben 1438) mit dem Wappen der Familie, einem bärtigen Mann mit Judenhut

hieß auch Mayer, Lienhard Flurey auch Hiß, Webercuntz schließlich führte den Beinamen Schmid. Noch im zweiten Jahrzehnt des 16. Jahrzehnts erscheint der Spitalmeister Hans Scherb auch als Hans Setzentriebel oder als Hans Scherb genannt Setzentriebel.

Einige der Bürger werden durch die Bezeichnung „Herr" aus der Masse herausgehoben wie der „Herr Johanns Swigker", der „Her Johanns Feur" oder der „Herr Jorig Kemerer", bei denen es sich um Geistliche handelt. Der Anrede nach keine Herren waren die Stadtadligen wie Jörg von Eltershofen, Götz von Bachenstein, Conrad Keck oder Conrad von Rinderbach, bei denen die Höhe der Steuerzahlung für den Nachweis ihrer herausgehobenen Stellung ausreichte. Außerdem war die Bedeutung dieser Personen jedem Haller dieser Zeit geläufig. Dass sie aber nicht besonders gekennzeichnet wurden, deutet auf das ausgesprochene Gleichheitsempfinden der Bürgerschaften spätmittelalterlicher Städte hin: Auch wenn die Bürger tatsächlich außerordentlich ungleich waren, sollten solche Differenzen die Einwohner doch nicht voneinander trennen.

Die Ungleichheit zeigt sich in den Vermögen: Conrad Keck zahlte 1456 65 fl Beet, was einem Vermögen von 13.000 fl entspricht, davon waren Einwohner der Heimbacher Gasse wie Peter Hogklin (Vermögen 37 fl) oder Claus Kercher (Vermögen 50 fl) durch Welten getrennt. 1460 waren unter den 31 Hallern mit den höchsten Steuerzahlungen 21 Stadtadlige. Von den zehn Bürgerlichen waren acht Tucher, Salzsieder und Metzger, von zweien fehlen Angaben. Der Stadtadel dominierte noch immer wirtschaftlich und sozial die Stadt, er besaß die größten Vermögen und die bestplazierten Häuser. Aufgrund seiner wirtschaftlichen Macht waren viele Bürger von ihm abhängig – zum Beispiel, indem sie Kredite von Adligen annahmen oder auf deren Protektion angewiesen waren.

Der Adel unterschied sich aber nicht nur wirtschaftlich von den übrigen Einwohnern, er besetzte weiterhin die wichtigsten Positionen in der städtischen Verwaltung: Der erste bürgerliche Reichsschultheiß wurde 1503 Conrad Büschler, der erste nicht-adlige Stättmeister 1508 Hermann Büschler.

Gegen Mitte des 15. Jahrhunderts scheinen die Stadtadligen zudem verstärkt Wert auf die Anerkennung ihres Adels gelegt zu haben: Sie legten sich den Titel „Junker" zu und führten ihn nun auch in den von ihnen besiegelten Urkunden. Die ersten scheinen Leute wie Michael Schletz, Hans Veldner genannt Gyer und Heinrich Eberhart gewesen zu sein. Um 1500 betonten nahezu alle Adligen diesen kleinen Unterschied, so dass es auffällt, wenn ein Junker und ein Nicht-Junker gemeinsam eine Urkunde siegelten. Dann erscheinen nebeneinander Junker Daniel Treutwein und Peter Dürbrech, Junker Hans Neyffer und Hans Bummann, Junker Jörg Berler und Hans Büschler, was das Defizit der Nicht-Adligen deutlich betont. Hier könnte es sich um eine Art „adlige Reaktion" auf den Aufstieg der Bürgerlichen handeln, die versuchte, den Ehrenvorrang zu sichern, während die faktischen Machtpositionen nicht mehr zu halten waren.

Der spezielle Stolz des Adels zeigt sich auch in der Beschäftigung mit seiner eigenen Vergangenheit. Gabriel Senft stellte eine Chronik über die Geschichte Schwäbisch Halls und seiner eigenen Familie zusammen, in der die Ehrenbezeugungen, die traditionell den Familien Sulmeister und Senft zugekommen sein sollen, eine wichtige Rolle spielen. Zugleich belegen Anlage und Inhalt dieser Chronik, dass es Gabriel Senft bewusst war, am Ende einer Entwicklung zu stehen und einen Bruch in der Überlieferung erlebt zu haben.

Einer seiner Vettern, Gilg Senft, Ratsherr und Stättmeister, hinterließ ein Haushaltungsbuch, in dem er seine Ausgaben notierte. Schon ein flüchtiger Blick zeigt die Beschäftigung mit adligen Accessoires: Die Rede ist von Sporen, dem Harnisch und Hunden. Auf der anderen Seite belegt allein schon die Existenz eines solchen Haushaltungsbuches, dass Gilg Senft sehr wohl zu rechnen verstand und sich die Kontrolle seiner Ausgaben und Einnahmen angelegen sein ließ – beides Verhaltensmuster, die nicht unbedingt als adlig galten, aber eben doch die Grundlage eines adligen Lebensstiles bildeten.

Der Adel bildete aber keineswegs eine einheitliche Schicht: Konflikte zwischen und innerhalb der Familien waren nicht selten. Auf einen solchen Konflikt deuten etwa die Ereignisse des Jahres 1432 hin. In der Zusammenfassung von Johann Herolt: *Anno domini 1432 was ein edelman zu Hall, der hiesz Hanns vonn Stetten. Des vatter prachts darzu, das ein erbar rath zu Hall mit beschlossener thur uber das blut richten unnd urtheillen möcht. Nun war er der erst, dem solches widerfuer, aber aus neidt, wie man sagt. Dann er soll hinder des stettmaisters frawen zu dem altar gangen sein, ir uff den mantel getretten sein, doch ers nit gern gethon, gleich ob er gestolpert, nach der ampelschnuer griffen, das öll der ampeln in solchem ir uff den schlayer geschütt. Daraus solcher neidt gewachsen, das er verzigen, er hab vonn wegen des schlosz Santzenbach wider gelübd unnd aydt gethonn, hab dis einer frembden herrschafft on wissen unnd willen eines erbarn raths zu kauffen wöllen geben. Derhalben hat man denselben vonn Stetten herab fur das rathhaus gefurt unnd ime das haupt abgeschlagen. Darnach fand sich, das ime unrecht geschehen war. Darumb pracht sein sun dahin, das ime die vonn Hall alle jar sein lebenlang hundert gülden geben musten.* Hans von Stetten soll also dieser Version nach der Ehefrau des Stättmeisters Öl auf ihre Kopfdeckung geschüttet haben, was unabsichtlich geschehen sein soll. Daraufhin soll die Familie der Stättmeisterin einen solchen Hass gegen ihn entwickelt haben, dass sie unter einem falschen Vorwand – er habe das Schloss Sanzenbach an einen Auswärtigen verkaufen wollen – ihn hinrichten ließ.

In der urkundlichen Überlieferung entwickelt sich die Geschichte anders: 1429 beurkundete Conrad von Stetten den Heiratsvertrag seines Bruders Hans von Stetten mit Katharina Vetter, in dem die Vermögensangelegenheiten der Braut und insbesondere ihre Sicherstellung genau geregelt wurden. Dieser Beurkundung waren offenbar schon Streitigkeiten zwischen dem Vater der Braut, Wilhelm Vetter, und den von Stetten vorangegangen. 1430 verkauften Hans und Katharina von Stetten einen Teil des Zehnten von Tullau an Kloster Murrhardt und weitere Güter. 1432 wurde bereits der Verkauf von Sanzenbach an Craft von Rinderbach verabredet – von Wilhelm Vetter und Conrad von Stetten, also Schwiegervater und Bruder des Hans von Stetten, der zu diesem Zeitpunkt schon tot war. 1434 verkaufte die Witwe des Hans von Stetten, Katharina Vetterin, Bürgerin zu Ulm, das Schloss zu Sanzenbach an Craft von Rinderbach. Auf das Schloss war sie zur Sicherung ihres eingebrachten Heiratsgutes verwiesen worden. 1458 hatte die Affäre noch ein gerichtliches Nachspiel: Hans von Stetten, der Sohn des Hans und

12. Das Leben in der Stadt im Spätmittelalter

der Katharina von Stetten, seine Mutter und deren zweiter Mann Wilhelm Dietenhaimer hatten die Stadt Hall verklagt, zogen aber die Klage zurück, nachdem ein Vergleich getroffen worden war. Die Stadt wurde von dem Vorwurf frei gesprochen, Hans von Stetten unverschuldet vom Leben zum Tod gebracht zu haben. Ansonsten wurden für den verarmten jüngeren Hans von Stetten Ausgleichszahlungen vereinbart. Einige Wochen später stimmten nun auch Hans und seine Schwester Els dem Verkauf von Sanzenbach zu, und Hans quittierte den Empfang der Entschädigungszahlung.

In den Urkunden findet sich kein Anhaltspunkt für die Begründung der Hinrichtung des Hans von Stetten. Die Auseinandersetzung entwickelt sich vielmehr nach seinem Ableben als Streit zwischen zwei stadtadligen Familien um den Verkauf des Schlosses Sanzenbach, dem wahrscheinlich massive ökonomische Schwierigkeiten des Hans von Stetten vorangegangen waren.

Solche Auseinandersetzungen hatten Vorläufer: 1402 wurde ein anderer Hans von Stetten ausgelöst, d. h. der Rat beschlagnahmte seine Güter für den angebotenen Steueranschlag von 2.100 fl, 1403 folgten Ulrich von Heimberg und Hans Veldner genannt Geyer. Die Stadt Schwäbisch Hall, in deren Entscheidungsgremien die nahen Verwandten der Ausgebürgerten saßen, wollte also offenkundig diese adligen Herren (und ihre Familien) nicht mehr als Mitbürger in der Stadt haben. Die übernommenen Güter wurden in der Regel wenig später an andere städtische Adlige verkauft.

Diese Streitigkeiten und ihre zum Teil brachiale Lösung zeigen eine andere Seite der adligen Prägung der Gesellschaft: ihre Aggressivität. Die Individuen und Familien entwickelten schon innerhalb der Stadt eine starke Neigung, Probleme mit Gewalt auszutragen (wie zum Beispiel durch die Hinrichtung des Hans von Stetten oder die Duellforderung der Brüder der Katharina Vetter gegen Craft von Rinderbach). Im Binnenraum der Stadt aber versuchte die städtische Obrigkeit gegenzusteuern und ihr Gewaltmonopol durchzusetzen, d. h. Streitigkeiten auf dem Gerichtsweg zu bereinigen, was Städten des 15. Jahrhunderts im allgemeinen noch nicht gerade gut gelang.

Nach außen hingegen konnte sich die Gewaltbereitschaft spätmittelalterlicher Städte und ihrer Bürger ungebremst entladen (s. dazu die Kapitel über die Städtebündnisse, den Erwerb des Landgebiets und die Fehden). Militärische Übungen zählten zum Alltag, und mindestens einen Teil des Jahres verbrachten die Bürger in Waffen – außerhalb der Stadt, was wiederum Rückwirkungen auf das Wirtschaftsleben gehabt haben muss.

Für die Mehrheit der Bürger waren diese Belastungen sicher schwer zu tragen. Sie lebten in materiell beengten Verhältnissen, auch wenn im 15. Jahrhundert städtische Arbeit im Vergleich zu landwirtschaftlichen Produkten noch gut entlohnt war. Schon das Wohnen in der Stadt entbehrte jeglichen Komforts: Die Straßen und Gassen waren schmutzig, Vieh lief herum, Abfälle und Abwässer wurden auf dem kürzesten Weg entsorgt und bereicherten das städtische Leben mit einer Vielfalt von Gerüchen. Die Häuser selber waren eng. Die Menschen lebten auf engstem Raum. Außer den Hausbesitzern mussten auch noch Mieter und Gesinde untergebracht werden. Wärme war auf eine Stube und die Küche begrenzt, der Rest des Hauses blieb kalt – vor allem in den Wintermonaten eine unerfreuliche Angelegenheit, obwohl die Jahre zwischen 1300 und 1500 wärmer waren als das 17. Jahrhundert, allerdings kälter als heute. Zudem war im Mittelalter der Unterschied zwischen Wintern und Sommern größer: Die heutige Warmzeit ist durch gemäßigte Sommer und warme Winter charakterisiert, die mittelalterliche durch heiße Sommer und kalte Winter.

Einen Eindruck von der Einrichtung eines – bürgerlichen, wohlhabenden – Hauses vermittelt der Auszug aus der Inventur (s. Kasten S. 81). Aufgenommen wurde das

Vermögen des Hans Sanwald, der Wirt in der Eselsgasse war, 1524. Insgesamt kann man das Inventar eines spätmittelalterlichen Hauses nur als kümmerlich bezeichnen. Betten und Truhen, Bettzeug und Geschirr stellen die Hauptposten dar. Die Kleidung von Hans Sanwald und seiner Frau war allerdings nicht aufgelistet worden, so dass unser Eindruck etwas verzerrt ist. Etliche der Einrichtungsgegenstände wurden explizit als „alt" bezeichnet, was belegt, dass spätmittelalterliche Hauswirtschaft auf Wiederverwendung setzte, nicht auf Ersatz durch neue Objekte. Schränke fehlen zum Beispiel fast völlig (mit Ausnahme eines „Schreinlins" und eines alten „Pelters"). Das Inventar wurde in Körben („1 Dellerkreben mit etlichen Dellern", also ein Tellerkorb mit Tellern), Truhen, Fässern (Dinkel und Wein) und Säcken („1 beschlossen lidernn Sack mit Brieven", d. h. ein verschlossener ledernen Sack mit Urkunden) aufbewahrt. Ansonsten zeigt sich die Nähe zur Landwirtschaft: Arbeitsgeräte wie Sichel, Karst und Mistgabel waren vorhanden, Lebensmittel wurden unverarbeitet gelagert (Dinkel, nicht Mehl). Bemerkenswert sind schließlich die militärischen Ausrüstungsgegenstände des Hans Sanwald (oder seiner Vorfahren): Er verwahrte Panzer und Hellebarde, Beinschienen, Eisenhut und eisernen Handschuh.

Diese Dürftigkeit war zu Ende des Mittelalters allerdings ein Zeichen für Wohlstand, denn die Mehrheit der Haller hätte sich so zahlreiche Gegenstände sicher nicht leisten können. Sie lebten in weit eingeschränkteren Verhältnissen. Sanwald versteuerte 1505 immerhin ein Vermögen von 400 fl, der Abstand zu den oben zitierten armen Bürgern lässt sich ermessen.

Zahlreich und differenziert war das städtische Handwerk. 19 Bäcker, 38 Schuhmacher, 16 Gerber und 17 Metzger etwa entrichteten Abgaben an die Stadt. Zumindest die Zahl der Schuhmacher blieb in den nächsten dreihundert Jahren konstant. Die Handwerker eines Berufes hatten sich in Genossenschaf-

Eine Seite aus dem Rechnungsbuch des Gilg Senft mit Einträgen zum Jahr 1495

Handelshaus. Holzschnitt des „Petrarcameisters" aus dem ersten Drittel des 16. Jahrhunderts

ten zusammengeschlossen, von denen sich in Schwäbisch Hall für das 15. und frühe 16. Jahrhundert mindestens 25 nachweisen lassen. Zünfte im vollgültigen Sinn des Wortes, d. h. auch als mit politischer Macht ausgestatteten Vereinigungen, scheint es in der Stadt nicht gegeben zu haben, die Handwerkergenossenschaften waren auf soziale und wirtschaftliche Aufgaben beschränkt. Geregelt wurden die Aufgaben dieser Vereinigungen in Ordnungen, deren früheste erhaltene die der Schmiede von 1479 zu sein scheint. An der Spitze der zahlenmäßig größeren Handwerke standen in der Regel – so bei den Schneidern, Schmieden und Schuhmachern – vier geschworene Meister, die regelmäßig neu gewählt wurden und als Sprecher der Handwerker dem Rat gegenüber auftraten, umgekehrt aber auch die Beschlüsse des Rates ihren Mithandwerksmeistern zu vermitteln hatten.

Die städtische Bürgerschaft rekrutierte sich aus einem großen Umland. Wie die meisten Städte des Spätmittelalters dürfte auch Schwäbisch Hall eine „Sterbestadt" gewesen sein, in der die Zahl der Todesfälle über der der Geburten lag, so dass sie auf permanenten Zuzug aus der Umgebung angewiesen war, um ihre Bevölkerungszahl zu halten oder gar zu vergrößern. Die Mehrzahl der Wanderungen waren Nahmigrationen von den umliegenden Dörfern in die Stadt. Es kamen aber auch sehr große Distanzen vor: Die Familie Bonhöffer, die als Goldschmiede in Hall anfing, kam ursprünglich aus Nimwegen. Andere Zuwanderer siedelten aus Landshut, Ellwangen, Crailsheim, Bühlerzell, Dürrmenz, Sanzenbach, Augsburg, Hirschfelden, Niedernhall, Geislingen, Gelbingen, Bibersfeld usw. usw. nach Hall über. Allein in den Jahren 1508–1514 nahm die Reichsstadt 71 Neubürger auf.

Diese Zuwanderer bilden aber nur einen Teil der neu in Hall Angekommenen, von denen bei weitem nicht alle Bürger und Bürgerin wurden. Denn unterhalb der Bürgerschaft bewegten sich zahlreiche Randexistenzen, die nicht über das Bürgerrecht verfügten und nur eingeschränkt Teil der städtischen Gesellschaft waren. Dazu gehörten Bettler, Vaganten, arbeitslose Soldaten und die Bewohnerinnen des Frauenhauses, d. h. des städtischen Bordells. Leider gibt es über das Haller Frauenhaus nur sehr wenige Nachrichten. Immerhin – wie einleitend zitiert – diente es zur Benennung eines Stadtviertels. Es lag beim Haal, wohl in der Nähe des Pflegerhauses. Die Stadtrechnungen verzeichnen Einnahmen aus diesem Etablissement: 1413 entrichtete der *Frauenwirt* 3 Schilling pro Woche, bis 1428 war diese Pachtsumme auf 14 Schillinge pro Woche gestiegen, nachdem 1425 ein Versuch, 15 Schillinge zu verlangen, gescheitert war. Danach war die Pacht stark rückläufig und pendelte um 1438/1440 bei 2 oder 3 Schillingen pro Woche. Dann erhöhte der Rat die Abgabe aber wieder drastisch und verlangte 5 bis 7 Schillinge, was aber nach 1457 nicht mehr durchsetzbar war, als nur noch 2 Schilling eingetrieben werden konnten. 1475 wurde überhaupt zum letzten Mal eine derartige Einnahme verbucht.

Über das Innenleben dieser Einrichtung erfahren wir fast nichts. Dem Haus stand ein Frauenwirt vor, der hin und wieder vom Rat wegen unklarer Vergehen gestraft wurde. Die einzige Abwechslung in der monotonen Auflistung der Wochenentgelte gibt es 1437/1438, als das Frauenhaus keine Einnahmen verzeichnete, aber von drei anderen Frauen viermal 3 Schillinge eingingen. Bedeutet das, dass dem Frauenwirt die Arbeitskräfte abhanden gekommen waren, weil diese sich selbstständig gemacht hatten? War ein frauengeführtes Konkurrenzunternehmen entstanden? Lang gedauert kann es auf keinen Fall haben, denn schon die nächste Rechnung zeigt wieder das normale Bild.

Das Frauenhaus scheint aber 1540 immer noch bestanden zu haben, denn in diesem Jahr wurden Joachim Wunderlich aus Marbach und Hans Gugelweyt aus Straubing, beides Hutmacher, bestraft, weil *sie im Frauenhaus gehadert mit den Weyblin, und daß ain Weyb etwas verwunt*. Sie wurden zwei Nächte in den Turm gesperrt. Möglicherweise überdauerte diese Einrichtung noch länger: David Schaub soll 1575 seine Ehefrau Magdalena Schmid aus dem Frauenhaus genommen haben.

Inventur des Hans Sanwald, 1524
In der Stuben

1 Loterbetladen
1 Bet mit ainer köllischen Ziechen
3 Küssen
1 Pfulben
2 Leylacher
1 Hanntzwehel
6 Maßkannten
4 Halbmaßkannten
1 Zwaydritailkanten
1 Dritailkäntlin
3 Disch
1 Sidel
1 zine Giesfass mit ainer Becken
1 kupfferin Kulbeckin
4 messin Beckin
2 dreyzincket messin Leuchter
3 zwenzincket Leuchter
1 ainfacher messin Leuchter
1 messin Dischring
Pucken unnd Krebß
1 alten Sporen
1 Flachßhechel
1 braunen Rock mit schwartzen Kröpffen unnderfütert
1 lanng Messer
1 zine Saltzfäßlin
etlich Krausen und Gleser
1 Dellerkreben mit etlichen Dellern
1 Schrannen
1 Karsch in dem Giesfaßpelter

Aus der Chronik des Gabriel Senft (ca. 1520) mit späteren Nachträgen (HZAN)

Verzaichnus, was die Sulmaister und Sennfften, die ains geschlechts und stamms für gerechttigkaiten vor alter zu Hall inn Schwoben gehabt und zum thail noch habenn etc.

Item alle jar müssen die maister deß Haals von gemais Haals wegen dem eltisten undtter dem geschlecht Sennfften mannlichs stammens, so und waß ain fünfthail aines [gantzen] siedens gewonlicher rechnung ertregt, raichen und geben. Das ist noch auf dißen tage. Das erachte ich kome daher, das die Sennfften het[ten] vor Sulmaister gehaissen, es sey die sulen durch sie fundenn worden.

Item es ist vor alter herkommen und geweßenn, das alle jar allwegen ann Sant Walpurgen tag die acht alt und new maister sampt allen siedern mit ainer pfeyffen für deß eltisten Sulmaisters, hernach als die Sulmaister irenn namen verendert, für deß eltisten Sennfften hauß komen, ime für sein hauß ainen mayen gesteckt haben, so hatt alsdann alleweg der eltiste Sulmaister und Senfft den siedern ettlich als onegevärlich zwen oder drej aymer weins geschenckt, den haben die sieder alsdann mitainander außgetruncken.

Item so die sieder höve gehaltenn oder so mann die sulen gefeckt hatt, so habenn die sieder allewegenn dem eltistenn Sulmaister oder Sennfften zu inen geladen und frey gehaltenn. Deßgleichenn so sie tenntze gehaltenn, so hatt man dem eltisten Sulmaister oder Sennfften den ersten vortanntz gebenn.

Item es ist von alter herkomen und noch uf dißenn heutigen tage alle jars, so maan die siedenn allhie hinleyhett, so ist der eltiste Sennfft allewegen undtherthaidiger zwisch[en] dem stettmaister, denn herren der sieden und den siedern und thutt auch der eltiste Sennfft den handtstraich.

Anno 1537 haben der rath zu Schwäbischen Hall und meister des Haals Gabriel Senfften dieser althergebrachten gerechtigkeit entsetzt, eigenes gewalts, ohne ursach, also daß seithero kein Senfft den handtstraich mehr gethan. Doch haben sie die gemelte nutzung, nemblich waß ein fünfftheil eines gantz[en] siedens erträgt, alß von 4 eymern sulen, wie obgehört, biß auff Carl Fortunat Senfft anno 1641 geraicht.

Der Erwerb des Landgebiets und die Landhegen

1410–1437	Sigismund von Luxemburg, deutscher König.
1414–1418	Konzil von Konstanz.
1415	Hinrichtung des Johannes Hus als Ketzer.
1415	Die Markgrafschaft Brandenburg wird an die Hohenzollern übertragen.
1419–1434	Hussitenkriege.
1431–1449	Konzil von Basel.
1440–1493	Friedrich III. von Habsburg, deutscher König.
1477	Karl der Kühne, Herzog von Burgund, fällt vor Nancy. Ein Teil der Erbschaft geht an die Habsburger.
1477	Gründung der Universität Tübingen.
1495	Württemberg wird Herzogtum.

Anfänglich bestand das Landgebiet der Stadt aus den „privaten" Besitzungen ihrer Bürger. Die Stadtadligen verfügten über Güter auf dem Land, die zum mindesten eines ihrer wirtschaftlichen Standbeine darstellten. Andere mögen der Handel mit Wein, die Beteiligung an Münzgeschäften oder politische Ämter gewesen sein. Grundbesitz und Grundrechte sorgten für Beständigkeit, während die anderen Aktivitäten stärkeren Schwankungen unterworfen waren.

Diesen Landbesitz behielten die Adligen auch – mindestens bis ins 15. oder 16. Jahrhundert. Im Laufe des Mittelalters erwarben außerdem geistliche Institutionen, die dem Schutz der Stadt unterstanden, Grundbesitz. Das gilt z. B. für die Franziskaner, aber auch für die kleineren Stiftungen wie die Altäre und Kapellen. Es gilt schließlich in besonderem Maß für das Spital.

Der Erwerb von Rechten auf dem Land durch die Stadt selbst fand erst spät statt. Ausschlaggebend dürften wirtschaftliche Gründe gewesen sein: Grundbesitz verschaffte der Stadt – wie Privaten – Einkünfte, sicherte Straßenverbindungen, erlaubte die Erhebung von Zöllen oder die Einrichtung von Mühlen und schaltete konkurrierende Herrschaften aus.

Am Beginn der städtischen Territorialpolitik stand eine Urkunde Ludwig des Bayern von 1339, in der die Stadt Schwäbisch Hall das Recht erhielt, auf ihrem Gebiet die Errichtung neuer Burgen und den Wiederaufbau alter, aber zerstörter zu verhindern. Praktisch umgesetzt wurde dies in einer Reihe von Fehden in der zweiten Hälfte des 14. Jahrhunderts, als die Stadt mit einigen Adligen der Umgebung aneinander geriet. In diesen Zusammenhang gehört zum Beispiel die Zerstörung von Klingenfels 1381, von der Johann Herolt aus mündlicher Tradition noch 150 Jahre später berichtet: Die Haller nahmen einen Trupp der Burgbesatzung, der auf Raub ausgewesen sein soll, gefangen, zogen sich die Kleider der Gefangenen an, setzten sich auf ihre Pferde und ritten „heim" nach Klingenfels, wo ihnen der Torwart, der sie für Klingenfelser hielt, aufmachte. Die Haller waren damit in der Burg und zerstörten sie.

Größere Erwerbungen gelangen im Zusammenhang mit Finanzschwierigkeiten benachbarter Herrschaften. In der zweiten Hälfte des 14. Jahrhunderts steckten z. B. die Grafen von Hohenlohe tief in Schulden. 1376 verpfändeten sie als Sicherheit für einen Kredit Ilshofen, Crailsheim, Honhardt, Kirchberg und andere Orte an den Haller

Eroberung der Burg Klingenfels. Zeichnung aus einer Haller Chronik des frühen 17. Jahrhunderts

Bürger Eitel Treutwein. Schon 1381 folgte der nächste Kredit eines Haller Bürgers – diesmal Eberhart Philipps – für die Hohenlohe, wofür diesem die Burg Bielriet versetzt wurde. 1386 ging an denselben Haller die Herrschaft Werdeck.

Die Anleihen bei Bürgern deckten allerdings den Geldbedarf der Hohenlohe schnell nicht mehr. Es folgten Kreditaufnahmen bei den Städten selbst. 1384 erhielt Ulrich von Hohenlohe 15.000 fl von den Reichsstädten Rothenburg, Dinkelsbühl, Windsheim, Hall, Heilbronn, Wimpfen und Weinsberg, denen er Kirchberg und Langenburg als Pfand überließ. Die Städte verlangten 12 % Zins pro Jahr, die Laufzeit des Vertrages betrug zehn Jahre. Ulrich trat darüber hinaus dem Schwäbischen Städtebund bei. Da die Hohenlohe ihre Schuldenlast bald nicht mehr bewältigen konnten (wie es im übrigen absehbar gewesen war), kam es 1390 zu einer Neustrukturierung nicht nur der Schulden, sondern auch der Territorien. Werdeck und Crailsheim gingen an die Burggrafen von Nürnberg, die damit zum ersten Mal in die Haller Nachbarschaft vorstießen, Hall bekam die Burg Bielriet. Die Stadt ließ die Burg sofort abreißen. Die folgenden Jahre waren durch einen juristisch und teilweise auch militärisch ausgetragenen Kleinkrieg zwischen den Hohenlohe und ihren Gläubigern gekennzeichnet. 1398 kam es zur endgültigen Einigung. Ulrich von Hohenlohe verkaufte den Städten Hall, Rothenburg und Dinkelsbühl Burg und Stadt Kirchberg, Burg und Amt Honhardt sowie Ilshofen. Schwäbisch Hall trug die Hälfte der Belastung von 18.000 fl, erhielt dafür Honhardt zur alleinigen Verwaltung, während Ilshofen und Kirchberg unter die gemeinsame Verwaltung der drei Städte gestellt wurden. Diese gemeinsame Herrschaft dauerte bis 1562, als Kirchberg an Hohenlohe zurückverkauft wurde, während Ilshofen an Hall ging.

Der Erwerb von Bielriet, Ilshofen oder Honhardt war alles in allem ein komplizierter Prozess, keine einfache Transaktion. Die Rechte, die es zu erwerben galt und die die Grundlage von Herrschaft bildeten, waren zerstreut, vielfältige Interessen waren zu berücksichtigen. Ähnlich komplex war der Ankauf von Rechten in Künzelsau 1439 durch die Stadt Schwäbisch Hall, mit dem sie zu einem der Miteigentümer dort wurde („Ganerbschaft Künzelsau").

Auf einer eher unscheinbaren Ebene gelang Haller Bürgern dagegen der Aufkauf eines Teils der comburgischen Besitzungen, die schrittweise veräußert wurden, wenn immer die Schulden das Kloster allzu sehr drückten. Anfang des 16. Jahrhunderts griff auch die Stadt zu: 1521 trennte sich das Stift von Rechten in 66 Orten. Der Schwerpunkt lag – neben kleineren Besitzungen in anderen Orten – vor allem auf Rieden, Michelfeld, Witzmannsweiler, Brachbach, Gelbingen, Windischbrachbach, Reinsberg, Markertshofen, Erlach und Hall. Der Kaufpreis für diesen enormen Güterkomplex betrug 11.338 fl. 1525 folgte noch ein kleinerer Verkauf für 670 fl.

Auch die Schenken von Limpurg verkauften in diesen Jahren zügig Besitz. Schenk Erasmus überließ 1536, 1539 und 1541 Rechte an die Stadt. 1541 trennte sich der Schenk nach vielen Konflikten und zähen Verhandlungen sogar von seinem namengebenden Stammschloss – der Limpurg – samt seiner „Hauptstadt" Unterlimpurg. Die Stadt investierte 47.500 fl in diese Bereinigung der Territorialverhältnisse in ihrem unmittelbaren Vorfeld. Das ab 1431/1432 nach einem Streit vermauerte Limpurger Tor wurde von der Stadt im Sommer 1543 wieder geöffnet, Unterlimpurg wurde eine weitere Haller Vorstadt. Die Burg Limpurg ließ der Rat in den 1570er Jahren abreißen.

Die letzte große Erwerbung der Reichsstadt Schwäbisch Hall war Ende des 16. Jahrhunderts der Ankauf der Herrschaft Vellberg. Die Herrschaft Vellberg war seit den letzten Jahrzehnten des 15. Jahrhunderts entstanden. Eine entscheidende Etappe markiert die Verleihung der Blutgerichtsbarkeit 1500 bzw. 1506, womit die Vellberger das wichtigste Attribut der hohen Obrigkeit erlangt hatten. Damit allerdings häuften sich auch die Konflikte mit Brandenburg-Ansbach im Osten und mit Schwäbisch Hall im Westen, die beide nicht gewillt waren, die Vellberger

Vellberg im 19. Jahrhundert auf einer Zeichnung Peter Kochs nach älterer Vorlage von 1878

Ansprüche einfach hinzunehmen. Im Laufe der Zeit entschärfte sich der Streit mit der Reichsstadt, wobei Württemberg 1591 vermittelte, während der mit Brandenburg unvermindert fortdauerte. Der Tod Konrad von Vellbergs 1592 führte dann zur Auflösung der Herrschaft in ihrer bisherigen Form: Die Eigengüter gingen an die Kinder der Schwestern Konrads, die Lehen fielen den jeweiligen Lehensherren heim. 1595 verkauften die Erben die Eigengüter, die den wirtschaftlichen Kern der Herrschaft Vellberg gebildet hatten, an die Reichsstadt. Der Kaufpreis lag bei 128.000 fl. Um zum alleinigen Herren in Vellberg zu werden, musste Schwäbisch Hall allerdings noch die hohenlohischen Lehen erwerben, was sich schwierig anließ, da die Hohenlohe selber Ambitionen auf den Ankauf der vellbergischen Eigengüter hatten. Dieser scheiterte aber letztlich an ihrer Finanzschwäche. Zudem schaffte es die Stadt, die verschiedenen Linien der Grafen gegeneinander auszuspielen, so dass 1599 und 1600 für insgesamt 54.000 fl auch die hohenlohischen Lehen an die Reichsstadt kamen. Ein Teil der Kaufsumme wurde durch die Abtretung hällischer Besitzungen in Künzelsau an die Hohenlohe bezahlt.

Zu Anfang des 17. Jahrhunderts folgten noch der Kauf der Besitzungen des Stifts Möckmühl im Amt Honhardt, in dem das Spital schon seit dem 15. Jahrhundert Grundherr war (1615) und die Verpfändung der Pflege Westheim (die ursprünglich dem Kloster Murrhardt gehört hatte) durch Württemberg an Hall (1617–1682).

Danach war die Ausbildung des Haller Territoriums abgeschlossen. Im 17. und 18. Jahrhundert fanden keine wesentlichen Erweiterungen mehr statt.

Umgeben wurde das Haller Landgebiet von der „Heg", einem System von Wällen

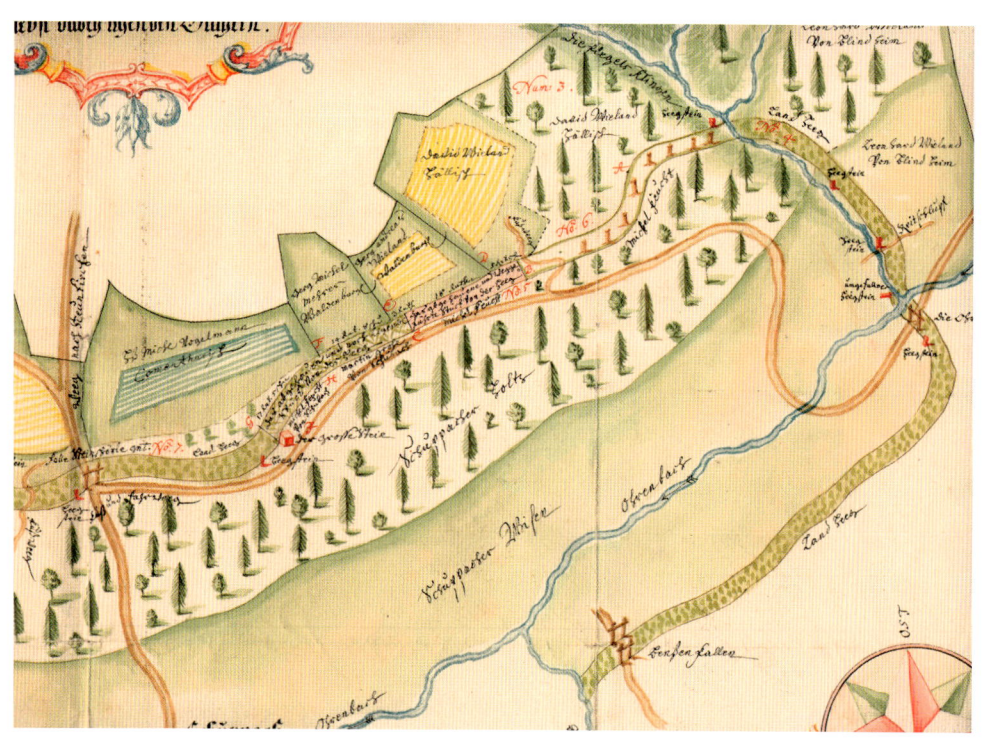

Ausschnitt aus einer Mitte des 18. Jahrhundert entstandenen Karte der Landheg auf der Gemarkung von Neunkirchen von Johann Michael Roscher. Sichtbar sind „Fallen" (Durchgänge), Grenzsteine und ein durch Abhauen demolierter Teil der Hecke.

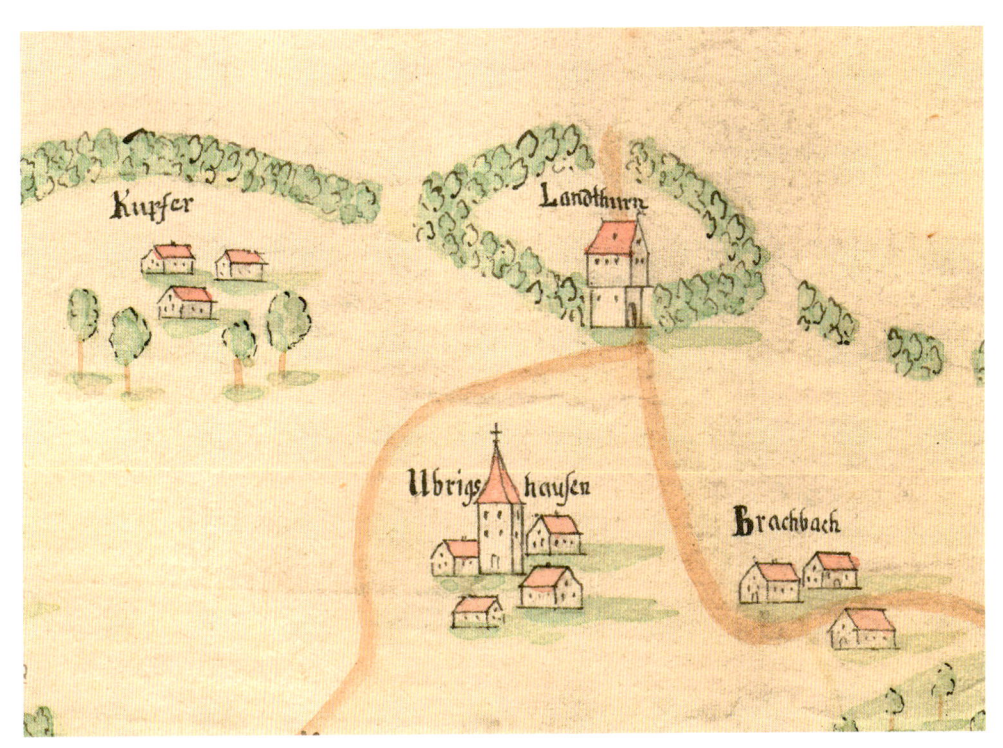

Landturm bei Brachbach auf einer Karte der Landhege aus der Zeit vor 1700

und Gräben. Die Wälle waren bewaldet, die Gräben waren bis zu drei Meter tief. Türme und Tore bzw. Schlagbäume an Straßen und Wegen rundeten die Heg ab. Besser müsste man allerdings von Hegen – im Plural – sprechen, denn es gab eine äußere und mehrere innere Hegen. Die äußere zog sich ellipsenförmig von Hall am Kocher entlang um den Rosengarten und Westheim, an Mainhardt vorbei über Witzmannsweiler, Neunkirchen, Gnadental nach Gailenkirchen und Kupfer. Der nördlichste Punkt war – nachdem ein Turm bei Brachbach passiert war – bei Döttingen erreicht, von dort verlief sie über Braunsbach und Hörlebach (mit einem Turm) auf Ilshofen zu, dann weiter über Lorenzenzimmern, Großaltdorf und Sulzdorf bis kurz vor Herlebach. Unter Einschluss von Hessental erreichte sie schließlich in der Stadt wieder den Kocher. Comburg und der Einkorn blieben außerhalb. Innerhalb dieser äußeren Heg befanden sich nun noch verschiedene andere Hegen, insbesondere die sog. innere Heg, die den Rosengarten, Westheim, Sanzenbach, Michelfeld und Gnadental einschloss. Hier standen in Michelfeld und Sanzenbach Landtürme. Auch um die Bühler gab es eine kleinere zweite Heg. Die Hegen dienten zum einen sicherlich der Verteidigung, auch wenn sie größere militärische Verbände kaum abhalten konnten. Sie lenkten zum anderen aber den Verkehr auf die Zollstationen zu und verhinderten Neben- und Schleichwege. Schließlich symbolisierten sie den Bereich, in dem die Stadt Schwäbisch Hall die Herrschaft beanspruchte, selbst wenn innerhalb der Heg zahlreiche Untertanen anderer Herrschaften wohnten. Nicht genau bestimmen lässt sich das Alter der Landheg: Am wahrscheinlichsten ist ihre Entstehung im ersten Viertel des 15. Jahrhunderts. 1478 wurde sie von Kaiser Friedrich III. ausdrücklich bestätigt. Eine weitere Ausbauphase liegt im 16. Jahrhundert, die früheste sicher datierte Beschreibung stammt aus den 1550er Jahren.

Bürger und Bauern

Mittelalterliche Besitzrechte sind verwickelt. Eigentum in heutigem Sinn (der sich mit dem Eigentum in antikem römischen Sinn deckt) gab es im Mittelalter nicht. Es existierten lediglich Besitzrechte an Immobilien – und Personen. Prinzipiell konnte jedes Grundstück und jedes Haus zwei Besitzer haben: Einen, der das „Erbe", und einen, der das „Eigen" besaß. Beide Besitzrechte waren erblich und konnten verkauft oder vertauscht werden, wobei der Besitzer des „Erbes" in einem solchen Fall die Zustimmung des Besitzers des „Eigens" einholen musste. Darüber hinaus konkretisierte sich das Verhältnis von Erb- und Eigenbesitzer in Abgaben, die der Erst- dem Letztgenannten leisten musste.

Beispiel: Jörg Kreß aus Enslingen, 1671 (Besitzer der späteren Gastwirtschaft zur „Krone")

Art der Liegenschaft	Besitzer des Erbes	Besitzer des Eigens	Abgabe
1 Gütlein samt Haus und Scheuer sowie Erbschenksgerechtigkeit und mit: 1,5 Viertel Wiese 1 Viertel Krautgarten 1 Viertel Grasgarten 1 Schorbeet	Jörg Kreß	Hospital	28 ß Geld, 4 Herbsthühner, 1 Fastnachtshuhn
1 Gütlein ohne Haus und Scheuer und mit: 2 Morgen 1 Viertel Äcker, 2 1/8 Tagwerk Wiesen, 1 Viertel Garten	Jörg Kreß	St. Katharinenpflege	1 fl 10 ß Geld, 1 Fastnachtshuhn
1 Viertel Feldlehen mit: 4 Viertel Wiesen Holz	Jörg Kreß	Herr Wolf Caspar Sanwald in Schwäbisch Hall und Amt Schlicht	1 fl 7 ß 3 h Geld, 1 Herbsthuhn, 1/4 Fastnachtshuhn und 7 ß 2,5 h Geld
eigenes Stück: Die Hälfte eines Achtels Schorgarten	Jörg Kreß	Hospital	14 ß Geld
eigenes Stück: 1 Morgen Acker	Jörg Kreß	Präsenzpflege	2 h Geld

Da diese Aufspaltung der Nutzungsrechte zwar im Mittelalter entstanden war, aber keineswegs mit dem Mittelalter endete (sondern erst mit der sog. „Bauernbefreiung" im 19. Jahrhundert), greife ich auf ein – besser dokumentiertes – frühneuzeitliches Beispiel (s. Kasten) zurück, das aber genauso dreihundert Jahre früher hätte aussehen können.

Der Grundbesitz des Jörg Kreß setzte sich also nicht nur aus einzelnen Parzellen, sondern auch aus Teilen unterschiedlicher Grundherrschaften zusammen: Die „Eigen" an seinen Immobilien gehörten dem Hospital, der Präsenzpflege, der Katharinenpflege, dem Amt Schlicht und dem Amt Kocheneck sowie der bürgerlichen Familie Sanwald in Schwäbisch Hall. Darüber hinaus schuldeten nicht nur Lehen Abgaben, sondern auch sog. „eigene" Güter, also freivererbbare Parzellen, während die Lehensgüter geschlossen weiter gegeben werden mussten. Eine „Dismembrierung", d. h. Zerlegung von Lehensgütern, war nur in Ausnahmefällen mit Erlaubnis des Lehensherrn möglich.

Im Falle von Jörg Kreß waren die meisten Abgaben Geldzahlungen (mit Ausnahme der Hühner, die zu Fastnacht bzw. im Herbst

Art der Liegenschaft	Besitzer des Erbes	Besitzer des Eigens	Abgabe
eigenes Stück: 1 Viertel Acker	Jörg Kreß	Amt Kocheneck	2 h Geld
eigenes Stück: 1 Viertel Acker	Jörg Kreß	Amt Kocheneck	2 h Geld
eigenes Stück: 1/2 Morgen Acker	Jörg Kreß	Hospital	1 h Geld
eigenes Stück: 1/2 Morgen Acker	Jörg Kreß	Hospital	2 ß 6 h Keltergült und 6 ß Herrengült, beides Geld
eigenes Stück: 1 Viertel Acker	Jörg Kreß	Amt Kocheneck	2 h Geld
eigenes Stück: 1 Morgen Acker	Jörg Kreß	Präsenzpflege	2 h Geld
eigenes Stück: 1/2 Tagwerk Wiese	Jörg Kreß	Hospital	1 h Geld
eigenes Stück: 1 Morgen Weinberg	Jörg Kreß	Hospital	6 h Geld
eigenes Stück: 1 Viertel Weinberg	Jörg Kreß	St. Katharinenpflege	2 h Geld

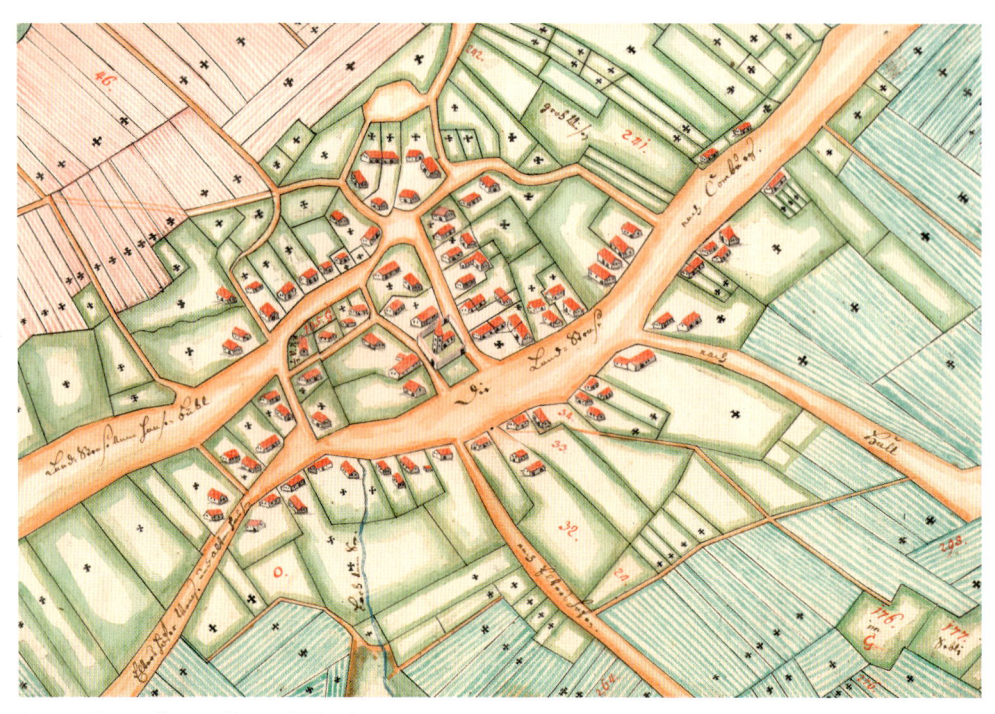

Ortsgrundriss von Hessental im 18. Jahrhundert

fällig waren). In anderen Fällen bestanden Abgaben aber durchaus auch in Naturalien.

So verkaufte 1482 Hans Hofacker von Tullau an Hans Blinzig von Mittelfischach das Erbe an seinem Hof zu Tullau. Das Eigen an diesem Hofes besaß das Spital zu Schwäbisch Hall, das eine jährliche Gült von acht Scheffel Dinkel, acht Scheffel Hafer, acht Scheffel Roggen, 1,5 fl Wiesgeld, 100 Eiern, zwei Gänsen, fünf Herbsthühnern und einem Fastnachtshuhn erhielt, außerdem die Dienste des Bauern in Anspruch nehmen durfte, der dem Spital drei Schätz Leinen und zwei Schätz Erbsen jährlich auszusäen hatte.

Abgaben flossen nun allerdings nicht nur aufgrund des „Eigen"-Besitzes, sondern auch aufgrund anderer Rechte. Dazu gehörten zum Beispiel Vogteirechte (d. h. Gerichtsrechte) und Leibrechte, d. h. Rechte an leibeigenen Personen. Während Vogteirechte für den Aufbau von Herrschaften außerordentlich wichtig waren und oft die Vorstufe für den Erwerb der hohen Obrigkeit, also der Gerichtsbarkeit über Leib und Leben, waren, verlor die Leibeigenschaft im Spätmittelalter ihre Bedeutung – zumindest im unmittelbaren Herrschaftsgebiet der Stadt. Für die Herrschaften Kirchberg und Ilshofen gilt dies aber nicht: 1483 wurden die Leibeigenen dieser beiden Herrschaften verzeichnet. Da die Leibeigenschaft von der Mutter auf die Kinder vererbt wurde, ist das Leibeigenenverzeichnis eine der wenigen Listen, in denen Frauen die Hauptrolle spielen und die Ehemänner nur als Beiwerk aufgeführt werden. Die Leibeigenen der beiden Ämter waren – und dies zeigt auch schon die Problematik einer auf Leibeigenschaft aufbauenden Herrschaft – weit gestreut. Ohne exakte Buchführung und ohne den Nachvollzug der Abstammungsverhältnisse drohten die Leibeigenen verloren zu gehen. Bedeutende Konsequenzen für die Personen selber – etwa im Sinne von Unfreiheit – hatte die Leibeigenschaft nicht mehr: Im wesentlichen waren Leibeigene verpflichtet, das Hofgeld zu entrichten, ein Leibhuhn nach Hall zu tragen und das „Hauptrecht" zu bezahlen. Dies konnte je nach Vermögen in zwei Formen geschehen: als „Besthaupt" oder als „Bestkleid". Im ersten Fall musste das beste Stück Vieh im Stall, im zweiten das beste Kleid abgegeben werden. Die Übergabe erfolgte allerdings nicht mehr in natura, sondern wurde durch einen Geldbetrag abgelöst, der deutlich unter dem Marktwert des Viehs bzw. Kleids lag. Immerhin scheint um 1500 die Leibeigenschaft auch von denjenigen, die die Abgaben daraus bezogen, als entbehrlich eingestuft worden zu sein: Ulrich von Münkheim verfügte in seinem Testament 1503, dass nach seinem Tod alle seine Leibeigenen freizulassen seien.

Städtische Bürger und Institutionen kauften beide Arten von Besitzrechten: Sowohl „Erb" wie „Eigen" konnten in ihrer Hand liegen. Teilweise erwarben sie auch gezielt beide Rechte an einem Grundstück, um dann relativ frei darüber verfügen zu können. 1481 verkaufte z. B. Götz von Bachenstein das Erbrecht an zwei Höfen in Altenhausen, die er bislang selber gebaut hatte, an Hans Feuchter. Das Eigen behielt er, wofür der Bauer 2,5 Pfund Heller, acht Scheffel Roggen, sechs Scheffel Hafer und 65 Eier, einen Käse, vier Herbsthühner und ein Fastnachtshuhn jährliche Gült zu leisten hatte. Außerdem hatte Bachenstein Anspruch auf die täglichen Dienste seines Bauern. Umgekehrt verkaufte 1483 Hans Weydenbrunner von Enslingen an Junker Gabriel Senft zu Hall das Erbe an einem Weingarten zu Enslingen, dessen Eigenschaft dem Junker schon gehörte, womit dann beide Besitztitel in der Hand des Stadtadligen lagen. Auch wenn ein Bauer das Gut, dessen Erbe er besaß, nicht bebaute, fiel das Erbe an den Grundherrn zurück: 1484 erhielt Gabriel Senft auf diese Art das Erbe an einem weiteren Weinberg in Enslingen, dessen Besitz von Hans Vogelin aufgegeben wurde. Die genannten Beispiele betreffen nun allerdings Mitglieder des Stadtadels, dessen ländlicher Güterbesitz lange zurückreicht. Aber auch nicht-adlige

Streit zwischen Bauer und Steuereintreiber. Holzschnitt des „Petrarcameisters" aus dem ersten Drittel des 16. Jahrhunderts

Ansicht einer Scheune in Hessental im 18. Jahrhundert

Bürger besaßen und kauften Rechte auf dem Land. Teilweise kamen die einfachen städtischen Bürger auf dem Erbweg zu ihrem Grundbesitz, sofern sie von Bauern abstammten und vielleicht die ersten ihrer Familie waren, die städtische Bürger gewesen waren. Zum Teil kauften sie aber auch solche Rechte an. Beides zeigt das folgende Beispiel: Friedrich Wünnhart, Bürger zu Schwäbisch Hall, verkaufte 1485 an Hans Büschler, Bürger zu Schwäbisch Hall, seinen Hof zu Raibach, den ihm seine Mutter Anna Wünnhartin laut eines Vertrags übergeben und den vorher sein Vater Jörg Wünnhart innegehabt hatte. Hans Büschler konnte den Hof nun selber bewirtschaften, verpachten (auf Zeit) oder als Erbe verleihen (auf Ewigkeit).

Neben diesen Lehensbeziehungen und neben der politischen Dominanz der Reichsstadt Schwäbisch Hall über die Dörfer gab es noch ein drittes Band, das Stadt- und Landbewohner ungleichgewichtig aneinander band: Städter verliehen Geld an die Dorfbewohner. Etliche der Gülten gehen zwar auch auf Geldgeschäfte des 14. Jahrhunderts zurück, die wegen des kanonischen Zinsverbots als Immobilientransaktionen getarnt worden waren, aber im 15. und vollends ab dem 16. Jahrhundert wurden Kapitalien offen gegen Zins verliehen. Der Nachweis solcher Geschäfte für Privatpersonen ist schwierig. Einfacher gelingt dies für das Spital, das 1433 24 fl an Ullin Kiferlin zu Ilshofen oder 82 fl an den ebenfalls dort wohnenden Schneyderhans verliehen hatte. Peter Horn zu Bibersfeld hatte 1492 40 fl an Mülhans zu Haagen geliehen.

Der Sinn ländlichen Grundbesitzes der Bürger lag wohl darin, dass Immobilien auch in Krisenzeiten einigermaßen sichere Einkünfte versprachen, dass es mindestens teilweise Naturaleinkünfte waren, die direkt im Haushalt des Empfängers verbraucht oder vermarktet werden konnten. Außerdem verliehen Gültbauern Sozialprestige, da damit zumindest Anklänge an einen adligen Lebensstil vorhanden waren. Unter politischen Gesichtspunkten war der Ankauf solcher Rechte durch Bürger ebenfalls wünschenswert, da das Landgebiet dadurch dreifach mit der Stadt verklammert war: über die städtischen Hoheitsrechte, die grundherrlichen Eigenrechte und die Kredite. Verglichen damit war die Leibeigenschaft von geringerer Bedeutung.

Maße

Die Umrechnung von Maßangaben ist schwierig, sie schwanken von Epoche zu Epoche und unterscheiden sich zum Teil nach Getreideart und Bodennutzung. Einige Beispiele:

1 Scheffel glatter (d. h. enthülster Frucht) = 121 Liter
1 Scheffel rauer (d. h. nicht enthülster Frucht) = 141 Liter
1 Scheffel bestand aus 4 Vierteln, ein Viertel aus 20 Schatz (oder Schätzle).
1 Morgen Acker (bestehend aus 4 Vierteln) = 48,8 Ar
1 Morgen Garten = 43,5 Ar
1 Tagwerk Wiese (bestehend aus 4 Vierteln) = 45,6 Ar
1 Morgen Wald = 52 Ar
1 Eimer Wein = 48,3 Liter
1 Gulden (fl) = 30 Schilling (ß)
1 Schilling (ß) = 12 Heller (h)
1 Pfund (lb) = 20 Schilling (ß)

Beispiel für einen Eintrag im Leibeigenenbuch der Herrschaften Kirchberg und Ilshofen 1483:

Margreth Schmidin,
Hannsen Pratz des Schulthaissen Tochter,
Jörgen Schmid Haußfrau zuo Hürlbach

ire Kind

Wenndel
Hanns
Ennlin

Frömmigkeit im Spätmittelalter

Als 1496 der Neubau des Haalbrunnens anstand – wilde Wasser waren eingedrungen und hatten den Salzgehalt der Sole herabgesetzt –, gehörte zu den Vorbereitungen auch eine Prozession: Den Auftakt bildeten Messen in St. Michael zu Ehren der Mutter Gottes. Dann versammelte sich das Volk und zog hinter der Priesterschaft und den Mönchen des Barfüßerklosters dem Sakrament folgend zum Haalbrunnen, umschritt dort unter der Abhaltung von Messen den Brunnen und kehrte dann in die Michelskirche zurück, wo zum Abschluss noch Messen zu Ehren des Erzengels stattfanden. Die Hilfe Gottes für das wichtige Bauprojekt sollte auf diese Art gesichert werden.

Die spätmittelalterliche Frömmigkeit war durch zwei gegensätzliche Strömungen gekennzeichnet: Zum einen setzte sie stark auf Riten und die Teilnahme breiter Volkskreise, zum anderen entwickelte sie aber auch intellektuelle Ansprüche auf Unterweisung, Lebensführung und eine verinnerlichte Frömmigkeit. Beide Richtungen lassen sich auch in Schwäbisch Hall nachweisen.

Prozessionen und Wallfahrten spielten um 1500 eine wichtige Rolle. In Schwäbisch Hall und seinem Umland gab es Wallfahrten zur Schöntaler Kapelle, nach Tüngental (Unserer lieben Frauen zum Hasen, weil ein Hase in der Kirche Schutz vor Jagdhunden gefunden hatte), zur Schuppachkapelle (die 1467 bis 1484 neu gebaut wurde), auf den Einkorn, nach Rieden und nach Enslingen. Die Wallfahrt auf den Einkorn soll – nach dem Chronisten Georg Widman – 1472 durch Siegmund Weinbrenner angestoßen worden sein, der Bildzeichen verteilte und behauptete, die 14 Nothelfer wollten dort geehrt werden. Frömmigkeit und Tourismus gingen eine idealtypische Verbindung ein, denn – wie Widman schreibt – *es wurdte auch ein groszer zuelauff undt vorab sommerszeithen, weill es der statt Hall nahe lagh, mit flaschen und speis seckhen mehr von groszmals wegen dann wallens.* Gerade im Sommer also

---

Die Prozession aus Anlass des Sulenbaus 1496

Amm Dinstag vor unnsers Herren Fronleychnamstag anno etc. [14]96 vorgemelt früw hat man gehallten ain loblich Ampt in der Ere der hochgelobten Junckfrawen Marie unnd mit vil gesprochnen seligen Messen bey Sant Michaeln, alda sich das Folck versamelt hat. Nach Volpringung desselben Amptz ist man mit ain[er] loblichen Procession aller Priesterschafft unnd dess Barfüsserclosterlins unnd dess Folcks diser Stat, yeglichs in seiner Ordnung unnd nemlich die Priesterschaft in irenn Ornaten mit dem hailigen hochwirdigen Sacrament durch den Pfarr[er] derzeyt Herrn Michael Molitoris andechtigklich getragen unnd mit anndern wirdigen Hailthumen gegangen und gewallet zu dem Sulenprunnen, habenn alda Station gehallten und an den vier Ecken dess Prunnens die hailigen lobsamen vier Ewangelia (als man an unnsers Herrn Fronleychnamstag ze thun pfligt) gesungen unnd gelesenn mit Collecten, Letaneyen unnd annderm Lobgesanng andechtigklich unnd also umm den Prunnen unnd von dannen wider in Sannt Michaels Pfarrkirchen. Unnd aber alda ain loblich Ampt mit vil gesprochnen Messen gehallt[e]n in der Ere desselben hailigen Himelfürstenn unnd Ertzenngels Sannt Michaelis unnd also mit Anndacht umm die Gnad unnd Hilff Gottes geworbenn.

Wallfahrt Haller Jugendlicher zum Mont St. Michel in der Normandie. Federzeichnung aus einer Haller Chronik des frühen 17. Jahrhunderts

sei die Wallfahrt beliebt gewesen, weil das Ziel der Stadt nahe lag und die Pilger mit Getränken und Speisen zum Picknick dorthin ziehen konnten.

Welche Ausmaße die Begeisterung für Wallfahrten annehmen konnte, zeigte sich 1458, als am Donnerstag nach Pfingsten 100 Knaben von Hall aus aufbrachen, um zum Mont St. Michel in der Normandie zu reisen. Der Rat schickte angeblich einen Schulmeister samt einem Esel als Begleitung mit. Die Pilger, die alle heil zurückkamen, brachten einen Ablassbrief mit, der in der Michaelskirche in Hall aufgehängt wurde. Die Wallfahrten finanzierten prächtige Kirchenbauten mit (so in der Schuppach und in Rieden).

Der gotische Neubau der Michaelskirche dagegen war ein städtisches Projekt, das 1427 begann und 1456 im Langhaus abgeschlossen wurde. Erst 1495 begann man mit dem Neubau des Chores, der sich bis 1527 hinzog. Über den Bau und seine Finanzierung liegen nur wenige archivalische Hinweise vor: 1516 vergaben die städtischen Bauherren den Bau des Dachstuhls über dem Chor an Meister Hans, Zimmermann von „Waldenberg", und 1520 wurde der Dreikönigsaltar geweiht, was auf einen zumindest vorläufigen Abschluss der gröbsten Arbeiten hindeutet.

15. Frömmigkeit im Spätmittelalter

Innenansicht (Aufnahme von 1948) von St. Michael mit Altar, Kruzifix und Sakramentshaus

Für den Bau des Chores sollen zusätzlich Einnahmen aus der Wallfahrt in Enslingen verwendet worden sein. Eine andere Einnahmequelle für den Bau wurde mit Hilfe des Papstes erschlossen: Den Gläubigen wurde gestattet, in der Fastenzeit und an Heiligentagen Käse und Schmalz zu essen, wenn sie dafür 1 Schilling in den Opferstock legten. Eine dritte Finanzierungsquelle schließlich waren Stiftungen von Bürgerinnen und Bürgern für den Bau und seine Ausstattung: 1496 überließ Dorothea Biermann der Kirche 10 fl für den Neubau des Chores; 1503 gab Ulrich von Münkheim für einen Ornat, ein Räucherfass und eine Opferkanne; 1507 schenkte Gabriel Kriech 150 fl für den Kirchenbau und das Reichalmosen; 1517 stiftete Anna Bender ein Altartuch; 1519 spendete Barbara Müller 5 fl für den Bau.

Insgesamt ist es erstaunlich, wie wenig die Chronisten und städtischen Schreiber über den Bau der Kirche schreiben – schließlich war es ein Projekt, das hundert Jahre lang erhebliche Finanzmittel und die Verpflichtung zahlreicher Handwerker erforderte.

Mehr Aufmerksamkeit schenkten sie organisatorischen Änderungen: Bis 1480 war die Pfarrei St. Michael von Ewigvikaren, die das Kloster Comburg ernannte, versehen worden. Diese Ewigvikare hatten quasi auf Lebenszeit gegen eine Anteil an den Einkünften der Pfarrei ihre Stelle versehen. Der größere Teil der Einnahmen war auch unter diesen Verhältnissen schon an das Kloster gegangen. 1480 nun besetzte die Comburg gemäß einem päpstlichen Privileg von 1477 die Stelle mit einem adligen Mönch, der als Stellvertreter den jederzeit absetzbaren Vikar Michael Molitor annahm. Molitor erhielt vier bis fünf Gulden Besoldung im Jahr, fast das gesamte Einkommen der Pfarrei floss also nach Comburg. Wenig später wurde Molitor Ewigvikar mit einer Besoldung von 16 Gulden im Jahr, was für die Stadt aber immer noch inakzeptabel war. Sie prozessierte in Rom, ohne allerdings eine dauerhafte Veränderung durchsetzen zu können. Noch schwieriger wurde die Lage, nachdem Comburg Ritterstift geworden war und sich dem Einfluss der Stadt entzogen hatte. Immerhin erhielt Molitor ab 1496 die Besoldung seiner Vorgänger (mit 60 Gulden). Seit 1499 arbeitete die Reichsstadt auf eine Trennung von St. Michael und Steinbach hin, wobei aber Comburg in Rom, wo die Entscheidungen fallen mussten, über den größeren Einfluss verfügte. 1504 übergab Molitor seine Stelle – ohne jede Rechtsgrundlage – dem Haller Priester Conrad Rotter, der Rat hatte ihm seinen juristischen Beistand und finanzielle Entschädigung zugesichert. Würzburg seinerseits verlieh die Pfarrei an den Comburger Dekan, was für die Stadt den Verlust jeglichen Einflusses und fast der gesamten Pfarreinkünfte bedeutet hätte. Der folgende Rechtsstreit zog sich in Rom bis 1508 hin. Am Ende stand ein Vergleich: St. Michael wurde eine eigene Pfarrei, deren Besetzung beim Rat der Reichsstadt lag. Die meisten Pfründen in St. Michael allerdings verblieben unter Comburger Patronat. Außerdem erließ die Stadt dem Stift einige Schulden.

1502 hatte der Rat eine Predigerstelle an St. Michael gestiftet, sicher im Zusammenhang der gerade erzählten Querelen mit Comburg, aber auch denen mit dem Franziskanerkloster, das bis zu diesem Zeitpunkt die Predigten übernommen hatte. Prediger als städtische Bedienstete waren in dieser Zeit keine Ausnahmeerscheinung mehr. Sie sicherten die theologische Belehrung der Bevölkerung und den Einfluss der Stadt auf die Inhalte der Predigten.

Auch in anderen Fällen zog die Stadt die Verfügung über Pfründen an sich. So gingen die der Veldnerkapelle von der Familie von Stetten auf die Stadt über, als der Abriss der Kapelle geplant wurde.

Stark ritualisiert war besonders das Totengedenken, das zu einem Wirtschaftszweig geworden war und zahlreiche Priester, Hilfsgeistliche, Mesner, Schulmeister und Seelfrauen beschäftigte. Der Toten wurde im Rahmen der Jahrtagsstiftungen durch Messen und Begängnisse am Grab gedacht, wobei für jede einzelne Handlung Gebühren fällig waren. Der Rhythmus begann mit einer Totenmesse am siebten Tag nach dem Tod, zog sich über eine zweite am dreißigsten danach bis zur Feier des Jahrestages, der dann je nach Stiftung bis in alle Ewigkeit zu feiern war. Für diese Stiftungen wurden bedeutende Geldmittel mobilisiert, deren korrekte Verwendung auch nach ihrem Tod ein Problem für die Stifter war. Das Vertrauen in die Geistlichkeit allein reichte nicht mehr aus. Die Lösung bestand darin, möglichst eine einflussreiche Institution am Ertrag der Stiftung zu beteiligen, die dann aus Eigeninteresse für die Erfüllung der anderen Stiftungszwecke sorgte.

Die Frömmigkeit der Menschen um 1500 zeigt sich aber außer in diesen Riten auch in einzelnen Gegenständen, die sie in ihrem Besitz hatten: Hans Sanwald besaß 1524 eine Jakobsmuschel, Margaretha Seckel um die gleiche Zeit ein Jesuskindlein in einem Schrein. Die Bürgerinnen und Bürger teilten die spätmittelalterliche Bild- und Zeichengläubigkeit und verschafften sich auch in ihren privaten Haushalten Anteil daran. Im öffentlichen Bereich wirkte sich dies noch viel stärker aus: Beim Reliquienbesitz der Kirchen lag der Akzent um 1500 auf der Quantität, möglichst viele „Heiligtümer" sollten in der Kirche verwahrt werden.

Als besonders charakteristisch erscheint schließlich der Ablasshandel, der zu Beginn des 16. Jahrhunderts problematische Züge angenommen hatte. Persönliche Ablässe, die nicht mit dem Besuch privilegierter Gnadenstätten oder eigenen Leistungen verbunden wurden, waren möglich. In Hall z. B. erhielt 1488 Margarethe von Rinderbach einen vollständigen Ablass durch den Organisator einer der großen Ablass-Kampagnen, Raimund Peraudi.

Franziskaner

Das Franziskanerkloster verzeichnete im 15. Jahrhundert keinen Einschnitt in seiner Tätigkeit – sehr zum Bedauern des Rats, denn zwischen 1483 und 1502 unternahm letzterer verschiedene Anläufe, um das Franziskanerkloster im Sinne einer strikteren Auslegung der Ordensregel (der Observanten) zu reformieren, wogegen aber die Mönche hinhaltenden Widerstand leisteten. Nach kleineren Maßnahmen versandeten die Anstrengungen, zumal 1502 der Rat die erwähnte städtische Predigerstelle an St. Michael gestiftet hatte, die ihn von den Predigtleistungen der Franziskaner unabhängig machte. Stiftungen flossen den Franziskanern weiterhin zu, die laschere Praxis im Kloster scheint Stifter nicht völlig abgeschreckt zu haben. Einige trafen allerdings zusätzliche Vorsorge, worin ein gewisses Misstrauen zum Ausdruck kommt: 1460 schenkte Johannes Schriber, Bürger zu Hall, den Barfüßern einen Kelch und eine Patene, mit der Auflage, dass diese Geräte täglich benutzt werden mussten und vorzuweisen waren, wann immer der Stifter sie sehen wollte. Die Barfüßer hielten im Gegenzug einen Jahrtag für den Sohn des Stifters und nach des letzteren Tod auch für ihn. Ulrich von Münkheim stiftete testamentarisch 1503 einen Jahrtag in der Barfüßerkirche zu Hall. Seelenmessen sollten außerdem in den reformierten Klöstern von Heilbronn und Pforzheim gehalten werden. Zu seiner Beisetzung sollten auch die Ordensbrüder kommen. Hans Scherb, Dorothea Dönerin und der Arzt Anton Brelochß stifteten noch 1523 einen Jahrtag bei den Barfüßern, wofür sie 60 fl Hauptgut mit 3 fl Zins aus einem Haus am Grasmarkt gaben. Ein Jahr später wurde das Kloster im Zuge des Übergangs der Stadt Schwäbisch Hall zur Reformation geschlossen.

Beginen

Bis Ende des 14. Jahrhunderts lebten die Beginen in relativ freien, „ungeordneten" Gemeinschaften. 1412 änderte sich dies, denn in diesem Jahr stiftete Heinrich Eberhart den *armen geistlichen kindern und swestern, die man nennet die willigen armen und die da sint in der dritten regeln sant Franciscen* ein Haus beim Spital, das für sechs Schwestern Wohnraum bot. Namentlich genannt werden Margreth von Brettach und Mechthild von Weinsberg. Die Schwestern sollten keinen Sonderbesitz haben und niemand aufnehmen, der nicht Gemeinschaft haben wollte. Beim Austritt sollen sie nur einen Mantel und einen Rock erhalten; sie wurden der Aufsicht der Heilbronner Klarissen unterstellt. Damit scheint eine entscheidende Schwelle überschritten: Die „Beginen" lebten von jetzt an zusammen, die freieren Lebensformen des vorangehenden Jahrhunderts wurden obsolet. Dies betraf auch die bis dahin gelegentlich erwähnten Klausnerinnen bei St. Katharina und die Frauenklause in Unterlimpurg, die im ersten Viertel des 15. Jahrhunderts zu bestehen aufhörten.

Die Stiftung von 1412 erscheint als eine private Angelegenheit des Heinrich Eberhart. Von Aufsichtsrechten des Rates war nicht die Rede. 1514 aber agierte der städtische Magistrat für die Schwestern und schrieb die Bedingungen für ihre Aktivitäten vor. Die Beginen erscheinen jetzt als eine städtische Gemeinschaft.

1512 erwarben die beiden Pfleger des Schwesternhauses „St. Clara Regel und St. Francisci Ordens" Veit von Rinderbach und Conrad Vogelmann drei Häuser im Berlerhof bei der Michaelskirche für insgesamt 140 fl. 1514 übergab der Rat Mutter und Schwestern der Dritten Regel dieses Haus (wogegen das Spital deren bisheriges Anwesen hinter dem Spital bekam). Den Frauen wurde auferlegt, den städtischen Handwerkern keine Konkurrenz zu machen, sondern sich mit Weben, Spinnen und Nähen zu begnügen, außerdem Kranke zu versorgen und Leichen herzurichten. Mehr als drei Tuchwebstühle sollten sie nicht betreiben, auch beim Lohn für ihre Dienstleistungen Zurückhaltung üben. Mehr als zwölf Personen durften nicht aufgenommen werden. Der weitere Erwerb von Gütern im hällischen Gebiet war nicht gestattet.

Durch Erbschaften allerdings erweiterte sich der Besitz des Schwesternhauses: Von ihren Mitschwestern Margaretha Feyerabend und Katharina Wetzel erbten sie 1518 und 1519 jeweils deren ganzes Vermögen, was u. a. ein Viertel eines Siedens einschloss. 1517 legierte Anna Bender ihnen ein Altartuch. Auch Ankäufe waren möglich – trotz des Verbots von 1514: 1518 erwarben sie eine Gült in Uttenhofen.

1514 wird die Versorgung von Leichen ausdrücklich als Betätigungsfeld der Beginen genannt. Dies – und die Sorge für das Heil der Seele des Verstorbenen – gehörte auch zu den Aufgaben der *Selfrawen*, für die einige Ordnungen des Rates aus den Jahren um 1500 belegt sind. In Ulm waren zudem *Begine* und *Seelfrau* bzw. *Seelnonne* Synonyme, was den Gedanken nahe legt, dass dies auch in Hall so gewesen sein könnte. Von 1498 stammt der *Selfrawen zu Sannt Michel Glübd unnd Ordnung*. Die Seelfrauen wurden verpflichtet, den Heiligenpflegern zu berichten, wenn sie etwas für das Kirchenvermögen Nachteiliges wahrnehmen sollten. Für das Totengedächtnis bei der Beerdigung, am siebten und am dreißigsten Tag erhielten sie jedesmal 2 Pfennige. Ließ sie an einem dreißigsten jemand über die Gräber gehen, gab man ihr 2 Böhmische und 3 Pfennige für den Weihrauch. Ging die Seelfrau an einem Jahrtag über die Gräber, bekam sie ebenfalls 2 Pfennige. Die Seelfrau sollte den Lohn auf keinen Fall höher treiben. Wurde sie allerdings aus freien Stücken zum Essen eingeladen, durfte sie teilnehmen. Darüber hinaus sollte sie für den Heiligen, den Pfarrer, die Mietherren und den Mesner Gebühren einsammeln und an die richtige Adresse weiterleiten.

Zwischen 1526 und 1550 tätigten die Pfleger des Schwesternhauses (als die Hermann Büschler, Hans Ott und Christof Has, Florian Berneck und Caspar Feierabend genannt werden) verschiedene Kreditgeschäfte mit Bürgern und Untertanen auf dem Land. Vor 1526 sind Kreditgeschäfte der Beginen nicht überliefert. Ob der materielle Spielraum ausreichte, Kapitalien anzusammeln, solange zwölf Frauen von den Erträgen des geringen Vermögens und der Arbeit verpflegt werden mussten, erscheint zweifelhaft. Möglicherweise deuten diese Aktivitäten daher auf ein langsames Ende des Beginenhauses unmittelbar nach der Reformation hin, zumal von den genannten Pflegern Hans Ott und Christof Has ausgewiesene Anhänger von Johannes Brenz waren.

In den Beetlisten sind die „Betschwestern" von 1519 bis 1554 (danach beginnt eine zwanzigjährige Lücke in der Überlieferung dieser Vermögenssteuerrechnungen) belegt. Der Beginn 1519 steht sicher im Zusammenhang mit dem Erwerb von Vermögen aus den Erbschaften der Margaretha Feyerabend und der Katharina Wetzel.

Da die Beginen („Betschwestern" auch hier) von der Stadt auf Allerseelen wie die armen

Das Gebäude Nonnenhof 4 von den dahinter liegenden Gärten aus

Leute auf dem Markt und vor den Toren, die „Franzosen" (d. h. die an Syphilis erkrankten Bewohner des ehemaligen Leprosenhauses) und die „Siechen" eine milde Gabe von 12 bzw. 15 Schilling erhielten, lässt sich ihre Existenz noch ein Jahr länger nachweisen als in den Beetlisten: Im Rechnungsjahr 1554/1555 findet sich letztmalig eine Zahlung von 15 Schilling an die Betschwestern. 1555/1556 werden die Beginen noch einmal erwähnt, die an sie gezahlte Summe aber wurde auf Null gesetzt, 1556/1557 unterbleibt auch ihre Nennung. Der Rückschluss, dass spätestens 1555 das Ende des Beginenkonvents gekommen war, drängt sich auf. Die letzte Frau dürfte in diesem Jahr gestorben sein.

1557 fanden zudem Umbaumaßnahmen im *Nunnenhauß* statt, für die der Schreiner Veit Knauß 1 Gulden 1 Pfund und 2 Schilling erhielt. Im Zusammenhang dieser Umbaumaßnahmen könnte auch die Inschrift im Erdgeschoss des Nonnenhofes stehen, die 1562 angebracht wurde:

Tugent hat vor Zeiten edel gemacht
[jetzt tuts der Hoffart und der Pracht].

Johanniter

In ruhigen Bahnen verliefen die weiteren Schicksale der Johanniterkommende:

1495 lebten außer dem Komtur noch drei Ordenskapläne in der Kommende. Als Bedienstete waren ein Koch und ein Diener angestellt. Der jährliche Gewinn betrug 213 fl, von denen 38 fl als Ordenssteuer nach Rhodos abgeführt wurden.

Mit der Reformation der Stadt geriet auch die Kommende unter Druck, obwohl sie nicht vom Rat abhängig war. 1534 schloss der Rat der nunmehr protestantischen Stadt die Johanniterkirche für den katholischen Gottesdienst, der bis dahin noch regen Zulauf vor allem aus den Reihen der „Geschlechter" gefunden hatte. 1543 wurde ein evangelischer Pfarrer an St. Johann (und Gottwollshausen) eingesetzt. Um 1600 schließlich verlegten nach erneuten Streitig-

Henkersbrücke und Weiler 1928 mit der Johanniterkirche und dem Gebäude der ehemaligen Kommende links daneben

keiten mit der Stadt die Komture ihren Sitz nach Affaltrach, wobei die Kommende nun den Namen Hall-Affaltrach annahm. 1805 übernahm Württemberg auch diese Besitzungen der Johanniter.

Reichalmosen

Eine neue Stiftung entstand 1494, als der Bäcker Conrad Speltacher die erste Schüssel des Reichalmosens stiftete. Der Ertrag des von ihm gestifteten Kapitals sollte für ein „Armusen" verwendet werden, das jeden Sonntag auf dem Kirchhof von St. Michael an „hausarme" Bürger und Bürgerskinder der Stadt Schwäbisch Hall ausgeteilt werden sollte. Die Empfänger sollte der Rat der Reichsstadt auswählen. Sie erhielten Naturalien wie Brot, Fleisch oder Speck, Erbsen oder Mehl, Schmalz, Salz und Eier, Käse, Fische oder Heringe, je nach Jahreszeit. Den Empfängern des Almosens wurde es verboten, auf den Straßen oder in den Kirchen zu betteln. Hier wurden verschiedene Trends der Zeit angesprochen: Zum einen wurde öffentlicher Bettel, der in früheren Zeiten nie als problematisch erschienen war, nun als anstößig empfunden und konnte durch eine solche Stiftung eingedämmt werden; zum anderen bevorzugte sie Hausarme, d. h. arbeitende Arme, die aber vom Ertrag ihres Vermögens und ihrer Hände nicht mehr leben konnten, gegenüber Landstreichern und mobilen Armen, woher auch die ausdrückliche Begrenzung der Stiftung auf Bürger und Bürgerskinder rührte; und zum dritten wurden Naturalien, kein Geld, ausgeteilt: Der Arme hatte keine Möglichkeit, die Spende für anderes als für seinen Lebensunterhalt zu verwenden, seine eigenen Dispositionsmöglichkeiten waren eingeschränkt, zumal er die Gabe öffentlich – auf dem Kirchhof am Sonntag – im Angesicht der ganzen Gemeinde entgegen zu nehmen hatte. Immerhin konnten die Armen in ihren eigenen Häusern bleiben, wurden also nicht in eine Großinstitution wie das Spital überführt, wo ihnen ein eigenes Leben völlig verwehrt worden wäre. Schließlich lag die Verwaltung dieser Stiftung von Anfang an direkt beim Rat, nicht bei der Kirche oder einer nur sekundär vom Rat kontrollierten Institution.

Auf jeden Fall erwies sich diese Stiftung als Erfolg: 1501 bestätigten sie der Kardinallegat Raymund, 1505 der Bischof von Würzburg, die sie zudem mit Ablässen ausstatteten, d. h. jeder, der in das Reichalmosen stiftete, hatte Anspruch auf einen Ablass von 100 bzw. 40 Tagen. In den Jahren danach beteiligten sich zahlreiche Haller, wobei die Führung in den Anfangsjahren durchaus bei den stadtadligen Familien lag, obwohl die Initialzündung von einem Bäcker ausgegangen war: 1501 stifteten Paul Eberhart und seine Ehefrau Margaretha Rückenlaib eine Schüssel, 1502 Michael Seckel und 1503 Katharina Blanck. Im gleichen Jahr gab Ulrich von Münkheim testamentarisch Geld für zwei Schüsseln. Am Ende (d. h. 1802) waren 134 Schüsseln zusammen gekommen. Zusätzlich flossen dem Reichalmosen kleinere Stiftungen zu, die nicht für eine ganze Schüssel reichten, aber die Ausstattung der Stiftung verbesserten. Die Verteilung der Nahrungsmittel erfolgte in einem eigenen Häuslein, das zunächst auf der nördlichen Seite von St. Michael dem Büschlerhaus zu lag, 1591 aber auf die Südseite der Pfarrgasse zu neu erbaut wurde, weil das alte zu klein geworden war.

Teilweise behielten die Stifter für sich und ihre Nachkommen das Recht, die Empfänger der von ihnen gestifteten Schüssel zu benennen, wobei ihre eigenen Abkömmlinge bevorzugt werden sollten. Auch dies erwies sich als zukunftsträchtig, da insbesondere nach der Reformation die Versorgung armer Mitglieder der eigenen Familie einen hohen Stellenwert bekam – auf jeden Fall einen höheren als Spenden an nicht-verwandte Arme.

Spital

Im 15. Jahrhundert erweiterte das Spital seine grundherrlichen Rechte gewaltig. Grundlage waren zum Teil Stiftungen, im wesentlichen aber Ankäufe. Die bedeutendste Erwerbung war das Amt Honhardt, das 1446 von der Stadt an das Spital gegeben wurde, entweder weil die Reichsstadt die direkte Konfrontation mit Brandenburg-Ansbach, das die hohe Obrigkeit über Honhardt behielt, scheute, oder weil das Spital der Stadt das Geld für den Kauf vorgestreckt hatte. Ein weiterer wichtiger Zukauf war der definitive Erwerb des Teurershofes 1479.

Intern differenzierte sich die Verwaltung des Spitals aus: Das Rechnungswesen wurde exakter gehandhabt; Gültbuch, Schuldbuch und Hauptbuch werden in jedem Rechnungsjahr getrennt geführt; Schreiber standen dem Spitalmeister und den Pflegern, die vom Rat eingesetzt wurden, zur Seite.

Seit Anfang des 15. Jahrhunderts beginnen die Pfründkäufe. Interessenten konnten sich von jetzt an einen Platz im Spital kaufen. Sie erhielten für eine bestimmte Summe Unterbringung, Nahrung und Pflege. Die Leistungen wurden vertraglich vereinbart und sahen zum Beispiel häufig vor, dass der gesamte Nachlass der Pfründner an das Spital fiel. Die Pfründen zerfielen in drei Klassen: Die Herrenpfründner, die Armenpfründner und die Armen, die ohne Zahlung eine Pfründe zugewiesen erhalten hatten. Das Versorgungsniveau war unterschiedlich, die einzelnen Kategorien von Pfründnern speisten an verschiedenen Tischen, wurden in getrennten Küchen bekocht und erhielten qualitativ und quantitativ unterschiedliche Nahrung. Herrenpfründner bewohnten ihre eigene Stube, Armenpfründner zu mehreren eine.

„Solch Schnappen aufeinander": Kriege und Fehden im Spätmittelalter

Belagerung von Honhardt in der Darstellung einer Chronik aus dem frühen 17. Jahrhundert. Wie in der Mitte unten sichtbar, kamen hier bereits „Büchsen" (Geschütze) zum Einsatz.

Typisches Element der Geschichte Halls im Spätmittelalter sind die Fehden mit den Adeligen der Umgebung. Die Fehde war ein „Kampf ums Recht", ein – sofern sie bestimmten Regeln folgte – legitimes Mittel zur Erzwingung von Rechtsansprüchen. Heute lehnt man einen prinzipiellen Unterschied zwischen Fehde und Krieg ab, da eine Unterscheidung zwischen „staatlicher" und „privater" Gewalt nicht zu den mittelalterlichen Verfassungsstrukturen passt. Noch fragwürdiger ist der unhistorische, den Niederadel einseitig kriminalisierende Begriff des „Raubritters". Für die Zeitgenossen wurde die Grenze zwischen rechtmäßiger Fehde und Kriminalität dann überschritten, wenn man diese trotz Bereitschaft des Gegners zu einer schiedsrichterlichen Beilegung führte. Übliches Mittel der Fehde war das für mittelalterliche Kriege typische Zermürben des Gegners durch Plündern und Verwüsten seines Besitzes, der sogenannte „bellum romanum" (römischer Krieg).

Die Bemühungen Halls um Durchsetzung und Ausweitung seiner Rechte innerhalb der Landheg boten zahlreiche Gründe für Feindseligkeiten. Den meisten Niederadeligen bekam jedoch eine Fehde mit der Reichsstadt schlecht, wie wiederholte Hinweise auf „zerbrochene" Burgen zeigen. Weite Kreise zog die 1435 beginnende „Bebenburger Fehde", die aus einem Streit um die Pfarrei Reinsberg entstand. Hierbei überfiel ein Haller Bürgersohn mit einigen Helfern den rechtmäßigen Kandidaten und ertränkte ihn, da er nicht verzichten wollte, im seitdem so genannten „Pfaffengumpen" in der Bühler. Hall lehnte die Verantwortung für den Mord ab. Als Reiter des vom Bischof mit der Bestrafung beauftragten Konz von Bebenburg Reinsberg überfielen, nahmen die Haller 21 der Angreifer, darunter mehrere Adelige, gefangen und hängten sie als Friedbrecher. Die Haller wurden vom fränkischen Landgericht verurteilt, lehnten das Gericht aber unter Berufung auf kaiserliche Privilegien ab. Hall fand im

Steinerne Kanonenkugeln in einem Bollwerk der Schwäbisch Haller Stadtbefestigungen

Schwäbischen Städtebund, Konz von Bebenburg beim Adel Verbündete. Die Adeligen eröffneten den Konflikt mit der Eroberung Weinsbergs und der Wegnahme eines reichen Wagenzugs, die Städte reagierten mit der Zerstörung mehrerer Burgen. *Also trieben die Städt und der Adel* – so eine Chronik – *solch Schnappen aufeinander wohl anderthalb Jahr.* Nach der Eroberung von Maienfels durch ein Städteheer und Zerstörung anderer Adelsbesitzungen begannen Verhandlungen, die sich aber ergebnislos hinzogen, was die Haller 1444 zur Einnahme von Honhardt nutzten. 1446 kam ein Friedensschluss zustande, in dem Hall u. a. die Stiftung eines Jahrtags für die Hingerichteten zusagte.

Ein dauerhafter Friede wurde daraus nicht, denn mittlerweile bahnte sich mit dem „Städte"- oder „Markgräflerkrieg" ein weite Teile Frankens und Schwabens umfassender Konflikt an. Eine von Markgraf Albrecht von Brandenburg geführte Koalition des Adels und der Fürsten stand einem Bündnis der Städte und adeligen Gegner des Brandenburgers unter Führung Nürnbergs gegenüber.

Neben territorialen Ambitionen trieb den Markgrafen auch eine grundsätzliche Feindschaft gegen die Städte an, denen er die Zerstörung der Standesordnung vorwarf.

Im Juli 1449 brach der Krieg offen aus; in Schwäbisch Hall gingen zahlreiche „Fehdebriefe" ein, angeblich insgesamt 1590 – der „Städtekrieg" war formal nichts anderes als eine „Großfehde". Geführt wurde er durch das gegenseitige Verwüsten des Landes, denn – so der Markgraf – der Brand ziere den Krieg wie das Magnificat den Vespergottesdienst. Die Haller beteiligten sich an der systematischen Zerstörung brandenburgischer Besitzungen und verbrannten unter anderem Gerabronn. Markgraf Albrecht verwüstete seinerseits die Rothenburger Landheg, nahm Ilshofen im Sturm und brannte es nieder, wurde hierbei aber verwundet. Seine Männer sollen „wie die Türken gehaust und auch der Kinder nicht verschont haben". In Flammen gingen unter anderem Ramsbach, Haßfelden und Tüngental auf. Eine empfindliche Schlappe erlitten Haller, Comburger und Limpurger

Söldner des frühen 16. Jahrhunderts. Detail des „Ölbergs" von 1506 an der Nordseite von St. Michael

bei einem Raubzug gegen Crailsheim; angesichts gegnerischer Reiter flohen sie, woraufhin diese 15 Haller bei Wolpertshausen erschlugen, ebenso den comburgischen Hauptmann und ein Mitglied der Familie Senft. Der Haller Hauptmann Hans Bub, ein Frankfurter Patrizier, wurde trotz Bitten um Pardon auf dem Kirchhof von Reinsberg erstochen. Ab Januar 1450 verhandelten die Kontrahenten, aber die Plünderzüge setzten sich dennoch fort. Im März zog angeblich ein Heer des Mainzer Erzbischofs mit vielen Grafen und Herren sowie 900 Reitern vor Hall und brannte 30 Dörfer nieder. Entscheidender war jedoch die schwere Niederlage des Markgrafen gegen die Nürnberger bei Pillenreuth am 11. März. Im Juni kam in Bamberg ein Waffenstillstand zustande, die endgültige Aussöhnung zog sich allerdings noch bis 1453 hin. Der „Städtekrieg" brachte für das Haller Land schwere Verwüstungen. Angeblich blieben *wenig Dörffer unverbrandt, auch wenig Kühe im Stall.* Langfristige negative Folgen sind jedoch kaum auszumachen. In anderer Hinsicht profitierte die Reichsstadt sogar, so durch die Erwerbung von Honhardt und die Durchsetzung ihrer Gerichtsrechte.

Die Fehden gingen weiter; so fielen 1461 Adelige aus dem Odenwald plündernd ins Kochertal ein, und 1469 verbrannte Georg von Rosenberg Orlach. Er soll aber später gesagt haben, er habe bei seiner Fehde gegen die Haller nicht einmal das Geld für die auf ihren Steigen verrittenen Hufeisen gewonnen. Um 1495 entführte Hans von Massenbach, genannt Thalacker, drei Haller zwecks Lösegelderpressung. Um diese Zeit gingen die Fehden jedoch spürbar zurück. Hier wirkten sich die Bemühungen zur Durchsetzung des „Landfriedens" aus; so half der 1488 gegründete „Schwäbische Bund", dem Schwäbisch Hall zusammen mit Fürsten, Adeligen und anderen Städten angehörte, Konflikte zu bewältigen, Fehden zu verhindern und Friedensbrecher zur Raison zu bringen. Für die Bundesarmee hatte Hall 18 Reiter und 170 Kriegsknechte zu Fuß zu stellen; ein Bundestag brachte 1489 auch einen Besuch Kaiser Maximilians I. Weiterhin entstanden im Zuge der Bemühungen um eine Reichsreform Institutionen, die direkt oder indirekt dem Fehdewesen entgegenwirkten: Vor dem 1495 gegründeten Reichskammergericht wurden Streitigkeiten durch Juristen und Schriftsätze ausgetragen, nicht mehr durch Gewalt.

Als letzte Haller Fehde gilt der mit dem Fuhrmann Hans Strauß aus Neuenstein ausgetragene „Straußenkrieg". Strauß war 1513 mit einem Salzsieder in Streit geraten, akzeptierte das Urteil des Haalgerichts nicht und forderte einen Prozess vor einem anderen Gericht, was die Haller verweigerten. Daraufhin heftete er am 24. Mai 1514 einen Fehdebrief an das Weilertor und unterstrich diesen mit Brandstiftungen in Heimbach. Seine Überfälle hielten die Haller in den folgenden Jahren in Atem. Dem Urfehdebuch zufolge hat er *der von Hall Bürger unnd Bauern offter und vilmals beraubet, geschlagen, verwundt, inen das Vieh angeschlagen unnd hinwegk getriben, die Wagenleuth ausgesetzt, den Wein ausgeschlagen, die armen Leuth verbrannth geschatzt, etliche gefanngen wegk ... gefuerth und dergleichen grosser greuelichen erschrocklichen Bubenstück* mehr verübt. Die Haller erwirkten 1514 die Verhängung der Reichsacht gegen Strauß und setzten ein hohes Kopfgeld aus.

Strauß wurde offenbar nicht von Teilen des mit dem Ausgang der „Zweiten Zwietracht" 1512 unzufriedenen Stadtadels unterstützt. Helfer fand er aber bei streitlustigen Landadligen wie Götz von Berlichingen, Hans von Rosenberg oder Kilian von Berwangen. Sie schickten Knechte und Diener, gewährten Unterschlupf und beteiligten sich an Raubzügen. Andere schauten aus Abneigung gegen die Reichsstadt einfach weg. So fing ihn Georg von Vellberg zwar, ließ ihn aber mit den Worten *Gang hin, die vonn Hall haben mir auch so liebs gethon* wieder laufen. Auch Graf Albrecht von Hohenlohe soll *allwegen durch die Finger gesehen* und nichts unternommen haben.

Im Oktober 1517 wagte Strauß einen größeren Einfall, überfiel mit vierzig Berittenen Kupfer, brannte es nieder und entkam nach einem Scharmützel mit Haller Reitern. Ein Friedensangebot des Geächteten lehnten die Haller *einhelliglich und ammtlich* ab – mit Strauß und seinesgleichen gab es keine Verhandlungen. Man rüstete auf, schickte Streifen aus und ging hart gegen Helfer vor, von denen mindestens zwei in Hall geviertailt wurden. Mehrmals entkam Strauß knapp. Schließlich wurde er in Brettheim gefangen, nach Neuenstadt am Kocher gebracht, vom dort zuständigen württembergischen Gericht verurteilt und am 23. Dezember 1517 enthauptet. Reue zeigte er nicht und hat aus Haller Sicht *sein Ennde wie ein Gottloser beschlossen*. Ein peinliches Verhör des Übeltäters hatte man den Hallern verweigert, angeblich, um nicht die adeligen Helfershelfer bloßzustellen. Trotzdem ließen etliche von ihnen in der Folge beim Rat um Aussöhnung ansuchen.

Der „Straußenkrieg" knüpfte noch einmal an die für die Geschichte der Reichsstadt im

Mittelalter charakteristischen Auseinandersetzungen um die Unabhängigkeit der Haller Gerichtsbarkeit an. Eine Kontinuität bilden auch die als Fehdehelfer fungierenden mainfränkisch-odenwäldischen Adeligen als traditionelle Feinde der Stadt. So kann die noch ganz den alten Regeln gemäß geführte Auseinandersetzung als die „letzte mittelalterliche Fehde der Reichsstadt Hall" gelten – „mit ihr ging eine konfliktreiche Zeit zu Ende, die Hall einen beständig von außen bedrohten Aufstieg gebracht hatte." (Gerhard Lubich)

Stadtschreiber Conrad Heyden, Verfasser des „Klagspiegels"

Der „Klagspiegel" ist ein Rechtsbuch, das wesentlich zur Verbreitung und Popularisierung des römischen Rechts in Deutschland beitrug. Es entstand wahrscheinlich in den Jahren um 1440 in Schwäbisch Hall, wie verschiedene Hinweise im Text deutlich machen. Als Verfasser kommt Conrad Heyden in Frage, der von 1413 bis 1436 als Stadtschreiber in der Reichsstadt amtierte. Im Zusammenhang mit der Bebenburger Fehde wurde er entlassen (möglicherweise trug er eine Mitverantwortung für die Hinrichtung der 21 Gefangenen), hatte dann aber Muße, sein Rechtsbuch zu verfassen, das häufig auf juristische Auseinandersetzungen der Reichsstadt Schwäbisch Hall anspielt. Heyden starb 1444.

Der „Straußenkrieg" nach der Chronik des Johann Herolt

Anno Domini 1514 am auffer abent [Himmelfahrtsabend] hat Hans Straus von Newenstein – ein karrenman, der saltz furt ..., ein brief zu nacht an das Weillerthor klaibt unnd damit abgesagt [Fehde angesagt]; desselben nachts zu Heymbach ein haus unnd scheurn verbrent. Diser hat underschleuffung [Unterstützung] bei Hohenloe gehapt. Er hat einem sporer, der bysze [Gebisse] gen Waldenburg getragen, die eine handt abgehawen, an sein halsz gehenckt, darmit gen Hall geschickht, Ziegelbrun verbrendt, desgleichen Orlach, den fessern die boden ausgeschlagen unnd den wein in die erden lassen lauffen, wo er ein furman ankommen, der sein wein gen Hall gehörig gefürt hat. Es war ein köner, gehöckher [kecker] drutziger, freiher mensch, meint er wolt mit solchem schaden unnd muetwill die vonn Hall dahin pringen, das sie einen vertrag mit ime annemmen. Aber die vonn Hall wollten das nit, sonder leitten [litten] grossen costen mit reutter unnd kundtschaffter uff ime, butten 200 gl. aus, so einer Straussen inen gefenglich, oder todt 100 fl., überantworttet. ... Er was uf ein zeit in einem heyschockhen [Heuschober] bey Schmerach uff dem hew ligendt, da kam kundtschafft gen Kirchberg, der vogt schickht seine soldner hinaus, sie solten ihn fahen. Als aber ainer uff das hew wolt steygen, fuer Straus mit einer püchsen under die naszen, und ob er wol nit fewr hett, erschrackh der söldner, fiel hinder sich herab, schrie mordio. Indem als die andern zuluffen, kam er hinden zu dem tach hinab, entluff in allen in den wald, kam darvon. Der vogt erzürnt, leut die freudigen [mutigen] söldner all in thurn ...

17 Die Große Zwietracht

1492	Columbus erreicht die Bahamas, Kuba und Haiti: „Entdeckung" Amerikas.
1493	Maximilian I. wird deutscher König.
1495	„Ewiger Landfriede" wird auf einem Reichstag zu Worms beschlossen: Verbot der Fehde und Einrichtung des Reichskammergerichts.
1498	Vasco da Gama erschließt den Seeweg nach Indien.
1508	Maximilian I. nimmt in Trient den Kaisertitel an, ohne vom Papst gekrönt worden zu sein.
1512	Einteilung des Reiches in zehn Reichskreise.
1517	Beginn der Reformation durch Martin Luther.

1490 war es zwischen den beiden Ratsherren Urich von Münkheim und Burkhard Senft zu einer hässlichen Auseinandersetzung gekommen: Burkhard hatte Ulrich als „Hurensohn" und „Bankert" beschimpft. Der Rat stellte sich auf die Seite Ulrichs und verurteilte den Beleidiger dazu, innerhalb von 14 Tagen die Stadt zu verlassen, nicht im Umkreis von drei Meilen zu wohnen und fünf Jahre lang wegzubleiben. Der beliebte Freikauf durch eine Geldzahlung durfte nicht stattfinden. Endris von Münkheim, Ulrichs Vater, hatte erst auf dem Totenbett geheiratet, Ulrich war also im nachhinein legitimiert worden. Trotz des eindeutigen Urteils von 1490 nahmen ihn die adligen Mitglieder des Rates nicht in ihre Trinkstube auf. Aus Ärger darüber soll er seine Güter den Hohenlohe und Comburg heimfallen haben lassen, die damit der Stadt Schwäbisch Hall entgingen.

Zu dieser Trinkstubengesellschaft scheinen sich die adligen Mitglieder des Rates im Verlauf des 15. Jahrhunderts zusammengeschlossen zu haben, die im Bachenstein/Rinderbachischen Haus am Fischmarkt (heute Am Markt 9 und 10) abgehalten wurde. Diese Trinkstubengesellschaft ergänzte eigentlich nur die sonstigen Vereinigungen wie Zünfte und Bruderschaften, war aber sozial exklusiv. Insoweit gehört sie zu den Symptomen einer „adligen Reaktion" im 15. Jahrhundert, als der Stadtadel versuchte, seine wirtschaftlich unter Druck geratenen Positionen sozial und politisch abzusichern.

Über das Innenleben der Haller Trinkstube lässt sich leider vor 1509 gar nichts sagen. In diesem Jahr aber wurde sie zum Brennpunkt des politischen Geschehens in Schwäbisch Hall. Hermann Büschler, Stättmeister des Jahres 1508/1509, beantragte, ihn in die Trinkstubengesellschaft aufzunehmen. Eine Rolle könnte dabei seine Ehe mit Anna Hornberger, einer Adligen aus Rothenburg, gespielt haben, eine andere, dass er als erster Nicht-Adliger Stättmeister geworden war. Auch gab es Vorbilder für den Aufstieg in den Stadtadel: Claus Neyffer oder Neuffer scheint ursprünglich ein bürgerlicher Tucher gewesen zu sein, erhielt aber 1472 einen Wappenbrief. Sein Sohn Hans Neuffer erscheint in den Quellen dann als Junker.

Im Falle Hermann Büschlers lehnten die Mitglieder der Trinkstube unter Führung von Rudolf Nagel die Aufnahme ab: *Er möcht wol zu innen uff die stuben zum wein gehn, aber zu gleichen stubherrn nemen sie in nit.*

Folgerichtig versuchte Hermann Büschler nach dieser Zurückweisung seinen eigenen Club zu gründen und beantragte, dass in einem neuen Haus des Spitals am Markt

Ansicht der Stadt Schwäbisch Hall in einer Chronik aus dem frühen 17. Jahrhundert

eine eigene bürgerliche Trinkstube eingerichtet werden solle. 16 von 26 Ratsherren stimmten diesem Vorschlag zu. 1510 wurde mit dem Umbau begonnen. Der mittlerweile amtierende Stättmeister Veit von Rinderbach verlangte dann überraschenderweise, den Bau zu stoppen, weil angeblich das Spital über Gebühr belastet werde. Dabei folgten ihm aber nur sieben Ratsherren, während 19 die Zustimmung verweigerten. Da neun Adlige im Rat saßen, müssen mindestens zwei von den Geschlechtern ihren Standesgenossen die Gefolgschaft versagt haben. Rudolf Nagel, der informelle Anführer der zur Verteidigung der adligen Vorrechte entschlossenen Fraktion, wandte sich daraufhin an den Schwäbischen Bund und den Kaiser, der beschloss, eine Kommission zur Untersuchung der Vorfälle nach Hall zu entsenden (April 1510). Den Vorsitz dieser Kommission übernahm Dr. Matthes Neithart aus Ulm, der mit Nagel sympathisierte und Städtehauptmann im Schwäbischen Bund

war. An Pfingsten ritt die Kommission in Schwäbisch Hall ein. Ihr Ergebnis war von Rudolf Nagel schon vorweggenommen worden, denn er hatte angekündigt, dass man bald mit Köpfen auf dem Markt kugeln werde. Vor der Kommission erhob Nagel Klage gegen die Partei Büschlers. Er warf ihr vor, den Adel planmäßig zu benachteiligen, die Interessen von Stadt und Spital zu vernachlässigen und unverantwortlich mit den städtischen Finanzen zu wirtschaften. Hermann Büschler bat um Abschrift der Anklagepunkte, was abgelehnt wurde. Büschler verlangte nochmalige Verlesung der Klage und Bedenkzeit, auch dies lehnte Neithart ab, der noch eine Drohung anschloss: Er habe für den äußersten Fall noch weitere Anweisungen, die er aber zu Zeit noch zurückhalten wolle. Danach wurde die Sitzung vertagt. Büschler fühlte sich – zu Recht – an Leib und Leben bedroht und verließ die Stadt. In Wimpfen fand er vorläufig Schutz. Nagel aber setzte noch eines drauf und verkündete, dass, wenn Büschler geblieben wäre, er ihm hätte den Kopf abschlagen lassen. Neithart unterbreitete dem eingeschüchterten Rat einen neuen Verfassungsentwurf, der angenommen und vom Kaiser abgesegnet wurde. Stättmeister sollte nur noch ein Mitglied der stadtadligen Familien werden können. Drei von fünf Geheimen Ratsherren, sieben von zwölf Richtern, zwölf von den 26 Ratsherren mussten zukünftig ebenfalls adlig sein. Nagel hatte mit Hilfe des Schwäbischen Bundes und des Kaisers einen Staatsstreich zugunsten des Adels durchgesetzt. Bei der nächsten Ratswahl verloren vier der Anhänger Büschlers ihr Amt.

Hermann Büschler ging den einzigen Weg, der ihm blieb, und wandte sich direkt an den Kaiser. Noch 1510 erwirkte er einen Befehl, sein Anliegen zu untersuchen. Allerdings nutzte Rudolf Nagel seine persönlichen Beziehungen weiter aus und konterkarierte diese Anordnung durch eine neue, die den Haller Rat von einer Untersuchung der Büschlerschen Angelegenheit freistellte. Beide Herren waren hartnäckig, der Einsatz, um den sie spielten, war ja auch hoch. Büschler versuchte weiter, den Kaiser zur Intervention zu bewegen, verstand sich auch zu direkten Verhandlungen mit dem Haller Rat, die allerdings erfolglos blieben. Die Gegenseite schien endgültig die Oberhand zu behalten, als der Stättmeister von 1511/1512, Simon Berler, Kaiser Maximilian auf dem Weg von Tirol nach Würzburg begleitete und ein erneutes Mandat gegen Büschler erwirkte. Dieser legte Berufung ein, wandte sich an das Reichskammergericht, das dem Haller Rat eine Vorladung schickte. Aber Berler gelang es, auch diesen Prozess zu blockieren.

Hermann Büschler griff zu einem letzten verzweifelten Mittel, um den Kaiser für seine Person und für seine Sache zu interessieren: *liesz ime ein klein rad machen, das band er forn auf die prust, barhaupt streibt er erdern und aschen uff sein haupt, hangt ein strickh an sein halsz, trug in der einen hand ein plosz schwerdt, in der andern ein suplication.* Kaiser Maximilians Aufmerksamkeit war geweckt, er nahm die Bittschrift entgegen. Büschler bat um Gehör, wenn er den Tod verdient hätte, wollte er Schwert, Rad oder Strick gerne leiden. Der Kaiser setzte eine neue Kommission ein, in der Peter von Aufseß, Propst der Comburg, die dominierende Persönlichkeit und der beste Kenner der Lage in Hall gewesen zu sein scheint. Am 29. Oktober 1512 verkündete das Schiedsgericht auf dem Markt seinen Schlichtungsvorschlag. In den Tagen zuvor scheint die Stimmung in Hall eindeutig adelsfeindlich gewesen zu sein: Anhänger der Adelspartei wurden als „Sporenfresser" tituliert, Söldner hielten Wache auf den Straßen. Die Schlichter hoben den Vertrag Neitharts von 1510 auf, die Rückkehr zur Verfassung von 1340 wurde verkündet. Rudolf Nagel scheint zu diesem Zeitpunkt Hall schon in Richtung Gaildorf verlassen zu haben, nachdem er im Juli 1512 seinen Sitz im Rat verloren hatte.

Da die nächsten Ratswahlen erst im Juli 1513 anstanden, die fortdauernde Amtsführung durch den Putschistenrat der Bürgerschaft aber nicht zuzumuten war, wurde nach Neujahr 1513 als erster Schritt der sog. Gemeine (oder Äußere) Rat gestärkt: Zu den vorhandenen 14 Mitgliedern wurden 14 neue gewählt und die Gesamtzahl so auf 28 erhöht. Unter den neugewählten befanden sich – keine Überraschung – Hermann Büschler und Hans Ott, die 1510 ihren Sitz im Inneren Rat verloren hatten. Unmittelbar darauf fassten Innerer und Äußerer Rat einen gemeinsamen Beschluss – über die Einrichtung eines Viehtriebs. Dies war nun sicher nicht das wichtigste aller Themen, demonstrierte aber die „Stärkung" und „Mehrung" des Äußeren Rats und seine Beteiligung an den Angelegenheiten der Gemeinde. Bei der Neuwahl des Inneren Rates 1513 rückten Hermann Büschler, Hans Ott und Conrad Höcklin wieder in ihre alten Stellen ein.

Wappen der Familie Büschler. Ausschnitt aus einer späteren Abschrift des Wappenbriefs von 1479

Im gleichen Jahr – 1513 – wurde die Bürgertrinkstube im Spitalhaus am Markt etabliert, obwohl die Partei von der „unteren Trinkstube" zunächst noch Schwierigkeiten machte und die Ratssitzung verließ, als der entsprechende Beschluss von der Mehrheit gefasst wurde. Sie erbat sich drei Tage Bedenkzeit. Aber schon am folgenden Tag forderten Gabriel Senft der Ältere, Hans von Morstein und Philipp Schletz die vier für den Neubau zuständigen Ratsherren (Jos Mangolt, Konrad Büschler, Jörg Berler der Junge und Hans Wetzel) aus der Kirche auf den Friedhof von St. Michael und eröffneten ihnen, dass sie keine weiteren Einwände mehr erheben würden, um die Stadt nicht in zusätzliche Unkosten zu stürzen (die neue Stube zu verhindern, hätte einen Prozess vor dem Reichskammergericht mit erheblichen Kosten erfordert!). Dieser Entscheid wurde in einer ordentlichen Ratssitzung bestätigt. Die Adelstrinkstube bestand wohl weiter – bis zum Tod der Sibilla Egen 1538, der späteren Besitzerin des Hauses, in dem sie untergebracht war.

Rudolf Nagel zog endgültig 1513 unter Mitnahme seines Vermögens aus Hall weg, er starb 1525, als ihn die aufständischen Bauern bei Weinsberg durch die Spieße jagten. Hermann Büschler kehrte – wie gesagt – in den Rat zurück, wurde in den nächsten Jahren – 1514, 1517, 1520 und 1525 – mehrmals Stättmeister und beeinflusste die Haller Politik in seinem Sinn, der offenbar vor allem auf die Erweiterung des Haller Territoriums durch Ankäufe von Rechten benachbarter Herrschaften (z. B. der Comburg) gerichtet war. 1527 allerdings endete seine politische Karriere relativ abrupt, da die Streitigkeiten mit seiner Tochter Anna zu Prozessen vor dem Reichskammergericht und zu handgreiflichen Auseinandersetzungen führten. Ihre Hart-

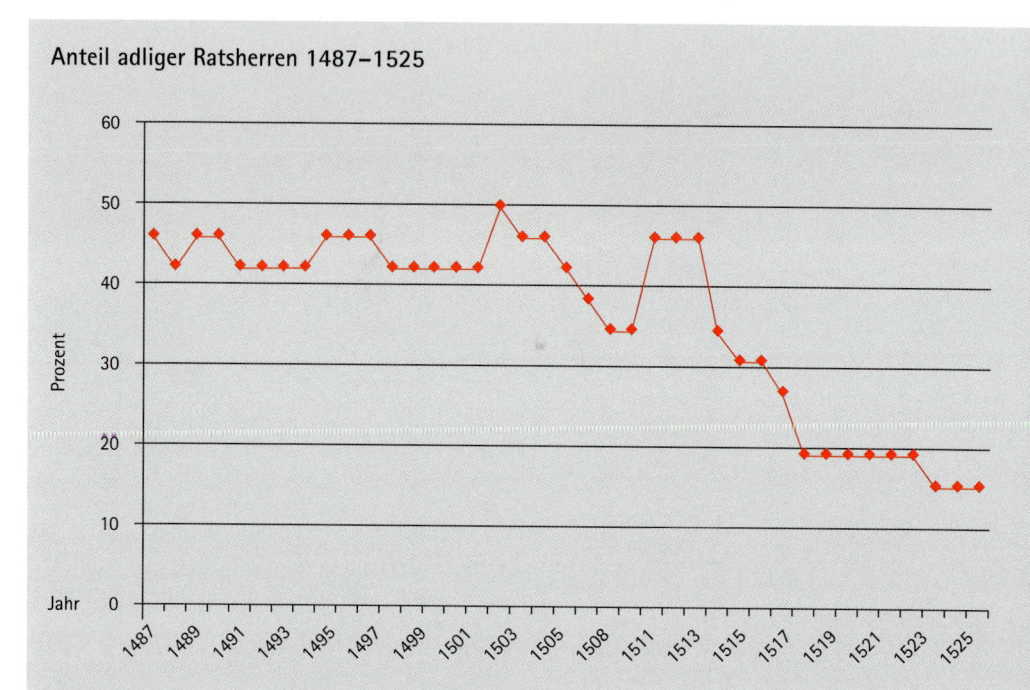

Anteil adliger Ratsherren 1487–1525

Von den 94 Ratsherren, die zwischen 1487 und 1525 im Rat saßen, waren 31 Junker, d. h. ein Drittel, zwei Drittel waren „Bürgerliche". Unterscheidet man zwei Zeitabschnitte, dann ergibt sich, dass von den 67 Ratsherren, die vor 1510 in den Rat gewählt worden waren, 26 Stadtadlige waren (also fast 40 %). Von den 27 Ratsherren, die nach 1509 erstmals gewählt wurden, waren fünf adlig, also weniger als 20 %.

Das Diagramm zeigt die Zusammensetzung des Haller Rates zwischen 1487 und 1525. Bis 1506 waren stets mehr als 40 Prozent der Ratsherren adlig, danach sank bis 1509 ihr Anteil auf 35 Prozent. In den drei Jahren, in denen die adligen Putschisten die Ratswahl dominierten, erhöhte sich der Prozentsatz adliger Ratsherren wieder auf das Niveau von vor 1506, um dann 1513 wieder genau dort anzuknüpfen, wo man 1509 aufgehört hatte. Danach reduzierte sich die Zahl der Junker im Haller Rat fortlaufend weiter, bis ab 1523 nurmehr vier der Ratsherren Adlige waren (oder 15 Prozent). Durch das Aufrücken der Büschlers in den Junkerstand ergab sich danach wieder ein Anstieg, der aber an den realen sozialen Verhältnissen nichts mehr änderte. Der tiefe Wandel in der Zusammensetzung des Haller Rates nach der gescheiterten „Adelsreaktion" wird deutlich, und er war unumkehrbar.

näckigkeit scheint Anna von ihrem Vater geerbt zu haben. Büschler starb erst 1543, nachdem er 1541 Kaiser Karl V. beherbergt hatte, sicher ein zeremonieller Höhepunkt in seinem Leben.

Hermann Büschler, der wider Willen 1509 den nicht-adligen Standpunkt vertreten, ihm 1512 zum Sieg verholfen hatte, geriet in den Jahren danach – vor allem mit dem Beginn der Reformation – unter Druck. Die Ziele seines politischen Lebens (Territorium und Bauten) und seine persönliche Lebensführung waren am adligen Leben ausgerichtet und vertrugen sich nicht mit den nun wirklich bürgerlichen Grundsätzen der Gruppe, deren Anteil an der Macht in Hall er so wirksam ausgedehnt hatte.

Anna Büschler oder der Wunsch, ein unabhängiges Leben zu führen

Anna Büschler war eine Tochter Hermann Büschlers und der Anna Hornberger. Sie scheint um 1496/1498 geboren worden zu sein. Vor 1520 arbeitete sie als Beschließerin bei der Gemahlin des Schenken Götz von Limpurg, wo sie wahrscheinlich auch deren Sohn, den jungen Schenk Erasmus, kennen lernte. Nach dem Tod ihrer Mutter (16. Dezember 1520) führte sie ihrem Vater den Haushalt, wobei sie eine gewisse – den Hallern anstößige Pracht – entfaltete, für die sie vom Prediger von der Kanzel herab getadelt worden sein soll. In dieser Zeit unterhielt sie eine Liebesbeziehung mit Erasmus und verbrachte hin und wieder, wenn ihr Vater außer Haus war, einige Tage auf der Limpurg. Gleichzeitig (oder später: nach dem Ende ihres Verhältnisses mit Erasmus) empfing sie Daniel Treutwein bei sich zu Hause, verköstigte ihn und trank mit ihm. Finanziert wurden diese Eskapaden zumindest teilweise durch Diebstähle: Sie soll ihrem Vater einen Gültbrief über 1.200 fl gestohlen, auch Lebensmittel auf eigene Rechnung verkauft haben. Hermann Büschler reagierte, als er vom Lebenswandel seiner Tochter Kenntnis bekam oder besser: nicht mehr umhin konnte, diesen zur Kenntnis zu nehmen, brutal: Er jagte sein Töchterlein aus dem Haus und verbot auch der Verwandtschaft in Hall und Rothenburg, sie aufzunehmen. 1525 war sie in Blaufelden, wo man sie aber auch gerne wieder los haben wollte. Anna verklagte ihren Vater auf Auszahlung des mütterlichen Erbes, wogegen Hermann ein kaiserliches Mandat erwirkte, seine Tochter mit Hausarrest belegen zu dürfen. Auf einem Karren und gebunden brachten Hermann und ein Knecht Anna nach Hall, sperrten sie im Büschlerhaus ein, wo sie sogar angekettet wurde. Mittlerweile waren ihre Briefe an Erasmus in die Hände ihres Vaters gefallen, der darin nachlesen konnte, dass sie ihm den Tod wünschte. Insgesamt scheint die Gefangenschaft nicht lange gedauert zu haben, denn 1526 war Anna in Heilbronn. Die folgenden Jahre waren mit Prozessen vor allen erreichbaren Gerichten ausgefüllt. Anna hatte sich zusätzlichen Schutz verschafft, indem sie den verarmten Junker Hans von Leuzenbrunn geheiratet hatte, der ihre Angelegenheiten in Schwäbisch Hall selbst betrieb. Leuzenbrunn starb 1543 wie auch ihr Vater Hermann, der seine Tochter in seinem Testament ausdrücklich enterbt hatte. Ihre beiden Geschwister Philipp und Agathe suchten den Ausgleich, der im Oktober 1543 zustande kam und nach dem Anna ein Haus in der Gelbinger Gasse, eine Leibrente, Hausrat und die Bezahlung ihrer Schulden bekam. Leider machte Anna weiter Schulden, der Vertrag hielt nicht lange. 1544 prozessierte Anna bereits gegen ihre Geschwister. Sechs Wochen Turmhaft in Hall und eine weitere Flucht folgten. Diesmal begab sich Anna in den Schutz des Grafen Albrecht von Hohenlohe, wo sich auch ein neuer Ehegatte – Johann von Sproland – fand. Ihre Pension ließ ihr Bruder in dieser ganzen Zeit weiter an sie auszahlen. Ende 1551 oder Anfang 1552 scheint sie verstorben zu sein, ihr Ehegatte setzte noch bis 1554 die Prozesse gegen seinen Schwager und seine Schwägerin fort.

Kirchen, Treppen, Bollwerke:
Städtebau am Anfang des 16. Jahrhunderts

Das ausgehende Mittelalter war in Schwäbisch Hall eine Phase intensiver baulicher Aktivitäten, in denen sich Reichtum und Selbstbewusstsein von Stadt und Bürgerschaft widerspiegeln. Das größte Projekt dieser Art war der sich über etwa 100 Jahre hinziehende Neubau der Michaelskirche, die zu klein oder auch baufällig gewesen sein mag. Einer Inschrift an der nördlichen Giebelseite zufolge begann er am 29. Juli 1427. Nach dem Abbruch des romanischen Langhauses entstand bis 1456 ein 28 m langer, 26 m breiter und 13,5 m hoher Neubau. Auffallend und ungewöhnlich sind der fast quadratische Grundriss und der Verzicht auf Höhe. Als Baumeister werden Meister Konrad von Nürnberg, Niklaus Eseler d. Ä. aus Alzey und ein Meister Heinrich „der Parlierer" genannt. Ein Baumeister dieser Zeit mit Zirkel und Winkel ist in einem Gewölbe nahe der Orgel abgebildet. Es ist unbekannt, warum der gotische Turm, dessen Ansatz im Mauerwerk zu erkennen ist, nicht verwirklicht wurde. Neben statischen Gründen könnte auch Geldmangel eine Ursache gewesen sein – unvollendete oder nicht gebaute Türme sind bei mittelalterlichen Kirchen nicht selten. Unbekannt ist auch, warum fast 40 Jahre verstrichen, bis man an den Neubau des Chores ging, dessen Grundstein am 10. März 1495 gelegt wurde. Anstelle des romanischen Chors entstand nun ein Hallenchor mit Umgang und einem Kranz von Kapellen nach dem Vorbild von Schwäbisch Gmünd. Baumeister waren Hans Scheyb von Urach, sein Bruder Jakob und ab 1505/06 sein Schwiegersohn Konrad Schaller. Der Dachstuhl des Chores entstand 1516, vollendet wurde der Bau mit 19,5 m Höhe, 31 m Länge und 20 m Breite 1524 oder 1525. Die größere Höhe des Chores im Vergleich zum Langschiff ergibt eine besondere

Der Erzengel Michael als Seelenwäger am Chor von St. Michael. Die zwischen 1510 und 1520 entstandene Skulptur des Schwäbisch Haller Bildhauers Hans Beuscher ist so angebracht, dass man den Schutzheiligen der Stadt beim Eintritt durch das Langenfelder Tor sah.

Die Henkersbrücke mit Wehrgang, Wächterhaus (Brückenmitte) und dem weit über die Dächer ragenden Brückentor auf der Stadtansicht Hans Schreyers von 1643

Raumwirkung, die den Blick nach oben, auf das schöne Netzgewölbe und das Kruzifix zieht. Zur Finanzierung des Baus musste die Kirchenkasse 1526/27 eine erhebliche Summe bei der Stadt leihen. Die schlichtere Gestaltung der Kapellen, von denen lediglich noch eine mit einem Netzgewölbe versehen wurde, könnte auf das Wirken des 1522 zum Prediger der noch nicht fertiggestellten Kirche berufenen Reformators Johannes Brenz zurückzuführen sein. Seiner Meinung nach sollten über dem Kirchenbau nicht die Armen, Witwen und Waisen vergessen werden. Die erhaltenen Teile der Ausstattung verraten Reichtum und weite Handelsverbindungen – hierzu gehören der um 1460 entstandene Hauptaltar, der von einem unbekannten Meister aus Brabant stammt und einer von mehreren niederländischen Altären dieser Zeit in Stadt und Umland ist. Das von dem Ulmer Bildhauer Michel Erhart geschaffene Chorkruzifix von 1494 ist ein bedeutendes Zeugnis der spätgotischen Schnitzkunst. Hans Beuscher, der herausragende Haller Bildhauer der Spätgotik, schuf zwischen 1515 und 1520 die Skulptur des Erzengels Michael an der Außenfassade des Chores, die dem Langenfelder Tor zugewandt ist – wer durch dieses die Stadt betrat, sah als erstes den Schutzheiligen Schwäbisch Halls.

Ergänzt wurde der Kirchenbau durch die Anlage der großen Treppe vor St. Michael ab 1507. Die „Fürstin unter den Freitreppen Deutschlands" entstand wohl nicht aufgrund städtebaulichen Planungen, sondern wegen der Baufälligkeit der Westbastion des Kirchenunterbaus. Der Chronist Georg Widman klagte, dass man einen *schönnen grünen Platz mit einer Linden* durch eine *eittel steinerne Staffel* ersetzt habe. Hans Beuscher fertigte zwischen 1509 und 1511 den reich geschmückten Pranger und den Marktbrunnen, dessen Figuren Simson, St. Michael und St. Georg zeigen. 1534 wurde die Neugestaltung des Marktplatzes durch den Abbruch des Chores der Jakobskirche und die Beseitigung des ihn umgebenden Klostergartens abgeschlossen. Zuvor gab es an dieser Stelle wohl keinen nennenswerten Platz, sondern lediglich eine beidseitig mit Krämerbuden gesäumte Straße.

Neben dem großen Kirchenneubau gab es auch weitere Bauten für religiöse Zwecke. 1502 erweitere Komtur Friedrich von Enzberg die Bauten der Johanniter-Kommende im Weiler, und mit dem „Nonnenhof" erhielt

1514 die Gemeinschaft der Beginen ein neues Zuhause.

Die zahlreichen weiteren Bauprojekte dieser Jahre sind ein Indiz für die große Wirtschaftskraft Halls. Um 1500 gab es einen Kirchenbaumeister und einen städtischen Baumeister. 1494 baute man das „Neue Rathaus" oder erweiterte es, um dort die Münzprägestätte unterzubringen. Im selben Jahr begannen zweijährige Arbeiten zur Erneuerung des Haalbrunnens. Zwischen 1502 und 1504 ersetzten die Haller die bislang hölzerne Henkersbrücke durch einen Steinbau mit drei Bögen und Wehrgängen an beiden Seiten. 1516/17 entstand auch der „Burgersteg" neu aus Stein (heute Steinerner Steg). Massiv ausgebaut wurden die Stadtbefestigungen. Da Ende des 15. Jahrhunderts der Landfrieden besser durchgesetzt wurde und die militärische Gefährdung zurückging, dienten diese Bollwerke vor allem auch als Symbole von Macht und Reichtum sowie als Zoll- und Steuergrenzen. So errichtete man ab 1490 den Pulverturm und das Riedener Tor und verstärkte um 1515 die Befestigungen der Gelbinger Vorstadt mit dem Mühlenbollwerk und Türmen am Gelbinger Tor. Die massivsten und sicherlich als Drohgebärde gegen die ungeliebte Nachbarschaft der Schenken von Limpurg gerichteten Befestigungen wie das Äußere Langenfelder Tor und der benachbarte „Pechnasenturm" entstanden auf dem Rosenbühl. Hier baute man ab 1508 das bis heute als „Neubau" bekannte große Büchsenhaus. Die Kosten waren ein Beschwerdepunkt der Adelspartei in der „Zwietracht" 1510, weswegen die Arbeiten einige Jahre ruhten. Erst 1527 stellte man den Riesenbau fertig.

Der 1945 zerstörte Pulverturm auf einer Zeichnung Peter Kochs von 1868

Eine Karte des Zehntbezirks der Pfarrei St. Katharina von 1582 zeigt die Stadtbefestigungen um das Riedener Tor, eine Sägmühle im Bereich des heutigen Lindachs, die Schießhütte mit Zielscheibe und den Rollhof.

Trotz seines burgartigen Aussehens war er eine Schwächung der Verteidigungsanlagen, denn durch seine Lage wäre er bei einer Belagerung direktem Beschuss ausgesetzt gewesen und hätte mit seinem Dachstuhl – einem Meisterwerk der Zimmermannskunst – eine große Brandgefahr dargestellt. Der rautenartige Grundriss scheint lediglich aus optischen Gründen gewählt worden zu sein. Das Erdgeschoss diente als Magazin für Geschütze und – wie einige Inschriften zeigen – der Aufbewahrung von Trophäen, z. B. aus dem Bauernkrieg. In den oberen Stockwerken lagerte man Getreide.

Auch im Bereich der privaten Wohnhäuser scheint es einen Bauboom gegeben zu haben. Nach einer ersten Hochkonjunktur in der zweiten Hälfte des 14. Jahrhunderts, die um 1430 etwas abebbte, wurde ein zweiter Gipfel bürgerlicher Bautätigkeit um 1525 erreicht. Bausubstanz aus dieser Zeit hat sich vor allem in der Katharinen- und Weilervorstadt, aber auch im vom Stadtbrand 1728 nicht erfassten Bereich der Altstadt erhalten. Ein Beispiel ist das 1494 von Gilg Senft erbaute Haus in der Oberen Herrngasse 5 mit einem schönen Wappenstein, für das sich die Rechnung erhalten hat. Der Bauherr investierte mit 362 Gulden etwa seine Einkünfte eines Jahres. Ein Beispiel für ein einfaches Wohnhaus ärmerer Leute ist das 1470 an Stelle einer Töpferei errichtete, heute als Museum dienende Haus in der Langen Straße 49.

Die privaten und öffentlichen Bauten dieser Zeit prägen – neben dem Wiederaufbau nach 1728 – die Altstadt bis heute. Mit einiger Berechtigung kann deshalb von einem noch bis zum Beginn des Dreißigjährigen Krieges dauerndem „Goldenen Zeitalter" des Haller Städtebaus gesprochen werden.

Mist im Haus? Umwelt, Umweltverschmutzung und Hygienemaßnahmen

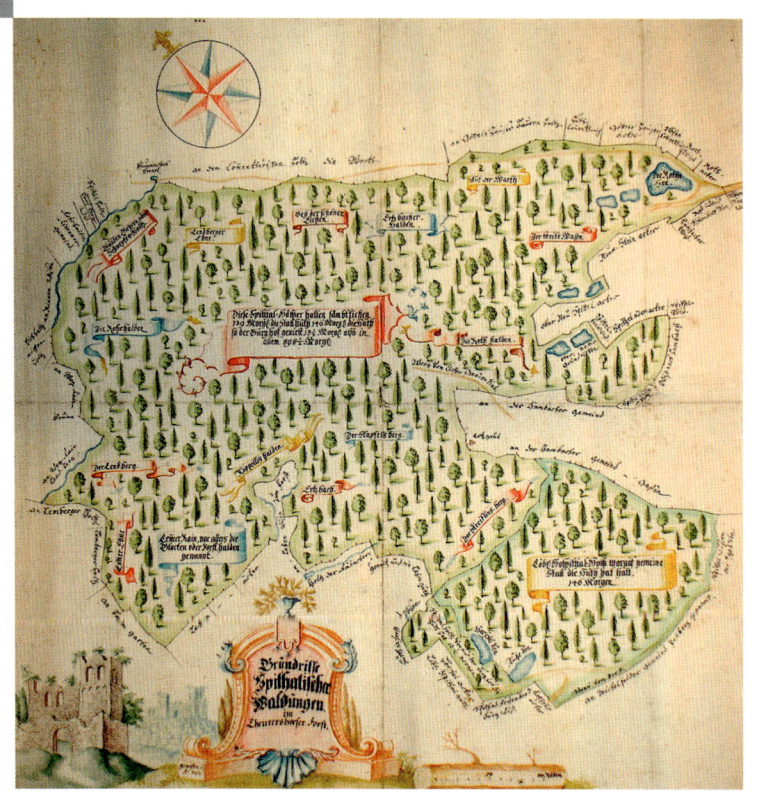

Karte des Teurershofer Forsts von 1702

Während heute die Hänge des Kochertals um Schwäbisch Hall mit Wald und Buschwerk bestanden sind, war dies bis um 1900 völlig anders. Noch die Fotografien aus dieser Zeit zeigen kahle Hänge, die als Gärten, Raine oder Baumwiesen genutzt wurden. Früher – im Spätmittelalter und der frühen Neuzeit – dominierte der Weinanbau diese Lagen. Dies ist auf den ältesten Stadtansichten aus dem 16. Jahrhundert deutlich zu erkennen. Die Beschreibungen in Dokumenten erschließen den gleichen Sachverhalt: So listet die Urkunde, mit der Schenk Albrecht von Limpurg Hans Neyffer belehnte, Weinberge in der Eselsklinge und an der Hagenbacher Steige auf. Oft gehörten zu den Weinbergen noch Raine und Gärten, aber der Wein war doch das wesentliche Produkt, auf dem auch die höchsten Abgaben lasteten. Belegt wird der intensive Weinbau schließlich auch durch die zahlreichen Keltern: So ist in der genannten Urkunde eine Kelter in der Eselsklinge erwähnt. Gelbingen z. B. hatte allein fünf Keltern. Auch in der Stadt Schwäbisch Hall gab es eine ganze Reihe, darunter auch Privatkeltern – wie die des Conrad Büschler in der Gelbinger Gasse, die aber schon im 16. Jahrhundert aufgegeben und in eine Scheune verwandelt wurde.

Wald und Buschwerk, die heute die Kocherhänge dominieren, sind an diesen Stellen also eine vergleichsweise junge Erscheinung. Wälder wurden im Mittelalter

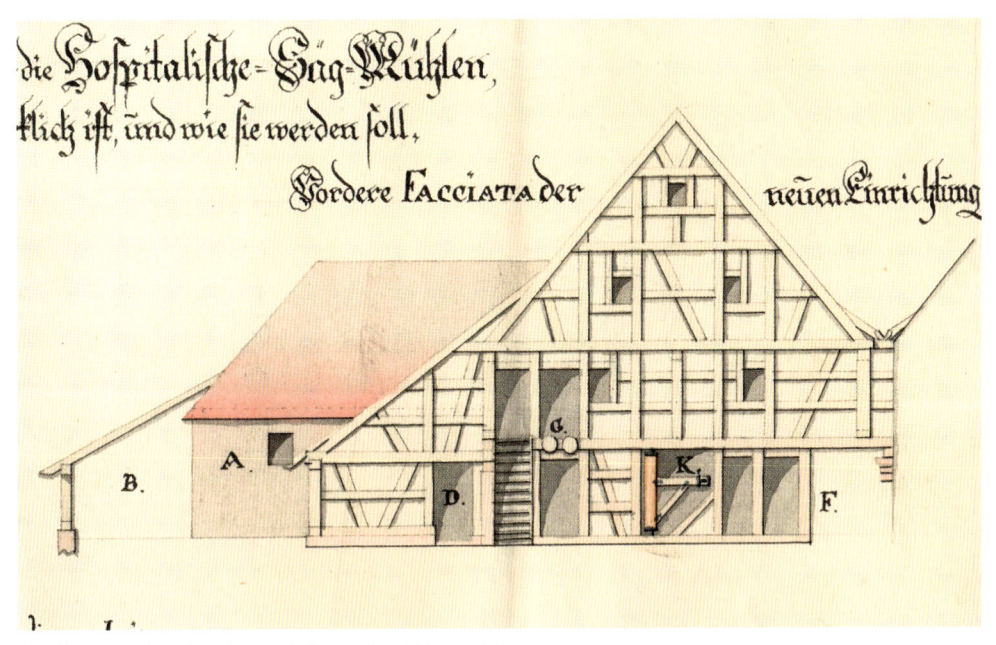

Ausschnitt aus einem Plan der hospitalischen Sägmühle, um 1777

und einem großen Teil der frühen Neuzeit als grenzenlos ausbeutbar angesehen. Schäden am Wald fielen erst vergleichsweise spät auf und führten dann zu ersten Vorschriften, die die noch bestehenden Waldungen schützen sollten. Junge Schläge sollten geschont, das Schlagen des Holzes in regelmäßigem Turnus stattfinden, die Waldweide möglichst unterbleiben, bis die Bäume groß genug waren. Fremde Wälder sollten möglichst nicht ohne Zustimmung der Besitzer abgeräumt werden. Für das Fällen von Baumstämmen zu Hausbauten war die Zustimmung des Stättmeisters einzuholen. Holz für Reifen und Fässer durfte nur in die Stadt verkauft werden, nicht aber an Küfer auf dem Land oder gar an Auswärtige. Da die Eichen abgenommen hätten, sollte in Zukunft eichenes Holz nicht zu Brennholz verwendet werden. Küfer und Kübler sollten möglichst im hällischen Gebiet wenig Holz kaufen – d. h. die eigenen Untertanen forderte man genau zu dem auf, was man den fremden verbot. Dennoch wurden beim Holzsammeln in den Wäldern nicht allein die dürren und abgefallenen Äste eingebracht, sondern auch das junge Holz geschädigt und abgehauen. Der Rat verbot das Mitbringen von Messern und Äxten.

Der Holzbedarf frühneuzeitlicher Städte war enorm: Rechnet man nur drei Klafter Verbrauch für jeden Haushalt im Jahr, kommt man bei 1.200 Haushalten auf ca. 3.500 Klafter Bedarf, d. h. ca. 11.000 Kubikmeter. Hinzurechnen ist noch die gewaltige Brennstoffnachfrage der Saline mit ca. 28.000 Kubikmetern. Im Ergebnis dürfte die Stadt Schwäbisch Hall um 1750 ca. 40.000 Kubikmeter Holz pro Jahr benötigt haben. Dies entspricht mindestens ca. 30.000 Stämmen. Der Transport dieser Holzmengen war eine große logistische Aufgabe. Der größte Teil kam auf dem Wasser nach Hall: Er wurde auf dem Kocher geflößt. Kleinere Anteile wurden auch auf Karren in die Stadt geschafft, wie sich vor allem nach den Stadtbränden zeigte, als die Nachbarn zur Hilfe beim Landtransport aufgerufen wurden.

In der Stadt gab es Garten- und Hofflächen, allerdings keine öffentlichen Anlagen – mit einer Ausnahme: der Friedhöfe.

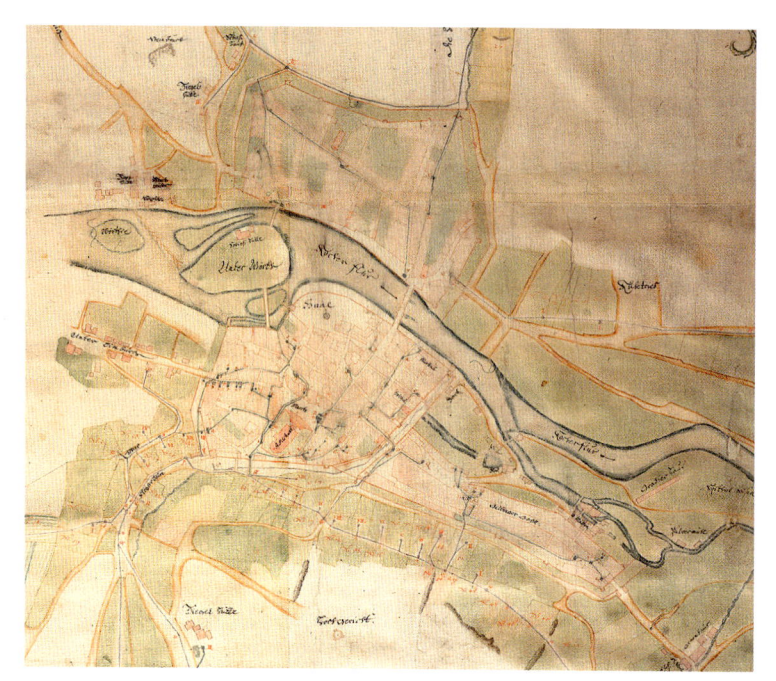

Ausschnitt aus dem Wasserleitungsplan Johann Michael Roschers von 1744, auf dem die Brunnen im Stadtgebiet zu erkennen sind

Diese wurden aber außer für Begräbnisse auch für Alltagstätigkeiten genutzt: Auf dem Friedhof bei St. Michael wurde Wäsche gebleicht bzw. aufgehängt – und zwar so dicht, dass der Durchgang blockiert wurde. Außerdem fand hier die Austeilung der Essensportionen an die Stadtarmen, die vom Reichalmosen versorgt wurden, statt.

Natürliche Ressourcen wurden also intensiv genutzt, selbst wenn es sich nur um Kleinigkeiten gehandelt haben kann. So war die Jagd auf Singvögel durchaus üblich. Am Lemberg und am Streiflesberg waren Hütten und Vogelherde zu diesem Zweck eingerichtet, wobei vor allem Wacholderbüsche die Vögel anzogen. Schäden an den Herden und Hütten scheinen recht häufig gewesen zu sein, selbst Wacholderbüsche wurden umgehauen, so dass der Rat der Reichsstadt sich zum Eingreifen genötigt sah. Vielleicht war die Jagd auf Vögel und die intensive Nutzung jeden Quadratmeters eine der Ursachen, die zur vom Rat oft beklagten sprunghaften Vermehrung von Raupen und anderem „Ungeziefer" führte. 1555 erhielten die Besitzer von Gärten und Rainen den Auftrag, die Raupen einzusammeln – was zu dieser Zeit die einzige Möglichkeit war, die Schädlinge loszuwerden. 1670 sollten sie abgelesen und verbrannt werden.

Naturkatastrophen wie Überschwemmungen und Gewitter waren keine Seltenheit, sie verursachten gewaltige Schäden – ohne dass die Menschen versichert gewesen wären –, zerstörten Teile der Infrastruktur und verschlechterten die Hygiene in der Stadt. Die Wahrnehmung dieser Unglücksfälle durch die Betroffenen zeigt sich an dem Spruch, der am Unterwöhrdtor angebracht war: *Wann Gott die Menschen will aufweken, kan ers mit Feuer u[nd] Wasser schreken.* Erinnert wurden in einer hällischen Chronik die Unwetter von 1529, 1619, 1625, 1669 und 1737, vor allem aber von 1570. In diesem Jahr wurden ein Teil des Steinernen Stegs, der Rote Steg und der Sulfersteg weggeschwemmt, das Haalholz trieb kocherabwärts, selbst die äußere Mauer des Eichtors wurde beschädigt. Die Keller unterhalb des Kornhauses liefen voll Wasser, Äpfel, Birnen und Kraut schwammen durch die Kellerfenster und -türen nach oben auf die Gassen. Vom Sulfertor bis zur Metzgergasse (ungefähr an Stelle der heutigen Rosmarinstraße) konnte man mit einem Kahn fahren. Den Gerbern jenseits Kochens wurden die Häute aus den Lohgruben weggespült. 1737 schwemmte ein starker Wolkenbruch Steine und Holz auf den Marktplatz und riss das Pflaster in der Stadt auf, so dass z. B. in der Schuppach die Dolen sichtbar wurden. Der Feuersgefahr strebte man durch regelmäßige Reinigung der Kamine vorzubeugen: 1584 etwa wurden alle öffentlichen Gebäude samt Türmen und Wächterstuben aufgelistet, die die Kaminfeger zu versorgen hatten und festgehalten, wieviel für jedes Gebäude ausgegeben werden musste. Das dies nicht immer etwas nutzte, zeigen die großen Stadtbrände von 1316, 1680 in der Gelbinger Gasse und 1728.

Das nächste große Problem war die Wasserversorgung. Zwar stand Wasser im allgemeinen reichlich zur Verfügung, aber es genügte oft den Ansprüchen an Trinkwasser nicht. Die Brunnen waren verschmutzt, zum Teil ausgeschöpft, Eimer, Seile und Ketten in schlechtem Zustand. Wäsche wurde direkt im Brunnen gewaschen. Deshalb entschloss sich die Obrigkeit, Brunnenmeister einzusetzen, die den Unterhalt der Brunnen zu überwachen hatten. 1583 allerdings stellte der Rat fest, dass die Brunnen unsauber und trübe waren, das Inventar an Eimern, Rädern, Eisenketten und Seilen Mängel aufwies oder gänzlich fehlte. Auch werde das Wasser auf eine Art verläppert, dass im Brandfall nicht genügend zur Verfügung stehen würde. Entsprechend sollte in Zukunft niemand mehr etwas in die Brunnen schütten oder werfen, auch ohne Wissen der Brunnenmeister niemand einen Brunnen ablassen. Rinnen sollten nicht angelegt und das Wasser nicht mit Kübeln entnommen werden. Von diesem Dekret wurde an allen Brunnen ein Exemplar angeschlagen – auf dass die Bevölkerung es lese und befolge. Immerhin scheint es in einzelnen Brunnen Fische gegeben zu haben, denn 1630 verbot der Rat das Angeln im Kocher – und in den Stadtbrunnen.

Im Gegenzug traten Schwierigkeiten in einer spätmittelalterlichen Stadt immer dann auf, wenn nicht allzu reinliches Wasser in die Höfe (und Häuser) von Nachbarn floss oder Abfälle in deren Gärten entsorgt wurden. So ließ Alexius Maidbach 1529 festschreiben, dass niemand etwas in sein Gärtlein schütten oder es sonst verunreinigen dürfe. Konfliktreich war insbesondere auch der Unterhalt der Rinnen zwischen den Häusern. 1437 waren Conrad Enslinger und Hans Turprech aneinander geraten, weil sich Enslinger nicht an den Kosten der Rinne beteiligen wollte, in der das Wasser beider Häuser abgeführt wurde. 1508 leitete Dorothea Eckhartin aus ihrer Badstube das Wasser in Claus Mayers Hof, was ihr für die Zukunft verboten wurde. 1513 prozessierten Meister Conrad Schaller, der Kirchenmeister, also der Erbauer des Chors von St. Michael, und Siegfried Rintfleisch wegen der Einleitung von Wasser in einen Hof, das Schäden an dem Keller Schallers verursachte. Zukünftig sollte das Wasser in eine Dole und in die Gasse abgeleitet werden. 1530 führten Dorothea Helbling, Witwe des Bildhauers Hans Beuscher und nunmehr Ehefrau des Hans Minner, und Dorothea, Witwe des Gastwirts Hans Röler, einen Prozess wegen des Einleitens von „Wasser" (d. h. Schmutzwasser und Harn) in den Rölerschen Hof, der Anlage einer Miststatt und des Unterhalts der Dole, an der auch noch das neue Rathaus hing. Als Friedrich Schletz 1539 vom Rat ein Haus an der Schuppach kaufte, wurde festgelegt, dass sein Nachbar Wilhelm Seckel an der Hofmauer keinen Mist lagern dürfe, aber den Abfluss des Wassers aus Seckels Hof zu

Hochwasser Dezember 1882

Hochwasser im Dezember 1882

dulden hatte. Im Laufe des 16. Jahrhunderts wurden die Regelungen detaillierter: Als es 1567 Streit zwischen Ludwig Virnhaber in der Oberen Herrngasse und Katharina Wetzel in der Pfarrgasse wegen der Ableitung von Schmutzwasser gab, wurde festgeschrieben, dass die Wetzel nur zwei oder drei Hauswäschen pro Jahr in ihrem Hof erledigen durfte, ansonsten aber kein sauberes oder unsauberes Wasser (abgesehen vom Regenwasser) in den Hof Virnhabers abfließen sollte. Virnhaber brauchte sonstiges Wasser, Mist oder „Wust" (d. h. Schmutz und Unrat) nicht zu dulden. Die Streitigkeiten zeigen im Gegenzug auch, wie der Alltag aussah: Mist und Unrat flossen relativ freizügig von Höfen auf Gassen und von Gassen in Gärten. Ausgaben für die Entsorgung, die man vermeiden konnte, vermied man – auch auf Kosten von Hygiene und Gesundheit.

1729 – nach dem großen Stadtbrand – entstanden dann Vorschriften über die Errichtung von Neubauten, in denen auch die Entsorgung angesprochen wurde. So wurde die Anlage von Dachrinnen und das Abführen des Regenwassers, das ohne Schaden für Keller, Wände und Brunnen zu geschehen habe, geregelt. Hauswasser sollte entweder in die Hauskanäle oder auf das Pflaster abgeleitet werden. Mist und Fäkalien durften nicht mehr auf den Gassen abgelagert, sondern sollten sofort vom Bauamt entsorgt werden. Toiletten waren in gebührendem Abstand zu den Stadtmauern anzulegen und sollten regelmäßig geleert werden.

1487 untersagte der Rat, das Anlegen von Miststätten außerhalb der Häuser, was die Stadtbüttel zu kontrollieren hatten. Fünf Tage nach Erlass dieser Vorschrift kam es zur Auseinandersetzung mit Hans Neuffer, der behauptete, eine Miststatt unter dem Traufrecht, d. h. im unmittelbaren Umfeld des Hauses, sei zulässig. Ege von Münkheim und sein Vater hätten dieses Recht ebenfalls gehabt. Außerdem brauche er seine Pferde und sein Vieh, den Mist könne er ja schlecht im Haus behalten. Auch der Rat berief sich auf alte Anordnungen in derselben Sache und beharrte auf der Vorschrift.

1497 sah sich der Rat veranlasst, das Werfen von Abfall in den Kocher oberhalb der Eich zu verbieten, auch sollten die Bäcker ihre Schweine nicht dort in den Kocher treiben und die Metzger die Schlachtabfälle dort nicht entsorgen. Für die Entsorgung letzterer war ein eigenes „Fach" eingerichtet. 1526 entdeckte der Rat, dass alte und junge Leute Müll bei der Suhle deponierten, was in Zukunft gestraft werden sollte. 1528 warfen die Haller ihren Bauschutt (Sand, Steine und alte Ziegel) und tote Tiere wie Hunde und Katzen zwischen dem „Bürgersteg" und dem anderen Steg in den Kocher. Künftig sollte jeden Samstag der Karrenknecht mit seinem Karren und einer Schelle daran durch die Stadt fahren und den Hausmüll (wie Hafenscherben und anderes, was der Hausbesitzer unter der Woche zusammengekehrt und gesammelt hatte) abholen. Als Müllhalde wurde der Platz vor dem Eichtor bei dem

"Mangen"-Häuslein bestimmt. Dorthin sollten auch Bauschutt, Reste von Wänden und Mauern, die Sintersteine der Schmiede und tote Tiere geschafft werden, aber durch und auf Kosten der Hausbesitzer. Der Karrenknecht war gehalten, zu kontrollieren, ob unter dem Müll, den er abholte, auch solche Dinge enthalten waren. Wenn ja, wurde der Hausbesitzer bestraft. 1550 verbot der Rat zum wiederholten Mal, Mist oder *annder unsauber Strützen* auf die Gassen laufen zu lassen. 1564 sollte Bauschutt und Erdaushub jenseits des Kanals zu den Dreimühlen auf der Kocherinsel abgeladen werden, nicht aber mehr einfach in den Kocher gekippt werden. Der Heimbach scheint als Mülldepot besonders beliebt gewesen zu sein: Auf jeden Fall verbot der Rat 1579, dass dorthinein weiterhin Abfälle geschüttet würden, denn der Bach werde dadurch blockiert und bei starken Unwettern drohten schließlich Überschwemmungen. 1585 sollten *auf dem Betzichsplatz am Kocher bey dem Roten Steeg* keine Steine, sondern nur noch Scherben oder altes *Gelump*, wie es beim Kehren im Haus zusammenkam, deponiert werden. 1594 untersagte der Rat, *Unrath, Wüst und Unsauberkeit* oder auch *Geblüt und menschlichen Koth* sowie *Viehstritzen* auf die Gassen zu schütten und dort liegen zu lassen. Die Exkremente sollten vielmehr zum Kocher gebracht werden. Anlass diesen Dekrets war eine *Pestilentz*, der Rat wollte die Vergiftung der Luft vermeiden. 1616 untersagte der Rat, Bauschutt von der Henkersbrücke und den Stadtmauern in den Kocher oder den "Heimbacher Bach" zu werfen. 1633 landete der Müll immer noch in großen Haufen am Kocher. 1637 sollten die Bürger den Mist und andere "Unsauberkeit" vor ihren Häusern wegführen lassen. Dieses Gebot wurde 1638 wiederholt, gekoppelt mit dem Verbot, Abfälle in die Stadtgräben zu werfen. Im gleichen Jahr erließ der Rat das Verbot in der Stadt zwischen der Brücke und dem Oberen Tor Mist abzuladen bzw. diesen gleich in die Gärten verbringen zu lassen.

Trotz der Menge Müll, die im Kocher geschwommen sein muss, wurde er zum Baden genutzt: Zumindest verbot der Rat 1631 Männern das Nacktbaden in den Fluten des Flusses. 1667 warfen die Bürger ihren Müll auf die Köpfstatt, d. h. den Hinrichtungsplatz vor dem Gelbinger Tor. Im gleichen Jahr stapelte sich der Abfall vor den Gärten. 1668 wurde den Bürgern aufgetragen, die Mist- und Abfallhaufen vor ihren Häusern wegschaffen zu lassen. 1669 musste Müll aus Anlass einer drohenden Seuche in den Kocher entsorgt werden; die Bewohner sollten ihre Bedürfnisse nicht mehr auf den Gassen erledigen, sondern dafür geeignete Orte aufsuchen; Bader und Wundärzte hatten das Blut ihrer Patienten in den Kocher zu schütten; der Mist durfte nicht länger als acht Tage auf der Gasse liegen bleiben; Kuh-, Pferd- und Saustritzen sollten nicht auf der Gasse landen; Schweine waren in den Ställen zu halten und durften nicht auf der Gasse umherlaufen. 1673 wurde wieder einmal verboten, Mist und Kies in die Stadtgräben zu werfen.

Ein gewaltiges Problem waren tote Tiere. Das Wegbringen und die Verwertung der nutzbaren Reste gehörten zu den Aufgaben des Abdeckers, der dafür eine obrigkeitlich regulierte Entlohnung erhielt: Für das Wegschaffen einer Katze 6 Heller, eines Hundes das Doppelte oder eines Rosses 4 Schilling 6 Heller, für das Abziehen der Haut bei einem Pferd 5 Schilling oder einer Kuh 3 Schilling. Unabhängig von den Entsorgungsfragen zeigt dies, wie vielfältig das tierische Leben in der Stadt war. 1531 beschloss der Rat, sämtliche Hunde, die auf den Gassen herumliefen, abschlachten zu lassen. Diejenigen, die ihre Hunde behalten wollten, mussten sie zumindest in diesen 14 Tagen in den Häusern einschließen. 1583 und 1588 fanden die nächsten derartigen Aktionen statt. 1669 wurde insbesondere den Metzgern untersagt, ihre Hunde auf den Gassen laufen zu lassen.

Auch das lebende Vieh machte Schwierigkeiten: Abends wurden die Kühe vom Gemeindehirt in die Stadt getrieben, ein Teil der Bürger ließ sie dann im Anschluss auf dem Unterwöhrd weiden, was wiederum die Obrigkeit massiv störte. Während des Dreißigjährigen Krieges hatten die Bauern der Umgebung ihr Vieh nach Hall in Sicherheit gebracht, das dort hygienische Probleme verursachte: Der Mist blieb auf den Gassen liegen. Problematischer noch waren die Schweine, die von Bürgern frei auf den Gassen laufen gelassen wurden. Der Rat schrieb vor, dass Schweine in Ställen gehalten und zur Wässerung zum Kocher und wieder zurück getrieben werden sollten, aber ohne in der Stadt umzulaufen. Schweine wurden anscheinend vor allem von den Bäckern durchgefüttert. Beim Kornhaus vagierten offenbar so viele Hühner und Schweine, dass sie Schäden an den Säcken und der aufgeschütteten Frucht anrichteten. Für die Ziegen galt eine strikte Obergrenze: Kein Bürger, keine Bürgerin und kein Untertan sollte mehr als eine Geiß halten. Hintergrund waren sicher die Schäden, die diese Tiere an Baum- und Buschwerk anrichteten. Die gleiche schlechte Presse hatten die Gänse, die die Aussaat von den Äckern und das frische Gras von den zu mähenden Wiesen fraßen. Schließlich neigten die Hühner dazu, Eigentumsgrenzen zu missachten und in fremden Gärten und Weinbergen zu scharren. Ein neues Ratdekret war die Folge.

Mist vor den Häusern, Fäkalien auf der Gasse, Müll im Wasser, verunreinigte Brunnen, Tiere – lebend oder tot – überall: Die Gerüche einer frühneuzeitlichen Stadt wären für unsere Nasen sicher kaum zu ertragen. Berufliche Aktivitäten trugen ihren Teil bei. Die Gerber hängten ihre Häute und Felle an den Geländern, Stegen und Mauern auf: So besonders an den Geländern auf dem Unterwöhrd, dem Bürgersteg, dem Steg beim Sulferturm, dem Roten Steg und an der Mauer vom Roten Steg zur Henkersbrucke, ja selbst auf der Henkersbrücke.

Die Überwachung von Umweltschutzmaßnahmen und Verkaufsverboten gehörten zu den Aufgaben der Stadtknechte oder Büttel. Diese hatten u. a. anzuzeigen:

...
Welche Grempler und Fremde an Jahrmärkten, ehe man das Banet auf dem Kirchhof niederläßt, einkaufen.
...
Welche ungewägen Schmalz kaufen.
...
Welche Schwein auf der Gaßen umlauffen laßen.
Welche Branntenwein und Schmier innerhalb der Stadt sieden.
Welche wider die Bronnen Ordnung handlen.
Welche Kühe oder andere unsaubere Strizzen und Mist auf die Gassen richten oder anderen derg[leichen] unsauberen Wust darauf schütten.
Welche Becken bei der Eich die Schweine schwemmen.
Welche Mezger bei der Eich die Kuttelwampen ausschütten.
...

Verzeichnis der Brunnen 1576
In der Stadt

1. Röhrenbrunnen auf dem Markt
2. Röhrenbrunnen in der Schuppach am Eck
3. Röhrenbrunnen beim Spital
4. Röhrenbrunnen beim Neuen Tor
5. Röhrenbrunnen genannt der „Butzerolff" vorm Langenfelder Tor
6. Röhrenbrunnen auf dem Milchmarkt
7. Kettenbrunnen in der Metzgergasse
8. Röhrenbrunnen auf dem Grasmarkt
9. Kettenbrunnen bei der Herrenschmiede
10. Röhrenbrunnen bei Martin Gronbachs Haus
11. Kettenbrunnen am Schuhmarkt genannt der „Müchsbronn"
12. Röhrenbrunnen beim Nonnenhof
14. Röhrenbrunnen beim Eichtor
15. Kettenbrunnen beim Eichtor
16. Kettenbrunnen in der Klinge
17. Kettenbrunnen in der Kerffengasse
18. Kettenbrunnen beim Brothaus

Jenseits Kochens

1. „Hainfinderbronn" beim Riedener Tor
2. Kettenbrunnen beim Riedener Tor
3. Kettenbrunnen auf dem Gänsberg
4. Kettenbrunnen in der Zollhütte
5. Röhrenbrunnen in der Heimbacher Gasse
6. Kettenbrunnen im Weiler

In der Gelbinger Gasse

1. Röhrenbrunnen beim Gelbinger Tor
2. Röhrenbrunnen „baß herein" bei Heinrich Bauren Haus
3. Röhrenbrunnen hinter der Waag
4. Röhrenbrunnen auf dem Säumarkt beim Stätt-Tor

Johannes Brenz und die Reformation

1517	95 Thesen Martin Luthers gegen den Missbrauch des Ablasses.
1519–1556	Kaiser Karl V.
1521	Reichstag zu Worms: Luther verweigert den Widerruf seiner Lehre. Seine Schriften werden trotz der Reichsacht in großer Druckauflage verbreitet.
1521/1522	Übersetzung des Neuen Testaments durch Martin Luther.
1526	Reichstag zu Speyer: Die Reichsacht gegen Luther wird praktisch ausgesetzt.
1527	Reformation in Sachsen und Hessen.
1529	Reichstag zu Speyer: Gegen die Wiederinkraftsetzung des Wormser Edikts protestieren die Evangelischen.
1530	Reichstag zu Augsburg: Die Mehrzahl der Protestanten legt das Augsburger Bekenntnis als Glaubensschrift vor.
1531	Gründung des Schmalkaldischen Bundes.
1532	Den Protestanten wird vorläufig freie Religionsausübung zugestanden.
1534	Württemberg wird nach der Wiedereinsetzung des Herzogs Ulrich evangelisch.
1534/1535	Täuferreich zu Münster in Westfalen.

Kurtzumb der yetzig Hayligendienst gar enlich ist der Abgoetterey. Dass die bisherige Verehrung der Heiligen der Abgötterei ähnle, verkündete Johannes Brenz am 25. Juli 1523, als er zum Jakobifest vor den zahlreich erschienenen Gläubigen – und Besuchern des Jakobimarktes – predigte. Johannes Brenz war 1522 vom Rat der Reichsstadt Schwäbisch Hall zum Prediger an St. Michael gewählt worden. Dies war möglich, weil der Rat selbst 1502 diese Stelle gestiftet und sich die Besetzung vorbehalten hatte. Mit diesem Angriff auf die Heiligenverehrung begann die Reformation in Hall.

Johannes Brenz war 1499 in Weil der Stadt geboren. Er besuchte Schulen in seiner Heimatstadt, Heidelberg und Vaihingen und studierte an der Universität Heidelberg. Das Studium begann mit dem der sieben freien Künste an der Artistenfakultät. 1518 wurde Brenz Magister, wonach er an der Artistenfakultät selber unterrichtete, gleichzeitig aber Theologie studierte. Noch bevor Johannes Brenz seinen Magister verliehen bekam, hielt Martin Luther im April 1518 eine Disputation in Heidelberg, in der es um die Frage der Rechtfertigung des Menschen vor Gott ging und in der der Wittenberger Professor seine neue Theologie vorstellte. Seine Schlussfolgerung lautete, dass Gerechtigkeit, Heil und Leben allein von Gott kämen, nicht aber durch den Menschen etwa durch gute Werke bewirkt werden könnten. Die Heidelberger Theologieprofessoren verhielten sich dieser neuen Gnadenlehre gegenüber ablehnend, die Studenten dagegen stimmten zu. Johannes Brenz soll am nächsten Tag – zusammen mit Martin Bucer, dem späteren Reformator Straßburgs – Luther privat aufgesucht haben, um mit ihm nochmals über seine Lehre zu diskutieren. Von da an gab es eine lebenslange Verbindung zwischen Luther und Brenz, dessen zukünftige Laufbahn als Reformator damit vorgezeichnet war.

1522, bei der Berufung des Johannes Brenz nach Schwäbisch Hall, müssen sich zumindest die führenden Männern des Rates über die Zugehörigkeit des Kandidaten zum Lager der Reformatoren im klaren gewesen sein, auch wenn sich die Frage einer durchgreifenden Veränderung der hällischen Kirchen sicher noch nicht stellte. Immerhin hielt auch Johannes Brenz die Verbindung zur alten Kirche ja noch aufrecht: Zwei Monate vor der Heiligenpredigt war er in Weil der Stadt zum Priester geweiht worden. Von der römischen Auffassung des Priesteramtes allerdings distanzierte sich Brenz noch im gleichen Jahr 1523.

Das Jahr 1524 schien dann – zumindest für den Chronisten Johann Herolt, der aus eigenem Erleben berichtete – einen ersten Einschnitt zu markieren: Die Priester mussten ab diesem Jahr den Bodenschatz (eine Steuer auf eingelagerten Wein) bezahlen, wie die anderen Bürger auch; sie mussten das Bürgerrecht erwerben, wenn sie Häuser oder Grundstücke in der Stadt kauften; ihre Lebensgefährtinnen – Konkubinen – wurden ihnen verboten bzw. die Heirat vorgeschrieben. Der Priester Nikolaus Henckhelin, der Schwierigkeiten mit dem neuen Kurs hatte, wurde aus der Stadt gewiesen, ein anderer Priester – Georg Ulmer von Haßfelden – wegen Gotteslästerung bestraft. Die Franziskaner hätten freiwillig ihr Kloster dem Rat übergeben und einige der Mönche geheiratet. Die anderen wurden mit Herrenpfründen im Spital versorgt. Die Klostergebäude verwendete der Rat für die Lateinschule.

Das Jahr 1525 war durch den Bauernkrieg dominiert, der dem Fortgang der Reformation nicht unbedingt förderlich war. Johannes Brenz versuchte, eine rachsüchtige Obrigkeit zur Milde anzuhalten und die Schuld für das Aufbegehren nicht einseitig nur bei den Bauern, sondern auch im Verhalten des Magistrats der Reichsstadt zu suchen. Durchgedrungen scheint er damit nicht zu sein: Der Rat strafte und besteuerte, wie es ihm gut schien.

Johannes Brenz. Kolorierter Einblattdruck aus dem 18. Jahrhundert

Nachdem der Reichstag von Speyer 1526 es jeder Obrigkeit freigestellt hatte, sich in Fragen der Religion so zu verhalten, wie er es Gott und Kaiser gegenüber verantworten könne, war es auch den Reichsstädten möglich, alte Einrichtungen, die ihnen im Widerstreit zum Evangelium zu stehen schienen, abzuschaffen, und neue, die damit übereinstimmten, zu begründen. Ende 1526 oder Anfang 1527 legte Johannes Brenz seine Überlegungen im Entwurf einer Kirchenordnung für Hall nieder. *So sein allein zwey Ding und wesenlich Stuck gotlichs Dinsts einem igklichen Christen notig, nemlich Glauben und Lieben. Glauben*

20. Johannes Brenz und die Reformation **127**

Die „Heiligenpredigt" von 1523 – die erste reformatorische Predigt von Johannes Brenz

gegen Got, Liben gegen dem Nechsten. Diese zwei Dinge aber seien einzuhalten, auch wenn ein Christ mitten in der Türkei wohnen würde. Die Aufgabe einer christlichen Obrigkeit aber war es, solche Anordnungen zu treffen, dass die *Selseligkeit* ihrer Untertanen befördert würde. Zentral waren Predigt, Taufe und Abendmahl. Die Predigt sollte in einem Territorium in einem Sinn erfolgen, denn abweichende Meinungen auf der Kanzel führten nur zu Zank und Hader. Die Taufe war öffentlich und auf deutsch zu halten – sie sei keineswegs ein *Kinderwerck und Spil*, auch wenn sie bislang oft so behandelt worden sei. Abendmahl und Gottesdienst schließlich waren von den zahlreichen Missbräuchen, die sich im Laufe der Zeit eingeschlichen hatten, zu reinigen. Insbesondere war die Messe zu verbieten, die eher den Zorn Gottes wecke als zu seiner Ehre gereiche. Johannes Brenz machte detaillierte Vorschläge für die Ausgestaltung des künftigen im wesentlichen deutschsprachigen Gottesdienstes. Die Priester, die beim alten Glauben bleiben wollten, sollten allerdings nicht entlassen, sondern weiter auf ihren Pfründen sitzen bleiben dürfen, auch wenn sie keine Messen mehr läsen. Der städtischen Obrigkeit obliege darüber hinaus in ganz besonderem Maß auch die Fürsorge für die Pfarreien auf dem Land: Die Bauern beute man zwar gern aus, wolle aber nichts für deren Seelen und die Schulbildung ihrer Kinder investieren, was sich langfristig bitter rächen werde.

An Weihnachten 1526 feierte Johannes Brenz das erste evangelische Abendmahl mit der Gemeinde in St. Michael; die Messe, in den beiden Kirchen, die direkt dem Rat unterstanden, also St. Michael und St. Katharina, wurde abgeschafft.

Thematisiert wurde 1526 im Reformationsgutachten auch die Schule, die mit der Reformation zu einem der zentralen Aufgabenfelder der Obrigkeit werden sollte nach dem Willen von Johannes Brenz. Der Rat hatte schon vorher versucht, Einfluss zu nehmen, indem er Personalangelegenheiten regelte und Gebühren festlegte. Lehrinhalte dagegen wurden erst nach dem Übergang der Stadt zum Protestantismus fixiert. Brenz hatte in eindrücklichen Worten (geschickte und redliche Bürger wachsen nicht auf Bäumen, sie werden erzogen; Kinder und Jugendliche seien der größte Schatz einer Bürgerschaft; die Heilige Schrift gehöre nicht den Männern allein, sondern genau so den Frauen, denn beide Geschlechter hätten den Himmel und das ewige Leben gemeinsam) für den Ausbau des Schulwesens plädiert. Dieses sollte auch nicht mehr nur den Jungen zugute kommen, sondern auch die Mädchen miteinbeziehen. Die Lehrer sollten der Aufsicht der Geistlichkeit unterstellt werden, wie auch der Unterrichtsstoff im wesentlichen aus dem Katechismus bestehen sollte, den Johannes Brenz 1527/1528 verfasste. Entgegen den Vorschlägen des Reformators entwickelten sich deutsche und lateinische (also höhere) Schulen getrennt. Letztere blieben zudem ausschließlich den männlichen Jugendlichen vorbehalten. Frauen waren noch Jahrhunderte lang von öffentlich anerkannten höheren Bildungsabschlüssen ausgeschlossen.

Da Fragen des Ehen- und Familienrechts vor der Reformation von der Kirche geregelt worden waren, standen die Lutheraner, nachdem sie die bischöfliche Gerichtsbarkeit nicht mehr anerkannten, vor der Aufgabe, ein völlig neues Recht zu schaffen. Johannes Brenz verfasste mehrere Gutachten, die sich mit den Problemen auseinander setzten. Verboten wurden heimliche Eheschließungen, d. h. Heiraten ohne Zustimmung der Eltern. Die Ehescheidung, die jetzt prinzipiell (bei Impotenz und Ehebruch) möglich war, aber so selten wie irgend möglich stattfinden sollte, die Wiederheirat Geschiedener, die Bestrafung von Ehebrechern/Ehebrecherinnen und von Bigamisten waren weitere Themen. Die Verhängung von Strafen bei all diesen Delikten kam der weltlichen Obrigkeit zu, die Pfarrer hatten nur ein Mitwirkungsrecht.

Aufgabe der Obrigkeit war nach Johannes Brenz die Wahrung des Gemeinen Nutzens und des Gemeinen Friedens. Friedensverletzungen waren nicht nur Aufruhr und Krieg, sondern auch Gotteslästerung und Fluchen, Trinkgelage und Tänze. Die christliche Obrigkeit setzte die Gebote Gottes durch und war für das Seelenheil ihrer Untertanen verantwortlich. Vernachlässigte die Obrigkeit ihren Auftrag, drohten ihr göttliche Strafen, die dann nicht nur den einzelnen Schuldigen heimsuchten, sondern die Gemeinschaft trafen.

1529 war für den Haller Rat ein entscheidendes Jahr: Er hatte sich auf dem Reichstag zu Speyer dem Protest der Evangelischen, von dem die Protestanten fortan ihren Namen ableiteten, nicht angeschlos-

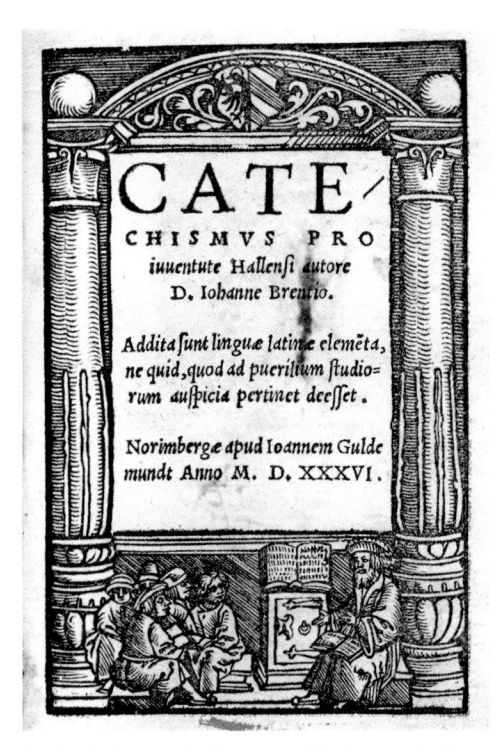

Lateinische Ausgabe des Brenzschen Katechismus „für die Haller Jugend" von 1536

sen und musste begründen, warum er dies unterlassen hatte. Der Magistrat erklärte, dass die Haller Kirche schon vor diesem Datum in so hohem Maße nach den Geboten des Evangeliums eingerichtet worden sei, dass weitere Neuerungen nicht mehr zwingend erschienen. Deshalb habe sich Schwäbisch Hall vom ersten Artikel des Speyrer Reichstagsabschieds, der weitere Veränderungen verbot, für nicht betroffen erachtet. Auf keinen Fall aber habe man – wie dies nun einige unterstellten – einen Abfall von Gottes Wort, d. h. von der Lehre Martin Luthers, geplant. 1529 und 1530 wurden zahlreiche Ratsherren nicht mehr wiedergewählt, was auf Johannes Brenz zurückgehen könnte, der nach den Worten von Johann Herolt, dem Rat *den Harnisch wol gefegt* habe, weil er in Speyer bei den *Bäbstlern* unterschrieben habe. Gebracht zu haben scheint das aber nicht viel, denn auch 1530 bekannte sich Schwäbisch Hall

20. Johannes Brenz und die Reformation 129

nicht eindeutig zur evangelischen Seite, sondern vermied eine offene Parteinahme.

Insgesamt scheint der Haller Rat mit dem Zustand von 1529 recht zufrieden gewesen zu sein. Eine Kirchenordnung, die sonst den deutlichen Übergang zum Protestantismus markiert, wurde in Schwäbisch Hall denn auch erst 1543 erlassen. Hier spielte sicher die Rücksicht auf die Altgläubigen in der Stadt eine Rolle. Selbst Johannes Brenz kümmerte sich in den folgenden Jahren weniger um Schwäbisch Hall und mehr um andere Territorien, deren Herrschern er als gefragter Berater zur Seite stand. Seinen persönlichen Bruch mit der alten Kirche allerdings dokumentierte er 1530, als er Margarethe Gräter, die Witwe des Ratsherren Hans Wetzel, heiratete.

1534 wurde die Messe, die bislang noch in St. Johann und in der Schuppachkapelle gelesen worden war und regen Zulauf vor allem aus den Reihen der Stadtadligen gefunden hatte, abgeschafft. Damit fand – bis auf weiteres – kein katholischer Gottesdienst in Schwäbisch Hall mehr statt. Der Junker Heinrich Spies verließ noch im gleichen Jahr Hall, weil er seine Konfession dort nicht mehr ausüben konnte. Die überflüssig gewordene Schuppachkapelle sollte 1539 abgerissen werden, wie auch das Franziskanerkloster seit 1534 teilweise demoliert wurde.

Das Leben der Haller Chronisten Georg Widman und Johann Herolt

Für beide Georg Widman wie Johann Herolt wurde die Reformation zu einem einschneidenden Ereignis. Georg Widman blieb der alten Kirche treu, so lange es irgend ging, Johann Herolt unterstützte früh und enthusiastisch Johannes Brenz. Dabei haben beide Lebensläufe, die fast identisch sind. Georg Widman wurde 1486 geboren. Sein Vater war Priester, Pfarrer in Tüngental und Syndicus des Stifts Comburg. Georg studierte in Heidelberg und erhielt 1518 die Pfarrei Erlach-Gelbingen, die er bis zu seinem Tod behielt. Auch er amtierte als Comburger Syndicus und vertrat außerdem hin und wieder die Interessen des Klosters Murrhardt. Seine langjährige Lebensgefährtin Anna Groß heiratete Widman erst, als ihn der Rat der Reichsstadt dazu zwang. Widman starb 1560. Johann Herolt kam 1490 zur Welt – als Sohn des Reinsbergers Pfarrers. Nach dem Studium in Tübingen trat er 1514 die väterliche Pfarrei an. Während des Bauernkriegs forderten die Aufständischen geistliche Unterstützung von ihm, die er aber verweigerte, wonach sie ihn als Gefangenen bei sich behielten. 1529 heiratete er Luzie Seubot aus Gelbingen, vollzog also den Bruch mit der alten Kirche endgültig. 1562 starb Herolt in Reinsberg.

„Wir wollen auch einmal auf die Bank": Der Bauernkrieg von 1525

1476	Hans Böheim, der „Pfeifer von Niklashausen", predigt gegen Klerus und Adel.
1477	Erste von mehreren bäuerlichen „Bundschuh"-Verschwörungen in Schlettstatt (Elsaß).
1514	Revolte des „Armen Konrad" in Württemberg.
1524	Beginn von Bauernunruhen am Hochrhein.
Ende Februar 1525	Beginn des Aufstands in Oberschwaben; Veröffentlichung der „Zwölf Artikel" als wichtigstem Forderungskatalog der Bauern. Bis Ende April breitet sich der Aufstand auf ganz Süddeutschland aus.
16. April 1525	Eroberung von Weinsberg durch den Neckartal-Odenwälder Haufen; Ermordung der Garnison.
18. April 1525	Heilbronn von den Bauern besetzt.
7. Mai 1525	Annahme der „Zwölf Artikel" durch das Erzstift Mainz, Besetzung Würzburgs durch die fränkischen Bauern.
12. Mai 1525	Niederlage der württembergischen Bauern bei Böblingen.
15. Mai 1525	Niederlage der Thüringer Bauern bei Frankenhausen.
17. Mai 1525	Massaker an den Elsässer Bauern bei Zabern.
27. Mai 1525	Hinrichtung des Bauernkriegspredigers Thomas Münzer.
2./4. Juni 1525	Vernichtung der vereinigten Fränkischen Haufen bei Königshofen und Giebelstadt.

Der Anfang des 16. Jahrhunderts war für die Bauern eine Krisenzeit. Die Landbevölkerung wuchs, ohne dass sich die Erträge verbesserten. So verschlechterte sich die Situation des Einzelnen. Der Unmut der hällischen Bauern richtete sich um 1525 gegen bestimmte Steuern und Abgaben und den Verlust ihrer traditionellen Selbstverwaltungsrechte, die die Reichsstadt einschränkte, um eine effizientere Verwaltung ihres Territoriums zu erreichen. Gerne bürdete der Haller Rat auch Steuern einseitig der Landbevölkerung auf. Größter „Stein des Anstoßes" aber war die Leibeigenschaft mit den damit verbundenen Abgaben, die bei den Bauern als „unchristlich" verhasst war. Ihrem Selbstverständnis nach stritten die Bauern für die „Aufrichtung des Evangeliums", doch wird heute ein direkter Zusammenhang zwischen Bauernkrieg und Reformation abgelehnt. Allerdings stammte die von den Bauern entwickelte Idee des „Göttlichen Rechts", nach der weltliche Institutionen zu verändern oder abzuschaffen waren, wenn sie den biblischen Geboten widersprachen, aus ihrem geistigen Umfeld. Brenz bekämpfte diese Gedanken als Missbrauch, denn der Christ habe gegenüber der Obrigkeit kein aktives Widerstandsrecht. Entsprechende Gutachten verfasste er für den Haller Rat und andere Landesherren, die ihn um Rat fragten, etwa den Kurfürsten Ludwig V. von der Pfalz.

Schon im Winter 1524/25 ging in Orlach und Braunsbach die Rede um, man solle einen „Haufen" (Bauernheer) bilden. Zu dieser Zeit befanden sich die Bauern am Hochrhein – in der Landgrafschaft Stühlingen – bereits im offenen Aufruhr; im März erhoben sich die Rothenburger und Limpurger Untertanen. Entsprechende Äußerungen aus dem eigenen Landgebiet tat man im Rat zunächst als törichtes Gerede ab, schickte

Die Schlacht bei Gottwollshausen vom 4. April 1525. Zeichnung aus einer Haller Chronik des frühen 17. Jahrhunderts. Links unten ist das Weilertor zu erkennen.

dann aber angesichts zunehmender Unruhe am 1. April 1525 Gesandte in die Dörfer. Sie baten die Gemeinden, still sitzen zu bleiben; man wolle ihnen dann das geben, was die Bauern andernorts erreichten. Zwei Reinsberger antworteten hierauf, sie seien lange genug unter der Bank gelegen, sie wollten auch einmal auf die Bank. Schon am nächsten Tag beschlossen einige Bauern beim Weintrinken in der Braunsbacher Mühle die Bildung eines „Haufens". Nördlich und östlich der Reichsstadt breitete sich die Revolte in kürzester Zeit aus; bewaffnete Trupps zogen durch die Dörfer, brachten die Bauern zum Anschluss und setzten die Pfarrer gefangen. Johann Herolt in Reinsberg etwa zwangen 200 Bewaffnete zum Mitziehen und – so seine Klage – *frassen mir das Brot und suffen den Wein ausz*. Sein Großaltdorfer Kollege entkam halb nackt durch einen Sprung aus dem Fenster. Auch die Bauern gingen nicht immer ohne Druck mit – einige verweigerten sich auch –, doch wenn sie einmal den Schwur auf den „Haufen" geleistet hatten, fühlten sie sich dem in hohem Maße verpflichtet.

Am 3. April wählten die Bauern bei einer Versammlung nahe Reinsberg sechs Hauptleute, am Morgen des folgenden Tages zog der „Haufen" mit etwa viertausend Mann von Gailenkirchen in Richtung Rosengarten, um dessen Bewohner zum Anschluss zu bringen und so eine Machtbasis gegenüber dem Haller Rat zu gewinnen. Sie waren überzeugt, *die von Hall dörfften sich gegen so vil Baurn nit regen*.

Genau dies beabsichtigte man dort jedoch, nicht zuletzt auf Veranlassung von Johannes Brenz, der gemeint hatte, wenn man den Bauern willfahre, würden sie nur mehr haben wollen. Man solle sich wehren, so stark sie auch seien. Im Morgengrauen postierten sich 400 bis 500 Bewaffnete mit fünf Geschützen oberhalb der Gottwollshäuser Steige. Ein blind abgefeuerter Kanonenschuss löste bei den sorglos heranziehenden Bauern Chaos aus: *Es erhuob sich ein solches Zabeln unter den Baurn, als ob es ein Ehmeshauf wäre, und ein Dadern, als wer es ein Hauf Gensz*. Einige weitere Schüsse bewirkten panische Flucht. *Das ward ein Fahllen, so baldt sie das Feur sahen plitzen, da fielin drey, da sechs, da*

132 Politikgeschichte

zehen, *da vil mehr, das man meint, sie weren all erschossen. Bald stunden sie wieder uff wie die Juden an dem Ölberg, dan das Geschutz ging alles zu hoch. Nach disem fluhen sie alle. ... Es ward keiner geschossen, und wurden die Lamen geradt, die Alten jung, luffen alle gleich, das böst sie möchten,* schrieb Herolt, ein Augenzeuge des Geschehens.

Der unblutige Erfolg zersprengte den hällischen „Haufen" und ermöglichte es Schwäbisch Hall im Gegensatz zu fast allen anderen süddeutschen Reichsstädten, sich gegen die Bauern zu behaupten. Entscheidend war wohl auch das Fehlen innerer Konflikte, die z. B. in Rothenburg zur Öffnung für die Bauern, einer politischen Revolution und dem Ende der Patrizierherrschaft führten. Da letzteres in Hall bereits durch die „Zwietracht" 1510–1512 eingeleitet und mit Brenz schon früh ein Anhänger Luthers berufen worden war, hatten die meisten Bürger keinen Anlass zu einem Bündnis mit den Bauern. Einige Sympathisanten in der Stadt führten aufrührerische Reden, stellten aber keine ernsthafte Gefahr dar.

Die „Schlacht" vom 4. April bedeutete keineswegs das Ende des Aufruhrs. Die Bauern schlossen sich nun den „Haufen" der Nachbarschaft an und zogen teils zum Neckartal-Odenwälder, teils zum Gaildorfer „Haufen". Haller Untertanen beteiligten sich unter anderem am Sturm auf Weinsberg, an der Belagerung des Würzburger Marienbergs – wo einige von ihnen fielen –, der Plünderung Lorchs und der Eroberung des Hohenstaufens. Ihre Bemühungen, die anderen Bauern zum Angriff auf Hall zu veranlassen, stellten eine latente Bedrohung dar, der gegenüber der Haller Rat auf eine Mischung aus Abschreckung und Diplomatie setzte. Zum Schutz der Stadt selbst mobilisierte man die Bürgerschaft, warb Söldner an und baute die Stadtbefestigungen aus. Diese Sicherheit veranlasste benachbarte Adelige und die Comburger Stiftsherren, in Hall Schutz zu suchen. Andererseits überließ man das Landgebiet den Aufständischen, unterließ jede Provokation und bedachte die Bauern mit wohlklingender, unverbindlicher Rhetorik – den Gaildorfern versprach man etwa, all das zu tun, *was zur Milterung der betrangten Unterthanen raichen mocht*. Angeblich

Bauern mit der Bundschuhfahne nehmen einen Ritter gefangen. Holzschnitt des „Petrarcameisters" aus dem ersten Drittel des 16. Jahrhunderts

hielten sogar die Hauptleute dieses Haufens nach dessen teilweiser Auflösung unbehelligt Versammlungen in Hall ab.

Erst als die Niederlage der württembergischen Bauern gegen die Truppen des Schwäbischen Bundes bekannt wurde, ging Schwäbisch Hall zu einer härteren Gangart über. Mitte Mai wagte man einen Vorstoß nach Oberrot. Mit der Hilfe von 600 Landsknechten, die am 20. Mai 1525 einmarschierten, erzwang der Rat dann unter Androhung schwerer Strafen die Unterwerfung seiner Untertanen. Tausende schworen vor dem Riedener Tor dem Rat erneut die Treue. Ein Angriff auf in Bühlertann liegende Teile des Gaildorfer Haufens stieß ins Leere. Lediglich der Ort wurde gründlich geplündert. Nach der sarkastischen Schilderung des Stadtschreibers Hermann Hoffmann führte diese Aktion vor allem zu Querelen unter den siegreichen Truppen und ihren Führern. Sie stritten sich über das Kommando, die Beute und den anschließend verteilten Wein, so dass *also ein Gezenke darob warde, das sie zu oftermale ainander darob schlugen.*

Da sich die Reichsstadt als einzige Herrschaft der Region gegen die Bauern behauptet hatte, erhielt sie am 17. Juni 1525 von Kaiser Karl V. den Auftrag, *alle abgefallen und auffrurischen Paurschafften* der Umgebung zu unterwerfen. In der Folge verfolgte Schwäbisch Hall Bauernführer, nahm die Unterwerfungen von geistlichen und weltlichen Herren entgegen, die sich mit den Bauern geeinigt hatten, zog Waffen ein und erhob eine Strafsteuer nicht nur im eigenen Territorium, sondern auch in benachbarten Gebieten, was man im Rat für *ein gar gross, loblich, erlich*

Johannes Brenz mahnt zur Milde gegen die besiegten Bauern – aus einem Schreiben an den Schwäbisch Haller Rat (Juni 1525)

Johannes Brenz hatte den Aufstand der Bauern und seine Begründung eindeutig abgelehnt und die Obrigkeiten zum Widerstand aufgefordert. Nach der Niederschlagung des Aufstandes setzte er sich ebenso entschieden für ein mildes Vorgehen gegen die Aufständischen ein. Angespielt wird in diesem Schreiben neben biblischen Vorbildern wie dem Auszug der Israeliten aus Ägypten und der Revolte Absaloms gegen König David auf die Raubzüge gegen Oberrot und Bühlertann sowie – mit dem „Auflauf" – auf die Zwietracht 1510–1512.

... Es ist leider viel zu wahr, das auf der Untertan Seiten hoch missgehandelt und weder göttliches noch billiges, wiewohl das Geschrei von göttlicher Gerechtigkeit groß genug war, vorgenommen. So ist doch nicht dagegen der Gewalt, euch als einer Obrigkeit wiederum aus Gnaden Gottes verliehen, ohne Furcht des strengen Urteils Gottes zu üben, auf dass nicht Obrigkeit werde, wie Untertan gewesen ist. Denn als Gott eine kleine Weile, freilich nicht ohne sonderlichen Rat, dem Untertan das Schwert zu führen zugesehen, hat jedermann wohl erlernt, wie das so unglimpflich, mutwillig und ohne alle Furcht Gottes geschehen ist. Wenn nun die Obrigkeit das Schwert wollte führen Puff um Puff, Streich um Streich geben, ging es wohl hin unter den Heiden... Wie wollte man aber das in die Länge vor Gott verantworten? ... Wir lesen von dem göttlichen, herrlichen König David ..., als sein eigener Sohn Absalom einen Aufruhr wider ihn macht und das ganze Volk Israel von ihm abwendete, ihm nachzufolgen, das der David des Reichs war vertrieben ... sucht [er] Hilfe bei Gott... Da er aber wieder aus Gnaden ward eingesetzt in das Reich, gedachte er an die Gnade, die ihm bewiesen. Und als seine Räte wollten fast [= hart] strafen die Aufrührer, [begnadigte er alle]. Also ist es mir unzweifelhaft, Eure Ehrsamen haben in der Not den rechten Nothelfer angelaufen. Dieweil er aus der Not geholfen, warum wollt ihr so bald der Hilfe und Gnade, euch bewiesen, vergessen und nicht danksagen wie David mit Verzeihung der Untertanen? ... Dieweil also

Dinge hielt, zumal sich damit die Hoffnung auf zusätzliche Einnahmen verband. Die Bauern hatten zur Strafe ihrer *Freveln und mutwilligen Ungehorsame* pro Herdstätte sechs Gulden zu zahlen, eine erhebliche Summe.

Währenddessen war eine ganze Reihe von „Aufrührern" verhaftet und in den Verhören teils hart gefoltert worden; der Sichelschmied Michel Kling etwa bat schließlich, man solle ihm doch *den Kopff abhauen, wolts vil lieber dann die Marter leiden*. Am 23. Juni ließ der Rat fünf Männer enthaupten, am 5. Juli folgten drei weitere Exekutionen. Als letzter starb am 18. November ein der *Verräterey* schuldiger Haller Bürger. Zu den Hinrichtungen kamen einige Verstümmelungen und Brandmarkungen, Landesverweisungen sowie kurze Haftstrafen. Der Rat setzte sich über Mahnungen von Johannes Brenz hinweg, der Milde gegenüber den Bauern forderte und mit ätzender Schärfe Kritik an zusätzlichen Strafsteuern übte. Der Reformator scheint hier weniger bewirkt zu haben als z. B. bei den Adligen des Kraichgaus.

Angesichts der andernorts verübten Gräueltaten ist das Haller Land glimpflich durch diesen Konflikt gekommen – ein Bauer äußerte denn auch 1526, es sei *gut, das die von Hall die Bauren heten verjagt, dann wo es nit geschehen, were dis Lannd jetzo schon verderbt*. Als wohl bedeutendste Folge des Bauernkriegs lässt sich auch im hällischen Territorium die „Versteinerung" der Grundherrschaft feststellen. Der Schock des Aufstands bewirkte, dass die Agrarverfassung von 1525 bis 1848 im wesentlichen unverändert blieb – in gewisser Weise also ein langfristiger Sieg der Bauern trotz ihrer Niederlage.

---

der Herr schon wiederum das Volk in die Hand hat geben, will man christlich fahren, so muss alle Unbarmherzigkeit aus sein. Denn kann er eine Obrigkeit aufrichten, er kann sie auch stürzen. Die Obrigkeit sitzt nicht an ihrer eigenen Statt, sondern anstatt Gottes. ... Demnach, ehrsame und weise Herren, steht eine große Sorge auch jetzt darauf, dass wo die Obrigkeit nicht allein in die vorigen Beschwerden kein Einsehens tue, sondern mehr Strafe und Plage den Untertanen auflege, werde es zuletzt... über ihren eigenen Hals geraten. ... In kurz vergangenen Jahren ist allhier in der Stadt ein Auflauf gewesen, daran die Bürgerschaft ein wenig gelernt und bestätigt ist worden, frei zu handeln ohne Furcht der Obrigkeit, und zu dieser Zeit kürzlich zu Tann und Oberrot zweimal gebeyst [= bestätigt] ist worden. Wie wenn sie die Verachtung und Plündern schon gelernt hätten und zum dritten Mal ihre Kunst an der Obrigkeit bewährten, ob sie die Kunst recht könnten?

Nicht sage ich dies, das ich's allhier in dieser Stadt besorge, ich vertraue gemeiner Bürgerschaft besseres zu, sondern ich wollte gern vor zukünftigem Zorn Gottes bewahren und dass man allweg das Ende betrachtet. Die Bauern haben ihre Ende auch nicht gesehen, darum sind sie mit Stiefeln und Sporn in ihre Händel gefallen, aber wie es ein Ende nimmt mit ihnen, das sieht man wohl. Wann nun die Obrigkeit gleichermaßen das Ende nicht würde betrachten in ihrem Strafen und fiel darein, wie die Untertanen haben getan, was sollte es für ein anderes Ende nehmen dann wie der Untertanen Mutwille? Und wie, wenn Gott noch auf diesen Tag so seltsam wäre, als er zu der Zeit Pharaonis gewesen ist, das er wohl zum ersten zusehe, bis die Bauern auf das letzte würden geplagt, wie er Pharaoni zusah, bis er die Israeliten hart plagt ihres Aufruhrs halben und endlich ein Rotes Meer vorstellt, dass die Obrigkeit muss austrinken? ...

Also auch jetzt haben die Untertanen nicht allein gesündigt, die Obrigkeit liegt auch zum teil fast [= sehr] in diesem Spital krank, sie hat auch nicht allweg Seide gesponnen. ... Darum, ehrsame und weise Herren, ... bitte ich euch untertänigst, Eure Ehrsamen wollen forthin dieselbe Gnade auch den Untertanen beweisen, das sie merken, wie sie an euch nicht Wölfe (wie manche Herrschaft), sondern Hirten und Väter haben...

Porträt einer Dame – Sibilla Egen

Ausschnitt aus dem eigenhändigen Testament der Sibilla Egen von 1535

Als Sibilla Egen 1538 in Schwäbisch Hall starb, war sie von einem Kreis von Verwandten, Bekannten, Nachbarn und Dienstboten umgeben, von denen sie viele ihr Leben lang begleitet hatten – zumindest soweit sie es in Hall verbracht hatte.

Sibilla stammte aus Dinkelsbühl, wo sie um 1470 geboren wurde. Ihr Vater Hans Egen war einer der herausragenden Politiker seiner Heimatstadt, der vor allem auch im Schwäbischen Städtebund eine wichtige Rolle spielte. Ihre Mutter Barbara Langenmantel gehörte zu einer bedeutenden Ulmer Adelsfamilie. Sibilla durfte sie kaum gekannt haben, denn Barbara starb 1471, als Sibilla vielleicht noch ein Baby, höchstens aber ein kleines Kind war.

Sie wuchs im Verband mit einigen Geschwistern auf: Den Brüdern Jeremias, Hans und Daniel sowie ihrer Schwester Hilaria. Ob weitere, vor Erreichen des Erwachsenenalters verstorbene Geschwister vorhanden waren, lässt sich nicht mehr sagen. Besonders eng war ihr Leben lang ihre Verbindung mit dem Bruder Jeremias, der Geistlicher wurde, eine Zeitlang Kaplan in Hall war und es bis zum Chorherrn in Eichstätt brachte, obwohl er ziemlich faul gewesen zu sein scheint. Auch der Bruder Hans wurde Priester, allerdings in Oberschwaben und damit relativ weit weg. Schwester Hilaria trat in einen Konvent in Neuburg (an der Donau?) ein, 1538 amtierte sie dort als Äbtissin. Am wenigsten Liebe empfanden Sibilla und Jeremias für ihren Bruder Daniel, den beide, zu verschiedenen, durch Jahre voneinander getrennten Zeitpunkten als ungeraten bezeichneten. Was sich Daniel zu Schulden kommen ließ, wird nicht deutlich. Zum Ausgleich wuchs Daniels Tochter Katharina, die von Sibilla stets entsprechend dem Zeitgebrauch als

Bäsle tituliert wurde, obwohl sie nach heutiger Terminologie ihre Nichte war, bei ihr im Haushalt auf. Katharina wurde von Sibilla reich bedacht und heiratete schließlich – aufgrund der Erbschaft von ihrer Tante – in eine der führenden Haller Familien ein. Die weiteren Kinder Daniels hielten ebenfalls Kontakt zur Haller Verwandtschaft, auch wenn er weniger eng war als der Katharinas. Maria verheiratete sich in Dinkelsbühl, Hans amtierte als Hofmeister der Grafen von Montfort am Bodensee.

Wie es noch lange üblich war, beschränkte sich die Verwandtschaft nicht auf die Kernfamilie, sondern bezog auch Vettern und Cousinen selbst weit entfernterer Grade ein. Als Sibilla 1493 nach Schwäbisch Hall kam und den Stadtadligen Hans von Rinderbach heiratete, ehelichte sich auch dessen weitläufige Verwandtschaft, die aus Brüdern – wie Ulrich und Mathis von Rinderbach –, deren Frauen, Schwestern – wie Barbara und Margaretha –, deren Männern – wie Hans von Morstein und Gilg Senft – bestand. Der Rinderbachische Clan lebte in einem weitläufigen und verschachtelten Gebäudekomplex an der Schuppach bzw. am Fischmarkt. Schrittweise bereinigten Hans und Sibilla von Rinderbach das Wirrwarr konkurrierender Besitzrechte und kauften die Anteile der Brüder und Schwäger auf.

Hans und Sibilla hatten nur ein Kind, zumindest nur eines, das den Tod seines Vaters im Jahr 1500 überlebte: Der Sohn Mathis von Rinderbach war wie seine Mutter schon als kleines Kind Halbwaise geworden. Er wurde allerdings nicht erwachsen, möglicherweise starb er um 1509. Denn in diesem Jahr gab seine Mutter ihren Wohnsitz im Rinderbachischen Haus auf, wohnte einige Jahre zur Miete, bevor sie sich am alten Schuhmarkt niederließ.

Nach diesem Schicksalsschlag war Sibilla um so stärker auf die weitere Verwandtschaft verwiesen, zu denen die Schletz und die Senft, die Nagel, die Roßdorff und die Morstein zählten, alles stadtadlige Familien, die in diesen Jahren verzweifelt versuchten, ihren Anteil an der Macht in Schwäbisch Hall festzuhalten, der ihnen aufgrund demographischer Zufälle – wie bei Sibilla und Hans: Ehen ohne überlebende Erben – und wirtschaftlicher Veränderungen zu entgleiten drohte.

Zum Umkreis der Sibilla Egen gehörten schließlich einige hochqualifizierte Nichtadlige, die für sie wichtige Dienstleistungen erbrachten: Dazu gehörten z. B. Georg Widman, ihr Notar, der Stadtschreiber Bertold Nüttel und der Unterschreiber in der städtischen Kanzlei Hermann Hoffmann, die ihr sicherlich bei Rechtsgeschäften halfen; dazu zählte auch ihr Beichtvater *Herr Lorenz* und *Bruder Jos Freitag*, ein Mönch aus Murrhardt, die ihr für das Heil ihrer Seele wichtig waren; dazu rechnete schließlich auch *Palina*, eine Schwester aus dem Schwesternhaus im Nonnenhof, die ihr in Krankheiten zur Seite stand.

Schließlich und endlich unterhielt Sibilla Kontakte zu einfachen Bürgern und Bürgerinnen bzw. deren Kindern, die für sie und ihre Verwandten als Mägde und Handwerker arbeiteten, sowie zu Bauern auf dem Land, die Sibillas Grundbesitz bearbeiteten. Beispielhaft sind hier zu erwähnen der Schuhmacher Joß Ludwig, Mathis Weißgerbers Tochter, die als Magd bei ihr arbeitete, oder Jörg Rudolff, ihr Bauer in Hagenbach.

Sibilla hatte einiges an Grundbesitz von Mann und Sohn geerbt, anderes im Laufe ihres Lebens selbst erworben. Sibilla Egen besaß Höfe in den Dörfern des Haller Landgebiets: 1503 führte sie mit dem Inhaber des Erbes eines Hofes in Bibersfeld einen Prozess wegen der Abgabe von Käselaiben; ein Hof in Tüngental wurde 1507 an das Spital verkauft; der Erbbesitzer eines Hofes in Erlach nahm 1514 einen Kredit auf, dem Sibilla als Besitzerin des Eigens zustimmen musste; am Hof des Leonhard Clainer zu Hagenbach gehörte Sibilla nicht nur das Eigen, sondern sie kaufte auch das Erbe; ein weiterer Hof dort war ebenfalls ihr Eigentum; 1532 wird noch ein Gut zu Heimbach erwähnt. Ein Weinberg und ein Garten vor dem „Kelkerstürlein" rundeten ihren Haller Grundbesitz ab. Schließlich besaß sie auch eine Scheune in der Gelbinger Gasse mit *etlich Vässer und Hew*.

Neben ihren Immobilien widmete sie sich Kreditgeschäften. 1515 lieh sie Werner von Stetten 150 fl, als Sicherheit diente ein Hof in Großaltdorf. Ca. 1532/1533 kaufte Sibilla Egen ein Leibgeding vom Rat in Höhe von 145 fl. 1533 hatte sie Kapitalien an die Propstei Ellwangen, das Kloster Gnadental, das Spital zu Schwäbisch Hall sowie an die Reichsstadt selbst verliehen. 1536 bekam ihr Erbbauer Jörg Rudolff zu Hagenbach 100 fl von ihr geliehen. 1538 zählten Joß Ludwig, Heinrich Schulthaiss, Joß Virnhaber, Daniel Virnhaber, Jörg Rudolff, Lienhard Mantz und das Kloster Murrhardt zu ihren größeren Schuldnern mit Beträgen zwischen 100 und 200 fl.

Teilweise fungierte sie auch als Verwahrerin von Depositen: 1528 z. B. hatte der Bürger Ludwig Lutz 40 fl bei ihr hinterlegt. Cordula Senft hatte ein Anlehen gegen einen Versatz bei ihr aufgenommen. Sibilla war also offenkundig auch als Pfandleiherin tätig – zumindest für ihre Verwandtschaft, teilweise aber auch darüber hinaus: 1538 hatte sie der *Schneckenbachin* wie Hans Wetzels Hausfrau auf Pfänder Geld geliehen.

Sie achtete auf den Zinssatz, denn als sie 1533 dem Rat 300 fl überließ, schrieb sie vor, dass diese bei nächster Gelegenheit mit 5 % angelegt werden sollten, obwohl sie zur Zeit vom Rat nur mit 4 % verzinst wurden.

Ihr Verhältnis zum Geld lässt sich nur als nüchtern und „modern" beschreiben. Viel mittelalterliche Scheu vor Zinsen und Wucher, Skrupel angesichts der theologischen Autoritäten der Scholastik so ekelhaften Vermehrung von Geld durch Geld befielen sie offensichtlich nicht.

Das Steuervermögen Sibillas und ihrer Ehemänner bewegte sich zwischen 3.000 fl 1495 über 4.000 fl beim Tod ihres ersten Mannes 1500 auf 5.200 fl 1517 vor ihrer zweiten Eheschließung zu 6.200 fl 1531 bei der zweiten Witwenschaft und 6.300 fl 1538 beim Tod. D. h. im großen und ganzen wuchs es kontinuierlich an, ob Sibilla nun verheiratet war oder nicht. Erstaunlicherweise erfolgte 1518 kein Zuwachs, Anton Hofmeister scheint nichts mit in die Ehe gebracht zu haben (zumindest nichts, was in Hall der Vermögensteuer unterlag). Sibilla scheint ihr Vermögen mit großem Erfolg selber verwaltet zu haben. Voraussetzung dafür war, dass sie Lesen, Schreiben und Rechnen konnte, wobei ihre Schreibfähigkeiten nicht auf das Leisten von Unterschriften beschränkt blieben, wie ihr viele Seiten füllendes eigenhändiges Testament von 1535 erkennen lässt.

Ihr Haushalt war – entsprechend ihrem Vermögen – gut ausgestattet. Sie verfügte über Schmuck, repräsentative Kleidung und teures Mobiliar, allerdings auch über die üblichen Agrarvorräte, die für einen Haushalt des 16. Jahrhunderts notwendig waren und die landwirtschaftliche Einbindung auch der meisten städtischen Haushalte erkennen lassen.

Dass die Moderne aber nur einen Teil ihres Wesens ausmachte, zeigt sich an ihren Stiftungen, an ihrem Gesellschaftsbild und ihrer Haltung zur Reformation, die seit 1522 in Hall mit Johannes Brenz Einzug hielt und triumphierte. 1517 hatte Sibilla Egen ein zweites Mal geheiratet und einen nochmaligen Neuanfang ihres Lebens gewagt, der sich auch in ihrer Rückkehr in das Rinderbachische Haus am Fischmarkt ausdrückte, das erst jetzt zum Sibilla-Egen-Haus wurde. Dieser zweite Ehemann, Anton Hofmeister aus Wimpfen, der mehr als zwanzig Jahre jünger war als sie selbst, machte schnell Karriere in Schwäbisch Hall, wurde Ratsherr und Stättmeister. Sibilla Egen nahm als seine Frau eine noch herausgehobenere Position in der Stadt ein, als dies während ihrer Witwenzeit der Fall gewesen war. Dass die Ehe und die Stellung der beiden Ehegatten zueinander und zur Politik der Stadt Probleme mit sich brachte, wurde nach Hofmeisters Tod 1531 deutlich.

So man weiland Anthonien Hofmaisters sailigen gelassen Witwen vorhabendi Stifftung im Grund ersicht, befind man solich ainem erbarnn Rathe aus hernachröhrenden Ursachen anzunemen beschwerlich ... Dem Rat der Reichsstadt Schwäbisch Hall war von Sibilla 1531 eine Stiftung angeboten worden. Deren Annahme schien dem Rat aber problematisch. Dieses eigenartige Verhalten einem doch außerordentlich großzügigen Angebot gegenüber – immerhin sollten der Stadt beinahe 600 fl zukommen – erklärt sich, wenn man die Bedingungen betrachtet, unter denen Sibilla stiften wollte. Zum einen reichte dem Rat das Kapital nicht aus. Aus dem Ertrag sollte ein jährliches Stipendium von 31 fl bezahlt werden, was bei 4 % Zinsen (mit denen der Rat rechnete) ein Stiftungskapital von 775 fl erfordert hätte, also deutlich mehr als die angebotenen 590 fl. Zum anderen wollte die Witwe zeit ihres Lebens die Zinsen selbst genießen und erst nach ihrem Tod das Geld gemeinnützig verwenden lassen. Drittens stand ein Teil des Kapitals als Kredite in Ellwangen und Murrhardt und war wohl nur schwer einzutreiben. *Am vier[ten] und am allermaisten ist ainem erbarn Rath beschwerlich, das durch ir Bewilligung dieser Stiftung die Meß, so durch sie als ain cristenliche Oberkhait aus Bericht des hailigen Evangeliums als ain unerkande und Wiedergottesdienst abgestellt, wiederuemen aufgrecht wurde, welches dan, so es geschach, nit ain geringen Abfall und Ergernus in der cristenlichen Gemain alhie gebern ...*, d. h. die Annahme der Stiftung war mit Wiederaufrichtung der katholischen Messe verbunden, die vom protestantischen Rat erst wenig vorher abgeschafft worden war, was zu Schwierigkeiten in der städtischen Gemeinde führen würde. Auch der Außenpolitik der Stadt würde Schaden nehmen. Schließlich würden alle diejenigen, die dem Evangelium zuwider waren, einen Anlass haben, um in Spott und Schmähworte auszubrechen: Die Haller hätten die Messe nicht aus religiösen

Das ehemalige Haus der Sibilla Egen mit Illumination zur Zweihundertjahrfeier der Reformation 1717. Es wurde beim Stadtbrand von 1728 zerstört. Die noch vorhandenen Keller deuten an, dass es sich ursprünglich um eine burgartige Anlage, wohl einen Wohnturm, gehandelt hat.

Gründen abgeschafft, sondern aus Eigennutz und würden sie durch diese Stiftung auch noch schützen. Fünftens sei die Beitreibung der Gülten beschwerlich, zumal voraussichtlich einige der Erben Einspruch erheben würden. Sechstens solle das Stipendium nur einem von den alten Geschlechtern gegeben werden, was die übrigen, genauso tauglichen Bürgersöhne vom Nutzen der Stiftung ausschließe. Neben einer Reihe praktischer Gründe standen sich hier also zwei völlig verschiedene Gesellschaftsbilder gegenüber: Die stiftende Witwe verlangte die Wiederherstellung der katholischen Messe und die Reservierung des Stiftungsertrags für die Nachkommen des Stadtadels, der Rat – der evangelischen Bewegung verpflichtet und nicht-adlig – lehnte beides ab.

Ihr verstorbener Mann, der Stättmeister Anton Hofmeister, war einer der am engsten mit der Reformation verbundenen Männer des Haller Rats, dem der Reformator Johannes Brenz 1525 seine Schrift „Vom Gehorsam der Untertanen gegen ihre Obrigkeit" gewidmet hatte. Seine Frau aber scheint davon unberührt geblieben zu sein: Sie empfahl drei Wochen nach seinem Tod ihre Seele der Jungfrau Maria und der gesamten himmlischen Hierarchie.

In einem Testamentsentwurf von 1532, der sicherlich während ihrer Verhandlungen mit dem Rat über die Annahme der Stiftungen entstanden ist, schildert sie sogar dezidiert ihre eigene Stellung (die Passage wurden später durchgestrichen, ist also schwer lesbar): *Nachdem unnd auch alhie unnd bey andern vilen Reichsstennd die Meß abgethonn unnd ich unnd mein vorgemellter lieber Brueder sailiger in erster unnserer Stifftung ettlich Meß nit anderst dann das Got der Almechtig unsers Wissens damit gelobt werden solte unnd die armen gefanngenen Selen im Fegfeur unnsers Erachtenns erledigt werdenn sollte, nach unnserer beder Absterbenn uffgericht unnd gehalltenn werdenn solten, welcher auch Voltzihung unnd noch zur Zeit kein Enderung bescheen solle. Unnd wo dann in ainem gemainen kunftigen Concili, Nationallversamlung oder durch die Stend des Reichs oder ainstails der selbigenn Stennd die angetzaigt Meß abgethonn oder bey ettlichenn bisanher cristenlich abgestellt sein, erkanndt wurde, so solle solich Gellt, so zu Erhalltung obgemellter zwaier Meß durch ainen Erbern Rath in ain anndere cristennlichere und gotgefellige Ausgab gewenndt werdenn.* D. h. Sibilla Egen bestand 1532 auf der Abhaltung der Seelenmessen für sie und ihren Bruder, eine Änderung sollte erst erfolgen, wenn ein Konzil entsprechende Änderungen beschlossen hatte. Deutlicher ließ sich zu diesem Zeitpunkt die Distanz zur protestantischen Politik des Rates und Johannes Brenz´ nicht mehr machen!

Ihre altkirchliche Frömmigkeit lässt sich auch an Gegenständen wie einem hölzernen Jesuskindlein mit Kleidung, das 1535 an ihre Schwester Hilaria, 1538 aber an ihr *Bäsle* Katharina Egen gehen sollte, Paternostern und einem Objekt, das Sibilla als *mustatuns* schreibt und bei dem es sich vielleicht um eine mit Silber beschlagene Monstranz handeln könnte, festmachen. Letzteres vermachte sie 1535 dem Kloster Murrhardt (sofern der Herzog von Württemberg den Mönchen nicht ihr Silber wegnähme), 1538 ihrem Bruder Hans, dem Pfarrer, nachdem der Herzog das Kloster enteignet hatte.

Die früheste Stiftung Sibillas ging auf das Testament ihres Bruders Jeremias zurück. Beide Geschwister zusammen stifteten 1509 eine ewige Messe in der Schuppachkapelle. Im Jahr der Messstiftung folgte noch eine Studienstiftung: Jeremias wollte dem Sohn eines Stadtadligen aus Hall, der Jura studieren wollte, jährlich 31 fl geben. Die Dauer des Stipendiums betrug acht Jahre. Die Auswahl des Studenten sollte zunächst Sibilla Egen übernehmen, später dann der Rat. Daran lässt sich immerhin erkennen, welches Vertrauen Jeremias in die intellektuellen und sozialen Fähigkeiten seiner Schwester hatte: Sollte sie doch immerhin einen Jurastudenten auswählen und milde überwachen, obwohl Frauen noch für Jahrhunderte vom Besuch einer Universität ausgeschlossen waren.

Der Zeitpunkt der Stiftung ist sicherlich nicht zufällig: Gerade in dem Moment, in dem Stadtadel und sein Nachwuchs unter verstärkten Druck der Nichtadligen geraten war, versuchte Egen den Adelssprösslingen eine Ausbildung zu ermöglichen oder zu erleichtern, die sie die Konkurrenz leichter bestehen lassen und für qualifizierten Nachwuchs auf den Ratsherrenbänken sorgen würde.

1531 beharrte Sibilla – wie erzählt – noch auf dieser Stiftung. 1533 – nach offensichtlich langen und schwierigen Verhandlungen – kamen die endgültigen Stiftungen zustande. Sibilla Egen hatte sie modifiziert und erweitert. Diese bestanden mittlerweile aus 1) dem Stipendium in Höhe von 31 fl, das aber nun nicht mehr nur Stadtadligen zugute kommen sollte, sondern irgendeinem Bürgersohn aus Hall. Entsprechend einer Verzinsung von 5 % gab Sibilla 620 fl Kapital für diesen Zweck; 2) pro Jahr sollten drei fromme Jungfrauen, Gesellen oder Witwen je 12 fl Heiratsgut erhalten können; 3) jährlich sollten drei Jugendliche je 8 fl erhalten, um ein Handwerk lernen zu können; 4) zwei Hebammen in Bibersfeld oder Michelfeld bzw. Lorenzenzimmern sollten pro Jahr 8 fl erhalten und ihre Dienste den Frauen in diesen Dörfern anbieten; 5) aus dem restlichen Überschuss der Stiftung sollten Arme, Kranke und Alte verpflegt und eingekleidet werden.

Die Stiftungen der Sibilla Egen begannen schon zu ihren Lebzeiten zu funktionieren. Von 1538 – dem Jahr ihres Todes – stammt eine Urkunde, die die Übernahme des Lehrgelds für einen Jungen bestätigte. Die Listen mit den Empfängern des Stipendiums nennen Mitglieder aus reichen wie armen Familien Schwäbisch Halls, die durch die satzungsmäßigen 31 fl in ihren Studien zumindest unterstützt wurden. 1538 wurden die Erben Sibillas vom Rat abgefunden, die Übergabe der Stiftungsgelder den Testamentsvollstreckern quittiert. Die Stiftung war in die Verwaltung des Rates übergegangen.

Mit diesen Stiftungen des Jeremias und der Sibilla Egen war beider Wohltätigkeit aber noch nicht erschöpft. 1523 stiftete Sibilla zusammen mit ihrem Mann Anton Hofmeister eine Schüssel in das Reichalmosen, für die sie sich die Ernennung der Person, die die Schüssel empfangen sollte, vorbehielten. Zusätzlich zu den üblichen Nahrungsmittelgaben auf dem Kirchhof von St. Michael sollte der oder die Arme noch eine halbe Maß Wein bekommen. Auch vorher gab es schon Stiftungen der Sibilla Egen zugunsten des Reichalmosens, die 1494, 1501 und 1505 (oder 1500) stattgefunden haben sollen. Was übergeben wurde, ist allerdings nicht spezifiziert. Nach 1500, aber noch zu Lebzeiten ihres Sohnes Mathis, übergab Sibilla dem Reichalmosen die Nutznießung an der Hälfte des großen und kleinen Zehnts zu Büchelberg und der Hälfte des großen und kleinen Zehnts zu Ziegelbronn, wobei Mathis bei seiner Volljährigkeit die Verfügung über diese Zehnten vorbehalten wurde. Diese Stiftung wurde nicht realisiert, oder nach dem Vermerk des Schreibers: *ist nichts darauß worden*, wahrscheinlich wegen des frühen Tods von Mathis. Ebenfalls aus der Zeit vor ihrer Wiederheirat stammte die Stiftung einer wöchentlichen Messe in der Spitalkirche, die 1529 in eine Armenstiftung verwandelt wurde. Eigenartig – aber im Licht der später deutlich werdenden Haltung Sibillas – sind zum einen die vorsichtigen Formulierungen („scheint", „hoffentlich", „angesehen wird"), zum anderen die Tatsache, dass die Stifterin selbst die Veränderung der Stiftung in die Hand nimmt. Messen wurden in der Spitalkirche 1529 wahrscheinlich schon seit einigen Jahren keine mehr gehalten, die Stiftungsgelder wurden längerfristig für die Besoldung der neuen evangelischen Pfarrer und Schulmeister umgewidmet. Durch das Eingreifen Sibilla Egens wurde letzteres verhindert, die Verwendung der Stiftungsgelder nicht der Obrigkeit überlassen, sondern einem Zweck zugeführt, den die Stifterin selber bestimmte und der in der Tradition des Spätmittelalters stand. Die Brotdeputate der Armen wurden lediglich aufgestockt, auch das Taschengeld zu vier Terminen im Jahr wich nicht von der seit Jahrhunderten gebräuchlichen Stiftungspraxis ab.

Der Rat, der nach dem Tod Sibillas die Stiftungsgelder verwaltete, die Stipendien vergab und die Armenspeisungen zu organisieren hatte, tat sich nicht leicht. 1670 versuchte der Rat, Ordnung in die Stiftungen zu bringen und ließ sich ein Gutachten über die stiftungsmäßige und die tatsächliche Verwendung der Gelder erstatten. Beides wich voneinander ab, sollte aber in Zukunft in Übereinstimmung gebracht werden. Mittlerweile hatte es vor allem die Familie Sanwald verstanden, sich die Studienstiftung anzueignen und für die Finanzierung des Studiums ihrer Söhne zu

Grabstein der Sibilla Egen in St. Michael

nutzen. Sie behaupteten, von Margaretha von Rinderbach abzustammen (was den Tatsachen entsprach) und dass die Stiftung der Sibilla Egen den Nachkommen der Rinderbach vorbehalten sei (was frei erfunden war).

1675 verfügte die Sibilla-Egen-Stiftung über ein Kapital von über 12.000 fl, deren Ertrag für das Stipendium, Lehr- und Schulgelder, das Gehalt einer Hebamme in Großaltdorf, die Unterstützung von drei Kindbetterinnen und Hilfen für arme Kranke verwendet wurden. In letztere Kategorie fielen z. B. Anna Magdalena Mack, die ein Bein gebrochen hatte und 4 fl bekam, und Barbara Krebs, deren Sohn als wahnsinnig galt und in Ketten gelegt worden war. In der letzten Rechnung der Egin-Stiftungspflege belief sich das Kapital noch immer auf ca. 12.000 fl, der Ertrag wurde im wesentlichen für Lehr- und Schulgelder verwendet. Im 19. Jahrhundert wurden die Gelder von der allgemeinen Stiftungsverwaltung übernommen. Mit der Inflation im und nach dem Ersten Weltkrieg endete die Sibilla-Egen-Stiftung.

Mit weniger globalen Veränderungen war Sibilla Egen zu Lebzeiten fertig geworden. Sie hatte sich durch ihre Stiftungen in der zunehmend protestantischeren Stadt ein Denkmal gesetzt und dafür einige Kompromisse eingehen müssen. Aber noch auf ihrem Grabmal ließ sie sich mit einem Rosenkranz in den Händen abbilden.

Ein „Lustgart der Kirchen Christi": das Bildungswesen der Stadt

Eine Schulszene als Dekoration auf einer Flurkarte von 1700

Bildung wurde ab dem 16. Jahrhundert zu einem wichtigen Thema für die Obrigkeiten und die Bürger. M*an hat bald Land uberkomen, rechtgeschaffen Lewd seyen nit bald zu uberkomen. Wil man nu Lewt haben, muß man warlich sie selbs auffziehen, die Fremden werden es nicht thon.* Geschickte und redliche Bürger wüchsen nicht auf Bäumen, sie müssten erzogen werden. Besser als Mauern seien gute Bürger für den Fortbestand eines Gemeinwesens. Diese Zitate stammen aus dem Gutachten, das Johannes Brenz Ende 1526/Anfang 1527 für den Rat verfasste und in dem er nicht nur die zukünftige Ordnung der evangelischen Kirche von Schwäbisch Hall, sondern auch die Einrichtung eines protestantischen Bildungswesens thematisierte. Die Formierung eines Gemeinwesens über Bildung wurde zu einem protestantischen Anliegen. Mit Interessen der Wirtschaft an gut ausgebildeten Arbeitskräften oder der Absicht von Familien, ihren sozialen Status durch Schulbildung und Studium zu verbessern oder zu erhalten, hatte dieser neue Akzent auf Bildung daher primär nichts zu tun.

Das Spätmittelalter hatte vorgearbeitet. Allerdings lag in der mittelalterlichen Stadt die Betonung auf den Karrieremöglichkeiten durch Erwerb von Bildungsqualifikationen, wie das Johannes Brenz schon deutlich machte: Man habe wohl auch seither Kinder in die Schule geschickt, aber nicht der „Zucht und Kunst" halber, sondern damit sie Geistliche werden und Pfründen erhalten könnten.

Schulmeister bei St. Michael lassen sich seit 1344 nachweisen: Sie werden bei Jahrtagsstiftungen genannt, da sie im Rahmen der Seelenmessen Aufgaben übernahmen (neben den Priestern und Mietherren). Namentlich bekannt ist als erster Schulmeister Conrad Gieggenbach 1385, der in Paris studiert hatte. Im 15. Jahrhundert sind Johannes Benner und Johannes Lindauer als Schulrektoren belegt. 1456 und 1459 erwähnen zwei Urkunden den Schulmeister Erhard Bild, 1462 erscheinen mit Nicolaus Zugel und Jakob Sessler zwei städtische „Schulpfleger", wobei sich zu Aufgaben dieses Amtes keine Angaben machen lassen. Schließlich beglaubigte 1465 ein Notar in der Schule zwei Urkunden. Als Zeugen dienten der Baccalareus der freien Künste, Jörg von Bühlertann, bei dem es sich um den Schulmeister handeln könnte, Bartholomäus Wunhart und Jakob Sessler, die möglicherweise die „Schulpfleger" waren. Fazit: Angebunden an die Michaelskirche existierte seit dem 14. Jahrhundert eine Schule in Schwäbisch Hall, in der wohl vorzugsweise an der geistlichen Laufbahn interessierten Jungen Latein gelehrt wurde. 1465 gab es zudem ein spezialisiertes Gebäude, in dem dieser Unterricht stattfand. St. Katharina dagegen scheint bildungsfrei gewesen zu sein: Dort ist kein Schulmeister belegt.

Parallel zu diesen Bemühungen bei der Pfarrei unterrichteten auch die Franziskaner in ihrem Kloster: 1399 werden die Schüler im Kloster erstmals erwähnt. Sie erscheinen immer mal wieder mit größeren Unterbrechungen bis 1477 in den Urkunden, zuletzt nicht mehr als „Schüler", sondern als „Knaben" tituliert. Ob es sich bei diesen Kindern und Jugendlichen tatsächlich um externe Schüler handelt oder eher um die Novizen des Klosters, muss wiederum offen bleiben.

Sichereren Boden betreten wir erst Ende des 15. Jahrhunderts und zu Beginn des 16. Jahrhunderts, als zwei Anstellungsverträge mit Schulmeistern überliefert sind. Thomas Ruscher wurde 1471 bei der Stadt angestellt, Bartholomäus Stich 1513. Während Ruscher nur seine Annahme als Schulmeister bestätigte, lieferte Stich eine detaillierte Beschreibung seiner Aufgaben (die weiterhin stark im religiösen Bereich lagen) und seiner Besoldung. Er nahm seine Wohnung im Schulhaus, in dem er sich auch um Öfen und Fenster zu kümmern hatte. Außerdem verwahrte er den Schlüssel zur „liberey", also zur Bibliothek, aus der er keine Bücher entnehmen oder ausleihen durfte. Das Schulgebäude war wahrscheinlich schon der Vorgängerbau der späteren Lateinschule, das Classgebäude bei St. Michael. Eine Gebührenordnung aus den Jahren um 1520 legte nochmals die Tarife fest.

Bartholomäus Stich schrieb ca. 1514 eine Schulordnung nieder, die erstmals Inhalte des Lehrbetriebs erkennen lässt. Vier Klassen wurden unterschieden, deren Pensum vom Elementarunterricht in Klasse I bis zur Aristoteles-Lektüre in Klasse IV reichte. Lateinisch zu sprechen, war strengstes Gebot. Das Lernen des Kalenders und Singen rundeten den Unterricht ab. Stich hatte sich, was die Inhalte angeht, schon vom mittelalterlichen Unterrichtsbetrieb gelöst: Vor allem die Cicero-Lektüre und das Lernen in Gruppen deuten seine Zugehörigkeit zum Humanismus an. Stich blieb allerdings nur kurz in Hall, 1515 war er in Memmingen, 1521 in Kempten.

Die Schulmeister unterrichteten nicht nur Haller Kinder: Sie hatten auch Zulauf von außerhalb. 1486 schrieb der Rat dem Schulmeister vor, er solle nicht mehr als acht fremde Schüler behalten, die anderen solle er „wegschieben". Dagegen protestierte der Schulmeister und der Rat gestand ihm bis Ostern 14 auswärtige Schüler zu, danach sollte er sich erneut an den Rat wenden. Die Schulmeister wurden um 1500 nur auf ihren Paktbrief, also ihren Anstellungsvertrag, vereidigt, während die Hilfslehrer (Kantoren und Locaten) schwören mussten, dem Schulmeister gehorsam zu sein und Schaden für die Stadt zu verhindern. Sie sollten außerdem die *Schule, Chore und Knaben helffen getrewlich regieren und leren, auch sich mit Claidungen, Wortten, Wercken, Weiß und Geberden, sunder bey und vor den Schulern erberlich und von Schambarkait und Untugenden ziehen.*

Mit der Reformation ergab sich eine vergleichsweise schnelle und überraschende Änderung: Die Franziskaner resignierten und übergaben ihr Kloster dem Rat, der dort eine Schule einrichten ließ. Ab September 1525 hatte der Rat mit Georg Wolgemuth einen Procurator im Kloster eingesetzt, der für die finanzielle Abwicklung zuständig war. Als Lehrer war dort zunächst Johannes Waltz tätig, der aber mit den Aufständischen im Bauernkrieg liebäugelte. 1527 wurden Michael Taschenmacher, Joß Müller, Endres Hartmann und Johann Schmel beim Schulmeister in die Kost gegeben. Bei diesen handelt es sich wohl um die letzten Schüler der Schule im Franziskanerkloster, die jetzt mit der städtischen Lateinschule verschmolzen wurde. Als Schulmeister amtierte zu diesem Zeitpunkt schon Johannes Regulus aus Villingen, dem ab 1527 als Lehrer der dritten Klasse Sebastian Gauch (oder Coccyus) zur Seite stand.

1533 und 1534 ergab sich ein Einschnitt: Zum einen verließ Johann Regulus Hall, um Medizin zu studieren. Coccyus wurde sein Nachfolger, während die Besetzung der zweiten und dritten Lehrerstelle in diesen Jahren unklar bleibt. Zum anderen fanden Abbrucharbeiten am Franziskanerkloster statt, die zu Rissen an den verbliebenen Gebäuden führten, so dass die Lateinschule wieder an ihre alte Stelle im Classgebäude verlegt werden musste.

1543 legte Coccyus Organisation und Lehrinhalte der Haller Lateinschule in einer Schulordnung nieder. Die Schule umfasste acht Klassen, deren Unterrichtsbetrieb in Latein stattfand: Vom Buchstabieren in der ersten Klasse bis zur Dialektik und Rhetorik in der achten. In der letzten Klasse wurde auch Griechisch unterrichtet. Einen bedeutenden Platz nahm die Musik ein, denn Lehrer wie Schüler waren der Kirche verpflichtet und gestalteten die Gottesdienste mit. Drei Lehrer hielten den Unterrichtsbetrieb aufrecht. Wenig später scheinen es dann fünf gewesen zu sein, deren Gehalt stark abgestuft war. Die Schüler mussten kein Schulgeld mehr zahlen.

Coccyus scheint schon 1546 die Schule verlassen zu haben: Er wurde kurzfristig Pfarrer in Haßfelden, immatrikulierte sich in Heidelberg, war 1549–1551 in Öhringen, bevor er eine neue dauerhafte Stellung als Erzieher des Prinzen Eberhard von Württemberg fand, die er bis zu seinem Tod 1562 bekleidete. Lehrer der ersten Klasse sind weiter überliefert, ansonsten scheint die Wirrnis der Zeiten aber auf den Schulbetrieb durchgeschlagen zu sein.

1579 erhielt die Lateinschule einen Neubau. Mit Michael Kerner, der 1557 Leiter der Schule geworden war, begann ein neuer Aufschwung ein, der sich auch unter seinen Nachfolgern Johann Weidner (1577–1594) und Johann Schneck (1594–1597) fortsetzte. In der ersten Hälfte des 17. Jahrhunderts genügte die lateinische Schule aber den gestiegenen Ansprüchen nicht mehr. Studierwillige Jugendliche mussten nebenher „Collegien" besuchen, um an den Universitäten mithalten zu können, obwohl mehr Griechisch unterrichtet wurde, als hundert Jahre früher. Sogar Rechnen wurde gegeben – von einem Lehrer der deutschen Schule und in der Mittagspause, was seinen Stellenwert für Obrigkeit und Lehrerschaft ausdrückt.

Die Schule wurde vom städtischen Magistrat genau kontrolliert: Ein eigenes Gremium – das Scholarchat – beschäftigte sich mit der Schulaufsicht, dem außer Pfarrern mehrheitlich Ratsherren und Juristen angehörten. Die Scholarchen besuchten den Unterricht und waren bei den halbjährlichen Prüfungen anwesend, wobei es nicht nur auf die Leistungen der Schüler, sondern auch auf die der Lehrer ankam.

Bei der Durchsetzung der Disziplin obwaltete oft Brutalität: 1617 hatte Präzeptor Friedrich Weinich den Sohn des Stadtarztes Dr. Johann Morhardt übel verprügelt – mit einem Stock und seinen Fäusten. Die Angelegenheit beschäftigte selbst das Scholarchat. Im gleichen Jahr wurde der gleiche Präzeptor nochmals ermahnt: Er schlage die Schüler zu häufig auf die Hände und solle sich besser beherrschen. 1643 belegte der Lehrer Joseph Rüdinger seine Schüler mit Beleidigungen: Er nannte sie *Schelm*, *Dieb* oder *Bärenhäuter*. 1671 beklagte das Scholarchat, dass die Schüler mit Feuerwerk und Raketen umgingen, mit ihren Degen auf der Gasse herumspazierten, sie gingen auch zu Tänzen und verübten Mutwillen auf der Gasse, so dass kaum eine ehrliche Frau, Tochter oder Magd unbeschimpft an ihnen vorbeikäme.

Schon während des Dreißigjährigen Krieges begannen die Überlegungen, die Lateinschule gründlich zu reformieren. Der Akzent lag zunächst auf der Entlassung als unfähig eingeschätzter Lehrer und auf der Intensivierung der Schulaufsicht. Nur zwei Pädagogen – Johann Caspar Feyerabend als Lehrer in der zweiten Klasse und Johann Jakob Hill, der 1644 von der fünften in die vierte Klasse aufrückte – überstanden die Säuberung. Neuer Rektor wurde Joseph Seitz, der sich gegen diese Aufgabe erheblich gesträubt hatte. Zu Beginn der 1650er Jahre wurden neue Fächer eingeführt (Hebräisch) und das Schulgebäude saniert. Die Schüler führten von nun an Theaterstücke auf, was ihnen offenbar auch Spaß machte: *Die Jugendt trinng starckh druff, haben Lust darzu*, hieß es einige Jahre später, als der Rektor eine Komödie darbieten lassen wollte.

Im Zuge der Reformen kam auch Johann Georg Seybold an die Schule, der von 1644 bis 1682 die dritte Klasse unterrichtete und eine ausgebreitete schriftstellerische Tätigkeit entfaltete. Er lehrte die grammatischen Regeln des Lateinischen in Deutsch und schuf zahlreiche Wörter- und Grammatikbücher. Dem Rat wurde seine Tätigkeit und die seiner Kollegen allerdings zuviel: *Sollen sie* [d. h. der Rektor und die Präzeptoren des Gymnasiums] *keine neue Bücher mehr machen one Licenz e[ines] e[hrbaren] R[ates], gehe viel Zeit hinweg.*

Die Reformbemühungen trugen schließlich Früchte: 1655 wurde die Lateinschule zum akademischen Gymnasium erhoben. Am 5. Juli 1655 fanden die Einweihungsfeierlichkeiten statt: Nach der Predigt in der Michaelskirche zogen Schüler, Scholarchen, die Ratsherren und ihre Gäste sowie die Geistlichkeit in die Schuppachkapelle, wo sie lateinische Reden zu hören bekamen. Musik beendete den Festakt, der aber am Nachmittag im „Neubau" noch eine Fortsetzung fand: Dort führten die Schüler eine lateinische *Komödie* über den Raub der Helena und den Untergang Trojas auf. Komödie bedeutet zu dieser Zeit Drama, zu lachen gab es angesichts des Themas sicher wenig.

Im Vorfeld hatte sich der Magistrat intensiv mit den finanziellen Grundlagen des neuen Schulwesens beschäftigt: *Weil nechster Tagen bey hiesiger Statt das Gymnasium eingeführt werden soll, die Schul aber an Gefällen arm undt entblößt, hingegen die Unterhaltunng der Schulbedienten ein Namhaffts erfordern will, wirdt nochmalen umbgefragt, wie Kirchen- und Schulgefäll zu vermehren und zu erhöhen* ... Die Finanzen der Stadt litten noch unter den Folgen des Dreißigjährigen Krieges, der ja erst 1648 zu Ende gegangen war. Zum Unterhalt der Schule setzte der Magistrat auf Stiftungen, was sehr erfolgreich war: Die Tafel mit den Wappen der Stifter im Chor von St. Michael umfasst 123 Personen, die zwischen 1654 und 1778 kleinere und größere Summen (insgesamt annährend 20.000 Gulden) zugunsten des höheren Bildungswesens stifteten.

Neue Fächer bereicherten fortan den Unterricht. Gelehrt wurden jetzt u. a. Philosophie, Geschichte und Politik, öffentliches Recht und Astronomie, Ethik und Geographie, Arithmetik, Theologie und Hebräisch. Französisch wurde durch eigene Sprachmeister unterrichtet. Herausragende Rektoren der folgenden Jahrzehnte waren Melchior Wenger (1669–1696), der sehr belesen war und dessen Bibliothek schließlich von der Stadt angekauft wurde, Johann Ludwig Seifferheld (1707–1716), der sich für den Talmud und das Hebräische stark interessierte, und sein Sohn Johann Friedrich Seifferheld (1739–1775), dessen Reden das Latein nochmals prunkvoll stilisierten, aber zugleich den Verlust an Bedeutung für die Bildung dokumentieren – dort dominierten jetzt die Nationalsprachen. Immerhin wurde in seiner Amtszeit das Schulgebäude wieder einmal erneuert (1764). Während des Rektorats von Philipp Jakob Leutwein (1775–1792) geriet die am Gymnasium dominierende althumanistische Gelehrsamkeit immer stärker in die Defensive: Seit 1784 wurde der Unterricht in den „Realien" (v. a. technische Fächer und Naturwissenschaften) an der Katechetenschule aufgenommen, die damit zur „Realschule" wurde. Wenig später wurden die Realien auch in den Unterricht der unteren Klassen am Gymnasium übernommen.

Ihre Grundsätze für die Reform der Schule legte die Obrigkeit 1794 nieder: *Öffentlicher Unterricht der Jugend gehört offenbar unter die wichtigste Angelegenheiten des Staats und kan daher nicht ohne die gröste Gefahr der Willkühr und der Phantasie eines jeden einzelnen Lehrers überlaßen werden. Es ist daher eine der heiligsten Pflichten derer, die das Ruder des Staats in Händen haben, dahin zu sehen, daß der Flor öffentlicher Schulen auf die gröste mögliche Weise befördert werde. Und in eben dieser Hinsicht müsen Regenten zwar allen dißfalsigen Vorschlägen Gehör geben wie zu veraltetes Gewand mit einem den Zeiten angemessenern umtauschen, aber dabey blose Speculation und ewiges Haschen nach Idealen oder zu überspannte Kunsteley nicht dulden, dann sie sind einer Seifenblase ähnlich ...* Die Religion stand nach wie vor an erster Stelle, „skeptische" Philosophie dagegen hatte zu unterbleiben: Kant war verboten. Die Lehrer hatten sich strikt an den obrigkeitlichen Lehrplan zu halten, Abweichungen sollten nicht toleriert werden. Diszipliniertes Verhalten der Schüler musste von den Lehrern in und außerhalb der Schule überwacht und durchgesetzt werden.

Mit dem letzten Rektor des alten Gymnasiums, Friedrich David Gräter (1804–1811), kamen dann die wissenschaftlichen Tendenzen des 18. Jahrhunderts auch in Hall zum Zuge. Gräter machte sich um die Erforschung der deutschen und der nordischen Altertümer verdient, was sich allerdings im Schulbetrieb kaum niedergeschlagen haben dürfte. 1811 wurde das Gymnasium aufgehoben und in eine dreiklassige Lateinschule verwandelt: Dem Königreich Württemberg schien allzu viel Bildung seiner Untertanen nicht nötig.

Die Zahl der Schüler belief sich 1673 wahrscheinlich auf 125, vorausgesetzt alle Namen wurden festgehalten. In starken Jahren kamen bis zu 40 Schüler dazu, in schwachen nur um die 10. Die meisten traten mit 9 bis 11 Jahren in die Schule ein, die wenigsten absolvierten sie allerdings bis zum Ende. Ca. 15 Prozent der Schüler des Gymnasiums kamen 1673–1811 von auswärts, wobei die Zahlen in den einzelnen Jahren stark schwanken. Das Einzugsgebiet war ziemlich groß: Die auswärtigen Schüler kamen aus Gaildorf, Langenburg und Künzelsau, Kirchberg, Backnang oder Obersontheim, selbst aus Stuttgart und Tübingen.

Lateinschule und Gymnasium wurden vom Contubernium begleitet, einer Einrichtung zugunsten armer Schüler. Schon in der Schulordnung des Bartholomäus Stich von

1514 ist von den armen Schülern die Rede, die in zwei Gruppen eingeteilt wurden und sich beim Gesang wöchentlich abzuwechseln hatten. Damit sind schon die beiden wichtigsten Aufgaben der Einrichtung angesprochen: Zum einen sollte sie armen Schülern den Erwerb höherer Bildung ermöglichen, zum anderen forderte sie als Gegenleistung die Mitwirkung an allerlei musikalischen Darbietungen, weshalb Musikalität auch zu einem wichtigen Aufnahmekriterium wurde. 1620 wurden Schüler auf dem Contubernium hauptsächlich des Gesangs wegen angenommen, weshalb sie sich dabei auch fleißig und nicht schläfrig zeigen sollten. 1621 wurde der Sohn des Baders Georg Sontag auf das Contubernium genommen, weil er *zue der Music guth ist*. 1665 wurden drei Kandidaten genötigt, vorzusingen. Alle drei wurden als zu schwach vertröstet: Sie sollten erst noch üben.

Die Schüler sangen mittlerweile aber nicht mehr nur in der Kirche, sondern übten auch den sog. Gassengesang, dessen Höhepunkt die Sternmusik um Weihnachten war. 1802/1803 dauerte sie vom 25. Dezember 1802 bis zum 12. Januar 1803 und brachte exakt 243 fl 42 Kreuzer an Spenden, die unter den armen Schülern und einigen Beamten von Stadt, Kirche und Schule aufgeteilt wurden. Am Rande wäre es nun noch interessant zu sehen, wie sich Zugehörigkeit zum Contubernium samt Gesangspflichten und Stimmbruch miteinander vertrugen. Von den Sängern von 1802/3 gehörten vier in die Altersgruppe 18 und 19, die die Pubertät sicher hinter sich hatten, sieben in die von 9 bis 13, die den Stimmbruch noch vor sich hatten, und zwei waren 14 und 15 Jahre alt. 16- und 17jährige fehlen. Das deutet auf einen späteren Beginn der Pubertät als heute hin.

Finanziert wurde das Contubernium durch Stiftungen. Die bedeutendste war die des Stättmeisters Mathias Heimberger, der aus christlichem Eifer und brüderlicher Liebe, besonders aber dem Allmächtigen zu Lob, Ehre und Dank 1598 1.000 fl zugunsten der armen Schüler stiftete. Der Ertrag des Geldes sollte für deren tägliche Verpflegung im Spital (mit Ausnahme des Sonntags, an dem sie sowieso von alters her dort ihr Essen erhielten) gereicht werden. Sie sollten zum warmen Morgenmahl erhalten: Am Montag einen ziemlichen Hafen mit Brot-Pfeffer, am Dienstag Weiß- oder Grünkraut, am Mittwoch einen Erbsenbrei, am Donnerstag eine Suppe mit drei Pfund Fleisch darin, am Freitag einen Erbsenbrei, am Samstag einen Hafen mit Linsen- oder Hirsebrei. Die Stiftung wurde fortlaufend ergänzt: So gab 1628 der Stättmeister Johann Beuerlein 150 fl für die armen Schüler, 1635 stiftete der Ratsherr Johann Georg Seifferheld weitere 200 fl. 1650 übergab Paul Mecholdt 50 fl. Mittlerweile brauchte das Contubernium auch dringend weitere Zuwendungen, denn die ursprünglichen Heimbergerischen Kapitalien waren bei Bankrotten zu einem großen Teil verloren gegangen. 1753/1754 belief sich das Stiftungskapital auf 3.800 fl, die 190 fl Zins abwarfen. Ausgegeben wurden 160 fl für die Verpflegung der Schüler und des Inspektors im Spital.

Schon 1581 scheinen die armen Schüler beieinander gewohnt zu haben (Contubernium bedeutet Hausgemeinschaft). Ihre Höchstzahl war auf 14 festgelegt. Gegen diese Schülerwohngemeinschaft gab es – das überrascht niemanden – mannigfache Klagen: 1614 wurde behauptet, sie liefen bei Nacht auf den Gassen herum, schliefen in verdächtigen Häusern und kämen erst spät in der Nacht ins Contubernium. Ursache sei, dass sie das Mittagessen im Spital, das Abendessen aber bei ihren Familien und Verwandten erhielten. Der Rhythmus wurde entsprechend geändert: in Zukunft sollten sie das Abendessen im Spital erhalten, das Mittagessen sich aber selber irgendwo in der Stadt verschaffen. 1615 kleideten sich die Contubernales angeblich zu kostbar und zu hell. Im Jahr danach war von Krägen mit großen Spitzen und Rosen auf den Schuhen die Rede. 1657 wurde die Einrichtung reformiert, die Schüler erhielten von da an vollständige Verpflegung im Spital. Im 18. Jahrhundert bekamen die Schüler sogar einen Sonntagsbraten gereicht. Der *Inspector Contubernii*, ein Theologiestudent, hatte die Schüler zu beaufsichtigen, sie zum Essen zu begleiten und die Sperrstunden zu kontrollieren.

Eine neue Ordnung regelte ab 1699 das Zusammenleben der Contubernales. Das Contubernium wurde als eine zunächst für die Jugend der Stadt und des hällischen Landes eingerichtete Stiftung angesehen, nur wenn von dort nicht genügend geeignete Kandidaten kämen, sollten auswärtige genommen werden. Bei der Auswahl der Kandidaten lag der Schwerpunkt weiterhin auf den musikalischen Fertigkeiten, die möglichst weit entwickelt sein sollten. Verpflegt wurden die Zöglinge samt dem Inspector Contubernii im Spital. Sechs Betten waren vorhanden, die anderen hatten ihre eigenen mitzubringen. Ruhezeit war ab 9 Uhr (für die jüngeren), ab 10 für die älteren. Aufgestanden wurde um 5 Uhr morgens. Neben ihren Gesangsverpflichtungen mussten die Schüler auch noch Schreibarbeiten für Rektor, Dekan oder den Musikdirektor erledigen.

Das endgültige Ende des Contuberniums kam am 20. Juni 1813, als das Department der Finanzen abschließend die Übernahme der Stiftungskapitalien durch das Lehrerseminar Esslingen, die Verwertung des Gebäudes, die Abfindung der Schüler, des Organisten und der Magd regelte. Die Verpflegung im Spital war schon am 22. April eingestellt worden. Hall hatte nach dem Gymnasium eine weitere charakteristische Einrichtung der Reichsstadt und viel Geld verloren.

Grundlage der Schulbildung waren die deutschen Schulen. Die Kenntnisse, die in diesen Einrichtungen vermittelt wurden, umreißt ein Ratsbeschluss von 1665: ins Gymnasium sollten nur Schüler genommen werden, die vorher in der deutschen Schule waren und Lesen, Schreiben und Beten konnten.

Leider lassen sich über die Anfänge der deutschen Schulen nur wenige Angaben machen. Das leidenschaftliche Plädoyer von Johannes Brenz führte kaum zu direkten Maßnahmen des Rates. Aus der ersten Hälfte des 16. Jahrhunderts sind nur wenige Namen deutscher Schulmeister überliefert. Peter Neff scheint von 1515 bis 1551 amtiert zu haben, parallel zu ihm unterrichtete Lorenz Seyfried (oder Seifferheld), der zwischen 1526 und 1536 in den Beetlisten erscheint. Eberhard Simoth, *teutscher Schulmaister*, musste 1557 zwei Nächte in den Turm, weil er mit seiner Frau Händel gehabt hatte. Die erste erhaltene deutsche Schulordnung stammt von Friedrich Hoffmann aus den 1570er Jahren. Schwerpunkt der Pädagogik war durchaus im Sinne von Brenz das Auswendiglernen des Katechismus, gelernt wurden die Gebete, das Schreiben, Lesen und Rechnen. Zusammen mit Hoffmann lehrte Wilhelm Bohs oder Boß, der im Kriegsdienst den linken Arm verloren hatte und auf den ein offenbar populäres Gedicht zirkulierte:

Der [erst] Wilhelm Bohs,
teutscher Schulmeister
Der erst, so diese Ordnung führt,
hielt teutsche Schul, wie sich's gebührt,
derselb hatt schöne Bildnus gmacht,
zu Gottes Ehr und Lob vollbracht,
die Bauren suchten bey ihm Rhat,
sein Schreiben ihnn offt Hülffe that.

Neben den Schulmeistern scheint es in dieser Zeit auch Schulfrauen gegeben zu haben. 1569 heißt es im Ratsprotokoll: *Der Schulfraw lest man den Hauszinß nach*, und 1575: *H[err]n Lienhart Reymans seelig[er] Witwe, teutsche Schulmaisterin, soll mit ihrer Vorfarin inn d[er] Schul [etc.] abrechnen und was die alt zuviel eingenommen, soll*

Der Schulmeister Wilhelm Bohs auf einem Holzschnitt von 1583. Bohs hatte im Krieg eine Hand verloren.

sie ihr Rhennmännin wid[er] heraußgeben. Lienhard Reinmann war Pfarrer in Bibersfeld und Michelfeld gewesen. Seine Witwe zog nach Hall und wurde dort Schulmeisterin. Zu Anfang des 17. Jahrhunderts erhielt Appolonia, Johann Krausen Witwe, ebenfalls eine Schulbesoldung. Inwieweit eine Trennung nach dem Geschlecht der Schüler stattfand, ist nicht klar. Friedrich Hoffmann unterrichtete auf jeden Fall Mädchen wie Jungen. Immerhin scheinen Pfarrers- und Lateinlehrerswitwen für geeignet befunden worden zu sein, Schule zu halten – wahrscheinlich um ihnen überhaupt ihren Lebensunterhalt zu ermöglichen.

1572 bestanden auf jeden Fall zwei deutsche Schulen in der Stadt, deren Fusion der Rat nach einigem hin und her genehmigte. Die Einheitsschule bestand aber wohl nur kurz. Gegen Ende des 16. Jahrhunderts wirkten Johann Schuster und Wendel Haidtler in der Stadt. Wo allerdings genau Schule gehalten wurde, ist nicht klar. Es gibt nur wenige Hinweise aus der Zeit vor 1650. Die Haidtlerische Schule befand sich einem Rechnungsvermerk aus den 1590er Jahren nach in der *Pfaffengasse* [Pfarrgasse], dort wohnte auch die Witwe des Johann Kraus. Das frühere Beginenhaus im Nonnenhof scheint um 1600 als Schulhaus genutzt worden zu sein. So richtig aussage- und beweiskräftig ist das aber alles nicht. Sicher ist, dass sich ein weiteres Schulhaus spätestens ab dem Beginn des 17. Jahrhunderts am oder im früheren Judenhof (an der heutigen Haalstraße) befand.

Nach 1600 lassen sich die Lehrer leichter namhaft machen, da jetzt die Rechnungen erhalten sind. Bis 1612 bestanden wohl zwei Schulen in der Pfarrei St. Michael, 1613 erscheint ein dritter Schulmeister, ab 1620 ein vierter. Einer von diesen sollte 1618 entweder in der Gelbinger Gasse oder in Unterlimpurg Schule halten. Nach dem Dreißigjährigen Krieg hatte sich die Zahl der Schulen wieder auf drei reduziert, von den Lehrern amtierte weiterhin einer in der Gelbinger Gasse. 1653 wurde die dortige Schule (ab jetzt im/beim Badtörlisturm = Josentum) mit Johann Jakob Hill besetzt. 1685 – nach dem Brand in der Gelbinger Gasse – musste auch das Schulhaus neu gebaut werden, es wurde wieder in die ehemalige Josenkapelle eingebaut. Schon 1598 überlegte man, eine Schule in der Katharinenvorstadt einzurichten. 1615 funktionierte sie, denn der Schulmeister verlangte, dass die Stadt das Schulgeld der armen Schüler übernehme. Schulen in Unter-

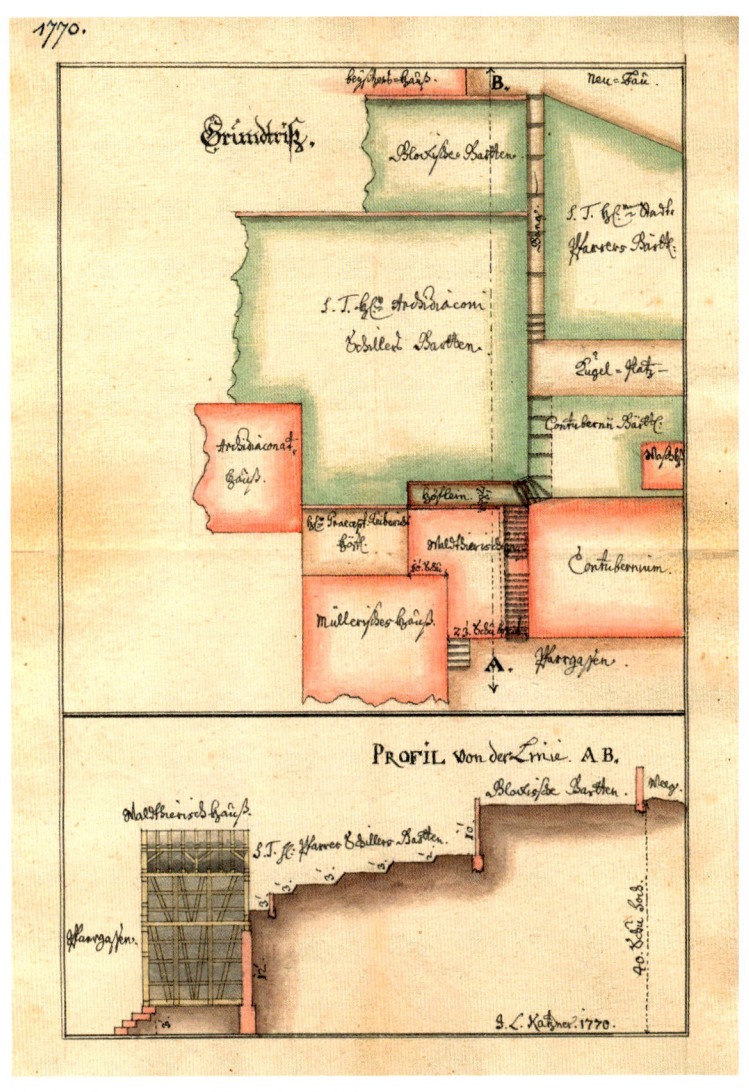

Plan der Pfarrgasse von 1770 mit dem Contubernium

limpurg (ab ca. 1630) und im Spital kamen noch dazu, so dass im 18. Jahrhundert sechs deutsche Schulen in der Stadt bestanden. Zu diesem Zeitpunkt wurden die Schulen entweder nach dem Namen des Lehrers (wie z. B. Hutzelsiederische Schule) oder nach ihrer Lage in der Stadt benannt: Schule in der oberen Stadt (um 1700 an der Hohen Gasse, später in der heutigen Kerfengasse 2), Schule in der unteren Stadt (im Schlachthausbereich), Schule in der Katharinenvorstadt (heute Kirchgasse 2), Schule in der Gelbinger Vorstadt (Gelbinger Gasse 39) und Schule in Unterlimpurg (Unterlimpurger Straße 134) sowie die Schule im Spital.

Die Bildungsbemühungen machten im Fall der deutschen Schulen an den Stadtgrenzen nicht Halt: Schon 1544 wird ein Valentin Rudinger, Schulmeister zu Westheim, genannt. Ab 1585 scheint der Pfarrer von Bibersfeld eine Schule gehalten zu haben, er bot an, Lesen, Schreiben, Katechismus und Kirchengesang zu lehren. Ab 1614 wird ein eigener Schulmeister erwähnt. 1626 ist ein Schulmeister Kilian Greyß in Untermünkheim belegt. Schon ab dem Beginn des 17. Jahrhunderts bestanden in den meisten größeren Orten auf dem Haller Land Schulen – wie die Oberlandesheiligenpflegrechnungen von 1618/1619 und 1650/1651 ausweisen. 1697 legte der reichsstädtische Magistrat den Lehrern auf dem Land eine einheitliche Aufgabenbeschreibung vor, die sie zu beeiden hatten. Darin wurde insbesondere festgeschrieben, dass sie Amtmann und Oberheiligenpfleger, Pfarrer und Unterheiligenpfleger gehorsam zu sein hatten, als Mesner die Kirchen verschlossen zu halten, die Kirchenglocken zu den vorgeschriebenen Anlässen zu läuten (insbesondere bei Gewittern), sich um die Kirchenuhr zu kümmern, die Kirche viermal im Jahr zu reinigen, nach der Predigt zu verkaufende Güter anzukündigen, nicht im Taglohn zu arbeiten und Abwesenheitszeiten durch Pfarrer und Heiligenpfleger genehmigen zu lassen. Von den eigentlichen Schulaufgaben der Schulmeister war dabei gar nicht die Rede. 1699, als David Seemann als neuer Lehrer zu Stöckenburg angenommen wurde, verwies der Rat allerdings auf die Schulordnung.

Zu einem Dauerthema wurde der – nachlässige – Schulbesuch der Kinder auf dem Land und in der Stadt. 1654 wurden die Bürger jenseits Kochens aufgefordert, ihre Kinder regelmäßiger als bisher unterrichten zu lassen. 1671 ermahnte der Rat die Einwohner von Geislingen, ihre Kinder entweder überhaupt oder aber länger in die Schule zu schicken und sie nicht allzu frühzeitig zu anderen Geschäften anzuhalten. 1673 traf es die Enslinger, 1676 die Bewohner von Gailenkirchen. Anlass für diese obrigkeitlichen Verlautbarungen war meist die Kirchen- und Schulvisitation im Ort, die gravierende Mängel bei den Kenntnissen der Schuljugend aufdeckte, was Abhilfe in Gestalt eines Dekrets verlangte. Im 18. Jahrhundert verlagerte sich der Akzent auf die Sommerschulen, die lange schlecht besucht waren und von der Obrigkeit massiv propagiert wurden.

Die Besoldung der Schulmeister in der Stadt erfolgte mit einem Grundbetrag durch die Stadt (früher durch die Kirchenpflegen), den Rest mussten die Schülerinnen und Schüler selbst beitragen. Stammten sie aus armen Familien, konnte ihr Schulgeld von einer Stiftung übernommen werden. Prominent war hier die Eginstiftung, die 1760/1761 für insgesamt 94 Kinder Schulgeld zahlte (6 ß pro Quartal). Die Übernahme der Schulgelder durch die Stiftung erleichterte auch das Schicksal des Lehrers, denn er musste nun nicht bei den Armen fordernd auftreten – und sich vertrösten lassen. Auf der anderen Seite erhöhten derartige Hilfen sicher auch die Akzeptanz des Schulbesuchs bei armen und ärmeren Bürgern, die sonst ihre Kinder frühzeitiger noch zu Arbeiten und zum Mitverdienen herangezogen hätten. Zusätzliche Unterstützung kam von weiteren Stiftern: Schulbücher konnten über die Stiftungen von Stadtpfarrer Johann Michael Bonhöffer und Stättmeister Julius Franz Otto bezogen werden. 1717 z. B. bekamen 50 Schüler in fünf Schulen (allen außer der Spitalschule) Katechismusausgaben, Gesangbücher und Evangelien aus der Bonhöfferschen Stiftung zugeteilt.

Problematischer war die Entlohnung der Lehrer auf dem Land. Ihre Geldbesoldung war relativ gering (in Enslingen z. B. 1725 16 fl 18 ß, in Gottwollshausen nur 4 fl), dazu kam das Schulgeld (das je nach Frequentierung der Schule stark schwankte: Für Gailenkirchen wurden 100 Schüler angenommen, in Neunkirchen nur 23 bis 24). Schließlich bezog der Lehrer allerlei Naturalien: Holz und Garben, Brotlaibe und Dinkel. Er wohnte umsonst, durfte teilweise auch einen Krautgarten auf eigene Rechnung bearbeiten, ohne Pacht zahlen zu müssen. Zusätzliche Einnahmen fielen bei Hochzeiten, Taufen und Begräbnissen an.

Der Josenturm und die zugehörige ehemalige Kapelle in der Gelbinger Gasse waren Standort einer deutschen Schule. Zeichnung von Peter Koch von 1878

Die Schulmeister waren häufig wieder Söhne von Schulmeistern und heirateten Schulmeisterstöchter oder -witwen. Traf dies nicht zu, stammten sie mit hoher Wahrscheinlichkeit aus einer Handwerkerfamilie. Manche hatten auch die Schreiberei erlernt oder sogar studiert. Die Lehrer auf dem Land übten zum Teil neben ihrem Lehramt noch ein erlerntes Handwerk aus.

Unterrichtsmethoden und -inhalte wichen deutlich vom heutigen Stand ab. 1681 erhielten die deutschen Schulmeister einen Verweis, weil sie ständig den Stock im Unterricht gebrauchten und ihre Schüler, sobald nur einer den Mund auftat, als Narren bezeichneten. Wenn schon die Obrigkeit bei solchen Dingen eingriff – die ansonsten durchaus den Gebrauch des Stockes zur

23. Ein „Lustgart der Kirchen Christi": das Bildungswesen der Stadt

Erziehung der Jugend propagierte –, lässt sich erahnen, wie häufig und hart die Lehrer zuschlugen. Schließlich heißt es noch in der Schulordnung von 1752, dass es viele Lehrer gäbe, die nichts könnten, als die arme Jugend *schlagen, stossen, schelten, schnarchen, pochen und poltern.* Der Magistrat schrieb die Einhaltung eines gewissen Maßes vor: *Es soll auch ein Schulmeister im Straffen einen vätterlichen Ernst, Sanfftmuth und gebührliche Bescheidenheit gebrauchen.* Die Annäherung von Vätern und Lehrern deutet allerdings daraufhin, dass das Maß ziemlich viel Schläge umfasste, denn auch den Eltern wurde die Einhaltung von Zucht unter ihren Kindern als eine ihrer wichtigsten Aufgaben zugewiesen.

Was unterrichtet wurde, lässt sich schon an der Bücherliste ablesen, die der Schulordnung beigegeben war: Katechismusausgaben, Bibeldrucke und Gesangbücher bildeten die Grundlage des Lehrbetriebs. Dominant war der Katechismus, der vollständig auswendig zu lernen war. Schreiben und Lesen gehörten zu den Grundlagen der Bildung, der Stellenwert des Rechnens war problematischer. Auf seine Bedeutung wies die Obrigkeit separat hin: Das Rechnen – das keiner entraten könne, in welchen Stand er auch immer gerate – sollte ernsthafter in deutschen wie lateinischen Schulen erlernt werden. Besondere Fähigkeiten im Rechnen wurden gesondert hervorgehoben: Der Salzsieder Johann Philipp Schloßstein z. B. galt als Meister der Rechenkunst.

Im 18. Jahrhundert besuchte nahezu jedes Kind, das älter als fünf oder sechs Jahre war, die Schule. Für Mädchen scheint der Unterricht später begonnen zu haben als für Jungen. Das war auch im 17. Jahrhundert schon der Fall, nur war der Anteil der Kinder, die überhaupt nicht zur Schule gingen, größer. 1650 gingen 455 Kinder in die Schulen der Stadt, 142 Knaben besuchten die lateinische Schule, 108 die verschiedenen deutschen. 205 Mädchen waren ausschließlich in letztere eingeschult. Die leichte Überzahl der Jungen deutet auf den kürzeren und geringeren Schulbesuch der Mädchen hin. Genaue Angaben gibt es aus den Jahren 1767 bis 1825. Zwischen 20 und 30 Prozent der männlichen Kinder gingen auf das Gymnasium, die anderen auf die deutschen Schulen. Für die Mädchen war die 1727 gegründete Katechetenschule ein schwacher Ersatz höherer Schulbildung.

Tatsächlich sollten Mädchen wie Jungen in die Schule gehen, was schon Johannes Brenz verlangt hatte. Allerdings war nicht nur die praktische Umsetzung – wie im vorigen Absatz angesprochen – schwierig. Während Mädchen im 18. Jahrhundert durchaus anspruchsvollen Unterricht erhalten konnten, wenn die Familien den nötigen Privatunterricht bezahlten, wurden sie danach zunehmend auf einen bestimmten Geschlechtscharakter festgelegt: Männer seien Frauen im Umfang der Kenntnisse und den intellektuellen Fähigkeiten voraus, Frauen dagegen seien auf praktische Lebensverhältnisse verwiesen. Ihre Ausbildung müsse sich vor allem auf die gesellschaftlichen Umgangsformen konzentrieren. Die Schreibausbildung der Mädchen sollte sich entsprechend auf die Abfassung von Briefen, die Führung eines Haushaltsbuches und *höchstens* die Stellung einer Rechnung beschränken. Die Grundrechenarten und der Dreisatz seien im Rechnen schon genug. Die *Sitten- und Klugheitslehre* sollte Mädchen vor allem bei der Wahl eines Gatten anleiten.

Trotz dieser Defizite hielt als Fazit der Haller Schulpolitik – mit einer gewissen Selbstzufriedenheit – Carl Friedrich Colland, ein Haller Chronist der zweiten Hälfte des 18. Jahrhunderts, fest: *Ist also diese Statt ein rechter, schöner Platz u[nd] Lustgart der Kirchen Christi und seiner Gemein ...* Das unterstreicht noch einmal, dass das Ziel der Bildungspolitik tatsächlich die Formierung einer evangelischen christlichen Gemeinde gewesen war.

Gnädiger Kaiser oder gnädiger Gott? Durchsetzung und Krise der Reformation

Politikgeschichte 24

1529	Reichstag in Speyer mit Protest der evangelischen Reichsstände gegen Aufhebung eines Beschlusses, der die Regelung der kirchlichen Fragen durch die Landesherren erlaubt („Protestanten").
1529	Abbruch der ersten Belagerung Wiens durch die Osmanen.
1530	Kaiser Karl V. und die katholischen Reichsstände weisen die „Confessio Augustana" (Zusammenfassung der evangelischen Lehre) zurück.
1532	Gründung des „Schmalkaldischen Bundes" protestantischer Reichsstände.
1535	Vernichtung des Täuferreichs in Münster.
1544	Frieden von Crépy zwischen Frankreich und Kaiser Karl V.
1545	Eröffnung des Konzils von Trient.
1546	Martin Luther stirbt in Eisleben.
1546	Offener Ausbruch des Schmalkaldischen Kriegs.
1547	Kaiser Karl V. besiegt in der Schlacht bei Mühlberg den Schmalkaldischen Bund.
1548	Auf dem „Geharnischten Reichstag" zu Augsburg diktiert Kaiser Karl V. das „Interim".
1552	Der Aufstand der deutschen Reichsfürsten unter der Führung von Moritz von Sachsen zwingt Kaiser Karl V. zur Flucht.
1555	Der Augsburger Religionsfriede beendet die Glaubenskriege der Reformationszeit und gesteht den Reichsständen das Recht zu, über die Religion der Untertanen zu bestimmen.
1556	Kaiser Karl V. dankt ab; sein Bruder Ferdinand I. wird Kaiser.

Die Durchführung der Reformation brachte Schwäbisch Hall in ein unangenehmes Dilemma, denn man setzte sich dadurch in zunehmenden Gegensatz zum nominellen Stadtoberhaupt, dem am Katholizismus festhaltenden Kaiser Karl V. Charakteristisch für die Politik der Reichsstadt war deshalb eine gewisse Zögerlichkeit. Schon 1526 meinte der Nürnberger Lazarus Spengler u. a. im Blick auf Schwäbisch Hall, dass den Reichsstädten ein gnädiger Kaiser wichtiger sei als ein gnädiger Gott. Johannes Brenz sah sich dazu genötigt, den Ratsherren „den Harnisch zu fegen", weil sich die Stadt 1529 auf dem Reichstag in Speyer nicht am Protest der evangelischen Reichsstände beteiligte und zu den *Bäbstlern* hielt. Erst nach langem Zögern schloss man sich 1538 dem Schmalkaldischen Bund der evangelischen Reichsstände an. Als der Kaiser im Februar 1541 die Stadt besuchte, war die Sorge groß, man werde ihr *etwas der Religion halber* zumuten; dies bewahrheitete sich ebenso wenig wie die Hoffnung etlicher *Papisten*, man werde Brenz und anderen *die Köpff abschlag[en]*. Der Monarch wurde mit großem Pomp empfangen und nahm vom Büschlerhaus (heute Hotel „Adelshof") aus die Eidesleistung der Bürgerschaft entgegen; die meisten ließen beim Schwur auf „Gott und alle Heiligen" letztere weg.

Wohl durch diesen Verlauf ermutigt, ging man nun daran, die Reformation auch im Landgebiet endgültig durchzusetzen. Hier fehlte es bislang an Einheitlichkeit. Johann Herolt in Reinsberg etwa hatte sich schon früh dem Protestantismus angeschlossen, Untermünkheim war um 1530 evangelisch, für Bibersfeld entwarf Brenz 1535 eine Gottesdienstordnung. Anlass hierfür war wohl,

„Versehkästchen" von Johannes Brenz. Es wurde wahrscheinlich bei Krankenbesuchen benutzt und enthielt Hostien und einen Kelch. Dem Behältnis sind verschiedene liturgische Texte beigebunden.

dass der dortige Pfarrer zwar die Papstkirche für die „Synagoge Satans" hielt, aber an altkirchlichen Bräuchen festhielt. Gegnern der *Lutterey* („Lutherei") wie Georg Widman in Gelbingen und Johann Fabri in Tüngental mussten hingegen Kelche und Messgewänder weggenommen werden. Widman wurde wiederholt vor den Rat zitiert, bis er 1542 die Messe abgeschafft und seine Geliebte geheiratet hatte, mit der er – selbst Sohn eines Geistlichen – trotz seines geistlichen Standes eine große Kinderschar erzeugt hatte. Abgeschlossen wurde dieser Prozess mit der Wiedereinrichtung des „Landkapitels" 1542 als Versammlung der Geistlichen des hällischen Territoriums und der gedruckten Kirchenordnung von 1543. Sie gab einheitliche Regelungen für die Inhalte und Formen des religiösen Lebens in Stadt und Land vor und bildete bis 1802 die Grundlage des hällischen Kirchenwesens. Im selben Jahr bestellte der Rat den Reformator zum Prediger auf Lebenszeit mit einer Besoldung von 200 fl und räumte ihm freies Wohnrecht in der Prädikatur (heute Dekanat) ein.

Inzwischen hatten sich die Fronten zwischen dem Schmalkaldischen Bund und der katholisch-kaiserlichen Partei verhärtet. Während sich der Kaiser zielstrebig auf den Krieg vorbereitete, taten die Evangelischen nichts. Im Juli 1546 brach der Krieg offen aus; bald rächte sich das halbherzige Vorgehen des Bundes, dessen Truppen durch das Fehlen eines einheitlichen Oberbefehls und grundsätzliche Bedenken gegen einen Kampf mit dem Kaiser weiter geschwächt wurden. Die 400 Mann des Haller Kontingents, das sich im Oktober dem nach fruchtlosem Manövrieren im Donauraum bei Giengen/Brenz liegenden Bundesheer anschloss, wurden durch ein von Seuchen ausgelöstes Massensterben so stark dezimiert, dass man 150 Bauern als Ersatz schicken musste. Im November 1546 zog Kurfürst Johann Friedrich von Sachsen ab, um sein Territorium gegen den mit dem Kaiser verbündeten

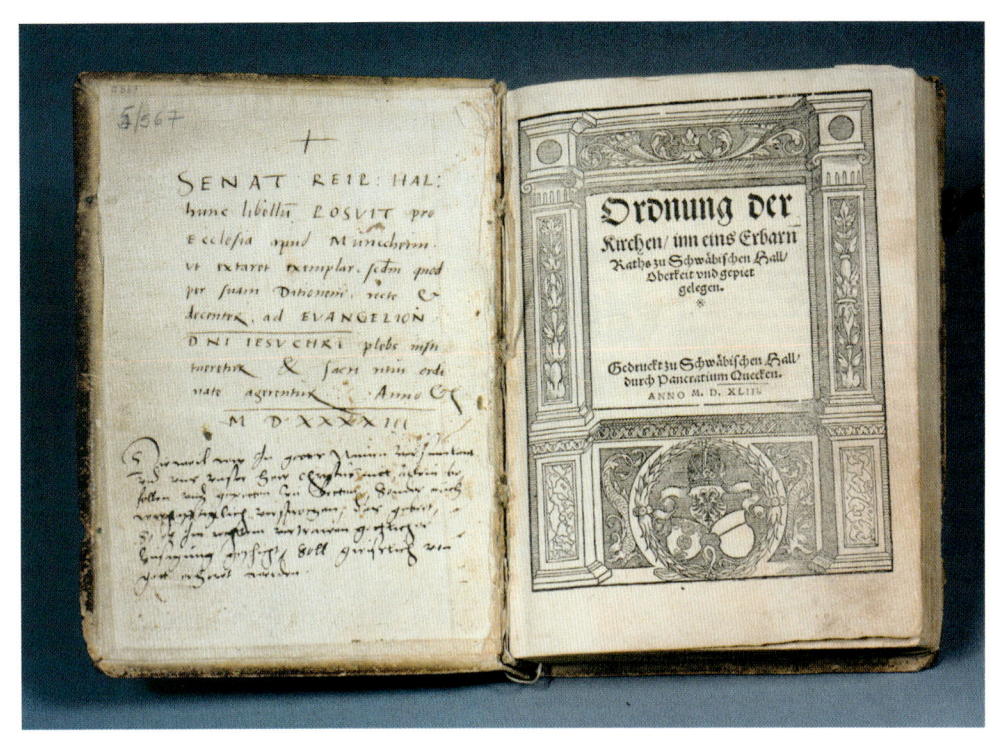

Die gedruckte Schwäbisch Haller Kirchenordnung von 1543. Es handelt sich um das Exemplar für die Pfarrei Untermünkheim.

Moritz von Sachsen zu verteidigen; der Rest des Heeres löste sich kampflos auf. Karl V. zwang nun systematisch die westdeutschen Bundesangehörigen zur Unterwerfung, bevor er 1547 den sächsischen Kurfürsten besiegte.

Schon bei ihrem Anmarsch hatten die Verbündeten die hällische Landbevölkerung drangsaliert; dies wiederholte sich bei ihrem Rückzug. Während das hessische Kriegsvolk durch Hall zog, vom Comburger Stift 1.000 Gulden erpresste und 300 Tote zurückließ, schickte der Haller Rat am 2. Dezember einen Boten an den Kaiser nach Dinkelsbühl, um die Unterwerfung mitzuteilen. Da der Rat über das Verhalten der kaiserlichen Kriegsknechte Schlimmes gehört hatte, versuchte man, den Vortrab des von Kirchberg her anziehenden Heeres an der Landheg bei Ilshofen mit 100 bewaffneten Bauern bis zur Ankunft des Kaisers aufzuhalten. Die Söldner töteten sechs Bauern und ihren Hauptmann, verjagten den Rest und verbreiteten im Haller Land „Furcht und Schrecken".

Am 16. Dezember 1546 zog Karl V. mit 20.000 Spaniern in die Stadt ein. Die Ratsherren übergaben ihm ein goldenes Gefäß mit 1.000 Goldstücken; ihren Fußfall nahm der Kaiser nicht an. Diese demonstrative Milde stand in auffälligem Gegensatz zu der Härte, mit der er Kurfürst Friedrich II. von der Pfalz und die Botschafter Ulms behandelte, die sich ihm in Hall unterwerfen wollten. Trotzdem musste man die Begnadigung teuer bezahlen. Zu den insgesamt etwa 60.000 fl Kriegskontributionen an den Kaiser kamen noch über 70.000 fl Entschädigungszahlungen an andere durch den Schmalkaldischen Bund geschädigte Fürsten sowie die Quartierlasten des kaiserlichen Militärs; in der Summe soll es sich um etwa 10 Prozent des gesamten Vermögens in Stadt und Land gehandelt haben. Johannes Brenz, der zum Widerstand gegen Karl V. aufgerufen hatte, musste fliehen, nachdem seine Papiere, die er unvorsichtigerweise nicht vernichtet hatte, in die Hände der Kaiserlichen gefallen waren. Trotz seines Ärgers über die

Epitaph der Margarethe Brenz, die 1548 nach der Flucht ihres Mannes in Schwäbisch Hall starb.

erfahrene Behandlung kehrte er nach dem Abzug der Spanier wieder zurück.

Unter den in der Stadt lagernden, von den Entbehrungen des Feldzugs geschwächten Soldaten brach eine Seuche aus. In einem Monat starben etwa 600 Spanier sowie die Hälfte der Pfründner des Hospitals. Am 23. Dezember verließ Karl V. mit dem Hauptteil seiner Truppen die Stadt in Richtung Heilbronn. Einquartierungen und die damit verbundenen Drangsale gab es weiterhin, so 1547, als zwei Monate lang italienische Reiter in der Stadt lagen, ein „böses, gottloses Volk", das großen Schaden anrichtete.

Der siegreiche Kaiser verlangte im Mai 1548 auf dem „geharnischten" Reichstag zu Augsburg von den Reichsständen die Rückkehr zum katholischen Glauben oder die Unterwerfung unter das „Interim" (lat.: „inzwischen"), eine Regelung der religiösen Fragen im weitgehend katholischen Sinn. Wie fast der gesamte Protestantismus lehnte Brenz das „Interim" kompromisslos ab und bekämpfte es in Wort und Schrift. Die Ratsherren folgten ihm zwar zunächst und ließen dem Kaiser die Ablehnung mitteilen: *Eher wolten sie darob leiden, was Gott ihnen zufüget.* Als dieser aber spanische Truppen in Marsch setzte, endete die Leidensbereitschaft schnell, es *ward eilends hernach geschickt, das Interim anzunemen*. Die Rolle des Haller Reformators als Wortführer gegen das „Interim" blieb dem kaiserlichen Kanzler Granvella in Augsburg nicht verborgen. Er ließ zwei der Haller Gesandten festnehmen und schickte den dritten, Stättmeister Leonhard Feuchter, nach Hall zurück, um den lästigen Kritiker gefangen zu nehmen und auszuliefern. Am 24. Juni 1548, seinem 49. Geburtstag, floh der im letzten Augenblick gewarnte Brenz Hals über Kopf aus der Stadt, ohne Abschied von seiner todkranken Frau und seinen Kindern, die ihm später folgten.

Nun marschierten erneut spanische Truppen in Hall ein, um das Interim durchzusetzen und die Haller für die Flucht von Brenz zu bestrafen. Spanische Priester führten in St. Michael wieder die Messe ein und tauften katholisch. Alle Pfarrer, die die Annahme des Interims verweigerten, wurden vertrieben. Die „Interimspfarrer", die sie ablösten, galten als gottlose und ruchlose Männer, die mit ihrem Lebenswandel und ihrer Predigt den Magistrat plagten und die Bevölkerung verärgerten. In einigen Landpfarreien sollen überhaupt keine Gottesdienste mehr stattgefunden haben. Die protestantisch gesinnten Landpfarrer baten den Rat vergeblich um Schutz gegen den Würzburger Bischof, der sie zu abtrünnigen Gliedern der Kirche und „verbannten und vermaledeiten Leuten" erklärte. Der Anblick des in der Schlacht bei Mühlberg gefangen genommenen Landgrafen von Hessen, der am 15. Juli 1548 gezwungenermaßen in St. Michael an der katholischen Messe teilnahm, demonstrierte den Hallern den vorläufigen Ruin der protestantischen Sache. Angesichts der Machtlosigkeit Halls musste Brenz den Gedanken an Rückkehr aufgeben; der Rat wollte für seine nach Hall zurück gekehrte

Familie sorgen und ließ schreiben, dass man ihn gerne weiterhin bei sich gehalten hätte, wenn es möglich gewesen wäre. Seine Odyssee durch verschiedene Verstecke endete erst 1550 mit dem Eintritt in die Dienste Herzog Ulrichs von Württemberg in Urach.

Trotz seiner Militärmacht konnte der Kaiser den Widerstand gegen das „Interim" nicht brechen. Gefährlich wurde ihm auch der wachsende Unmut der deutschen Fürsten, die – ob evangelisch oder katholisch – seine Macht als Bedrohung sahen. Um seine Lage zu verbessern, ließ der Kaiser 1551 und 1552 in den Reichsstädten die nach seinem Gesandten Heinrich Haas von Lauffen benannten „Hasenräte" installieren. In Schwäbisch Hall setzte Haas am 9. Februar 1552 die bisher gültige Verfassungsurkunde Kaiser Ludwigs von 1340 außer Kraft und einen „Hasenrat" ein. De facto handelte es sich um einen durch den Kaiser erzwungenen Staatsstreich. Statt 26 Ratsherren gab es nur noch 17; hinzu kamen ein „großer Rat" mit weiteren 15 Mitgliedern und drei statt bisher zwei Stättmeister, die sich in ihrem Amt alle vier Monate abwechselten. Der neue Rat sollte vor allem wohlhabende Patrizier katholischer Gesinnung begünstigen und damit den Machtverlust des Stadtadels nach der „Zwietracht" von 1512 rückgängig machen.

Anders als in anderen Städten ging diese Rechnung in Schwäbisch Hall jedoch nicht auf. Einige Stadtadelige hatten Hall bereits in den Jahren nach 1512 verlassen; die jüngere Generation war schon stark durch die Reformation geprägt. So kam eine Rekatholisierung ebenso wenig zustande wie eine Parteinahme für den Kaiser. Dessen Politik brach im selben Jahr durch den Aufstand der deutschen Reichsfürsten zusammen. 1556 dankte Karl V. ab und übertrug die Kaiserkrone seinem Bruder Ferdinand. Schon im Folgejahr schickten die Haller an diesen eine Gesandtschaft, um eine Änderung der Haas'schen Verfassung zu erreichen. In zwei Erlassen von 1559 und 1562 stellte Ferdinand I. die alte Verfassung weitestgehend wieder her. Dass es am Schluss des zweiten Erlasses heißt, es solle sonst „der Ordnung Karls durchaus nachgegangen werden", ist nur noch eine Kuriosität am Rande, die wohl das Gesicht des alten Kaisers wahren sollte. Die einzigen dauerhaften Folgen der „Hasenrat"-Episode war somit eine unbedeutende Reduktion des Inneren Rates von 26 auf 24 Mitglieder sowie die Berufung des Äußeren Rates, die nun nur noch auf Beschluss des Inneren Rates erfolgen konnte.

Ähnlich lang zog sich auch die Beseitigung des Interims hin; der Grund hierfür war der Unwille des Rates, sich dem Kaiser auch nur ansatzweise zu widersetzen. Ein erster Schritt war die auf Wunsch seiner Gemeinde erfolgte Wiedereinsetzung des Interimsgegners Michael Gräter als Pfarrer von St. Katharina am 4. August 1549. Gräter folgte widerwillig der Forderung des Rates, wenigstens beim Abendmahl einen Messpriester neben sich zu dulden, und mahnte seine Gemeinde, sich an jenem Narrengewande nicht zu stoßen. So ergab sich für einige Jahre die bizarre Situation, dass in St. Katharina die Brenz'sche Kirchenordnung, in St. Michael das Interim beachtet wurde. Obwohl dies zahlreiche Konflikte auslöste und der Augsburger Religionsfriede von 1555 den Lutheranern eine ungestörte Ausübung ihres Gottesdienstes einräumte, wagte es der Rat erst 1558, die völlige Abschaffung des „Interims", das Verbot des Messgewandes und überhaupt die Wiedereinführung der Brenz'schen Kirchenordnung zu dekretieren. Den Anlass hierzu hatte eine Eingabe Jakob Gräters – eines Neffen aller drei Haller Reformatoren Brenz, Gräter und Eisenmenger – gegeben, der seit 1557 die Stelle des Predigers in St. Michael innehatte. 1559 wurden zwei Interimsgeistliche in St. Michael abgelöst; zum endgültigen Ende der innerkirchlichen Misshelligkeiten kam es allerdings erst 1564, als der letzte Interimspfarrer Christoph Marstaller nach Braunsbach versetzt wurde, wo er erfolgreich die Beseitigung des Schwäbisch Haller Patronats über diese Pfarrei betrieb.

25

Nach dem Interim: Hall in der zweiten Hälfte des 16. Jahrhunderts

Politikgeschichte

1559	„Reichsmünzordnung".
1577	Die „Konkordienformel" einigt die deutschen Lutheraner.
1577	„Reichspolizeiordnung".
1600	Zusammenbruch der Reichsjustiz.

In den Jahren nach Aufhebung des Interims nutzten die Staaten und Städte des Reiches die Rechtssicherheit, um ihre innere Verwaltung auszubauen. Die Ratsordnungen von 1570 und 1574 regelten die Sitzungstage (ordentliche Ratssitzungen am Montag und am Freitag, außerordentliche am Mittwoch) und die Geschäftsverteilung. Grund war der – intensiv beklagte – Zuwachs an Aufgaben. *Vonn wegen d[er] täglich zunemend[en] wachsenden unnd hauffenden Sachen unnd Hendel* sei es dringend nötig, die Bearbeitung im Rat zu straffen. Am Mittwoch, wenn die Verwaltungssachen auf der Tagesordnung standen, sollten zunächst die finanziellen Angelegenheiten, dann die vom Geheimen Rat vorberatenen, die Inquisitionen und Strafsachen, die Almosen- und Bettelzettel (also quasi die öffentliche Ordnung), schließlich die Angelegenheiten des Spitals, dann der Amtleute (also die Betreffe aus dem Landgebiet) und zuletzt die Vorlagen des Obervormundgerichts abgearbeitet werden. Ermahnt wurden aber auch die Ratsherren, die sich durch ihre privaten Geschäfte nicht verhindern lassen, auch während der Sitzungen nicht spazieren gehen oder Privatgespräche führen sollten. Ausdifferenziert wurde die städtische Verwaltung und Gerichtsbarkeit. Während bis 1570 der Rat unterschiedslos alle Aufgaben wahrgenommen hatte (wegen jeder *Heringsnase* seien die Parteien vor Rat gezogen), wurden nun Zuständigkeiten abgegeben. Gesetzgebung und den Erlass von Verordnungen, die Verhängung der entsprechenden Strafen bei Übertretung, Konkurse, Hypotheken, Verpfändungen und Kriminalsachen blieben beim Rat. Bevor die Angelegenheiten im Rat verhandelt wurden, sollten sie ordentlich in der Kanzlei zu Papier gebracht und dann erst in der Versammlung verlesen werden. Auch bei Appellationen von den Untergerichten war die Schriftform verbindlich. Das Stadtgericht sollte alle Vierteljahr acht Tage lang gehalten werden und den Bürgern und Untertanen Gelegenheit bieten, Kauf- und Gültbriefe in rechtsverbindliche Form bringen zu lassen. Das Einigungsgericht kümmerte sich um alle Schuld-, Schmäh- und Streitsachen, auch wenn der Streit in eine Rauferei mit Verwundeten ausgeartet war. Die Verhängung von Strafen behielt sich allerdings der Rat vor, auch sollten die Fälle ihm zur Kenntnis gebracht werden. Gleiches galt auch vom Spitalgericht, das über Streitigkeiten von Bürgern und Untertanen auf dem Land richtete. Die Eigentumsherren der Bauern sollten aber vorher um diese Schlichtung ersuchen. Vormundschafts- und Heiratssachen gehörten vor die vier Obervormünder. Über Schuldklagen der Untertanen auf dem Land urteilten die Amtleute, allerdings mit Wissen des Stättmeisters. Problematisch war der Arrest auf die Güter von Untertanen fremder Herrschaften: hier anerkannte der Rat die erstinstanzliche Zuständigkeit der Auswärtigen; erst wenn diese ihre Hilfe verweigerten, griff die Reichsstadt ein. Interessanterweise gab es auch Ende des 16. Jahrhunderts noch Bauern, die keiner Herrschaft „verwandt" waren, also niemandem unterstanden („Landtflügel"). In diesen Fällen legte sich die Stadt keine Zurückhaltung auf, womit sich vorher-

Ausschnitt aus dem Wappenbrief für Hans Glock von 1597

sagen lässt, dass solche freien Bauern keine Zukunft mehr hatten.

Grundlagen der Ratsarbeit hatten schon die Ratsordnungen von 1484, 1490 und 1557 gelegt. Hier waren allerdings Dinge wie pünktliches Erscheinen, Anwesenheitspflicht, dienstlich begründete Abwesenheit, Anwesenheit bei der Prüfung der Stadtrechnung, Erledigung von Aufträgen des Rates innerhalb eines Monats im Zentrum gestanden. Schließlich regelten diese Ordnungen noch die Grade der Verwandtschaft und Verschwägerung, die ein Austreten aus dem Rat notwendig machten, wenn Angelegenheiten der Verwandtschaft zu verhandeln waren. Alle die *desselben Zunamens, desselben Geschlechts, Schilt und Helms* sollten austreten, wie es ursprünglich, noch ganz in adligem Sinne, hieß. Später wurden Listen angelegt, die die verbotenen Verwandtschaftsgrade verzeichneten. Sie reichten von Vater, Sohn und Enkel, Onkel und Neffe bis zu den Schwägern, Schwiegervätern und -söhnen. Noch später wurden die Listen immer umfangreicher.

Etliche der nun ja ziemlich bürgerlichen Familien, die im 16. Jahrhundert zu Ratsherrenwürden aufgestiegen waren, suchten ihren Rang durch Anlehnung an die adligen Familien deutlich zu machen und ließen sich Wappen verleihen. 1540 schritten drei Brüder Vogelmann voran, 1545 folgte Andreas Romig, 1562 schlossen sich die Brüder Seifferheld, 1581 Ezechiel Beyschlag, 1597 Hans Glock und schließlich 1598 Thomas Schweicker an. Diese wenigen Beispiele zeigen schon, dass das Phänomen nicht auf einzelne Personen beschränkt blieb, sondern relativ breit die Gruppe der Ratsherren und herausragenderen Bürger erfasste.

Der Rat in der zweiten Hälfte des 16. Jahrhunderts war stark von Gewerbetreibenden geprägt – stärker als jemals zuvor und als jemals nachher. Unter den 24 Ratsherren des Jahres 1571 waren 15 Handwerker oder Wirte, 1581 gehörten 17 Ratsherren in diese Kategorie. Schon 1591 schwächte sich ihre Dominanz ab: in diesem Jahr betrieben nur noch 14 eine Werkstatt, einen Laden oder eine Gaststätte. 1601 setzte sich mit 13 Mitgliedern in dieser Kategorie die Entwicklung fort. Keineswegs waren alle handwerklichen Berufsgruppen vertreten: Die Ratsherren stammten bevorzugt aus den Reihen der Seckler, Tucher und Krämer, Metzger, Gerber und Bäcker – und der Gastwirte. Ein Goldschmied und ein Seiler runden das Bild ab. Eindeutig rekrutierten sich die Ratsherren aus den Reihen der wohlhabenden Handwerker bzw. Händler. Die Massenhandwerke wie Schuster, Schneider und Weber hatten keine Repräsentanten im Rat. Immerhin aber schaffte eine Reihe von Salzsiedern den Aufstieg in den Rat. Zum Teil handelte es sich dabei um Familien, die dann bis zum Ende der Reichsstadtzeit eine wichtige Rolle im Magistrat spielten – ihre Nachkommen studierten und trugen wesentlich zum Akademikerrat des 18. Jahrhunderts bei. Dies gilt für Ezechiel Beyschlag, Gilg Schübelin, Joseph Stadtmann oder Georg Seifferheld.

Die Senatoren, für die sich ein Studium nachweisen lässt, steigerten ihre Anzahl von zwei (1571), drei (1581), einem (1591) auf vier (1601). Daneben gibt es eine Reihe von Ratsherren, für die kein Beruf angegeben ist, die von vorneherein öffentliche Ämter bekleideten. Hier ist entweder ein Studium oder eine Schreiberausbildung anzunehmen. Fasst man diese unsicheren Kandidaten und die sicheren Akademiker zusammen, verstärkt sich die Tendenz zur Akademisierung des Rates: 1571 rechneten sechs, 1581 wieder sechs, 1591 neun und 1601 zehn Ratsherren zu diesen beiden Gruppen. Interessanterweise blieben auch jetzt noch Junker im Rat: 1571 waren dies immerhin noch drei (Georg Schwab, Heinrich Schultheiß, Johann Christoph Adler), in den späteren Stichjahren nur noch einer (Moritz Schwab).

Unabhängig von ihrer Herkunft galt, dass die Ratsherren untereinander eng verwandt und verschwägert und in hohem Maß aus Familien stammten, die schon früher Magistratsmitglieder gestellt hatten. Jeder einzelne Ratsherr musste jedes Jahr von seinen Mitratsherren nach einem Rücktritt neu gewählt werden (bis 1802). Ursprünglich bestand so die Möglichkeit, dass auch immer wieder Senatoren nicht mehr gewählt wurden und aus dem Rat ausschieden, obwohl sie sich keiner besonderen Verfehlung schuldig gemacht hatten. Nach 1569 wurde von dieser Möglichkeit kein Gebrauch mehr gemacht: Jetzt gehörte man dem Rat lebenslang an, wenn man sich „wohl und redlich gehalten" hatte, außer man bat selbst um seine Entlassung, wofür hohes Alter und/oder Krankheit Argumente waren. Delikte, Verfehlungen und Regelverstösse konnten allerdings immer noch zum Verlust des Amtes führen.

Der Seckler Georg Moser wurde 1573 ausgeschlossen, weil er zu viel mit den Juden gehandelt hatte und in Schulden geraten war. An seine Stelle trat Burkhard Seckel, Metzger, der 1575 aus dem Rat flog, weil er Wucher getrieben hatte. Im Jahr dazwischen (1574) verlor Hans Ernst seinen Sitz im Rat, weil er als Spitalpfleger mehr auf seinen eigenen Nutzen als den des Spitals geachtet hatte. Caspar Büschler wurde 1578 sein Amt aberkannt, nachdem er bei Abstimmungen im Rat anderen ins Wort gefallen war und versuchte hatte, die Stimmabgabe durch Bestechung zu beeinflussen. Schließlich verlor 1580 Michel Sulzer seinen Sitz im Rat: Er hatte als Amtmann im Rosengarten Geld veruntreut.

In diesem Zeitraum setzte die Gesetzgebung des Rates massiv ein. Vorläufer gab es zwar schon ab dem Beginn des Jahrhunderts, aber jetzt erst griffen Dekrete und Ordnungen in nahezu alle Angelegenheiten der Bürger und Untertanen ein. Charakteristisch ist hierfür auch die Anlage des „Statutenbuchs" durch den Rat, der auf diese Art versuchte, einen gewissen Überblick über seine Erlasse zu behalten. Prominent rangierten Verordnungen über Steuer-, Finanz- und Schuldangelegenheiten unter den Ratsdekreten – ein Zeichen für die zunehmende Orientierung des Wirtschaftslebens auf Märkte. Dazu rechneten auch Regelungen zu Jahrmärkten, Zwischenhandel und Geldverleih („Wucher"), Münzen und Zöllen, Frucht (= Getreide), Holz, Schmalz, Wein und Vieh. Wichtig waren daneben die ehemals kirchlichen Angelegenheiten, ein Bereich, für den die Eheordnung von 1559 (1561 und 1570 erneuert) steht. Die Hochzeitsordnungen, die den Aufwand bei den Festlichkeiten regelten, begannen schon 1490, häuften sich aber nach 1550 (so wurden sie 1560 und 1570, 1573, 1577, 1586, 1599 und 1605 revidiert). Gleiches gilt für die Kindstauf- und Tanzordnungen, für die Regelungen über den Besuch von Kirchweihen und das Verbot des Fluchens sowie die Bußordnungen, die regelmäßig Tage der Einkehr vorschrieben und Lustbarkeiten verboten, und die Feiertagsordnungen, deren Hauptanliegen die Sonntagsruhe wurde. Das Feiern an Fastnacht wurde untersagt (1563, 1575, 1587). Selbst das Schlittenfahren entging der obrigkeitlichen Aufmerksamkeit nicht und bedurfte mehrerer Erlasse (1583, 1585, 1587, 1591). Die „Büchsenschützenordnung" von 1566 schuf Vorgaben für diese tendenziell auch militärisch bedeutsame Freizeitbeschäftigung. Die Almosenordnungen (Beginn schon 1518, dann z. B. von 1575 und 1586) versuchten mit der wachsenden Armut in einer partiell reicher werdenden Gesellschaft fertig zu werden – auch eine Folge der expandierenden Marktwirtschaft. Bettelei wurde zunehmend kriminalisiert und Bettler bestraft, „Hausarme" dagegen bevorzugt. Die „Seelhausordnung" von 1572 verringerte die Aufenthaltsmöglichkeiten Fremder in der Stadt. Seuchenordnungen (1550, 1564) setzten Quarantänemaßnahmen durch.

Diese Ordnungen stabilisierten die Position des Rates, da sie Maßstäbe für die meisten Bereiche der städtischen Gesellschaft schufen, an denen Fehlverhalten gemessen und bestraft werden konnte. Gleichzeitig verschärften diese Ordnungen vor allem im wirtschaftlichen und gewerblichen Bereich die Auseinandersetzung zwischen einzelnen Gruppen, die dann wiederum zur Durchsetzung ihrer Interessen auf den Rat verwiesen waren. Beispielhaft lässt sich das an den Bäckern zeigen, für die 1546 eine Ordnung erlassen worden war, die unter anderem auch genaue Gewichtsangaben für die Backwaren vorsah. Die Preise wurden in Abhängigkeit von den Getreidepreisen geregelt. Diese Ordnung sah in den folgenden Jahrzehnten und Jahrhunderten mancherlei Modifikationen. Der Grundkonflikt blieb aber derselbe: Rat und Bürgerschaft wollten Brotlaibe mit einem Einheitsgewicht zu einem günstigen und obrigkeitlich festgelegten Preis, die Bäcker waren von den Einkaufspreisen für Mehl bzw. Getreide abhängig und wollten Gewinn machen. In Teuerungszeiten tendierten sie also dazu, den Preis heraufzusetzen und/oder das Gewicht zu verringern. In der Teuerung 1586 griff der Rat nun zu ausgesprochen populistischen Maßnahmen: Die Bäcker sollten billig Brot beschaffen. Sollte ihnen das nicht gelingen, wollte man sie in den

Turm werfen und ihnen die Öfen einschlagen lassen. Zur weiteren Ermunterung verbot der Rat ihnen den Ausschank von Wein – eine wichtige Nebenerwerbsquelle. Diese Maßnahmen führten naheliegenderweise zu nichts, dürften aber bei der auf den Kauf von Brot angewiesenen Bürgerschaft gut angekommen sein. Der Rat hatte die Bürgerschaft auf seine Seite gezogen und gegen eine andere Gruppe in Stellung gebracht. Bei nächster Gelegenheit sicherte er den Bäckern dann wieder sein Wohlwollen zu und verlieh ihnen Privilegien, die sie in Konflikte mit der Bürgerschaft oder benachbarten Gewerben wie den Metzgern (wegen der Schweinezucht der Bäcker) und den Gastwirten (wegen des Weinausschanks und der Ausgabe von Speisen) brachten. Jede Entscheidung dieser Dauerkonflikte konnte revidiert werden, keine Gruppe ihre Rechte als gesichert betrachten, alle blieben auf den Rat als Quelle ihres Wohlstands verwiesen.

Auch im Bereich der Kirche kam es zu Neuorganisationen, die vor allem die strengere Durchsetzung der Disziplin der Landpfarrer zum Ziel hatten. 1554 begann die Tätigkeit des Kapitels wieder. Es konstituierte sich 1565 aus Stadt- und Landpfarrern (unter Einbeziehung der comburgischen Pfarreien) endgültig. Die Zahl der städtischen Geistlichen lag zunächst bei sechs (Prediger, Pfarrer und zwei Diakone an St. Michael, Pfarrer zu St. Katharina und Pfarrer zu St. Johann), später bei acht (ab 1613 wurde Unterlimpurg eigene Pfarrei, ab 1716 das Spital – nach einem kurzen Vorspiel 1598–1605). Rieden wurde durch einen Vikar aus der Stadt versorgt, gehörte aber als Filial zu Westheim. Dazu traten 21 (bzw. 22) Landgeistliche, die aber dem Patronat verschiedener Herrschaften unterstanden: Anhausen – Vellberg (Herren von Vellberg, 1595 Echter von Mespelbrunn, ab 1605 Comburg), Bibersfeld (Murrhardt, dann Württemberg), Enslingen (Goldbach, dann Hohenlohe), Erlach – Gelbingen (Comburg), Gailenkirchen (Hohenlohe), Geislingen/Kocher (Hall), Großaltdorf (Hohenlohe), Gründelhardt (Herren von Vellberg, ab 1592 Brandenburg-Ansbach), Haßfelden (Comburg), Honhardt (Möckmühl, ab 1534 Württemberg, ab 1615 Hall), Ilshofen (Goldbach, Hohenlohe, ab 1564 Hall), Jungholzhausen (Limpurg, ab 1536 Hall, ab 1564 Hohenlohe), Lorenzenzimmern (Herren von Gemmingen, ab 1550 Hall), Michelfeld (Würzburg, ab 1575 Comburg), Oberaspach (Kloster Anhausen, ab 1533 Brandenburg-Ansbach), Oberspeltach (bis 1706 Filial von Honhardt (s. dort), seit 1615 Hall), Orlach (Herren von Crailsheim, ab 1697 Hall), Reinsberg (Comburg), Stöckenburg (Stift Öhringen, ab 1545 Herren von Vellberg, 1595 Echter von Mespelbrunn, 1605 Comburg), Tüngental (Comburg), Untermünkheim (Goldbach, dann Hohenlohe), Untersontheim (Ellwangen), Westheim (Murrhardt, dann Württemberg). In einer ganzen Reihe von Pfarreien kam es zu lang andauernden Streitigkeiten zwischen Hall und dem jeweiligen Patronatsinhaber. Die Stadt beanspruchte die Episkopalrechte, d. h. die bischöflichen Rechte, die sie nach Einführung der Reformation übernommen hatte, die wiederum mit den Rechten der Patrone schwierig zu vereinbaren waren, vor allem wenn letztere katholisch waren und blieben. Die härtesten Auseinandersetzungen allerdings gab es zwischen Hall und Brandenburg über die Pfarreien Oberaspach und Gründelhardt, obwohl die Kirchen beider Territorien von Johannes Brenz geprägt worden waren.

Theologisch war die Haller Kirche seit 1577 eindeutig auf die lutherische Orthodoxie festgelegt: Rat und Geistlichkeit hatten die Konkordienformel unterzeichnet, die versuchte, die Lehrmeinungen der verschiedenen evangelischen Landeskirchen auf den Punkt zu bringen und den größtmöglichen gemeinsamen Nenner zu finden. Die Unterzeichnung scheint am 1. Oktober 1577 ohne große Probleme vonstatten gegangen zu sein: Zu diesem Datum unterschrieben die Pfarrer und Lehrer unter hällischem, württembergischem, brandenburgischem, hohenlohischem und comburgischem Patronat, die Mitglieder des hällischen Kapitels waren. Lediglich zwei vellbergische Pfarrer machten Schwierigkeiten, da ihnen die Abschriften des Textes der Konkordienformel nicht rechtzeitig zugekommen seien. Die beiden Vellberger unterschrieben am 14. Oktober 1577. Dennoch gab es 1581 Differenzen mit Adam Horolt, Pfarrer zu Ilshofen, der der flacianischen Irrlehren beschuldigt wurde, obwohl er 1577 die Konkordienformel mitunterschrieben hatte. Horolt verwies darauf, dass er schon damals Bedenken wegen des ersten Artikels gehabt habe, aber in der Kürze der Zeit zu einer intensiven Prüfung keine Gelegenheit bestanden habe. Horolt scheint klein beigegeben zu haben, im Unterschied zu seinem Orlacher Kollegen Johann Wernler, der schon 1577 nicht unterzeichnet hatte und 1579 aus dem Haller Kapitel ausgeschlossen wurde. Seine Patrone, die Herren von Crailsheim, anerkannten ihn aber weiter als Pfarrer, so dass er bis 1595 im Pfarrhaus in Orlach bleiben konnte, obwohl die Affäre 1592 noch einmal hoch kochte und Wernler außer seinen theologischen Irrlehren auch Unfleiß vorgeworfen wurde. Allerdings wurde 1592 ein Vikar in Orlach eingesetzt, 1595 zog Johann Marstaller als neuer Pfarrer auf.

Thomas Schweicker

Thomas Schweicker wurde 1540 geboren. Sein Vater war der Bäcker und Ratsherr Hans Schweicker, seine Mutter Dorothea Seckel. Die Eltern wohnten am Milchbrunnen bzw. am Kornhaus, also irgendwo zwischen Milchmarkt und Spitalbach, Rosmarin- und Mohrenstraße. Dem neugeborenen Kind fehlten beide Arme und Hände. Schuld war – für Kirche und wahrscheinlich die öffentliche Meinung – die Mutter, die während der Schwangerschaft einen Landfahrer ohne Arme, der sie um ein Almosen gebeten hatte, bestaunen wollte bzw. einem Bettler ein Stück Brot gegeben haben soll, das dieser mit den Füßen nahm. Darüber soll sie so erschrocken sein, dass sie ihr Kind ohne Hände zur Welt brachte. Sieben weitere Kinder des Hans Schweicker lassen sich nachweisen: David und Georg wurden Bäcker, der eine am Rosenbühl, der andere am Milchmarkt; Michael studierte und wirkte als Präzeptor in Frankfurt/Main; Gertraud heiratete Wolff Laccorn und Ursula den Bäcker Lorenz Haug. Eine dritte Schwester (Margaretha?) war mit dem Herrenschmied Dietrich Hennenberger verehelicht und Mutter eines mit ihrem Mann gleichnamigen Sohnes, der es später bis zum Mitglied im Inneren Rat brachte. Weniger angesehen verlief die Laufbahn des letzten der bekannten Schweickerkinder: Hans heiratete Margarethe Wirt aus Finsterrot, wurde aber wenig später wegen Eheuntüchtigkeit wieder von ihr geschieden und verbrachte den Rest seines Lebens unter Vormundschaft.

Thomas seinerseits wohnte wohl die längste Zeit seines Lebens bei seinem Bruder David am Rosenbühl. In seinem Testament von 1576 bedachte er allerdings neutral noch denjenigen, in dessen Haushalt er sterben würde, mit einem Legat – also ohne Namensnennung.

Thomas besuchte die deutsche und die lateinische Schule, denn er sollte eine gute Ausbildung erhalten, „um den Abgang des Leibes durch die Kultur des Gemüts zu ersetzen". Während seiner Schulzeit benutzte er ein eigenes verschließbares Tischchen, in dem er seine Schulsachen verwahrte. Thomas selbst empfand es als Wunder, als er anfing, mit dem rechten Fuß zu schreiben und zu zeichnen. Seine Ausbildung erreichte ein beachtliches Niveau, er konnte Latein, beschäftigte sich mit Geschichte(n) und besaß juristische Kenntnisse. Reste seiner Bibliothek lassen sich noch nachweisen.

Seine Schreibkunst und seine Technik erregten große Aufmerksamkeit und sicherten seinen Lebensunterhalt. 1602 versteuerte Thomas Schweicker immerhin ein Vermögen von 1.800 fl. Seine prachtvollen Kunstblätter sind teilweise noch erhalten, aber auch gewöhnliche Quittungen unterzeichnete er in seiner „Fußschrift". Der Kreis der Menschen, denen er seine Kunst vorführte und mit denen er Kontakt hatte, war ausgedehnt und reichte bis Schlesien. Sechs Medaillen wurden zu seinen Ehren geprägt.

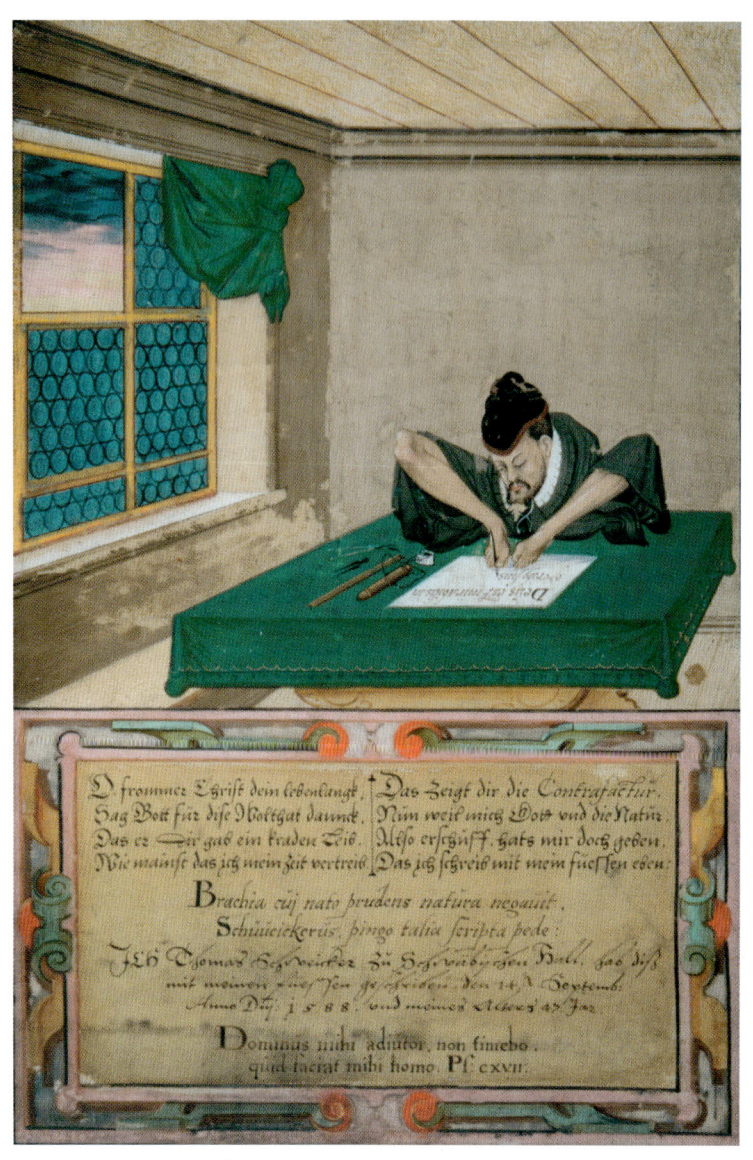

Der armlose Kunstschreiber Thomas Schweicker, eine Schwäbisch Haller Berühmtheit des ausgehenden 16. Jahrhunderts

1570 wurde er selbst Kaiser Maximilian II. vorgestellt, der damals auf der Reise nach Speyer Schwäbisch Hall besuchte. Schweicker durfte seine Fertigkeiten zeigen. „Er kann sich selbstständig ankleiden, essen und trinken, Türen öffnen, mit der Armbrust schießen, Federn schneiden, Brot zerlegen, Bücher binden – alles mit den Füßen." Der Kaiser schenkte ihm drei Doppeldukaten. Zudem setzte er sich beim Rat dafür ein, dass Thomas eine Rente („Leibgeding") von 16 fl pro Jahr aus dem Spital erhalte, was der Magistrat selbstredend gewährte. Später ließ ihn Kurfürst Ludwig von der Pfalz nach Heidelberg an seinen Hof holen, damit er dort ebenfalls seine Kunst zeige. Der Kurfürst verlieh ihm zur Anerkennung ein Wappen, dessen Bild sich Thomas selber aussuchen durfte: Er entschied sich für ein Bein samt Fuß, zwischen dessen Zehen eine Feder steckt. Daneben wurden eine Brezel mit Hausmarke (Hinweis auf seine Abstammung aus einer Bäckersfamilie) und seine verschlungenen Initialen abgebildet. Das Wappenschild wurde in den Farben seiner Heimatstadt gelb und rot eingefärbt.

Thomas Schweicker starb am 7. Oktober 1602. Die Stadt bewilligte ihm ein Ehrengrab in St. Michael, das Epitaph enthält die von ihm selbst geschriebene Grabinschrift, wobei er sich auf das Schreiben beschränkte, Porträts und Zeichnungen ließ er von Jakob Hoffmann anfertigen.

O, frommer Christ dein lebenlangk
Sag Gott für dise wolthat danck,
Das er dir gab ein kraden Leib.
Darumb dein gspött mit niemand treib,
Denck, das Gott auch hett können dich
Erschaffen eben gleich wie mich.
Das Ers nit thet, der trew und frum,
Hast Ihm dest mehr Zu dancken drum.
Sein Zorn und Gnad erkenn an mir.
Thut er dir guts, danck Ihm darfür.
In deinem Creutz auch nit verzag.
Halt dich an Gott, der kan und mag
Dein ungluck wenden alle tag.

Dass Thomas Schweicker sich in dieser Inschrift als Beispiel für den Zorn und die Gnade Gottes benennt, zeigt noch einmal die Problematik seines Lebens. Er schaffte es als Schwerbehinderter, sich seinen Lebensunterhalt durch das Fußschreiben zu verdienen, wobei ihm die Arbeitsgemeinschaft mit Jakob Hoffmann entgegen kam. Auf der anderen Seite aber musste er dafür die vulgärste Schaulust seiner Zeitgenossen befriedigen, sich zur Schau stellen lassen und Kunststückchen vorführen. Die gleiche Ambivalenz findet sich auch in der Einleitung zu seiner Bitte an den Haller Rat, ihn eine Reichalmosenschüssel stiften zu lassen: Gott habe ihm ein schweres Kreuz vor anderen auferlegt, ihm aber auch viele und große Wohltaten erwiesen. Der Rat habe ihm ebenfalls viel Gutes getan, so dass er seiner Dankbarkeit nun nicht mehr nur mit Worten, sondern auch mit Werken Ausdruck verleihen wolle.

Aus dem „Carmen von dreyen Schreibern, welche nur zwo Hände gehabt zu Hall in Schwaben Anno 1570 gelebet und sonderlich berühmt gewesen sein" von Johann Jakob Weidner, Katharinenpfarrer:

Der dritt ist Thomas Schweiker genannt,
Nun lengst in aller Welt bekant,
Der thuts den beeden vor gar weit,
Der ist beraubt der Händ all baid;
Dann alß sein Mutter schwanger war,
Kam auf ein Zeit ein Bettler dar,
Dem gabs ein Brod, sein Hunger zu büßen,
Das nahm der Bettler mit den Füßen,
Darob erschrackh sie also bhend,
Daß sie den Sohn auch gebar ohn Händ,
Ach wer sie damahl gwesen blind,
So wer der Händ nit beraubt ihr Kind,
Aber der Mutter Hertzen Laid,
Hatt Gott wider verkehrt in Freud,
Dann waß ihm an der Hand abgieng,
Diß alles er am Fueß empfieng,
Gott hat sonderlich geben Gnad,
Daß sein Fueß alles glernet hat,
Mit Füßen kont er eßen, trincken,
Mit Füßen kont er auch einschencken,
Mit Füeßen kont er zierlich schreiben,
Und mit dem Staal sein Zeit vertreiben,
Mit Füßen kont er zierlich schnitzen,
Mit Füßen kont er Federn spitzen,
Mit Füßen kont er im Brettspihl,
Mit Füßen bandt ein Bücher viel,
Mit Füßen zog er Kleider an,
Ihn sahe Keyser Maximilian,
Ihn sah Ludwig Pfaltzgraff am Rhein,
Auch Augustus in Sachsen fein,
Viel anderer Herrn ohne Zahl,
Zugeschweigen, die ihn sahen all,
Wer nun bißher gewesen ein Spötter,
Und nicht glaubt hatt, daß seyen Götter,
Der lern hie, daß ein Gott muß sein,
Und zwar ein Gott von Macht nicht klein.

Fromme Lutheraner: Religiosität nach der Reformation

Die Reformation veränderte die religiöse Praxis aller Hallerinnen und Haller. Manches knüpfte an Vorreformatorisches an, anderes – und das ist zunächst das Augenfälligere – brach mit den Traditionen. Die Heiligenverehrung und die Konzentration auf das Totengedenken, die um 1500 die religiösen Aktivitäten in hohem Maße gebunden hatte, entfiel, ebenso wie Wallfahrten und Ablässe. Kirchenbauten wurden in Hall keine mehr in Angriff genommen, vielmehr wurden Kirchen verkleinert (wie zunächst St. Jakob). Geld und gute Werke konnten keinen Platz im Himmelreich mehr erwirken, die Lebenden nichts mehr für die Toten tun.

Die Trennung von Lebenden und Toten vollzog sich nicht nur in der Theologie, sie kam auch im Stadtbild zum Ausdruck. Der Friedhof bei St. Michael, im Herzen der Stadt, wurde schrittweise geschlossen, Bestattungen sollten nach 1542 nur noch auf dem Nicolaifriedhof stattfinden, draußen vor den Toren, der ab 1520 angelegt worden war. Ausnahmen für Honoratioren wurden allerdings weiterhin gemacht. Der Brauch, prominenter Toter durch Epitaphien in der Kirche zu gedenken, blieb sowieso erhalten und wurde im Laufe der Zeit ausgebaut. Bis Ende des 18. Jahrhunderts wurden 269 derartige Denkmale in St. Michael aufgestellt. Weniger als die Hälfte überdauerte bis heute. Die Grabmäler zeigen eine deutliche Entwicklung: Zeitlich am Anfang stehen reine Wappensteine, die präzise Aussagen zur genealogischen Einbindung eines Individuums machen. In einer zweiten Stufe folgen Standbilder und Epitaphien, die Betende und Ruhende zeigen. Der Glauben der Verstorbenen spielt die entscheidende Rolle, auf ihn sind Haltung und Habitus bezogen. Die dritte Schicht schließlich besteht aus Porträts, die gedächtnisstiftende Funktion haben und die durchaus weltlichen Leistungen und Karrieren der Dargestellten in Erinnerung rufen. Ein Beispiel für jede Gruppe mag dies verdeutlichen: Der Grabstein des Sitz Schneewasser (der 1409 starb) zeigt das Wappen in einer Vertiefung, am Rande eine Inschrift. Zur zweiten Gruppe mit einer sehr starken Betonung auf der Familie gehört die Tafel des Ratsherren und Gerbers Leonhard Romig, der 1589 starb und mit seinen fünf Ehefrauen, seinen Kindern, Enkeln und Urenkeln, insgesamt 171 Nachkommen, abgebildet ist. In diesem Fall treten die religiösen Motive (Kreuz und Auferstehung) schon deutlich zurück. Die dritte und letzte Stufe wird schließlich vom Sanwald-Epitaph repräsentiert, das Johann Andreas Sommer für den Stättmeister Johann Lorenz Sanwald anfertigte. Dominierendes Thema dieses Grabmals ist die Geschichte der Familie Sanwald, deren letzter Namensträger Johann Lorenz war, und ihrer Verdienste um die Reichsstadt Schwäbisch Hall, Nebenfiguren thematisieren andeutungsweise das Jüngste Gericht.

Protestantische Frömmigkeit war auf die Predigt und das Abendmahl ausgerichtet. Der Prediger an St. Michael (der gleichzeitig als Dekan amtierte) war einer der einflussreichsten Männer der Stadt. Er konnte sich direkt – wenn auch oft verklausuliert – an ein großes Publikum wenden, was Stättmeister und Ratsherren so nicht möglich war, und Stimmungen erzeugen bzw. beeinflussen. Schon Johannes Brenz hatte die Obrigkeit gelegentlich kritisiert, seine Nachfolger schreckten davor durchaus nicht zurück. Die Schneckschen Unruhen (s. Kap. 29) zeigten die politischen Möglichkeiten des Predigtamtes. Ähnliches lässt sich an den antijüdischen Ausführungen des Dekans Georg Bernhard Wibel Ende des 17. Jahrhunderts deutlich machen.

Klagen der Pfarrer über schlechten Predigtbesuch und mangelnde Abendmahlsteilnahme gibt es durchaus. Auf der anderen Seite sprechen die Angaben über die ausgeteilten Hostien dafür, dass zahlreiche Hallerinnen und Haller nicht nur einmal im Jahr, sondern mehrmals das Abendmahl nahmen. Im halben Jahr vom 23. April bis zum 28. Oktober 1750 waren in der Pfarrei St. Michael 2.900 Hostien verbraucht worden, im halben Jahr darauf 3.000. Kommunionwein war im gesamten Jahr 1750/1751 161 Maß 3 Schoppen eingekauft worden, also die nicht unbeträchtliche Menge von 260,5 Litern! Wenn man ca. 3.000 Einwohner für die Pfarrei annimmt, davon ein Drittel als Kinder abzieht, kommt man zu einer Zahl von 2.000 Kommunikanten, von denen dann jeder dreimal im Jahr das Abendmahl genommen haben muss, wobei er und sie insgesamt ein Achtel Wein konsumierte. Dennoch scheint die Abendmahlshäufigkeit dramatisch abgenommen zu haben: 1600/1601 kaufte die Pfarrei 11.000 Hostien. Zweihundert Jahre später – 1799/1800 – wurden im ersten Halbjahr 2.600 Hostien, im zweiten 2.400 geliefert, insgesamt also 5.000 – und damit auch deutlich weniger als noch 50 Jahre zuvor. Wein ging in diesem Jahr an insgesamt 3.214 Kommunikanten, die allerdings nur noch 96 Maß 1 Schoppen erhielten, somit 155 Liter oder die winzige Menge von 0,05 Liter pro Kopf. Zusammengefasst zeichnet sich ein deutlicher Rückgang der Zahl der Kommunionen ab: Um 1600 scheint noch jeder zum Abendmahl Zugelassene vier- bis fünfmal pro Jahr kommuniziert zu haben, während man sich um 1750 auf drei Festtage beschränkte. Gegen Ende des 18. Jahrhunderts hatte sich dann die ein- bis zweimalige Kommunion durchgesetzt.

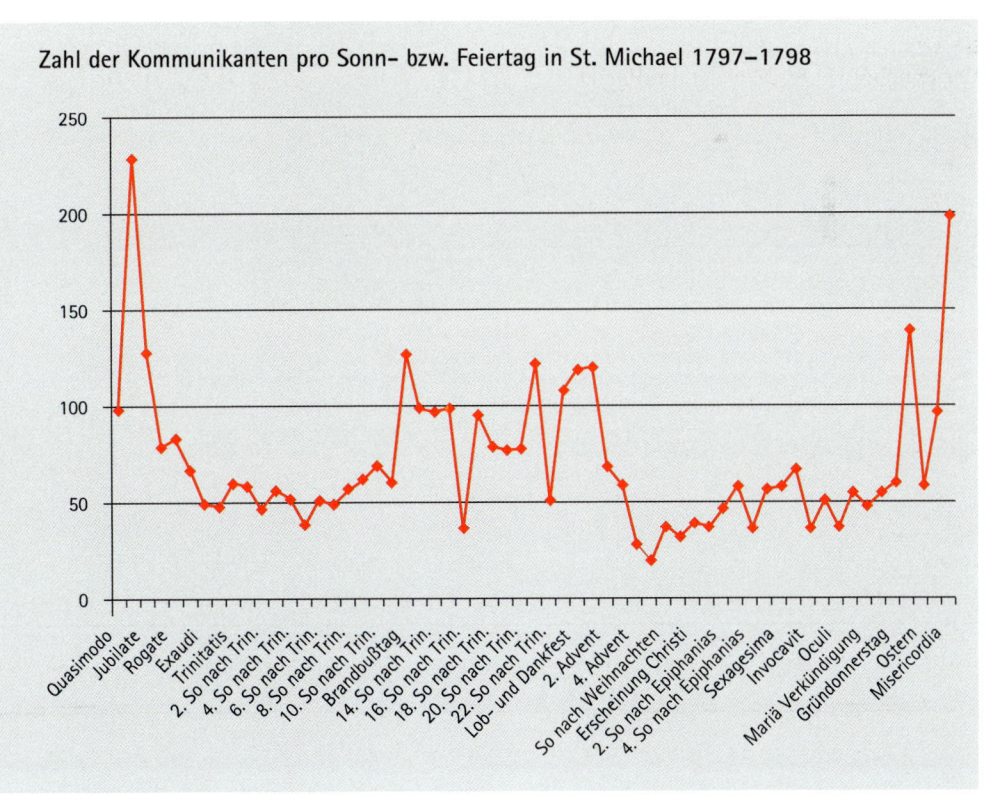

Zahl der Kommunikanten pro Sonn- bzw. Feiertag in St. Michael 1797–1798

26. Fromme Lutheraner: Religiosität nach der Reformation

Epitaph des Kaufmanns Peter Firnhaber (1570–1620) und seiner Ehefrau Marie geb. Busch (1568–1647). Auf einigen Epitaphien aus der Zeit um 1600 ließen die Auftraggeber die gesamte Familie mit allen Nachkommen abbilden. Dies zeigt die Bedeutung, die der genealogisch definierten Familie zugemessen wurde und lässt in manchen Fällen auch die vielfachen demographischen Brüche – mehrfache Eheschließungen, Kinder aus verschiedenen Ehen, große Altersabstände zwischen den Ehegatten z. B. – erkennen.

Die Aufstellung über die Zahl der Kommunikanten im Jahresablauf 1797–1798 zeigt, dass ein ausgesprochener saisonaler Rhythmus existierte. Bevorzugte Abendmahlstermine waren Misericordia und Karfreitag, aber auch die anderen Feiertage um Ostern, sowie der Brandbußtag, der 1797 auf den 12. Sonntag nach Trinitatis fiel und an den Stadtbrand von 1728 erinnerte. Einen weiteren Höhepunkt gab es im Herbst (21. Sonntag nach Trinitatis bis 1. Advent). Ausgesprochene Tiefpunkte lagen nach Weihnachten und nach Pfingsten.

Ganz selbst überlassen blieb die Teilnahme an den religiösen Zeremonien dem Bürger und der Bürgerin aber nicht. Die Überwachung und Kontrolle aller Aspekte des Ver-

170 Kulturgeschichte

Georg Bernhard Wibel (1623–1707), Prediger an St. Michael. Kupferstich von A. M. Wolffgang nach einem Gemälde von G. D. Zweiffel

haltens war eng und obrigkeitlich abgesichert. Außer dem Konsistorium (das auf die Teilnahme am Abendmahl und Ehestreitigkeiten ein Auge hatte) wirkten auch das Einigungsgericht (Kleiderordnungen, Beschimpfungen, Nachbarschaftsquerelen) und der Rat (vor- und außereheliche Sexualität, uneheliche Kinder, Homosexualität) mit. Protestanten waren als Individuen zwar für ihr Leben und ihr Schicksal im Jenseits selbst verantwortlich, aber die Individualität hatte sich in einem eng umgrenzten Rahmen zu bewegen.

Zu einem besonders intensiv beackerten Thema wurde die Heiligung der Sonn- und Feiertage. Schon die Kirchenordnung von 1543 benannte die Feiertage und ordnete noch relativ vage an, dass diese Tage *gebür-*

lich zu halten seien. Im Laufe der Jahrhunderte erhielten die Bürger und Untertanen genaue Vorgaben, was am Sonntag zu unterlassen war. 1660 schrieb der Magistrat vor, dass am Sonntag nur *Gottseliges* getan werden sollte, alles andere wurde verboten – und Strafen darauf gesetzt. 1712 handelte es sich um das Grasmähen während des Gottesdiensts, das späte Aufhalten und Trinken in den Wirtshäusern, das Tanzen am Abend (nach dem Läuten der Betglocke), das Nachtschwärmen der jungen Leute, das Schicken der Kinder zu ihren Taufpaten an Weihnachten, um das Opfergeld abzuholen, das Ochsenhüten unter der Predigt und schließlich das Ausführen der *Mägdlein* zum Wein durch die *Buben* und *Knechte*.

Protestantismus wurde zu einer Bildungsreligion. Jeder und jede sollte Lesen und den Katechismus auswendig hersagen können. Dafür wurden das Schulwesen ausgebaut und entsprechende Stiftungen eingerichtet. Gleiches galt für die höhere Schulbildung an Gymnasium und Contubernium (s. Kap. 23). Den Universitätsbesuch schließlich ermöglichten zahlreiche Studienstiftungen, von denen einige wenige älter waren als die Reformation, die aber ab dem 16. Jahrhundert gewaltig erweitert wurden. Während die Schulstiftungen unspezifisch waren und allen Kindern und Jugendlichen zugute kamen, waren Stipendien oft Nachfahren der eigenen Familie vorbehalten.

Das Stipendienbuch aus dem Anfang des 18. Jahrhunderts listet 20 derartige Studienstiftungen auf. Die beiden ältesten waren das Nordheimische Stipendium (von 1509 bzw. 1514) und die Eginsche oder Rinderbachische Stiftung (von 1509 bzw. 1533). Die nachreformatorischen Stiftungen setzten ein mit denen des Juristen Joseph Feyerabend von 1541/1542 und des Stättmeisters Melchior Wetzel von 1556. Dazu kamen die Stipendien des Nürnberger Bürgers Andreas Böheim 1586 (das aber 1592 wieder aufgehoben wurde), des Weilimdorfer Pfarrers Samuel Isenmann 1577 und des Stättmeisters Matthias Heimberger und seiner Frau Euphrosina Lienhardt 1599. Wetzel und Heimberger schrieben eindeutig vor, dass jeweils der nächste Blutsverwandte, der zum Studium tauglich sein würde, zum Zuge kommen sollte. Auch bei den Stiftungen, die etwas weiter gefasst waren, achtete der Rat, der in der Regel zur Vergabe der Stipendien befugt war, auf die Verwandtschaftsverhältnisse. Folge war, dass die interessierten Familien und die hoffnungsvollen Sprösslinge sich intensiv mit Genealogie beschäftigten – wie sich an den Beispielen des Haller Rektors Friedrich David Gräter oder des Inneren Rats der Reichsstadt Heilbronn Georg Friedrich Feyerabend schön zeigen lässt. Die zahlreichen Bewerbungen auf jeweils frei werdende Stipendien machen den Konkurrenzkampf der Familienverbände um die knappen Ressourcen Geld und Bildung deutlich und illustrieren die Schwierigkeit, wenigstens einem Sohn ein Studium zu finanzieren. Die Stiftungen zeigen auf der anderen Seite das hohe Bildungsbewusstsein der evangelischen Bürgerschaft und die Bereitschaft, zugunsten der Nachkommen Gelder festzulegen.

Die Orientierung am gesprochenen und geschriebenen Wort zeitigte langfristig Folgen. Frömmigkeit konzentrierte sich auf Lektüre. Im 18. Jahrhundert waren in nahezu jedem Haushalt Bücher vorhanden. Der Salzsieder David Friedrich Bühl etwa besaß 1780 Ottons Krankentrost und Arnds Wahres Christentum sowie Starks und Schmolks Handbücher. Euphrosina Appolonia Bühl las nur Arnds „Wahres Christentum". Dem Boten Johann Michael Gehring standen eine Bibel, zwei Gesangbücher, zwei Beichtbücher und eine „Himmlische Frauenzimmerseelenspeis" zur Verfügung. Ein Predigtbuch, ein Gebetbuch und zwei alte Gesangbücher bildeten die Bibliothek des Gradierzimmermanns Bernhard Schneider. Umfänglicher war die des Strumpfwebers

Johann Andreas Reichert: Zu ihr gehörten eine Nürnberger Bibel, Ottons Krankentrost, Arnds Hauspostill, „Die Geistliche Schlußkette", eine Handbibel, ein Gesangbuch in „Corduan" (d. h. Leder), zwei weitere Gesangbücher und das fast schon unvermeidliche „Wahre Christentum" von Arnd. Letztes Beispiel: Der Chirurg Johann Friedrich Haf besaß eine Nürnberger Bibel, zwei Predigtbücher, „Starken Handbuch", „Arnds Paradiesgärtlein" und „Schmolken Abend- und Morgenandachten". Die Gleichförmigkeit der Bücherbestände dieser einfachen Bürger und Handwerker belegt den Erfolg der protestantischen Bildungspolitik. Die Lektüre der einfachen Leute blieb bis zum Ende des 18. Jahrhunderts theologisch ausgerichtet. Bibeln, Gesangbücher, Gebet- und Predigtbücher bildeten ihren literarischen Erfahrungsschatz. Schwieriger noch ist es zu sagen, wie diese Bücher gelesen wurden und wie das Gelesene verarbeitet wurde. Das ganz seltene Beispiel einer Autobiographie aus der Feder eines Handwerkers – in diesem Fall des Rotgerbers Christoph David Kämpf – ermöglicht einen Einblick (s. Text im Kasten). Kämpf las 1762 zunächst im Beisein seiner Frau, also nicht allein, und sprach offensichtlich mit ihr über die gelesenen Sätze. Zweitens setzte er sich mit einem weltlichen Text auseinander, einer Beschreibung kurbayerischer Schlösser und Feste. Und drittens löste die Lektüre einen Albtraum aus, der Kämpf wieder auf die Religion zurückverwies. Auch hieran zeigt sich der Erfolg der evangelischen Bildung: Introspektion und Selbstreflektion, der Verweis auf das eigene Gewissen waren charakteristisch für den Habitus der Protestanten, auch der Nicht-Akademiker, geworden.

> Am Mai dieses Jahr hatte ich einen merkwürdigen Traum. Ohngefähr am 11t[en] dieses Monats lase ich im Beyseyn meiner Frauen aus meiner Haagerischen Geographie die Merkwürdigkeiten und Schönheiten der churbayerischen Lustschlösser in München, Schleisheim und Nympfenburg, die sehr reizend darin beschrieben waren, laut ab. Wir beede wurden dadurch nach solcher Eitelkeit ganz lüstern, und solche irdische Herrlichkeiten auch zu geniessen herzlich wünscheten, worauf mir der liebvolle Gott, uns von solchen sündlichen eitlen Begierden abzuführen nachts folgenden Traum gab: Ich sahe zu meinem Fenster hinaus, da kam ein fürstlicher Wagen mit 6 Pferden zur Kirchenthür unter der Orgel heraus gefahren. Dieser Wagen so wohl als die Pferde, Gutscher und Vorreuter behiengen mit unglaublichem Pracht von Gold und Silber, in dem Wagen saßen 4 fürstliche Persohnen und in der Mitte ein kleiner Prinz stehend, alle mit grossem Pracht von Gold und Silber bedeckt. Diese Persohnen sahen mich alle im schnellen Vorbeyfahren so streng und starr an, daß es mir durchs Herz gieng, es gieng mir der Wagen das Weiler hinauf, so schnell aus dem Gesicht, das michs kaum ein Augenblick zu seyn dünkte. Kaum war mir dieses glänzende Spiel aus den Augen, so kam ein Todtenwagen mit 6 Pferden, mit lauter schwarzen Tüchern behängt, zum Ilgenwirtshauß heraus gefahren, kehrte von da das Weiler herauf. Ich glaubte in diesem Moment, er werde ersterem Gallawagen nachfolgen, aber zu meiner Verwunderung hielt er vor meinem Haus still. Die beym Wagen befindliche Persohnen hoben den Sarg vom Wagen und stelten solchen vor meine Haustür, nach dem Wagen folgeten ohngefähr 10 Manspersohnen in tieffster Trauer in langen Mänteln und Flöhren, welche sich sofort von meiner Haustür an biß übers Küblers Haus abwärts rangirten. Ich sahe immer zum Fenster hinaus diese Passage mit an. Der erste von diesen drehete sich gegen mich und gab mir eine gedrukte Leichencarmina in die Hand. Ich fragte ernsthafft, was oder wen dann dieses bedeute, worauf sich der vierte umwandte und mir laut die Antwort gab: Dich. Dis Wort auszusprechen, Dich, und ich plözlich aufzuwachen, war eins. Diß geschah

> alles so deutlich, so natürlich, da alle Gegenstände so klar und gar keine Dunkel- und Ungewißheiten dabey eingemischt waren, daß wenn es wirklich so geschehen wäre, hätte es nicht natürlicher und wessentlicher geschehen können, als dieser Traum gewesen ist. Ich war über diesen Traum aufs äusserste betreten und glaubte, es sey mir eine gewisse Ankündigung meines bevorstehenden nahen Todtes, doch schwebten mir die Gedanken von der Lüsternheit des Herzens zu den Herlichkeiten der Grossen und Reichen dieser Erden, die Tages vorher so rege wurden, in meiner Seele und machte auch eine Application dorthin.

Trotz einer gewissen Neigung, sich mit sich selbst zu beschäftigen, stiftete auch die protestantische Bürgerschaft weiterhin für die Armen. Am erfolgreichsten war das Reichalmosen, dessen Gelder für verarmte Nachkommen reserviert werden konnten (s. Kap. 15), das damit der schon bei den Studienstiftungen beobachteten Verquickung von sozialer Wohltat und Familieninteresse entgegen kam. Allerdings wurden auch unspezifische Armenstiftungen eingerichtet, z. T. für eng begrenzte Zwecke oder Zielgruppen.

Ein Teil der gestifteten Gelder wurde im Rahmen von Sammelstiftungen verwaltet. So flossen dem „sonntäglichen Almosen" oder „Glöcklinsgeld", das eigentlich auf dem Ertrag von Sammelbüchsen basierte, auch Erträge aus zahlreichen kleinen Stiftungen zu: Stifterinnen und Stifter waren z. B. Anna Maria Mack (100 fl), Ferdinand Hofmann (1.000 fl) und Joseph Röhler (200 fl), Anna Scheffelmann (50 fl) und Margaretha Elisabetha Löchner (100 fl). Charakteristisch sind die hohe Zahl von Frauen und ihre Zugehörigkeit zum wohlhabenden Bürgertum der Stadt. Neben den üblichen Verdächtigen (wie den Stättmeistern, Senatoren und Pfarrern) gaben auch Seiler und Bäcker, Weinschenken und Chirurgen, Müller und Bildhauer bzw. deren Witwen. Das gesammelte und gestiftete Geld floss ca. 100 Hausarmen (wieder vorzugsweise Frauen) zu, die in verschiedene Klassen je nach Bedürftigkeit eingeteilt wurden und monatlich Beträge zwischen vier und acht Schillingen aus dem sonntäglichen Almosen erhielten. Große Ausnahmen waren die „Umsager Kraußin", die einen Gulden bekam, und „Mezenius" mit zehn Schillingen. Einige Pechvögel speiste der Pfleger mit einem Schilling pro Monat ab. Neue Personen erhielten nur dann Almosen, wenn seitherige Empfänger verstorben waren und dadurch sozusagen eine Stelle frei geworden war. Die genannten Stiftungen finanzierten Zulagen zu diesen Grundbeträgen.

Damit nicht zu verwechseln, war das „Almosen", das als eine Art Sozialabgabe von den Bürgern der Stadt eingezogen wurde, also keineswegs freiwillig war. Die Einnahmen wurden zur Unterstützung von Stadt- und Landarmen (also auch Fremder) verwendet, denen sie in Gestalt von Geld, Brot und Salz zugute kamen. Das Almosen war der Ersatz für die verbotene Bettelei in der Stadt. Welches Ausmaß die Not der wandernden Bevölkerungsteile Ende des 18. Jahrhunderts angenommen hatte, zeigt sich schon darin, dass im April 1793 die Stadt Schwäbisch Hall 169 fremde Personen, im Mai 135 und im Juni 150 unterstützte. Hochgerechnet auf das Jahr ergibt das fast 2.000 Menschen auf der Straße, denen mit kleinen Beträgen weitergeholfen wurde.

Weitere Stiftungen kümmerten sich um Details: Die Brenzische Stiftung (zurückgehend auf Hyppolit Brenz' Hausfrau) (715 fl) finanzierte Tuch für arme Männer und Frauen in Hall (darunter durchaus auch arbeitende Arme). Die Stiftungen der Margaretha Laccorn (420 fl) und des Johann Philipp Donner (200 fl) gaben Geldbeträge an Hausarme. Für Witwen und Waisen bestimmt war die Arnoldsche Stiftung (die von Stättmeister Johann Friedrich Bonhöffer und seinem Bruder Amtsvogt Johann Wilhelm Bonhöffer zum Gedenken an ihre Schwester, der Ehefrau des Geheimen Rats Georg Bernhard Arnold eingerichtet worden war) (520 fl).

Die größte Einzelstiftung war wahrscheinlich die des Junkers Ludwig Berlin von Wäldershub, der der Stadt ein Kapital von 15.000 fl vermachte, aus dem Stiftungen für die Hausarmen, Stipendien und Leibgedinge zu finanzieren waren. Wohltaten aus diesem Vermögen vergab der Rat selbst. Zahlreiche weitere Stiftungen (Haspel, Hartmann, Seiz, Rittmann, Heimberger) engagierten sich für den selben Zweck und ließen kleinere oder auch größere Geldbeträge an Bedürftige und an Institutionen (wie das Armenhaus oder selbst noch das Spital, das ansonsten kaum noch Spenden bekam) verteilen. Die Termine variierten nach Vorliebe der Stifter. Andere kamen nur den Bewohnern bestimmter Stadtviertel zugute: Die Geisersche Stiftung unterstützte Arme jenseits Kochens und auf dem Reifenhof, Nathan David gab 25 fl Kapital für die Armen in Unterlimpurg, auch Ludwig Berlin und seine Ehefrau Ursula von Stadion hatten 160 fl speziell für Arme in Unterlimpurg gespendet. Schulbücher finanzierten die Stiftungen Bonhöffer und Otto. Mehl aus der Mühle in Unterlimpurg stifteten Caspar Kochendörfer und seine Frau Barbara Gräter 1676. Für ein eigenes Waisenhaus, das wohl getrennt vom Spital entstehen sollte, wurden Spenden gesammelt. Auch die Gemeinden im Landgebiet erhielten Gelder zugunsten ihrer Armen – so Gelbingen 1721 die Sibersche Stiftung.

Dass das soziale Verantwortungsgefühl nicht erloschen war, auch wenn die Armut theologisch ihren Stellenwert geändert hatte, aber mitunter ein wenig der Ermunterung bedurfte, zeigt die folgende in einer Marginalie der „Grünen Chronik" notierte

Sinnspruch aus dem Gültbuch über das Amt Bühler von 1644

Geschichte: Als eines Tages den Armen zu Hall ihr Anteil am Salz verweigert worden sei, sei ein Basilisk gekommen und habe sich auf die Salzquelle gelegt, bis jene ihren gebührenden Anteil wieder erhalten hätten! Der Einsatz des Ungeheuers aber blieb beschränkt – die sozialen Probleme der Reichsstadt waren bei aller Wohltätigkeit und trotz der Almosen so nicht zu lösen.

26. Fromme Lutheraner: Religiosität nach der Reformation

27 Hexen hexen nicht

Hexen bei der Herstellung eines Hexentranks und beim Ritt auf dem Bock. Titelholzschnitt eines Bandes aus dem späten 16. Jahrhundert in der Ratsbibliothek

Hexerei war im 16. Jahrhundert ein vergleichsweise neues Delikt. Die Verfolgung durch die Obrigkeiten setzte massiv erst nach der „Carolina", der Kriminalordnung Karls V. von 1532, und der Generalisierung der Folter ein. Da unter der Folter nahezu jedes Geständnis zu erhalten war, gab es teilweise Prozessfluten, wenn die Bezichtigungen der unglücklichen Erstverhafteten zu weiteren Beschuldigungen führten. Unabhängig davon ist mit einem populären Hexenglauben zu rechnen, der vor den Hexenprozessen begann und noch lange nach ihnen überdauerte. Als 1539 Hagel die Ernte in Schwäbisch Hall vernichtete, rief ein Teil der Bevölkerung danach, die Hexen, die an diesem Desaster schuld seien, zu verbrennen. Überhaupt scheint es so zu sein, dass Hexereianklagen aus der Bevölkerung an die Magistrate herangetragen wurden, die häufig gar nicht so besonders verfolgungswillig waren und erst unter Druck nachgaben. Entsprechend erwuchsen Hexereianklagen häufig aus Nachbarschaftskonflikten. Auseinandersetzungen begannen mit gegenseitigen Beschimpfungen unter Nachbarn. Sie eskalierten, wenn aus dem Schimpfwort „Hexe" das Delikt „Hexerei" konstruiert wurde, das zu verfolgen die Obrigkeit angehalten war.

Für die Theologen der Reichsstadt (wie Johannes Brenz und Jakob Gräter) waren die Hexe – und der Teufel – Werkzeuge Gottes, die lediglich mit dessen Erlaubnis den Menschen Schaden zufügen konnten. Gott aber strafte nur, wenn die Sünden der Menschen, deren viele und mannigfache waren, ihm dazu Anlass gaben. Die Bestrafung von Hexen sahen die Prediger nur als billigen Ausweg, um von den eigenen Sünden abzulenken und sich die Buße zu ersparen. Das „Teufelswerk" wurde so radikal abgewertet, da es nur noch entsprechend der Zielsetzung Gottes eingesetzt werden konnte. Auf der anderen Seite aber dehnte es seinen Bereich auch gewaltig aus, denn jede Form von Magie stand nun in direkter Beziehung zu Satan. Hexen wollten Schaden anrichten und schlossen deshalb einen Teufelspakt, der zwar auf Betrug basierte, da der Teufel ohne die Erlaubnis Gottes ja gar keinen Schaden anrichten konnte, aber den Abfall der Hexe von Gott dokumentierte. So führten Abwertung des Teufels, Ausdehnung des „Teufelswerks" und Teufelspakt den angeblich so milden Prediger Johannes Brenz dazu, für die Hinrichtung von erwiesenen Hexen zu plädieren (d. h. von solchen, die gestanden hatten). Da Brenz aber der Folter als Instrument der Wahrheitsfindung skeptisch gegenüberstand und auf einem geordneten Prozess bestand, baute er Sicherungen ein, die trotz seiner kategorischen theoretischen Haltung in der Praxis einen gewissen Schutz für die Angeklagten bedeuteten und die Ausweitung von Hexenprozessen zum „Hexenwahn" verhinderten.

Die Dokumentation für die Reichsstadt Schwäbisch Hall ist schwierig. Nur eine Prozessakte hat überdauert (die der Katharina Schloßstein). Weitere Fälle können in verschiedenen Quellen nachgewiesen werden, Details aber sind kaum zu ermitteln. Mit Sicherheit ist die so zu Stande gekommene Liste noch lückenhaft und kann durch weitere Funde ergänzt werden.

Schon sehr früh scheint es zu Hexenprozessen in Schwäbisch Hall gekommen zu sein. 1501 wurde Catharina, die Ehefrau des Urban Lutz, weil sie „Segensprechen" und

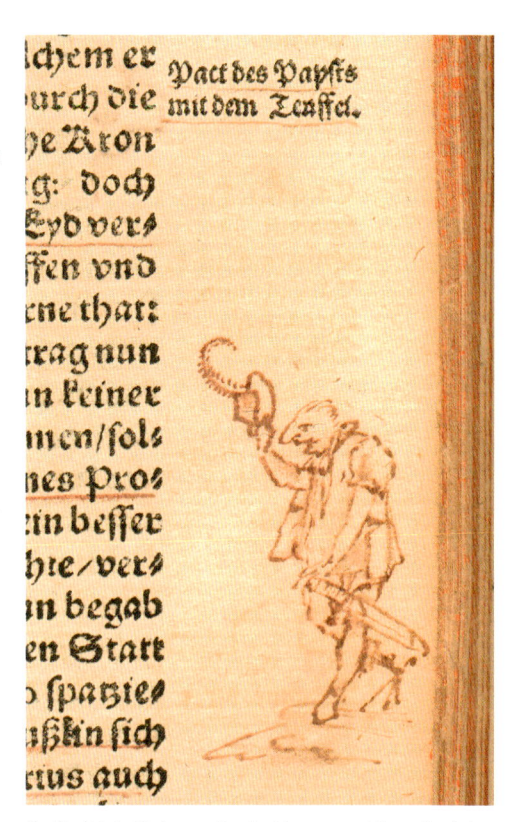

Der Teufel als Edelmann. Randzeichnung aus einem Band der Ratsbibliothek aus dem späten 16. Jahrhundert

„Unholdenwesen" getrieben, *etlichen die Mannheit* genommen, *etliche mit dem Bockh geholt* und die *Hurenkind zue vertreiben gelernt* hatte, eingemauert. Wenig später gelang ihr allerdings die Flucht aus dem Gefängnis. Dieser Prozess scheint kein einsamer Vorläufer gewesen zu sein, denn 1506 wurde eine Frau bei Kirchberg verbrannt. Dennoch beginnt erst in der zweiten Hälfte des 16. Jahrhunderts eine dichtere Serie von überlieferten Hexereianklagen.

1562 traf es Elsa Röschin aus Sulzdorf. Sie war als *ein Unholdt beschreitt* und soll ein schweres Gewitter verursacht haben. Nach zehn Nächten im Gefängnis wurde sie wieder freigelassen, da die Vorwürfe nicht zu beweisen waren, d. h. Elsa hatte kein Geständnis abgelegt. Zwei Sulzdorferinnen waren auch die nächsten Opfer (Anna, Georg Düttlers Ehefrau, und Barbara, David Hainers Frau).

Anna soll eine Kuh geschädigt haben. Beide Frauen wurden zwölf Tage und Nächte eingesperrt – und dann, da sie nichts gestanden hatten, wieder entlassen.

Katharina Schloßstein und ihr Mann, der Bader Hans Stetter, genannt Schloßstein, gerieten 1574 in die Mühlen der Justiz. Sie wurde vom Katharinenpfarrer Christoph Rüdinger beschuldigt, Hader und Zank mit ihren Nachbarn zu haben und eine Hexe zu sein. Das „böse Maul" bestätigte auch der Ehemann, der gleichzeitig mit seiner Frau verhaftet worden war. Die Geschichte, dass seine Frau, als er sie verlassen hatte, ihn auf einem Bock reitend wieder zurückgeholt habe, bestritt er. Nach 24 Nächten in Haft wurde er wieder entlassen. Parallel zum Verhör ihres Mannes wurde Katharina befragt. Sie sollte Stellung nehmen zu Vorwürfen wie: Sie habe ihre Magd in der Hexenkunst unterwiesen, eine Nachbarin als „Hure" und „Päpistin" beschimpft, den Prokurator Thomas Schmidt am Fuß geschädigt und sich dessen gerühmt, ein Kalb umgebracht etc. Sie schob die Schuld auf die Kontrahenten und leugnete den Hexereivorwurf. Ihr einziges Eingeständnis war, dass sie im Zorn geflucht habe. Der Rat ließ sie am 30. April 1574 unter der Folter befragen, da die Hauptbelastungszeugin – ihre Magd Veronica – bei ihren Beschuldigungen geblieben war. Zunächst hielt sie noch durch, als die Schmerzen stärker wurden, kapitulierte sie und gestand alle Vorwürfe. Sie habe all ihre Hexenkünste vom *bößen feind* gelernt. Eine Woche später widerrief Katharina (nach einem Besuch von drei Pfarrern, die sie zur Abkehr vom Teufel zu überreden suchten) ihr Geständnis. Einen Monat darauf folgte das Urteil: Der Magistrat verurteilte sie. Man ließ sie an den Pranger stellen und dann für immer einmauern (d. h. eine lebenslängliche Gefängnisstrafe). Nicht einmal zwei Wochen später war Katharina aus dem Gefängnis ausgebrochen, aber wieder gefasst worden und wurde nun zum zweiten Mal verurteilt, nachdem sie die „Milde" des Rates beim ersten Urteil offenbar nicht zu würdigen gewusst hatte. Diesmal lautete das Urteil auf Tod durch Ertränken. Am 21. Juni 1574 wurde es vollstreckt.

Zwei Jahre später war Barbara, die Ehefrau des Gabriel Meurer jenseits Kochens, das Opfer. Barbara hatte eine eher lebhafte Karriere: Sie hatte Holz und Salz gestohlen, den Verdacht aber auf die Gießer im Haal gelenkt, die auch prompt für das angebliche Vergehen bestraft wurden. Die Auseinandersetzungen führten schließlich so weit, dass sie als Hexe bezeichnet wurde, was Barbara auch gar nicht zurückwies. Eine „Hexe" konnte sich in solchen Querelen unter Umständen besser durchsetzen als eine Frau ohne magische Fähigkeiten. Dieses Kokettieren konnte aber einen Preis haben: Barbara wurde 37 Nächte lang eingesperrt, dann aber auf die Fürsprache ihres Ehemanns und anderer Leute wieder freigelassen – ohne jede weitere Strafe.

Schon zu diesem Zeitpunkt ist die Bilanz der Haller Hexenprozesse fragwürdig. Von sieben Frauen waren zwar vier wieder freigelassen, aber zwei zur Einmauerung verurteilt worden. Catharina Lutz war die Flucht gelungen, Katharina Schloßstein nicht. Eine Frau war auf dem Scheiterhaufen verbrannt worden. Und jetzt begannen erst die eigentlichen Verfolgungswellen. Hintergrund war eine Serie von Missernten. 1586 und 1587 z. B. waren „ohnfruchtbare" und kalte Jahre, die Getreidepreise stiegen, der Wein war sauer. Auch 1588 fiel die Weinernte aus, die des Getreides war nur mittelmäßig. Das nächste unfruchtbare Jahr folgte schon 1589, in dem es den Sommer hindurch regnete. Hagel und Überschwemmungen reduzierten die Ernte noch weiter. 1590 erfroren die Reben, 1591 fraßen die Mäuse das Saatgut – und die Nahrungsmittelpreise stiegen weiter. Über 1592 ließ sich nicht klagen, aber 1593 war es Anfang Februar warm, dann aber wieder plötzlich kalt, so dass Frucht und Wein geschädigt wurden. Kalt und nass bei hohen Ernteausfällen, die durch Importe ausgeglichen wurden, war das Jahr 1594. 1595 ver-

Bei Ermittlungen gegen der Hexerei bezichtigte Frauen wurde – wie bei allen Kapitalverbrechen – auch die Folter angewandt. In Schwäbisch Hall war das rechts auf diesem Holzschnitt sichtbare „Aufziehen" üblich. Holzschnitt des „Petrarcameisters" aus dem ersten Drittel des 16. Jahrhunderts

hungerte das Vieh, nachdem der Winter allzu lange gedauert hatte. Jedes dieser Krisenjahre veranlasste Menschen zur Suche nach den Ursachen ihrer Misere. Manche kamen dabei auf den Gedanken, es könne an der Bösartigkeit von Nachbarinnen und Nachbarn liegen. Für 1588 notierte so der Haller Chronist David Schweicker durchaus zustimmend: *In diesem Jahr hat man zu Ellwangen sehr viel böser Weiber, Gott behüth uns vor ihnen, verbrennt.*

Anna Offenhäuser, jenseits Kochens, wurde 1587 verhaftet, weil sie der Hexerei und des Unholdenwesens bezichtigt worden war und vielen Menschen und vielem Vieh Schaden zugefügt haben soll. Sie erhängte sich im Gefängnis. Das gleiche Schicksal erlitt 1595 die Hebamme Anna Leysin, Witwe des Hans Glück im Weiler. Sie war ebenfalls wegen der Anschuldigung, Hexerei und „Unholdenwesen" getrieben zu haben, inhaftiert worden. Weder in Güte noch unter der Folter hatte sie die gegen sie erhobenen Vorwürfe eingestanden, aber offenbar doch keinen Ausweg mehr gesehen: Sie erhängte sich mit ihrem „Schuhriemen" an der Tür zu ihrem Kerker. Auf sie könnte sich auch der Eintrag in den Stadtrechnungen beziehen, nach dem der Henker von Heilbronn für die Befragung einer (oder mehrerer) Hexe(n) 10 fl erhalten habe. Schon 1591 soll eine Frau wegen Hexerei im Kocher ertränkt worden sein.

Im letzten Jahrzehnt des 16. Jahrhundert verschärften sich die Prozesse in Schwäbisch Hall offenbar deutlich. Von den drei bezichtigten Frauen begingen zwei Selbstmord, weil sie die inhumane Behandlung nicht länger ertragen konnten oder weil sie einem Todesurteil zuvorkommen wollten. Eine Frau scheint hingerichtet worden zu sein.

Karikatur zum Begräbnis eines Ochsens in Beutelsbach 1794. Auch im Haller Land – z. B. in Bibersfeld – kam es vor, dass man einen Ochsen lebendig begrub, um auf diese Weise eine Viehseuche abzuwenden, was der Obrigkeit zu diesem Zeitpunkt als Aberglaube der schlimmsten Sorte galt.

Nach der Jahrhundertwende veränderte sich das Vorgehen der Stadt erneut, diesmal in Richtung auf größere Milde. 1608 wurde die (schon verstorbene) Schwiegermutter des Joachim Stattmann als Hexe bezichtigt. Stattmann verlangte einen Widerruf, womit die Angelegenheit auf sich beruhte. Apollonia Weinlin, die Ehefrau des Hans Weinlin aus Waldbuch, kam 1612 wegen des *abscheulichen Lasters der Hexerey und Unholdenweesens* nach Vellberg ins Gefängnis. Da aber nichts *Gründtlichs* oder *Warhaffts* gegen sie ermittelt werden konnte, wurde sie wieder freigelassen. Apollonia Schumann und ihre gleichnamige Tochter aus Eckartshausen wurden 1616 als Hexen verrufen, kamen zwei Nächte ins Gefängnis, erhielten eine Geldstrafe und wurden wieder entlassen. In einem ähnlichen Fall verlangte 1617 Hans Schloßsteins Frau einen Widerruf. Sie war von Hans Georg Dier der Ermordung von zwei Kindern, des Brauens von Kräutertränklein und des Siebdrehens beschuldigt worden, also durchaus gravierender Delikte. Dennoch behandelte der Rat die Angelegenheit als bloße Verbalinjurie, bestrafte beide Beteiligten und ermahnte die Frau, sich von verdächtigen Dingen fernzuhalten. 1628 scheint gar nur Napurga Schweiker bestraft worden zu sein, die behauptet hatte, die *Brunnenbeckin* in Unterlimpurg sei eine Hexe. Ihre Kontrahentin kam anscheinend ungeschoren davon.

1628 ließ sich Maria Feyerabend, die Ehefrau des Gerbers Hans Romig, jenseits Kochens, durch ihren Mann als Hexe anzeigen und um Einweisung ins Spital bitten. Sie wurde dort 19 Wochen gefangen gehalten und dann des Landes verwiesen. Maria hatte durchaus detaillierte Angaben gemacht (z. B. zu einem Ehebruch mit David Bauer, zu einer Silberkanne, die sie zum Hexensabbat mitgenommen haben wollte, zur Hexensalbe und zu Mittäterinnen), aber es blieben Zweifel, ob sie nicht *melancholisch* sei. Die folgende Auseinandersetzung drehte sich dann nur noch um die Übernahme der Kosten, die die Stadt vom Ehemann wieder einforderte, während Romig die Verantwortung für die Festsetzung seiner Frau beim Rat sah, der auch die finanziellen Folgen zu tragen hatte. Am Ende stand ein Vergleich. Ein ähnlicher Fall scheint 1639 vorzuliegen, als Hans Gräber von Löwenstein wegen Zauberei ausgewiesen wurde. 1644 zeigten sich Michel Abelins Ehefrau von Brachbach und ihre Tochter selbst wegen Hexerei beim Rat an. Gegen beide wurde ernsthaft (u. a. mit Androhung der Folter) ermittelt, dem Rat schien es sich aber um eine bloße Phantasterei zu handeln, aus der auch kein Schaden an Mensch und Vieh entstanden sei. Beide wurden wieder aus der Haft entlassen, aber der Ehemann bzw. Vater musste erst überredet werden, wieder in Gemeinschaft mit ihnen zu leben.

In dieser Phase kamen die meisten Beschuldigten relativ ungeschoren davon. Ausnahmen galten für die Landesverweisungen. Im Fall der Maria Feyerabend scheint es sich – modern gesprochen – eher um eine Depression zu handeln, die zur Selbstanklage führte.

Außerhalb der Gerichtshoheit des Rates vollzog sich die schlimmste aller Hexenverfolgungen im Umfeld der Stadt: Das Haller Hexenbad, das bayerische Truppen 1644 veranstalteten, gegen das sich aber die Stimmung in der Bevölkerung wandte (s. Kasten). Nach dem Dreißigjährigen Krieg setzten sich Beschuldigungen wegen Hexerei dennoch munter fort. 1662 wies der Rat den Bortenmacher Christian Gosch mitsamt seiner Frau wegen Zauberei aus. 1674 wurde Ursula Rüeger, Ehefrau des Joß Rüeger aus Sanzenbach, beschuldigt, eine Hexe zu sein. Sie soll auch ihre Tochter in den entsprechenden Künsten unterrichtet haben. Der Rat gelangte aber zur Auffassung, es handle sich um bloßes „Kindergeschwätz", ließ Ursula wieder frei, verlangte aber, dass sie sich an einem anderen Ort niederlasse – offenbar herrschten in Sanzenbach zwischen Rüegers und den anderen Einwohnern unerträgliche Spannungen. Im Jahr darauf verdächtigte der Enslinger Martin Könlin seine Frau, eine Hexe zu sein und verprügelte sie, wofür ihn der Rat bestrafte, da die Anschuldigung jeder Grundlage entbehrte. Anna Maria Schmid von Ilshofen soll 1681 Daniel Krieger das „Mannrecht" genommen haben. Schließlich gestand 1690 Hans Knießer von Talheim seine Enkelin zum „Teufelswerk" verführt haben. Er sei mit ihr auf dem Hexentanz gewesen. Knießer starb im Gefängnis.

Mit dem Beginn des 18. Jahrhunderts verändert sich der Tonfall. Beschuldigungen wegen Zauberei wurden nun vom Magistrat als eher skurril angesehen, auch wenn im Einzelfall noch Untersuchungen eingeleitet wurden. 1705 stand der Haushalt des Rotgerbers Wäckerlin jenseits Kochens unter Beobachtung. Johann Jakob Kayßer, Schuhmacher, verdächtigte man 1708, seinen Schuhknecht Philipp Lay mit dem Bock aus Frankfurt geholt zu haben. 1715 wurde gegen Anna Maria Wagner ermittelt, die einer Kindbetterin angeblich die Milch genommen hatte und gegen die der starke Verdacht der Hexerei bestand. Den Tiefpunkt der Haller Hexerei markiert die Wirtin von Cröffelbach, die – als sie beabsichtigte, zum Hexensabbat zu reiten – im Kamin steckengeblieben sein soll. 1716 wurde gegen die Posthalterin Rohnfelder ermittelt, die – vermutete man – ihren Mann mit dem

109. Psalm zu Tode gebetet hatte. Zauberei übte 1714 auch Stadthirt Jakob Hohl aus. Er wurde auf den Lasterstein gestellt und des Landes verwiesen, seine „Scripturen" öffentlich verbrannt. Der Färber Johann Conrad Baumann schließlich hatte 1718 versucht, ein Gespenst aus seinem Haus in der Gelbinger Gasse vertreiben zu lassen und dafür die Dienste des professionellen Geisterbeschwörers Johann Jakob Dieter (wie einige andere Haller auch) in Anspruch genommen, was Strafen für alle Beteiligten nach sich zog, aber zu keinem Hexenprozess mehr führte.

Wenn auch nur in einem Teil der Prozesse die Beschuldigungen konkretisiert werden, so ergeben die überlieferten doch einen Querschnitt durch die auch sonst in Hexenprozessen thematisierten Klagen. Die Vorwürfe, Männer impotent gemacht zu haben, andere Frauen und Männer auf einem Bock zum Hexensabbat mitgenommen, Kinder bzw. Föten getötet und Mensch und Vieh geschadet zu haben, sind sozusagen der Minimalkatalog solcher Klagen. Sie zeigen zugleich einige der vorherrschenden Ängste und Sorgen der frühneuzeitlichen Gesellschaft. Menschen wie Tiere waren für die Haller des 16., 17. und 18. Jahrhunderts noch offen für magische Beeinflussung. Die Segenssprüche und Verfluchungen der angeblichen Hexen konnten das Wohlergehen ihrer Mitbürgerinnen und Mitbürger fördern oder beeinträchtigen. Erst als die Richter (und mit Zeitverzögerung auch die Untertanen) nicht mehr an die Möglichkeit solcher Einflüsse glaubten, endeten die Hexenprozesse. In Schwäbisch Hall scheinen schon in der Mitte des 17. Jahrhunderts Zweifel aufgekommen zu sein (das Gutachten von Stadtschreiber Löchner über den Fall der Maria Feyerabend galt 80 Jahre später als lesenswert – sicher wegen seiner skeptischen Haltung). Magische Praktiken und ihre Verfolgung als unchristlicher Aberglauben aber dauerten noch lange fort

**Das Haller Hexenbad
Anno 1644**

...

Nota: Auß folgendem Bericht wird der günstige Leßer zu vernehmen haben, wie und welcher Gestalt obberührter allhie zu Hall liegende Obriste Sporck mit denen unter seinem Kriegscommando befindlichen Weibern, ihme aber wegen verübter Hexerey verdächtigen Persohnen procedirt und verfahren, und das so genannte Hexenbad verordnet und angestellet.
Wann dießer Obriste Sporck, eine unter seinem Regiment Soldaten habendes Weib in dießen bößen Verdacht gezogen und solchen Argwohn geschöpffet (welcher dahero entsprungen, wann etwan ein Unfall unter seine Pferdt oder anders kommen) daß selbige eine Hexe seye und ihme irrgend Schaden zufüge. So pflegte er mit derselbigen bald folgenden Process anzustellen und vorzunehmen, sie dardurch zu probiren und seinestheils gewiß zu erfahren, ob sie ein solches bößes Weib seye oder nicht, dann er ein solches Beginnen für ein gewißes unfehlbares Mittel hielte, die Wahr- und Gewißheit dardurch zu erlangen. Alß erstlich ließ er ein solch Weib (auff die er dießen erzehlten argen Verdacht geworffen und gefasset) zu sich erfordern und ihr alßdann fürhalten und anzeigen, warumb sie erfordert, nemblich daß sie eine Unhold oder Hexe seye? Wann sie sich hierauff mit ja erklärt, ist sie ohne weitere Proceduren mit dem Schwerdt vom Leben zum Todt hingericht und verbrandt worden; hatt sie aber solches nicht gethan, sondern sich deßhalben unschuldig und unwißend dargegeben, so ist die gewaltsame hochschmertzliche Tortur dermaßen vorgenommen, auch angehalten und geschärpffet, biß sie sich hierzu erkandt und bekennet hatte, maßen er dann durch grausame schreckliche Tortur etliche zu solcher Bekanntnus gebracht und folgends mit dem

Schwerdt hingerichtet, darnach mit Feuer vertilget hatte. Vor der Tortur ließ er eine solche Persohn durch die Stadt hinaus zum Weyler Thor und an dem Thorhäußlin am Stattgraben hinab an den Kocher, allwo vor dießem daz Wäschhäußlin gestanden, führen, daselbsten finger nackendt ausziehen, die Hände creutzweiß übereinander solchergestalten ziehen, daß die rechte Hand und der lincke Fuß zusammen geknüpffet, mit einem sehr langen Strickh umb den bloßen Leibe gebunden, und sie also ohne Bedeckung weiblicher Scham, in Gegenwart sehr vieler Persohnen, von jungen und alten, großen und kleinen, sowohl weiblichen als mannlichen Persohnen in den Kocher daselbsten, an welchem Orth es sehr tieff war, geworffen (mit dem umbgebenden Strickh aber von dem Sporckischen Profosen allein zu dem Ende gehalten worden, damit sie nicht ersauffen, sondern wiederumb füglich heraus gezogen werden könte). Wann sie in dem Waßer untergefallen alß ein Stein, ist sie für unschuldig gehalten und wiederumb herausgezogen, da sie aber nicht unter gesunken, sondern empor geschwummen, ist der Obrist auf seinem Vorhaben und Meinung steiff beharret, sie seye ein solches bößes Weib, demnach heraus gezogen und zum Todt verurtheilt, der Kopff bey der Stadt Halßgericht abgehauen und darauff verbrandt worden. Wann sie aber nach vollbrachter Schwemme oder Bade, noch beharren wollen, sie seyen des bößen schändlichen Nahmens unschuldig, ist die Tortur zur Hand genommen und sie damit belegt, auch hierdurch zur Bekandtnus solcher bößen That gezwungen worden. Dießer berührten Proceduren seynd 7 allhie zu Hall vorgangen, wie der günstige freundliche Leßer gleicher Gestalt nachfolgendermaßen zu vernehmen haben wird.

1)
Die erste ist vorgenommen worden den 8. Martii mit einem seiner Soldaten Weib, welche von dem Profosen gantz fingernackendt ausgezogen, auch des Haarbändels beraubet, die rechte Hand und lincke Fuß, und die lincke Hand und der rechte Fuß zusammen gebunden, mit dem Strickh umbgeben, und also in Gegenwart des Obristen Sporcken, etlichen der seinigen, und etlicher 100 Persohnen oberwehntermaßen in das Waßer an ernanntem Orth geworffen, nach gewöhnlicher dreymahliger Schwemme, weilen sie kein Mahl untergefallen, sondern jedesmahl obgeschwummen, zum Todt verdambt, mit dem Schwerdt gerichtet und folgends verbrand worden.

2 und 3)
Den 23. Martii sind nach eingezogener Gefangnus zwey seiner Soldatenweiber auf oberzelte Weiße gebadet, geschwemmet und weilen sie nit untergesuncken, sondern nach dreymahlig wiederhohltem Hineinwerffen, ob dem Waßer geschwummen, von dannen wiederumb herausgezogen, zum Schwerdt und Feuer verdamet, enthauptet und verbrennet worden. ...

Demnach wieder obbemeltes ungebührliches unchristliches Ausziehen und offentliches Entblößen, auch Schwemmen und Baden, solcher Weiber viel geredet worden und von männiglichen bevorab Verständigen für ein unchristlich, ja heydnisches Werck gehalten worden. Darumb der Sporckh zu beßerer Versicherung seines Vorhabens und Ableinung ungleicher Reden eine Summam Gelts ausgebotten, da eine deßhalben unverdächtige Persohn sich zur Prob hierzu gebrauchen und auff gleiche Weiße baden oder schwemmen laßen wolte. Nachdem sich aber niemand deßen auß Liebe zum Geldt unterstehen wollen, hatt endlichen ein Judt, der Löwle genannt, zu Steinbach wohnhafft, alß eine Gelt begierige Persohn, jedoch mit Verwahrung oder Verdeckung mannlichen Glieds, hierzu eingewilligt, sich gewöhnlicher Maßen zu dreyen unterschiedlichen Mahlen schwemmen und baden laßen, und jedesmahls untergefallen, dergestalt, daß er schier eingebüßet hette und ersoffen wäre; da dann die Henckersknecht zusambt den Anweßenden ein lächerliches Gespiel mit ihme getrieben, begehrende, er solte ein Christ werden, welches er aber nicht thun wollen etc. Endlich ist er mit außgebottener und gegebener Verehrung der 12 Reichstaler wiederumb loßgelaßen worden. Actum den 6. Maii.

4)
Von solcher jüdischen Waßerschwemme und Kochenbad ist Sporckh viel mehr gestarcket worden, in seinem Beginnen fortzufahren, derowegen den 15. Maii eine Lieutenantin nicht allein gefänglich einziehen, baden und auf obbemelte Weiße schwemmen, folgends weilen sie nicht bekennen wollen, dermaßen torquieren laßen, daß sie endlichen solcher That geständig und schuldig, darumb sie alß vierdte hierauff auch mit dem Schwerdt gerichtet und hernach verbrandt worden. Actum den 21. Maii.

5) et 6)
Weiter seynd den 18. et 19. Maii abermahl deßwegen zwey Weiber in Verhafftung genommen, deren die eine eine Wachtmeisterin, die andere aber eine alte Marquetenderin, beede von dem Sporkischen Volck, selbige durch offtgemeltes Kochenbaden und 3mahliges Waßerschwemmen probiret, weilen sie aber wie die vorgehende nicht untergefallen, sondern empor auf dem Waßer geschwummen, auch hierauff nichts bekennen wollen, sondern für unschuldig sich angegeben, alß ist dahero die Wachtmeisterin zur Tortur erkandt, und an derselben in die 7 gantzer Stunden hangend gehalten, dißen Tag aber keine Bekantnus aus ihr zu bringen geweßen, sondern des andern Tags ist sie mit solcher bößen Bekantnus heraus gegangen, darumb sie beede den 28. Maii enthauptet und darnach verbrandt worden sind.

7)
Letzlichen hatt sich ein ander Weib herzugemacht, bey 21 Jahren alt, die hatt in Betrachtung obberührter unziemlicher Entblößung, auch offentlicher Darstellung, nachgehends Schwemmung etc. sich freywillig für ein solch böses Weib angegeben, darumb sie auch weder geschwemmt noch torquirt, sondern ohne langen Verzug gleich andern mit dem Schwerdt gerichtet und verbrand worden. Und dießes war die letzte als siebende verbrandte Hex oder Unholdt. Actum den 30. Maii. Dieße elende arme Persohn hatt 2 Kinder, so Mägdlein, noch sehr klein und jung, deren eines dem Gürtler Ezechiel Grünewald überlaßen, sambt einem Stücklein Gelds und von ihme aufferzogen; das andere alß geringste in den Hospithal gethan worden, daselbsten es bald gestorben. So bald diß letztere Weib hingerichtet worden, hatt vielgemelter Obrist Sporckh sambt seinen 4 1/2 Compagnien Soldaten, eytel Currasrier zu Pferdt, alsobalden noch selbigen Tages seinen Aufbruch genommen und hinweggezogen.

Die Wirtschaft der Stadt zwischen 1500 und 1800

Das Haal mit den Siedehütten der Saline und einem Floß auf dem Kocher. Aquarell von Peter Koch, 1868

Natürliche Ressourcen

Die wichtigste Ressource der Stadt und Grund ihrer Entstehung war die Salzquelle. An ihrer Ausbeutung änderte sich allerdings, nach dem das Mittelalter die Grundstrukturen geschaffen hatte, wenig. Der Haalbrunnen („Sulenbau") musste in regelmäßigen Abständen erneuert werden: So 1496, als der Brunnen neu errichtet wurde, weil die Abdichtungen schadhaft waren, oder 1521, als vier zusätzliche Schächte angelegt wurden, um den Druck auf den Haalbrunnen zu mindern. 1540 scheiterte ein Plan, das Süßwasser direkt in den Kocher abzuleiten, an der Länge des dazu nötigen Kanals: Er hätte erst 4 km unterhalb des Haals in den Fluss münden können. Häufiger noch als gebaut wurde, reinigten die Sieder den Brunnen („Sulenfegen"), in dem sich immer wieder Schlamm und Unrat ansammelten, und besserten schadhafte Stellen aus. Zum großen Einschnitt in der Geschichte der Saline wurde schließlich die Einführung der Luftgradierung im 18. Jahrhundert (dazu s. Kap. 41).

Die Markung der Stadt Schwäbisch Hall war klein. Nach der Vermessung des 19. Jahrhunderts umfasste sie einschließlich Unterlimpurgs und der Höfe (Teurershof, Rollhof, Reifenhof, Oberlimpurg) knapp 1809 Morgen, das sind 570 Hektar. Nur die Markungen von Gelbingen, Eltershofen und Vellberg waren im Oberamt kleiner. Jedes andere Dorf hatte mehr Fläche zur Verfügung als die Stadt. Dementsprechend spielte landwirtschaftliche Tätigkeit in der Stadt keine

Rolle. 1804 wurden als hauptberuflich Tätige 22 Bauern und ein Weingärtner gezählt. Dazu kamen aber noch 240 Holzhauer und Taglöhner, die mindestens teilweise im landwirtschaftlichen Bereich tätig waren. Abgesehen von den Höfen, die über Ackerflächen verfügten, verblieben nur Gärten, Wiesen und Weinberge im Umfeld der Stadt. Gärten gab es auch innerhalb der Stadtmauern; vor allem jenseits Kochens in der Katharinenvorstadt waren relativ große Flächen unbebaut. Viele Bürger besaßen und bewirtschafteten einen Garten vor den Toren, in die sie auch häufig Gartenhäuschen gebaut hatten. Zumeist scheinen diese Gärten Obst und vor allem Heu geliefert zu haben, denn der Viehbestand war trotz der kleinen Fläche umfangreich. 1804 zählte man 150 Pferde, 220 Rinder, 275 Schafe, 260 Schweine, 25 Ziegen und 16 Bienenstände in der Stadt. 1827 nannte eine Statistik 195 Pferde, 386 Rinder und 762 Schafe, also deutlich mehr als 1804. Viehhaltung sicherte die Existenz, gerade auch der ärmeren Stadtbewohner.

Versorgung der Stadt: Produkte

Die Versorgung einer frühneuzeitlichen Stadt mit Lebensmitteln und Holz war nicht dem Spiel von Angebot und Nachfrage überlassen. Zahlreiche Vorschriften banden die ländliche Bevölkerung an die städtischen Märkte. Zwang wurde von der Reichsstadt direkt, nicht verschleiert über Marktbeziehungen, ausgeübt.

Für die Landbevölkerung war vorgeschrieben, wo sie die von ihr produzierten Lebensmittel anbieten und verkaufen sollte. Im 16. Jahrhundert gab es „Kornbeseher" und „Kornmesser", die Qualität und Quantität des zum Verkauf gelangenden Getreides begutachteten. Die Korn- und Fruchtordnung von 1535 der Stadt Schwäbisch Hall schrieb die Pflicht, im Kornhaus das zum Verkauf bestimmte Getreide anzubieten, fest. Direkter Aufkauf auf dem Land wurde verboten, ebenso der Verkauf des Getreides auf dem Halm. Zahlreiche Dekrete versuchten den Verkauf von Getreide und Brot außerhalb Landes zu regulieren bzw. fallweise zu verbieten. 1571 z. B. wurde Peter Reitzellin bestraft, weil er das Brot zu klein gebacken und nach auswärts verkauft hatte.

Ähnlich streng geregelt war auch der Verkauf anderer Lebensmittel. Beispielhaft sei das Schmalz herausgegriffen, für dessen Handel 1542 eine eigene Schmalzordnung erlassen wurde. „Schmalzwäger" und „Schmalzschauer" wurden von der Stadt eingesetzt, die das Gewicht und die Art der angebotenen Ware zu kontrollieren hatten. Schließlich sollten auf den Märkten zuerst die einheimischen Endverbraucher zum Zuge kommen. Wiederverkäufer und Fremde mussten warten, bis auf dem Kirchhof von St. Michael ein Banner aufgesteckt wurde. Erst dann war ihnen der Einkauf gestattet. Diese Vorschriften blieben trotz der Liberalisierungstendenzen des 18. Jahrhundert bis zum Ende der reichsstädtischen Zeit in Kraft.

Innerhalb der Stadt hatten die Sieder das Monopol auf den Salzhandel. Großhändler durften in Schwäbisch Hall und in einem Umkreis von drei deutschen Meilen nicht verkaufen. „Salzmesser" überwachten die Gefäße und Gewichte für Kauf und Verkauf und kontrollierten die Qualität des Salzes. Auswärtige Händler mussten ihren Bedarf im Salzhaus decken, wobei Konkurrenz unter den Siedern nicht stattfinden sollte. Versorgt wurden im Spätmittelalter und bis in das 17. Jahrhundert vor allem die Pfalz und das Elsass, dazu ein Teil Württembergs.

Den Wein nicht zu verfälschen, beeideten die Bürger im Beeteid, zusammen mit der Anerkennung der städtischen Gerichtshoheit, der Meldung von Aufruhr und der korrekten Entrichtung der Vermögensteuer. Dies zeigt schon der Stellenwert, den die Stadt der Reinheit des produzierten und vor allem des gehandelten Weins zumaß. Dementsprechend umfänglich waren die Vorschriften für den Handel und den Ausschank des Produkts. Jeder, der Wein nach Hall importierte, hatte schon 1524 zu schwören, dass das Getränk unvermischt und unverfälscht sei. Zugelassen blieb lediglich ein Ringlein Schwefel und Anis, dessen Gewicht genau festgelegt war, auf ein Fuder Wein. Nur den Wein, den man selber trinken wollte, durfte man zubereiten, wie man wollte.

Schafe sollten nur innerhalb der hällischen Landwehr an hällische Bürger oder Untertanen verkauft werden, nicht aber nach außerhalb. Dies bedeutete eine Art Monopol für die Metzger in Schwäbisch Hall, die in dem genannten Dekret als Aufkäufer erwähnt werden. 1596 wurde dieses Verkaufsverbot auf alles Weide- und Mastvieh ausgedehnt. 1621 schrieb der Rat ausdrücklich vor, dass (Rind-)Vieh nur an hällische Metzger verkauft werden sollte, um der Stadt das Fleisch nicht zu entziehen.

Der Landbevölkerung wurde der Verkauf von Fleisch in kleinen Portionen untersagt, auch dieses Geschäft blieb den städtischen Metzgern vorbehalten.

Schon aus dem Ende des 15. Jahrhunderts datiert die Holzkaufsordnung, deren Anlass offenbar Klagen von armen und reichen Bürgern gewesen waren. Insbesondere wurde das Maß, mit dem Holz gemessen werden sollte, festgelegt. Es war am Rathaus und an den vier Stadttoren angeschlagen. Ein städtischer Holzmesser (der separat entlohnt werden musste) war bei Käufen einzuschalten. Er kontrollierte nicht nur das Maß, sondern auch die Qualität des Brennholzes. Preise wurden nicht geregelt. Der Käufer durfte sich den Holzmesser, den er zuziehen wollte, aussuchen, nicht aber der Bauer, der sein Holz verkaufen wollte. Auch die Torwärter waren mit Kontrollaufgaben betraut: Sie hatten aufzuschreiben, wieviel Holz in die Stadt geführt wurde.

Auch beim Brennholz war Zwischenhandel („Fürkauf") verboten. Produzent und Endverbraucher sollten direkt miteinander handeln. 1569 und 1586 stellte der Magistrat fest, dass seine Bürger und Untertanen das Brennholz außerhalb der Stadt vor den Toren und auf den Straßen aufkauften und so verhinderten, dass es überhaupt auf den Markt gebracht wurde. Die Armen litten dadurch Nachteil, da sie zu keinem billigen Holz mehr kämen. 1621 beklagte der Rat, dass die Bauern, die in der Stadt Brennholz verkauften, dessen Preis so stark erhöhten, wie es niemals zuvor der Fall gewesen war.

Ein Sonderthema war die Versorgung der Saline mit Holz aus den limpurgischen Wäldern. Es wurde im Frühjahr von den Waldbauern geschlagen, blieb dann den Sommer über liegen, bevor im Herbst das Zusammentragen in Flussnähe begann. Dort zersägten die Bauern die Stämme in „Haalblöcke", die gekennzeichnet wurden („Floßmäler"). Das Flößen selbst begann, wenn die Flüsse genug Wasser führten, meist bei Beginn der Schneeschmelze. Die Limpurger brachten das Holz bis zur Grenze des reichsstädtischen Gebiets, dann übernahmen Beauftragte der Saline den Weitertransport. Immer wieder blieb Holz hängen oder verkantete sich, so dass die Blöcke wieder flott gemacht werden mussten, was eine unangenehme und gefährliche Arbeit war. In Hall wurde das Holz aus dem Fluss gezogen, der „Kocherschreiber" notierte sich Mäler und Holzmenge. Auf Grundlage seiner Zusammenstellung wurden die Bauern bezahlt, die deshalb auch nur Geld für in der Stadt angekommenes Holz erhielten. Gestapelt wurde das Holz vor den Mauern am Haal und auf dem Unterwöhrd.

Ebenfalls aus dem Limpurger Land stammte die Holzkohle, die zum Trocknen des Salzes verwendet wurde. Insgesamt profitierten beide Seiten von der Saline. Die Limpurger konnten ihr Holz verkaufen, die Haller hatten stabile Beziehungen zu ihren Lieferanten. Einzelne Sieder scheinen über Jahre hinweg bei bestimmten Bauern gekauft zu haben und umgekehrt.

Versorgung der Stadt: Modalitäten

Zölle wurden an verschiedenen Örtlichkeiten und mit differenzierter Begründung erhoben. Den Brückenzoll zu Hall selber verlieh Kaiser Ludwig der Bayer 1343 der Stadt, was von Kaiser Karl IV. und König Wenzel 1348 und 1393 bestätigt wurde. Den Brückenzoll, den die Herren von Vellberg von der Bühlerbrücke eingezogen hatten, erwarb die Reichsstadt mit dem Kauf Vellbergs. Torzölle waren beim Betreten der Stadt an fünf Stadttoren (Langenfelder, Riedener, Gelbinger, Weiler und Limpurger Tor) zu entrichten. Zollpflichtig waren ein- und durchgeführte Güter, Haller Bürger blieben befreit, Untertanen auf dem Land und Fremde aber mussten bezahlen. Transitzölle unter vier Stadttoren und zu Geislingen fielen ursprünglich an die Herrschaft Limpurg. 1541 erwarb die Stadt Hall die Hälfte dieser Zölle, der andere Teil verblieb bei Limpurg-Gaildorf und fiel nach Aussterben dieser Linie an Brandenburg-Ansbach. 1754 kaufte Schwäbisch Hall auch diese Hälfte der Zölle. Der Reichszoll und die städtischen Torzölle wurden getrennt erhoben und separat in den Stadtrechnungen verbucht.

Ab dem 17. Jahrhundert erhob die Reichsstadt *Wöhrzölle*, die an zahlreichen Stellen auf dem Land, oft schon in der Nähe der Landheg, eingezogen wurden. Da die Stadt die Wege so lenkte, dass ihre zahlreichen Zollstellen passiert werden mussten, während die gemeinschaftlich mit Limpurg betriebenen eher umgangen wurden, stiegen die Einnahmen aus dem hällischen Zoll an, während die aus dem Reichszoll weit zurückblieben. Schließlich gab es noch den Ilshofener Zoll, der in Ilshofen, Cröffelbach, Eckartshausen, Oberaspach und Lorenzenzimmern fällig war und 1562 von Hohenlohe mit der Stadt Ilshofen erworben worden war.

Unter den Toren zog man schließlich noch das Pflastergeld ein, das je nach Zug-, Last- oder Reittier und nach Ladezustand des Wagens differenziert war. Auch für das auf dem Kocher geflößte Holz fiel ein Zoll an (Kocherholz- oder Guldenzoll bzw. Blockzoll).

Juden zahlten einen spezifischen Leibzoll, wenn sie die Stadt betraten oder passierten.

Zu Anfang des 16. Jahrhunderts bestand eine Vielzahl von Jahrmärkten in Hall: Die Stadtrechnungen verzeichnen Einnahmen von fremden Krämern und Tuchern zu Knabendienstag (= Fastnachtsdienstag), Pfingsten, Bruderkirchweih (dem Tag, an dem die Franziskaner die Weihe ihrer Kirche feierten – in Hall sollte das eigentlich Jakobi sein, anscheinend aber wurde der Beginn des Marktes acht Tage vorher als eigenes Datum gezählt), Jakobi (25. Juli), Egidii (= Ägidius, 1. September) und Michaelis (29. September) sowie von einer *gemeinen Meß*, die zwischen Fastnacht und Pfingsten (möglicherweise an Ostern) stattgefunden haben muss. Der bedeutendste Jahrmarkt zu diesem Zeitpunkt scheint der Michaelismarkt gewesen zu sein, zu dem auch die hällischen Tucher, Krämer und Kürschner Ladenbuden aufschlugen, um ihre Waren an die Kundin und den Kunden zu bringen. An zweiter Stelle folgte Jakobi, an dritter der Knabendienstag. Für 1502 berichtet Herolt, dass am Knabendienstag die Bauern *gemainlich gen Hall zu marckht ziehen*. Anscheinend kam an diesem Tag in Hall auch ein Wagen zur Verwendung, bei dem die Stadtknechte zu schaffen hatten. Dabei könnte es sich um den Faschingswagen handeln. Aus anderen Quellen lässt sich erhellen, welchen Festcharakter die Jahrmärkte hatten. Es wurde auf den Gassen gekocht und Essen an die Besucher ausgegeben.

Im 17. Jahrhundert wurden fünf Jahrmärkte abgehalten: Weihnachten/Obersttag (= 6. Januar), Knabendienstag, Jakobi, Michaelis und Martini. 1661 beschränkte der Rat die Jahrmärkte mit Besuch von Auswärtigen auf drei (Jakobi, Michaelis und Knabendienstag), an den beiden anderen zu Martini und Obersttag sollten dagegen Fremde nicht mehr feilhalten dürfen. Wochenmärkte gab es am Dienstag, Donnerstag und Samstag. Im 18. Jahrhundert hatten tatsächlich nur noch die drei Hauptmärkte überlebt: Der Knabendienstag, Jakobi und Michaelis bestanden fort bis ins 19. Jahrhundert bzw. bis heute.

Versorgung der Stadt: Produzenten und Dienstleister

Innerhalb der Stadt hatte sich im 15. und vollends im 16. Jahrhundert das Wirtschaftsleben differenziert. Dienstleistungen und Produktion erfolgten als spezialisierte Tätigkeiten, oft entlang umstrittener Trennlinien.

Die Handwerker bildeten den größten Teil der Bevölkerung. Da Hall, abgesehen vom Salz (und vielleicht zeitweise Tuch), keine Exportartikel produzierte, diente das Handwerk den Bedürfnissen von Stadt- und Landbewohnern. Dies führte zu einer breiten Diversifizierung ohne Schwerpunktbildung in bestimmten Handwerken. 1545 zählte Gerd Wunder in den Vermögenssteuerlisten 530 Handwerksmeister außer den 80 Salzsiedern. 1804 wurden 446 Handwerksmeister, 230 Gesellen und 71 Lehrjungen gezählt. Dies ergibt einen deutlichen Rückgang bei den Meistern. Selbst wenn man berücksichtigt, dass Kaufleute 1545 noch als Handwerksmeister geführt wurden und auch diese 40 Geschäftsleute noch hinzuzählt, ergibt sich eine Reduktion.

Die Handwerker waren zu Zünften zusammengeschlossen, die keine politischen Mitspracherechte hatten, sondern von Ratsherren kontrolliert wurden. Dennoch monopolisierten die Zünfte bestimmte Produkte und Handelswege oder versuchten zumindest, andere von lukrativen Verdienstmöglichkeiten ausschließen zu lassen. Sie regelten auch die Ausbildung und die Zulassung neuer Meister. Ihre Mitglieder waren durch vielfältige soziale Bande (Paten- und Vormundschaften, Heiratsbeziehungen) verbunden, sie feierten und trauerten gemeinsam.

Untereinander stritten die Zünfte intensiv um den Zugang zu bestimmten Märkten bzw. den Ausschluss anderer von diesen Märkten: Krämer gegen Metzger, Metzger gegen Gerber, Seckler gegen Krämer, Schmiede gegen Eisenhändler, Buchbinder gegen den Buchdrucker, Weber gegen Krämer, Küfer gegen Kübler, Schlosser gegen Huf- und Waffenschmiede, Färber gegen Tuchmacher usw. Alle diese Streitigkeiten wurden vom Rat fallweise geschlichtet oder auf die lange Bank geschoben, der dadurch über Eingriffsmöglichkeiten in die Angelegenheiten fast jeden Stadtbürgers verfügte und die Auseinandersetzungen durchaus auch nutzte, um verschiedene Gruppen und Grüppchen der städtischen Gesellschaft gegeneinander in Stellung zu bringen. Herrschaft ließ sich dadurch befestigen. Ob der wirtschaftlichen Entwicklung damit gedient war, ist dagegen eher fraglich.

Innerhalb der Handwerkerschaft ergaben sich im Laufe der Jahrhunderte dramatische Verschiebungen, die auf die veränderte Position der Stadt Schwäbisch Hall im regionalen Handel hindeuten. Größte Handwerke waren 1545 Bäcker, Tuchmacher, Seckler, Schuhmacher und Gerber, 1625 Gerber, Metzger, Schneider, Bäcker und Schuhmacher, 1682 Schuhmacher, Küfer und Kübler, Bäcker, Metzger und Schneider, 1754 Metzger, Bäcker, Schuhmacher, Schneider und Gastwirte. Lässt man im letzten Jahr die Wirte weg (die von ihrer Ausbildung her zumeist Metzger oder Bäcker waren), rücken Gerber und Küfer/Kübler auf. Relativ stabil über die Jahrhunderte hinweg waren die Nahrungsmittelhandwerke (Bäcker, Metzger, Wirte). Einen starken Rückgang dagegen erlebten die Lederhandwerker (Gerber, Kürschner, Seckler), wobei hier auch die Umgruppierung zu Handelsaktivitäten eine Rolle spielt. Die Zahl der Schuhmacher dagegen blieb konstant. Im Niedergang befanden sich die Textilhandwerke (Tuchmacher, Zeugmacher, Leinenweber). Schwäbisch Hall war nie ein großes Zentrum der Textilproduktion gewesen, hatte aber im 16. Jahrhundert wohl einen bescheidenen Tuchexport. Auch nach dem Dreißigjährigen Krieg scheint die Herstellung von Wolltuchen noch interessant gewesen zu sein, danach aber begann ein

Darstellung eines Ochsen aus einem Meisterbrief von 1759 für einen Metzger

starker Rückgang, der sich auch in der Zahl der gewalkten Tuche zeigte.

Insgesamt konzentrierte sich die Handwerksproduktion der Stadt verstärkt auf den lokalen und regionalen Markt, das Haller Exportprodukt wurde in noch stärkerem Maß das Salz.

Die Berufsgruppen waren nach ihren Vermögen stark differenziert. 1625 waren Tuchmacher, Wirte, Handelsleute, Bäcker, Gerber und Seilmacher die sechs wohlhabendsten handwerklichen Berufsgruppen, die Schlosser, Schreiner, Hutmacher, Leinenweber, Küfer und Schuhmacher die sechs ärmsten. Abgesehen von individuellen Zufällen (wie Unfähigkeit, Krankheit oder schlichtes Pech) spiegelt diese Hierarchie den Zugang zu Handelsmöglichkeiten wider. Bäcker arbeiteten auch im Getreidehandel, Gerber im Lederhandel. Die Zahlen für das durchschnittliche Vermögen aufgrund der Steuerlisten der einzelnen Handwerksgruppen zeigen einen scharfen Rückgang für die meisten schon bis 1682, vollends aber bis 1754.

Intern waren die handwerklichen Berufsgruppen keineswegs einheitlich. Die Vermögensdifferenzen waren groß: Auch wenn die Schuhmacher insgesamt arm waren, konnten einige wenige doch im 17. Jahrhundert zu beträchtlichem Wohlstand kommen. Dies veränderte sich im 18. Jahrhundert: Die Chancen, in armen Handwerken wohlhabend zu sein, verringerten sich drastisch. Die Möglichkeiten in den reicheren Handwerken dagegen blieben gewahrt, auch wenn es hier jetzt einige Arme gab. 1754 waren 90 % der Schuhmacher oder Schneider arm, aber „nur" 60 % der Gerber, 45 % der Metzger und 15 % der Bäcker.

Die Gründe für diese Veränderungen waren sicher komplex: Zum einen etablierten sich einfachere handwerkliche Tätigkeiten (wie Schuhmacherei und Schneiderei) auch auf dem Land, so dass die städtischen Handwerker ihre ländliche Kundschaft einbüßten. Zum anderen verstärkte sich die Konkurrenz durch Importwaren, die in zunehmenden Mengen von Läden und durch Hausierer vertrieben wurden. Die spezialisierten städtischen Handwerke wie die Gerber (die auch den ländlichen Schuhmachern das Leder lieferten) konnten dagegen ihre Position halten.

Handwerksgesellen zogen auch im 18. Jahrhundert noch in andere Städte. Der Rotgerber Christoph David Kämpf etwa wanderte 1748 nach Basel, Frankfurt, Lübeck und Danzig, zurück über Rostock und Leipzig. 1749 war er wieder zu Hause. Die Aufenthalte an den einzelnen Orten waren nur kurz, dienten wohl eher der Anknüpfung nützlicher Verbindungen als dem Erlernen von Handwerkstechniken. Auch in späteren Jahren reiste Kämpf noch viel, so besuchte er etwa regelmäßig die Frankfurter Messe, um Leder einzukaufen. Auch das zeigt, wie wichtig Handel für Handwerker im 18. Jahrhundert wurde. Christoph David Kämpf erreichte im Laufe seines Lebens einen ziemlichen Wohlstand und deklarierte 1793 ein Steuervermögen von über 6.000 fl.

Handel fand zunächst oft als Nebengewerbe statt. Erst im Laufe des 17. und 18. Jahrhunderts erscheinen die Handelsleute dann verstärkt als solche. Salz- und Weinhandel zählte zu den Existenzgrundlagen der Stadt. Betrieben wurde er von den Stadtadligen, den Handwerkern und den Salzsiedern, ohne dass Berufsbezeichnungen wie Wein- oder Salzhändler auftauchen. Schon der Streit um die Kellerhälse 1316 oder die diversen Vorschriften über Weinpanscherei belegen die Bedeutung diesen Handels.

Ansonsten scheint es im 16. Jahrhundert noch Export von Wolle und Tuchen gegeben zu haben, der aber nicht überdauerte. Haller Handelsleute waren danach wohl eher Importeure als Exporteure, was nicht hinderte, dass sie im 18. Jahrhundert recht wohlhabend oder auch richtig reich werden konnten. Die oft zitierte statistische Übersicht von 1804 nennt 40 Kaufleute und Lebküchner, wovon die meisten bescheidene Existenzen waren.

Die Ausnahme war z. B. Georg Christoph Eberhard von Olnhausen, der 1802 47.000 fl hinterließ und einen Laden im Haus Am Markt 9 betrieben hatte. Die Liste der Ladenschulden zeigt weite Handels- und Kundenbeziehungen in Stadt und Land, die nach Gaildorf, Sulzbach und Crailsheim, Honhardt, Neckarsulm, Künzelsau, Forchtenberg, Ellwangen und Adelmannsfelden, aber auch nach Augsburg und Köln, Frankfurt und Wien, selbst Bremen, London und Liverpool reichten. Verkauft hatte von Olnhausen Kaffee, Blei, Kandiszucker und Schwefel, Bleiweiß und Stockfisch, Pfeffer, „Zibeben", Tee und Vitriol, Leim, Pomeranzenschalen und Rübensamen, Farben, Eisen und Pottasche, Papier und Schwämme, Champagner und Munition. Nebenbei hatte er Bankgeschäfte betrieben und Wechsel z. B. nach Wien übermacht. Trotz der verkehrsungünstigen Lage war die Reichsstadt in die Handelsströme des ausgehenden 18. Jahrhunderts gut eingebunden.

Die ersten Nachrichten über Gastwirtschaften stammen aus dem 14. Jahrhundert, als Bürgen zur Leistung in offenen Wirtshäusern zu Hall verpflichtet wurden. 1316 erhielt die Stadt das Recht, Ungeld zu erheben, woraus man schließen kann, dass zu diesem Zeitpunkt schon berufsmäßig Wein ausgeschenkt wurde.

Im 15. Jahrhundert sind in Schwäbisch Hall Gastwirte belegt, deren Lokale allerdings noch keine eigenen Namen führten. 1498 scheinen es fünf Wirte gewesen zu sein, die einen Eid ablegen mussten. 1501 waren es sechs. Neben den Gastwirten, denen die Ausgabe von Speisen vorbehalten war, schenkten auch Bäcker und Metzger aus. Erst ab dem 16. Jahrhundert

Unterer Teil des Zunftkrugs der Bäcker

werden zahlreiche Wirtshäuser mit eigenen Namen genannt („Adler", „Lamm", „Helm", „Sonne" z. B.), eine Folge der Vorschrift von 1564, dass Bürger, die eine Gastwirtschaft betreiben wollten, ein Schild sichtbar heraushängen und mindestens zehn Gästebetten sowie Platz für 20 Pferde haben sollten. 1588 war die Zahl der Gastwirtschaften im engeren Sinne schon auf 16 gestiegen. Zu den angesehensten Häusern im 16. Jahrhundert scheint die „Sonne" unter den Inhabern Wolf Firnhaber, Matthias Heimberger und Peter Firnhaber gehört zu haben. 1649 wurden Gast-, Gassen- und Bierwirte in einer Zunft zusammengefasst, was nicht ohne Streitigkeiten abging. Im 17. und 18. Jahrhundert kamen weitere Gastwirtschaften hinzu (wie die „Glocke" und die „Ilge"). Nach dem Stadtbrand 1728 veränderte der Kantenwirt Cunzmann seinen Schild „zur Kante" in den „zu den Dreikönigen". Etliche der Wirte brachten es zu großen Vermögen, die aber wohl eher aus dem Weinhandel oder Ochsenhandel als aus dem Betrieb der Speisegaststätten stammten.

Bis zu Anfang des 19. Jahrhunderts wuchs die Zahl der Schildwirte weiter an: 1821 zählte der ehemalige Bürgermeister Romig 23 Gasthäuser und Billardeure. Die Oberamtsbeschreibung von 1847 schließlich bezifferte die Zahl der Schildwirte auf 21, der Speisewirte auf 9, der Schankwirte auf 49 und die der Billardeure auf 5. Getrennt genannt wurden noch die 21 Bierbrauer, die sich aber wohl mit den Gastwirten überschnitten. Immerhin kamen also mindestens 84 Wirte auf 6.880 Einwohner, also einer auf 82, Frauen und Kinder mitgerechnet.

Während im Mittelalter Geldgeschäfte lange Zeit verdeckt betrieben wurden, hatte sich dies um 1500 geändert. Jetzt wurde Geld ganz offen gegen Zinsen verliehen. Auch die Stadt nahm Kredite auf und gewährte Guthaben. Vor allem die städtischen Bürger, aber auch Auswärtige legten ihr Geld bei der Stadt an, die gute Sicherheiten bot. Der Stättmeister Balthasar Moser hatte im ersten Jahrzehnt des 17. Jahrhunderts fast 60 % seines Vermögens in Anleihen stehen (18.920 fl), wovon 10.950 fl bei der Stadt, 1.000 fl beim Spital, 1.000 bei Hohenlohe, 1.100 bei Verwandten und 4.370 fl bei fremden Privatleuten untergebracht waren. Ähnliches galt für viele reiche Privatleute in der Stadt, aber auch einfachere Bürger, die zum Teil ganz kleine Beträge ausliehen, um sich im Alter und bei Krankheit ein Einkommen zu verschaffen. Euphrosina Appolonia Bühl, Witwe eines Lebküchners, hatte 1780 z. B. 225 fl an den Bader Johann Lorenz Fluhrer in Sulzdorf, 1.000 fl an die Gradierkasse, 400 fl an den Müller Johann Christoph Mack in Rieden, 200 fl an den Bäcker Johann David Dierolf in Hall, 300 fl an den Weinzeichenschreiber Majer und 50 fl an Carl Dierolf in Eltershofen verliehen. Sie hatte im Gegenzug auch kleinere Anleihen aufgenommen.

Im Mittelalter besaß die Reichsstadt Schwäbisch Hall vier öffentliche Bäder: das Vorderbad nahe der Dorfmühle, das Unterwöhrdbad (oder hintere Bad), das Brückenbad an der Henkersbrücke und das Erkenbad unterhalb der Gelbinger Gasse. Später kamen noch das Bad im Spital (seit 1403) und das Wildbad (seit dem 16. Jahrhundert) dazu. Die Bader beschäftigten relativ viel Personal (Reiber, Abzieher, Schöpfer bzw. die entsprechenden weiblichen Tätigkeitsbezeichnungen), das in den Beetlisten mit eigenen Steuerbeträgen erfasst wurde. In der zweiten Hälfte des 16. Jahrhunderts allerdings ändert sich das: Die Angestellten wurden nun nicht mehr erfasst, möglicherweise veränderte sich der Badebetrieb einschneidend. Auch das Frauenhaus hörte in diesen Jahren auf zu bestehen (s. Kap. 12). Bäder und Frauenhaus hatten in der noch recht lockeren Atmosphäre des Spätmittelalters sicher einen gemeinsamen Kundenstamm.

Im 16. Jahrhundert wurden die Bader stärker zu „Bader und Barbieren", die sich bald noch die Titel von „Wundarzt und Chirurg" zulegten und sich um Knochenbrüche und äußerliche Verletzungen kümmerten. Während die mittelalterlichen Bader häufig noch Randexistenzen in der Stadt gewesen waren, vollzogen die Chirurgen den Aufstieg in die akzeptierte bürgerliche Gesellschaft und gehörten zu den angeseheneren Handwerkern.

Wundärzte existierten offenbar schon im 15. Jahrhundert in Hall, die auch zu diesem Zeitpunkt schon Wunden verbanden und begutachteten. Belegt sind selbst schon Spezialisten wie Augenärzte. Zwischen 1400 und 1422 erscheint in den Beetlisten „Meister Hans der Augenarzt" (= Hans Besserer), auch ein Starenstecher Servatius Martin aus Giengen wird genannt.

Ein Teil dieser Ärzte (die sicherlich nicht akademisch gebildet waren) erhielt schon im 15. Jahrhundert eine Besoldung von der Stadt. Immerhin gab es ab 1438 in den Stadtrechnungen die Rubrik „Stadtarzt", wobei die Stelle nicht immer besetzt gewesen zu sein scheint. 1486 wurden zum ersten Mal 12 Gulden an einen „Doktor den Arzt" ausbezahlt, möglicherweise der erste studier-

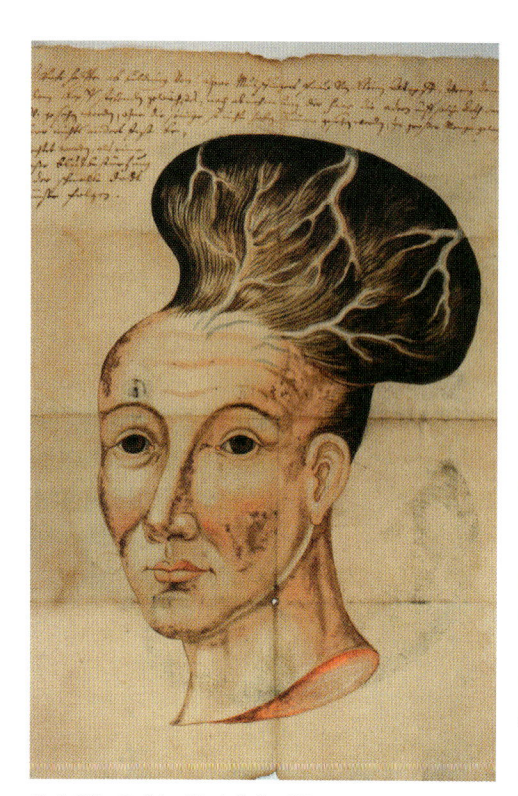

Ein Fall für die Schwäbisch Haller Chirurgen: Die Ehefrau des Caspar Mulfinger aus Kleinaltdorf mit einem Geschwür am Kopf. Zeichnung von 1690

te Mediziner in Schwäbisch Hall. 1489 und 1490 besoldete die Stadt Dr. Jodocus aus Ettlingen, von 1494 bis 1497 Dr. Petrus Burkchard. Von 1517 bis 1802 dagegen waren ohne Unterbrechung studierte Mediziner als Stadtärzte in Schwäbisch Hall angestellt. Im 16. Jahrhundert gab es zunächst einen oder zwei Physici, im 17. Jahrhundert zwei oder drei, im 18. Jahrhundert sogar manchmal vier. Daneben amtierten noch „Ärzte" im Lazarett, die von der Ausbildung her Chirurgen waren, und ein Kurvater im Armenhaus.

Die ersten Apotheker sind schon 1375 (*Nikolaus Appoteker*) bzw. zu Anfang des 15. Jahrhunderts erwähnt. Ab 1519 beginnt mit Hans von der Rose eine fortlaufende Reihe von Apothekern. Ab 1566 bestanden zwei Apotheken (die spätere „Mohren-" und die „Löwen"-Apotheke), eine dritte kam im 17. Jahrhundert dazu („Engelapotheke").

Daneben versuchten sich auch immer wieder zusätzliche Apotheker eine Existenz aufzubauen, die keiner der drei alten Apotheken zuzurechnen sind.

Schon 1411 besoldete die Stadt Schwäbisch Hall eine Hebamme, gegen Ende des 15. Jahrhunderts waren es zeitweise drei, im 18. Jahrhundert sechs. Sie mussten einen Diensteid ablegen, nach dem sie sich um reiche wie arme Frauen kümmern wollten. Später wurden die Vorschriften der Obrigkeit ausführlicher, ab dem 17. Jahrhundert unterstanden die Hebammen der Aufsicht des Stadtphysicus.

Schließlich fanden im medizinischen Bereich noch Heilkundige ihr Auskommen, die nicht zu den Badern und Hebammen, akademischen Ärzten und Apothekern zu rechnen sind. Erwähnt werden sollte der jüdische Arzt Hirsch, der 1657 im hällischen Gebiet praktizieren durfte, ohne Zoll bezahlen zu müssen, wogegen die Geistlichkeit massiv protestierte: *Es wäre besser mit Christus gestorben als per Judendoktor mit dem Teufel gesund geworden.* Erwähnt werden müssen auch die Scharfrichter und Pfarrer, die bei Gesundheitsproblemen mit allerlei Rezepturen halfen. Schließlich gehören dazu auch Leute wie die Teppichweberin Wieland, die Abtreibungsmittel zubereiten konnte, und der Kontigentssoldat Friedrich Bauer, der Gift verkaufte. Auf den Jahrmärkten gab es schließlich ein breites Angebot an Diensten von Leuten, die die professionell Ausgebildeten als Quacksalber brandmarkten, die aber von der Bevölkerung dennoch konsultiert wurden, wie die entsprechenden Verbote der Obrigkeit ausweisen.

Mühlen in Hall werden seit dem 13. Jahrhundert unter zunächst wechselnden Bezeichnungen erwähnt: Die Herzogenmühle beim Mühlbrunnen (1270, 1295) oder Mühlbrunner Mühle (1278) könnte mit der Dorfmühle, die ab 1351 so benannt wird, identisch sein. 1374 scheint eine

Jahresbesoldung der best bezahlten Hebamme

1517	7 fl
1617	14 fl
1717	20 fl
1799	20 fl

Außer der festen städtischen Besoldung bekam die Hebamme noch Geld für jede Geburt.

Schleifmühle zur Dorfmühle gehört zu haben, 1410 eine Walkmühle. 1296 und 1297 erscheint eine „Neue Mühle", die wohl mit der Spitalmühle (ab 1349 so benannt) gleichzusetzen ist. 1310 führt eine Urkunde eine Mühle am Brücklein auf; 1369 wird die Lage einer Brücklinsmühle in der Aue bei der Badstube unterhalb der Gelbinger Gasse beschrieben. Auch 1374 wird die Brücklinsmühle genannt. 1407 erscheint eine „obere" Brücklinsmühle, 1411 wieder nur die Brücklinsmühle. Sie gehört auf jeden Fall zu den später so genannten Dreimühlen.

Die vierte Mühle könnte die 1322 erstmals genannte „ob dem Brünnlein" sein, die 1374, 1405, 1407 und 1411 als Prünnlinsmühle fortzuexistieren scheint. Auch diese Mühle könnte zu den späteren Dreimühlen gehören. Alt war auch die Mühle zu Unterlimpurg, so dass auf dem Gebiet der späteren Stadt Schwäbisch Hall um 1420 fünf Mühlen (Spital, Dorf, Brünnlein, Brücklein, Unterlimpurg) bestanden. 1516 waren es auf jeden Fall drei Mühlen in den Dreimühlen, deren Namen in Abhängigkeit von ihren Besitzern in den nächsten Jahrhunderten immer wieder einmal wechselten. Schon 1516 gerieten sich die drei eng benachbarten Müller übrigens in die Haare: Damals ging es um die Zahl der für jede Mühle zulässigen Mühlräder. Weitere Streitigkeiten folgten bis zum Ende der Reichsstadtzeit. 1804 wurden in der Stadt fünf Mühlen mit 22 Gängen, eine Lohmühle, drei Sägmühlen und eine Stärkehandmühle sowie drei Ziegeleien und fünf Steinbrüche gezählt. Diese Etablissements (zu denen noch die Pulvermühle und die Papiermühle zu rechnen wären) galten als „Maschinerien", also als die technisch anspruchsvollsten Einrichtungen.

Technisch nicht anspruchsvoll und ziemlich unbedeutend war die Fischerei, die der Vollständigkeit halber aber wenigstens erwähnt werden soll. Immerhin stritten sich schon 1265 die Schenken von Limpurg und das Kloster Lorch um das Recht, in der Bibers zu fischen! 1295 erhielt die Johanniterkommende das Fischrecht in Hall von der oberen hölzernen Brücke bis zum Weiler. Die Fischrechte wurden anhand der Wehre und Brücken definiert und scheinen auch für Feudalherren interessante Besitzungen dargestellt zu haben. Bis zum Ende der Reichsstadtzeit gab es Bürger, die die Berufsbezeichnung Fischer führten und sicherlich einen Teil ihres Lebensunterhalts aus dem Fischfang zogen.

Johann Schneck, die Württemberger und Hall

Die Beziehungen zwischen dem Rat der Reichsstadt und der Geistlichkeit beruhten seit der Reformation auf einem delikaten Gleichgewicht. Der Magistrat ernannte die Geistlichen und wies ihnen ihre Besoldung zu. Amtsaufgaben und eigene Interessen drängten Prediger und Pfarrer aber oft in eine Richtung, die sich mit den politischen Vorgaben der Ratsherren nicht ohne weiteres deckten. Während letztere sich gern in taktischen Spielchen erschöpften, plädierten erstere für eine strikte Einhaltung der einmal beschlossenen Grundsätze, auch wenn daraus politische Nachteile erwuchsen. Während man sich lange Jahre einigermaßen arrangiert zu haben scheint, eskalierten Ende des 16. Jahrhunderts die Auseinandersetzungen, bei denen es auch und gerade um den Grad von Autonomie ging, den die Geistlichen für sich in Anspruch nehmen konnten. Zum Hebel für den Rat konnten dabei Differenzen innerhalb der Geistlichkeit werden. Auf der anderen Seite ergab sich für die Theologen Spielraum, wenn es ihnen gelang, Fraktionen im Rat zu inspirieren oder Magistrat und Bürger auseinander zu dividieren. Einen Ansatzpunkt hierfür lieferte die Herkunft vieler führender Ratsmitglieder und hoher Beamter: Sie stammten nicht aus Schwäbisch Hall, sondern aus Württemberg. Bis zu diesem Zeitpunkt hatten die Haller Ratsherrenfamilien es noch nicht geschafft, ihren eigenen Nachwuchs in genügend großer Zahl an den Universitäten auszubilden und in der Stadt dann mit Stellen zu versorgen. Da es auf der anderen Seite um 1600 aber schon zwingend erforderlich war, akademisch gebildete Juristen mit der Wahrnehmung der städtischen Interessen zu betrauen, rekrutierte der Magistrat Personal von außerhalb. Von Stättmeister Balthasar Moser über den Syndicus Johann Schulter, den Stadtarzt Johann Morhard bis zum Ratsherrn Adam Wöhr stammte das Führungspersonal aus Württemberg und/oder hatte dort gewichtige Stationen seiner Karrieren durchlaufen. Die Anlehnung an Württemberg, den einzigen Nachbarn, mit dem die Reichsstadt relativ wenig Probleme hatte, brachte darüber hinaus auch politische Vorteile. Württemberg vermittelte beim Ankauf von Vellberg, verkaufte direkt die Rechte des Stifts Möckmühl im Amt Honhardt an die Stadt und verpfändete die Pflege Westheim. In peinlichen Prozessen wurden häufig Ratschläge der Universität Tübingen eingeholt. Allerdings waren auch die Theologen auf die württembergische (Brenzische) Landeskirche ausgerichtet, so dass beide Seiten über gute Kontakte zur Schutzmacht verfügten.

Das Vorspiel der kommenden Auseinandersetzungen begann, als 1595 Felix Gräter, Stadtpfarrer an St. Michael seit 1594, den Rat um die Ernennung zum Procurator des Kapitels (unterstützt von seinem Schwiegervater Christoph Rüdinger, Hypodiakon an St. Michael) bat. Das Kapitel, der Zusammenschluss der hällischen Geistlichen, war dagegen der Ansicht, diesen Posten in freier Wahl bestellen zu dürfen, ohne Einflussnahme durch den Rat. 1595 scheint der Rat diese Position noch geteilt zu haben, denn er reagierte nicht auf das Gesuch Gräters.

1598 gerieten die kirchlichen Angelegenheiten der Reichsstadt dann endgültig in Bewegung. 1597 war der langjährige Rektor der Lateinschule Archidiakon Johann Weidner zum Prediger und 1598 zum Dekan gewählt worden. Sein Nachfolger als Rektor und als Archidiakon wurde jeweils Johann Schneck. Schneck gehörte zu einem Gesprächskreis, den der Syndicus Johann Schulter ins Leben gerufen hatte und an dem sich außerdem der Jurist Ludwig Müller, der Stadtarzt Johann Morhard, der Jurist Conrad Toldius und der schon genannte Pfarrer Felix Gräter beteiligten. Diese Gruppe diskutierte theologische Probleme. U. a. stellte Morhard die Paradoxa von Sebastian Franck vor, womit er Schulter und Schneck tief beeindruckt zu haben scheint.

Zum Handeln entschloss sich diese Gruppierung im August 1598, als dem neuen Dekan Johann Weidner vom Rat angekündigt wurde, man wolle ihn von der Vesperpredigt „entlasten" und diese dem Archidiakon Johann Schneck übertragen. Gleichzeitig ließ der Rat beim „Ministerium" (also der Versammlung der Kirchendiener unter dem Vorsitz des Dekans) anfragen, ob die Predigt im Spital und bei St. Nikolaus fortgesetzt werden solle, die bislang zu Schnecks Aufgaben gehört hatte. Die Pfarrer sprachen sich einmütig für die Fortsetzung der Spitalspredigt aus: Viele arme Bürgerinnen und Bürger besuchten dort die Predigten, da sie für St. Michael nicht über die richtige Kleidung verfügten, zudem habe man dort einem Teil der Frauen die Kirchenstühle weggenommen, so dass sie sich vertrieben fühlten. Die Kranken könnten nicht nach St. Michael kommen (was wegen der Ansteckungsgefahr und des Ungeziefers die Ratsherren, die dann ja neben ihnen sitzen müssten, auch gar nicht wünschen könnten). Drittens habe die Predigt einen eigenen Stellenwert und könne nicht durch Lesungen ersetzt werden (nur Ketzer wie Schwenckfeld verträten eine solche Meinung). Viertens fänden an Sonn- und Feiertagen Jahrmärkte statt, was selbstverständlich zu tadeln sei, die die Handwerker aber dennoch besuchen müssten, um ihren Lebensunterhalt zu verdienen, so dass sie nur ins Spital zur Predigt gehen könnten. Fünftens wollten die Pfarrer nicht den Gedanken aufkommen lassen, sie würden sich um die Arbeit drücken. Sechstens seien Predigtstile und -talente unterschiedlich, so dass eine größere Auswahl

Stättmeister Balthasar Moser (1556–1610) auf seinem Epitaph in St. Michael

nur zu begrüßen sei. Schließlich könnten Stelleneinsparungen nicht immer nur auf Kosten der Geistlichkeit stattfinden, während man sonst zwei oder drei mit einem Amt betraue. Sonstige Reformvorschläge wollten die Geistlichen nicht machen, sondern bei der Kirchenordnung bleiben. Die Vesperpredigt allerdings solle eine halbe Stunde erreichen, deshalb müsse man eine Viertelstunde vor drei anfangen zu läuten, damit man um vier Uhr damit fertig sei. Länger dürfe sie nicht gehen, da Haushaltsgeschäfte anstünden. Diese ausführliche Antwort auf das Ansinnen des Rates enthielt eine Reihe gezielter Bösartigkeiten an die Adresse des Magistrats (Verhältnis zu den Armen und Kranken, Sonntagsruhe, Ketzer als Inspiratoren für das Vorhaben des Rates). Sie signalisierte aber auch deutlich, das die Geistlichkeit ihren eigenen Handlungsspielraum bewahren wollte und bereit war, darum zu kämpfen. Nicht zufällig hatte Weidner auf die Interessen der Handwerker, Frauen und Armen verwiesen.

Der Rat bewilligte die Forderungen der fünf Geistlichen. Das Spital erhielt mit Georg Contzmann (vorher Lehrer der dritten Klasse an der Lateinschule) einen eigenen Pfarrer.

Dennoch waren die Neuordnung der Vesperpredigt und die Anfrage wegen der Predigt im Spital Herausforderungen des Rates bzw. der Mitglieder des Gesprächskreises an die Geistlichen. Relativ eindeutig war dem amtierenden Prediger bedeutet worden, dass der Nachfolger bereit stand. Johann Weidner nahm die Herausforderung an und unterbreitete Sätze aus den Predigten seines ungeliebten Kollegen den theologischen Fakultäten in Rostock und Tübingen, zu deren Professoren er Kontakte pflegte. Er wollte auf diese Art die Rechtgläubigkeit Schnecks überprüfen lassen. Zögerten die Universitätstheologen und deklarierten die Meinungen des Archidiakons für nicht der lutherischen Orthodoxie entsprechend, war dieser aus dem Rennen und wäre für ein Spitzenamt in Schwäbisch Hall nicht mehr in Frage gekommen.

Sobald der Rat und Schulter von diesen Kontakten erfuhren, reagierten sie. Die Geistlichen wurden vorgeladen, Schulter stellte sich erstmals vor die theologischen Aussagen Schnecks. Der Rat stimmte seinen Ausführungen zu und ermahnte Weidner zur Ruhe. Der wiederum ignorierte das. Bis man sich darauf einigte, das Stuttgarter Konsistorium, zu dem beide Seiten glaubten gute Kontakte zu haben, als Schiedsrichter anzuerkennen, gab es ein aufgeregtes Hin und Her von Streitschriften zwischen Weidner, Schneck und Schulter. Die Stuttgarter verhörten beide Kontrahenten – und erklärten die Thesen Schnecks als irrig. Sie empfahlen dem Rat, Schneck zur Ruhe zu ermahnen.

Schulter ignorierte diese Empfehlung. Die Position des Haller Magistrats werde erheblich geschwächt, wenn er Weidner siegen ließe. Die Mehrheit der Ratsherren folgte ihm. An Stelle von Schneck wurde Weidner ermahnt und zum Stillschweigen verurteilt. Der Prediger wies diese Anordnung zurück, verweigerte offiziell den Gehorsam und verlangte die Verurteilung Schnecks. Schulter entschloss sich zum zweiten Mal zum Gang nach Stuttgart vor das Konsistorium, trotz der schlechten Erfahrungen unmittelbar vorher. Wieder wurde der Syndicus enttäuscht: Die Württemberger stützten Weidner, dessen passiven Widerstand sie ausdrücklich billigten. Schulter setzte sich auch über dieses Gutachten hinweg: Weidner wurde erneut ermahnt, sich den Beschlüssen des Rates zu unterwerfen, was er nur unter Vorbehalt tat. Der Rat suspendierte ihn darauf von seinem Amt. Einzige Konzession war es, auch Schneck zu beurlauben.

Weidner entschloss sich nun, die Bürger zu seiner Unterstützung zu mobilisieren. Wenige Tage nach seiner Suspendierung etablierte sich ein Bürgerausschuss, der am 27. September 1602 die Wiedereinsetzung des Dekans erzwang. 224 Bürger waren zunächst vor dem Dekanat, dann vor dem Rathaus aufmarschiert, um ihrer Forderung Nachdruck zu verleihen. Weidner verlangte die Beurlaubung sämtlicher Geistlicher und Lehrer, die zur Richtung von Schneck und Schulter gehört hatten, und die Verpflichtung des gesamten Rates auf das Konkordienbuch, womit der Konfessionsstand der Stadt für die Zukunft abgesichert werden sollte. Die Forderungen der Bürger richteten sich auf die Entfernung der „Württemberger" um Stättmeister Moser und Schulter, die Kontrolle der städtischen und spitalischen Rechnungen und die Sicherstellung der Handwerker durch Preis- und Absatzkontrollen. Sie verlangten also Änderungen im politischen, wirtschaftlichen und sozialen Bereich, zu deren Durchsetzung sie auch mit Gewalt drohten. In der Nacht vom 8. auf den 9. Dezember 1602 explodierten Sprengkörper vor dem Haus Johann Schulters, was zu einer nächtlichen Panik in der Stadt führte. Drei Tage später folgte die nächste Explosion.

Die gewalttätigen Begleitformen gaben dem Rat die Möglichkeit, mit der Intervention des Kaisers zu drohen, der Aufruhr hart bestrafe. Die Bürger reagierten darauf

Epitaph von Johann Weidner in St. Michael

nicht, am 20. Dezember 1602 stürmten sie bewaffnet das Rathaus. Der Rat rückte enger zusammen, musste aber Schulter und seine Anhänger Toldius und Müller entlassen. Nach einem gescheiterten Vermittlungsversuch des ansbachischen Kanzlers Nicolaus Stadtmann intervenierte der Kaiser im Januar 1603. Er verlangte die Untersuchung des Aufruhrs, für die eine kaiserliche Kommission ernannt wurde. Stadt und Bürger versuchten, diesen Eingriff abzuwenden und einigten sich gütlich auf zwei andere Vermittler (Württemberg und den Städtebund), die Mitte Februar ihre Tätigkeit aufnahmen.

Relativ schnell schwenkte der Rat jetzt auf einen Kompromiss mit der Geistlichkeit und dem Kapitel ein: Er anerkannte die Autonomie dieser Korporation, die sich selbst kontrollieren durfte, ohne dass der Rat mitredete. Auch gestand der Rat zu, dass in Zukunft jeder neu gewählte Ratsherr und jeder neue Ratsbedienstete die Konkordienformel unterschreiben müsse. Die Schneckschen Gedanken wurden fallen gelassen, die Mitglieder des Gesprächskreises von ihren Kollegen nicht mehr gedeckt. Auf der anderen Seite wurde die Bürgeropposition isoliert, der Rat hatte seine Verhandlungsposition entscheidend verbessert, die Bürger konnten kaum eine ihrer Forderungen durchsetzen. Dennoch scheiterte die Vermittlung an weiteren Ansprüchen des Rates, der mehr oder minder von den Bürgern verlangte, die Alleinschuld an den Unruhen zu übernehmen.

In diese Phase im Frühjahr 1603 gehören Anklagen gegen die Mitglieder der Diskussionsrunde, die sich teilweise rüden Anwürfen ausgesetzt sahen. Johann Morhard musste sich dagegen verwahren, Calvinist zu sein: *Ist eine böse wurmstichiche Consequenz: Dieser hatt allerley ketzerische Büecher, drumb ist*

Die Entdeckung des heute im Chor von St. Michael hängenden Mammutzahns galt 1605 dem Stadtarzt Johann Morhard als Beweis, dass Gott der Obrigkeit ihre „Gewalt" (d. h. ihre Autorität) wieder geben wolle. Diese war ja während der Schneckschen Unruhen von den Bürgern bestritten worden.

es ein Ketzer. Er werde in Stadt und Umland als Calvinist verschrien und ihm in einem Pasquill gedroht, er solle sich aus der Stadt machen oder man werde ihn bei Nacht mit Gewalt aus dem Haus nehmen. Derartige *Gräulichkeiten* seien in Deutschland nicht einmal von Papisten wie dem Bischof von Würzburg gegen Lutheraner geübt worden, viel weniger von Anhängern der selben Konfession gegeneinander. Schließlich erklärte Morhard, er wolle, so schnell als möglich aus Hall wegziehen, um seinen heftigen Widersachern aus dem Weg zu gehen. Rechtfertigen mussten sich außer Johann Schneck und Johann Morhard auch Michael Löchner, Ratsherr und Registrator, Adam Wöhr, Ratsherr, Friedrich Hermann, Felix Gräter, Augustin Herold, Pfarrer zu Geislingen, und Peter Dötschmann, Pfarrer zu St. Michael.

Ende März 1603 traf die kaiserliche Kommission in Hall ein. Da mittlerweile auch der Herzog von Württemberg die Bürger als die Schuldigen ansah und der Kommission seine militärische Unterstützung zugesichert hatte, blieb den Bürgern nichts anderes als die Kapitulation. Sie unterwarfen sich bedingungslos dem Schiedsspruch der Kommission. Die Bürgerschaft wurde in einzelne Gruppen auseinander dividiert und getrennt verhört. Nach einer Siedersdemonstration kündigte sie allerdings eine Amnestie an, da der Rat eine Mitschuld am Aufruhr trage. Am 30. März 1603 verkündete die Kommission ihren Beschluss: Schulter wurde wieder in sein Amt eingesetzt, die Senatoren bestätigt, die Bürger als die Hauptschuldigen am Aufruhr gebrandmarkt, die sich durch die neuerliche Ableistung des Treueides dem Rat zu unterwerfen hatten. Im Gegenzug verzichtete der Kaiser auf die Bestrafung der Rädelsführer.

Dennoch hatten die Schneckschen Unruhen Folgen. Der Rat entmachtete die württembergische Fraktion, integrierte dafür die reichen Teile der Bürgerschaft, die Kirche wurde weitgehend autonom, die Handwerker und Sieder aber einer stärkeren Kontrolle der Obrigkeit unterworfen. Die Folgen der geistlichen Unabhängigkeit zeigten sich schnell – wie Johannes Morhard genau beobachtete: 1604 verweigerten die Geistlichen (d. h. letztlich wohl der Prediger Johann Weidner) dem Haller Bürger Michael Unverdorben die Beisetzung auf dem Friedhof. Nur mit Mühe konnte der Rat seinen gegenteiligen Willen durchsetzen. Morhard fragte sich, *wenn unsere lutherische so vil Gewalt hetten wie die bapstischen Praelaten, was sie ton würden.*

Der Dreißigjährige Krieg 1618–1648

1618–1623	Böhmisch-pfälzischer Krieg.
1618	„Prager Fenstersturz": Beginn des böhmischen Aufstands.
1620	Schlacht am Weißen Berg bei Prag: Niederlage der aufständischen Böhmen.
1625–1629	Dänisch-Niedersächsischer Krieg.
1629	Restitutionsedikt: Rückgabe aller seit dem Passauer Vertrag von 1552 der katholischen Kirche entzogenen Güter.
1630–1635	Schwedischer Krieg.
1631	Eroberung von Magdeburg durch die Truppen der Liga unter Johann von Tilly.
1632	Tod des schwedischen Königs Gustav Adolf in der Schlacht von Lützen.
1634	Ermordung Albrecht von Wallensteins in Eger.
1634	Schlacht von Nördlingen: Niederlage der Schweden.
1635–1648	Schwedisch-französischer Krieg.
1635	Friede von Prag zwischen Sachsen und dem Kaiser.
1648	„Westfälischer Friede" zu Münster und Osnabrück.

Der Ausbruch eines Krieges zwischen „Katholiken" (dem Kaiser, Spanien, Bayern, der „Liga") und „Protestanten" (der Pfalz, Württemberg, Baden-Durlach, Ansbach-Bayreuth, Hessen-Kassel, Brandenburg) zeichnete sich schon lange ab. Die Reichsinstitutionen (vor allem das Reichskammergericht, aber auch der Reichstag) waren lahm gelegt, da die Konfessionsparteien sich nicht einmal mehr auf Verfahrensregeln verständigen konnten und wollten. Jede Seite sah in der anderen den Aggressor.

Trotz dieser bedrohlichen politischen Lage blieben die Verteidigungsanstrengungen der Reichsstadt Schwäbisch Hall gering. Die Bürger übten weiterhin in den Schützenkompanien mit ihren „Büchsen", die Bauern hatten ihre Waffen zurückerhalten, die nach dem Bauernkrieg kurzfristig konfisziert worden waren. Dass diese Milizen nur kleinere Gruppen von Berufssoldaten würden abwehren können und allenfalls für Polizeiaufgaben taugten, dürfte dem Rat der Stadt klar gewesen sein. Darüber hinausgehende Anstrengungen unternahm er nicht.

Niemand wusste ja auch so genau, was auf Stadt und Land in den Jahren nach 1618 zukommen würde.

Schwäbisch Hall war 1610 Mitglied der protestantischen „Union" geworden – nach längerem Zögern. 1609 bei einem Unionstag in Hall waren nur Straßburg, Ulm und Nürnberg beigetreten, erst beim zweiten Unionstag in der Stadt entschloss man sich, zusammen mit zwölf anderen Städten. Die Treue zum Kaiser war den Städten noch immer wichtig, die finanziellen Belastungen aus der Parteinahme zudem gewaltig. Schwäbisch Hall musste allein 1610 9.680 fl, in den folgenden drei Jahren nochmals 16.207 fl an die Union zahlen.

1618 erhoben sich die böhmischen Stände, die Versammlung des Adels und der Städte, gegen ihren Landesherrn, den habsburgischen Kaiser Matthias. Sie stürzten die kaiserlichen Statthalter aus den Fenstern der Prager Burg, verbündeten sich mit den österreichischen Ständen und wählten den Kurfürsten von der Pfalz zu ihrem neuen König.

Stadtansicht mit Verweis auf den Schwäbisch Haller Unionstag von 1610. Kurioserweise reichen sich im Vordergrund links der Kaiser, ein Bischof und Vertreter der Reichsstände (?) die Hände, was nun gerade nicht Ziel der Union als eines protestantischen Verteidigungsbündnisses war.

Den Beginn der böhmischen Auseinandersetzungen sah Schwäbisch Hall als politische, nicht als religiöse Angelegenheit. Damit war für die Stadt eine etwaige Intervention der Union nicht gerechtfertigt (oder erst dann, wenn die „Liga" eingreifen würde). 1621 verließ Schwäbisch Hall zusammen mit sieben anderen Reichsstädten die „Union", nachdem Kaiser Ferdinand II. sie seiner Gnade versichert hatte.

Militärisch war die Stadt und ihr Gebiet zunächst nur 1619 betroffen, als ligistische Truppen mit Bauern in Wolpertshausen und Allmerspann zusammenstießen, wobei 14 Bauern getötet und 37 verwundet wurden. 1622 veränderte sich die Lage, als bayerische und kaiserliche Truppen durch das Haller Gebiet zogen und es verheerten. Deshalb erklärte sich die Stadt bereit, württembergische Kreistruppen aufzunehmen, die zumindest den Schutz der Stadt gewährleisten sollten, aber die Truppendurchmärsche nicht verhindern konnten. Im Winter 1622 auf 1623 belegten erstmals bayerische und würzburgische Truppen Quartiere im Hällischen und nahmen prompt auch Vellberg ein. Viele Bürger flüchteten ihr Hab und Gut nach Schorndorf, weil sie Angst hatten, die Bayern würden auch die Stadt überrennen. Den Abzug der „katholischen" Truppen kommentierte der Stadtarzt Johann Morhard mit den Worten: Das *vellbergische Raupengeschmeiß* sei weggezogen, wofür dem barmherzigen Gott immerwährender Dank gebühre.

1625, 1626 und 1627 setzten sich die Durchmärsche und Einquartierungen fort. Sachsen-Lauenburgische Reiter brachten zudem im Sommer 1626 eine Seuche, die die Sterblichkeit in Stadt und Land gewaltig erhöhte. Schon die Kriegskosten in den Jahren 1622–1628 berechnete die Stadt auf mehr als eine Million Gulden, wovon 80 %

von der Landbevölkerung aufgebracht bzw. ertragen werden mussten, 20 % wurden durch Anleihen finanziert. Die Stadtbevölkerung war bis zu diesem Zeitpunkt von zusätzlichen Lasten weitgehend verschont worden, hatte auch noch keine feindlichen Einquartierungen ertragen müssen. Nur die Württemberger hatten bislang in der Stadt gelegen. Die Haltung der Bevölkerung zu den Soldaten resümiert ein Zeitgenosse: Die Militärs seien so angenehme und gern gesehene Gäste gewesen, *wie ein Saw ins Juden Hauß*.

1628 begann die dauerhafte Einquartierung kaiserlicher und ligistischer Truppen, die verpflegt und entlohnt werden mussten. Die Präsenz des Militärs versuchten Comburg und Würzburg für die Gegenreformation in den hällischen Pfarreien unter ihrem Patronat zu nutzen. Erste Aktivitäten zielten auf Anhausen und Stöckenburg, die zweiten auf Hessental und Tüngental. Die evangelischen Schulmeister von Stöckenburg und Tüngental wurden entlassen und sollten ihre Häuser räumen. Auch zogen in Stöckenburg und Anhausen katholische Priester auf, die Gemeinden wichen mit ihren alten Pfarrern in die Kapellen nach Vellberg und Sulzdorf aus. Ähnliches spielte sich noch im gleichen Jahr in Untersontheim ab, das dem Patronat von Ellwangen unterstand und wo auf würzburgischen Druck hin der evangelische Pfarrer entlassen wurde.

Die Reichsstadt protestierte beim Reichskammergericht, von dem aber erst 1629 eine Reaktion erfolgte. Auf der anderen Seite blieben auch die Würzburger Maßnahmen oft bei der Ankündigung stehen, so amtierte der Pfarrer in Untersontheim zunächst weiter. Mit Gewalt wurde der lutherische Schulmeister schließlich aus Stöckenburg entfernt, der Haller Rat wies ihm daraufhin die Schule in Talheim zu. Gleichzeitig versuchte die Comburg auch, ihre Gültbauern zum Besuch der katholischen Gottesdienste in Steinbach zu verpflichten.

1629 erreichte die Stadt die Aufforderung des Franziskanerprovinzials, seinem Orden wieder das 1524 aufgehobene Kloster einzuräumen, wogegen Hall mit Verweis auf den Passauer Vertrag Widerspruch einlegte, in diesem Fall erfolgreich. Das Restitutionsedikt verlieh den würzburgischen Bemühungen dann neuen Schwung: Die Comburger ließen die Kirchen von Hessental und Tüngental aufbrechen, den evangelischen Schulmeister in letzterem Ort vertreiben. Noch waren katholische Truppen einquartiert, die auf die militärische Hilfe für Würzburg und Comburg verpflichtet wurden. Erst im Januar 1631 zogen die ligistischen Soldaten ab.

Mittlerweile hatten die Versuche eingesetzt, die Protestanten neu zu organisieren. Ulm und Württemberg gingen voran. Hall hielt sich fern, was ihm Repressionen ersparte. Eine Atempause in den Forderungen der kaiserlichen und ligistischen Truppen erkaufte sich die Stadt damit aber nicht: Diese dauerten vielmehr munter fort. 1630 musste an seinem Geburtstag Johann Morhard sein Silbergeschirr abliefern, um eine neue Zwangsabgabe von 8.000 fl, die der Stadt auferlegt worden war, decken zu helfen.

Erst der schwedische Sieg bei Breitenfeld und der Rückzug der Kaiserlichen brachten ein Ende der Ansprüche. Dafür meldeten sich nun die Schweden, die im Oktober 1631 die Johanniterkommende plünderten. Ab Januar 1632 begann das schwedische Quartier im Hällischen, das sich kaum von den vorangegangenen kaiserlichen unterschied, was die Anforderungen anbetraf. Schweden vergab die katholischen Besitztümer großzügig an Gefolgsleute: Die Kommende in Hall ging an Hohenlohe-Waldenburg, die Comburg an den Oberst Schaffalitzky. Der mehr oder minder erzwungene Beitritt zum Bündnis der süddeutschen Protestanten mit Schweden auf dem Heilbronner Konvent im März 1633 kostete die Stadt weitere Tausende von Gulden. Bis zur Schlacht von Nördlingen gingen die Zumutungen der schwedisch-evangelischen Partei weiter. Eine besondere Belastung war noch die Schenkung einer Schuld der Stadt Schwäbisch Hall beim Kloster Schöntal (32.000 fl) an einen schwedischen Gefolgsmann, der das Kapital verlangte, obwohl mit dem Kloster Rückzahlung erst in 20 Jahren vereinbart worden war. Um dieses Geld aufbringen zu können, erlegte der Rat den Bürgern Zwangsanleihen auf und ließ schließlich Wein in den Kellern beschlagnahmen und verkaufen.

1634 – nach der Schlacht von Nördlingen, die zur Räumung Süddeutschlands durch die „Protestanten" führte – wurde Hall praktisch sofort von kaiserlichen Truppen besetzt und neuen Erpressungen ausgesetzt. Erneut plünderte die Soldateska das Land, die Bauern flüchteten in die Stadt, in der im Herbst 1634 die Pest grassierte.

Seit Oktober 1634 lag die Hatzfeldische Feldartillerie in Stadt und Land, für die monatlich eine Besoldung von 9.000 fl aufgebracht werden musste, zusätzlich zu den Kosten der Verpflegung. Mit der Schonung der städtischen Bürger war es nun schon lange vorbei. Der Rat griff zu Zwangsmaßnahmen, um die Gelder zusammenzubringen, ließ Hausdurchsuchungen veranstalten und verkaufte städtischen und spitalischen Besitz. Bei Zahlungsverzug griffen die Militärs zu brutalen Mitteln, der Magistrat war nicht mehr in der Lage, Bürger und Untertanen zu schützen. Da die Artillerie auch den Sommer 1635 über blieb (wenn auch mit reduzierter Personalstärke) und die Geschütze in Hall repariert wurden, ließ auch in dieser Zeit der Druck nicht nach. Ab November 1635 begann das Spiel von Neuem – das Gros der Artilleristen kehrte zurück. Im Winter 1635/1636 wurde der Rat zweimal gefangen gesetzt, als die Stadt mit Zahlungen in Rückstand geraten war. Ohne Gewalt war aus den Einwohnern nichts mehr herauszupressen. 1637 nahm der Rat die Hilfe des Militärs

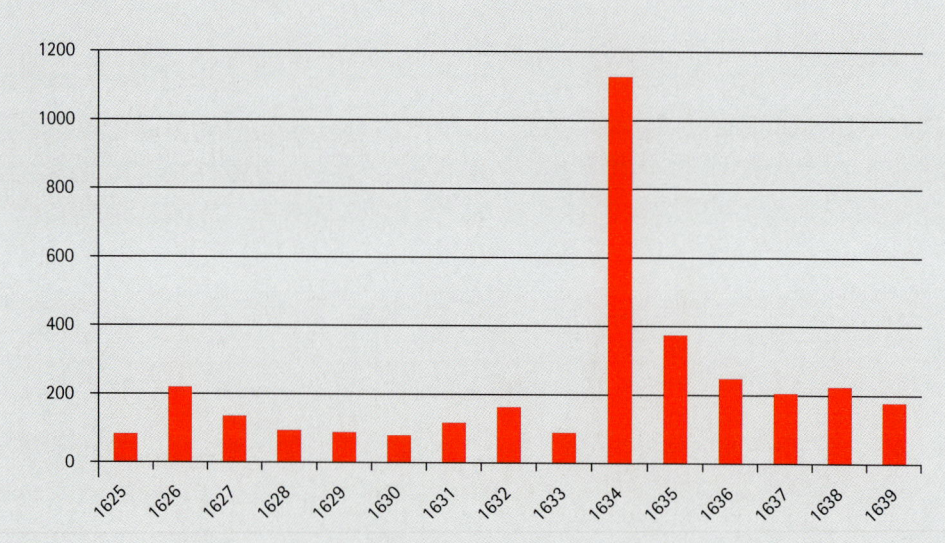

Zahl der Todesfälle in der Pfarrei St. Michael, 1625–1639

Deutlich wird die enorme Sterblichkeit 1634, aber auch in den Jahren danach. Viele Todesfälle betrafen in die Stadt geflüchtete Landbewohner. Dennoch veranschaulicht der Anstieg der Zahl der Todesfälle auf das Zehnfache die Leiden der Bevölkerung und die katastrophalen Bevölkerungs- und Wohlstandsverluste aufgrund des Krieges.

in Anspruch, um die „Widersetzlichkeit" der Stadtbewohner zu brechen. Schließlich minderten die Heerführer dann doch ihre Forderungen – allerdings erst, als aus dem ausgepressten Land wirklich nichts mehr zu holen war. Beim Druck auf die Finanzen blieb es nicht: Die Jakobskirche musste den Katholiken für ihren Gottesdienst überlassen werden, was die Mehrzahl der Bürger, die an konfessionelle Einheitlichkeit gewöhnt war, sicher als Bedrohung empfand. Ein skurriles Detail war es dabei, dass im gleichen Jahr der Tod Kaiser Ferdinands II., der schließlich einer der Hauptverantwortlichen für das Leid der Haller Bevölkerung war, vom Rat in den herkömmlichen Formen betrauert wurde – mitsamt Trauerpredigt und einstündigem Trauergeläut an drei aufeinanderfolgenden Tagen. Die Reichsstädte (auch die protestantischen) blieben auf den Kaiser fixiert, so wenig der sich auch für sie engagierte oder sie schonte.

1639 und 1640 bestand trotz der Verelendung doppeltes Winterquartier in Hall: Sowohl kaiserliche wie bayerische Truppen belegten Land und Stadt. 1641 und 1642 brachten eine kleine Pause, die meisten Soldaten hatten das Hällische verlassen. Mit dem Beginn des Jahres 1643 standen französische Truppen vor der Stadt, denen das bayerische Heer folgte. Eine Schlacht in der unmittelbaren Nähe von Schwäbisch Hall drohte, die aber durch den Abzug der Franzosen abgewendet wurde. Ab Dezember 1643 begannen wieder die Einquartierungen, dieses Mal handelte es sich um den bayerischen Oberst Sporck. Deren Abzug im Mai 1644 schuf dann keine Ruhe, sondern lieferte das Land der marodierenden Soldateska aus, die alles mitgehen ließ, was nicht niet- und nagelfest war. 1645 erschien ein französisches Heer unter Turenne, das die Bayern aus ihrem hällischen Winterquartier vertrieb, allerdings selbst auch wieder schnell ver-

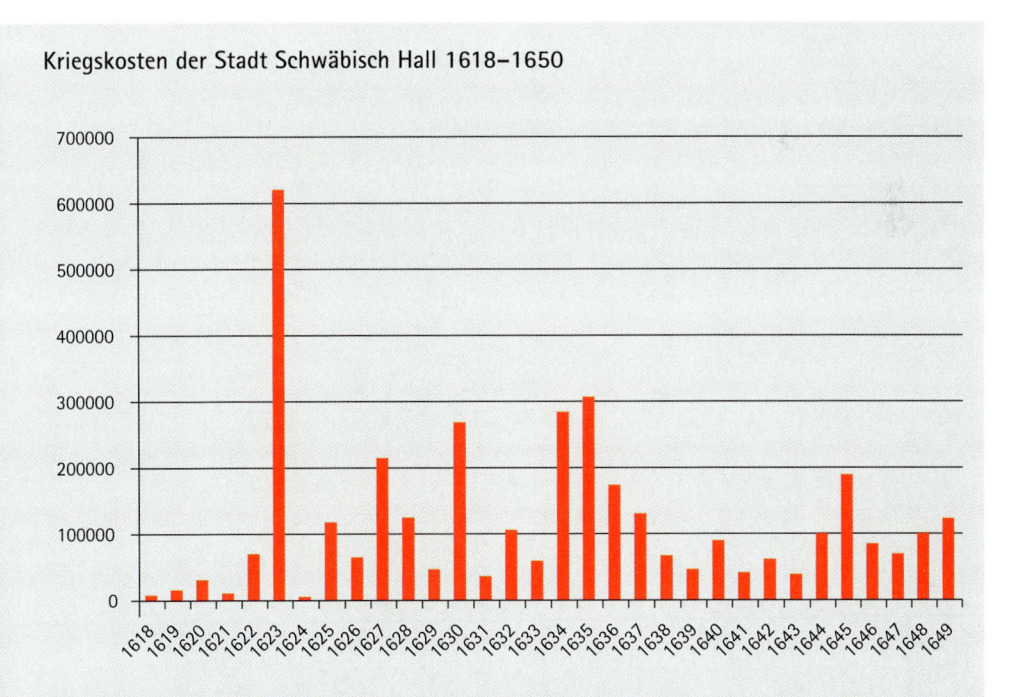

Kriegskosten der Stadt Schwäbisch Hall 1618–1650

Klar werden die enormen Belastungen und die Krisenjahre, wobei der Wert für 1623 aufgrund der damals galoppierenden Inflation („Kipper und Wipper") nach oben verzerrt ist.

Menschenfresserin. In dieser Skulptur Leonhard Kerns (1588–1662), des bedeutendsten Schwäbisch Haller Bildhauers der Barockzeit, spiegeln sich die Gräuel des Dreißigjährigen Kriegs.

Raubzüge dauerten bis zum Kriegsende und darüber hinaus. Erst 1650 zogen die letzten Truppen ab.

Am Ende betrugen die Bevölkerungsverluste auf dem Land ca. ein Drittel, zahlreiche Höfe lagen wüst, noch mehr Äcker und v. a. Weinberge wurden nicht mehr bewirtschaftet. Die Bevölkerungszahl der Stadt nahm dagegen nur um ein Sechstel ab, wozu auch zahlreiche Neubürgeraufnahmen beitrugen. Die finanziellen und materiellen Schäden durch den Dreißigjährigen Krieg bezifferte die Stadt auf 3,6 Millionen Gulden – sicher nur eine ungefähre Annäherung an die tatsächlichen Verluste.

Leonhard Kern

Zu den wichtigsten deutschen Bildhauern des 17. Jahrhunderts gehört Leonhard Kern, der am 22. November 1588 in Forchtenberg geboren wurde und am 4. April 1662 in Schwäbisch Hall starb. Nach dem Besuch des Gymnasiums in Öhringen lernte er bei seinem Bruder Michael. Bildungsreisen führten in nach Italien und sogar Nordafrika. 1614 heiratete er in Forchtenberg Amalia Zöllner. Leonhard arbeitete in der Folge meist außerhalb Hohenlohes (in Heidelberg und Nürnberg), denn die Konkurrenz durch seinen Bruder Michael war in seiner Heimat wohl übermächtig. 1620 erwarben er und seine Frau das Haller Bürgerrecht. Die Familie wohnte später in der Pfarrgasse 16. In den dreißiger und vierziger Jahren erwarb Leonhard Kern weiteren Grundbesitz, dessen wichtigster Teil das Schloss in Tullau war (1641). 1642 wurde er Mitglied im Äußeren Rat, was er bis zu seinem Lebensende blieb. Seine Werkstatt war auf Kleinplastiken spezialisiert, für die er Elfenbein, Alabaster und Holz verwendete. Er griff durchaus zeitgenössische Ereignisse auf – so in Gestalt der „Menschenfresserin" und von Szenen aus dem Dreißigjährigen Krieg.

schwand. Danach kamen die Bayern wieder und verlangten die rückständigen Verpflegungsbeiträge. Als sich dieses Spiel noch eine Weile fortsetzte und die Belastungen immer weiter stiegen, rebellierte im Oktober 1645 ein Teil der Bürger. Unter Führung von Hans Reitz verlangten sie die Einsetzung eines Ausschusses, um die unendlich steigenden Steuern abzuwenden. Der Versuch, den Äußeren Rat auf ihre Seite zu ziehen, allerdings scheiterte, so dass der Aufruhr rasch im Sande verlief. 1647 wiederholten sich ähnliche Vorgänge nochmals: Eine Schmähschrift wurde am Dekanat angeschlagen, die Bürger verlangten die Untersuchung des Finanzgebahrens des Rates. Wieder war es Hans Reitz, der die Bürger zu mobilisieren versuchte, wieder scheiterte er an der Lethargie der meisten. Plünderungen und

Wiederaufbau nach dem Krieg

Das Ende des Dreißigjährigen Krieges hatten Obrigkeit wie Untertanen lange herbeigesehnt. Über die Friedensverhandlungen in Münster und Osnabrück, auf denen Schwäbisch Hall durch den Esslinger Abgesandten mit vertreten war, ließ sich die Stadt fortlaufend unterrichten. Als der Friede schließlich geschlossen war und die letzten Truppen abzogen, feierte man in Stadt und Land. Die offizielle Friedensfeier fand am 15. August 1650 statt. Sie sollte im Zeichen des Dankes stehen. Städter und Landbewohner besuchten Gottesdienste und beteten zu Hause. Friedensgeläute, die jeweils eine Stunde dauerten, betonten den besonderen Charakter des Tages. Nicht gewünscht waren individuellere Formen der Freude wie Tanzen, Spielen und Trinken. Zugelassen blieben allein Freudenfeuer und Salute, die aber auch gegen 10 Uhr abends ihr Ende finden sollten. Einziges eher weltliches Fest war ein Wettschießen, zu dem Rat 20 Reichstaler auslobte.

Nach dem Krieg lagen zahlreiche Gebäude in Trümmern, Äcker und Wiesen wurden nicht mehr bebaut, Weinberge aufgegeben. Einen guten Überblick bietet eine Zusammenstellung des Spitals über seine öd liegenden Güter von 1654. In Gelbingen z. B. waren die Häuser von Simon Schultheiß' Witwe und von Hans Weckher eingefallen, niemand interessierte sich für die Bauplätze, da kein weiterer Grundbesitz damit verbunden war. Das Bechsteinische Haus war zusammengebrochen, die Grundstücke waren gegen eine geringe Gebühr verpachtet. Für Eltershofen werden zwei unbebaute und unbesetzte Höfe genannt, in Enslingen zwei Häuser (darunter ein Kellerhaus) und die Badstube als verfallen bezeichnet. Das Spital besaß viel Grundbesitz in Geislingen, 1654 waren neun Häuser eingestürzt, ebenso die Schmiede. Von einem Haus stand noch die Hälfte. Insgesamt zählte die Spitalschreiberei 72 öde Güter und einen entsprechenden Verlust an Einkünften.

Verluste des Spitals nach dem Dreißigjährigen Krieg

Öde Güter	72
Öde eigene Stücke	437

Verluste an Gülten

Geld	76 fl 24 ß 9 h
Korn und Dinkel	48 Scheffel 1 Viertel 1 Schatz
Hafer	55 Scheffel 1 Viertel 1 Schatz
Käselaibe	53
Eier	445
Gänse	6 ¾
Flachs	6 Kloben
Stangenholz	2 Fuder
Rüben	1 Viertel
Fastnachtshühner	77 ½
Herbsthühner	108 ½

Verluste an Fällen, Hauptrechten und Handlohn

Lassen sich nicht ermitteln.

Verluste an Gülten von eigenen Stücken

Geld	34 fl 9 ß 5 h
Hafer	1 Viertel
Junge Hühner	56 ½
Fastnachtshühner	3

Der Wiederaufbau begann relativ rasch. Öde Güter wurden vom Rat günstig verkauft, Schulden und Abgaben erlassen, den Bauern Bauholz aus den städtischen Wäldern zur Verfügung gestellt. Die fördernden Maßnahmen wurden von Strafen flankiert: Zögerten Gültherren oder Bauern, die einen Hof übernommen hatten, zu lange mit dem Wiederaufbau, griff der Rat auch zu Drohungen. Schon 1641 hatte die Stadt versucht, neue Siedler anzuwerben. Wegen der auf den öden Liegenschaften haftenden Verbindlichkeiten wollte man sich mit den Neuankömmlingen einigen. 1657 befreite der Rat öde Liegenschaften völlig von rückständigen Belastungen und ließ für drei Jahre die „Schatzung" (die Vermögensteuer) nach. Die Grundstücke sollten an den Meistbietenden verkauft werden. 1662 schärfte der Rat den Gültherren ein, sie sollten ihre öden Güter nicht länger gegen Pachtgeld verleihen, sondern dafür sorgen, dass wieder Gebäude errichtet werden würden. Andernfalls würde der Magistrat eingreifen und die betroffenen Güter an diejenigen verkaufen, die dort auch bauen wollten. Selbst einzelne Gutsbesitzer erhielten entsprechende Dekrete: 1671 wurde der Haller Ochsenwirt Andreas Driller ermahnt, unverzüglich für die Bebauung seines Gütleins in Michelfeld zu sorgen. Aber noch 1670 mussten die Einwohner des Amtes Ilshofen aufgefordert werden, öde Haus- und Scheunenplätze wieder zu bebauen.

Teilweise erfolgte auch der Rückgriff auf die Eigenbewirtschaftung bzw. die kurzfristige Verpachtung, wenn kein Gültbauer zu finden war. Das Spital z. B. betrieb für einige Jahre nach dem Krieg den Sezer- und Koppelinshof (die ursprünglich ein Hof zum Forst bei Michelfeld gewesen waren) selbst bzw. verpachtete ihn auf ein Jahr. 1654 baute es dort sogar ein neues Haus auf eigene Kosten. 1667 trennte sich da Spital von diesen beiden Hofhälften wieder.

Der Weinbau allerdings erreichte nicht mehr das Niveau von vor dem Krieg. Bier und Most machten ihm Konkurrenz, auch das Klima des 17. Jahrhunderts war ihm eher ungünstig. Dass die Zeit für den intensiven Weinbau im Kochertal abgelaufen war und der Rückgang nicht nur mit dem Krieg zu tun gehabt hatte, zeigt sich daran, dass er in der zweiten Hälfte des 18. Jahrhunderts dann noch weiter zurückging. Aus ehemaligen Weinbergen wurden Grasraine und Baumwiesen. Wie intensiv der Weinbau auch an reichlich ungünstigen Stellen noch bis in die Mitte des 17. Jahrhunderts gewesen war, zeigt die Auflistung der in die Weilerkelter gehörenden Weinberge am Hofpfad, Steinbrüchlein, mittleren Weg, an der Neumäuer, am Ripperg, Mühlberg und an der Ohrenklinge. Hundert Jahre später war dann im wesentlichen von öden Weinbergen die Rede.

Die Stadt und ihre Bürger hatten weniger Zerstörungen erfahren, so dass nach 1648 das Wirtschaftsleben recht schnell wieder in Gang kommen konnte, wenn Handwerker und Händler Absatz für ihre Waren fanden.

Stadtansicht von Hans Schreyer aus dem Jahr 1643. Sie hängt im Haalamt.

Gelitten hatte vor allem die Saline, die während des Krieges rücksichtslos ausgebeutet worden war und folglich zunehmend schlechtes Salz geliefert hatte. Durch die Unterbrechung der Handelswege waren alte Verbindungen und Märkte verloren gegangen. Die Stadt verstaatlichte den Salzhandel und vereinbarte bilaterale Handelsverträge, die in den 1650er Jahren neue Absatzgebiete erschlossen. So wurde 1656 ein Handelsvertrag mit Colmar im Elsass geschlossen, der die Abnahme von Haller Salz gegen Elsässer Wein regelte. Die Organisation des Transports übernahm zunächst provisorisch ein städtischer Salzverwalter. 1658 wurde dieses Unternehmen in feste Formen gegossen: Die „Salzkasse" oder „Salzhandlung" übernahm den Vertrieb des Salzes. An ihr beteiligt waren Stadt, Sieder und Lehensherren, die Geschäfte wurden durch den Salzverwalter geführt.

Unmittelbar nach ihrer Gründung errichtete die Salzkasse eine Faktorei in Neckarsulm, von wo aus Wimpfen, Mosbach und Heidelberg beliefert wurden. Das anfängliche Defizit trugen die Anteilseigner, aber dem Haller Salz erschlossen sich damit neue Absatzgebiete in der Pfalz. Der Handel wurde als Monopol betrieben: Als 1686 ein Handelsvertrag mit Heidelberg zustande gekommen war, wurde allen Hallern der Verkauf von Salz in die Kurpfalz und an kurpfälzische Untertanen verboten. Auch die Qualität des Salzes wurde nun besser kontrolliert: Klagen von Kunden über schlechtes Salz nahm der Rat ernst und versuchte, allerlei Missbräuche zu verbieten. Das wiederum stieß durchaus auf (versteckten) Widerstand. 1686 monierte der Rat, dass die Haalmeister die Dekrete des Magistrats im Haalamt (dem „Neuen Haus") kommentarlos zur Kenntnis nähmen, dann aber in Wirtshäusern und anderen öffentlichen Orten Kritik äußerten.

Reformbedürftig war nach dem Krieg schließlich auch die Stadtverwaltung. Verwaltungsvorschriften und die Ratsordnung wurden nicht mehr eingehalten. Die Notbehelfswirtschaft hatte zu einem lockeren Umgang mit städtischen Geldern geführt, Rechnungen waren jahrelang nicht abgehört und kontrolliert worden. Die Finanzen befanden sich in katastrophaler Unordnung. Einige Ratsherren, die ja gleichzeitig auch als Amtmänner und Spitalpfleger amtierten, hatten Gelder unterschlagen, ihre Rechnun-

Flurkarte von Ramsbach aus dem Jahr 1699. Die um diese Zeit angelegten Flurkarten der Gemeinden des Haller Landgebiets lassen neben den Ortsgrundrissen auch die Nutzung der Markungen mit Äckern, Wiesen, Allmenden und Wäldern erkennen. In den seitlichen Kästen sind die Besitzer der einzelnen Flurstücke aufgeführt.

gen wiesen enorme Fehlbeträge aus. Sie hatten in ihren Ämtern zum Teil nur eine Lizenz zur Selbstbedienung gesehen. Junker Johann Ludwig Adler und Johann Albrecht Geyer wurden exemplarisch bestraft und mussten einen Teil der Fehlbeträge an die Stadt zurückzahlen, andere dagegen kamen ungeschoren davon. Die beiden Bestraften hatten nebenbei den Fehler begangen, sich mit dem kommenden starken Mann – Georg Friedrich Seifferheld – anzulegen. 1650 wurden die alte Ratsordnung und eine neue Prozessordnung in Kraft gesetzt. Aus Sicht des Rates war damit die Rückkehr zu geordneten Verhältnissen vollzogen. 1651 stürzte noch ein Ratsherr: David Horlacher musste wegen Betrugs resignieren.

Stättmeister Georg Friedrich Seifferheld

Der Dreißigjährige Krieg stellte Anforderungen an die Ratsherren, denen diese von Haus aus kaum gewachsen waren. Die Militärs, die enorme Beträge von der Stadt erpressten, waren Unternehmer, denen es auf rasche Kapitalvermehrung ankam. Verproviantierung und Truppenwerbung bildeten die Geschäftsfelder, in denen das zu dieser Zeit möglich war. Der Magistrat der Reichsstadt dagegen hatte normalerweise unter bescheidenen Verhältnissen gewirtschaftet, Steuern erhoben und zum Besten der Stadt und der eigenen Familien verwendet. Mit den Kriegsunternehmern konnte er weder auf gleicher Augenhöhe verhandeln noch überhaupt eine Ebene finden, auf der kommuniziert werden konnte. Zentral war es deshalb, Ratsherren oder Ratsbeauftragte zu finden, die mit diesem Milieu vertraut waren, Zugang zu den Kriegsherren hatten und Kompromisse mit ihnen schließen konnten. Johann Georg Seifferheld (gestorben 1643) und Sebastian Burckhardt spielten eine Zeitlang diese Rolle. Beide hatten militärische Karrieren durchlaufen: Seifferheld in badischen und anhaltischen Diensten, dann als Kommandant von Ellwangen im Dienste des Grafen Kraft von Hohenlohe, dem der schwedische König Gustav Adolf diese Fürstpropstei verliehen hatte. Burckhardt war Schreiber in Prag und Königsberg gewesen, bis er 1637 als Hauptmann nach Hall kam und dort 1639 in den Rat aufrückte.

Wichtigster Unterhändler des Rats aber wurde ab 1644 Georg Friedrich Seifferheld, der jüngere Bruder Johann Georgs. Dieser wurde am 5. September 1613 als Sohn des Georg Seifferheld, Kanzlist und Keller im Schöntalischen Hof zu Schwäbisch Hall, und dessen zweiter Frau Maria Müller geboren. Die Familie wohnte in der Zollhüttengasse, von wo aus Georg Friedrich die Lateinschule besuchte. Nach der vierten Klasse verlor er aber alle Lust zu weiterer Bildung und wollte Salzsieder werden – wie seine Vorfahren. Sein Onkel David Müller (der Vater war schon 1616 verstorben) überredete ihn zur Fortsetzung der Schule und zum Studium. Er lernte Latein und Griechisch und absolvierte einen juristischen Vorbreitungskurs bei seinem angeheirateten Vetter Gottschalk Majer, der Eufrosine Müller, eine Tochter von Onkel David, geehelicht hatte. 1631 wechselte Georg Friedrich auf die Universität Altdorf (bei Nürnberg), mitten in die dramatischen Kriegsereignisse hinein. Gustav Adolf und Wallenstein lieferten sich eine Schlacht vor Nürnberg, die die wohlhabenderen Studenten zur Flucht hinter die starken Mauern der Reichsstadt veranlasste, während die ärmeren in Altdorf ausharrten. 1632 ging Seifferheld nach Tübingen, wo es ihm nicht gefiel, 1633 nach Marburg. Die Marburger Universität (samt Georg Friedrich) floh vor der Pest nach Gießen und kehrte erst 1634 zurück. Dennoch scheint Seifferheld Zeit zum Studium gefunden zu haben, denn in Gießen und Marburg erbrachte er erste akademische Leistungen.

Nach der Schlacht von Nördlingen verbreitete sich im fernen Marburg das Gerücht, Schwäbisch Hall sei in Schutt und Asche gelegt worden. Georg Friedrich machte sich auf, um bei seinem Bruder Johann Georg, der im pfälzischen Frankental stationiert war, Hilfe zu suchen. Bis er dorthin kam, war der ältere Bruder allerdings schon weiter marschiert. Georg Friedrich nahm nun auch Kriegsdienste und diente vier Wochen lang als Sekretär, wobei er viel gelitten haben soll. Nachdem sich die Nachrichten von der Zerstörung seiner Heimatstadt als falsch herausgestellt hatten, verließ er schleunigst das Militär und schlug sich von Mainz nach Straßburg und Basel durch. Es war grimmig

Der „große Stättmeister" Georg Friedrich Seifferheld in verschiedenen Altersstufen: Links als junger Mann, rechts im Alter von 54 Jahren. Das mittlere Porträt stammt von der Leichenpredigt, er scheint aber jünger zu sein als auf dem rechten Bild.

kalt, Wegbegleiter waren Wölfe und Straßenräuber. Immerhin: Seifferheld schaffte es an den Oberrhein und studierte weiter. Eigentlich wollte er sein Studium mit der Promotion abschließen, aber sein Bruder sprach dagegen, so dass er sich aus der Schweiz nach Augsburg aufmachte, wo er Johann Georg treffen sollte. Unterwegs wurde er überfallen und büßte Pferd, Geld und Kleider ein. Ganz ärmlich kann er vor dem Überfall nicht gewesen sein. Danach allerdings musste er sehen, wie er seinen Lebensunterhalt verdienen konnte. Ein Augsburger Kaufmann engagierte ihn als Hofmeister für seinen Sohn, der zur Kavalierstour durch Deutschland, Holland und Frankreich aufbrach. In Frankreich unterrichtete er junge Leute in der Mathematik, wofür diese ihm sehr dankbar gewesen sein sollen.

In Schwäbisch Hall erscheint er ab 1639, als er Praxedis Zinn, die Witwe des Haalpflegschreibers Josef Eisenmenger heiratete. Praxedis war eine Tochter des hohenlohischen Leibarztes Dr. Johann Conrad Zinn in Öhringen und der Eufrosine Moser, die wiederum den Haller Stättmeister Balthasar Moser (bekannt aus den Schneckschen Unruhen) zum Vater hatte. Ihr Bruder (und damit ein angeheirateter Onkel Seifferhelds) schließlich war ein weiterer Balthasar Moser, Ratsherr in Schwäbisch Hall (der 1650 gemeinsam mit Johann Ludwig Adler sein Amt als Geheimer Rat verlor, allen Weiterungen aber durch seinen Tod entging). Angesichts der familiären Verbindungen wundert es nicht, dass Seifferheld 1640 Ratsherr wurde.

Dort wurde er ab 1644 mit den wichtigsten Verhandlungen der Stadt betraut. Dies setzte eine robuste Gesundheit (Ritte über Land z. B. nach München gehörten in den 1640er Jahren nicht zu den vergnüglichen Dingen) und flexible Methoden voraus. Geschenke z. B. in Gestalt von Reitstiefeln und Wein an die meist bayerischen Offiziere, die in und um Hall im Quartier lagen, öffneten Ohren, die sonst taub geblieben wären. In München versuchte Seifferheld den Kurfürsten zu bewegen, die Quartierlasten im hällischen Land zu mildern, der ihn aber nur an das „Reich" weiterverwies. Besonders kritisch war die Lage 1645, als die Bayern kurzfristig vor einem französischen Vorstoß zurückgewichen waren und Schwäbisch Hall verdächtigt wurde, mit den Franzosen korrespondiert zu haben. Seifferheld sah sich dem Zorn der bayerischen Befehlshaber ausgesetzt, schaffte es aber die beiden Herren zu beruhigen und Milderungen der harten Forderungen durchzusetzen. Der dankbare Haller Rat schenkte seinem Unterhändler 25 fl als Belohnung, die er an seiner Steuerschuld abziehen durfte.

In den folgenden Jahren musste er sich dann mit Frankreich und Schweden auseinandersetzen, die jetzt die Oberhand in Südwestdeutschland gewonnen hatten. Seifferheld wurde ausgeplündert und beschimpft; er erkrankte. Dennoch konnte er immer wieder Korrekturen an den Forderungen der Militärs durchsetzen oder verhindern, dass Schwäbisch Hall zum Standort von Hauptquartieren wurde. Der Rat drückte seine Dankbarkeit in Worten und mit kleinen Geldgeschenken aus.

Diese gaben Anlass zu Kritik. 1647 kursierte eine Schmähschrift gegen Seifferheld (und den Dekan Johann Georg Wibel); 1648 suchten die Ratsherren Johann Ludwig Adler und Johann Albrecht Gayer die Konfrontation, indem sie Gerüchte in der Stadt ausstreuten (Seifferheld wolle den Rat verkleinern) und ihm die Geldgeschenke vorwarfen. Neben Seifferheld schwärzten sie auch die Ratsherren Sebastian Burckhardt, Albrecht Müller und Johann Ludwig Majer an. Die Quittung erhielten sie 1650, als sie wegen ihrer Unterschlagungen ihre Sitze im Rat verloren. Andere, die sich nicht mit Seifferheld angelegt hatten, kamen straflos davon.

Bis zu diesem Zeitpunkt hatte Seifferheld die übliche Karriere im Rat zurückgelegt: Er war schrittweise aufgerückt und hatte Ämter übertragen erhalten (die Obervormundschaft, die Heiligenpflege von St. Michael, die Hauptmannschaft eines Handwerks). 1645 war er einer der Spitalpfleger geworden. 1650 – nach dem Sturz der Kontrahenten – wählte man ihn in den Geheimen Rat (die Fünfer), ab 1654 saß er dem Konsistorium vor und 1655 nach dem Tod von Stättmeister Laccorn erlangte er das höchste Amt der Stadt. Bis zu seinem Ableben amtierte er in jedem zweiten Jahr 16 mal als regierender Stättmeister, in den Jahren dazwischen als „alter Stättmeister".

Sein Einfluss auf die Angelegenheiten der Stadt war prägend, gleichgültig ob es sich um die Finanzen, d. h. im wesentlichen die

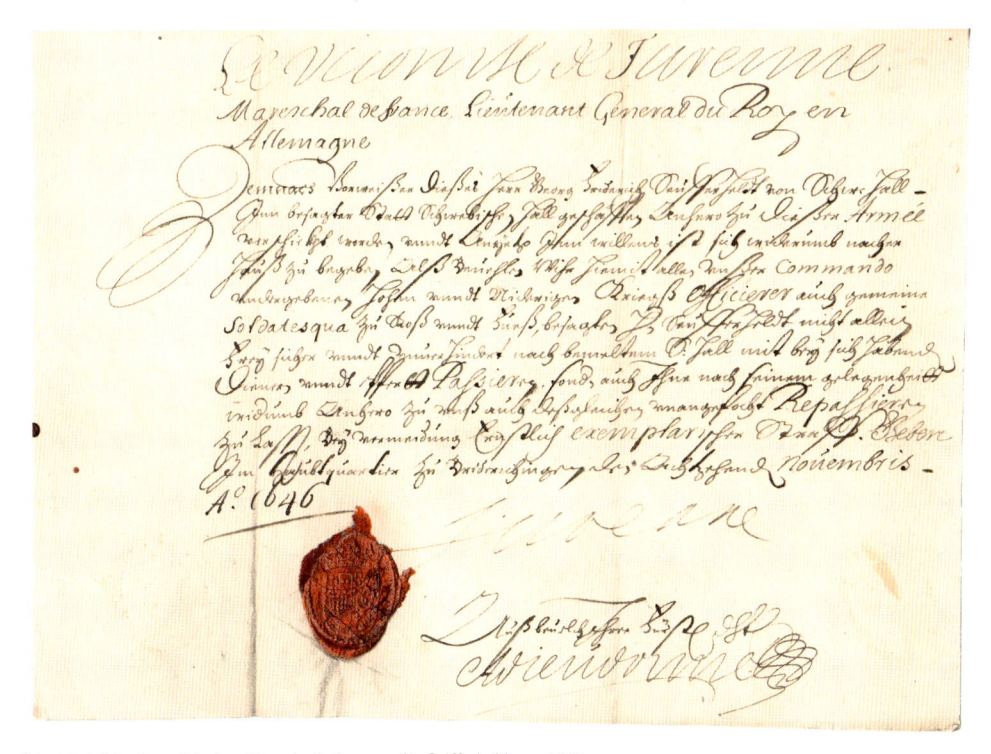

Schutzbrief des französischen Marschalls Turenne für Seifferheld von 1646

Das Haus Georg Friedrich Seifferhelds Am Markt 12 (heute Hotel „Der Adelshof"). Bemerkenswert ist die Brücke (rechts), die über die Straße direkt zum Vorplatz von St. Michael führte.

Abtragung der Kriegsschulden, oder um die auswärtigen Beziehungen, den Salzhandel oder die Personalpolitik handelte. Mittlerweile war Seifferheld zum zweiten Mal verheiratet. Im Juni 1653 war seine erste Frau gestorben, im September desselben Jahres ließ er sich mit Susanna von Berg, der Tochter eines Regensburger Ratsherrn, trauen. Diese Heiratsverbindung brachte ihm nützliche und direkte Beziehungen zum Sitz des Reichstags ein. Während der oft monatelangen Verhandlungen des Reichstages konnte er bei seinen Verwandten logieren, die ihm auch Kredite für die Stadt vermittelten und politische Klippen zu umschiffen halfen. In den 1660er Jahren brachte er es durch persönliche Anwesenheit in Regensburg zustande, dass die Reichssteuern der Stadt gesenkt wurden.

Zum Verkauf des Haller Salzes startete er mehrere Initiativen, die der Stadt schließlich ein Abkommen mit Colmar im Elsass einbrachten. Hall bezog im Gegenzug für sein Salz Wein von dort. Auf der anderen Seite konnte er aus erster Hand berichten, dass die Regensburger nicht gerne Wein über Schwäbisch Hall bezogen, weil der Verdacht bestand, dieser sei mit Kocherwein gestreckt worden, also nicht mehr ganz das originale Produkt. Prompt setzte sich der Stättmeister für strenge Vorschriften ein, auch aus eigenem Interesse.

Besonders intensiv kümmerte er sich schließlich – auch aufgrund eigener Erfahrungen – um die Bildung. Er selber hatte ja Privatunterricht nehmen müssen, um studieren zu können. Der Aufbau des akademischen Gymnasiums, das solche Umwege in Zukunft ersparte, wurde zu seinem persönlichen Anliegen, für das er sich auch durch großzügige Stiftungen aus privaten Mitteln engagierte.

Georg Friedrich Seifferheld, der durch ein Netzwerk von Verwandten gefördert worden war, schuf sich, sobald er die entsprechenden Positionen erreicht hatte, ein eigenes Beziehungsgeflecht. Schon 1648 engagierte er Dr. Johann Philipp Schragmüller aus Straßburg, zunächst zur eigenen Entlastung bei den diplomatischen Verhandlungen, später als Syndicus der Stadt. Seine Tochter aus erster Ehe heiratete Heinrich Sibäus vom Jemgumer Closter aus Ostfriesland, der später als Konsulent beschäftigt war. Die älteste Tochter aus zweiter Ehe nahm Johann Friedrich Wibel zum Mann, der der Sohn des Dekans Johann Georg Wibel war und mit seinem Vater von Pforzheim nach Hall gekommen war. Wibel wurde 1686 noch zu Lebzeiten seines Schwiegervaters Stättmeisteramtsverweser (in Nachfolge des verstorbenen Stättmeisters Peter Lackorn). Die beiden anderen Töchter ehelichten den Ratsadvokaten bzw. Ratskonsulenten Johann Friedrich Lackorn und den Limpurger Rat bzw. späteren Haller Ratsherrn Dr. Johann Caspar Glock. Der Sohn Georg Friedrich begann als Stallmeister in Neuenstein, wurde dann Kriegskommissar in Hall und 1687 Innerer Rat, starb allerdings schon 1690. Die Karriere des anderen Sohnes Johann Georg verlief ähnlich: Er begann als Jäger in Stuttgart und Neuenstein, amtierte dann als Kriegskommissar in Hall 1686–1691 und rückte 1711 in den Rat ein. Nikolaus Stier aus Allendorf in Thüringen begann als Hauslehrer bei Seifferheld und endete als Mitglied des Magistrats, ebenso wie Georg Michael Hartmann aus Michelfeld, der als Gehilfe des Stättmeisters in seinen privaten Geschäften angefangen hatte. Zusammengefasst: Beide Söhne und zwei Schwiegersöhne kamen in den Rat, die beiden anderen Schwiegersöhne waren als Konsulenten wichtige Berater des Magistrats. Einer der Schwiegersöhne (Wibel) und einer der persönlichen Helfer (Hartmann) nahmen schon zu Lebzeiten Seifferhelds ihre Positionen im Rat ein, die anderen rückten erst nach seinem Tod auf.

Zum Beziehungsgeflecht gehören auch seine Ehen, wie für die beiden ersten schon erwähnt. Zwei Monate nach dem Tod von Susanna Seifferheld 1685 verehelichte er sich ein drittes Mal: Diesmal mit Maria Margaretha Köberer, für die es ebenfalls die dritte Ehe war (in erster Ehe hatte sie sich mit dem Pfarrer Johann Jakob Otho, in zweiter mit dem Ratsherrn Johann Engelhardt verbunden). Diese Ehe verstärkte also die familiären Bindungen innerhalb der Haller Ratsherren nochmals. Maria Margaretha hatte übrigens nach Seifferhelds Tod noch nicht genug vom Eheleben und schritt 1687 ein viertes Mal zum Traualtar: mit dem Inneren Rat Johann Georg Wollmershäuser.

Grundlage der Karriere und der Beziehungen war ein enormes privates Vermögen. Seifferheld achtete in Verhandlungen mit dem Rat durchaus auf seinen Vorteil. Schon während der Dreißigjährigen tätigte er allerlei für ihn vorteilhafte Geschäfte mit der Stadt. Herrengülten, Bauernhöfe, Anteile an der Saline, das ehemalige Haus Hermann Büschlers am Marktplatz (heute Am Markt 12) kaufte er zwischen 1640 und 1650 auf.

Eine Episode von 1646 illustriert sein Geschäftsgebaren: In diesem Jahr erwarb er zusammen mit Joseph Romig, auch einem Ratsherrn, vom Spital ein Eigentumssieden um 500 fl. Als Spitalpfleger amtierten in diesem Jahr Sebastian Burckhardt – und Georg Friedrich Seifferheld selbst. Romig verzichtete unmittelbar darauf auf seinen Anteil zugunsten seines Mitkäufers, hatte also offenbar nur als Strohmann fungiert. Seifferheld selber fühlte sich anscheinend bei diesem Kauf unwohl, denn 1647 schenkte er dem Spital 50 Viertel Frucht über den Kaufpreis hinaus. 1655 verzichtete er auf 400 fl, die er beim Spital stehen hatte, weil das Sieden doch einiges mehr wert sei, als er 1646 dafür bezahlt habe. 1660 schließlich gab er es für 750 fl wieder an das Spital zurück. Schlecht verdient hatte er an diesem Insider-Handel nicht, ganz schamlos sich selbst bedient aber auch nicht.

In den späten 1650er Jahren gab Seifferheld bereits ein Steuervermögen von 9.000 fl an, das in den frühen 1660er Jahren auf 12.600 fl stieg. 1680 bezahlte er Steuern von 54.000 fl, absoluter Höhepunkt der Vermögensentwicklung war 1684, als er fast 59.000 fl versteuerte, obwohl er bis zu diesem Zeitpunkt schon zwei Töchter mit Mitgiften versehen hatte. Eine weitere Tochter und ein Sohn heirateten 1684 und 1685, was den leichten Rückgang des Vermögens bis zu seinem Tod am 13. Oktober 1686 erklärt.

Vermögensentwicklung von Georg Friedrich Seifferheld.

Aus den Jahren ohne Daten sind keine Beetlisten überliefert.

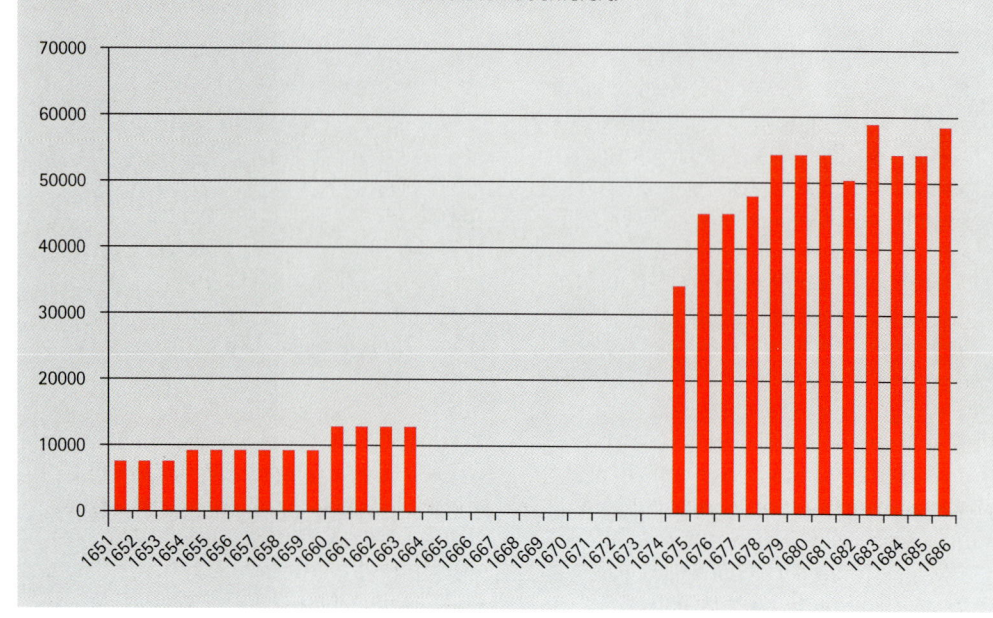

Einen Einblick in Seifferhelds Vermögensverhältnisse gibt die Inventur von 1686, die die Hauptteile des Besitzes auflistet. An erster Stelle steht die Seifferheldsche Behausung am Markt, die mitsamt einem Gut in Weckrieden und einem dort stehenden Kapital um 3.600 fl dem Schwiegersohn Wibel überlassen wurde. Auf dem Haus haftete eine milde Stiftung des Stättmeisters: Jährlich sollten 15 fl unter Hausarme verteilt werden. Das elterliche Haus in der Zollhüttengasse war nur 575 fl wert und ging an den Sohn Georg Friedrich. Eine Scheune und einen Keller in der Langen Gasse erwarb der Schwiegersohn Lackorn um 330 fl. Gärten, Wiesen und Äcker schlugen mit weiteren 2.250 fl zu Buche. Von acht Bauernhöfen in Weckrieden, zwei in Wackershofen und einem in Hopfach hatte Seifferheld Abgaben erhalten. Dazu kamen Gülten aus Gütern im Diepach bei Enslingen, in Raibach, der Stadt Hall, Weckrieden, Heimbach, Haagen und Gottwollshausen. Nahezu 23.000 fl hatte Seifferheld gegen Zinsen verliehen, die rückständigen Zinsen summierten sich auf weitere 363 fl. Kleinere Guthaben beliefen sich auf 429 fl. Eigensieden waren 3.600 fl wert. Bargeld in zahlreichen Münzsorten (811 fl), Silber (1.285 fl), Gold (298 fl), Wein (11.545 fl), Branntwein (52 fl), Getreide (762 fl), Vieh (428 fl) machten die angegebenen Posten in der Erbteilung aus. Das Teilungsvermögen belief sich auf 53.776 fl, daneben gab es noch weitere Vermögensteile, die aber in einer sogenannten gemeinsamen „Massa" verblieben (und zu der mindestens sämtliche Kleidung, Bettwerk, Leinwand, Möbel, Hausgerätschaften gehört haben müssen, anscheinend aber auch noch weitere Guthaben, denn die „Massa" sollte noch Schulden von 300 fl bezahlen). An echten Schulden hafteten auf dem Erbvermögen 3.100 fl an auswärtige Gläubiger. Die übrigen Schuldposten waren Legate an die Erben. Jedes Kind hatte z. B. ein Heiratsgut von 1.500 fl zu erhalten, für die beiden noch ledigen Nachkommen erscheinen diese Beträge in der Inventur. Die Witwe erhielt 600 fl aus der „gemeinen Massa" und 400 fl aus dem geteilten Vermögen. Jedes der sechs Kinder bekam inklusive seines Heiratsguts also nahezu 10.000 fl aus der väterlichen Erbmasse ausbezahlt.

Einen gesonderten Blick verdient das umfängliche Weinlager (235 Fuder 9 Eimer, was fast 228.000 Litern entspricht!), das in auf die ganze Stadt verteilten Kellern untergebracht war. Seifferheld betätigte sich offenkundig als Weinhändler, anders sind seine Bestände an Neckar-, Kocher- und Rheinwein nicht zu erklären. Am teuersten waren die Weine vom Rhein (mit 110 bzw. 100 fl pro Fuder), aber auch der Heilbronner war 64 fl, der Schwaigerner 57 fl wert. Kocherwein gab es dagegen schon für 32 oder 40 fl. Im übrigen lagerten im Keller des Stättmeisters auch „Mischlinge" (für 38 und 40 fl), d. h. aus verschiedenen Gebieten zusammengerührte Getränke, wie sie ja eigentlich nicht vorkommen sollten.

Das Vieh (Rinder und Schafe) war „verstellt", d. h. bei Bauern in Gaisdorf, Ober- und Untermünkheim, Wittighausen, Übrigshausen, Gailenkirchen, Sanzenbach, Eltershofen, Erlach und Weckrieden, Oberfischach und Rückertshausen untergebracht. Zwei Kühe und zwei Kälber aber standen direkt im Stall beim Stättmeister Am Markt 12. Die Bauern fütterten und pflegten die Tiere, wofür sie einen Teil des Ertrags (Milch, Kälber bzw. Lämmer) erhielten. Das Vieh blieb aber im Besitz des Stättmeisters, der im Falle des Verkaufs den Erlös einstrich.

Die Schuldner des Stättmeisters sind auch unter anderem als finanziellem Blickwinkel interessant. Ein wirkungsvolleres Mittel, um seinen Einfluss abzustützen, als Kredite zu vergeben, dürfte es in der Reichsstadt Schwäbisch Hall kaum gegeben haben. Der Schuldner wurde von seinem Gläubiger abhängig, und er wurde bei Ablieferung der Zinsen jährlich an seine Abhängigkeit erinnert. Herrschaft war im 17. Jahrhundert in einer kleinen Stadt noch immer personalisiert. Die Person Georg Friedrich Seifferheld und das Amt des Stättmeisters verschwammen in der Wahrnehmung der Bürger und Untertanen. Die 52 ländlichen Schuldner des Stättmeisters konzentrierten sich auf das Umfeld der Stadt: Sie lebten in Bühlerzimmern, Eltershofen, Enslingen, Erlach, Gaisdorf, Gelbingen, Haagen, Hagenbach, Wackershofen und Weckrieden. Die verliehenen Summen lagen zumeist zwischen 50 und 100 fl, konnten in Einzelfällen aber 600 fl, wie beim Müller Georg Schleich in Gelbingen, oder 700 fl, wie bei Friedrich Sperrling in Weckrieden, erreichen. 75 Schuldner dagegen wohnten in der Stadt, zwei in Unterlimpurg. Die Summen lagen höher als auf dem Land (häufig zwischen 100 und 200 fl). 3.500 fl hatte der Stättmeister der Stadt geliehen. Interessanterweise gehörten einige seiner Kollegen ebenfalls zu seinen Schuldnern: Gottfried Hörner, Georg Rauscher und Johann Jakob Spänkuch hatten Kredite bei Seifferheld aufgenommen, Rauscher allein die enorme Summe von 2.400 fl. Auch im äußeren Rat (Georg Lackorn, Georg Friedrich Hezel) und im Spitalgericht (Hans Conrad Schaiblin, Johann Wilhelm Haspel) saßen Schuldner des Stättmeisters, wie auch etliche städtische Beamte (Physicus Georg Friedrich Baumann und Physicus Johann Balthasar Feyerabend, Umgelter Johann Andreas Blinzig, Oberhaalschreiber Johann David Vischer, Katharinenpfarrer Johann Georg Wibel) bei ihm Geld entliehen hatten. Dies lief auf eine indirekte, aber mit Sicherheit sehr fühlbare Einflussnahme des Stättmeisters auf diese Personen hinaus, die sich bei Abstimmungen, Beratungen und Urteilen wohl den Vorgaben Seifferhelds kaum haben entziehen können. Die übrigen Personen, die bei ihm in der Kreide standen, waren Gastwirte, Handwerker, Händler und Salzsieder, also das ganze bürgerliche Spektrum der Reichsstadt, auch hier diente die Kreditvergabe im Nebenziel dazu, Einfluss zu sichern, Unzufriedenheit nicht offiziell werden zu lassen.

Georg Friedrich Seifferheld hatte es verstanden, seinen Einfluss in jeder Hinsicht abzusichern. Er überdauerte sein eigenes Leben: Seinem Schwiegersohn Johann Friedrich Wibel hatte er noch zu Lebzeiten die Schlüssel zur Macht in Hall übergeben.

33. Gegen den „Erz-Feind christlichen Namens": Militärwesen und Reichskriege

1526	Die Türken besiegen die Ungarn bei Mohacs.
1529	Erste Belagerung Wiens durch die Türken.
1571	Niederlage der türkischen Flotte gegen eine christliche Allianz bei Lepanto.
1593-1615	„Langer" Türkenkrieg mit schweren Verlusten auf beiden Seiten.
1664	Eine türkische Invasion wird bei St. Gotthard an der Raab zurückgeschlagen; die Bedrohung durch Frankreich erzwingt den „Verzichtfrieden" von Eisenburg.
1683	Schlacht am Kahlenberg: Vernichtende Niederlage der türkischen Belagerer Wiens.
1699	Der Frieden von Karlowitz beendet den „Großen Türkenkrieg" und die türkische Bedrohung des Reichs.
1716-1718	Die kaiserliche Armee unter Prinz Eugen von Savoyen erobert weite Teile Südosteuropas von den Türken, u. a. Belgrad.
1737-1739	Türkenkrieg Kaiser Karls VI. – Österreich muss die meisten Eroberungen von 1716-1718 wieder aufgeben.

Die militärischen Aufgebote der Reichsstadt im an kriegerischen Auseinandersetzungen reichen Spätmittelalter waren nach Zünften organisiert; an der Spitze standen oft Patrizier oder Adlige aus der Umgebung. Ein wesentlicher Faktor für das Entstehen eines eigenständigen reichsstädtischen Militärwesens dürften die Städtebünde des 14. Jahrhunderts gewesen sein (s. Kap. 11). Die Bürger waren verpflichtet, sich im Armbrustschießen zu üben; ab 1420 kam auch eine Schützenkompanie hinzu. Geübt wurde in der „Armbrusthütte" auf dem Unterwöhrd und an der „Ritterhütte". Zusätzlich warb man auch Söldner an und setzte sie in Friedenszeiten zu Patrouillen und Wachen ein. In Kriegszeiten wurden sie erheblich aufgestockt. Es handelte sich um teils „durchaus verdächtige Gesellen", die angeblich 1475 den Windsheimern die Kriegskasse stahlen. Adlige Söldner wie Betz von Rossdorf hingegen verdienten gut, erwarben das Bürgerrecht und heirateten in den Stadtadel ein.

Neben den ab 1488 im Rahmen des Schwäbischen Bundes durchgeführten Aktionen gegen Friedensbrecher spielten zunehmend Auseinandersetzungen eine Rolle, die das Reich als Gesamtheit betrafen. An diesen „Reichskriegen" hatte sich Hall aufgrund seiner Gefolgschaftspflicht gegenüber dem Kaiser zu beteiligen. Auf diese Weise wurde die Stadt in die Hussitenkriege verwickelt, die 1430/31 und 1436 Invasionen der aufständischen Böhmen bis in unmittelbare Nähe der Stadt brachten. Des weiteren zogen die Haller 1444 gegen die französischen „Armagnaken" ins Elsass, 1475 zur Befreiung des von den Burgundern belagerten Neuss, 1488 in die Niederlande und 1499 in den desaströsen „Schweizerkrieg" Kaiser Maximilians. Grundlage des Reichskriegswesens war seit 1521 die „Wormser Matrikel", in der die von jedem Reichsstand zu stellenden Soldaten und Gelder festgelegt waren. Die auf Hall entfallenden zwölf Berittenen und 24 Fußknechte konnten bei Bedarf stark erhöht werden. So zogen 1542 zur Belagerung der türkischen Festung Ofen (Buda) 220 Haller nach Ungarn. Die fallweise aufgebotenen Truppen scheinen im 16. Jahrhundert meist noch aus Haller Untertanen und Bürgern mit stadtadligen Hauptleuten bestanden zu haben. Ein 1532 an einem Sieg über die Türken im Wiener-

Wachhaus und Armbrusthütte auf dem Unterwöhrd, Plan von 1783/84

wald beteiligtes „Fähnlein" führten Ludwig von Morstein, Wilhelm Stutz und Wilhelm Senft. Zuständig für das Kriegs- sowie das Quartierwesen war die Kriegsdeputation, ein Ausschuss des Inneren Rates. Ab dem 17. Jahrhundert handelte es sich beim städtischen Kontingent um reine Söldnertruppen. 1664 sowie 1683–1688 kämpften diese mit der Reichsarmee gegen die Türken, in den Kriegen 1688–1697 und 1701–1714 gegen die Franzosen. 1694 beschloss der seit 1681 für die Aufstellung der Reichstruppen in seinem Bereich zuständige Schwäbische Reichskreis die Bildung eines stehenden Heeres auch in Friedenszeiten. Für die Ausstattung und Besoldung dieser Soldaten hatte der den Kriegsdeputierten unterstellte „Kriegskassier" zu sorgen. 1732 umfasste das Haller Kontingent zwölf Kavalleristen und 75 Fußsoldaten, die in der Kaserne in Unterlimpurg untergebracht waren. Charakteristisch für deren Ansehen war der Aufruhr, mit dem 1765 die Pfarrgemeinde von Unterlimpurg auf ihren Kirchenbesuch reagierte – die Soldaten wurden teils mit Gewalt, teils mit groben Worten aus der Kirche verjagt. Ihre militärische Qualität war fraglich: Zu den 1696 Ausmarschierten sollen junge Burschen gehört haben, die ihre Gewehre wie Holzscheite trugen. Obwohl diese Defizite im Siebenjährigen Krieg (1756–1763) gegen Friedrich II. von Preußen offensichtlich wurden – so beteiligte sich das Haller Kontingent 1757 in Lorch an einer Meuterei der Reichsarmee, schoss auf seine Offiziere und desertierte weitgehend – kamen die Kreistruppen noch 1793 gegen das revolutionäre Frankreich zum Einsatz. Die 1796 von den Österreichern erzwungene Entwaffnung und Auflösung der Regimenter beendete auf wenig ehrenvolle Weise die Militärgeschichte des Reichskreises und der Reichsstadt; die verbliebenen Teile des Haller Militärs fanden 1802 Aufnahme in die württembergische Armee.

Die mittelalterliche Tradition des Bürgeraufgebots verlor ihre militärische Bedeutung weitgehend und setzte sich im 17./18. Jahrhundert mit dem aus der männlichen Bürgerschaft ab 17 gebildeten „Bürgermilitär" aus sechs Kompanien unter dem Kommando des Stadthauptmanns fort. Die Funktionen beschränkten sich weitgehend auf Wachdienst und Paraden. Für Kampfeinsätze war diese Truppe, in der die Salzsieder eine prominente Rolle spielten, nicht vorgesehen; allenfalls diente sie als Drohkulisse

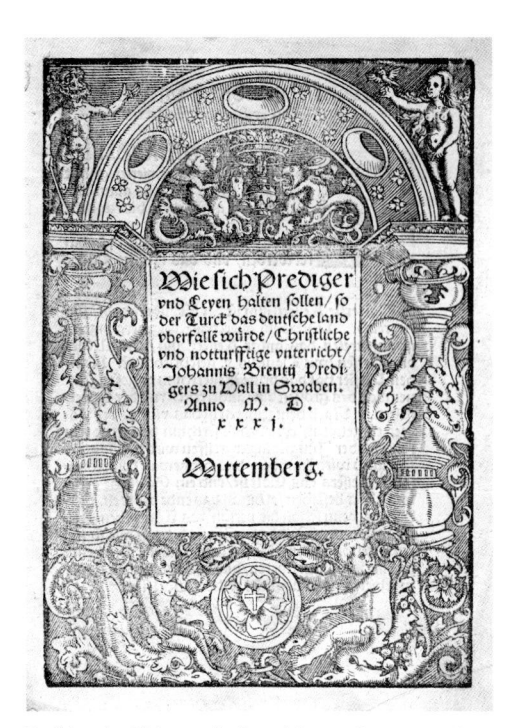

Titelblatt der „Türkenpredigt" von Johannes Brenz von 1531

bei Konflikten mit Nachbarn. Eine ähnlich organisierte Landmiliz war wegen der Zuziehung fremder Untertanen Anlass zahlreicher Streitereien und wurde anfangs des 18. Jahrhunderts aufgelöst.

Die neben dem Dreißigjährigen Krieg für Schwäbisch Hall tiefgreifendsten militärischen Auseinandersetzungen waren die sich über drei Jahrhunderte hinziehenden Türkenkriege, die sich am 1526 erhobenen Anspruch der Habsburger auf die Krone Ungarns entzündeten. Gegen das osmanische Großreich konnte sich das Kaiserhaus nur mühsam und mit Hilfe des Reichs behaupten. Dadurch war auch Schwäbisch Hall direkt involviert. Erst mit den Sieg vor Wien 1683 gelang eine Wende, der die Rückeroberung weiter Teile Südosteuropas folgte.

Haller Bürger waren an allen Phasen dieser Kämpfe beteiligt. Dabei war der Ruf der „Kriegsknechte" schlecht, die Lebensumstände hart. Weit mehr Opfer als die oft mit großer Grausamkeit geführten Kämpfe forderten Hunger und Seuchen. So sind die Belagerer Ofens 1542 ohne Sold und Proviant abgezogen, *elendiglich bekleidet, krank und verhungert heim gekommen, unterwegs im Sattel und daheim dennoch gestorben.* Johann Christoph Horn, bis 1687 im Haller Kontingent in Ungarn, hat *sonderlich großen Hunger gelitten und außgestanden, so daß Catzen- und Roßfleisch seine beste Delicates gewesen.* Sein Regiment schmolz von 2.000 auf wenige 100 Mann zusammen. Gefürchtet war die Kriegsgefangenschaft; Philipp Ludwig von Olnhausen etwa wurde 1682 in der *Sklaverei* in Ofen *durch türkische Prügel elendiglich lange Zeit traktiert.* Trotzdem scheint die Haller Bürgerschaft im 16. Jahrhundert noch recht kriegerisch gewesen zu sein. Paul Speltacher etwa, Sohn eines wohlhabenden Müllers, kämpfte 1551 als Landsknecht in Siebenbürgen und verfasste hierüber ein Lied, ein seltenes Selbstzeugnis eines einfachen Soldaten dieser Zeit. Landsknechterfahrungen hatten auch der „Türkenbeck" Konrad Gräter und der „Unger" (Ungar) genannte Ratsherr Jos Sandel. Der militärische Wandel und die veränderte Einstellung zur Gewalt ließen die Bereitschaft, Kriegsdienste zu nehmen, zurückgehen. Im 17. Jahrhundert wurde meist Soldat, wer keine andere Wahl hatte. Zeitweise begnadigte man in Schwäbisch Hall Diebe und Ehebrecher, wenn sie sich in den Türkenkrieg begaben. Ein Salzsieder wurde 1694 in den Krieg geschickt, weil er beim Neujahrsschießen versehentlich seine Nachbarin getötet hatte. Bei den enormen Verlusten war eine Rückkehr der Übeltäter unwahrscheinlich. Mancher – etwa der Bäckergeselle Philipp Ludwig von Olnhausen – geriet durch Zwangsrekrutierung in die Armee, für andere bot sie einen letzten Ausweg vor wirtschaftlichen oder familiären Problemen. Dies gilt wohl für den seiner Frau entlaufenen und 1684 in Ungarn gefallenen Hutmacher Johann Martin Wagner oder den Posthalter Hans Melchior Raufelder, ein *übler Haushalter, weswegen er Kriegs-*

dienst gebraucht. Während es für Bürgersöhne leichter war, nach ihrer Rückkehr wieder eine zivile Existenz aufzubauen und z. B. ihr erlerntes Handwerk auszuüben, lebten abgemusterte Söldner ohne Bürgerrecht oft in armseligen Verhältnissen. Zur Fürsorge für ehemalige Soldaten sah sich die Reichsstadt eher selten verpflichtet. Der Tambour Johann Jacob Schwarz etwa erhielt immerhin einen Platz im Armenhaus, aber dem schwedischen Söldner Johann David Scheu verweigerte man, als er nach 18 Jahren Gefangenschaft in Sibirien zurückkehrte, offenbar die Auszahlung des elterlichen Erbes.

Etwas besser waren die Verhältnisse der Offiziere; im 16. Jahrhundert ergriffen Söhne des Stadtadels häufig das „Kriegshandwerk", doch wanderte der Adel meist ab oder starb aus, wozu auch die Türkenkriege beitrugen – sie forderten etwa 1542 das Leben zweier Senften und des letzten von Roth. Beim gehobenen Bürgertum waren derartige Ambitionen seltener. Zwar hatten Bürgersöhne mit ihrer guten Bildung Aussicht auf Stellen in den unteren Offiziersrängen und der Militärverwaltung. Trotzdem handelte es sich meist um Abenteurer und Außenseiter, die mit ihrem Tun kaum auf das Verständnis ihrer Familien rechnen konnten. Dass man willentlich ein Dasein auf sich nahm, das nicht nur enorme Strapazen und geringes Ansehen mit sich brachte, sondern auch beste Aussichten auf ein frühes und meist unheroisches Ende fern der Heimat durch Seuchen und Hunger, dürfte einem reichsstädtischen Beamten oder Pfarrer unvorstellbar gewesen sein. Eindeutig ein „schwarzes Schaf" war Johann Georg Ludewig, ein Bruder des bedeutenden Juristen und Historikers Johann Peter von Ludewig. Er wurde mit Ruten vom Contubernium gejagt, brachte es zum Hauptmann der kaiserlichen Armee und fiel unter dem Kommando des „Türkenlouis" Ludwig Wilhelm von Baden-Baden 1691 in der blutigen Schlacht bei Slankamen. Ein Exot unter den Geistlichen und Juristen seiner Familie

Janitschar des 17. Jahrhunderts mit Luntenmuskete. U. a. in der Schlacht bei St. Gotthard an der Raab (1664) trafen hällische Soldaten auf diese gefürchteten Kerntruppen des osmanischen Heeres.

ist auch der Pfarrerssohn Andreas Bernhard Wibel. Er trat 1702 als Proviantoffizier in die Armee des Kaisers ein, kämpfte gegen Franzosen und Türken, geriet zeitweilig in Gefangenschaft und heiratete eine belgische Adlige. Prinz Eugen von Savoyen, der „edle Ritter", beförderte ihn nach der Schlacht von Belgrad 1717 zum Rittmeister. 1732 kehrte er nach langem Drängen der Familie aus seinem in Italien stehenden Husarenregiment – dessen Kommandeur Czungenberg ein gebürtiger Türke war – nach Hall zurück. Noch exotischer scheint der Fall Johann Ludwig Bonhöffers, der als venezianischer Offizier auf der Peloponnes gegen die Türken kämpfte. Einen passenden Namen für seine Tätigkeit als Feldscher (Militärchirurg), ebenfalls in Diensten der „Serenissima", hatte der Bader Solomon Lorenz Tortur.

Türkentaufe in der Kapelle der Wiener Hofburg (1696). Der hier getaufte hohe osmanische Offizier Mehmed Colak war wie der erste Schwäbisch Haller Türke Felix Christian Gottlieb 1686 bei der Eroberung von Ofen (heute Budapest) in Gefangenschaft geraten. Kupferstich aus einem Band der Ratsbibliothek

Neben der Stellung von Truppen hatte die Reichsstadt auch die „Türkensteuern" zu entrichten, die zur Finanzierung des Kriegs gegen den Reichsfeind dienten. Die „Türkenhilfen" wurden fallweise als Vermögensteuer auf alles „liegende und fahrende Gut" erhoben, wobei der Satz zwischen 0,5 und 2 % variierte. In erster Linie mussten die Untertanen auf dem Lande zahlen. Die Stadtbürger wurden ausgenommen oder milder besteuert; 1557 etwa *haben die von Hall von ihrer Landschaft zwei Gulden, aber von Bürgern vom hundert einen halben Gulden ... zu geben geschlagen.* Die Steuern stellten eine erhebliche finanzielle Belastung dar und stiegen zeitweilig auf über 50 % der städtischen Ausgaben, was seitens des Haller Magistrats laute Klagen und zahllose Bitten und Gesuche um „Meliorati-on", d. h. Reduktion, bei Kaiser, Reichs- und Kreistag veranlasste.

Vor allem über die Kirche wirkten die Türkenkriege direkt auf das Alltagsleben der Bevölkerung. Die Berichte über türkische Gräueltaten, die sich allerdings nicht von denen „christlicher" Heere unterschieden, lösten große Ängste aus – die Heere des Sultans galten als Vorboten der Apokalypse. Wie Luther sah Johannes Brenz in diesen eine Strafe Gottes für die Sünden der Christenheit. Buße und Umkehr seien deshalb die wichtigsten Waffen. Deshalb veranlasste er 1529, im Jahr der ersten Belagerung Wiens, Bußgottesdienste und das Verbot öffentlicher Feste. Darüber hinaus diente der Zorn Gottes auch als Argument für ein strenges Vorgehen gegen sittliche Verfehlungen und zur Abschaffung katholischer Bräuche. Ein

„Türkengebet" fand Aufnahme in die Kirchenordnung von 1543. Wie groß man die Gefahr auch im fern der Fronten liegenden Hall empfand, zeigte sich noch 1683, als der Magistrat angesichts der türkischen Großoffensive auf Wien nicht nur einen Bußtag verordnete, sondern unter Androhung strenger Strafen mahnte, man solle *alles sündliche und üppige Wesen und die verdamte Lust und Sicherheit insgesambt ablegen*. Um so größer war die Begeisterung über Siege *wider den friedbrüchigen und barbarischen Erbfeind christlichen Namens und Glaubens*; so feierte man 1716 die Erfolge Prinz Eugens von Savoyen von Peterwardein und Temesvar mit einem allgemeinen Bet-, Lob- und Dankfest. Auch Inschriften an Haller Häusern, z. B. in der Oberen Herrngasse 11, erinnern an diese Erfolge. Erst nach dem Ende der osmanischen Bedrohung im 18. Jahrhundert ließ man sich auch in Schwäbisch Hall zunehmend von dieser fremdartigen Kultur faszinieren, was unter anderem einige Bände der Ratsbibliothek zeigen.

Felix Christian Gottlieb – der erste Haller Bürger türkischer Herkunft

Die Erfolge der kaiserlichen Heere gegen die Osmanen im späten 17. Jahrhundert brachten türkische Kriegsgefangene in großer Zahl in die Hände der Sieger. Felix Christian Gottlieb, dessen türkischer Name unbekannt ist, geriet als etwa Zehnjähriger in Gefangenschaft, als die kaiserliche Armee am 2. September 1686 die Festung Ofen in Ungarn erstürmte. Sein Vater, angeblich ein Pascha, fiel wohl im Kampf. Als Kriegsgefangener war er Spekulationsobjekt für Lösegeld und wurde dreimal verkauft, bis er an den Hauptmann Felix Viktor von Welz kam. Dieser Offizier, Kommandeur eines Haller Kontingents im Regiment Baden-Durlach der Reichsarmee, nahm den Jungen nach Schwäbisch Hall mit. Nachdem man ihn im christlichen Glauben unterrichtet hatte, erfolgte am 17. April 1687 die feierliche Taufe in der Michaelskirche, bei der der Haller Rat als Pate fungierte. Neben dem Namen „Felix Christian Gottlieb" erhielt er einen vergoldeten *Tauf- und Gedenkpfennig* und wurde aus Sicht seiner neuen Glaubensgenossen *aus einem Kind der Verdammnis und des türkischen Unglaubens ein angenehmes Kind Gottes*.

Nach der Taufe standen seiner Integration in die Gesellschaft der Reichsstadt keine Hindernisse im Weg. Felix Christian besuchte das Haller Gymnasium und erlernte anschließend den Beruf des Schreibers. *Weil er aber auch im Krieg etwas erfahren wollte*, trat er als Musterschreiber in die kaiserliche Armee ein und erhielt wegen seines Wohlverhaltens eine Stelle als Leutnant. Nach dreizehn Jahren als Soldat, in denen er sowohl am Pfälzischen als auch am Spanischen Erbfolgekrieg gegen Frankreich teilgenommen haben dürfte, berief ihn der Haller Rat in seine Heimatstadt zurück und vertraute ihm das Amt eines Steuerdieners an, das er *in aller Treue, Verschwiegenheit und rühmlichen Fleiß* bis zu seinem Tode ausfüllte. Am 2. Mai 1711 heiratete er Anna Regina, Tochter des Unterlimpurger Schwanenwirts Johann Georg Happolt. Die beiden Kinder des Paares starben in jungen Jahren.

Sein Pfarrer rühmte ihn als dienstbeflissenen, aufrichtigen, redlich gesinnten, freigiebigen Mann. In seinem Christentum sei er eifrig gewesen, habe Gott, dessen Wort und die Kirchendiener herzlich geliebt, sei sich aber auch seiner Sünden, vornehmlich seines Jähzorns, bewusst gewesen. Nach längerer Krankheit starb er am 22. Juni 1729; damit nahm Gott – so der Geistliche – *diesen geborenen Türken, aber erleuchteten und gottseligen Christen und Kind Gottes auf in seine himmlische Freude und Seligkeit*.

Der Tod der Maria Barbara Fischer

Schwäbisch Hall im Jahr 1643. Kupferstich von Matthäus Merian nach einer Vorlage von Leonhard Kern

Maria Barbara Fischer war die Tochter des Michelfelder Kuhhirten Niclas Fischer. Geboren war sie in Rauhenbretzingen, ihr Geburtsdatum wusste sie nicht, aber 1680 wurde ihr Alter auf etwas über 30 Jahre geschätzt. In diesem Jahr diente sie als Magd beim Stadtmusikanten Georg Ezechiel Truckenmüller und seiner Frau Susanna in der Zollhüttengasse in Schwäbisch Hall.

Zu Ende des Jahres 1679 schloss Maria Barbara nähere Bekanntschaft mit dem Taglöhner Hans Georg Mack, der in Unterlimpurg geboren war und sein Geburtsdatum ebenfalls nicht angeben konnte. Er schien aber im gleichen Alter wie Maria Barbara zu sein. Hans Georg war verheiratet und lebte in der zweiten Ehe.

Die nähere Bekanntschaft intensivierte sich zwischen Weihnachten 1679 und Lichtmeß 1680. Später gab Maria Barbara zunächst an, Hans Georg habe sie vergewaltigt: Er soll ihr gedroht haben, sie an einen Baum zu binden und sie umzubringen, wenn sie *seines Willens nicht lebe*. In der Folge hielt sie allerdings diese Aussage nicht mehr aufrecht. Sie sagte dann, sie habe sich ungezwungen mit Hans Georg Mack *fleischlich vermischt*.

Wie auch immer: Der Umgang der beiden blieb nicht unbemerkt. Unter den *Leuten* kursierten Gerüchte: Sie trieben *unrechte Sachen* miteinander. Maria Barbara und Hans Georg wurden auch über ihr Verhalten zur Rede gestellt, aber beide stritten alles ab.

Die Gerüchte drangen schließlich gar bis zur Ehefrau des Hans Georg Mack vor, deren Verhältnis zu ihrem Mann schon vorher recht zerrüttet gewesen war. Mack galt als ein schlechter Haushälter. Als seine Frau – die *Mackin* – ihm Vorhaltungen machte, verprügelte er sie.

Mittlerweile zweifelte Maria Barbara nicht mehr, dass sie schwanger war, was sie Hans Georg auch mitteilte. Die beiden beschlossen, die Leibesfrucht abzutreiben. Beim ersten Versuch stieg Maria Barbara in den Garten des sogenannten Kräuter-Eveles ein und stahl *Sevenbaum*. Bei diesem handelt es sich um den Sadebaum, einen dem Wacholder verwandten Strauch, der bis in die Gegenwart hinein auch mit den Namen „Kindermord", „Mägdebaum" oder „Jungfernpalme" bezeichnet wurde, was seine Popularität und seinen einschlägigen Ruf bestätigt. Die Anwendung dieses oft erwähnten Abtreibungsmittels blieb aber im Falle Maria Barbaras erfolglos, denn Hans Georg sah sich im zweiten Anlauf gezwungen, ein weiteres Abtreibungsmittel zu beschaffen. Er grub eine Haselwurz, deren abtreibende Wirkung er offensichtlich kannte, aus. Sie wurde von den beiden gesotten; Maria Barbara trank von dem Sud. Auch die Haselwurz gehört zu den einschlägig bekannten volksmedizinischen Abtreibungsmitteln.

Wieder allerdings stellte sich der gewünschte Erfolg nicht ein. Der dritte Abtreibungsversuch fiel gewalttätiger aus. Hans Georg drückte zunächst mit den Händen heftig gegen den Leib Maria Barbaras, was ihr Schmerzen bereitete. Danach kniete er auf ihr und schließlich trat er sie mit seinen Füßen, an denen er genagelte Schuhe trug, in den Bauch. Alles mit dem Zweck, *die Frucht im Leib zu verderben*.

Auch dieser Versuch führte aber nicht zum gewünschten Resultat, so dass die beiden einen vierten Abtreibungsversuch starteten. Maria Barbara hatte von anderen Leuten gehört, dass Ursula Wieland, eine Teppichweberin aus der Katharinenvorstadt, anderen Frauen, die ihre *weibliche Zeit* verloren hätten, helfen und diesen ein Medikament geben würde. Als die Wieland und Maria Barbara in einer Scheune beim Dreschen waren, sprach Maria Barbara sie an. Die beiden Frauen verließen die Scheune und gingen in den Garten dahinter. Maria Barbara bat die Wieland um das fragliche Mittel, wobei sie ihr aber nichts von ihrer Schwangerschaft erzählte. Maria Barbara behauptete vielmehr, dass sie ihre *menses* verloren habe, weil sie zuviel Erbsenbrei gegessen habe, und dass ihr

Sevenbaum aus dem „Kräuterbuch" des Leonhard Fuchs von 1542

Leib am Morgen dünn sei, am Abend aber dick werde. Sie leide außerdem an Kurzatmigkeit und sei lahm auf den Beinen. Die Wieland versprach, ihr zu helfen.

Maria Barbara gab ihr zu Bezahlung dieses Hilfsmittels sechs Kreuzer, wobei Hans Georg ihr extra eingeschärft hatte, gutes Geld zu verwenden und nicht etwa schlechte, minderwertige Münzen einzusetzen. Letzteres ist ein kleiner Hinweis auf die Zahlungsmoral im Normalfall, in dem Rechnungen durchaus mit schlechten Münzen beglichen wurden. Ursula Wieland brachte ihr feine Eisenspäne, die mit Salz vermischt wurden, das die Dienstherrin Maria Barbaras, die Truckenmüllerin, beisteuerte. Maria Barbara sollte morgens und abends je drei Messerspitzen von diesem Salz-Eisen-Gemisch einnehmen, wobei die Wieland Maria Barbara vorwarnte und ihr erklärte, ihr werde es nach dem Einnehmen schlecht werden und sie werde sich erbrechen müssen. Nach Ansicht des medizinischen Gutachters, des Haller Arztes Dr. Andreas Thym, waren diese Eisenspäne ein starkes Abtreibungsmittel. Die Wieland aber behauptete, sie habe dieses Mittel schon oft Frauen und Männern gegeben und es auch selbst während einer ihrer Schwangerschaften genommen, ohne dass es der Leibesfrucht geschadet habe.

Als nun Maria Barbara von diesem Salz einige Male, aber nicht viel, genommen hatte, klagte sie am 12. Oktober 1680, dass es sie so im Leib reiße. In der Nacht winselte sie, wie sie selbst sagte, von 12 Uhr an bis gegen Tag. Ihr Dienstherr Truckenmüller hörte das zwar. Weil er aber nicht wusste, um was es sich handelte und die Kammer nicht nahe bei seiner eigenen liege, schlief er wieder ein. Seine Frau wollte am Mittwochmorgen, dem 13. Oktober, der Wieland anzeigen, dass Maria Barbara sich übel fühle. Da die Truckenmüller die Wieland nicht zu Hause antraf, richtete sie es nur deren Mann aus, der es mit Verzögerung an Ursula weiterleitete. Sobald das geschehen kam die Wieland gleich, um nach der Magd zu sehen.

Sie hörte, als sie die Stiege hinauf gehen wollte, wie in der Kammer der Magd etwas geschoben wurde. Sie verlangte deshalb von der Truckenmüller, sie solle die Kammer aufmachen. Ursula fand Maria Barbara im Hemd bei der Bettlade stehend. Sie sah, wie Maria Barbara etwas auf den Fenstersims legte, und fragte, was sie mache. Maria Barbara antwortete, sie solle sehen, wie ihr Bauch jetzt dünn sei, weil der Unrat jetzt aus ihr draußen sei. Da die Kammer aber über und über voller Blut war, schwante der Wieland nichts Gutes. Sie schrie Maria Barbara an, sie werde ein Kind gehabt haben. Maria Barbara leugnete heftig. Die Wieland aber befahl ihr, das Kind herbeizuschaffen, und fing an, das Bett aufzuschütteln. Da endlich zog Maria Barbara zwischen der Bank bei der Bettlade und einer Truhe einen alten Rock hervor, den sie schüttelte, woraufhin das Kind heraus und auf die Bettlade fiel. Die Wieland hob es auf, rief nach Wasser und fand es schlimm zugerichtet. Das Neugeborene wurde in die Stube getragen, zudem ein ganz mit Blut besudeltes Messer gefunden.

Währenddessen lief der Neffe Truckenmüllers, ein Schneider, zum Riedener Tor und erzählte Hans Georg Mack, was vorgefallen war. Auch die Schwester Maria Barbaras, die beim Pfarrer von St. Katharina in Diensten war, warnte den Mack: Er solle *auff seits* gehen. Es sei dringend, dass er fliehe, denn es gehe Leib und Leben an.

Mack aber lief zum Haus Truckenmüllers und in die Kammer Maria Barbaras. Er fragte sie, was sie gemacht habe. Sie werde wissen, wenn sie schuldig geworden sei. Er sei es nicht. Das Kind will er nicht zu Gesicht bekommen haben, es sei schon in der Stube gewesen. Mit anderen Worten: Hans Georg zeigte sich überrascht und distanzierte sich von dem (möglichen und wahrscheinlichen) „Kindsmord".

Dr. Thym und der Chirurg berichteten gleich nach der ersten Besichtigung, dass sich am Kopf des Kindes eine Fraktur fast in Form eines Dreiecks gezeigt habe und dass auf dem Gehirn geronnenes Blut gestanden sei. Das arme Kind – ein *Knäblein* – habe fünf Schnitte im Gesicht gehabt: Einen an der Nase, den zweiten neben dem rechten Auge, einen an der Schläfe und die übrigen auf der Stirn. Da die Schnitte nicht tief waren und das Gehirn unverletzt, dachten sie, es könne geheilt werden. Nachdem aber das arme *Würmlein* abends um drei Uhr verschieden war und das *Häuptlein* geöffnet wurde, urteilten die Mediziner, dass die äußeren Verletzungen nicht tödlich gewesen, da sie nicht durch die Hirnschale gegangen seien, doch dass Gichter und Entzündungen wohl daraus entstanden wären. Die Hirnschale war in zwei Stücke zerbrochen, geronnenes Blut ließ sich feststellen. Auch sei das Genick entzwei gewesen, woraus erhelle, dass das Verbrechen mit großer Gewalttätigkeit geschehen sei. Das Kind habe keine Überlebenschance gehabt.

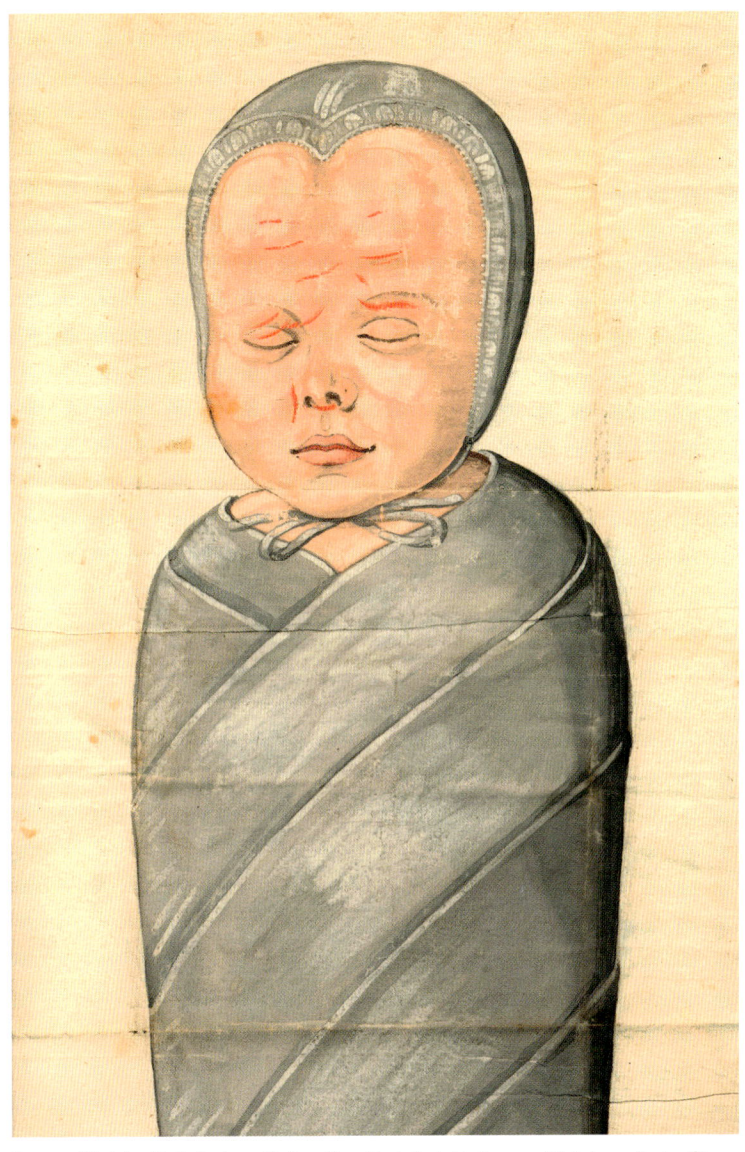

Das tote Kind der Maria Barbara Fischer. Charakteristisch ist die enge Wickelung, die den Säuglingen jede Bewegungsfähigkeit raubte.

Maria Barbara wurde zunächst im Spitalturm inhaftiert und dort verhört. Sie beschrieb bei der *Examinierung* den Tathergang so: Sie habe ihr Kind nach der Geburt genommen und es mit dem Köpflein hart an die Ecke einer Truhe gestoßen. Sie ergriff danach das Messer und brachte ihrem Kind die Schnitte im Gesicht bei. Anschließend wickelte sie es in einen alten Rock und schob es hinter die Truhe unter der Bettlade, um es dort *elendlich* sterben zu lassen. Ihr Geständnis schloss Maria Barbara mit den Worten ab: Sie habe ihr Kind durch ihre Tat an der heiligen Taufe verkürzt. Das schloss ein, dass es lebend geboren worden war und sie es umgebracht hatte. Die einzig mögliche Verteidigung wäre die Behauptung gewesen, es habe sich um eine Totgeburt gehandelt.

34. Der Tod der Maria Barbara Fischer

Die Wieland gab noch zusätzlich an, dass Maria Barbara das Kind genommen und es mit beiden Armen so gedrückt habe, dass sie – die Wieland – Angst gehabt habe, sie erdrücke es noch. Sie habe es ihr daher entrissen. Maria Barbara deutete dies dahin, dass sie es aus Liebe an sich gedrückt habe: Sie habe es küssen wollen.

Das Gericht kam zu dem Schluss, dass Maria Barbara ihre Schwangerschaft verheimlicht habe, auch die Geburt geheim gehalten hatte, während es leicht gewesen wäre, Hilfe herbeizurufen, und ihr Kind gewaltsam ums Leben gebracht habe. Der Tatbestand des Kindsmords war also in allen Punkten erfüllt. Maria Barbara Fischer wurde zur Hinrichtung mit dem Schwert verurteilt. Die Exekution erfolgte am Freitag, dem 26. November 1680, beim Hochgericht auf dem Galgenberg, wobei der erste Streich des Henkers Andreas Bürck fehl ging, da Maria Barbara zusammengezuckt war. Trotz der Fürbitten ihrer Eltern und Geschwister sowie der drei Gemeinden Michelfeld, Bürkhof und Bubenorbis einschließlich des Michelfelder Pfarrers und trotz ihrer Epilepsie (von der jetzt, am Tag der Hinrichtung, zum ersten Mal die Rede war) und ihres geringen Verstandes wurde ihr Kopf nach der Enthauptung auf eine Stange gesteckt. Erspart blieben ihr lediglich die glühenden Zangen, mit denen sie vorher noch hätte gefoltert werden sollen.

Ihr Liebhaber Hans Georg Mack hatte Ehebruch begangen und bei den Abtreibungsversuchen geholfen. Da er außerdem einen schlechten Ruf hatte, wurde er zur Auspeitschung mit Ruten und zur ewigen Landesverweisung verurteilt. Wenn seine Ehefrau bei ihm bleiben wollte und ihm in die Verbannung folgen würde, sollte die Auspeitschung unterbleiben. Die Ehefrau wollte nicht bei ihm bleiben, und Hans Georg Mack wurde mit Ruten aus der Stadt hinausgeprügelt.

Ursula Wieland wanderte für zwei Tage ins Gefängnis. Die Ausübung ihres Heilgewerbes wurde ihr für künftig bei einer angedrohten Strafe von 20 Reichstalern untersagt. Der Dienstherr Truckenmüller und seine Ehefrau, die sich so schlecht um ihre Magd gekümmert hatten, erhielten eine Geldstrafe von zehn Gulden. Der Neffe Truckenmüllers, der Hans Georg Mack benachrichtigt hatte, wurde für eine Nacht ins Gefängnis gesperrt. Magdalena Fischer, die Schwester Maria Barbaras, die Hans Georg hatte zur Flucht anregen wollen, musste eine Geldstrafe von vier Gulden bezahlen. Die Mutter Maria Barbaras, die möglicherweise über die Schwangerschaft ihrer Tochter Bescheid gewusst hatte, bekam einen obrigkeitlichen Verweis. Der Henker wurde für seine „Bemühungen" mit 13 fl 20 ß entlohnt und beanspruchte das „Bett" (d. h. das Bettzeug samt Leinwand) für sich. Der Rat sprach letzteres aber dem Spital zu.

Kindsmord war – auch in Schwäbisch Hall – eines der typischen Verbrechen der frühen Neuzeit. Außereheliche Sexualität wurde ab der Reformation hart bestraft, was Anlass geben konnte, Schwangerschaften zu verstecken. Um so länger eine Frau – die Frauen mussten in der Regel allein mit ihrer Situation fertig werden, die Partner verabschiedeten sich recht schnell aus ihrer Verantwortung – ihren Zustand verborgen hatte, um so größer könnte dann die Versuchung geworden sein, auch die Geburt zu verschleiern. Wurde das tote Kind entdeckt und die Mutter verhaftet, gab es für diese kaum noch ein Entrinnen. Lediglich wenn das Kind nachweislich tot geboren war, bestand Hoffnung auf ein etwas milderes Urteil. Der Stand der medizinischen und chirurgischen Kenntnisse war für die Frauen keine Hilfe. Ärzte und Chirurgen konnten nicht definitiv beurteilen, ob Kinder lebend oder tot zur Welt gekommen waren. Die folgenden Prozesse liefen fast schon mechanisch ab. Am Ende stand bis zu den Jahren um 1780 fast immer die Todesstrafe. Erst danach wurden die Urteile milder. Einsamkeit und Verzweiflung der Frauen spielten bei der Urteilsfindung keine Rolle.

Zensur war eine „Notdurft": Die Buchdrucker der Reichsstadt

Als wohl erster Schwäbisch Haller Buchdrucker stellte *Johannis Leoviller de Hallis* zwischen 1476 und 1488 in Venedig, einem frühen Zentrum der um 1450 von Johannes Gutenberg im Mainz erfundenen Buchdruckerkunst, mehrere Bücher mit außergewöhnlich schönen Typen her. Ein Steinmetz Hans Leoweiler ist zwischen 1444 und 1455 als Haller Bürger nachweisbar, seine Witwe von 1456 bis 1467. Ein gleichnamiger Sohn hat wohl seine Heimat verlassen, um in der Fremde die neue Kunst zu erlernen. Nach ihm haben weitere Haller an anderen Orten wie Basel als Buchdrucker gearbeitet.

Zwar ist in Hall mit Daniel Böhmler bereits ab 1475 ein Buchbinder und ab 1487 der „Buchführer" (Buchhändler) Ulrich Bytter nachweisbar, der erste Buchdrucker nahm jedoch erst 1536 seine Tätigkeit auf. Peter Braubach aus Hessen hatte in Wittenberg studiert und die Druckerei seines Schwiegervaters in Hagenau (Elsass) übernommen. Der ihm freundschaftlich verbundene Philipp Melanchthon vermittelte wohl den Kontakt zu Johannes Brenz. Dieser wiederum dürfte Braubach veranlasst haben, die Werkstatt nach Schwäbisch Hall zu verlegen. Als erstes Werk entstand in der *Thruckerey* in der Zollhüttengasse eine Rede des römischen Rhetorikers Cicero. Braubach war ein hochgebildeter Mann und wollte Melanchthon zufolge nur lateinisch und griechisch drucken. Seine 38 Haller Drucke verraten ein anspruchsvolles Programm, zu dem neben Brenz, Melanchthon und anderen Theologen und Humanisten lateinische und griechische Klassiker wie Cicero, Ovid und Xenophon gehören. Dank seiner Kontakte zu den Geistesgrößen seiner Zeit war Braubach nicht auf Nachdrucke angewiesen und fertigte von den Verfassern autorisierte Originalausgaben. Nach vier Jahren zog er von Hall nach Frankfurt, wo er 1567 starb.

Die Haller Druckerei übernahm sein Schwager Pankratius Queck, dessen bedeutendste Arbeit die Kirchenordnung von 1543 ist. Nach Quecks frühem Tod 1543 führte Braubach die Druckerei einige Jahre von Frankfurt aus und übergab sie 1545/46 an Peter Frenz, wahrscheinlich einem seiner Gehilfen. Frenz wirkte vor allem für den als theologischen Autor sehr produktiven Johannes Brenz. Diese Geschäftsbeziehung endete erst 1553, wohl mit dem Tod des Druckers.

Kurzzeitig hat sich auch der Buchbinder Thoman Biber als Drucker betätigt, doch sind von ihn nur vier zwischen 1552 und 1554 nachweisbare Arbeiten bekannt, darunter ein Horoskop des Haller Astrologen und Mediziners Anton Brelochs. Schon 1553 bemühte sich Georg Widman vergeblich um einen Drucker für seine Haller Chronik. Diesem von ihm beklagten Missstand ist jedoch eine Blüte des hiesigen Schreiberhandwerks und das Entstehen prachtvoll illustrierter Chronikhandschriften zu verdanken. Druckaufträge der Stadt wie die Neuausgabe der Kirchenordnung von 1615 erhielten Auswärtige.

Nach 80jähriger Pause ließ sich 1635 der Buchdrucker Johann Lentz aus Dinkelsbühl in Schwäbisch Hall nieder. Bei seinen Drucken handelt es sich meist um Leichenpredigten und andere kleine, meist von Geistlichen der Reichsstadt und der Nachbarschaft verfasste Schriften. Für Lentz war dies wohl zu wenig, denn er zog 1645/46 nach Ansbach. Sein Nachfolger Johann Reinhard Laidig, Sohn eines Weinhändlers, hatte alle Klassen des Gymnasiums besucht, das Handwerk bei Lentz gelernt und war 1650 nach einer ausgedehnten Wanderschaft aus Jena zu *völliger Aufrichtung einer Buchdruckerey* berufen worden. Die für ihn und seine Nachfolger typische Schulbildung am Gymnasium und die Zuerkennung des Prädikats „Herr" machen deutlich, dass die Buchdrucker unter den Handwerkern eine herausgehobene Position inne hatten. Seine Werkstatt befand sich am Josenturm. Sie wurde beim Brand der Gelbinger Gasse 1680 zerstört und danach für einige Zeit in das Haus Klosterstraße 8 verlegt. Laidig fertigte zahlreiche Predigtdrucke sowie amtliche und kirchliche Drucksachen, darunter die Haalordnung von 1683 und das erste, als *Seelen-Harpff* bezeichnete Haller Gesangbuch. Die Druckerei versorgte auch das Umland und stellte z. B. die Limpurg-Speckfeldische Kirchenordnung von 1666 her. Neben vielen Kleinschriften druckte Laidig schließlich gelehrte Werke einiger Lehrer des Gymnasiums, darunter die Arbeiten Johann Georg Seybolds zu lateinischer Grammatik und Pädagogik. Mehrfach gab es Differenzen mit dem Rat wegen der Zensur. Dieser fand wiederholt, es sei *eine hohe Nothdurft, eine Censur auf der Druckerey anzustellen oder zu renoviren, weil daselbst allerley gedruckt werde, möcht die Stadt einmal dadurch in Gefahr kommen.* 1653 berief man Stadtschreiber Müller und Pfarrer Weidner zu Zensoren. Weitere Probleme erwuchsen aus der Konkurrenz der Buchbinder, die auswärts drucken ließen und mit ungebundenen Büchern handelten; Laidig seinerseits machte ihnen mit dem Verkauf gebundener Bücher Konkurrenz. Ab 1684 erhielt er eine Besoldung von 40 Gulden durch die Stadt. Dafür musste er städtische Drucksachen bis zu einem gewissen Umfang kostenlos herstellen. Laidig genoss als „privilegierter" Drucker einen Schutz gegenüber Konkurrenten, stand aber auch in einem deutlichen Abhängigkeitsverhältnis gegenüber dem Rat, der so dieses wichtige Gewerbe in der Stadt hielt und sich einen umfassenden Einfluss auf dessen Erzeugnisse sicherte. Für zwei Drucker war die Stadt zu klein, wie sich an Heinrich Nicolai aus Marburg zeigt, der seine 1709 eingerichtete Werkstatt 1710 wieder aufgab.

Nach dem Tod Laidigs 1697 führte die Witwe sein Gewerbe bis 1701 weiter und heiratete dann Georg Michael Mayer. Er übernahm den Betrieb und trat in Laidigs Position als privilegierter Buchdrucker ein. Der 1671 geborene Sohn eines Schulmeisters hatte nach dem Besuch des Gymnasiums das Druckerhandwerk in Heilbronn erlernt und war bis Ostpreußen gereist. 1704 suchte er um die Erlaubnis nach, *eine Wochentl[iche] Zeitung druckhen zu dürffen.* Der Ratsbeschluss lautete: *Man laßts ihm ausreden.* 1730 erhielt Mayer für den Druck einer antikatholischen Polemik eine empfindliche Geldstrafe, während der Autor, der Rektor des Gymnasiums, offenbar ungestraft blieb. Seine Druckerei am Spitalbach brannte 1728 nieder und wurde in die Gelbinger Gasse verlegt. Seine Gerätschaften scheint Mayer gerettet zu haben, denn er fertigte rasch eine Beschreibung des

Eines der ersten in Schwäbisch Hall entstandenen Bücher ist dieser Druck von Ciceros „De officiis" von 1536.

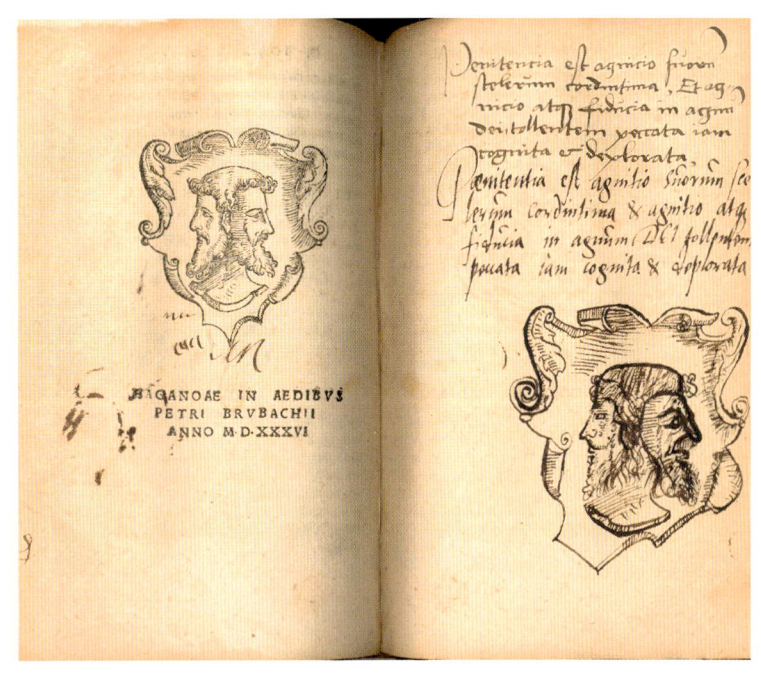

Druckermarke von Peter Braubach in einem Druck von 1536 – mit Nachzeichnung auf der gegenüberliegenden Seite

Unglücks. Auch bei ihm lag der Schwerpunkt auf Predigtdrucken und Erbauungsschriften wie dem „bußfertigen Beichtkind" des Dekans Johann Balthasar Beyschlag.

Nach dem Tod Mayers 1748 ging die Druckerei durch Eheschließung der Witwe aus seiner dritten Ehe 1749 auf Johann Heinrich Müller über. Der Sohn eines Inneren Rates hatte nach dem frühen Tod seiner Eltern in Ansbach das Druckerhandwerk erlernt. Als er 1760 zum Marktschreier und Kanzleidiener berufen wurde, gab er sein Gewerbe auf und verkaufte die Werkstatt auf Druck des Rates – man bedeutete ihm, *daß es von ihme wohl gethan seyn werde, wann er sich in diesem Fall der Obrikeitl[ichen] Meynung füge* – an Johann Christoph Messerer, den Sohn eines Michelfelder Pfarrers, der die Werkstatt in sein Haus in der Zollhüttengasse 6 verlegte. Messerer, der in den Äußeren Rat und zum kaiserlichen Notar berufen wurde, war ein sehr rühriger und produktiver Drucker, der um 1770 in Öhringen eine Filiale eröffnete. Von hoher wissenschaftsgeschichtlicher Bedeutung ist die 1768 bei ihm erschienene Untersuchung des hohenlohischen Hofrats Christian Ernst Hanßelmann über den Verlauf des römischen Limes. Trotzdem kam Messerer in wirtschaftliche Schwierigkeiten und musste seine Druckerei 1790 an Philipp Ernst Rohnfelder verkaufen. 1801 ist er gestorben.

Der 1753 geborene Philipp Ernst Rohnfelder war gelernter Buchbinder, betätigte sich aber vor allem als Buchhändler, Verleger und Betreiber einer Leihbibliothek. 1788 gründete er das „Hallische Wochenblatt" mit einer Auflage von 200 Exemplaren, eine Wochenzeitung, in der amtliche Bekanntmachungen, Aufsätze, Rezensionen, lyrische Beiträge sowie Ratschläge jeder Art abgedruckt wurden. Wie seine Vorgänger stand Rohnfelder unter Zensur und handelte sich gelegentlich Schwierigkeiten ein, so 1792, als er respektlose Anekdoten über König Ludwig XVI. von Frankreich druckte. Insgesamt spiegelte die Zeitung jedoch die reichstreue, antirevolutionäre Haltung der reichsstädtischen Führungsschicht wider.

35. Zensur war eine „Notdurft": Die Buchdrucker der Reichsstadt

Buchdrucker. Holzschnitt aus Thomas Garzonis „Piazza universale" von 1641

Seit 1790 gab es mit David Ludwig Schwend einen zweiten Buchdrucker. Der 1767 geborene Sohn eines Buchbinders hatte 1790 erfolgreich beim Rat um Zulassung nachgesucht, obwohl dieser meinte, dass hier *mehrere Druckereien nicht bestehen mögen*. Schwend hat bis 1802 keine Aufträge der Stadt erhalten und wenig gedruckt. Hierzu gehörten allerdings mehrere prorevolutionäre Schriften, was Schwend Ermahnungen, Bußgelder und eine Hausdurchsuchung einbrachte. Dass man ihm trotz dieser zweifelhaften Reputation im Sommer 1802 gestattete, die Rohnfeldersche Druckerei in der Unteren Herrngasse 3 samt Privilegien sowie dem „Hallischen Wochenblatt" zu übernehmen, ist wohl nur mit einer gewissen Resignation des Rates angesichts des sich abzeichnenden Endes der Reichsstadt zu erklären.

So konnte die Tradition der privilegierten Buchdrucker der Reichsstadt noch 200 Jahre in der Druckerei Schwend weiterleben und endete erst 2002 nach 352-jähriger Kontinuität mit deren Insolvenz.

Das gelehrte Hall

Sozialer Aufstieg führte in der Reichsstadt über Bildung. Hoch war der Anteil von Bürgersöhnen, die das Gymnasium frequentierten und dort mit den Anfangsgründen der lateinischen Bildung der Zeit vertraut gemacht wurden. Die meisten Schüler beendeten ihre Schulzeit vor der Studienreife und wandten sich Handwerken oder Kaufmannsausbildungen zu. Dennoch war die Zahl von Hallern, die alljährlich neu an den Universitäten des Reichs ein Studium begannen, nicht gering. Der Anteil der Gymnasiasten an den männlichen Schülern beläuft sich für das Ende des 18. Jahrhunderts auf 20 – 30 %, was einen für diese Zeit enorm hohen Anteil bedeutet. Mädchen allerdings waren auf die deutschen Schulen und die Katechetenschule beschränkt.

Das Studium führte die Haller Jugendlichen ins Ausland. Im 17. und 18. Jahrhundert besonders beliebt waren bei späteren Ratsherren Tübingen, Jena und Halle. Die meisten Studenten besuchten mehr als eine Universität: Für die 82 studierten Herren, die im 18. Jahrhundert dem Haller Inneren Rat angehörten, werden 152 Universitäten genannt, also wechselte jeder in der Regel mindestens einmal den Studienort, viele auch mehrmals. Für die Wahl des Studienorts war offenbar nicht die geografische Nähe ausschlaggebend: Nach Heidelberg gingen gleich viele Studenten wie nach

Studienorte Haller Ratsherren des 18. Jahrhunderts

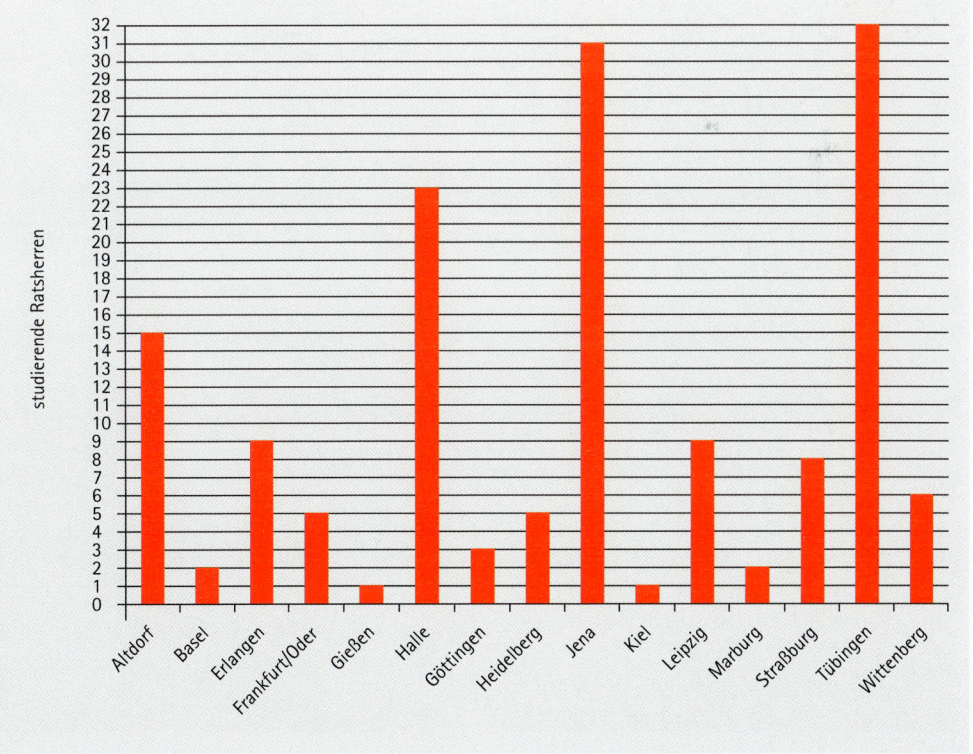

Ort	studierende Ratsherren
Altdorf	15
Basel	2
Erlangen	9
Frankfurt/Oder	5
Gießen	1
Halle	23
Göttingen	3
Heidelberg	5
Jena	31
Kiel	1
Leipzig	9
Marburg	2
Straßburg	8
Tübingen	32
Wittenberg	6

Frankfurt/Oder. Calvinismus und vor allem Katholizismus schreckten die Haller Studierwilligen ab, obwohl es sich um Jurastudenten, keine Theologen handelte. Letztere zeigen im übrigen ähnliche Präferenzen: Die Prediger des 18. Jahrhunderts hatten in Straßburg, Tübingen, Jena, Altdorf, Leipzig, Wittenberg und Halle studiert.

Finanziert wurde das Studium häufig aus den zwanzig Stipendienstiftungen der Reichsstadt, die zahlreich und gut dotiert waren (s. Kap. 26).

An das Studium schloss sich manchmal eine Kavalierstour an. Johann Wilhelm Engelhardt z. B. war in Mömpelgard, Genf und Basel; Christoph David Stellwag besuchte Mömpelgard, Genf, Lyon und Paris. Esaias Ehrenreich Eckardt weilte in Berlin, Besançon, Paris und Den Haag. Neben Zielen im Reich und den Ländern der Habsburger (vor allem Wien, Prag und Budapest, Dresden und Leipzig sowie Berlin und Hamburg) reisten Haller bevorzugt in die Niederlande (Amsterdam, Den Haag, Leiden, Utrecht), nach England (London, Cambridge und Oxford) und wie in den genannten Beispielen nach Frankreich und in die Schweiz. Italien spielte im 18. Jahrhundert offenbar keine Rolle mehr.

Da es sich um Juristen handelte, die später in die Dienste der Reichsstadt Schwäbisch Hall treten wollten und sollten, legte man Wert darauf, die Praxis der höchsten Reichsgerichte kennen zu lernen. Praktika in Speyer bzw. Wetzlar beim Reichskammergericht und in Wien beim Reichshofrat waren dementsprechend nicht selten und dienten auch der Anknüpfung von Kontakten, die der späteren Karriere überaus nützlich sein konnten.

Zurück in Schwäbisch Hall erschöpfte sich die akademische und literarische Tätigkeit in der Regel in den dienstlichen Tätigkeiten und in Gelegenheitsgedichten, die zu Hochzeiten, Todesfällen oder Jubiläen aller Art entstanden. Als 1728 Bernhard Heinrich Bonhöffer, der 24jährige Sohn des Stättmeisters Heinrich Peter Bonhöffer, verstarb, verfasste sein Verwandter, Archidiakon Johann Christoph Romig, ein Trauergedicht:

Stockfinstre Trauer-Nacht, die meinen Geist umhüllt!
So wird mein Freuden-Tag so bald in Graus verkehret!
So wird mein Leidens-Reich mit Myrrhen angefüllt,
indem der Todes-Blitz mir Marck und Hertz versehret! ...

Charakteristisch für diese Art von Literatur ist ihr Pathos, das leicht zum Schwulst entartet, ihre Überfrachtung mit Bildern und Topoi aus der Antike. Jeder Stättmeistersohn konnte so zum Ebenbild antiker Helden stilisiert werden und sich seinen Nachruhm sichern. Diese Dichtungen dienten vor allem der Festigung sozialer Kontakte durch die Dokumentation der Teilnahme an freudigen und traurigen Ereignissen im Leben der führenden Familien der Stadt.

Publikationen, die über den Tag hinaus wiesen und überdauerten, gab es auch, wurden aber nur von wenigen Mitgliedern der Bildungselite verfasst. Am produktivsten erwies sich die Geistlichkeit mit Buß- und Beicht-, Gebet- und Trostbüchern. Johann Balthasar Beyschlag etwa trat mit einem Buß- und Beichtbüchlein hervor, das 1709 in Nürnberg erschien und im weiteren Verlauf des 18. Jahrhunderts gerne zitiert wurde. Einer der Bestseller des 18. Jahrhunderts in ganz Südwestdeutschland in diesem Genre stammte von dem in Hall geborenen, aber in Gaildorf wirkenden Johann Jakob Otho (oder auch: Otto). Sein „Krankentrost. Ein Predigtbuch auf alle Sonn-, Fest- und Feiertage" findet sich im Buchbestand auch zahlreicher einfacher Bürgerinnen und Bürger wieder.

Historisch arbeitete Spitalpfarrer Friedrich Jakob Beyschlag, der eine Lebensbeschreibung von Johannes Brenz verfasste, allerdings nur die Jahre bis 1522 (also Kindheit, Jugend und Studium) behandelte.

Berühmtester Lehrer am neuen Gymnasium wurde Johann Georg Seybold (1617–1686). Er war der Sohn des Bäckers und damaligen Hirschwirts Johann Seybold und der Eva Deuber, die aus Hergershof stammte. Die Lateinschule durchlief er mit hervorragendem Erfolg, studierte ab 1637 in Straßburg, Altdorf, wieder Straßburg und schließlich Königsberg. Nach der Heimreise über Kurland, Lübeck und Frankfurt wurde er 1644 Präzeptor der dritten Klasse, was er bis zu seinem Tod 1682 blieb, obwohl er seit 1671 das Gehalt des Präzeptors der zweiten Klasse erhielt. Noch nach seinem Schlaganfall 1677 versuchte er, bis 1682 Unterricht zu geben, woraufhin ihn aber der Rat zur Ruhe setzte. Über Hall hinaus wurde er als Anhänger der Pädagogik des Johann Amos Comenius (1592–1670) bekannt: Er setzte auf Anschaulichkeit im Unterricht. Unterstützend verfasste er die erste lateinische Grammatik in deutscher Sprache und gab eine lateinisch-deutsche Sprichwörtersammlung (die stark verbreiteten „Adagia" oder „Proverbia") heraus. Mit seinen Schul- und Lesebüchern – wie der „Schul-Officin" – versuchte er die jugendlichen Leser zu Übersetzungen vom Deutschen ins Lateinische anzuregen, wobei er schwierigere Ausdrücke vorgab.

Aber auch weniger qualifizierte Lehrer mühten sich, ihre Unterrichtserfahrungen breiteren Leserkreisen zur Kenntnis zu bringen: Johann Joseph Kolb schrieb ein „Rechenbüchlein, darinnen sowol Manns- als Weibspersonen, die entweder niemals Rechnen gelernet oder doch solches wieder vergessen haben, richtig ausgerechnet sehen ...", das helfen sollte, Rechnungen für Lebensmittel aufzustellen oder die Kosten für Kredite zu berechnen. Angesichts der komplizierten Maß- und Währungssysteme war dies kein leichtes Unterfangen, bei dem normale Bürgerinnen und Bürger leicht überfordert waren.

Titelblatt einer 1687 erschienenen Ausgabe der „Officina Scholastica" von Johann Georg Seybold mit Portrait des Autors und Schulszene

Zu den naturwissenschaftlichen Pionieren gehörte Ende des 18. Jahrhunderts der Senator Georg Heinrich Seifferheld (1757–1818), der Jura studiert und praktiziert hatte. Als Gelehrter aber trat er mit Versuchen zur Elektrizität hervor. Seine Schriften trugen Titel wie „Beschreibung einer sehr wirksamen Elektrisirmaschine ..." (1787), „Entwurf einer elektrischen Flinte" (1787), „Sammlung elektrischer Spielwerke für junge Elektriker" (1787–1790), „Electrischer Versuch, wodurch Wassertropfen in Hagelkörner verändert werden ..." (1790) und „Elektrische Zauberversuche ..." (1793). Er unterhielt einen ausgedehnten Schriftwechsel mit dem Pfarrer Gottlieb Christoph Bohnenberger in Simmozheim bzw. Altburg, der sich mit ähnlichen Experimenten beschäftigte, und sammelte Nachrichten über die Aktivitäten anderer.

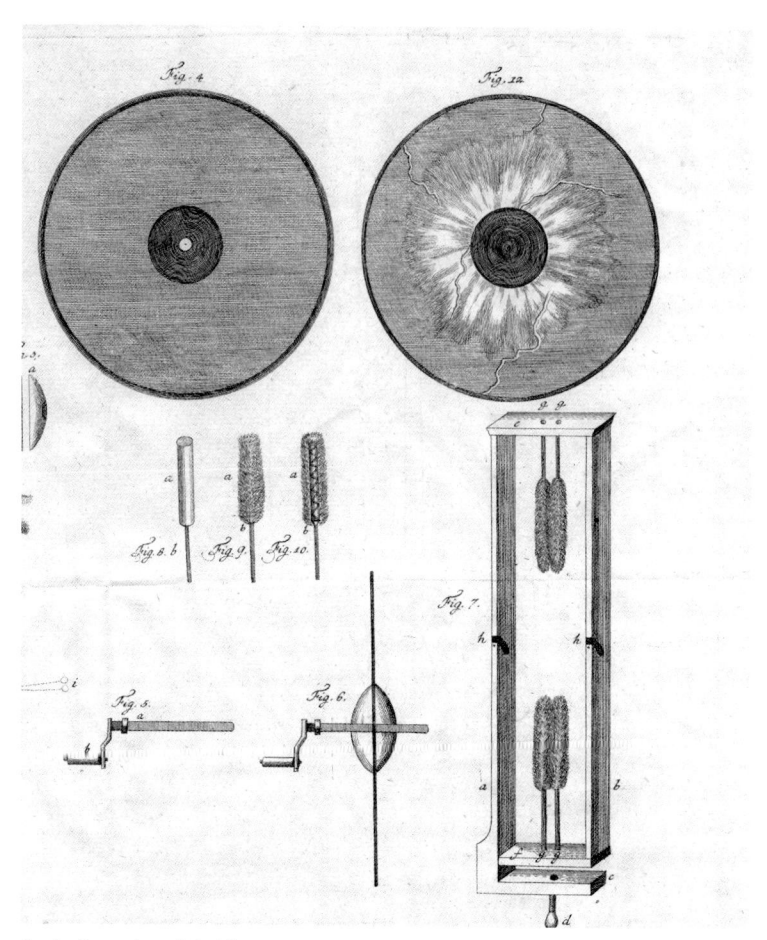

Beschreibung einer „Elektrisiermaschine" von Georg Heinrich Seifferheld von 1787

Manuskripte und Mitschriften seiner Vorlesungen am Gymnasium sind erhalten.

Der bekannteste und wichtigste Haller Intellektuelle der ausgehenden Reichsstadtzeit aber wurde Friedrich David Gräter (1768–1830). Sein Vater war der Ratsadvokat und Ratsbibliothekar Ludwig Peter Gräter, seine Mutter Sophia Christina Bonhöffer. Der Vater kam noch 1798 in den reichsstädtischen Rat – als einer der letzten beiden Herren, vor dem Verlust der Selbstständigkeit. Friedrich David durchlief das Haller Gymnasium. Mit 18 Jahren wechselte er 1786 an die Universität Halle an der Saale, um dort Theologie zu studieren. Der Ausbruch einer Epidemie zwang 1788 zum Wechsel nach Erlangen, wo Gräter sein Studium beendete. 1789 war er zurück in Hall – als Präzeptor der fünften Klasse und Vikar in Sulzdorf. Bis 1793 hatte er es – trotz der „Kabalen" und „Intrigen" in seiner Heimatstadt, über die er sich immer wieder beklagte – bis zum Konrektor und Lehrer der zweiten Klasse am Gymnasium gebracht. Mittlerweile war er auch Doktor und korrespondierendes Mitglied der Akademie der Wissenschaften zu Berlin. 1799 heiratete er Christiane Spittler, von der er 1803 wieder geschieden wurde. Das Ende der Reichsstadt feierte Gräter geradezu: Seine Lobeshymnen auf Kurfürst Friedrich von Württemberg empfanden seine Freunde und Briefpartner (wie der geborene Biberacher Wieland) als übertrieben und peinlich:

Entzückt von Deiner Huld, von Feuerdank durchdrungen,
Beherrscher der Viorotungen,
Wagt es Hallinens Volk sich Deinem Thron zu nah´n,
Und knieet heut, Durchlauchtigster Gebieter!
Sich ehrfurchtsvoll vor seinen Stufen nieder,
Und flehet Dich um Deinen Segen an.

1804 ernannte der solcher Art Belobte ihn zum Rektor des Gymnasiums, für das er einige Reformvorschläge machte. Eine zweite Ehe – mit Maria Elisabetha Carolina Hofmann, die in erster Ehe mit Johann Lorenz Seifferheld, in zweiter mit Franz Friedrich Haspel verheiratet gewesen war und aus der zweiten Ehe drei Kinder mit in die dritte brachte – schloss sich 1805 an. Bis unmittelbar kurz vor der Schließung des Gymnasiums und seiner Degradierung zur dreiklassigen Lateinschule 1811 hatte Gräter von seinem „geliebten" Landesherrn noch Zusicherungen erhalten, die den Fortbestand der Bildungseinrichtung zu garantieren schienen. Für Friedrich David wurde das Ende seiner Schule nicht zum persönlichen Debakel, denn er avancierte zum Scholarchen, also zum Aufsichtsbeamten, für die Lateinschulen im Nordosten Württembergs.

Gräter führte – durchaus typisch für die Zeit – eine immense Korrespondenz. Innerhalb von fünf Jahren (1789–1794) schrieb er fast 1.600 Briefe und empfing mehr als 1.300. 1804 nannte er selbst die Zahl von 237 schriftlichen Freunden. Besonders wichtig wurde sein Kontakt mit Christoph Martin Wieland, der 1796 nach Hall kam und den Gräter im Jahr darauf in Oßmannstedt (Thüringen) besuchte. Sein Verhältnis zu Goethe und Schiller dagegen war – gelinde ausgedrückt – distanziert. Gräter verfasste sogar „Antixenien", mit denen er auf die Verspottung zeitgenössischer literarischer Größen in den „Xenien" der beiden Weimarer reagierte. Noch schlechter für seinen eigenen Nachruhm waren seine Auseinandersetzungen mit Wilhelm und Jakob Grimm (letzterer äußerte

Friedrich David Gräter, letzter Rektor des reichsstädtischen Gymnasiums und einer der Mitbegründer der Germanistik und Nordistik

über Gräter: *Ein unmäßig eitler schriftsteller von viel geschrei und wenig wolle)*, an denen ohne Zweifel kleinliche Eifersüchteleien ihren Anteil hatten, es aber auch um grundsätzliche Fragen ging. Im Unterschied zu den Grimms entstanden für Gräter Volkslieder nicht auf einem Nährboden „volklicher Unschuld", sondern wurden im Lauf der Zeit verändert und teilweise auch verhunzt.

1818 ging er als Leiter des Gymnasiums nach Ulm, wo er 1826 in den Ruhestand versetzt wurde. Als Pensionär lebte er bis zu seinem Tod 1830 in Schorndorf.

Friedrich David Gräter hatte zeit seines Lebens versucht, wissenschaftliche Arbeit und eigene Dichtung zu vereinbaren. Verdient machte er sich vor allem um die Nordistik, aber auch um die germanische Altertumskunde, also den Vorläufer sowohl von Volkskunde wie von Germanistik. Obwohl Gräter also in das Vor- und Umfeld der Klassik und Romantik gehört, blieb er selbst doch immer der Aufklärung verhaftet.

1947 gestaltete Eduard Krüger einen Raum im Erdgeschoss des Rathauses für die Unterbringung der 1575 gegründeten Ratsbibliothek.

Bibliotheca publica hallensis – die Ratsbibliothek der Reichsstadt Schwäbisch Hall

Die heute im Kellergeschoss des Rathauses in einem 1947 von Eduard Krüger gestalteten Raum untergebrachte Ratsbibliothek wurde offiziell 1575 gegründet, als der damalige Diakon Johann Weidner zum Bücherkauf auf die Frankfurter Messe geschickt wurde. Bücherkäufe der Stadt lassen sich schon seit 1484 nachweisen. Bibliotheksordnungen von 1591 und 1699 regelten die Aufgaben des Bibliothekars und die Nutzung. Der Bücherbestand wuchs kontinuierlich an, jedes Jahr investierte die Stadt in Neuerwerbungen. Auch Spenden kamen vor. Größere Zuwächse bedeuteten die Ankäufe privater Bibliotheken aus den Nachlässen Haller Beamter, wobei vor allem die des Ratsadvokaten Christoph Heinrich Hezel mit 1.155 Titeln zu nennen ist. Nach 1803 hörten die Anschaffungen fast ganz auf, die Bibliothek wurde geschlossen.

Hauptzweck der Bibliothek war es, die Ratsherren und ihre juristischen Berater mit der nötigen Fachliteratur zu versorgen. Trotz ihres Namens („publica" = öffentlich) blieb die Öffentlichkeit von der Benutzung ausgeschlossen. Entsprechend breit ist die Rechtsliteratur repräsentiert, vor allem mit einer Reihe von Ausgaben des römischen Rechts und zahlreichen Kommentaren dazu. Andere vertretene Fachgebiete sind Philosophie und Geschichte, Geographie, Botanik und Zoologie, Baukunst und Medizin. Besitzvermerke früherer Eigentümer (Exlibris) bieten Hinweise auf Herkunft und Verwendung einzelner Bände. Zu nennen sind vor allem die des Stättmeisters Georg Friedrich Seifferheld. Die Einbände wurden vergleichsweise einheitlich gestaltet und tragen in der Regel den Vermerk „Bibliotheca publica Hallensis": auch ein Ausdruck des Stolzes der Stadt auf ihren Bücherbestand. Er umfasst heute ca. 5.300 Titel in 3.156 Bänden.

Mayer Seligmann, Moses Mayer und Nathan David – Juden in Hall ab 1688

Ansicht von Steinbach mit der Comburg auf einem Meisterbrief von 1778, links im Vordergrund die sogenannte „Judengasse", in der sich schwerpunktmäßig die Häuser im Besitz von Juden befanden. Um ein „Ghetto" handelte es sich aber nicht.

Seit den ersten Jahrzehnten des 15. Jahrhunderts hatten keine Menschen jüdischen Glaubens mehr in Schwäbisch Hall gelebt. Kleinere Siedlungen gab es nur noch in den Dörfern und Kleinstädten der Umgebung, Juden kamen zwar weiterhin zum Handel in die Stadt, aber das Wohnrecht verweigerte ihnen der Rat.

Nach dem Dreißigjährigen Krieg lockerte der Magistrat seine restriktive Politik langsam. 1657 ließ er zu, dass ein bedeutender jüdischer Arzt namens Hirsch zollfrei durch Schwäbisch Hall reisen und praktizieren durfte. Da die Geistlichkeit schon massiv gegen dieses erste schwache Symbol einer neuen Toleranz Stellung bezog (*es wäre besser mit Christe gestorben als per Judendoktor mit dem Teufel gesund* geworden), bekam der Rat einen Vorgeschmack dessen, was zu erwarten war, wenn er tatsächlich seine Judenpolitik ändern würde.

Zwanzig Jahre dauerte es, bis der Magistrat sich zu einer weiteren Entscheidung zugunsten von Juden aufraffte. 1676 intervenierte Brandenburg-Ansbach für Hirsch, einen Steinbacher Schutzjuden, dem Schwäbisch Hall den Aufenthalt in der Stadt während Notzeiten gewähren sollte. Da Comburg schon im folgenden Jahr die jüdische Gemeinde in Steinbach vertrieb, wurden die Verhandlungen im Falle des Hirsch gegenstandslos, im Falle der Madel, der Witwe des Juden Lämmlin, aber pressant. Lämmlin und Madel hatten in den Jahren zuvor der Stadt Anleihen gewährt. Diese für beide Seiten offenbar positiven Erfahrungen veranlassten Madel nun, die Stadt um Aufnahme zu bitten, da sie noch keine andere Herrschaft gefunden hatte, die sie aufnehmen wollte. Der Magistrat stimmte nach einigem Hin und Her zu und ließ Madel und ihre Familie ab dem Januar 1677 in Unterlimpurg wohnen. Der Schutzbrief schrieb im wesentlichen vor, dass sie der Stadt ein zinsloses Darlehen von 1.000 Reichstalern gewähren sollte, in jedem Vierteljahr ein Stück Vieh schächten durfte, die Sonntagsruhe einzuhalten hatte und die Vorschriften des Rats respektieren musste. Auch diesmal griff die Geistlichkeit in Gestalt von Dekan Wibel ein: Er bezeichnete Madel als „Teufelsbrut", die so bald als möglich aus Hall „weggeschafft" werden sollte. Die nächsten Jahre waren charakterisiert durch Aufkündigungen des Schutzbriefes, Bitten der

Madel, bleiben zu dürfen, Anwürfe der Pfarrer und Gesuche der Gemeinde Unterlimpurg, die Jüdin weiter im Territorium der Stadt wohnen zu lassen. Bis 1680 dauerte dieser Zustand, dann musste Madel wegziehen.

Die nächste Etappe kam acht Jahre später, als Schwäbisch Hall zunächst jüdische Flüchtlinge aus Braunsbach, Neckarsulm und Neuenstein aufnahm, die vor den französischen Truppen Sicherheit für sich und ihre Besitztümer suchten. Unter diesen Kriegsflüchtlingen befanden sich auch Mayer Seligmann aus Gaildorf, seine Frau und seine Kinder, mit dem die Stadt schon seit einigen Jahren Geschäftsbeziehungen unterhielt. Er hatte sich zunächst beim Krämer Jordan in der *Lumpengasse*, der heutigen Schulgasse, eingemietet, musste aber nach Protesten der städtischen Bürgerschaft nach Unterlimpurg umziehen. Die Bedingungen, unter denen er sich niederlassen durfte, waren restriktiv. Der Rat bewilligte ihm zunächst nur den „Schutz", d. h. das Bleiberecht, auf ein Vierteljahr, wofür Geld zu zahlen war. Das „Schutzgeld" stieg im Laufe der Jahre deutlich an. Proteste der Handwerker und der Pfarrer machten ihm das Leben schwer: Die einen befürchteten materielle Einbußen, die anderen sahen das ebenso, reicherten ihre Argumentation aber mit allerlei theologischen Ausführungen an, die auf die Judenfeindschaft Luthers zurückgriffen. Zu Konflikten führte auch der Umtausch von reichlich kursierenden schlechten Münzen, die der Rat über Mayer Seligmann gerne den „Ausländern" unterschieben lassen, während er sie im eigenen Ländchen nicht haben wollte. Immer wieder drohte der Rat mit Ausweisung, immer wieder unterblieb die Realisierung. Mayer Seligmann brachte das Kunststück fertig, bis zu seinem Tod 1709 in Hall bleiben zu können.

Allerdings hatte er eine Doppelstrategie verfolgt, denn 1701 hatte er ein Haus in Steinbach gekauft, in dem er seine beiden älteren Söhne leben ließ. Mayer Seligmann genoss sowohl den preisgünstigen Comburger wie den teuren Haller Schutz – ein diplomatisches Meisterstück, arbeiteten die eng benachbarten Herrschaften doch ansonsten nicht zusammen.

In Hall folgte ihm sein jüngster Sohn Moses Mayer nach, der es seinen Brüdern gleichtun konnte und ein Haus in Unterlimpurg erwarb. In diesem Haus (heutige Unterlimpurger Straße 65) durfte er schon 1710 auch das Neujahrsfest feiern, während die Ausübung jüdischer Zeremonien vorher immer untersagt geblieben war. Ein weiteres Verbot fiel 1714, als Moses Mayer der Viehhandel erlaubt wurde. In diesem waren die Haller Juden die folgenden sechzig Jahre außerordentlich erfolgreich, er wurde zu ihrem Haupterwerbszweig. 1727 durfte sich sein Schwiegersohn Löw Wolff niederlassen, womit die Zahl der jüdischen Haushalte auf dem Territorium der Reichsstadt sich auf zwei erhöhte. 1742 kam ein zweiter Schwiegersohn – Löw Mayer – dazu, Löw Wolff war mittlerweile verstorben, sein Ehenachfolger Nathan David hatte sich ohne Schwierigkeiten von Seiten des Rates in Unterlimpurg etablieren dürfen. Moses Mayers Sohn Seligmann Moses und sein Enkel Salomon Wolff aber mussten sich in Steinbach niederlassen, wo die comburgische Obrigkeit großzügiger war und die Expansion der jüdischen Gemeinde erlaubte.

Nach dem Tod Moses Mayers 1745 hatten sich die Beziehungen zwischen Magistrat und Juden so eingespielt, dass der Rat bei ständig steigenden Schutzgeldern auf Drohgebärden weitgehend verzichtete. Jetzt war tatsächlich eine Art von Toleranz entstanden, die ein Zusammenleben erlaubte.

1737 war den Steinbacher Juden offiziell die Einrichtung einer Zimmersynagoge gestattet worden, die im alten Haus Mayer Seligmanns (Neustetter Straße 29) eingerichtet und in den folgenden Jahren von Eliezer Sussmann ausgemalt wurde. Gottesdienst war dort schon lange vorher gehalten worden: Schon 1702, aber auch 1704 und 1710 verbot die Comburg, dass jüdische Zeremonien gehalten würden, was aber – wie die Wiederholung der Verbote zeigt – nichts nutzte. Auch in Unterlimpurg scheinen schon 1718 Juden zum Gebet zusammengekommen zu sein. Außer den Haller Juden versammelten sich dort auch ihre Steinbacher Verwandten. Mit Toleranz hatte dies noch nicht viel zu tun, denn die Obrigkeiten verboten dies immer wieder, sobald es irgendwelche Proteste gab, schauten aber auch gezielt weg, wenn keine Anzeigen erfolgten. 1738/1739 entstand in der Unterlimpurger Zimmersynagoge in der Unterlimpurger Straße 65 die heute im Hällisch-Fränkischen Museum gezeigte Ausmalung der Vertäfelung durch Eliezer Sussmann aus Polen. Nach dem Bankrott Löw Mayers und dem Verkauf des Hauses 1788 an Christen wurde die Synagoge stillgelegt und vergessen. Die Steinbacher blieb weiter in Benutzung, bis 1809 die jüdische Gemeinde ein eigenes Synagogengebäude errichten konnte. 1811 kam endlich auch ein jüdischer Friedhof in Steinbach dazu, während vorher alle Toten in Schopfloch oder Braunsbach hatten bestattet werden müssen.

Nathan David verstarb 1777, seine Witwe durfte sich mit Samuel Levi wiederverheiraten, die Zukunft der jüdischen Gemeinde schien gesichert. Zwei Ereignisse unterbrachen aber die weitere Entwicklung: 1782 machte Löw Mayer Bankrott und 1783 verließ Samuel Levi Hall (er wurde Oberrabbiner in Worms). Im Jahrzehnt zuvor war der Haller Viehhandel zusammengebrochen, die Lebensumstände der Haller Juden hatten sich dramatisch verschlechtert. Dennoch hielt sich eine kleine jüdische Ansiedlung, bestehend aus zwei Söhnen Löw Mayers. Diese mussten das Haus ihres Vaters aufgeben und zur Miete wohnen, konnten auch keine Schutzgelder, sondern nur noch geringe Abgaben als Hausgenossen aufbringen. Erst nach 1800 gelang Hayum Löw ein bescheidener wirtschaftlicher Wiederaufstieg. Parallel zum ökonomischen Niedergang der Haller Juden vollzog sich der der Steinbacher. Innerhalb von dreißig Jahren verarmten beide Gruppen weitgehend. Die

Detail der von Eliezer Sussmann ausgemalten Zimmersynagoge aus Unterlimpurg, heute im Hällisch-Fränkischen Museum

Detail der 2001 in einem Haus in Steinbach neu entdeckten, ebenfalls von Eliezer Sussmann ausgemalten Zimmersynagoge

Nachkommen der Viehhändler schlugen sich mühsam mit Trödelhandel und Pfandleihe durch.

Eine der Familien, die von Mayer Seligmann direkt abstammten, nahm 1826 den Nachnamen Herz an. Ihre Nachfahren lebten als angesehene Bürger, die es ab 1870 zu Wohlstand gebracht hatten, bis 1939 in Schwäbisch Hall: Moses Herz floh im August aus der Stadt und erreichte am 2. September 1939 – buchstäblich in letzter Minute – das sichere Großbritannien.

38. Das Territorium der Reichsstadt im 18. Jahrhundert

Bevölkerungszahl 1803

Stadt	– Altstadt	2181
	– Gelbinger Gasse	998
	– Oberes Armenhaus	44
	– Weiler und jenseits Kochens	1578
	– Spital, Teurershof, Unteres Armenhaus	176
	– Unterlimpurg	609
	– Lindach	81
	– Steigenhaus	5
	– Reifenhof	7
	– Rollhof	2
Summe Stadt		**5681**
Ämter	– Amt Rosengarten	2984
	– Amt Bühler	2593
	– Amt Ilshofen	595
	– Amt Kocheneck	1831
	– Amt Schlicht	1493
	– Amt Vellberg	1662
	– Amt Honhardt	1708
Summe Ämter		**12866**
Gesamt Reichsstadt Schwäbisch Hall		**18547**

Die Reichsstadt hatte im Spätmittelalter und im 16. Jahrhundert ein bedeutendes Territorium erworben, dessen Ausbau 1615 mit dem Erwerb der Besitzungen des Stifts Möckmühl im Amt Honhardt weitgehend endete (s. Kap. 13). Das Landgebiet war in sechs städtische Ämter eingeteilt: Schlicht umfasste die Dörfer im Osten der Stadt (Unterlimpurg über Weckrieden, Elterhofen, Tüngental und Hessental bis Sulzdorf und Bühlerzimmern). Zu Rosengarten gehörten Hagenbach und Westheim, Bibersfeld und Ziegelbronn. Dem Amt Kocheneck waren Witzmannsweiler, Wackershofen, Gailenkirchen, Untermünkheim, Enslingen, Kupfer zugeordnet, während das Amt Bühler in Geislingen und Orlach begann, aber bis Lorenzenzimmern und Eckartshausen reichte. Im Amt Ilshofen war dagegen im wesentlichen nur das Städtlein und die dortige Frühmeßpflege organisiert. Das Amt Vellberg schloss die ehemalige Herrschaft der Herren von Vellberg ein, die im Süden bis Schönbronn und Steinenbühl reichte. Als siebtes Amt trat schließlich das spitalische Amt Honhardt hinzu, das weit nach Süden und Osten ausgriff. Ganz territorial darf man sich die Ämter nicht vorstellen: Die hällischen Ämter waren Sammelstellen für Abgaben und Rechte, die durchaus breit streuten. So zahlte z. B. ein Teil der Einwohner von Untersontheim seine Abgaben an das Amt Schlicht, ein anderer an das Amt Vellberg.

Plan des Territoriums der Reichsstadt Schwäbisch Hall von 1762 (gedruckt von den Homannschen Erben, Nürnberg) mit den Ämtern Schlicht, Bühler, Kocheneck, Rosengarten, Ilshofen, Vellberg und Honhardt. Der Eindruck der Geschlossenheit des Landgebiets, den die Karte erweckt, täuscht: Die Stadt besaß Herrschaftsrechte über den als hällisch gekennzeichneten Bereich hinaus, wie auch fremde Herrschaften Rechte im städtischen Gebiet wahrnahmen.

Ein zusätzliches Problem waren die Rechte anderer Herrschaften in den hällischen Ämtern. Brandenburg-Ansbach, Comburg oder Hohenlohe bezogen Abgaben von Einwohnern, die in anderer Hinsicht der Reichsstadt Schwäbisch Hall unterstanden, wie umgekehrt auch die Stadt Rechte über Höfe und Güter besaß, über die eine der anderen Herrschaften die Oberhoheit innehatte.

Die systematische Erfassung der städtischen Rechte hatte schon im 16. Jahrhundert begonnen, als eine erste Serie von Schatzungs- und Lagerbüchern angelegt wurde. Nach dem Dreißigjährigen Krieg setzt eine zweite Reihe ein. Während des Krieges waren die Abgaben nicht oder nur unsystematisch eingetrieben worden, zudem hatten zum Wiederaufbau einige Höfe Nachlässe bei ihren Verpflichtungen erhalten. Von jetzt an ließ die Aufmerksamkeit der Stadt nicht mehr nach. Die Erneuerung der Lagerbücher wurde kontinuierlich vorangetrieben. Ganz am Ende des 17. Jahrhunderts beginnen schließlich die sog. „Kartenbücher", in denen jedes Grundstück nummeriert wurde. Gleichzeitig wurden Katasterkarten angelegt, auf denen sich Nummern und Grundstücke wiederfinden ließen. Diese durchgängige Kartierung des Haller Landgebiets bildete dann bis zum Ende der Reichsstadtzeit die Grundlage der Verwaltung. Die Karten – soweit erhalten – sind einer der schönsten und eindrücklichsten Bestände im Stadtarchiv.

Der Lindenhof unter der Geyersburg. vergl. Bl. 33.

P. Koch 1878.

Der Lindenhof auf einer Zeichnung Peter Kochs von 1878. Der Lindenhof gehörte zu den Höfen im Haller Landgebiet, die sich jahrhundertelang im Besitz städtischer Bürger befanden.

Die Karten ermöglichen auch einen Eindruck von Landnutzung, Straßenzügen und Bebauung, die sich selbstverständlich im Laufe der Jahrhunderte veränderten. Als Erbe des Mittelalters blieb die Dreifelderwirtschaft mit ihren drei Zelgen (Winterfeld, Sommerfeld, Brache) weiter in Gebrauch. Sonderkulturen wie Weinberge nahmen im Kochertal weiterhin viel Platz in Anspruch, auch wenn im 18. Jahrhundert der massive Niedergang des Weinbaus einsetzte und die Weingärten zu Grasrainen wurden. Wiesen und Weiden waren für die Viehwirtschaft unumgänglich. Wald gehörte in der Regel nicht zu den Gemeindemarkungen, sondern wurde getrennt kartiert.

Um die Veränderungen bei Bevölkerungszahl, Sozialstruktur und Wirtschaft in den Ämtern der Reichsstadt Schwäbisch Hall deutlich zu machen, sollen einige Daten für das Amt Schlicht genannt werden. 1593 zählte dieses Amt 447 Haushalte, 1662 388, 1730 527 und 1790 572. Lediglich für 1662 können mit einiger Wahrscheinlichkeit detailliertere Angaben zur Zahl der Untertanen gemacht werden. Den 388 Haushalten standen 342 Männer (verheiratet oder verwitwet), 38 Witwen, vier ledige Frauen und drei ledige Männer vor. Über einen Haushalt lassen sich keine Angaben machen. Wenn man annimmt, dass alle 342 männlichen Haushaltsvorstände verheiratet waren, während alle übrigen alleinstehend waren, ergibt sich eine Zahl von 729 Haushaltsvorständen samt Ehefrauen. Zu diesen sind die 682 Kinder, die 100 Knechte und die 64 Mägde zu rechnen, so dass sich die Gesamtzahl der in den Haushalten des Amtes Schlicht lebenden Personen auf 1575 beläuft. Dies ergibt einen Durchschnitt von vier Personen pro Haushalt, was für diese Zeit durchaus akzeptabel erscheint. 1809/1810 lebten in den Dörfern des Amtes Schlicht 2063 Personen, wobei zu diesem Zeitpunkt Unterlimpurg, das schon in die Stadt Schwäbisch Hall eingemeindet war, fehlt. 1803 lebten in Unterlimpurg 603 Menschen.

Grundlage für die Mitwirkung in den Dorfgemeinden war der Besitz eines Gemeinderechts. Im Amt Schlicht gab es davon 376,5, wovon 315,5 der Reichsstadt Schwäbisch Hall unterstanden, 61 anderen Herrschaften. Verglichen mit den 2063 Einwohnern von 1809/1810, errechnet sich ein Durchschnitt von 6,89 Einwohnern pro Gemeinderecht (299,5, ohne die 77 Gemeinderechte von Ober- und Unterlimpurg). Diese hohe Zahl erstaunt nicht, wenn man berücksichtigt, dass ganze Bevölkerungsgruppen (Hausgenossen, Gesinde und Vaganten z. B.) nicht im Besitz von Gemeinderechten, aber dennoch in den Dörfern und Weilern präsent waren.

Die gewerbliche Entwicklung im Haller Land war schwach. Unter den ca. 500 Haushalten des Amtes Schlicht 1790 befanden sich nur vergleichsweise wenige Gewerbetreibende. Größte nicht-landwirtschaftliche Berufsgruppe waren die Schneider (23), gefolgt von den Zimmerleuten (13), den Webern (7), den Schuhmachern, Zieglern und Bäckern (je 6), den Maurern und Wirten (je 5). Insgesamt übten 85 Haushaltsvorstände ein Handwerk oder eine Tätigkeit wie Gastwirt, Müller und Bader aus. Keines der ländlichen Gewerbe produzierte für einen anderen als den lokalen Markt. Sicherlich war den entsprechenden Handwerkern in der Reichsstadt durch dieses ländliche Handwerk Konkurrenz erwachsen. Überschätzen sollte man diese allerdings nicht: Bevor diese Berufe auf dem Land auftreten, wurden sie wahrscheinlich auch schon von der ländlichen Bevölkerung „unprofessionell" in Eigenregie ausgeübt. Städtischen Zimmerleuten oder Maurern war kaum der ländliche

Plan zur Neuanlage eines Hofes des Schmieds Schließmann aus Schwäbisch Hall in Neuhofen von 1777 (Ausschnitt mit der Hofstelle)

Markt weggebrochen. Und ob die Schneider und Schuhmacher viel Kundschaft banden, die früher für Reparaturarbeiten in die Stadt gegangen wäre, halte ich auch für zweifelhaft. Zudem bezogen diese Handwerker ihre Rohmaterialien von den städtischen Kaufleuten, weckten vielleicht auch eher Bedürfnisse (die sie aufgrund ihrer stark eingeschränkten Kenntnisse nicht befriedigen konnten).

Die Vermögensdifferenzen waren groß. Im Amt Schlicht der Reichsstadt Schwäbisch Hall erreichte 1593 die Hälfte der Steuerzahler nicht einmal die Hälfte des durchschnittlichen Vermögens. Nur ein Sechstel aller Einwohner verfügte über das Doppelte des durchschnittlichen Vermögens. Nach dem Dreißigjährigen Krieg waren die Vermögensdifferenzen geringer, der Vermögensdurchschnitt lag deutlich unter dem Wert von 1593 und große Vermögen waren seltener. Bis 1730 hatten sich die Unterschiede dagegen massiv verstärkt. Nun lagen 60 % der Bevölkerung unter dem halben durchschnittlichen Vermögen, 20 % über dem Doppelten des Mittelwerts. Diese Verteilung galt auch 1790 noch – und scheint durchaus nicht untypisch für die Verhältnisse dieser Zeit. Die zwanzig Prozent Wohlhabenden und Reichen konnten zum Teil beträchtliche Vermögen anhäufen, die ihnen den Anschluss an den städtischen Lebensstandard ermöglichten.

Wie gesagt, war das Territorium der Reichsstadt nicht geschlossen. Benachbarte Herrschaften hatten Rechte auf den gleichen Höfen und über die gleichen Bauern wie die Reichsstadt. Auseinandersetzungen mit diesen Nachbarn waren dementsprechend häufig und wurden oft zur prinzipiellen Angelegenheit erklärt.

In Oberaspach z. B. war Hall „Episcopus", also „Bischof", Brandenburg-Ansbach aber „Patron". Der Patron schlug den Pfarrer vor, der Bischof setzte ihn ein. Im Dorf waren die Einflusssphären exakt markiert: Kirche, Schulhaus und Friedhof waren hällisch, das Pfarrhaus und die Pfarrscheuer brandenburgisch. Die Bauern des Dorfes unterstanden Schwäbisch Hall – mit einer Ausnahme: Es gab einen hohenlohischen Gutsbesitzer.

Diese Ausgangslage barg einiges an Konfliktstoff. Schon 1630 gerieten die Reichsstadt und die Markgrafschaft aneinander, als Brandenburg Philipp Lay als neuen Pfarrer einsetzen wollte, der aber von Hall nicht bestätigt und von den Bauern des Orts wegen seiner unverständlichen Aussprache abgelehnt wurde. 1632 setzte die Reichsstadt einen Vikar ein, den wiederum die Brandenburger vertreiben wollten, was ihnen aber nicht gelang. Erst 1638 einigten sich die beiden Parteien: Philipp Lay wurde in der Kirche von Oberaspach, die der hällische Mesner aufschloss, vom brandenburgischen Dekan zu Crailsheim präsentiert und investiert. Eine Delegation des Haller Rats nahm an der Amtseinführung teil und wahrte so die städtischen Ansprüche. Den Abschluss bildete ein gemeinsames Mahl im Pfarrhaus. In der Folgezeit hatte man sich auf ein relativ konfliktarmes Vorgehen geeinigt, das die Interessen beider Seiten berücksichtigte, allerdings auch genau regelte, welcher Dekan zuerst die Treppe im Pfarrhaus hinauf gehen durfte und wer welchen Schriftsatz aufzusetzen hatte.

Mitte des 18. Jahrhunderts eskalierte der Streit erneut, als der damals amtierende Pfarrer Georg Leonhard Heyd anfing zu behaupten, die Pfarrei unterstehe allein Brandenburg. In der Haller Version verwendete er vorzugsweise Lieder aus dem brandenburgischen Gesangbuch, was ihm der Magistrat der Reichsstadt untersagte. Er solle das hällische Gesangbuch verwenden. Nachdem er sich dauerhaft weigerte, ließ man ihn 1752 während des Freitagsgottesdiensts verhaften und nach Hall verbringen (nicht in einen der Türme, sondern ins Gasthaus „Adler"). Da Brandenburg massiv zugunsten seines Pfarrers intervenierte, ließen ihn die Haller relativ schnell wieder frei, untersagten ihm aber alle gottesdienstlichen Handlungen. Wenig später setzte die Markgrafschaft die Crailsheimer Bürgermiliz (50 Mann hoch) in Marsch, um mit militärischer Gewalt Heyd wieder in seine Rechte einzusetzen. Er hielt eine Predigt in Oberaspach. Kaum war das Militär wieder abmarschiert, verschloss der hällische Mesner die hällische Kirche und versteckte den Schlüssel. Die Taufe eines Kindes nahm in den folgenden Tagen der Pfarrer von Lorenzenzimmern vor, der Oberaspacher musste zuschauen. Die Brandenburger ließen Aufrufe anschlagen, die aber von den hällischen Einwohnern wieder abgerissen wurden. Erst der Rücktritt von Heyd 1756 löste den Konflikt.

Konflikte dieser Art häuften sich. Nachdem sich 1660 der „Henselisbauer" Jakob Grau von Uttenhofen in einem Wald am Dilberg/Dühlberg selbst erhängt hatte, wurde er durch den hällischen Scharfrichter begraben. Am nächsten Tag gruben ihn die Limpurger wieder aus, schafften die Leiche nach Gaildorf und setzten sie dort unter dem Galgen bei. Eine Auseinandersetzung zwischen Schwäbisch Hall und Limpurg über die jeweiligen Rechte in genau zu definierenden Waldstücken folgte.

Dass es Konflikte innerhalb des Haller Territoriums gab, hatte spätestens der Bauernkrieg deutlich gemacht. Die folgenden Jahrhunderte sahen zwar keine Auseinandersetzung dieser Größenordnung mehr. Kleinere Differenzen konnte die Reichsstadt intern bereinigen. Erst gegen Ende des 18. Jahrhunderts schaukelten sich die Schwierigkeiten erneut auf. Ursache waren die finanziellen Probleme der Stadt. Da der Magistrat die Bürger nicht höher besteuern konnte und wollte, ohne seine Herrschaft zu gefährden, wählte er den Ausweg, die Steuerlast der ländlichen Untertanen zu steigern. Der Steuersatz der Bauern betrug sowieso schon das Doppelte dessen der Bürger (0,5 % statt 0,25 % Vermögensteuer pro Termin). Bei drei Steuerterminen pro Jahr mussten die Untertanen also eine Vermögensteuer von 1,5 % bezahlen, die Städter von 0,75 %. Allerdings tendierte der Rat auch deutlich dazu, die Zahl der Steuertermine auf dem Land schneller zu steigern als die in der Stadt, so dass die Bauern in manchen Jahren bis zu 5 % Vermögensteuer entrichten mussten. Bemessungsgrundlage allerdings war – und das kam den Landbewohnern entgegen – eine völlig veraltete Schätzung des Werts der Immobilien. Der höhere Steuersatz kompensierte mindestens zum Teil also den Wertzuwachs der Güter. Zur „Schatzung" (der Vermögensteuer) kamen noch weitere Belastungen hinzu: So besteuerte der Rat Erbteilungen, erhob Chausseegelder und verlangte Fronen für den Bau der Landstraßen.

Als 1789 der Magistrat der Reichsstadt zusätzlich dazu noch die Besteuerung des Weinhandels verschärfte, machten die Bauern mobil. Da die neue Abgabe aber vornehmlich die reicheren Gutsbesitzer traf, verebbte dieses Mal der Protest rasch wieder, die ärmeren waren mit dieser Frage nicht zu aktivieren. Weitere Eingriffe in das Wirtschaftsleben des Landes folgten bei Vieh- und Schmalzhandel, mit denen die wohlhabenderen Landbewohner zusätzliche Gewinne gemacht hatten.

1792 beschloss der Rat, den Katechismus des Kurfürstentums Hannover einzuführen, da der alte, seither in Hall gebräuchliche der Zeit nicht mehr angemessen erschien. Die Untertanen weigerten sich prompt, den neuen zu verwenden, da er ihnen theologisch fragwürdig und mit zu vielen ungewohnten Neuerungen belastet schien. Gegenteilige Vorstellungen der Obrigkeit nutzten gar nichts, die Gemeinden verbündeten sich gegen das neue Lehrbuch, Eltern verboten ihren Kindern, den neuen Katechismus in die Schule mitzunehmen. Der Magistrat reagierte zögerlich, obwohl seine Autorität und die der Haller Geistlichkeit massiv in Frage gestellt wurde. Er baute den rebellierenden Untertanen Brücken, indem die Einführung verzögert erfolgte und Belohnungen (statt Strafen) für die korrekte Einhaltung der obrigkeitlichen Verfügungen ausgesetzt wurden.

Bis 1794 war die Stimmung dennoch explosiv. Der Rat hatte es mittlerweile geschafft, alle Gruppen des Landes gegen sich aufzubringen: Die ärmeren stöhnten unter Steuern und Fronen, die reicheren befürchteten weitere Eingriffe in ihre Handelsgeschäfte. Der Krieg gegen das revolutionäre Frankreich forderte auf der anderen Seite immer mehr Geld und mehr Truppen, die die Reichsstadt nicht mehr finanzieren konnte. Sie verfiel deshalb auf den Ausweg, die Wehrpflicht für einen Teil der ländlichen Untertanen einzuführen. Die Städter wollte man schonen, da man dort harsche Reaktionen befürchtete. Den Widerstand des Landes hatte der Rat unterschätzt. Kaum waren die Gestellungsbefehle bekannt geworden, versammelten sich die Landbewohner. Sie setzten Petitionen auf, schickten diese von Dorf zu Dorf und ließen sie sich von Gemeindeversammlungen genehmigen. Dem Magistrat richteten sie aus, sie würden den obrigkeitlichen Dekreten keine Folge leisten. Das Militär habe die Stadt zu organisieren, im Notfall seien Bürger und Bauern gleichermaßen zu belasten. Zudem seien die Kriegssteuern zu befristen, andernfalls würden sie – die ländlichen Untertanen – in den Steuerstreik treten. Letzteres war ein katastrophaler taktischer Fehler: Die Kriegssteuern kamen dem Schwäbischen Reichskreis und dem Kaiser zugute, deren Hilfe die Stadt nun in Anspruch nehmen konnte. Am 5. August 1794 rückte Kreismilitär in das hällische Landgebiet ein, nachdem Verhandlungen zwischen Rat und Bauern und die Einschüchterung der Landbevölkerung in den Tagen zuvor gescheitert waren. Die Einquartierung der Truppen bedeutete für die Dörfer eine unerträgliche Belastung. Die Soldaten und ihre Pferde fraßen die Vorräte der Bauern auf, teilweise kam es zu unverhüllten Plünderungen. Ende August kapitulierten die Dörfler. Die Zwangsrekrutierung wurde durchgeführt, die Kreistruppen zogen ab. 16.000 fl Schulden blieben der Landbevölkerung.

Die ländliche Bevölkerung hatte die erste Runde der Auseinandersetzung in direkter Konfrontation verloren. Sie suchte aber dennoch nach Wegen, Widerstand zu leisten: Im Oktober 1794 erhob die Bevölkerung der Landämter Klage gegen die Stadt beim Reichskammergericht. Sie musste jeden Verdacht auf Aufruhr vermeiden (ansonsten wäre die Klage vor den Reichsgerichten von vornherein vergeblich gewesen), dennoch aber ihr Anliegen begründen. Das Reichskammergericht nahm die Klage an, was ein erster Erfolg der Bauern war. Einige der Belastungen aus den Jahrzehnten zuvor wurden aufgehoben, neue durften nur noch mit Zustimmung der Steuerpflichtigen erlassen werden. Dies lief darauf hinaus, der Bauernopposition die Rolle einer landständischen Vertretung zuzugestehen. In der Folge einigten sich Rat und Bauern über einen Schuldentilgungsplan, der gleiche Belastungen für Städter und Dörfler vorsah. Es war extrem ungeschickt, dass die Bauern die Annahme dieses Planes verweigerten. Denn das gab der Stadt den entscheidenden Hebel, um die Mitspracherechte der Landbewohner gleich wieder aufzuheben. Da ohne den Schuldentilgungsplan die Stadt ihre Verpflichtungen dem Reich gegenüber nicht erfüllen konnte, blieb dem Gericht keine andere Wahl, als die Untertanen zur zwangsweisen Zahlung zu verurteilen. Erst das Ende des Alten Reiches und die Besetzung der Reichsstadt durch Württemberg zogen einen Schlussstrich unter den Konflikt.

Die Stadt brennt! 1680 und 1728

Der große Stadtbrand von 1728. Zeitgenössischer Kupferstich

1658 schrieb der Rat in einem Dekret, das die Feuersicherheit der Stadt Schwäbisch Hall verbessern sollte, dass man sich ja noch an den großen Brand von 1376 *schmerzlich* erinnere, der nicht nur den Haal, sondern auch die ganze übrige Stadt innerhalb weniger Stunden zerstört habe. Damals habe man sogar daran gezweifelt, dass der Status als Reichsstadt erhalten werden könne, was dann aber doch gelungen sei. Die „Erinnerung" war in diesem Fall sachlich falsch. Das Ereignis gehört in das Jahr 1316. Aber dass ein Feuer erinnert wurde, zeigt schon, wie traumatisierend die großen Stadtbrände für Obrigkeit und Bevölkerung waren.

Die Stadt versuchte ihnen durch feuerpolizeiliche Vorschriften und Maßnahmen der Brandbekämpfung vorzubeugen. Sie erließ zu diesem Zweck zahlreiche Ordnungen, die im Normalfall auch ihre Aufgabe erfüllten. Drei große Brände in 600 Jahren Stadtgeschichte sprechen eher für den Erfolg der Feuerordnungen als für das Gegenteil, denn wahrscheinlich brannte es jedes Jahr irgendwo in einer aus Holz gebauten Stadt. Jeder dieser Brände hatte theoretisch das Potential, sich zu einer Katastrophe auszuwachsen.

1680 wurden am 3. Juni, in der Nacht gegen zehn Uhr, durch einen Blitzschlag drei Scheunen in Brand gesteckt. Dem nachfolgenden Großfeuer fielen Teile der Gelbinger Gasse zum Opfer. Betroffen waren die heutigen Gassen Hinter der Waag, Blendstatt und die südliche Hälfte der Gelbinger Gasse (bis zur heutigen Nummer 47). Auch der Josenturm und die zugehörige Kapelle samt der darin untergebrachten Buchdruckerei und der deutschen Schule verbrannten. 60 Häuser und 34 Scheunen wurden eingeäschert. Anna Ursula, die 28jährige Tochter des Leinenwebers Baltasar Auerhammer, hatte sich während des Brandes in den Keller ihres Nachbarn begeben und war dort erstickt. Der Salzsieder Johann Andreas

Majer stürzte, wahrscheinlich während er zu löschen versuchte, aus einem Haus und erlitt schwere Verbrennungen, an denen er nach unsäglichen Schmerzen am 4. Juli 1680 verstarb. Dasselbe Schicksal erlitt auch der Waffenschmied Johann David Löchner: Seine Qualen dauerten noch vier Wochen länger.

Der Wiederaufbau begann rasch, da die Behausungen zumindest provisorisch vor dem Winter wieder hergestellt werden mussten. Der Abschluss der Arbeiten und die Errichtung der öffentlichen Gebäude wie des Josenturms (des „schönen Turms") und der Schule zogen sich dann aber bis 1686 hin. Holz wurde in den Wäldern der Ämter geschlagen und von den dortigen Untertanen transportiert. Da die Kapazitäten für den Transport nicht ausreichten, versuchte Hall auch die Bauern des ellwangischen Amtes Tannenburg (gegen Verpflegung für Mensch und Tier) zu gewinnen. Diese verweigerten sich aber. Teilweise finanziert wurde er durch Spendensammler, die der Rat schon am 25. Juni losschickte. Aus der Stadt selbst kamen 912 fl, auswärtige Bürger gaben 13 fl. 2.500 fl brachten drei Spendensammler in Nürnberg, der Oberpfalz, Regensburg und Augsburg zusammen, 450 fl stammten aus Mergentheim, Frankfurt und Hessen. Auch auswärtige Herrschaften spendeten großzügig: Württemberg gab 900 fl, Öttingen 300 fl, Langenburg 100 fl, Pfedelbach 120 fl. Schließlich wirkte die Solidarität der Reichsstädte, unter denen Straßburg – im letzten Jahr seiner Selbstständigkeit – 493 fl, der evangelische Teil von Augsburg 300 fl, Lindau 247 fl und Esslingen 200 fl beitrugen. Insgesamt gingen 8.181 fl an Spenden ein, die an die geschädigten Bürger verteilt wurden. Die Austeilungen ersetzten ca. 12–13 % der Schäden. Längerfristige Steuerbefreiungen scheint es keine gegeben zu haben: Der Hirschwirt Jakob Ulrich Stadtmann zahlte 1677 wie 1682 9 fl Beet, versteuerte also ein Vermögen von 3.600 fl – trotz der herben Verluste, die die Zerstörung der Gastwirtschaft zwischenzeitlich verursacht haben muss. Lediglich 1680 wurde die Vermögensteuer erlassen oder doch reduziert. Das spricht für einen sehr schnellen Wiederaufbau – und wirtschaftliche Reserven, die ihn ermöglichten. Einige litten aber dennoch für den Rest ihres Lebens unter den Verlusten: Magdalena Dötschmann z. B. hatte beim Brand all ihr Vermögen verloren und es auch zehn Jahre später noch nicht wieder geschafft, zu einer sicheren wirtschaftlichen Basis zu kommen.

Der eigentliche große Stadtbrand entstand am 31. August 1728 im Gasthaus „Zum goldenen Helm" am Milchmarkt – durch Unachtsamkeit. Die Bader hatten am 30. August dort ihre Zunftversammlung abgehalten. Es war offenbar spät – für Haller Verhältnisse – geworden und die Stimmung lebhaft. Der Wirt und die Bader sollen nach einigen Zeugenaussagen mit der Magd noch nach Mitternacht getanzt haben. Wahrscheinlicher aber war die Feier schon gegen 10 oder 11 Uhr abends zu Ende. Am nächsten Morgen wurde der Brand im Nebenhaus des Gasthofes bemerkt. In der Küche waren wohl Asche und Kohlen liegen geblieben, die sich in den schadhaften Küchenboden fraßen und schließlich das darunter und darüber gelagerte Heu in Brand setzten. Der Brand scheint sich von da an rasend schnell durch die umliegenden Gassen, die für die Brandbekämpfung denkbar ungeeignet angelegt waren, gefressen zu haben. Allerdings verlief die Brandbekämpfung auch reichlich unkoordiniert. Panik herrschte in der Stadt: *Es war ein so erbärmliches Klagen, Heulen und Schreyen auf denen Gassen, das nicht zu beschreiben* ... So verbrannte die große Feuerspritze gleich zu Beginn des Brandes in der Nähe des Gasthauses „Zum goldenen Helm". Rathaus und Kanzlei wurden Hals über Kopf geräumt, Verluste an Dokumenten hielten sich in Grenzen. Um 1 Uhr mittags hatte die Feuersbrunst den Marktplatz erreicht: Die Jakobskirche und die Bürgerhäuser auf der Nordwestseite standen in Flammen. Aus der Nachbarschaft

Der Brand der Gelbinger Gasse 1680. Kolorierte Nachzeichnung eines zeitgenössischen Kupferstichs

eilten Helfer herbei, Territorialgrenzen blieben einmal unberücksichtigt. Hohenlohe, Limpurg, Comburg, Ellwangen halfen.

Am Marktplatz wurde der Brand am Müllerschen Haus (Am Markt 5) und am Gasthaus „Zum goldenen Adler" (Am Markt 11) gestoppt. Der Dachstuhl des Müllerschen Hauses hatte zwar schon Feuer gefangen, aber es konnte durch den Einsatz der auswärtigen Helfer eingedämmt werden. Der Besitzer Nikolaus David Müller hatte seine Wohnung wegen Rauch und Dampf verlassen müssen. Vom „oberen" Markt her schien es, als ob das Haus vom unteren (oder Schuh-)Markt schon anfange zu brennen. Den „Adler" schützte eine massive Brandmauer. Am Schuppach wurde das Haspelsche Haus neben der Gastwirtschaft zum „Pflug", die schon brannte, niedergerissen, um ein Übergreifen des Brandes auf die Marienkirche, die Häuser Grünseisen und Heffelmayer am Markt und das Gymnasium zu vermeiden. In der Haalstraße spielten das Ottonische Haus (Haalstraße 5) und das Schlachthaus (Haalstraße 9) eine ähnliche Rolle: Obwohl sie schon teilweise brannten, konnten diese Gebäude gerettet werden und dadurch ein Übergreifen des Brandes nach Süden und Osten in die restlichen Teile der Altstadt verhindert werden. Gegen 7 Uhr

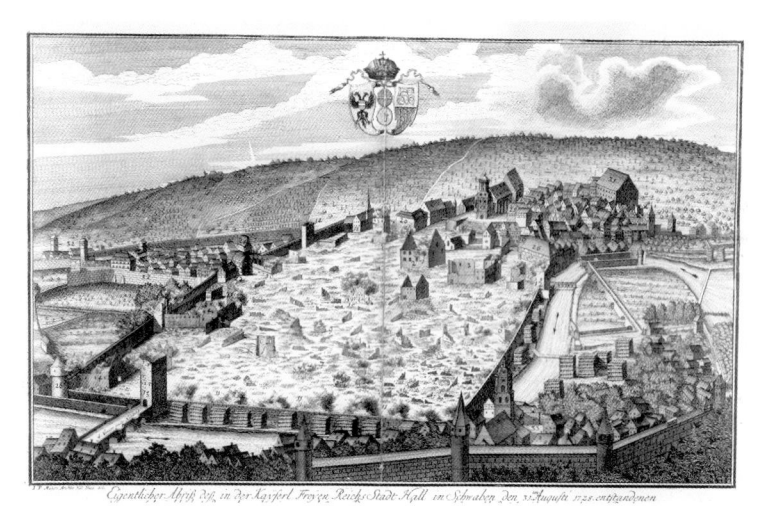

Die Brandstätte von 1728. Mit diesem dramatischen Bild wurden die Spendensammler losgeschickt.

abends war nach ca. 15 Stunden der Brand einigermaßen unter Kontrolle, wenn auch die Glut noch Tage später spürbar war und immer wieder kleine Brandherde auftraten.

Plünderungen scheinen sich in Grenzen gehalten zu haben: Bestraft wurde auf jeden Fall nur die Witwe des Ratsdieners Lauth, die Zinn gestohlen hatte. Zu Tode kamen vier Personen: Die Schulmeisterswitwe Maria Magdalena Wenger stürzte zu Tode, als sie sich aus ihrem brennenden Haus zu retten versuchte; Georg Adam Raitelhuber, Bader aus Sulzdorf, erlitt im Helmwirtshaus so schwere Brandwunden, dass er wenige Tage später starb; Georg David Kreß, Schulmeister und Bader aus Reinsberg, teilte das Schicksal seines Kollegen; ein namenloser Bäckersknecht aus Heilbronn fiel auf einer Gasse tot um. Sonstige Todesfälle sind nicht dokumentiert. Eine Reihe von Frühgeburten wurde noch auf den Brand zurückgeführt.

Am Ende war ein großer Teil der Altstadt samt dem Haal zerstört. Vom Kocher bis zur Schuppachkapelle, zum Marktplatz und zum Schlachthaus fielen alle Gebäude dem Feuer zum Opfer. Der südöstliche Teil der Altstadt und die Vorstädte überdauerten. Zerstört waren über 300 Bürgerhäuser, eine Reihe öffentlicher Gebäude (Rathaus, Kanzlei, Kornhaus, Spital, Jakobskirche) und der Haal. Der Gesamtschaden wurde auf beinahe 600.000 fl geschätzt. Gerettet wurde – und das wird immer wieder betont – das Archiv. Verloren gegangen seien nur einige wenige alte Rechnungen.

Der folgende Winter, den viele Haller in provisorischen Unterkünften verbringen mussten, war den Zeitgenossen als besonders hart in Erinnerung: Es fiel mehr Schnee als sonst und war bitterkalt. Im Januar 1729 fing es dann an zu regnen, der Kocher trat über die Ufer und riss Haal- und Bauholz mit sich fort, überflutete auch die neu erbauten Haalhäuser und den Haalbrunnen. Den Einwohnern schienen die Kalamitäten kein Ende zu nehmen. Interpretiert wurde dies zumindest vom frommen Teil der Bevölkerung als Zeichen Gottes, das eigene Leben zu verändern.

Der Aufbau veränderte die Straßenzüge. Neu entstand die „Neue Straße", die auch als Brandschneise dienen sollte. Andere Gassen wurden verbreitert und begradigt (z. B. der Spitalbach), wieder andere verschwanden (so die Eselsgasse). Reste mittelalterlicher Bauwerke – wie einige der bis dahin erhaltenen Wohntürme – fielen der Neukonzeption der Stadt zum Opfer. Das alte Kornhaus wurde ebenso der Neuen Straße geopfert wie das Helmwirtshaus. Für den Wiederaufbau der

Bürgerhäuser wurden Vorschriften erlassen und die Grundstücke neu vermessen und abgegrenzt. Die bauwilligen Bürger mussten Risse, d. h. Baupläne, vorlegen, damit der Rat die Einhaltung seiner Vorschriften überwachen konnte. Die Bauvorschriften zielten vor allem auf größere Brandsicherheit der Häuser, aber auch auf ein Mehr an Planung und Hygiene – ganz in barockem Sinn, wodurch die allzu großen Unregelmäßigkeiten des Mittelalters mit seinen hohen, erkerreichen Bauten ausgeschlossen werden sollten.

Finanziert wurde der Wiederaufbau durch Kollekten, Steuererhöhungen bei nicht geschädigten städtischen Bürgern und ländlichen Untertanen, kostenlose Bauholzlieferungen und Steuernachlässe für die Abgebrannten. Außerdem verschuldete sich die Stadt bei Auswärtigen: So nahm sie bei Georg Wächter, einem Rechnungsrat beim Schwäbischen Reichskreis, 4.200 fl auf, die mit 5 % zu verzinsen waren, und 5.000 fl bei Leonhard Friedrich Wentzel, Hüttenmeister in der württembergischen Glas- und Spiegelhütte. Die Kollekten und Beiträge befreundeter Obrigkeiten erbrachten z. T. große Summen: Die Stadt Augsburg z. B. gab 5.000 fl, Nürnberg 1.500 fl, Nördlingen 450 fl. Selbst weit entfernte Städte wie Lübeck (200 fl) und Genf (65 ¼ Reichstaler) schickten Geld, während der Fürstbischof von Lüttich (Liège) seine immaterielle Unterstützung zusicherte, um das Los der Stadt zu erleichtern. Luzern und Breslau sahen sich wegen eigener Armut außer Stande zu helfen. Insgesamt brachten die Sammlungen mehr als 32.000 fl. Die Stadt Schwäbisch Hall selbst schuf sich finanziellen Spielraum, indem sie auf die Senkung der Kreis- und Reichssteuern drängte. Die Kosten allein für den Neubau der zerstörten öffentlichen Gebäude wurden auf 100.850 fl geschätzt, wozu noch der Schaden des Spitals mit 75.000 fl kam.

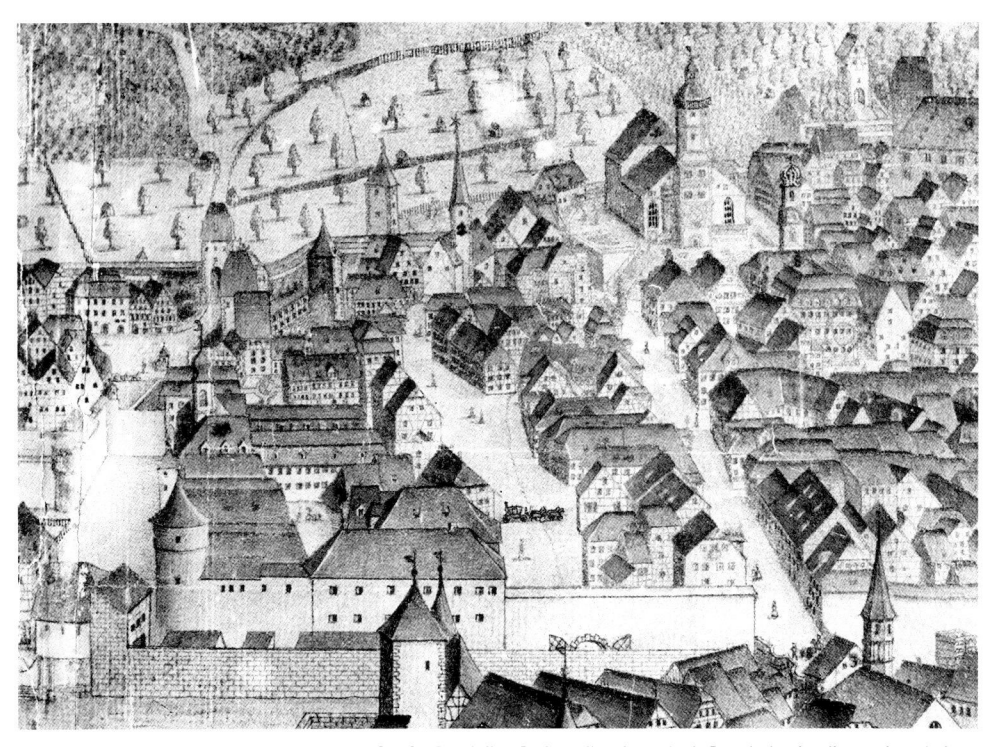

Neu angelegt wurde nach dem Brand die Neue Straße. Durch ihre Breite sollte sie auch als Brandschneise dienen. Ausschnitt aus der Stadtansicht von Johann Conrad Körner von 1755

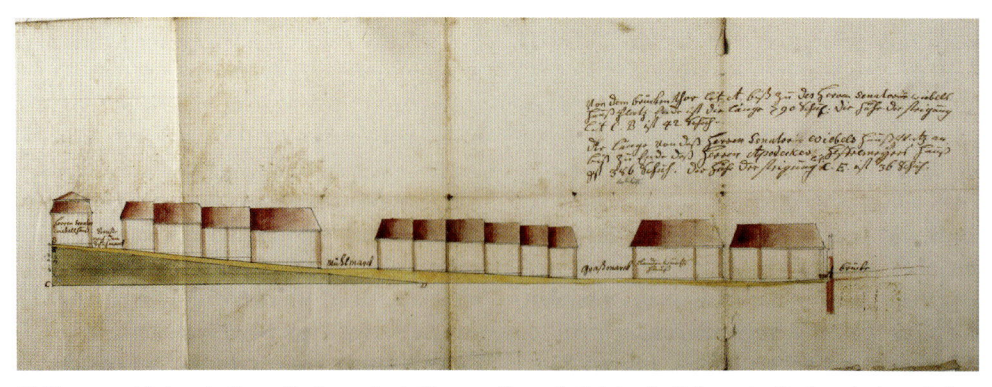

Für Planung und Anlage der Neuen Straße wurde ein Längenprofil angefertigt, das die Steigung der Straße und schematisch die Fassaden der Häuser auf der Südseite von der Henkersbrücke über Grasmarkt und „Mühlmarkt" (heute: Milchmarkt) bis zur Marktstraße zeigt. Besonders hervorgehoben sind der „Dreikönig" und das Haus des Senators Wibel am oberen Ende.

Bis Ende 1729 standen 121 Häuser wieder (darunter die Gastwirtschaften „Rößlin" und „Pflug"), was angesichts der langen Streitigkeiten um die neuen Grundstücksgrenzen und des damit verzögerten Baubeginns erstaunt. Die Vermessung der neuen Bauplätze begann z. B. erst am 27. Oktober 1728, also fast acht Wochen nach der Katastrophe. Auf Kosten der Stadt wurden die Gassen geräumt, die Fundamente neu angelegt und die Keller verändert, soweit nötig. Aber auch 1731/1732 wurden noch „öde Brandplätze", d. h. die Grundstücke niedergebrannter Häuser, verkauft. Ganz abgeschlossen war der Wiederaufbau zu diesem Zeitpunkt also noch nicht.

Eine lebhafte Diskussion im Rat entstand über die Frage der gerechten Verteilung der Brandsteuer, die vor allem von Nikolaus David Müller angeheizt wurde. Er plädierte für eine bevorzugte Bezuschussung der Armen und geringere Hilfen für die Reichen bzw. deren völligen Ausschluss von der Brandsteuer: *Wer ein groß Hauß bauen will, der mag sehen, ob er einen großen Beutel hat.* Und weiter: *Was brauchen wir Reichsstädter viel große Häuser? Die wenigste haben es ihre Familie halber nötig. Kein Nutzen ist bekanntlich hier daraus zu ziehen. Die Stadt Hall ist eine zu einer gemäßigten burgerlichen Nahrung gesegnete Saltzstadt. Eine Luststadt wird sie nimmer werden ... Alles dahin zielendte Bemühen ... das lauffet wieder die gottliche Ordnung, wieder den göttlichen Willen ...* Außerdem geißelte er die Verzögerungen durch die großen Ausschüsse, die nie vollständig zusammen kämen.

Der Rat entschloss sich schließlich für ein gemischtes Modell, das sowohl die Höhe des erlittenen Schadens wie die Bedürftigkeit kombinierte. Manche und mancher war mit der Verteilung der Beihilfen nicht einverstanden und bat um eine Zulage: Agatha Jäger hatte beim Brand alles verloren und verfügte nun nicht einmal mehr über ein eigenes Bett. Carl Haid hatte einen kleineren Bauplatz als vorher erhalten und seinen sehr schönen Keller verloren: Der neue war nass und konnte kaum benutzt werden.

Sofort wurde mit dem Wiederaufbau von acht Haalhäusern begonnen, um die Saline möglichst schnell wieder in Betrieb zu setzen. Die ersten beiden wurden am 8. November wieder in Betrieb genommen, weitere sechs eine Woche später. Die Kosten hierfür streckte die Stadt vor, die auch das Bauwesen beaufsichtigte, um Konflikte unter den Salzsiedern von vornherein auszuschalten, die sonst den Wiederaufbau verzögert hätten. Innerhalb weniger Monate standen die Siedehütten wieder und konnte die Salzproduktion *als die vornehmste Nahrung und Einkommen der Stadt und*

Burgerschafft weitergehen. Nach 1734 trieb der Rat die vorgestreckten Summen samt Zinsen (20.148 fl) bei den Siedern wieder ein. Nach dem Wiederaufbau wurden die Siederechte anders als vorher auf die Haalhäuser verteilt: Statt 43 Siedehäusern unterschiedlicher Größe gab es nun nur noch 37 gleich große mit je drei Pfannen, denen die 111 traditionellen Rechte zugeschrieben wurden.

Der Marstall wurde schon 1730, die Trinkstube 1731 wieder bezogen. Mit dem Neubau der übrigen öffentlichen Gebäude ließ man sich etwas Zeit: Kornhaus, Spital (das 1728 370 Personen verpflegt hatte, wovon allerdings 213 nicht in den verbrannten Gebäuden untergebracht gewesen waren, sondern in den Armenhäusern bzw. auf dem Teurershof und in Bibersfeld) und Rathaus entstanden an zum Teil neuen Standorten bis 1738. Das Rathaus nahm den Platz der vormaligen Jakobskirche und der beiden Apotheken (Heffelmayer und Stellwag) ein. 1735 wurde es mit einer großen Zeremonie eingeweiht. Für den Neubau hatte man den württembergischen Baumeister Johann Ulrich Heim verpflichtet, der sich an die Schlossbauarchitektur der Zeit anlehnte.

Streitigkeiten wegen abgetretener Grundstücksteile und der Belohnung von Diensten bei den Neubauten zogen sich noch Jahrzehnte hin. Insbesondere Bauverwalter Textor (und seine Erben!) verlangten zusätzliche Gratifikationen, für sein Engagement bei der Neuerrichtung des Kornhauses, der Bürgerstube, des Marstalles und des Rathauses.

Ende der 1730er Jahre war Schwäbisch Hall in neuem Glanz wiedererstanden, Rat und Bevölkerung hatten die Rückkehr zur Normalität vollzogen. Lediglich einige wenige – wie Nikolaus David Müller – mahnten weiter:

Der Kajßer verbiethet Ball und Carneval,
und Lustspiel hält die Reichs-Statt Schwäbisch Hall
ein armer verbrandter exemter Standt
was Unheil droht des vor Statt und Landt!
O, sicheres Hall ich sorge Knall und Fall.

Auch später gab es immer wieder Brände: So brannte es 1794 am Steinernen Steg und in der Unteren Herrngasse (die Häuser Bratz, Hofmann und Groß wurden zerstört, weitere Gebäude beschädigt), 1836 in der Oberen Herrngasse, 1863 in der Gelbinger Gasse und in der Blendstatt (mit Zerstörung des Gasthauses „Zum Hirsch").

Erleben des Brandes

Johann Lorenz Textor, Bauverwalter, war während des Brandes zunächst von 3 bis 6 Uhr in der Alten Kanzlei mit der Ausgabe der Feuerbekämpfungsgerätschaften beschäftigt, danach blieb ihm eine Stunde Zeit, um sein eigenes, bereits vom Feuer erfasstes Haus zu evakuieren. Anschließend nahm er einen Posten hinter dem Spital beim Stätt-Tor ein, um das dortige Viertel und vor allem das Archiv zu retten. Letzteres gelang ihm im Verlauf des Tages. In den Tagen und Wochen nach dem Brand musste er die Straßen und Brandplätze von den hoch aufgetürmten glühenden Holz- und Steinresten frei machen. Daraufhin folgte die Absteckung der Brandplätze und der Straßen sowie die Zusammenarbeit mit dem württembergischen Baumeister Heim, der den Rathausneubau konzipierte. Textor fertigte anscheinend auch eigene Entwürfe für das Rathaus, die er verglichen mit denen von Heim für überlegen hielt. Der Magistrat betraute Textor mit der Führung der Rechnungen und der Bauinspektion für Marstall, Kornhaus, Bürgerstube und Rathaus. Er präsentierte bei der Einweihung Stättmeister Hartmann die Schlüssel zum neuen Rathaus, wurde aber wegen einer speziellen Gratifikation vertröstet.

40 Die Gesellschaft der Reichsstadt im 18. Jahrhundert

1733–1735	Polnischer Thronfolgekrieg.
1740	Friedrich II. der Große tritt die Regierung in Preußen an.
1740–1748	Österreichischer Erbfolgekrieg (Preußen gegen Österreich).
1756–1763	Siebenjähriger Krieg (Preußen und Großbritannien gegen Österreich, Frankreich und Russland).
1778–1779	Bayerischer Erbfolgekrieg.
1780	Tod Kaiserin Maria Theresias von Österreich.
1786	Tod König Friedrich II. des Großen von Preußen.

Im 18. Jahrhundert dauerten die Kriege, die das 17. geprägt hatten, zwar fort, aber ihre Auswirkungen auf den Alltag der Bevölkerung reduzierten sich. Armeen sollten sich wie Figuren auf dem Schachbrett verhalten, das zivile Leben möglichst ungestört weiter gehen. Ganz deckte sich die Theorie nicht mit der Praxis, systematische Plünderungen ganzer Landstriche aber kamen nur noch selten, in Südwestdeutschland gar nicht mehr vor. Finanziell allerdings waren und blieben militärische Aktionen eine gewaltige Belastung für die Stadtkasse. Die Reichsstadt Schwäbisch Hall musste alle Reichskriege mitbezahlen, wobei vor allem der Siebenjährige Krieg (1756–1763) zur rapide steigenden Verschuldung beitrug.

Im Innern steigerte der Magistrat seine obrigkeitlichen Ansprüche. Er war nun fast ausschließlich von Akademikern (Juristen) und Schreibern besetzt. Diese „Literati" lebten von ihren Regierungsämtern und sahen sich keinesfalls als Vertreter der Bevölkerung, sondern als Herrscher über die Bürger und Untertanen. Selbst innerhalb des Rates konzentrierten sich Informationen und Macht auf einige wenige Mitglieder. 1750 konnte sich ein Kritiker des Rates – Georg David Jäger (s. Kap. 44) – darauf beziehen, dass Stättmeister Johann Friedrich Bonhöffer nicht einmal den ganzen Rat wissen lasse, was er vornehme.

Aus der fehlenden Einbindung der Bürger und vollends der Untertanen folgte fast schon zwangsläufig, dass bei Entscheidungen, die massiv in das Leben der Betroffenen eingriffen, auswärtige Vermittler tätig werden mussten. Sieder wie Untertanen auf dem Land führten im 18. Jahrhundert lange Prozesse vor dem Reichshofrat und dem Reichskammergericht gegen den Magistrat der Reichsstadt (s. Kap. 41 und 38). Die „Verrechtlichung" der Politik hatte enorm zugenommen. Ende des 18. Jahrhunderts schließlich war ein Punkt erreicht, an dem die politischen Handlungsspielräume gegen Null tendierten und allenfalls noch Defizite verwaltet werden konnten.

In ihrer Selbstdarstellung orientierten sich die lateinisch gebildeten „Literati" an der römischen Antike. Die Ratsherren nannten sich „Senatoren", der Stättmeister war der „Konsul". Für die Haller Führungsschicht stand die Republik Hall in der Nachfolge des republikanischen Rom. An die Decken ihrer repräsentativen Wohnstuben und im barocken Rathaus („Heldensaal") ließen sie entsprechende Darstellungen anbringen. Im Haus Klosterstraße 7, das dem genannten Stättmeister Johann Friedrich Bonhöffer gehörte, z. B. war die Decke mit der Darstellung „Manius Curius Dentatus weist die Geschenke der

Deckengemälde im Bonhöffer-Haus (Klosterstraße 7), das eine römische Sage darstellt: „Manius Curius Dentatus weist die Geschenke der Samniter zurück".

Samniter zurück" geschmückt. Die Bescheidenheit und Korruptionsfreiheit römischer Feldherren diente als Versatzstück, um das eigene politische Programm zu unterstreichen, auch wenn Bonhöffer im Unterschied zu Manius Curius Rüben nicht lieber waren als Geld. Ansonsten dominierten allerdings Allegorien und Darstellungen aus der biblischen Geschichte.

Auch die Porträts der Ratsherren und ihrer Frauen unterstreichen die herrscherliche Attitüde. Die ja durchaus bürgerlichen Regierenden der Reichsstadt ahmten ohne Hemmungen den Stil der benachbarten Fürstenhäuser nach. Schließlich wurde auch das Ratshaus ein „Schloss", was in manchen Kreisen der Bürgerschaft auf wenig Verständnis stieß (s. Kap. 41 und 42).

Die gesellschaftliche Hierarchie der Stadt hatte der Rat in ein Schema mit sieben Klassen gepresst, das 1745 als Beilage zu erneuerten Kleiderordnung der Reichsstadt veröffentlich wurde. Die obersten vier Klassen waren den Inhabern der städtischen Ämter und ihren Frauen vorbehalten, die fünfte Klasse war gemischt, denn zu diver-

Detail aus den 1945 zerstörten Freskomalereien Livio Rettis im „Heldensaal" des Rathauses: „Marcus Curtius weiht sich dem Tod für das Gemeinwohl".

sen Offizianten kamen die vornehmeren Handelsleute und Handwerker (wie Goldschmiede, Kunstmaler und Orgelmacher). In der sechsten Klasse fanden sich die übrigen Handwerker und die Wirte, also das Gros der Bürgerschaft, kombiniert mit den niedrigsten Beamten der Stadt. Die verbleibenden Einwohner gehörten zur siebten Klasse: Fuhrleute und Karrenmänner, Taglöhner und Dienstboten.

Die Realität sah komplizierter aus. Tatsächlich entstand die soziale Schichtung der Reichsstadt aus einem Geflecht zahlreicher Kriterien, unter denen die Teilhabe an der Herrschaft, die Ehre, die Bildung und das Vermögen die wichtigsten waren.

Verwandtschaftsbeziehungen erleichterten die Teilhabe an der Macht wesentlich. Obwohl die Verbote des 16. Jahrhunderts, was das Auftreten naher Verwandter im Inneren Rat

Der Marktplatz nach dem Bau des Rathauses. Nachzeichnung eines Wandgemäldes von Johann Michael Roscher, das 1902 im Rathaus im früheren Schwurgerichtssaal entdeckt wurde.

anging, theoretisch weitergalten, hatte sich der Magistrat im 18. Jahrhundert endgültig zu einem eng verflochtenen Familienverband entwickelt. 1775 listeten die vor dem Reichshofrat in Wien klagenden Salzsieder die Verwandtschaftsverhältnisse im Haller Rat penibel auf. Es ergab sich, dass Stättmeister Johann Friedrich Bonhöffer (der Jüngere) mit 21 seiner 23 Kollegen verwandt oder verschwägert war. Neben ihm saßen z. B. sein Schwiegervater Haalhauptmann Hartmann und seine Neffen Oberstadtumgelder Seifferheld und Senator Seifferheld im Inneren Rat. Sein Schwiegersohn war der Erste Konsulent Dr. Majer, der Dritte Konsulent Dr. Bonhöffer war sein Sohn. Acht Ratsherren wurden als seine Schwäger bezeichnet, mit fünfen war er „verschwägert", d. h. weitläufiger alliiert, mit seinem Kollegen Stättmeister Sanwald „befreundet", d. h. weitläufiger blutsverwandt. Auch der Zweite Konsulent Dr. Majer jun. war ein Schwager. Entsprechende Listen ließen sich für jeden Ratsherren zusammenstellen.

Ein Teil der Ratsherrensitze wurde geradezu vererbt: Heinrich Peter Bonhöffer starb 1738, ein Jahr später bei der nächsten Ratswahl kam sein Sohn Johann Friedrich (der Ältere) zum Zug. Wichtiger als Väter-Sohn-Beziehungen aber waren die über die Ehen vermittelten Allianzen. Verschwägerung war eines der wichtigsten Elemente der Politik. Brüder waren von gleichzeitiger politischer Tätigkeit an herausragender Stelle denn doch ausgeschlossen – bei Schwägern war man toleranter. Johann Friedrich Bonhöffers Schwager, der Mann seiner Schwester Maria Magdalena, Dr. Georg Bernhard Arnold, saß gleichzeitig mit ihm im Inneren Rat, wie auch sein Schwiegersohn Johann David Stellwag. Voraussetzung derartiger Seilschaften aber war, dass die Frauen – die schließlich die Schnittstellen bildeten – die Familien zusammenhielten, Konflikte ausglichen, ihre Ehegatten, Brüder, Väter und Söhne von ökonomischen Sorgen entlasteten.

Wieder waren es die klagenden Erbsieder von 1775, die die Sache auf den Punkt brachten: Die Söhne der Ratsherren heirateten die Töchter von Ratsherren und würden dadurch – nicht aufgrund ihrer Fähigkeiten – vor anderen befördert, da ihnen ihre Anverwandten – also der Rest des Rates – bescheinigten, wie geschickt und tüchtig sie seien. Ja, es sei schon vorgekommen, dass Kandidaten bei der Beförderung übergangen worden wären, die es vorgezogen hätten in einer vergnügten und ruhigen Ehe mit einer gewöhnlichen Bürgerstochter zu leben, anstatt eine Ratsherrentochter zu heiraten und quasi durch ihre Frau zum Mann werden zu wollen.

Die von den Verwandtschaftsnetzen ausgeschlossenen Bürger hatten also begreiflicherweise weniger Verständnis für diese Art der Verflechtung: Die Stadt Hall sei eine gute Mutter für ihre leiblichen Kinder, d. h. die Ratsherren und ihre Anverwandten, für die sie auch den letzten Heller hergebe. Für die gewöhnlichen Bürger aber sei sie eine Stiefmutter, die sobald irgendein Wunsch von dieser Seite an sie herangetragen werde, stets ihre Armut betone und den Antrag wegen der hohen Kosten ablehne.

Voraussetzung für eine Karriere im Rat wurde im 18. Jahrhundert zunehmend ein Universitätsstudium, dem der Besuch des Haller Gymnasiums voranging. In der ersten Hälfte des 18. Jahrhunderts waren 50 bis 60 % der Haller Ratsherren studierte Juristen, nach 1750 ca. 80 %, d. h. 19 von 24. Die nicht-studierten Ratsherren hatten am häufigsten eine Schreiberausbildung absolviert, wie z. B. 1770 die Ratsherren Georg Wolfgang Romig, Johann Georg Meyer oder Johann Wilhelm Müller. Johann Wilhelm Müller hatte in Bietigheim, Besigheim und Marbach gelernt, war 1717 Kastenschreiber in Hall geworden, 1722 zum Stadtumgelder und 1736 zum Bauverwalter aufgestiegen, bevor er 1753 in den Inneren Rat gewählt wurde. Insgesamt unterschied sich der Lebensweg der nicht-akademischen Schreiber nur wenig von dem der Juristen: Auch sie hatten ihre Erfahrungen im Bereich der Verwaltung gesammelt und lebten von ihren Ämtern, wenn ihre Ausbildung auch weniger umfassend und ihr Horizont begrenzter waren. Auf- und Abstieg aus der Welt der Juristen in die der Schreiber war ohne weiteres möglich: Johann Wilhelm Müller war der Sohn des Ratskonsulenten, d. h. Juristen, Friedrich Sybäus Müller. Und seine Söhne Johann David und Jakob Bernhard erhielten wie ihr Großvater eine akademische Ausbildung. Die Karriere des Sohnes Jakob Bernhard ging allerdings wegen seiner „Aufführung" – seines Lebenswandels –, der nicht der beste war, nicht recht voran, während Johann David starb, bevor er eine herausragende Position erlangen konnte.

Der einzige Ratsherr, der 1770 nicht aus dem öffentlichen Dienst kam, war der Handelsmann Georg Lorenz Seifferheld, der Sohn des Johann Melchior Seifferheld, der wiederum der Schwiegervater des Stättmeisters Johann Friedrich Bonhöffer war, womit Georg Lorenz Seifferheld als Schwager Johann Friedrichs identifiziert wäre. Georg Lorenz war 1711 geboren, absolvierte das Gymnasium bis zur zweiten Klasse und ging dann 1731 in die „Kochische Handlung" nach Nürnberg, wo er zwei Jahre blieb. 1733 brach er zu einer Reise nach Ulm und Augsburg auf, 1734 schloss sich ein Besuch der „vornehmsten Handelsplätze" in Deutschland und Holland an: Genannt werden Leipzig, Braunschweig, Hamburg, Antwerpen, Rotterdam und Amsterdam. 1737 wurde er in den Äußeren Rat gewählt, 1750 in den Inneren. Weitere Ehrenstellen folgten. Zu beachten ist die Zwischenetappe im Äußeren Rat, die die Akademiker nie einlegten: Sie rückten gleich in den Inneren Rat vor.

Dementsprechend unterschied sich die soziale Zusammensetzung des Äußeren

Rates deutlich von der des Inneren Rates. Dominierten im Inneren Rat die Juristen und Schreiber, so wurde der äußere von Apothekern, Bäckern, Chirurgen, Konditoren, Wirten und Handelsmännern besetzt. Auch ein Metzger, Bierbrauer oder Müller hatte eine Chance, in dieses Gremium aufzurücken. In den meisten Fällen aber war der Äußere Rat zugleich Endstation der Karriere. Nur wenigen Handelsmännern gelang der weitere Aufstieg in den Inneren Rat.

Auch zum Kapitel Bildung hatten die Erbsieder ihre Meinung parat: Die Studien vieler dieser Akademiker hielten keiner genaueren Überprüfung stand, dafür aber gebe es viel zu viele, die alle irgendeinen Posten bekämen – und sei es nur mit Blick auf die angeblichen Verdienste ihrer Vorfahren, an denen die Salzsieder ebenfalls zweifelten. Etliche dieser angeblich so verdienten Ratsherren hätten durch ihre Ratschläge dem Gemeinwesen eher geschadet als genützt.

Die Machtausübung in Schwäbisch Hall stützte sich aber nicht nur auf die Besetzung der wichtigen Positionen innerhalb der Stadtverwaltung, auf die Knüpfung von Beziehungsnetzen oder auf den Erwerb von Bildung, sondern auch auf die materielle Überlegenheit der Angehörigen der führenden Schicht. Ein Haller Bürger, der sich nicht mit dem Titel „Herr" oder „Frau" schmücken durfte, verfügte in den 1780er Jahren über ein Vermögen von 1.100 Gulden. Die Mitglieder der Führungsschicht, die Herren und Frauen, kamen auf 9.200, die Mitglieder des Inneren Rats aber besaßen im Durchschnitt 18.800 Gulden, also das Siebzehnfache dessen, was die einfachen Bürger aufweisen konnten.

Geld konnte prinzipiell auf zwei verschiedenen Wegen erworben werden: Entweder durch Erbschaft oder durch eigene Tätigkeit. Bei letzterer ist natürlich zuerst an die Besoldungen der einzelnen Ämter zu denken, die unter Umständen hoch genug gewesen sein könnten, um den Reichtum der Ratsherren zu erklären.

Tatsächlich waren die Besoldungen für die einzelnen Ämter eher gering, aber durch Ämterhäufungen ließen sich die Bezüge deutlich erhöhen. Der Stättmeister Johann Andreas Frank z. B. bekam 1780 in seiner Eigenschaft als Stättmeister nur 150 Gulden, dazu kamen aber 75 Gulden als Entschädigung für das Pelzwerk, das er als Stättmeister benötigte, 150 Gulden für seine Tätigkeit als Steuerherr, 260 Gulden für seine Mitwirkung im Inneren Rat, 6 Gulden für sein Amt als Rechnungsprüfer und 16 Gulden für das als Jägerherr. Insgesamt flossen ihm also aus der Stadtkasse 657 Gulden zu. Zum Vergleich: Ein Torwärter – kein Herr – bekam 40 Gulden, ein Kanzlist – schon ein Herr – 70 Gulden plus Naturalien (3 Scheffel Korn, 12 Scheffel Dinkel), ein Kanzleijunge 17 Gulden, vier Paar Schuhe und einen Mantel. Der Torwärter erhielt also ein Zwanzigstel, der Kanzlist ein Zehntel der Geldbesoldung des Stättmeisters.

Nun erklären die Besoldungen – obgleich sie nicht gerade niedrig waren – nicht den Reichtum der Mitglieder des Inneren Rats. Die klagenden Salzsieder von 1775 äußerten deshalb auch ziemlich unverhohlen den Verdacht, dass bei den Vermögenszuwächsen der Ratsherren weniger legale Methoden eine Rolle spielten. Beweisen allerdings konnten sie das nicht.

Herrschaft wurde schließlich den Bürgern und Untertanen demonstriert. Zur Kirchenvisitation, d. h. zur Überprüfung des Zustands der Kirchen und Schulen auf dem Land, fuhr der Stättmeister vierspännig mit vier Rappen aus dem Marstall, einem Vorreiter, einem Kutscher und zwei begleitenden Reitern aus. Außerdem mussten bei seiner Ausfahrt die Soldaten paradieren. Die Sieder hielten diesen Aufwand für leicht übertrieben.

Musik in der Reichsstadt Schwäbisch Hall

Zur Unterstreichung der Ehre Gottes und des Magistrats diente auch die Musikpflege der Reichsstadt. Zuerst schmückte sie den Gottesdienst und die kirchlichen Feiern, überhöhte aber auch die weltlichen Feste (wie zum Beispiel die Hochzeit des Inneren Rates Andreas Friedrich Feyerabend mit Maria Margaretha Hornung, Witwe des Crailsheimer Physicus 1739). Eine Reihe bedeutender Organisten wie Georg Wolfgang Druckenmüller (1628–1675), Johann Samuel Welter (1650–1720), Joseph Friedrich Bernhard Caspar Majer (1689–1768), Johann Jacob Renner (1693–1755) oder Adam Friedrich Bayerdörfer (1721–1790), die nebenher auch als Musiklehrer wirkten, und eine beachtliche Anzahl von Stadtmusikanten belegen den Rang, den die Stadt Schwäbisch Hall musikalischen Darbietungen zumaß. Der bedeutendste Komponist allerdings – Erasmus Widman (1572–1634) – wurde nur in Hall geboren, wirkte aber vor allem außerhalb in Weikersheim und Rothenburg.

Die Ehre war für die Herren außerordentlich wichtig. Ehre zählt zu den Schlüsselbegriffen der frühen Neuzeit. So sorgten sich die christlichen Obrigkeiten um die Ehre Gottes, die Handwerkerzünfte um die Ehre ihrer Mitglieder, Haushaltsvorstände um die Ehre ihrer Familie und ihrer Dienstboten. Ehre kam jedem Menschen des 18. Jahrhunderts zu, und jeder hatte auf die Einhaltung der entsprechenden Verhaltensregeln bei sich und anderen zu achten. Allerdings war sie nicht für jeden Menschen gleich: Die einen waren ehrenwerter, die anderen deutlich weniger. Der Anspruch auf Ehre stieg mit der Position in der sozialen Hierarchie.

Die Titel, mit denen bei offiziellen Anlässen Stättmeister, Ratsherren und ihre Frauen angeredet wurden, geben einen Eindruck von den hochehrbaren Magistratspersonen der Stadt Hall: Johann Friedrich Bonhöffer etwa war *Magnificus, wohlgeboren und rechtshochgelehrt*, seine Frau *hochedel, hochehr- und tugendreich*. Anderes Beispiel: Die Titulatur des Inneren Rats Johann Wilhelm Engelhardt lautete 1711: *hochedel, vest und hochweise*.

Die Ehre einer Person drückte sich schließlich besonders bei ihrem Ende aus. Die Leichenbegängnisse der Ratsherren und Stättmeister waren pompös, ihre Epitaphien in St. Michael konservierten ihren besonderen Ehrenrang auch für künftige Generationen. Am Grabmal Johann Friedrich Bonhöffers waren Stadtregiment und Weisheit, die Personifikation der Stadt Hall und die Gerechtigkeit, sowie der Nachruhm in Gestalt von Figuren vertreten und verkündeten noch einmal die herausragenden Tugenden des Verstorbenen der mehr oder minder erschütterten Nachwelt. Ähnliche Funktion hatten Leichenpredigten und Gedächtnisverse. Die Leichenpredigten waren lang und sparten nicht mit Lob für den Verblichenen bzw. die Verstorbene. Mittels Gedächtnisversen brachten sich die wesentlichen Mitglieder der hällischen Honoratiorenschaft bzw. die, die dazu gehören wollten, in Erinnerung. Gedächtnisverse auf Johann Friedrich Bonhöffer verfassten 1770 von seinem Kollegen im Stättmeisteramt, Johann Lorenz Sanwald, an abwärts alle Inneren Räte, die Pfarrer, die Ärzte, die Konsulenten und Ratsadvokaten, v. a. aber auch die Jurastudenten und Vikare, die noch kein fest besoldetes Amt ergattert hatten und auf diesem nicht übermäßig subtilen Weg die Aufmerksamkeit auf sich lenken wollten.

Den vollen Tugendkatalog zitierte etwa Johann David Hufnagel in seinen Gedächtnisversen auf Johann Friedrich Bonhöffer:

Empfindlicher Verlust! Der unsre Vaterstadt in Rathhaus, Kirch und Schul, so hart getroffen hat;

Theater in Schwäbisch Hall im 17. und 18. Jahrhundert

In solchen Kunstprodukten wie den Gedächtnisversen erschöpfte sich das kulturelle Leben aber nicht. Neben den in Schwäbisch Hall ansässigen Autoren (s. Kap. 36) gab es auch ein durchaus reges Theaterleben. Vorläufer bildeten die Aufführung von Stücken durch die Schüler der Lateinschule schon im 16. Jahrhundert. Im 17. Jahrhundert hatten dann die Schüler des Gymnasiums unter Anleitung der Präzeptoren auf dem Neubau Theater gespielt, wobei das Verhalten des Publikums, das sich ohne Bezahlung der Eintrittsgelder eingeschlichen hatte, nicht über jeden Tadel erhaben war: Es schrie, lief unter viel Lärm während der Vorstellung herum und drängte auf die Bühne. 1659 wurde unter solchen Umständen ein Stück über die Zerstörung Jerusalems gegeben, sicher in lateinischer Sprache. Parallel dazu traten auch auswärtige Gesellschaften in Hall auf: Für 1614 wie für die 1650er Jahre lassen sich solche Auftritte nachweisen. Zunächst scheint es sich um englische Truppen, später dann auch deutsche gehandelt zu haben. Ein anderes Spektakel war die Vorführung eines Elefanten 1696, den ein Holländer nach Hall gebracht hatte. Erwachsene hatten 4, Kinder 3 Kreuzer Eintritt zu bezahlen. 1610 hatte es einen afrikanischen Strauß zu sehen gegeben.

Im 18. Jahrhundert erscheinen dann häufiger professionelle Schauspielergruppen, die um die Erlaubnis baten, in Schwäbisch Hall spielen zu dürfen. Seit 1712 wurden „Comoediantenkleider" auf dem Rathausboden verwahrt. Einige wenige Beispiele: 1762 spielte eine Truppe aus Speyer im Neubau, 1779 trat die Schauspielergesellschaft von Joseph Ußler und Christian Ilgner im oberen Werkhaus (dem heutigen Schafstall), der damals zur „Comoedie" eingerichtet wurde, auf. 1785 wollte Louis Schmidt, der vorher in Ansbach, Bayreuth, Erlangen und Nürnberg eigener Aussage nach sich einen guten Ruf erworben hatte, auch in Hall spielen. Jetzt standen Opern auf dem Spielplan, von denen in sechs Wochen 18 Stück zu Gehör gebracht werden sollten. 1791 fand ein Winterkonzert auch Beachtung in überregionalen Zeitschriften. Ein Stück von Friedrich Christian Schlenkert „Kein Faustrecht mehr" mit Musik spielte gar in Schwäbisch Hall (zur Zeit der Verkündigung des ewigen Landfriedens).

Schließlich war auch für die anderweitige Unterhaltung des Publikums gesorgt: 1785 ließ ein Medizinstudent aus Rastatt vor dem Langenfelder Tor einen Luftballon à la Montgolfier steigen, der es bis ins Pfalz-Neuburgische an die Donau schaffte:

Wir sind in Klein Paris,
Wir haben Thuillerien,
An allen Ecken wird:
Zum Luftballon! geschrien.
Man kommt – man sieht –
Er steigt – er flieht.
Er steigt und flieht allein!?
(Ein Fremder)
Soll nicht ein Luftkurier
Im ganzen Städtchen hier
In Schwäbisch Halle seyn?!
(Der Einheimische)
O doch! Der Ball ist nur zu klein.

Der Ball war 34 Schuh hoch und 20 breit, also 9,60 auf 5,63 Meter!

Ihr Oberhaupt entfällt, groß an Verdienst und Gaben,
die alle längst erkannt, verehrt, bewundert haben:
Ein Herr, der so beglückt das Regiment geführt;
den wahre Frömmigkeit und jede Tugend ziert:
Bey dem in vollem Maas Gelehrsamkeit sich findet,
mit kluger Einsicht sich aufs herrlichste verbindet.
Hier ließ Gerechtigkeit, hier ließ sich Gnade seh'n;
So sorgt sein edler Geist für aller Wohlergeh'n.
Ein hoher Gönner, der auch mir war sehr gewogen,
dem ich stets dankbar bin, wird mir zugleich entzogen.

Trotz des Anscheins von Wohlstand in den oberen Rängen der Gesellschaft sahen sich viele Hallerinnen und Haller des 18. Jahrhunderts mit zunehmenden Problemen konfrontiert, ihren Lebensunterhalt bestreiten zu können.

Unter den 1.285 Steuerzahlern von 1719 befanden sich 721 Bürger und Bürgerinnen mit Hausbesitz, 265, die zur Miete wohnten, und 75 auswärtige. 91 Vormundschaften wurden besteuert; fünf adlige Herren und Damen hatten ihren Wohnsitz in der Stadt genommen („Ansitzer"); 51 Beisitzer und 77 Hausgenossen kamen noch dazu. Unter bestimmten Annahmen lässt sich daraus eine Einwohnerzahl von 4.225 errechnen, was pro Haushalt 3,29 Personen ergäbe. 1780 hatte sich die Gesamtzahl der Steuerpflichtigen auf 1.589 erhöht. Unter Verwendung der gleichen Multiplikatoren wie 1719 ergibt sich jetzt eine Einwohnerzahl von 5.175 Personen (bei einer durchschnittlichen Haushaltsgröße von 3,26 Köpfen).

Die Bevölkerung war im 18. Jahrhundert also durchaus stark gewachsen (um fast 20 %), wobei das Wachstum von der Zunah-

Zahl der Haushalte in Schwäbisch Hall im langfristigen Überblick:

Vor 1700 lag die Zahl der steuerzahlenden Haushalte in Schwäbisch Hall stets unter 1.200, im 18. Jahrhundert wuchs sie deutlich an.

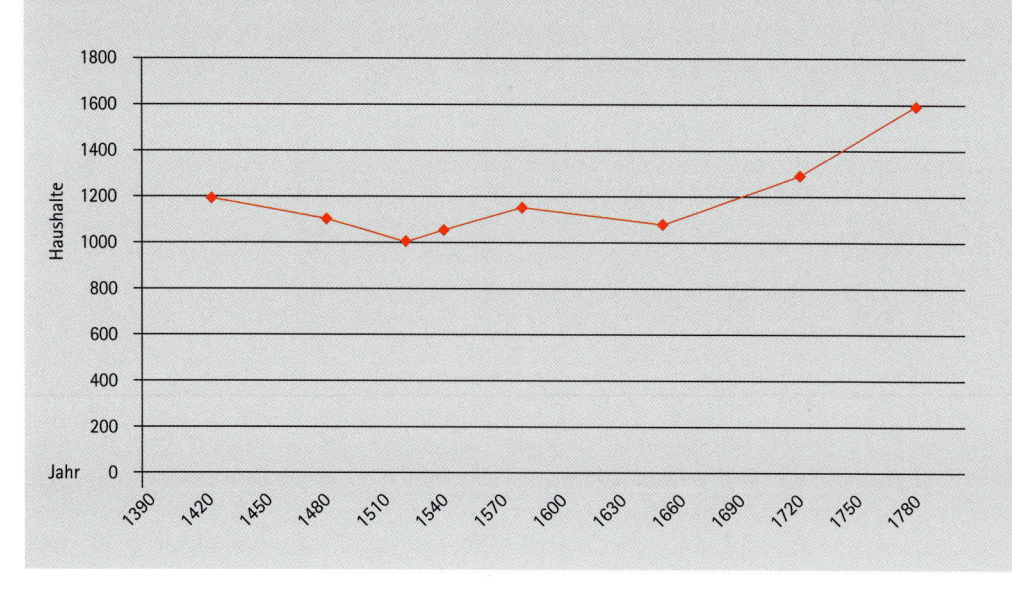

me der Beisitzer und der kleinen zur Miete wohnenden Haushalte getragen worden war. Die Zahl der hausbesitzenden Bürger dagegen nahm ab (voraussichtlich auch zugunsten der der hausbesitzenden Beisitzer). Immer weniger Einwohner erfüllten damit die idealtypischen Anforderungen an einen Reichsstädter. Das Wachstum setzte sich auch in den letzten Jahrzehnten des 18. Jahrhunderts fort: 1803 belief sich die Seelenzahl in der Stadt nach der offiziellen Statistik auf 5.681. 1810 werden im Staatshandbuch 5.487 städtische Einwohner ausgewiesen.

1780 ermittelte Baugegenschreiber Glenck die Anzahl der Gebäude in der Stadt. Die folgende Tabelle fasst die Ergebnisse zusammen:

Art der Gebäude	Anzahl
Kirchen: St. Michael, Schuppach, Spital, St. Johann, St. Katharina, St. Urban, St. Nicolai	7
Verwaltung: Rathaus, Bürgertrinkstube, Neues Haus	3
Kornmagazine: Neubau, Kornhaus, Hirtenscheuer, Heimbacher Scheuer	4
Schulen: Gymnasium, Contubernium, fünf deutsche Schulen	7
Pfarrhäuser	6
Spital und drei Scheunen	4
Präzeptoratshäuser	4
Schlachthaus	1
Stadtwaage	1
Armenhäuser	2
Zuchthaus	1
Waschhäuser	9
Wachthäuser	8
Mühlen: Dorfmühle, Englismühle, Walkmühle, Sägmühle, zwei Lohmühlen	6
Salzsiedehäuser	14
Gradierhäuser	6
Solereservoir	4
Private Wohngebäude: Stadt (328), Gelbinger Gasse (105), Dreimühlen und Eichtor (18), Weiler (34), jenseits Kochens (176), Lindach (19), Unterlimpurg (79)	759
Summe	846

Immerhin fallen gleich einige Lücken auf: Die Türme und Stadttore etwa werden nicht genannt. Scheunen erscheinen zwar beim Spital, nicht aber in Privatbesitz. Die Zahl der privaten Wohngebäude liegt deutlich über der der hausbesitzenden Bürgerinnen und Bürger von 1780 (642). Da aber auch zahlreiche Beisitzer Häuser und Hausanteile gekauft hatten, ist die Angabe nicht unrealistisch. Zusammen wären es 822 Bürger und Beisitzer gewesen, von denen aber einige nur Stockwerkseigentum oder im Fall einiger Beisitzer gar kein Hauseigentum besaßen. Der Primärkataster von 1827 vergibt 925 Nummern für die Gebäude in der Stadt, wobei die zur Stadtmarkung rechnenden Höfe (Teurershof, Dürrenberg, Haidhaus, Oberlimpurg, Reifenhof, Rollhof etc.) jetzt mitgerechnet wurden.

Die Beetlisten – Verzeichnisse von Vermögensteuerpflichtigen, aus den Jahren 1396 bis 1802 mit einigen Lücken erhalten – erlauben einen Überblick zur Entwicklung der sozialen Schichtung. Die Steuer betrug vor 1522 ein halbes Prozent vom Vermögen, nach 1522 ein Viertelprozent. Die Angaben über die Vermögen beruhen auf Selbsteinschätzung, wobei die Stadt spätestens bei der

Inventur nach dem Tod die angegebenen und die realen Werte miteinander verglich. Die ganz Armen zahlten eine Mindestgebühr von zunächst einem Schilling und zwei Hellern, später von zwei Schillingen. Gerd Wunder hat die Schichtung der Stadt in Beziehung zum Mittelwert der Vermögen untersucht, ein hervorragendes Verfahren um soziale Unterschiede deutlich zu machen und von den wenig aussagekräftigen absoluten Zahlen wegzukommen.

Die Ergebnisse zeigen, dass zwischen 1396 und 1800 konstant mehr als 70 % der Haller Bevölkerung weniger als die Hälfte des durchschnittlichen Vermögens besaßen, also mehr oder minder als arm zu gelten hatten. Im Gegensatz dazu belief sich der Anteil der richtig Wohlhabenden und Reichen auf nie mehr als 4 %. Die mittleren Kategorien um den Durchschnittswert herum vereinigten dementsprechend zwischen 20 und 30 %. Blieb den Armen nichts anderes übrig, als von Tag zu Tag ihren Lebensunterhalt zu suchen und von der Hand in den Mund zu leben, so konnten die mittleren Gruppen etwas entspannter wirtschaften. Aber Krankheiten oder gar der Tod des Ernährers, der Konkurs bedeutender Schuldner oder ein konjunktureller Rückschlag zwangen auch diese Menschen schnell, ihre Reserven anzugreifen. Lediglich die Reichsten blieben solchen Existenzsorgen enthoben.

Solche Aufstellungen berücksichtigen nicht den Lebenszyklus (unter den Armen sind immer auch einige Berufsanfänger, die noch nicht viel Vermögen hatten, aber in den Jahren darauf erwarben oder erbten, und Alte, die ihr Vermögen schon an ihre Kinder übergeben hatten). Dennoch zeigt sich die Polarisierung der städtischen Gesellschaft, in der die Mehrheit der Bevölkerung es nie weiter brachte als zu einer prekären Existenz.

Die Anfälligkeit der Lebensverhältnisse wird auch bei den wichtigsten demographischen Indikatoren deutlich. Frauen, die 1740–1749 in St. Michael heirateten, waren im Durchschnitt fast 25 Jahre alt, Männer 27. Eheleute traten also erst recht spät vor den Traualtar. Zudem dauerten relativ viele Ehen nicht sehr lange. Der Tod eines Partners zwang den Überlebenden zu einer zweiten Verbindung, da Haushalte im 18. Jahrhundert nur funktionierten, wenn Mann und Frau ihre jeweiligen Rollen ausfüllten. Hoch war dementsprechend der Anteil der Ehen, in denen wenigstens ein Teil schon einmal verheiratet gewesen war (91 von 240 in St. Michael 1740–1749 geschlossenen Ehen, d. h. fast 40 %). Zwei Drittel der Witwer, aber weniger als ein Drittel der Witwen verheirateten sich innerhalb eines Jahres nach dem Tod ihres Partners wieder. Angesichts des hohen Heiratsalters und der kurzen Ehedauer erstaunt es nicht, dass in der durchschnittlichen Ehe des 18. Jahrhunderts gerade einmal 5 Kinder geboren wurden.

Ein sehr gutes Indiz für die wachsenden ökonomischen Schwierigkeiten und die verzögerten Heiratsmöglichkeiten ist der Anstieg der unehelichen Geburten. Spätestens ab dem Beginn des 18. Jahrhunderts stieg ihre Zahl deutlich an: Sie verdoppelte sich im Lauf des Jahrhunderts von 2,8 auf 5,5 %. Im 19. Jahrhundert erhöhte sie sich dann nochmals enorm.

Die Mütter dieser illegitimen Kinder waren häufig Mägde. Etwa 30 % aller Frauen verließen irgendwann den elterlichen Haushalt, um in einem fremden Gesindedienste anzunehmen. In Schwäbisch Hall kamen viele Mägde von außerhalb, die Stadt hatte wohl im 17. wie im 18. Jahrhundert einen hohen Arbeitskräftebedarf, der von den Dörfern der Umgebung gedeckt wurde. Die meisten Frauen, die sich als Mägde verdingten, stammten aus Familien der Unterschicht bzw. vom Land. 70 % der Mägde waren jünger als 17 Jahre, als sie zum ersten Mal in fremde Dienste traten, nur 30 % waren älter. Viele waren auf ihrer ersten Stelle noch richtige Kinder: 30 % waren jünger als 10 Jahre. Der frühe Dienstantritt hing mit dem Tod der Eltern zusammen: Der Tod von Vater und Mutter oder auch nur eines Elternteils zwang die verbleibenden Kinder in fremde Haushalte. Auch die Dienstzeiten waren unterschiedlich: Trat eine junge Frau in höherem Alter eine Magdstelle an, blieb sie nur vergleichsweise kurz in Dienst und heiratete dann. Musste sie schon in jungen Jahren dienen, verlängerte sich ihre Dienstzeit, bis sie heiraten konnte. Ein relevanter Teil der städtischen Mägde schließlich heiratete gar nicht, sondern schlug sich ihr Leben lang mit Diensten durch. Manchmal übernahm dann im Alter der Arbeitgeber die Pflege der (in solchen Fällen langjährig im selben Haushalt dienenden) Magd. Die Regel war aber eher die Kündigung, so dass diese Frauen dann entweder auf öffentliche Unterstützung oder auf Taglöhnerdienste angewiesen waren, um ihren Lebensunterhalt weiter bestreiten zu können.

Eine ständige Sorge der Obrigkeit war die „Leichtfertigkeit" und der „Mutwille" des Gesindes (weiblich wie männlich), die sich vor allem in der Suche nach Kontakten zum jeweils anderen Geschlecht ausdrückte. Verbote allerdings nutzten nichts. Kirchweihen und Hochzeiten boten reichlich Gelegenheit, einander kennen zu lernen. Mitunter ergaben sich aus diesen Kontakten Schwangerschaften und uneheliche Geburten. Mütter wie Väter hatten sich in der Folge vor Gericht für ihr „Vergehen" zu verantworten. Da wie oben gezeigt, die Zahl der unehelichen Geburten stark zunahm, stieg auch der Anteil an den Strafverfolgungen. Gegen Ende des 18. Jahrhunderts finden sich in den Urfehdbüchern fast ausschließlich Strafen wegen außerehelicher Sexualität! Bestraft wurde mit Haft und Geldbußen, Schandstrafen und Landesverweisung.

Wenngleich also die Aufmerksamkeit, außereheliche Sexualität zu bestrafen, nicht nachließ, so zeigte sich im Verlauf des 18. Jahrhunderts doch eine deutliche Tendenz zur Nachsicht. Manches, was hundert Jahre früher noch verfolgt wurde, entfiel einfach. Die Obrigkeit nahm sich etwas zurück und reduzierte ihre Verantwortung für das „private" Tun und Lassen ihrer Bürger und Untertanen. Auch der Justizvollzug wurde humaner: Der Rat setzte die Folter nicht mehr ein, die Zahl der Todesurteile wurde geringer. Gemessen an modernen Ansprüchen aber blieben die Strafen bestialisch und benachteiligten Prozesse vor allem die Angehörigen armer Schichten. Das „Theater des Schreckens" blieb bis zum Ende der Reichsstadtzeit in Betrieb.

41 Die Reform der Saline

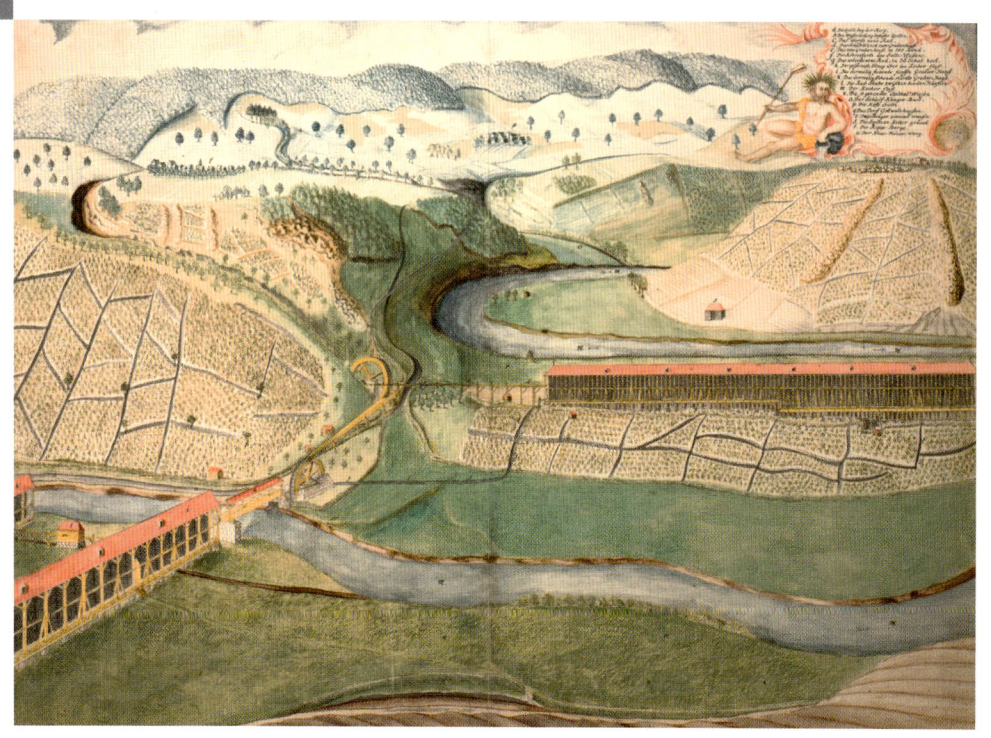

Gradierhäuser am Ripperg mit Wasserrädern. Die Zeichnung zeigt eindrucksvoll die Größe der Gradierhäuser und den technischen Aufwand, der für ihren Betrieb erforderlich war.

Die Bedeutung der Saline für den Wohlstand der Stadt war nach dem Dreißigjährigen Krieg gestiegen. Andere Exporthandwerke (wie die Tuchmacherei) waren der Konkurrenz nicht gewachsen und bewältigten den Übergang zu neuen Produktionsformen nicht. Die Nachfrage nach Salz dagegen wuchs langsam an, schließlich stieg die Bevölkerung im deutschen Südwesten. Auch die Viehzucht dehnte sich aus. Die Zahl der Salinen war dagegen begrenzt, der Radius, in dem sie liefern konnten, auch.

Die Besitzrechte waren noch immer die, die sich im Spätmittelalter herausgebildet hatten. Den Eigenherren standen die Erbsieder gegenüber. Das „Eigen" an den 111 Teilen der Saline („Pfannen") lag um 1700 zu einem Drittel bei der Stadt, der Kirche und dem Spital und zu 36 % bei den Magistratsmitgliedern, den Konsulenten und deren Frauen und Witwen. Der Rat kontrollierte also öffentlich und privat schon nahezu 70 % des „Eigens". Zudem besaß die Geistlichkeit, die gleichfalls zu den Herrschaftsträgern der Stadt rechnete, weitere 8 % des „Eigens". Einfacheren Bürgern wie den niederen Beamten oder Handwerkern gehörten 16 %, Auswärtigen (wie den Grafen von Hohenlohe und den Senften von Sulburg) 7 %. Diese Besitzverteilung spiegelte sich im „Lehenrat", dem Gremium, in dem die Eigenherren ihre Interessen untereinander abstimmten, nicht wider. Denn Sitze im Lehenrat waren ausschließlich Besitzern vorbehalten, die eine ganze ungeteilte „Pfanne" besaßen und in Schwäbisch Hall ansässig waren.

Dies schloss die kleineren Besitzer aus den Reihen der Bürgerschaft ebenso aus wie die auswärtigen Adligen, so dass im Lehenrat im wesentlichen Mitglieder des Inneren Rates und Konsulenten saßen.

Vor dem 18. Jahrhundert beinhaltete diese Konzentration von wirtschaftlicher und politischer Macht aber keineswegs Teilhabe oder Mitsprache an der Produktion. Die Inhaber des „Erbes" organisierten diese vielmehr weitgehend autonom. Einigen mussten sie sich mit den Besitzern des „Eigens" nur über den „Bestand" oder die „Rechnung", d. h. die jährlich zu zahlende Abgabe. Ausnahmen galten lediglich für die Eigenherren, die zugleich das Erbe an ihrem Sieden besaßen. Die Stadt etwa hatte ihre Sieden nie zu Erbe verliehen, sondern vergab sie nur gegen Pacht an Jahrsieder. Vereinzelt besaßen auch Privatpersonen noch beide Rechte an einem Sieden, häufiger allerdings war die Zersplitterung: Eigenrechte an einem (oder mehreren), Erbrechte an einem anderen (oder etlichen anderen) Sieden.

Die Erbsieder waren lange gehalten, persönlich zu sieden, oder ihre Anteile unentgeltlich dem genealogisch nächsten Erben zur Verfügung zu stellen. Nach dem Dreißigjährigen Krieg ließ sich aber diese oft festgeschriebene Praxis nicht mehr aufrecht erhalten. Die Erbsieder erhielten nun das Recht, ihre Siedensjahre zu verkaufen, wenn sie nicht selber sieden wollten. Um 1700 war damit eine Aufteilung in zwei Besitzgruppen und in drei Berufsgruppen eingetreten. Die Besitzgruppen waren noch die spätmittelalterlichen („Eigen" und „Erbe"), die Berufsgruppen aber die der Rentenbezieher (Eigenherren und nicht siedende Erbsieder) sowie die eigentlichen Sieder. Insgesamt dürfte diese Entwicklung zu einer Professionalisierung der Arbeiten im Haal beigetragen haben, während vorher wohl oft auch Dilettanten, die jahre- oder jahrzehntelang nicht gesotten hatten, sich plötzlich mit der Aufgabe konfrontiert gesehen hatten, Salz zu gewinnen. Diese Versuche hatten häufig – wie vorherzusehen – mit wirtschaftlichen Debakeln geendet.

Die nicht siedenden Erbsieder waren sich des Wertes ihrer Jahre durchaus bewusst – und der Zwangslage, in der ihre siedenden Mitbürger steckten. Sobald der Verkauf der Siedensjahre offiziell zugelassen war, stiegen die Preise. Der Rat hatte ursprünglich einen Wert von 50 fl fixiert, den er für die städtischen Sieden verlangte. 1728 war er auf 70 fl gestiegen. Dies war verglichen mit der Preisentwicklung der privaten Sieden extrem moderat. Im gleichen Jahr 1728 waren für ein Siedensjahr aus dem fließenden Erbe schon 170 fl, 1740 200 fl zu erzielen.

Die professionellen Sieder waren so Anfang des 18. Jahrhunderts zunehmend unter Druck geraten. Die Abgaben und Kosten für ein Siedensjahr beliefen sich z. B. 1725 auf die stolze Summe von 686 fl pro Jahr, wovon Holzkosten 34 %, Lohnkosten 18 %, Abgaben an den Haal 13 %, Kosten des Siedensjahres 24 %, die „Rechnung" (also die Zahlungen an die Lehenherren) 8 % und Steuern 2 % ausmachten. Am dramatischsten wirkten sich die steigenden Holzpreise aus, die sich zwischen der Mitte des 17. Jahrhunderts und 1725 in etwa verdoppelten. Parallel stiegen die Kosten für die Erbjahre (wie erwähnt), aber auch die Anforderungen der Lehenherren und der Stadt, die sich an den Erbsiedern ein Vorbild nahmen. Maximal konnte ein Sieder einen Jahresgewinn von ca. 200 fl erzielen, den er aber häufig nicht erreichte, weil Preisverfall oder Produktionsausfälle ihm die Bilanz verhagelten. Dementsprechend befanden sich viele Berufssieder in einer schwierigen wirtschaftlichen Lage, ihr Wohlstand sank relativ zu dem der übrigen Stadtbewohner. Zusätzlich war die Verteilung von Vermögen und Einkommen innerhalb der professionellen Siederschaft außerordentlich ungleich. Einer kleinen wohlhabenden Gruppe, die die Ertragsausfälle ausgleichen konnte, standen viele andere gegenüber, die kaum mehr den nötigen Lebensunterhalt erwirt-

Salzkrusten im ehemaligen Solespeicher vor dessen Abbruch 1930. Die massiven Salzablagerungen illustrieren das Prinzip, nach dem auch die Gradierhäuser funktionierten: Wasser verdunstet auf großen Oberflächen, das Salz bleibt zurück. Die hochkonzentrierte Sole wurde im Solespeicher zwischengelagert und konnte dann mit stark vermindertem Holzeinsatz gesotten werden.

schafteten. Im Ergebnis bedeutete dies, dass trotz einer stark gestiegenen Produktion Lehenherren wie rentenbeziehende Erbsieder ihre Abschöpfungen nicht mehr erhöhen konnten, ohne die professionellen Sieder in den Ruin zu treiben. Wollten die erstgenannten beiden Gruppen ihre Gewinne steigern, mussten die Produktionsabläufe innerhalb der Saline völlig geändert werden. Die Berufssieder mussten aufhören, Unternehmer zu sein und sich zu abhängig Beschäftigten machen lassen.

Eingriffe der Obrigkeit in die Angelegenheiten des Haals waren allerdings schwierig. Schon bei früheren „Reformen" hatte der Magistrat die Erfahrung machen müssen, dass die Sieder keineswegs gewillt waren, widerstandslos Teile ihres Einkommens oder ihrer Position aufzugeben. Im Jahr 1700 etwa hatte der Rat verfügt, dass der „Messpfennig" (eine Umsatzsteuer auf Salz) von den Siedern direkt abzuführen sei (zwei „Mess" pro Pfanne à 120 Mess in einer Woche), um damit die Steuerhinterziehung einzudämmen. Die Sieder – unter Anführung der Haalmeister – setzten sich zur Wehr und organisierten einen Volksauflauf, als die Stadt versuchte, die Steuer bei einigen ihr geeignet scheinenden Bürgern und Bürgerinnen einzutreiben. Auch ein Militäreinsatz brachte nichts. Am Ende stand ein Kompromiss, nachdem sich die Sieder zur Zahlung der Steuer verpflichteten, die Stadt aber im Gegenzug den Holzpreis zu subventionieren versprach. Die Stadtfinanzen verbesserte das nicht.

Als nächsten Angriff auf ihre Besitzstände verstanden die Salzsieder die Bestandsverhandlungen, zu denen sich jährlich der Lehenrat als Vertreter des „Eigens" und das Haalgericht als Vertreter des „Erbes"

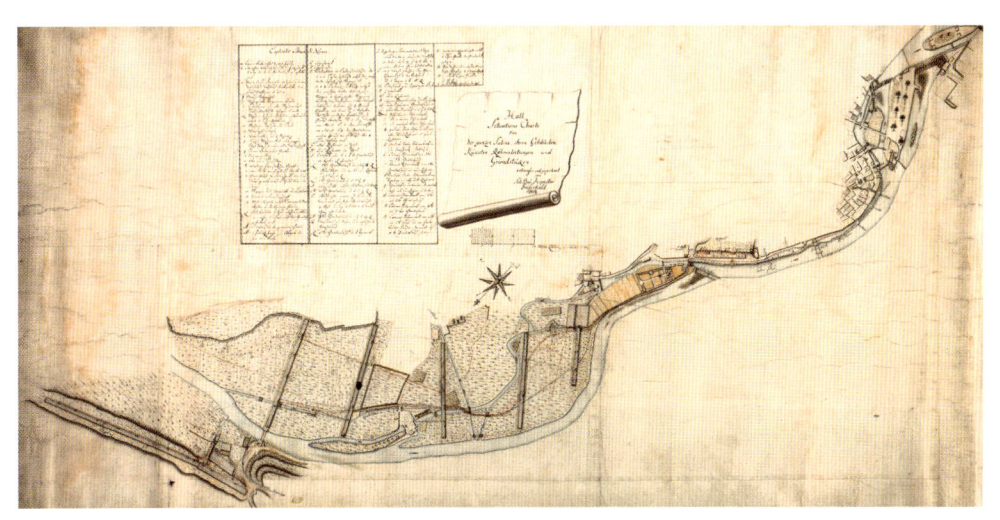

Lageplan der Saline, den Salinengeometer Seifferheld 1804 anfertigte. Der Grundriss zeigt die Saline in ihrer ganzen Ausdehnung vom Haalplatz bis zu den Gradierhäusern am Ripperg.

zusammensetzten, um die aktuelle Höhe der von jedem Sieden geschuldeten Abgabe zu ermitteln. Konnten sich die beiden Seiten nicht einigen, vermittelte der Rat. Da der Lehenrat aber de facto nichts anderes war als ein Ausschuss des Rates, der Rat auch das Haalgericht über seinen dortigen Vertreter – den Haalhauptmann – zumindest beeinflussen konnte, verliefen die Verhandlungen jahrzehntelang unproblematisch, wobei der Bestand sich schrittweise erhöhte. 1719 reichte diese Scheibchentaktik den „Eigenherren" nicht mehr, sie verlangten quasi ultimativ einen höheren Anteil an der Produktion. Die Sieder – an der Spitze das Haalgericht – sahen ihre wirtschaftlichen Interessen massiv bedroht und drohten mit Klage vor dem Reichshofrat. Diese vereitelte der Rat, in dem er die Kasse der Sieder beschlagnahmen ließ. Staatliche Machtmittel wurden zur Stabilisierung der Position eines der verhandelnden „Partner" bedenkenlos eingesetzt. 1720 zeigten sich die Sieder vorbereitet, der Bestand reduzierte sich etwas. 1721 erfolgte wieder keine Einigung, der Rat vermittelte – fünf Monate lang. D. h. er verschleppte die Einigung, bis er erklären konnte, die Sicherstellung der Salzproduktion erfordere eine obrigkeitliche Festsetzung des Bestandes, das Gemeinwohl gehe vor, die Vertragsfreiheit der Verhandlungspartner habe zurückzustehen. Der Bestand lag über dem von 1720, aber unter dem von 1719. Es folgte eine Komödie: Der Lehenrat verklagte den Magistrat der Stadt vor dem Reichshofrat in Wien. Da der Lehenrat im wesentlichen aus Senatoren bestand, erhob der Rat sozusagen Klage gegen sich selbst. Ohne Zweifel hatten sich die Ratsherren dieses Manöver ausgedacht, um einer Klage der Sieder zuvorzukommen und eine Situation herbeizuführen, in der sie nicht verlieren konnten. Gewann der Rat, konnte er in Zukunft den Bestand im Interesse der Lehenherren festlegen. Gewannen die Lehenherren waren die Aussichten noch verlockender. Denn diese hatten in ihrer Klageschrift eine Position bezogen, mit deren Annahme die seitherige Verfassung der Saline völlig ausgehebelt worden wäre. Die Lehenherren schrieben, die Sieder seien keine Vertragspartner, sondern Knechte, die sich seither einen überzogenen Anteil an den Gewinnen der Saline angeeignet hätten. Sie forderten das Recht, die Erbleihen aufkündigen und die Loseinigungen übergehen zu können.

Zum Ärger für den Rat und die Lehenherren durchschaute der Reichshofrat die

41. Die Reform der Saline

Verzeichnis der Kuchenholer beim Siedersfest 1769 mit musizierenden Siedern

Intrige, 1724 erschien die Frau des Reichshofratspräsidenten, Gräfin Juliana Dorothea von Wurmbrand, die eine geborene Schenkin von Limpurg-Gaildorf war, in Hall und führte als „Freundin" der Stadt einige Gespräche mit dem Magistrat, dem sie dringend zu einem Vergleich zwischen Lehenrat und Erbsiedern riet, da sonst der Prozess unerwünschte Ergebnisse zeitigen könnte. Wenige Tage danach zogen die Lehenherren ihre Klage zurück und verglichen sich mit den Erbsiedern.

Für einige Jahre herrschte Ruhe, der Bestand verharrte bei 91 fl. Nach 1727 aber kamen die Sieder erneut unter massiven Druck. Eine Klage der Grafen von Hohenlohe, die sich aus dem Lehenrat ausgeschlossen fühlten und von ihren Eigenrechten an der Saline stärker profitieren wollten, und die Taktik des Rats, die professionellen Sieder gegen die nicht-siedenden Erbsieder auszuspielen, zeitigten Erfolge. Der Bestand stieg ständig an: 1731 lag er bei 103 fl. Für 1736 stellten die Lehenherren eine Forderung in Höhe von 112 fl, der die Erbsieder weit entgegen kamen. Zuletzt allerdings baten sie dennoch den Rat um Vermittlung, der nun die Maske fallen ließ und eindeutig Partei für die Lehenherren ergriff: Er bewilligte deren Forderungen, Proteste der Sieder wies er kühl ab.

Der Magistrat hatte sich nach diesen Auseinandersetzungen die entscheidenden Befugnisse gesichert, jetzt auch die Produktionsstrukturen innerhalb der Saline entscheidend zu verändern. Ziel war, die Sieder aus unabhängigen Unternehmern zu abhängigen Beschäftigten zu machen. Dies würde die Gewinne der Eigenherren und der nichtsiedenden Erbsiedern erheblich steigern, war aber durch den Statusverlust der professionellen Sieder zu bezahlen.

Anlass, dieses Ziel zu erreichen, war die Einführung der Luftgradierung, für die sich der Magistrat 1736 entschied. Dieses neue Verfahren, bei dem die Sole vor der Erhitzung über Reisigbüschel geleitet wurde, wobei ein Teil des Wassers verdunstete und sich die Konzentration der Sole erhöhte, sollte vor allem Holz sparen. Nach Meinung des Rates drohte eine Holzkrise mit rapide steigenden Preisen. Die Sieder widersprachen: Dies sei ein uraltes Argument. Bis jetzt habe man sich noch immer mit den Waldbauern geeinigt und Salz sieden können. Im Übrigen befürchteten sie Arbeitsplatzverluste. Ihr Anwalt, der Senator Nikolaus David Müller, schilderte detailliert die Auswirkungen auf die Siedersfamilien und das Sozialsystem der Stadt. Gewinner sei ausschließlich eine kleine Gruppe von Senatoren und Lehenherren, Verlierer praktisch die gesamte übrige Bürgerschaft, die sich dann ja auch einmal fragen könne, ob nicht – parallel zur Saline – auch die städtische Regierung eines Rationalisierungsschubes bedürfe.

Der Rat nutzte zunächst seine Zugriffsrechte auf die städtischen Anteile am Haal und richtete ein „Probegesied" ein, das aus einer Nebenquelle des Haalbrunnens mit Salzwasser versorgt wurde. Dieses Probegesied entwickelte sich schon 1740 zur Konkurrenz für die Sieden der Erbsieder, vollends war dies nach 1745 der Fall, als der Rat ein größeres Gradierhaus errichten ließ. Von da bestanden de facto zwei Salinenbetriebe in Hall, die sich gegenseitig Konkurrenz machten.

Die Sieder, die durchaus sahen, dass die neue Methode zu Einsparungen führte, machten in den folgenden Jahren Vorschläge für eine Kombination der Neuerungen mit dem Althergebrachten, um den Großteil ihrer Arbeitsabläufe erhalten zu können. Der Rat allerdings lehnte ab: 1748 und 1749 wurden neue Gradierhäuser und neue steinerne Haalhäuser gebaut, die Eigentum der Stadt waren. Der Magistrat sah eine verschärfte Konkurrenz durch den Aufbau neuer Salinen, die die traditionellen Haller Absatzmärkte in der Pfalz bedrohte. Preissenkungen schienen ihm das geeignete Mittel, um dem vorzubeugen.

Da mit diesen Maßnahmen die alte genossenschaftliche Haalverfassung aufgelöst und die Saline ein städtischer „Eigenbetrieb" geworden war, blieb den Erbsiedern kein anderer Weg mehr als die Klage vor dem Reichshofrat in Wien. Als Advokaten verpflichteten sie Georg David Jäger (s. Kap. 44). Die Klage zielte auf die Verletzung der Besitzrechte der Erbsieder und die Selbstbedienungsmentalität der Ratsmitglieder. Der Rat argumentierte, dass Jäger aus Rachsucht die Klage vorantreibe und die klagenden Sieder keinesfalls die gesamte, mehr als 1.000 Personen umfassende Erbsiederschaft repräsentierten. Der Reichshofrat ermahnte die beiden Parteien zum Vergleich und zwang Jäger zum Rückzug, also ein eindeutiger Sieg des Magistrats, der das in den nächsten Jahren ausnutzte, um die alte Siedensmethode völlig zum Erliegen zu bringen. Danach waren alle Sieder vom Gradierwasser abhängig, dessen Preis der Rat allein festsetzte.

Die Sieder büßten jede Autonomie ein: Haalmeister und Haalausschusser standen unter obrigkeitlicher Kontrolle. Sie wurden durch finanzielle Leistungen der Stadt korrumpiert (so erhielten sie entgegen der Haalordnung Extrasiedenswochen bewilligt, was ihnen Gewinne über die der normalen Sieder hinaus ermöglichte). Die Verteilung der Siedensgewinne insgesamt hatte sich zugunsten der Eigenherren verschoben. 1775 lag der Bestand bei 183 fl, hatte sich also gegenüber 1731 mehr als verdoppelt. Zudem gab es nun häufig Extrasiedenswochen, deren Preis um das vier- oder fünffache über dem normaler Wochen lag und deren Ertrag den Eigenherren zugute kam. Drittens schließlich richtete der Rat eigene zusätzliche Siedenshäuser auf der Eich, also außerhalb des Haals, ein, in denen das sogenannte Kostengesied durchgeführt wurde, dessen Ertrag dem Unterhalt der Gradierhäuser zukommen sollte. Um diesen Häusern überhaupt das Sieden zu ermöglichen, wurde die Siedensperiode der Erbsieder um eine Woche von sieben auf sechs gekürzt – ein weiterer gravierender Einkommensverlust. Viertens war der Salzpreis gesunken, der Holzpreis aber gestiegen, was die Gewinne der Erbsieder nochmals reduzierte. Zwar stagnierten die Preise für die Siedensjahre, die die nicht-siedenden Erbsieder verkaufen wollten, aber auch dies brachte den professionellen Salzsiedern nicht unbedingt eine Erleichterung, da sich in dieser Situation mancher Handwerker dazu entschloss, wieder selber zu sieden – wie seine Vorfahren.

Auch in der Folge kam es immer wieder zu Klagen der Berufssieder gegen den Magistrat (vor allem 1775–1782). Der Reichshofrat erzwang letztlich einen Kompromiss, der den Berufssiedern etwas entgegenkam – allerdings auf Kosten der ungelernten Sieder. Insgesamt stabilisierte sich die Lage der Saline im letzten Viertel des 18. Jahrhunderts. Die Einführung der Luftgradierung hatte zu einer deutlichen Einsparung von Holz geführt und die Konkurrenzfähigkeit des Haller Salzes verbessert. Die Produktion war auf 80.000 Zentner Salz pro Jahr gestiegen (gegenüber 20.000 Zentnern vor Einführung der Luftgradierung). Arbeitsplätze waren nicht verloren gegangen, ihre Zahl blieb vielmehr gleich. Allerdings waren es nun mehr gering entlohnte Tätigkeiten und weniger qualifizierte. Finanziell profitierten vor allem die Senatoren, deren Vermögen gewaltig anwuchsen.

Nikolaus David Müller, Pietist und Anwalt der Sieder

Nikolaus David Müller wurde am 29. Juni 1692 als Sohn des (späteren) Ratskonsulenten Friedrich Sybäus Müller und seiner Frau Maria Magdalena Firnhaber geboren. An seiner Erziehung wurde *nichts gesparet:* Deutsche Schule, Gymnasium (mit Preisen in den drei oberen Klassen), Universität Jena (wo er zunächst Theologie studierte) und Universität Tübingen (nach dem Rat seines Großvaters war er jetzt zu Jura gewechselt). 1715 erwarb er das Lizenziat in Tübingen. Wetzlar, der Sitz des Reichskammergerichts, markiert die nächste Etappe: Dort wollte er sich praktisch fortbilden. 1716 promovierte er zum Abschluss seines äußeren Bildungswegs in Tübingen und kehrte nach Hall zurück. Auch dort verlief seine Karriere in den üblichen Bahnen. Selbst auswärtige Herrschaften wie die Gräfin Prössing und der Fürst von Hessen-Homburg zogen ihn zu Rate.

Schon 1717 hatte er Maria Euphrosina, die Tochter des Esaias Ehrenreich Eckhardt, Mitglied des Inneren und Geheimen Rates, geehelicht. Sieben Söhne und vier Töchter entsprangen dieser Verbindung, wovon vier Söhne und drei Töchter überlebten.

In der Theologie neigte er zu besonderen Meinungen, will sagen, wich vom Stand der lutherischen Orthodoxie, wie sie in Hall noch immer galt, ab und propagierte pietistische Ansichten, in dem er sich denen des Grafen Zinzendorf anschloss.

Bei seiner Karriere hatte Müller mehr Schwierigkeiten, als der Lebenslauf im Totenbuch andeutet. Seinen Ratsherrenkollegen ging er durch die Verlesung länglicher Stellungnahmen zu allem und jedem gehörig auf die Nerven. Schon bei der Wahl in den Inneren Rat 1732 fiel er zunächst durch, ebenso bei der 1739 in den Geheimen Rat. Mit der Verzögerung von einem Jahr bzw. einiger Monate gelangen die Karrieresprünge aber dennoch.

Müllers Engagement für die Sieder 1737/1738 führte zu harschen Reaktionen im Rat: Man versperrte ihm den Zugang zu den Ratsprotokollen und zur Registratur, um ihn vom Informationsfluss abzuschneiden, d. h. ihn nicht mit den Argumenten der Gegenseite vorab vertraut zu machen. Der vorläufige Vergleich öffnete Müller dann wohl erst den Weg in den Geheimen Rat: Den Siedern konnte er jetzt nicht mehr zur Seite stehen. Strukturell gesehen hatte sich das Haupt der Haller Pietisten mit der falschen Seite verbunden: Er engagierte sich für die Verlierer gegen die Modernisierer. Das Ratskollegium konnte so nicht für den Pietismus gewonnen werden, seine Expansionsmöglichkeiten in Hall blieben beschränkt.

Im Alter von 49 Jahren verstarb er am 6. Juli 1741 nach einem hitzigen Fieber. Seine Frau folgte ihm am 26. August 1741 – innerhalb von sieben Wochen – ins Grab.

Ehre, Geld und Liebe: Der Fall Pachelbel

Am 30. Januar 1735, einem Sonntag, spät abends verließen Friedrich Gabriel Pachelbel von Gehag und Johann Wilhelm Heinrich vom Jemgumer Closter – leicht oder schwer betrunken, da waren sich die Zeugen uneinig – das Engelhardtsche Haus in der Gelbinger Gasse (heute Nummer 25), wo sie bei dem dort zur Miete wohnenden Herrn von Senft zu Gast gewesen waren. Die Geselligkeit hatte mit dem Mittagessen begonnen und sich mit Karten- und Würfelspiel fortgesetzt, wobei reichlich Wein getrunken wurde. Im Verlauf des Nachmittags – Pachelbel verlor etliche Gulden – hatte es mehrmals Streit gegeben. Pachelbel behauptete später, Senft und Closter hätten spitzige Reden gegen ihn geführt, er dagegen habe Closter noch gelobt und gesagt, dieser habe mehr Kenntnisse als sein Bruder. Diesen verbalen Auseinandersetzungen folgte aber immer wieder eine Versöhnung. Pachelbel und Closter redeten sich als „Bruder", „Vetter" und „Dickerle" (Closter war korpulent) an. In einem letzten Würfelspiel verlor Closter 2 fl an Pachelbel und verweigerte mit Unterstützung des Herrn von Senft die Bezahlung. Pachelbel reagierte aggressiv und verlangte sein Geld, die beiden anderen ließen ihn zappeln.

Nach einem herzlichen Abschied, bei dem Pachelbel Closter umarmte, und einem letzten Zutrinken ging Closter als erster. Pachelbel folgte ihm fast direkt. Auf der Gasse gerieten sie erneut wegen der 2 fl aneinander. Closter soll Pachelbel zum Duell im Veinauer Wäldchen gefordert haben, Pachelbel verlangte sofortigen Austrag der Streitigkeit. Was dann genau geschah, ist unklar. Closter soll mit seinem Stock nach Pachelbel geschlagen und seinen Degen gezogen haben, Pachelbel zückte seinen. Am Ende lag Closter auf dem Boden, Pachelbel nahm ihm seinen Degen ab und ging zurück zum Herrn von Senft, um seinen Kontrahenten, den er unverletzt glaubte, nach Hause begleiten zu lassen.

Tatsächlich hatte Closter einen Stich in der Brust und starb innerhalb weniger Minuten. Die Indizien waren verwirrend. Stimmte die Erzählung Pachelbels? Was hatte sein Diener, der ihn mit der Laterne begleitete, gesehen? Hatte Closter überhaupt seinen Degen gezogen? Hatte Pachelbel nicht eher Closter aufgelauert und ihn vorsätzlich ermordet?

Pachelbel und der ihn begleitende Diener Johann Nicolaus Häußer wurden, sobald der Vorfall bekannt wurde, verhaftet, Eltern und Geschwister Closters zu seinem Leichnam gerufen, die um Mitternacht erstaunlich lebhaften Anwohner der Gelbinger Gasse verhört.

Friedrich Gabriel Pachelbel war 22 Jahre alt und stammte aus Ansbach, wo sein Vater Wolfgang Gabriel Pachelbel von Gehag Jurist gewesen war. Die Familie wohnte ursprünglich im böhmischen Eger (in ihrem Haus soll 1634 Wallenstein erstochen worden sein), hatte allerdings, als die Habsburger die Gegenreformation durchsetzten, die Stadt verlassen, weil sie lutherisch bleiben wollte. Sie war in brandenburgische Dienste getreten (zunächst in Wunsiedel, dann in Ansbach). Friedrich Gabriel hatte wie sein Vater Jura studiert – in Straßburg und Leipzig. 1732 schloss er sein Studium ab. Seine älteste Schwester Susanna Elisabetha war seit 1721 mit Johann Lorenz Drechsler, dem Stättmeister der Reichsstadt Schwäbisch Hall, verheiratet. Die Hochzeit war pompös gefeiert worden: Reiter hatten die Braut eingeholt, das Festessen war auf der Bürgertrinkstube serviert worden und drei Tage später wurden die Festlichkeiten durch ein Feuerwerk auf dem Unterwöhrd gekrönt. Drechsler allerdings starb schon 1725. Er hinterließ

Porträt von Sophia Catharina Susanna Sanwald, geb. Drechsler, der ehemaligen Verlobten Friedrich Gabriel Pachelbels

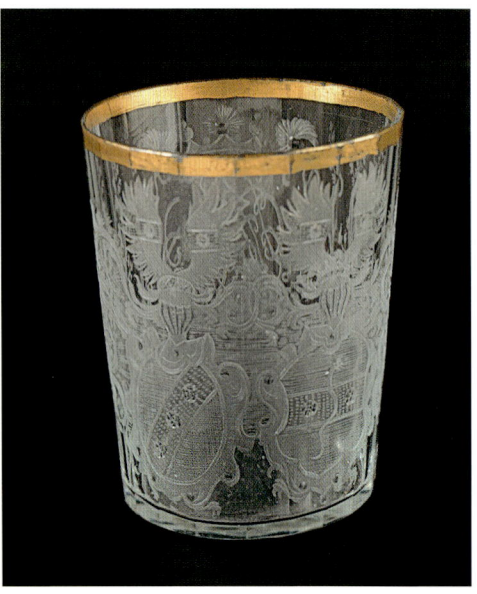

Glas mit den Wappen der Familien Drechsler und Sanwald, in Privatbesitz

eine Tochter Sophia Catharina Susanna aus seiner zweiten Ehe mit Maria Rosina Engelhardt und zwei Kinder aus seiner dritten mit Susanna Elisabetha Pachelbel – Elisabetha Charlotta und Johann Friedrich. Witwe und Kinder erbten deutlich mehr als 40.000 fl, wovon Sophia Catharina Susanna ca. 14.000 fl bekam, während Susanna Elisabetha und ihre beiden Kinder 23.000 fl erhielten. Der Rest wurde zur Bezahlung von Schulden und für eine mit 1.000 fl dotierte Stipendienstiftung verwendet. Nach dem Stadtbrand 1728 verließ Susanna Elisabetha samt Kindern und Stieftochter Schwäbisch Hall: Einem kurzen Aufenthalt in Comburg folgte ein langer in Ansbach bei ihren Schwestern. Erst 1734 kehrte sie zurück. Zu Weihnachten 1734 erhielt sie Besuch von ihrem Bruder Friedrich Gabriel.

Johann Wilhelm Heinrich vom Jemgumer Closter (in der Haller Fassung verkürzt zu Johann Wilhelm Heinrich Closter) war der Sohn des damaligen Geheimen Rats Johann Lorenz Closter und der Catharina Magdalena Engelhardt, einer Schwester von Maria Rosina Engelhardt, der zweiten Frau Johann Lorenz Drechslers. Er war deutlich älter als Pachelbel und schon 1705 geboren. Ab 1723 hatte er Jura in Gießen und Halle studiert, Norddeutschland bereist und sich in Wetzlar als Hofmeister durchgeschlagen, wobei er auch die Praxis des Reichskammergerichts kennen gelernt hatte. 1734 kehrte er nach Schwäbisch Hall zurück, wo er zum Ratsadvokaten und Archivar ernannt wurde – schlecht besoldete Ämter, die aber die Hoffnung auf besser bezahlte begründeten. Nebenbei sammelte er militärische Erfahrungen, da er nach Heilbronn geschickt wurde und von dort den Rat über den mal wieder ausgebrochenen Krieg auf dem Laufenden halten sollte. Über Weihnachten 1734 und im Januar 1735 traf er häufiger mit Pachelbel zusammen. In der ersten Februarwoche hätte er wieder zurück nach Heilbronn reisen sollen.

Die beiden jungen Männer hatten also einiges gemeinsam. Sie waren beide ledig, beide noch auf der Suche nach einer definitiven Stelle und sie waren verwandt: Closter war ein Neffe des Schwagers von Pachelbel. Selbst ihre Besitztümer waren verklammert: Das Engelhardtsche Palais, in dem der Herr von Senft zur Miete wohnte, gehörte zur Hälfte der Familie Closter, zur anderen Hälfte Sophia Catharina Susanna Drechsler. Auch am Drechslerschen Stipendium hatten beide teilgehabt: Susanna Elisabetha Drechsler hatte es zunächst Johann Wilhelm Heinrich Closter, dann ihrem Bruder verliehen.

Mindestens eine Gemeinsamkeit aber war eine zu viel: Sophia Catharina Susanna Drechsler, ihre Cousine bzw. Stiefnichte. Denn beide jungen Cavaliere hatten ein Auge auf dieses blühende junge Mädchen und sein früchte- bzw. zinsentragendes Vermögen geworfen. Closter hätte sie heiraten sollen (wozu die Drechslersche Verwandtschaft väterlicherseits drängte), Pachelbel setzte sich durch – woraufhin die verwitwete Stättmeisterin und ihre Schwestern gearbeitet hatten. Sophia Catharina Susanna, die sich selbst ein weiches Gemüt bescheinigte, gab während ihres Aufenthalts in Ansbach dem stürmischen Drängen Friedrich Gabriels nach und verlobte sich heimlich mit ihm. Den Haller Vormündern eröffnete sie den Sachverhalt aber nicht, zumal sie darauf bestand, dass Friedrich Gabriel vor der Ehe eine angesehene Stelle erhalten müsse. Insgesamt ergab sich so eine etwas unklare Situation, in der alle Beteiligten hoffen konnten oder fürchten mussten.

Der nächtliche Vorfall in der Gelbinger Gasse klärte die Verhältnisse insoweit, als einer der Interessenten tot auf dem Platze blieb, während der andere in der Haft verschwand. Seit Februar 1735 war Pachelbel in einer Stube im Spital einquartiert, Häußer saß in der Wachtstube (unter der Bürgertrinkstube Am Markt 7/8). Der Prozess verzögerte sich, da zunächst die Organisation der Verteidigung schwierig war. Die verwitwete Stättmeisterin, ihre Schwestern und Pachelbel bestanden auf der Zuziehung Ansbacher Juristen, die erst anreisen und sich mit den Akten vertraut machen mussten. Er verzögerte sich weiter, weil der Haller Magistrat erst eine Aussage Häußers – als des mutmaßlich einzigen Augenzeugen – haben wollte, der aber nicht zugab, etwas gesehen zu haben. Er verzögerte sich noch weiter, weil der Rat jeden seiner Schritte durch Gutachten juristischer Universitätsfakultäten (Tübingen, Jena, Dillingen, Erfurt, Wittenberg, Altdorf und Göttingen erteilten ihren Rat) absicherte. Und er verzögerte sich schließlich, weil Pachelbel die enge Verwandtschaft der Haller Ratsherren als Vorwand benutzte, um seine Mitwirkung an den Zeugenverhören und dem Gerichtsverfahren überhaupt zu verweigern. Letzteres war unklug, da der Haller Rat sehr wohl zuständig war, die unmittelbare Clostersche Verwandtschaft am Verfahren nicht teilnahm und das Urteil sowieso von einer auswärtigen Juristenfakultät gesprochen worden wäre. Im Dezember 1735 brach Pachelbel – gegen den Rat seines Anwalts und seiner Schwestern – die Teilnahme am Prozess ab, im Januar 1736 trat er in einen Hungerstreik. Er verlangte eine kaiserliche Lokalkommission, d. h. der Kaiser sollte die Ermittlung und die Gerichtsverhandlung an sich ziehen (was juristisch unstatthaft war und vom Haller Rat, der auf seine Gerichtshoheit großen Wert legte, niemals zugestanden worden wäre).

Pachelbels Position wurde unhaltbar, als er im August 1736 einen Fluchtversuch unternahm. Er hatte seine Wächter einfach weggeschickt: Den einen zum Essen, den anderen als Boten zu seiner Schwester, und sich auf den Weg zum Eichtor gemacht, wo zwei von seiner Schwester organisierte Reiter mit Pferden auf ihn warteten. Leider erregte sein Erscheinen am Spitalbach so großes Aufsehen, dass ihn eine ganze Menschentraube begleitet haben muss, bevor er das Tor erreicht hatte. Da die Flucht unter diesen Umständen zur Farce wurde, drehte er wieder um und erwartete in seiner „Zelle" die Rückkehr seiner Bewachung.

1737 schien die Affäre ihren Fortgang zu nehmen. Nun war alles bereit: Die Verteidiger waren anwesend, Pachelbel machte wieder mit, Häußer sagte immer dasselbe (nämlich nichts) und die Protokolle schwollen an. Mittlerweile hatte aber Sophia Catharina Susanna, die gemütvolle, beschlossen, die Verlobung mit Friedrich Gabriel zu beenden. Unmittelbar nach dem Tod ihres Vetters hatte sie das Haus ihrer Stiefmutter verlassen und sich nach Tübingen zu Verwandten begeben, sich also deutlich distanziert. Jetzt verlangte sie vom Haller Konsistorium die Annullierung des Eheverspruchs – gegen den Widerstand Friedrich Gabriels. Wie beim Hauptprozess unternahmen die sonst durchaus selbstständigen Haller nichts ohne auswärtigen Juristenrat. Erst als ein Gutachten der Universität Jena die Verlobung für ungültig erklärte und Sophia Catharina Susanna eine anderweitige Heirat erlaubte, verkündete das reichsstädtische Konsistorium den entsprechenden Beschluss. Am 15. September 1739 ehelichte sie Johann Lorenz Sanwald.

Ab dem gleichen Zeitpunkt litt Pachelbels geistige Gesundheit. Noch einigermaßen verständlich sind seine Tobsuchtsanfälle 1738 (nach drei Jahren Untersuchungshaft und der Auflösung seiner Verlobung), als er Stühle an die Wand warf und die Herren des Haller Rats als „Spitzbuben" bezeichnete. Der Haller Rat wisse ja wohl, fuhr er fort, dass reichsgesetzlich die drei Religionen katholisch, protestantisch und reformiert anerkannt seien, der Haller Rat aber habe sich auf die Seite der Juden geschlagen und den Kaiser belogen und bestohlen. Er habe vorgegeben, dass die Haller durch den Brand verarmte Leute seien und ein Rathaus bauen wollten, stattdessen aber hätten sie ein Schloss hingesetzt. Ansonsten glitten Pachelbels Äußerungen deutlich in Richtung irrsinniges Gestammel ab: „Die Dornenkrone habt ihr mir gewunden, denn ich bin unter eurer Gewalt. Die Praesumtion ist wider euch, worinnen ihr nur den heiligen Stuhl zu verachten gedencket, wovon ich rede, der ich den catholischen Glauben in der Liebe angenommen." Vor der Deputation, die ihn vernehmen sollte, erschien er mit einem aus „Traubenkämmen" geflochtenen Kranz in Gestalt einer Dornenkrone auf dem Kopf, der Bibel unter dem rechten Arm und einer hölzernen Kapsel mit seinem Adelspatent unter dem linken Arm.

Im Januar 1739 startete Pachelbel einen zweiten Hungerstreik (erst am 30. Januar – dem Tag des Totschlags und seiner Inhaftierung – aß er wieder). Danach hatte er zunehmend häufig Kontakt mit Engeln und redete wirres Zeug. Eine juristische Auseinandersetzung mit ihm war nun nicht mehr möglich. In der Zwischenzeit war immerhin Johann Nicolaus Häußer aus dem Gefängnis entlassen worden, nachdem auch der Rat zur Überzeugung gelangt war, dass es nichts zu erfahren gab – vier Jahre waren für diese Erkenntnis aber doch reichlich bemessen gewesen. 1740 schien der Prozess zu einem Ende zu kommen: Ein Universitätsgutachten verlangte, dass Pachelbel einen „Reinigungseid" ablege, d. h. durch einen Eid bekräftige, dass es sich beim Tod Closters um einen Unfall bzw. einen Totschlag gehandelt habe. Danach wäre er wohl freigelassen worden. Friedrich Gabriel aber verweigerte den Eid – ziemlich sicher, weil er die Konsequenzen überhaupt nicht mehr einschätzen konnte.

Ab dem Beginn der 1740er Jahre lag Friedrich Gabriel Pachelbel von Gehag krank und isoliert im Spital. Der Magistrat ließ ihm – auch auf Empfehlung der Universitätsgelehrten – die Behandlung angedeihen, die „Wahnsinnigen" auch sonst zuteil wurde: Einsperren in dunkle Kellerräume bei Wasser und Brot. 1743 erhielt die Reichsstadt dafür eine energische Zurechtweisung durch den

Reichshofrat, die es sogar in die juristische Literatur des 18. Jahrhunderts schaffte.

Pachelbel nutzte das alles nichts mehr, er verdämmerte langsam im Spital. Seit Anfang 1747 litt er unter einem „scorbutischen" Ausschlag, im Juni dieses Jahres kamen weitere Komplikationen dazu. Am 30. Juni 1747 war er tot. Der Rat ließ ihn in einer entlegenen Ecke des Nicolaifriedhofes beisetzen, bei Nacht, ohne Glockengeläut. Beim Begräbnis scheint nur seine Schwester, die Stättmeisterin Drechlser, anwesend gewesen zu sein. Die Kirchenbücher verzeichnen seinen Tod nicht.

Und die weiteren Beteiligten? Pachelbels Schwester, die Stättmeisterin Drechsler, die mittlerweile auch ihren Sohn verloren hatte, kehrte Schwäbisch Hall den Rücken und ließ sich in Ansbach nieder, wo ihre Tochter seit 1746 verheiratet war. Deren Mann Carl Friedrich Heberer, Jurist in Ansbach, starb aber nach anderthalbjähriger Ehe schon 1747. 1751 kehrte Elisabetha Charlotta Drechsler, verwitwete Heberer, nach Hall zurück und ehelichte Johann David Hufnagel, der es später bis zum Stättmeister brachte. Sie hatte sieben Kinder, die alle Karriere machten. Elisabetha Charlotta Hufnagel starb hochangesehen 1790 in Schwäbisch Hall. Ihre Stiefschwester Sophia Catharina Susanna Sanwald lebte noch länger: Sie verstarb erst 1799 im Alter von 86 Jahren. Ihre Ehe war kinderlos geblieben; ihr Mann, der Stättmeister Johann Lorenz Sanwald, hatte Jahre seines Lebens damit verbracht, das Aussterben seiner Familie zu planen und ihr durch ein Epitaph in St. Michael ein Andenken zu erhalten. Sophia Catharina Susanna hinterließ ihren sieben Nichten und Neffen 55.000 fl, eines der größten Haller Vermögen ihrer Zeit. Sehr alt wurde auch Johann Lorenz vom Jemgumer Closter, der Vater des zu Tode gekommenen Johann Heinrich Wilhelm: Sein Leben erlosch 1761 im Alter von 85 Jahren, nachdem er es ebenfalls bis zum Stättmeister gebracht hatte. Sein Enkel, Friedrich Gottlob, war einer der letzten Haller Stättmeister und der letzte Namensträger der Haller Familie Closter.

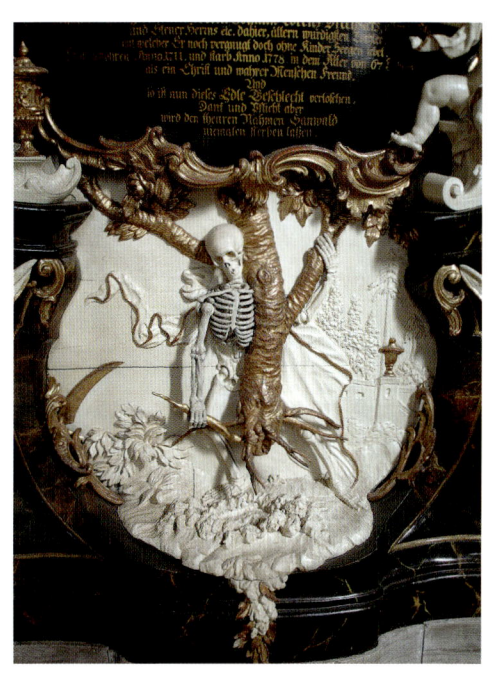

Der Tod reißt die Wurzeln des Sanwald-Stammbaums aus. Detail des Epitaphs von Johann Lorenz Sanwald in St. Michael

Insgesamt war der „Fall Pachelbel" kein Justizskandal und illustriert auch nicht die Rachsucht der führenden Familien gegenüber Außenstehenden. Er zeigt eher, wie unsicher der Magistrat mit einem hochgestellten und über gute Verbindungen verfügenden Mordverdächtigen umging – was bedeutete, dass die Mühlen der Justiz viel langsamer mahlten als üblich. Die eigenen Bürger und Untertanen mussten mit deutlich summarischer Justiz rechnen, auch von Verteidigung und ähnlichem war in solchen Fällen weniger die Rede. Dass Pachelbel trotzdem so tragisch endete, liegt an seiner psychischen Erkrankung, die nicht erkannt und schon gar nicht anerkannt wurde.

Das Spital und die Armen im 18. Jahrhundert

Der barocke Neubau des Spitals. Zeichnung Peter Kochs von 1878

Das Spital war im 18. Jahrhundert – wie in den Jahrhunderten zuvor – der größte Haushalt der Stadt. Das Verzeichnis seiner Bediensteten (1775) war beeindruckend (s. Kasten).

1563 wurden vom Hospital 228 Personen verpflegt, 1583 226 Personen. Bis 1712 war diese Zahl auf 397 gestiegen (wobei jetzt auch die Bewohner des „Bleichhauses" mitgezählt wurden, das die Nicolaipflege finanzierte). 1746 hatte der Magistrat die Zahl der Pfründner und Armen auf 218 reduziert. Davon lebten allerdings nur 83 im heutigen Spitalgebäude. 56 waren im oberen Armenhaus, 53 im unteren Armenhaus (sog. „Bleichhaus") und vier im Münzhaus in der Gelbinger Gasse untergebracht. 17 arbeiteten auf dem Teurershof mit, fünf wurden außerhalb des Spitals von diesem versorgt. 1803 genossen 192 Personen Verpflegung aus dem Spital: 107 im eigentlichen Hospital, 14 auf dem Teurershof, 40 im oberen Armenhaus, 10 im unteren und 21 Hausarme in der Stadt.

Die Versorgungskapazität des Hospitals und seiner Außenstellen lag vom 16. bis zum 18. Jahrhundert also bei ungefähr 230 Personen. Lediglich zu Beginn des 18. Jahrhunderts scheint diese Zahl deutlich nach oben überschritten worden zu sein. Nicht alle lebten unter dem Dach des Spitals: Das galt für die Angestellten wie für einen kleinen Teil der Pfründner, die extern versorgt wurden, und die *Contubernales*, d. h. die armen Schüler, die lediglich im Spital Essen erhielten.

Im Spital aufgenommen wurden städtische Bürger wie Untertanen vom Land, wobei es 1803 hieß, dass Bürger ins Spital, Untertanen vom Land aber ins Armenhaus eingewiesen

Bedienstete des Spitals 1775

2 Hospitalpfleger (aus dem Inneren Rat)
1 Spitalverwalter
1 Spitalmeister
1 Spitalpfarrer
1 Pfleger zu Honhardt (Amtsschultheiß, Amtspfleger)
1 Ausspeiser
1 Schulmeister
1 Überreiter
1 Kastenmesser
8 Forstknechte (Maibach, Sanzenbach, Michelfeld, Gailenkirchen, Übrigshausen, Fischhaus bei Gottwollshausen, Altenhausen, Hörlebach am Landturm)
2 Forstknechte zu Honhardt
1 Spitalmüller
1 Metzger
1 Küfer
1 Kur- und Hausvater im Oberen Armenhaus
1 Vorbeter im Oberen Armenhaus

1 Oberknecht oder Feldbaumeister
4 Fuhrknechte

4 Hausknechte
1 Hirt
1 Hofbauer auf dem Teurershof
6 Knechte bei den drei Ochsenmöhnen (= -gespannen)
1 Schafhirt
1 Kuhhirt

1 Hausmeisterin
1 Beschließerin
1 Herrenköchin
1 Knechtsköchin
1 Gartenmagd
1 Viehmagd
1 Kindsmutter
1 Krankenmagd
1 Stubenmägdlein
1 Hausmagd im Oberen Armenhaus

1 Hofbäuerin auf dem Teurershof
1 Hausmagd
4 Viehmägde
1 Schweinsmagd

werden sollten. Nach den Verzeichnissen der Pfründner wurde das aber unsystematisch gehandhabt, so dass sich sehr wohl Bürger in den Armenhäusern, Untertanen im Spital befanden. Ins Armenhaus kamen auch alle Personen, die mit ansteckenden Krankheiten behaftet waren, denn dort befand sich auch die Kurstube, eine Art frühes städtisches Armenkrankenhaus.

Männer wie Frauen mussten in der Landwirtschaft mithelfen, für Frauen gab es zusätzlich Spinnarbeit. Kinder und Kranke wurden zum Baumwollspinnen herangezogen. Jungen sollten eine Handwerksausbildung erhalten, Mädchen in Dienste gegeben werden. Seit 1761 war eine Manufaktur dazugekommen: Mit den Insassen der Kindsstube wurde eine Baumwollspinnerei betrieben, für die 1768 eine eigene Stube eingerichtet worden war. Eine Spinnmeisterin beaufsichtigte die Arbeit.

Was die Pfründner und die Angestellten zur Nahrung erhielten, war genau festgelegt. Eine reiche Pfründe (für die der Pfründner/die Pfründnerin einen erheblichen Kaufpreis hatte entrichten müssen) bestand aus wöchentlich 6 Pfund Brot, 7 Pfund Fleisch, 7 Maß Wein, ½ Pfund Schmalz sowie 2 Portionen Gemüse (oder Mehl) täglich. Auf eine Armenpfründe (die gnadenhalber gewährt wurde) entfielen dagegen nur 6 Pfund Brot und ¼ Pfund Schmalz wöchentlich sowie ein Löffel Mehl oder alternativ ein Gemüse täglich. Auf Fleisch und Wein hatten die armen Pfründner zu verzichten. Im Falle einer Erkrankung gab es dann aber Zulagen, denn eine Krankenpfründe bestand pro Woche aus den üblichen 6 Pfund Brot, dazu 3 ½ Pfund

Gedenktafel in St. Michael zur Heilung der lahmen Margaretha Engelhart (1642), die 1670 als Insassin des Hospitals starb.

Fleisch, 1 ¾ Maß Wein, ¼ Pfund Schmalz und einem Löffel voll Mehl.

Getragen wurde das Spital von der mittelalterlichen Stiftung. Ihm gehörten Gebäude (das Spital selbst, die Spitalscheuern, das Münzhaus, das obere Armenhaus, die Spitalmühle, etc.), Sieden, Eigengüter (wie der Teurershof), Zehntrechte und Bauern, die Abgaben an das Spital lieferten. 1775 waren das 504 (111 im Amt Rosengarten, 48 im Amt Schlicht, 85 im Amt Kocheneck, 182 im Amt Bühler und 78 im Amt Honhardt). Die Eigengüter waren umfangreich und setzten sich wie folgt zusammen: 281 Morgen 1 Viertel Äcker, 117 Tagwerk 1,5 Viertel Wiesen, 18 Tagwerk 3 Viertel Gärten, 8 Morgen 2 Viertel Weinberge und 5.197 Morgen Wälder. Insgesamt handelte es sich also um 2.910 Hektar Land, die vom Spital direkt bewirtschaftet wurden. Der Waldbesitz dominierte flächenmäßig. Dazu kamen noch 35 Seen und Weiher, die ursprünglich zur Fischzucht angelegt worden waren, im 18. Jahrhundert aber zunehmend trocken gelegt und als Wiesen genutzt wurden.

Das Spital mit seinen Anhängseln war eine multifunktionale Anstalt, die als Armenhaus, Altersheim, Waisenhaus, Behindertenheim, Krankenhaus, Irrenanstalt und Gefängnis diente. Sie war subsidiär, d. h. Leistungen des Spitals konnten nur in Anspruch genommen werden, wenn alle anderen Möglichkeiten, insbesondere die der Familien erschöpft waren. Einzige Ausnahme war die kleine Gruppe der reichen Pfründner, die sich eingekauft hatten und entsprechend ihrem Kaufvertrag versorgt wurden. Im 18. Jahrhundert nahm hin und wieder der Kaiser sein traditionelles Recht in Anspruch, den Spitälern in den Reichsstädten kaiserliche Pfründner zuzuweisen, die aber in Wien lebten und aus Hall lediglich finanzielle Zuwendungen erhielten.

Den Normalfall von Spitalinsassen stellten eher (1783) Anna Maria Laidig, 40 Jahre alt, „kann mit der Sprache nicht fortkommen", oder Eva Margaretha Heyd, Schneider Heyds von Enslingen Ehefrau, „ist nebst ihrem Sohn in den Spital kommen alß eine verruckte Person" dar. David Wetzel, ein Siederssohn, war „contract an den Füßen", Christoph Melchior Haas, Sohn des Kantors Haas, war immer kränklich, Catharina Rosina Schübler „nicht sane mentis", Eva Maria Bech „tiefsinnig" (d. h. melancholisch) und Johann Michel Dunz ein „Simpel". Die meisten Spitalinsassen hatten nichts oder wenig eingebracht. Ihre Verpflegung und sonstige Versorgung übernahm aus Mildtätigkeit die Spitalstiftung.

Die Aufnahme ins Spital war unpopulär, solange es irgendeine Alternative gab. Der Messerschmied Hans Jacob Laccorn ließ 1673 verlauten, er wolle lieber „schaffen", bis ihm das Blut zu den Nägeln herauskäme, bevor er sich ins Spital einweisen lasse – und das, obwohl er Hunger litt und barfuß ging.

Selbst einen Bonhöffer konnte die Einweisung ins Spital treffen: An Michaelis 1771 (29. September) stieg der nervenkranke Präzeptor Karl Friedrich Bonhöffer (der einige Jahre vorher zwangspensioniert worden war) vor dem Prediger auf die Kanzel in der Michaelskirche und musste von den Stadtknechten wieder herunter gezerrt werden, wobei er sich *tapfer* wehrte und einen der Stadtknechte die Treppe zur Kanzel wieder hinabstieß. Der Skandal war ungeheuerlich. Bonhöffer wurde in vollem Ornat ins Zuchthaus und dann in das Spital verbracht, wo er bis zu seinem Tod 1784 lebte. Aber schließlich verbrachten auch die letzten direkten Haller Nachfahrinnen des Reformators Johannes Brenz, die noch seinen Nachnamen trugen, ihr Lebensende dort: Anna Margaretha Brenz war wegen ihres „blöden Verstandes" und „bedürftigen Leibes" ins Spital aufgenommen worden, wo sie 1705 starb. Ihre Schwester Maria Dorothea teilte ihr Schicksal („fromm und einfältig"), lebte aber noch bis 1712.

Vor allem die Behandlung der Behinderten und psychisch Kranken war oft rücksichtslos und für heutige Verhältnisse brutal. Für „Sinnlose" gab es schon im alten Spitalgebäude vor dem Stadtbrand etliche Gewölbe, in denen diese Kranken angekettet wurden. Immerhin waren die „Medikamentenrechnungen" des Spitals ziemlich umfangreich, d. h. man versuchte nach bestem Vermögen für die Kranken und Hinfälligen zu sorgen: 1747/1748 wurden für über 100 fl Arzneien in der Sandel´schen Apotheke geholt. Auch Untersuchungsgefangene kamen in den Genuss ärztlicher Versorgung: Als die wegen Unzucht inhaftierte Regina Schrott „unpäßlich" war, erhielt sie eine zusätzliche Verpflegung. Der als Mitglied einer Diebesbande verhaftete Johann Schartt wurde am Bein operiert und durfte sich anschließend erholen.

Die Armen, die im Spital versorgt wurden, waren nur ein kleiner Teil der Bedürftigen in Hall. Armut war weit verbreitet. Nahezu 70 % der städtischen Bevölkerung besaßen weniger als die Hälfte des durchschnittlichen Vermögens, konnten also als arm gelten. Ein Viertel der Einwohner kam gar nur auf weniger als ein Zehntel des Durchschnittsvermögens. Alle diese Haushalte verfügten über keine Reserven. Sie lebten von der Hand in den Mund und waren im Rahmen der frühneuzeitlichen Notbehelfswirtschaft auf die Kombination verschiedener Einkunftsquellen angewiesen. Auch Frauen und Kinder mussten mitverdienen. In der Regel allerdings schafften es diese Armen so, sich zumindest einen Teil ihres Lebensunterhalts selbst zu

---

Teuerung und Fruchtmangel 1770 und 1771: aus einer Chronik

Anno 1770 war in Teutschland wegen vor der Ernd 1769 anhaltenden Regenwetter ein solcher Mangel an Frucht, daß in Schwäbisch Hall das Viertel Korn 6 fl 12 x, in anderen Gegenden als Marbach, Baknang und Schwäbisch Gmünd aber 10 fl gegolten und allen Beken kein Mürbes zu baken verboten worden. Anno 1771 hat ein Kreuzer Wek 2 Loth und 1 Quint gewogen. Das Viertel Nachmehl wurde um 2 fl 12 x, das Viertel Kleyen aber vor 54 x, der Kern aber um 7 fl das Viertel verkauft. Viele mittelmäßige Bürger haben zum Nachmehl Habermehl und Wikenmehl mischen und solches zu Brod baken lassen, die mehrsten Bürger und Beysitzer haben zum Nachmehl und Habermehl auch Kleyen baken, auch denen Mezgern das Ochsen- und Kölberblut beym Stechen abgekauft, darunter Kleyen oder Habermehl gemischt und solches etwas abkochen lassen und vor Brot gegessen. Andere Viktualien als Butter, Schmalz, gedörrt Obst, Kuchen, Kräuter und dergleichen waren um einen noch so hohen Preiß fast nicht einmol zu haben und mußte man dasjenige, was sonsten 2 x gekostet um 5–6 x bezahlen. Das Pfund Ochsenfleisch aber galt 7 x, das Pfund Schweinenfleisch ist um 9 x verkauft worden.

Lebensmittelpreise im guten Erntejahr 1766

Januar	Kern (1 Viertel): 18–20 Batzen; Schmalz (1 Pfund): 16 x; Butter (1 Pfund): 13 x; Ochsenfleisch (1 Pfund): 5 ½ x; Kalbfleisch (1 Pfund): 5 ½ x; Lichter (1 Pfund): 13 x.
Mai	Kern (1 Viertel): 17–18 Batzen; Schmalz (1 Pfund): 15 x; Butter (1 Pfund): 12 x; Ochsenfleisch (1 Pfund): 6 x; Lichter (1 Pfund): 13 x; 9 Eier: 4 x.
September	Kern, alt (1 Viertel): 17–19 Batzen; Kern, neu (1 Viertel): 1 fl; Lammfleisch (1 Pfund): 5 x; 6 Eier: 4 x.
Dezember	Kern (1 Viertel): 17–20 Batzen; Schmalz (1 Pfund): 16 x; Butter (1 Pfund):13 x; Ochsenfleisch (1 Pfund): 5 ½ x.

1 Batzen entspricht 4 x (Kreuzer), 1 fl (Gulden) = 60 x = 15 Batzen.

verdienen und waren nur für zusätzliche Ausgaben (vor allem bei Krankheiten) auf eine der Stiftungen oder die Stadt angewiesen. In Notzeiten allerdings – wenn die Getreidepreise – stiegen, mussten große Teile der Bevölkerung unterstützt werden.

Von 1766 zu 1771 verfünffachten sich die Preise, sofern überhaupt noch Getreide und andere Lebensmittel erhältlich waren. Für alle armen und mittleren Bürger waren sie damit unerschwinglich teuer, was zu den genannten Notmaßnahmen führte. Die Mehrzahl aller Haushalte in Stadt und Land war nicht in der Lage, Preissteigerungen wie sie während der Hungerkrise auftraten, aus eigenen Mitteln abzufangen. Die Obrigkeit versuchte zu helfen.

Der Rat teilte 1770/1771 nicht nur kostengünstig Hafer aus seinen Vorräten aus (die allerdings zum Teil schon seit 30 Jahren lagen), sondern richtete im Spital auch eine eigene Brotbäckerei ein, die das Brot zum Preis von drei Kreuzern dreimal die Woche verkaufte. 5.228 Scheffel Hafer wurden verbilligt an die Bürger und Untertanen abgegeben, was die Stadtkasse 11.247 fl an Subventionen kostete. Die Brotbäckerei wurde mit weiteren 10.495 fl subventioniert. Zusätzlich kaufte der Magistrat im Ausland – in Holland, in Neckarsulm und in der Kurpfalz – Getreide. Dieses Getreide wurde zu Preisen unterhalb des für den Einkauf bezahlten an die Bevölkerung abgegeben, was einen Verlust von 15.332 fl verursachte. Insgesamt gab also die Reichsstadt in einem einzigen Jahr 37.074 fl aus, um die Versorgung ihrer Bevölkerung mit dem Grundnahrungsmittel zu sichern. Da die regulären Geldeinnahmen der Stadt in diesem Jahr bei 134.000 fl lagen, bedeutet dies, dass fast 30 % des Haushalts für die Stabilisierung der Lebensmittelpreise aufgewendet wurden.

Unumstritten waren die Maßnahmen und ihre Effizienz nicht. Die Bürgerschaft hielt mit Kritik am Rat nicht hinterm Berg: Er habe durch nachlässige „Policey" die Krise bis ins Jahr 1772 verlängert und dann mit Zwangsmaßnahmen gegen die Sieder reagiert. Zwei „Pasquillen" (Schmähschriften) sollen am Rathaus, der Trinkstube und einem weiteren Haus angeschlagen worden sein.

Dennoch zeigt die Bewältigung der Krise auch die Leistungsfähigkeit der Reichsstadt: Kein Bürger und kein Untertan verhungerte, auch wenn es – aufgrund der beschriebenen Ernährung – sicher Mangelerscheinungen gab. Mit gravierenden Mängeln behaftet waren auch die Fürsorgeleistungen des Spitals – nur: Besseres gab es anderswo auch nicht.

Die Gefährlichkeit der Archivare: Georg David Jägers Rache

„Schäferstündchen". Kolorierte Federzeichnung auf der Liste der Siederskuchenholer von 1794

Einem hochedelgeb[ohrenen] Mag[istrat] habe ich hierdurch in tiefster Submission die wehmüthige Eröffnung zu thun, waßgestalten die Beschließerin Weberin sich nun in die 5 Monath von mir schwanger befinde. Dies schrieb der Spitalmeister Georg David Jäger am 17. August 1745, der zugeben musste, mit seiner Untergebenen ein Liebesverhältnis gehabt zu haben und dem – als verheiratetem Mann – nun kein anderer Ausweg mehr blieb, als die Gerichtsverhandlung wegen Ehebruchs abzuwarten und auf die Milde des Magistrats zu hoffen. Jäger hatte unmittelbar nach seiner Erklärung Hall verlassen – unter Mitnahme seines dienstlichen Reitpferds und spitalischer Gelder, was den Rat vollends in Rage brachte. Er schrieb Jäger zur Fahndung aus und schickte ihm den Kriegskassier Besch (der eigentlich zuständige Landhauptmann Rittmann war Jägers Schwager) hinterher. Zwei Tage später war Jäger wieder in Hall (die Flucht hatte ihn zu seinem Schwager Pfarrer Rittmann nach Maienfels geführt) und wurde in Arrest auf die Bürgerstube gelegt.

Ehebruch war ein kriminelles Delikt, das der Rat bestrafte – keine Privatangelegenheit der zwei oder drei Beteiligten. Jägers Karriere konnte von dem Moment seines Geständnisses an als beendet gelten. Georg David Jäger, seine Frau Maria Jakobina geb. Rittmann und seine Geliebte Catharina Magdalena Weber gehörten nicht zu den ersten oder zweiten Kreisen der Reichsstadt. Jäger war der Sohn des Almosenschreibers Georg Michael Jäger, also eines nachgeordneten Beamten, Maria Jakobina Jägers Vater, Hiermonymus Wilhelm Rittmann, war Ausspeiser im Spital gewesen, also in einer mit Jägers Vater vergleichbaren Position. Die vornehmste Abkunft hatte Catharina Magdalena Weber aufzuweisen, zu deren Vorfahren der große Stättmeister Georg Friedrich Seifferheld als Ururgroßvater gehörte. Ihr Vater hatte als Pfarrer in Geislingen amtiert, ihr Bruder aber brachte es nur noch zum Schulmeister. Georg David hatte Jura studiert, 1736 geheiratet und dann lange karge Jahre hindurch als freischaffender Anwalt (Procurator) versucht, seinen Lebensunterhalt zu verdienen, was eher schlecht als recht gelungen war. 1743 hatte er endlich ein Amt von der Stadt erhalten, die Spitalmeisterei. Von da an befand er sich in gesicherten Verhältnissen, es schien aufwärts zu gehen.

Allerdings hatte er sich gleich zu Beginn seiner Tätigkeit im Spital einen schweren Fehler geleistet: Der Rat wollte ihm kein Dienstpferd mehr zugestehen und ließ dieses vom Spital in den Marstall verbringen. Jäger ließ daraufhin eine Schützenscheibe anfertigen, auf der der Vorgang dargestellt war, allerdings mit der Figur des „Neides" in der Rolle des Rates. Der Magistrat sah sich beleidigt, ließ die Scheibe zerhacken oder verbrennen und brummte Jäger eine Strafe von 25 fl auf (eine erhebliche Summe bei einem Geldjahresgehalt von 60 fl).

Seine Amtsführung im Spital in den folgenden Monaten scheint aus Sicht des Magistrats erfolgreich gewesen zu sein. Er setzte Einsparungen durch – im wesentlichen auf Kosten der Pfründner, die er auch streng zur Arbeit verpflichtete. Johann Georg Unger etwa war zweimal mit dreißig Streichen bestraft worden, weil er Essen aufbewahrt hatte. Vorschrift war, alles nicht unmittelbar Verzehrte zurückgehen zu lassen, damit die Pfründner keine Gelegenheit hatten, Nahrungsmittel aus dem Spital auf eigene Rechnung zu verkaufen. Spitalverwalter Hezel sagte später, alle Pfründner hätten wegen des Peitschens und Schlagens in Furcht vor Jäger gelebt, zumal ihm die Weber jede noch so kleine Verfehlung zugetragen habe. Bei sich selber sparte Jäger aber nicht: Seine Speisegewohnheiten galten als „üppig".

Das Liebesverhältnis zwischen Georg David und Catharina Magdalena scheint recht schnell nach Dienstantritt Jägers im Spital begonnen zu haben. Jäger nutzte seine Stellung aus und ließ die Beschließerin zahlreiche Arbeiten in seiner Stube verrichten, so dass sie sich dauernd sahen und Möglichkeiten zu intensiven Kontakten bestanden. Das Verhältnis war schließlich den meisten Beschäftigten und Pfründnern im Spital bekannt, auch Jägers Frau hatte ihren Mann – mal freundlich, mal weniger freundlich – verwarnt. Im übrigen scheint Jäger seine Geliebte auch mit dem Argument, er werde sie heiraten, wenn seine Frau an einer Geburt stürbe, davon überzeugt zu haben, sich mit ihm einzulassen. Die Schwangerschaft scheint die beiden Hauptbeteiligten dann doch überrascht zu haben. Georg David versuchte, Catharina Magdalena zu verkuppeln: Die beiden in Aussicht genommenen Kandidaten lehnten aber dankend ab, da die von Jäger gebotenen Beträge ihnen zu gering waren, um sich mit dem Kind eines anderen Mannes zu belasten. Auch die Verwandtschaft der Weber verweigerte sich jeder Hilfe. Am Ende blieb nur die Anzeige bei der Obrigkeit und die Flucht.

Nach Jägers Rückkehr untersuchte der Magistrat sein Vergehen, auch Catharina Magdalena wurde inhaftiert. Genau unter die Lupe genommen wurden auch die ökonomischen Transaktionen des Spitalmeisters, von denen die Verwandtschaft seiner Frau in hohem Maß profitiert zu haben scheint.

Das Urteil sah die Entlassung beider Beteiligter aus den Diensten des Spitals vor und verhängte ein halbes Jahr Hausarrest über beide. Georg David hatte zwei Drittel der Gerichtskosten, Catharina Magdalena das restliche Drittel zu übernehmen. Sie erhielt zudem eine Geldstrafe von 40 fl. Dies waren milde Strafen. Andere Ehebrecher wies der Rat oft aus Hall aus.

Catharina Magdalena Weber gebar im November 1745 einen Sohn Johann Peter, im folgenden Jahr verheiratete sie sich mit einem Kaufmann in Öhringen und verließ Hall für immer. Georg David Jäger fand eine

Registratur bzw. Archiv der Reichsstadt auf einer Schützenscheibe von 1790

neue Stelle in Oppenweiler bei den Herren von Sturmfeder, die aber nicht viel abwarf. Seine Frau blieb bei ihm.

Jäger fühlte sich ungerecht behandelt und sann auf Rache. Eine erste Gelegenheit bot sich im Frühjahr 1750, als die Erbsieder gegen den Rat in Wien Klage erhoben. Sie baten Jäger um die Vertretung ihrer Sache. Der verlangte die uneingeschränkte Unterstützung (er sei nicht bereit, sich *bloß zu einem Wau Wau mißbrauchen* zu lassen), erhielt sie und reiste nach Wien. Dort fiel er böse auf die Nase, denn der Magistrat der Reichsstadt denunzierte ihn als Querulanten, der nur darauf aus sei, das gute Einvernehmen zwischen Rat und Bürgerschaft zu stören, und zählte seine Verfehlungen auf. Der Reichshofrat kam dem Magistrat in der Streitsache weit entgegen und zwang vor allem Jäger zur sofortigen Niederlegung seines Mandats. Jägers erster Revancheversuch war gescheitert.

Im Juli 1750 konnte Georg David dann dem Rat der Stadt Schwäbisch Hall mitteilen, er sei vom Kanton Odenwald der Reichsritterschaft in Franken mit Sitz in Heilbronn zum Archivar angenommen worden. Er kündigte sein Haller Bürgerrecht, wollte allerdings das seiner Frau und seiner Kinder beibehalten wissen. Der Rat aber sprach auch Maria Jakobina das Bürgerrecht ab und verlangte Nachsteuer für das nach Heilbronn transferierte Vermögen. Diese Ausbürgerung war eine gezielte Gehässigkeit des Rats, die das Verhältnis weiter vergiftete.

Georg Davids Position als Archivar der Reichsritterschaft verschaffte ihm aber nun die Möglichkeit, sich an seiner ehemaligen Heimatstadt zu rächen. Nach dem Kauf Vellbergs hatte die Reichsritterschaft in Franken einen Prozess gegen die Reichsstadt begonnen. Die Ritter verlangten die Fortzahlung der Steuern, die sie von Vellberg bezogen hatten, was die Stadt verweigerte. Kern der Auseinandersetzungen war, dass Vellberg keinen Beitrag zu den Reichssteuern der Ritter mehr leistete, aber auch keinen zu denen der Stadt, denn die Reichsmatrikel der Stadt veränderte sich durch den Ankauf nicht. Dieser Prozess war 1618 zum Stillstand gekommen und lag seither beim Reichshofrat in Wien. Jäger war nun derjenige, der ihn wieder in Gang brachte. Da es zudem um Einnahmen des Reiches und des Kaisers ging, erfolgte die Entscheidung sehr rasch. 1754 nahm der Reichshofrat seine Verhandlungen wieder auf, schon 1756 war die Auseinandersetzung für die Stadt verloren und wurde die Exekution gegen Schwäbisch Hall verhängt, die allerdings noch einmal abgewendet wurde. Die Stadt hatte keine andere Option mehr, als einen Vergleich mit der Reichsritterschaft zu suchen. 1760 wurde in Heilbronn vereinbart, dass Schwäbisch Hall, das 1753 von Brandenburg-Ansbach gekaufte Dorf Hausen an die Reichsritterschaft abzutreten sowie 340.000 fl als Entschädigung für die entgangenen Zahlungen zu leisten habe. Diese enorme Summe wurde auf 30 Jahresraten verteilt und sollte bis 1792 abbezahlt werden. Von der Auseinandersetzung profitierte letztlich der Kaiser in Wien, die Stadt wurde finanziell enorm belastet. Jäger konnte sich schmeicheln, der teuerste Bedienstete gewesen zu sein, den die Stadt je hatte. Der Ausgang des Vellberger Prozesses galt als eine der Ursachen für die Zerrüttung der städtischen Finanzen in der zweiten Hälfte des 18. Jahrhunderts.

Zum letzten Mal wurden Jäger und sein Sohn Georg Friedrich 1756 und 1763 in Hall vorstellig, als sie die Auszahlung ihnen angefallener Erbsiedensjahre verlangten, was der Magistrat bestritt, da die beiden kein Bürgerrecht mehr hätten, also zum Genuss von Siedensrenten auch nicht mehr berechtigt seien. Mit den Hochzeiten Georg Friedrichs und seiner Schwestern, die den definitiven Verzicht auf das Haller Bürgerrecht brachten, erledigten sich diese Ansprüche.

Vom Kaiser verlassen, von Frankreich verkauft: Das Ende der Reichsstadt

14. Juli 1789	Sturm auf die Bastille.
26. August 1789	Erklärung der Menschenrechte durch die französische Nationalversammlung.
20. April 1792	Frankreich erklärt Österreich und Preußen den Krieg.
20. September 1792	Proklamation der Republik Frankreich.
21. Januar 1793	Hinrichtung König Ludwigs XVI.
28. Juli 1794	Sturz und Hinrichtung Robespierres.
17. Oktober 1797	Frieden von Campo Formio; Frankreich erhält u. a. das linke Rheinufer.
9. Dezember 1797	Beginn des Friedenskongresses in Rastatt.
20. Februar 1799	Frankreich erklärt Österreich den Krieg.
9. November 1799	Staatsstreich Napoleon Bonapartes.
9. Februar 1801	Der Friede von Lunéville bestätigt die Abtretung des linken Rheinufers.
27. April 1803	Der Reichsdeputationshauptschluss tritt in Kraft.

Glaubt man dem 1788 von Philipp Ernst Rohnfelder gegründeten „Hallischen Wochenblatt", dann haben die epochalen Geschehnisse der Französischen Revolution von 1789 in Hall vor allem Abscheu ausgelöst. Der *Schein der Begriffe Freiheit und Gleichheit* verblende viele Menschen, man diagnostizierte einen *grenzenlosen Zerfall* Frankreichs, der durch *Meuterey, Sittenlosigkeit und Irreligion* ausgelöst worden sei. Im deutschen Reich und auch im hällischen Staatswesen sah man hingegen *wahre Bürgerfreiheit* verwirklicht. Diese Sichtweise der reichsstädtischen Führungsschicht teilte natürlich nicht jeder. Das prorevolutionäre „Straßburgische politische Journal" hatte 1792 auch in Schwäbisch Hall Leser. Rohnfelder selbst wurde wegen des Abdrucks respektloser Anekdoten über Ludwig XVI. vorgeladen und ermahnt. Sein Buchdrucker-Kollege David Ludwig Schwend stellte sogar prorevolutionäre Flugschriften her, in denen offen zum Aufstand aufgefordert wurde; man wollte *alle Nationen vom eisernen Joche stolzer und grausamer Tirannen befreit* sehen. Ähnliche Schriften verkaufte auch der Buchbinder Scheuermann. Der Rat behandelte solche Übeltäter recht milde – vielleicht, weil man sich nicht direkt als „Tyrann" angesprochen sah. Zu revolutionären Unruhen kam es nicht. Die traditionsreichen Querelen des Rates mit den Siedern lassen sich hier ebenso wenig einordnen wie der „Geist der Insubordination", der sich Ende des 18. Jahrhunderts angeblich in der Landbevölkerung ausbreitete. Letzterer war teils durchaus konservativ motiviert, wie sich am Widerstand gegen den neuen, von der Aufklärung geprägten Katechismus zeigt.

Als überholt galten die Reichsstädte kurz vor dem Ende ihrer Geschichte nicht. Zwar widersprachen sie den Zwängen zu Rationalisierung und Modernisierung, entsprachen aber andererseits mit ihrem Kult der Reichsverfassung, ihrer Friedfertigkeit und ihrer Verteidigung der politischen und kulturellen Vielfalt durchaus dem deutschen politischen Denken des 18. Jahrhunderts.

Am Krieg gegen das revolutionäre Frankreich beteiligte sich Schwäbisch Hall ab 1793 mit der Stellung von Soldaten für die Armee des Reichskreises. Als die Truppenzahl 1794 auf das Fünffache erhöht werden sollte, löste dies massive Konflikte mit den Landgemein-

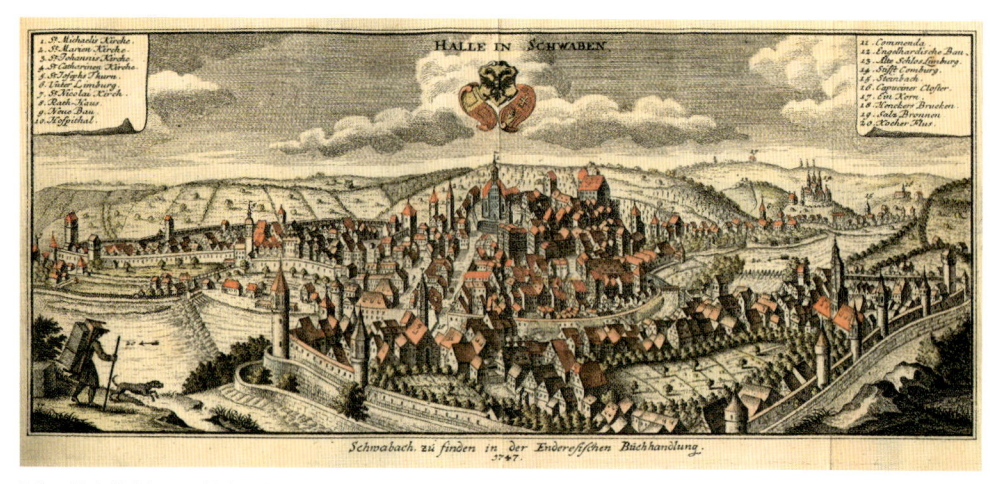

Schwäbisch Hall im 18. Jahrhundert. Kupferstich von 1747

den aus (s. Kap. 38). An den wechselvollen Kämpfen nahm man lebhaft Anteil, wie z. B. Schützenscheiben zeigen. Zwar kamen Franzosen nur als Kriegsgefangene durch Hall – über 1.000 von ihnen wurden 1795 auf der Comburg einquartiert – doch erwiesen sich Nachschublieferungen sowie Geldzahlungen an die kaiserliche Armee als schwere Belastungen. Hohe „Requisitionen" zog 1796 auch ein separater Waffenstillstand des Schwäbischen Kreises mit den Franzosen nach sich; österreichische Erfolge im Herbst dieses Jahres setzten die Reichsstadt wiederum den Forderungen der anderen Seite aus. Französische Siege in Italien entschieden den Krieg. Doch der angesichts des Kriegsendes im „Hallischen Wochenblatt" geäußerte Wunsch an die Menschheit, dass *das Unglück dich Weisheit lehrt und der Krieg eine Schule des Friedens für dich geworden ist*, war vergeblich. Der Frieden von Campo Formio vom 18. Oktober 1797 bedeutete lediglich eine Atempause. Bei dem anschließenden Friedenskongress von Rastatt wurden Überlegungen laut, die von linksrheinische Gebietsabtretungen an Frankreich betroffenen Fürsten mit Reichsstädten zu entschädigen. Entsprechende Ambitionen Württembergs wurden im Februar 1798 bekannt. Hiergegen entfalteten die schwäbischen Reichsstädte umfassende diplomatische Aktivitäten. Hall hielt sich vorsichtig zurück, obwohl es bereits schlechte Erfahrungen mit Preußen gemacht hatte, das 1792–96 das Amt Honhardt und Teile des Amts Ilshofen gewaltsam annektiert hatte. Dass sich Napoleon Bonaparte, der Sieger in Italien, in Rastatt als Schutzherr der Reichsstädte präsentierte, mag zu seiner Popularität in Hall beigetragen haben. Zu den eifrigsten hiesigen Verehrern des Korsen gehörte Zeitungsverleger Rohnfelder, der sogar mit diesem *Günstling des Glückes* korrespondiert haben will, um die Neugier seiner Leser zu befriedigen.

Der im Februar 1799 erneut ausbrechende Krieg beendete die Verhandlungen und brachte zunächst wieder österreichische Requisitionen. Noch dramatischer wurde die Lage, als im Juli 1800 französische Truppen den Reichskreis besetzten. Auch Hall sah sich immer neuen Erpressungen ausgesetzt. Hinzu kamen Truppeneinquartierungen. Die Requisitionen ruinierten die Stadtkasse und ließen Bürger und Untertanen verarmen. Im Januar 1801 musste Hall den Einzug eines französischen *Executions-Commandos* erdulden, da die Stadt eine weitere *Geld-Contribution* nicht mehr bezahlen hatte können. So wurde der Friedensschluss von Lunéville vom 9. Februar 1801 in Hall mit großer Erleichterung begrüßt, da er das Ende der Drangsale bedeutete. *Nach zehn traurigen Jahren erschallt nun mit Gewissheit das Wort Frie-*

de, schrieb Rohnfelder. Erbe des Krieges blieben jedoch der finanzielle Ruin der Reichsstadt und eine astronomischen Schuldenlast von knapp 1,4 Mio. fl, denen lediglich 90.000 fl jährliche Steuereinkünfte gegenüberstanden. Der Rat musste seine eigenen Ämter vor dem Reichskammergericht verklagen, um die Erstattung von Kriegskosten zu erzwingen, und ließ im Herbst 1802 die Schultheißen von Hagenbach und Raibach wegen Steuerverweigerung einsperren. Dies provozierte allerdings eine Zusammenrottung von mehreren hundert Bauern, die deren Freilassung erzwangen.

Da in Lunéville die linksrheinischen Abtretungen bestätigt worden waren, stand wieder die Entschädigung der betroffenen Fürsten auf der Tagesordnung. An der Erhaltung der Reichsstädte hatte auch Kaiser Franz II., deren Schutzherr, kein Interesse mehr. Stattdessen plante man in Wien, die habsburgischen Nebenlinien von Modena und Toskana für Verluste in Italien in Süddeutschland – auch mit Schwäbisch Hall – zu entschädigen, was Napoleon jedoch abblockte. Neben Württemberg hegte Bayern Ambitionen auf eine Besitznahme Halls und ließ die Stadt im Frühjahr 1802 von einem Offizier erkunden. Auch Preußen, das seit 1791 in den benachbarten Markgrafschaften Ansbach und Bayreuth herrschte, hatte Ansprüche angemeldet. Der Rat versuchte durchaus, seinen Stadtstaat auf diplomatischem Wege zu retten; so intervenierte man beim Kaiser und bei dem französischen Bevollmächtigten Bacher. Die Hoffnungslosigkeit des Unterfangens ließ aber bald die *Modalitaet, unter welcher wir an einen anderen Herrn überlassen werden sollen,* in den Vordergrund treten. Wichtigstes Anliegen war hierbei die *Aufrechterhaltung der auf Privat-Eigenthum beruhenden Salinen-Verfassung,* die für das wirtschaftliche Wohlergehen Halls von zentraler Bedeutung war. In diesem Kampf für Vermögen und berufliche Existenz zeigten die Haller eine „bis an die Grenze faktischer Renitenz gehende Widerstandskraft" (Raimund Weber), die sie für den aussichtslosen Kampf gegen die „Mediatisierung" nicht aufbrachten. Angesichts der Lage beriet der letzte, am 16. August beginnende Städtetag in Ulm, zu dem Hall den Stättmeister Friedrich Franz Majer schickte, vor allem den Umgang

Darstellung des Haller Wappens aus der Endphase der Reichsstadtzeit auf einer Liste der Siederskuchenholer des Jahres 1792

Diese Schützenscheibe zeigt nicht, wie mehrfach angenommen, die Besitzergreifung Schwäbisch Halls, sondern die Wachparade der württembergischen Besatzungstruppen vor dem Rathaus.

mit einer Okkupation. In Anlehnung an eine Denkschrift des Städtetags bat Schwäbisch Hall am 4. September Kaiser Franz II. um seine *Reichs Väterliche allerhöchste Protektion wenigstens inso weit,* dass sich dieser - wenn schon *das traurige Loos einer solchen Veränderung* nicht abzuwenden sei - wenigstens für die Erhaltung der inneren Verfassung sowie der Salinenverfassung einsetzen möge.

Es war durchaus nicht selbstverständlich, das Herzog Friedrich von Württemberg bei diesem Länderschacher den Sieg davontrug, zumal die Existenz seines Staates zeitweilig ebenfalls fraglich gewesen war. Dass Württemberg zu einem großen Gewinner der Mediatisierung wurde, verdankte Friedrich seinem skrupellosen Gesandten von Normann, der den französischen Außenminister Talleyrand mit enormen Geldzahlungen bestach. In einem in seiner Dreistigkeit seltenen Vertrag zwischen Normann und dem Talleyrand-Vertrauten Sainte-Foy erhielt Württemberg gegen insgesamt 1,8 Millionen Livres Bestechungsgelder territoriale Erweiterungen und eine Rangerhöhung zum Kurfürsten zugesprochen. Schwäbisch Hall „kaufte" der Herzog für 80.000 Livres, was der mit Abstand höchste Preis für eine Reichsstadt war. Andere Reichsstädte kosteten ihn nur 5.000 (Reutlingen, Esslingen und Weil der Stadt) bis 15.000 Livres (Heilbronn). Nachdem der Entschädigungsplan Ende August in Paris veröffentlicht worden war, kündigte Herzog Friedrich II. der Reichsstadt am 5. September *zur Sicherstellung der Uns ... feyerlichst zugesicherten Rechte* die provisorische militärische Besetzung Schwäbisch Halls an. Nach einem gewissen Zögern hatte die Sorge überhand genommen, bei weiterem Warten Widersetzlichkeiten zu wecken. Schließlich hatte auch Napoleon auf eine

Besitznahme gedrängt, um die Reichsdeputation vor vollendete Tatsachen zu stellen.

Der Rat vermied entsprechend dem Städtetagsbeschluss jeden Widerstand, obwohl an den „Rechten" des Herzogs natürlich nichts rechtmäßig war. An Bürger und Untertanen ging die Mahnung, *denen eingerückten Truppen freundlich und gefällig [zu] begegnen*; es solle sich *jeder alles Raisonnierens, und unziemlichen, unreifen Urtheilens bey sonst zu gewärtigen habender scharfer Ahndung, enthalten.* Nachdem der Rat dem herzoglichen Gesandten Parrot versichert hatte, man wolle sich der Besitzergreifung *aus untertänigem Respekt gegen Ihre Herzogliche Durchlaucht* fügen, erfolgte am 9. September die provisorische militärische Besitzergreifung durch 400 bis 500 Soldaten des Generals von Mylius. Die in diesem Zusammenhang oft erwähnte Schützenscheibe zeigt die nach der Besetzung täglich stattfindende Wachparade vor dem Rathaus. Sie ist deswegen auch kein Anhaltspunkt dafür, dass die Haller dem Geschehen gleichgültig oder ablehnend gegenüberstanden. Sicher befürchtete die Führungsschicht der Reichsstadt den Verlust von Macht und Einfluss. Teilweise zeigte man das auch: So boykottierten der Stättmeister Glock und vier andere Herren des Magistrats den Antrittsbesuch des württembergischen Oberamtmanns Dünger. Gerade deshalb dürften andere, bislang von der Teilhabe an der Macht ausgeschlossene Teile der Bevölkerung die Okkupation begrüßt haben, z. B. die sich im Dauerkonflikt mit dem Magistrat befindenden Salzsieder und die durch Rekrutenaushebungen und die traditionsreiche steuerliche Benachteiligung gegenüber den Städtern verärgerte Landbevölkerung. Auch die Freude des Gymnasiallehrers und Gelehrten Friedrich David Gräter war echt – zahlreich sind zuvor seine Seufzer über die *reichsstädtische Preßluft* und *Conventionswelt*. Obwohl hier persönlichen Empfindlichkeiten eine Rolle spielten, ist Gräter ein Beispiel für die gebildete Oberschicht der Reichsstadt, deren Beziehungen und geistiger Horizont weit über die Grenzen des Kleinstaats hinaus reichten. Sie mussten diesen deshalb zunehmend als anachronistisch empfinden. Auch die (falsche) Hoffnung auf eine Beteiligung an den württembergischen Landständen mit ihren weitreichenden Mitspracherechten könnte gerade für die Führungsschicht eine durchaus verlockende Perspektive gewesen sein. Schließlich dürfte vor allem die Hilflosigkeit des Magistrats angesichts der Heimsuchungen der Revolutionskriege deutlich gemacht haben, dass die Reichsstadt diesen Herausforderungen nicht mehr gewachsen und „am Ende ihres Weges" angelangt war. Zweifellos war die Annexion Halls ein rechtswidriger Akt, da er gegen grundlegende Reichsgesetze verstieß, doch gab es niemanden mehr, der bereit war, diese Gesetze durchzusetzen.

Die Bemühungen des Rates richteten sich darauf, dem neuen Staatsoberhaupt Ergebenheit und Treue zu demonstrieren und auf diese Weise die Wünsche nach Erhaltung der inneren Verfassung zu unterstützen. Ihren Höhepunkt erreichten sie mit der pompös inszenierten Feier des Geburtstags Friedrichs II. am 6. November, *für die Stadt Hall ein allgemeines Fest der Freude, und diese ein unzweydeutiger Ausdruck ihrer innigen und ungeheuchelten Devotion für das Haus Wirtemberg war.* Zwar konnte der Rat bald eine Reduzierung der Truppen erreichen, doch wurden die Versuche, eine Audienz beim Herzog zu erreichen, kühl abgelehnt. Dem Kaiser versicherte man am 29. September, es sei nichts übrig geblieben, *als solche ... blos provisorische Besezung geschehen zu lassen,* und betonte, dass die Rechte und Pflichten des Reichs dadurch nicht berührt seien. Gemäß den Ulmer Empfehlungen zeigte man die Okkupation dem nominellen Stadtoberhaupt an und vermied es, ihre Rechtmäßigkeit anzuerkennen.

Am 25. November 1802 erfolgte die endgültige zivile Besitzergreifung. Das württembergische Militär trat auf dem Marktplatz an, während Rentkammerrat Dörr, der herzogliche Gesandte, den Magistrat und die

Symbol für das Ende der Reichsstadt – der abgemeißelte und mit dem württembergischen Wappen übermalte Reichsadler auf dem Wappenstein des Unterwöhrdtores, der um 1509–1512 durch den bedeutenden Haller Bildhauer Hans Beuscher angefertigt wurde.

Beamten im Rathaus von ihren bisherigen Eiden und Pflichten entband und auf den neuen Landesherrn vereidigte. Dörr zufolge geschah dies *mit Freudigkeit*. Magistrat und Bürgerschaft versicherten, sie seien froh, unter die weise und milde Regierung des Herzogs gekommen zu sein – womit der Herrschaftsstil dieses harten, misstrauischen Spätabsolutisten nicht gerade zutreffend umschrieben wird. Unter musikalischer Begleitung von Militärmusikern und Stadtkapelle, mit Pauken und Trompeten, tauschte man das reichsstädtische Wappen an Rathaus, Stadttoren und an den öffentlichen Gebäuden gegen dasjenige Württembergs aus. Anschließend wurden auch die städtischen Soldaten neu vereidigt, die öffentlichen Kassen gestürzt und versiegelt und das Archiv verschlossen. Im Besitzergreifungspatent mahnte der Herzog die Haller, *Uns als ihren Landesherrn anzusehen und zu erkennen, Uns vollkommenen Gehorsam zu leisten, sich alles und jedes Recurses an auswärtige Behörden* – womit auch der Kaiser gemeint war – *gänzlich zu enthalten und demnächst, sobald Wir es fordern werden, die gewöhnliche Huldigung gehörig zu leisten.* Kurz darauf wurde der Haller Rat Johann Friedrich Bonhöffer zum ständigen württembergischen Kommissar bestellt; Rat und Gericht durften nur noch mit seiner Erlaubnis zusammentreten und entscheiden.

Mit diesem Tag endete die Selbstständigkeit Schwäbisch Halls. In dem anschließend an den Kurfürsten ergangenen Gesuch tritt trotz aller Ergebenheitsfloskeln noch einmal das

Selbstbewusstein der Reichsstädter hervor. Man betonte die Erwartung, dass *alles im Einklang mit den Beschlüssen der Reichsdeputation, des Reichstags und der kaiserlichen Ratifikation geschehe*, und bat, *uns bei demjenigen, was darinnen von Reichs wegen beschlossen ist, und beschlossen werden wird, gerechtest zu belassen, insbesondere aber der auf dem alleinigen Grunde des Privat Eigenthums ruhenden ... hiesigen Saline-Verfassung den Landesherrlichen höchsten Schutz und Fortdauer huldreichst angedeihen zu lassen.* Solche Töne konnten bei dem neuen Stadtherren kaum auf freundlichen Empfang stoßen.

Das Besitznahmepatent Herzog Friedrichs II. von Württemberg für Schwäbisch Hall

Wir Friderich der Zweite von Gottes Gnaden Herzog von Württemberg und Teck etc. etc. entbieten den Städtmeistern und Magistrat, den geistlichen und weltlichen Beamten und Dienern, so wie den sämtlichen Bürgern, Einwohnern und Unterthanen der Reichsstadt Schwäbisch Hall und des dazugehörigen Gebiets Unsere Herzogliche Gnade und alles Gute.

Da Uns durch die – in Gefolge des Lüneviller Friedens – gepflogenen Unterhandlungen, unter andern Ländern, Gebieten und Orten, auch die Reichsstadt Schwäbisch Hall mit dem dazugehörigen Gebiete, landesohoheitlich und sonstigen Rechten, Einkünften und Appertinenzien, zur Entschädigung wegen Unserer bisherigen jenseits des Rheins gelegenen, des Friedens willen aber an die französische Republik abgetrettenen Länder und Herrschaften, als eine erbliche Besitzung zugetheilt und zugeeignet worden ist, so haben Wir in dessen Gemäsheit, und unter den vorliegenden Umständen beschlossen, nunmehr von gedachter Reichsstadt und deren gesammten Gebiet, samt allen Landeshoheitlichen und andern Rechten, Einkünften und Zuständigkeiten würklich Besiz nehmen zu lassen. Wir thun solches hiemit, und verlangen daher, kraft dieses Patents, von den Städtmeistern und Magistrat, den geistlichen und weltlichen Beamten und Dienern, so wie den sämtlichen Bürgern, Einwohnern und Unterthanen der Reichsstadt Schwäbisch Hall und des dazugehörigen Gebiets, weß Standes und Würden sie seyn mögen, so gnädig als ernstlich, daß sie sich Unserer Landeshoheit unterwerfen, und ermahnen sie, sich dieser Besiznehmung und dem zu solchem Ende von Uns abgeordneten Civil-Comissario Unserm Kammerherrn und adelichen Regierungsrath von Reischach, ingleichen dem von Uns dazu beorderten Militaire-Commandanten auf keine Weise zu widersezen, sondern vielmehr von nun an, Uns als ihren Landesherrn anzusehen und zu erkennen, Uns vollkommenen Gehorsam in Unterthänigkeit und Treue zu leisten, sich alles und jedes Recurses an auswärtige Behörden gänzlich zu enthalten, und demnächst, so bald Wir es fordern werden, die gewönliche Huldigung gehörig zu leisten.

Wir ertheilen ihnen dagegen die Versicherung, daß Wir Uns stets angelegen seyn lassen werden, das Wohl und die Glükseligkeit Unserer neuen Unterthanen nach allem Vermögen landesväterlich befördern und zu vermehren, so wie sie sich, im Fall ihres Wohlverhaltens, Unsere Huld, Gnade und besondere Rüksichtnahme zu versprechen haben werden.

Sämtliche Diener und Beamte der Stadt und ihres Gebiets sollen vor der Hand in ihren Stellen bleiben, und ihre Amts Verrichtungen ordnungsmäßig nach dem bisherigen Geschäftsgang fortsezen. Wir versprechen Uns dagegen von ihnen um so mehr ein gutes Betragen, als sie dadurch ihr Schiksal für die Zukunft bestimmen, und sich Unsers besondern Vertrauens würdig machen werden. Damit diese Unsere Erklärung zu jedermanns Kenntnis gelange, ist solche zum Druk befördert worden, und wollen Wir, daß sie überall, in der Stadt und deren Gebiet verkündigt und gehörigen Orts angeschlagen werde.

Gegeben in Unserer Residenzstadt Ludwigsburg, den 23ten November, 1802.

Napoleon, das Königreich Württemberg und Hall

1803	Der „Reichsdeputationshauptschluss" bestätigt die Mediatisierungen und Säkularisationen; Württemberg wird Kurfürstentum.
1804	Napoleon krönt sich zum Kaiser der Franzosen.
1805	Sieg Napoleons bei Austerlitz über Österreich und Russland.
1805	Frieden von Preßburg; Kurfürst Friedrich I. wird König von Württemberg.
1806	16 westdeutsche Reichsstände, darunter Württemberg, bilden den Rheinbund unter dem Protektorat Napoleons.
1806	Kaiser Franz II. legt die Reichskrone nieder: Ende des Heiligen Römischen Reichs Deutscher Nation.
1806	Napoleon besiegt Preußen bei Jena und Auerstedt.
1807	Beginn des antifranzösischen Unhabhängigkeitskampfs in Spanien.
1807	Der Frieden von Tilsit mit Preußen und Russland bestätigt die Vorherrschaft Napoleons über Europa.
1809	Österreich gibt nach der Niederlage von Wagram mit dem Frieden von Schönbrunn den Kampf gegen Napoleon auf.
1812/13	Der Russlandfeldzug Napoleons führt zum Untergang der „Grande Armée" und löst in ganz Europa Freiheitsbewegungen aus.
1813	Völkerschlacht bei Leipzig: Niederlage Napoleons gegen eine europäische Koalition.
1813	Württemberg verbündet sich mit Österreich und wechselt die Fronten.
1814	Napoleon dankt ab und geht ins Exil nach Elba.
1814	Eröffnung des Wiener Kongresses über die Neuordnung Europas.
1815	Endgültige Niederlage Napoleons bei Waterloo.
1815	Gründung des „Deutschen Bundes" als lockerer Staatenbund unter Führung Österreichs.

Aus seinen Neuerwerbungen bildete Friedrich II. den vom Herzogtum getrennten und dem Einfluss der ihm verhassten altwürttembergischen Stände entzogenen Staat „Neuwürttemberg". Er bestand aus drei „Landvogteien", die wiederum in Ober- und Stabsämter zerfielen. Schwäbisch Hall war Bestandteil der Landvogtei Ellwangen und Standort eines Oberamts, das zunächst die Stadt und die ehemaligen Ämter Bühler, Ilshofen und Schlicht umfasste. Die Ämter Rosengarten und Vellberg sowie der ehemalige Comburger Besitz bildeten eigene Stabsämter, die jedoch 1807/08 mit dem nun im wesentlichen das frühere Haller Territorium umfassenden Oberamt vereinigt wurden.

Mehrfache Änderungen gab es bei den 1806 eingerichteten Mittelinstanzen zwischen Oberamt und Regierung; ab 1817 blieb es bei der Zuordnung zum Jagstkreis mit Sitz in Ellwangen. „Neuwürttemberg" verschwand, als Friedrich – seit 1803 Kurfürst – im Dezember 1805 von Napoleons Gnaden König wurde und die alte Ständeverfassung per Staatsstreich beseitigte.

Heimlich hatte Friedrich seinen neuen Besitz bereits am 2. Juni 1803 besucht, um die Saline zu besichtigen. Offiziell bekamen die Haller ihren *Serenissimus* am 25. Juli 1803 zu sehen, als er die Stadt zur Entgegennahme der Huldigung besuchte und mit Ehrenpforten, Dekorationen, einer

Der Königl. Württembergische Unteroffizier Seifferheld rettet den tapfern Grafen von Bismark 1809.

Nach dem Ende der Reichsstadt mussten auch die Stadtbürger Kriegsdienst leisten. Zwar zeichnete sich hier der Salzsieder Johann Christoph Seifferheld aus, der als württembergischer Kavallerie-Unteroffizier im Gefecht bei Riedau am 1. Mai 1809 den vom Pferd gestürzten Rittmeister Graf von Bismarck vor der Gefangennahme oder Tötung durch die Österreicher rettete. Insgesamt war der Kriegsdienst jedoch so verhasst, dass viele Haller desertierten.

Illumination der St. Michaelskirche sowie einer extra geprägten Medaille empfangen wurde. Seine Durchlaucht ließ dem Magistrat für die *an den Tag gelegten treu-devoten Gesinnungen Höchst gnädigsten Dank zu erkennen geben* und 500 fl an die Armen der Stadt verteilen.

Die innere Verfassung der Reichsstadt war da bereits verschwunden. Durch die nach dem württembergischem Vorbild gestaltete *Municipalverfassung* vom 20. Juli 1803 verlor Schwäbisch Hall das bisherige Territorium bis auf das Stadtgebiet. Die Selbstverwaltung wurde massiv beschränkt. Deren oberstes Organ war das Magistratskollegium, das sich in Gericht und Rat aufteilte. Das Gerichtskollegium diente vor allem der Verwaltung und der Vertretung der Stadt – war also Vorläufer des heutigen Gemeinderats – und bestand aus zwei Bürgermeistern und zehn „Gerichtsverwandten". Sie waren auf Lebenszeit eingesetzt, konnten aber Nachrücker selbst wählen. Den Vorsitz führte der Oberamtmann, der weitgehende Aufsichts- und Eingriffsrechte hatte. Die Bürgermeister führten die Stadtrechnungen und wurden vom Magistrat gewählt, vorbehaltlich einer Bestätigung des Monarchen. Das Ratskollegium aus zwölf Personen repräsentierte die Bürgerschaft und wurde auf Lebenszeit gewählt, hatte jedoch nur bei wichtigen finanziellen Angelegenheiten Mitspracherechte. Die Privilegien gegenüber der Landbevölkerung verschwanden; es konnte nun *von Unterwürffigkeit gegen die Stadt nie mehr die Rede seyn*. Die bislang üblichen Zusatzbelastungen bei Steuern wurden untersagt, ab 1803 gab es auch Dorfgemeinderäte, die ab 1818–1822 die gleichen Selbstverwaltungsrechte wie die Stadtgemeinden erhielten.

Der Abbruch des Stätt-Tores und der Schöntaler Kapelle 1808 auf einer Zeichnung Peter Kochs von 1875

Misstrauen und Groll lebten jedoch noch lange weiter – noch 1819 traute das Landvolk angeblich keinem Städter.

Trotz der sichtbaren Abneigung des Fürsten gegen die alte, reichsstädtische Führungsschicht sind Kontinuitäten erkennbar. Auf Anraten der neuwürttembergischen „Oberlandesregierung" in Ellwangen, zu der auch der Haller Johann Friedrich Haspel gehörte, stützte man sich bei der Bildung des wichtigeren Gerichtsgremiums auf Juristen des reichsstädtischen Rates. Ihm entstammten sowohl die beiden Bürgermeister Georg Karl Haspel und Johann Friedrich Romig als auch fünf weitere Mitglieder. Bei den „Ratsverwandten" handelte es sich um Handwerker, Geschäftsleute und einen Wirt. Da die Verwaltung nach Ansicht der neuen Herren überbesetzt war, schob man 66 Ratsherren und Beamte auf niedrige Posten oder in den Ruhestand ab. Pensionen sparte man sich weitgehend, obwohl der Reichsdeputationshauptschluss sie vorsah. Auf ein entsprechendes Gesuch erging der eisige Bescheid, es sei erstaunlich, dass *diese Personen im Bewußtsein ihrer ehemaligen Handlungen sich erkühnen dürfen, sich auf Reichsgesetze, die sie täglich übertreten haben, zu berufen.* Erst nach dem Tod König Friedrichs I. 1816 erhielten die so Abgewiesenen – soweit sie noch lebten – ihre Pensionen.

Bis 1805 zog sich die Aufteilung von Vermögen und Einkünften zwischen Stadt und Staat hin, die für die Stadt bewusst nachteilig gestaltet wurde. Die Krone beanspruchte nicht nur alle außerhalb des neuen Stadtgebiets gelegenen Besitzungen – z. B. 2.758 Morgen Wald –, sondern vor allem alle Einnahmen wie Zölle, Akzisen usw., aus landesherrlichen Rechten. Der Staat machte ein gutes Geschäft, da er 114.160 fl Einnahmen, aber nur 51.787 fl Ausgaben übernahm, während die Stadt mit 17.012 fl Einnahmen, aber 17.754 fl Ausgaben 1805 ein Defizit verzeichnete und in große Finanznot kam. Durchaus zynisch wirkt der Zwang, sich bei Friedrich für diese *das städtische Interesse so begünstigende Übereinkunft* auch noch bedanken zu müssen. Eine Neuordnung und die Zuweisung weiterer Einkünfte zog sich bis in die 1820er Jahre hin. Von den Kriegsschulden, die sich 1803 auf 1.387.505 fl beliefen, übernahm der Staat anfangs nur 786.309 fl. 1819 und 1824 fielen weitere 483.280 fl an den Staat, die restlichen 135.916 fl blieben bei der Schuldenkasse des Oberamts und wurden nach deren Auflösung 1842 durch außerordentliche Steuern bis 1847 abgetragen. Die wohltätigen Stiftungen fasste man unter dem Dach des Hospitals zusammen und stellte sie unter strikte staatliche Aufsicht. Ein erheblicher Anteil floss wiederum an den Staat. Zu tiefgreifenden Änderungen kam es auch bei den kirchlichen Verhältnissen. Von acht Geistlichen verblieben 1812 nur noch vier in den Stadtpfarreien St. Michael und St. Katharina. Die Pfarreien St. Urban, St. Johann und im Hospital wurden 1812 aufgehoben, die Kirchen bis auf St. Urban profaniert. Die Gleichstellung der drei anerkannten christlichen Konfessionen blieb mangels katholischer und reformierter Zuzügler zunächst ohne praktische Bedeutung.

Beseitigt werden sollten auch die sichtbaren Erinnerungen an die Selbstständigkeit. Öffentlich angebrachte Wappen ersetzte man durch die württembergischen Insignien. 1807/08 begann auf Geheiß des Oberamtmanns mit dem Abriss des Stätt-Tores die Zerstörung der Stadtbefestigungen.

Auch Gewerbe und Handwerk litten. Neben kriegsbedingten Lasten wie der von Napoleon verhängten „Kontinentalsperre" gegen Eng-

Drei Honoratioren aus der Übergangszeit zwischen Reichsstadt und Württemberg: der Ratsherr Dr. Georg Heinrich Seifferheld, der Stadtgerichtsassessor Johann Friedrich Bonhöffer und der Bürgermeister Johann Friedrich Emanuel Romig

land, die z. B. den hiesigen Viehhandel traf, wirkten sich die ungünstige Verkehrslage an der Peripherie des neuen Staates sowie die neuen Zollgrenzen sehr negativ aus. Die 1804 durch massiven Druck erzwungene Übernahme des Eigentums an der Saline durch den Staat zog Schwierigkeiten für die abhängigen Handwerker, Arbeiter und Händler nach sich. Auch die Stadt verlor ihre Einkünfte. Als Nachteil erwies sich auch das Ausbleiben einer Verbesserung des regionalen Wegenetzes. Die direkte Verbindung nach Stuttgart über Backnang wurde zwar 1812 Poststraße, jedoch erst ab 1825 ausgebaut und erst 1846 fertig gestellt. Von der direkten Verbindung zwischen Oberrhein und Nürnberg war Hall schon 1750 durch das „Chausseebauprogramm" des Schwäbischen Reichskreises abgeschnitten worden, das diese von Schwäbisch Hall nach Stuttgart und das Remstal umlenkte.

Eine frühe Postkarte vom Ende des 19. Jahrhunderts zeigt die klassizistische württembergische Wache am Säumarkt (links) und das in den 1960er Jahren abgerissene Gasthaus zur Traube in der Marktstraße, Nachfolgebauten des Stätt-Tores und der Schöntaler Kapelle.

Weitere Nachteile ergaben sich daraus, dass der König 1811 Hall nicht der nach französischem Vorbild eingerichteten, privilegierte Klasse der „Guten Städte" zuschlug. Langfristig am schwerwiegendsten war die Schließung des Gymnasiums, was die Bildungschancen der Bürger erheblich verschlechterte. Für Akademiker verringerten sich die Berufsmöglichkeiten erheblich, da die Stellen in Kirche, Schule, Stadt- und Oberamtsverwaltung drastisch reduziert und meist mit „Altwürttembergern" besetzt wurden. Die Angehörigen der akademisch gebildeten Haller Oberschicht verließen ihre alte Heimat, um ihre Karrieren andernorts zu beginnen oder fortzusetzen. Ihre Position wurde von einer neuen Honoratiorenschicht aus Handwerkern, Kaufleuten, Wirten und später auch Unternehmern übernommen. Familien wie die Seifferheld, Glock, Hufnagel oder Bonhöffer verschwanden weitgehend aus Schwäbisch Hall. Ein Beispiel sind die Vorfahren des Theologen und Widerstandskämpfers Dietrich Bonhoeffer (1906–1945). Hier lässt sich am Urgroßvater, dem noch in Hall geborenen Pfarrer Sophonias Franz Bonhöffer (1797–1872), dem Großvater, dem Tübinger Landgerichtspräsident Friedrich von Bonhoeffer (1828–1907) und dem in Breslau und Berlin wirkenden Vater, dem preußischen Geheimen Medizinalrat und Professor der Psychiatrie Karl Bonhoeffer (1868–1946) verfolgen, wie die alte Haller Oberschicht zunächst den erweiterten Wirkungskreis des Königreichs Württemberg und nach 1871 denjenigen des Deutschen Reichs nutzte. Der Verlust dieser gebildeten Oberschicht wirkte auf das geistige und kulturelle Leben zurück. „Die Reichsstadt Hall war provinziell geworden, erst im 20. Jahrhundert wuchs sie geistig ebenso wie materiell aus der Talenge wieder auf die Höhen hinauf". (Gerd Wunder)

Verschärft wurden diese Probleme durch erneute Kriege, an denen Württemberg 1805 bis 1813 als Verbündeter Napoleons, dann als dessen Gegner beteiligt war. Als Etappe der französischen Durchmarsch- und Nachschubstraße war Hall stark betroffen. Die Masse der durchziehenden Truppen war so groß, dass ein zum Bierholen in die „Glocke" geschickter Junge an einem Herbsttag 1805 sechs Stunden warten musste, bis er wieder die Henkersbrücke überqueren konnte. Die altbekannten Erpressungen wiederholten sich – der französische Marschall Soult etwa verlangte 1805 innerhalb eines Tages u. a. die Lieferung von 60.000 Portionen Fleisch, Brot und Branntwein, Brennholz für 40.000 Mann, 200 Pferde sowie Futter für 8.000 Pferde für 30 Tage. Hinzu kamen Raub, Plünderung und andere Gewalttaten durch die Soldateska egal welcher Partei. Die im November 1813 als „Befreier" einmarschierten russischen Soldaten hausten eher noch schlimmer als ihre Vorgänger und beraubten auch die Bibliothek Friedrich David Gräters, des Rektors des Gymnasiums. Ob die Beute der Bildung oder als Brennmaterial diente, ist unbekannt. Besondere Gefahren gingen von den Lazaretten und den unter elenden Bedingungen festgehaltenen und oft an Typhus leidenden Kriegsgefangenen aus. Ganze Familien starben, weil sich als Krankenwärter oder Wächter eingesetzte Taglöhner infizierten.

Besonders verhasst waren die Rekrutierungen. Kriegsdienst hatten die Stadtbürger bislang nicht leisten müssen, dies hatten Söldner übernommen. Schon im Dezember 1802 war Hall zu Garnisonsstadt erklärt worden, eine Kaserne entstand im ehemaligen Marstall. Ab 1803 musste auch die Stadt Soldaten stellen, ab 1806 gab es eine 1809 ausgedehnte und strikt durchgesetzte Wehrpflicht. In Hall kam es zwar nicht zur Revolte wie in Bad Mergentheim, aber der Unmut führte z. B. zu anonymen Drohungen gegen Oberamtmann Hummel. Auf die zahlreichen Desertionen antwortete die Obrigkeit mit Drohungen gegen die Angehörigen und strenger Bewachung der Stadttore. Die Kriege forderten einen hohen Blutzoll, der in der Katastrophe des Russlandfeldzugs 1812 kulminierte. Von den am 27. Januar 1812 von Kronprinz Wilhelm vor dem Gradierhaus gemusterten Rekruten sah wohl keiner die Heimat wieder, denn von 15.800 Württembergern kamen nur etwa 500 halb verhungerte und erfrorene Elendsgestalten zurück, zu denen auch der Haller Militärjurist Karl Friedrich Hufnagel gehörte. Die meisten Opfer blieben verschollen wie der Steinhauersohn Johann Friedrich Groß, dessen jüngerer Bruder Johann Wilhelm dann 1814 im Kampf gegen Napoleon gefallen ist.

Ihre Fortsetzung fanden auch die steuerlichen Belastungen. Schon 1805 forderte der Herzog zwei Jahressteuern zur Bestreitung der dringendsten Kriegskosten. 1813 konnte die Stadt nicht einmal mehr Botenlöhne bezahlen; die Bürger waren so erschöpft, dass trotz Drohungen mit e*x*ecutivischer Beytreibung kaum einer seine Steuern pünktlich entrichtete. Die bestehende Schuldenlast blähte sich weiter auf, ihre Tilgung sollte sich bis 1847 hinziehen. So kommentierte das „Hallische Wochenblatt" die Gefangenschaft Napoleons auf St. Helena mit dem Stoßseufzer: *Gott Gebe, daß er wohl verward wird und dort sein Leben führt.*

Eine zutreffende Beschreibung der Kriegsfolgen gibt eine Bittschrift von 1817: *Die schon fünfundzwanzig Jahre andauernden Kriege überhäuften uns nicht allein unmittelbar, durch Durchzüge, Standquartiere, Requisitionen, Contributionen und Erpressungen mancher Art, sondern, da sie die äußerste Anstrengung der Staatskräfte erforderten, auch mittelbar, durch erhöhte directe und neu eingeführte indirecte Steuern, mit fast unerträglichen Lasten ... Die Vermögensstücke sanken im Werth herab, das baare Geld verlor sich, und eine großer Theil desselben gieng aus dem Lande, der Geldmangel wurde allgemein, die Bedürfnisse stiegen immer höher im Werth, Handel und Gewerb, das ohnehin auf das äußerste beschränkt war, gerieth dadurch ins Stoken und lag zuletzt ganz darnieder, der Wohlstand der Bemittelten verminderte sich, der weniger Bemittelte verarmet, und der ganz*

Unvermögende fiel dem Staate zur Last. Nur diejenigen Personen, welche das zur Nahrung gehörige Material verarbeiteten und verkauften, wurden wohlhabend, reich durch den Schaden anderer.

Eine Bilanz dieser Epoche der Umwälzungen 1789 bis 1815 musste ernüchternd ausfallen. Schwäbisch Hall hatte nicht nur seine – allerdings kaum mehr zeitgemäße – Selbstständigkeit verloren, es hatte sich aus einem wohlhabenden, selbstbewussten Gemeinwesen in eine verarmte, wirtschaftlich geschwächte und politisch entmündigte Landstadt an der Peripherie des Königreichs Württemberg verwandelt. Die Überwindung dieses Einschnitts sollte lange Zeit in Anspruch nehmen.

Karl Friedrich von Hufnagel (1788–1848) – eine Karriere im neuen Staat

Karl Friedrich Hufnagel wurde am 7. Februar 1788 in die Führungsschicht der Reichsstadt Schwäbisch Hall geboren. Sein Großvater Johann David Hufnagel war Stättmeister, sein Vater Johann Karl übernahm 1795 das Amt eines Ratsschreibers, damals Startposition für eine Karriere in die Führung der reichsstädtischen Verwaltung. Diesen Aufstieg brach die Mediatisierung 1802 ab; Johann Karl Hufnagel wurde zwar in württembergische Dienste übernommen, blieb aber Stadt- und Amtsschreiber und damit in einer untergeordneten Funktion – ein Abstieg, den der studierte Jurist zeitlebens nicht verwand.

Karl Friedrich Hufnagel erhielt eine ausgezeichnete Schulbildung am Haller Gymnasium. Für das letzte Schuljahr wechselte er 1804 nach Stuttgart. Nachdem er angesichts der finanziellen Nöte der Familie auch eine Ausbildung als Kaufmann erwogen hatte, studierte er unter ärmlichen Bedingungen in Tübingen und Erlangen Jura und eröffnete im Herbst 1808 in Schwäbisch Hall eine Anwaltspraxis. Um einer Aushebung als Rekrut zu entgehen, bewarb er sich 1809 als Militärjurist. Als solcher nahm er am Russlandfeldzug 1812 teil und gehörte zu den wenigen Überlebenden dieses *Leichenzugs*. Dank seiner zerrütteten Gesundheit erreichte er die Entlassung aus der Armee. Als Advokat erhielt er nun auch staatliche Aufträge, z. B. Ermittlungen gegen württembergische Beamte. Hierbei zeichnete er sich so aus, dass man ihn 1817 als Assessor an den Kriminalgerichtshof in Ellwangen berief. Zwei Jahre später wurde er Oberamtsrichter in Tübingen. Nach Ämtern bei den Kreisgerichtshöfen Esslingen und Ellwangen und einem Zwischenspiel als Ministerialrat ernannte man ihn Ende 1842 zum Direktor des Kreisgerichts in Tübingen, wo er bis zu seinem Tod blieb. 1835 ehrte ihn der König mit dem Adelsprädikat. Hufnagel, der 1823 die Reutlinger Apothekertochter Louise Fehleisen heiratete, machte sich nicht nur als Richter, sondern auch als juristischer Schriftsteller einen Namen. Von 1826 bis 1838 war er Mitglied der Abgeordnetenkammer des württembergischen Landtags, wo er sich umfassend engagierte und einer der bekanntesten Abgeordneten seiner Zeit war. Als Vertreter einer „gemäßigten Opposition" setzte er sich für bürgerliche Freiheitsrechte gegen die repressiven Bestrebungen der Regierung ein und engagierte sich besonders für die Humanisierung des Strafrechts und -vollzugs.

Bis zu seinem Tod am 18. April 1848 blieb er seiner Heimatstadt eng verbunden. Besondere Verdienste erwarb er sich im Streit um die Zahlung der Siedensrenten. Deren Absicherung durch einen Vergleich von 1827 ist im wesentlichen sein Werk. Sein Biograf Raimund Weber würdigt ihn als Persönlichkeit, „in der wir einem unabhängigen, freiheitlich gesinnten Geist begegnen, einem Charakter, der Rechtlichkeit und Humanität in seltenem Maße vereinte und der damit schon seine Zeitgenossen tief beeindruckt hat." Er ist ein herausragendes Beispiel dafür, wie die jüngeren Angehörigen der akademisch gebildeten Haller Oberschicht den Einschnitt von 1802 nutzten, um sich Karrieremöglichkeiten außerhalb ihrer nun Provinz gewordenen Heimatstadt zu erschließen. Somit steht er auch für den geistigen Aderlass, den die ehemalige Reichsstadt im 19. Jahrhundert erlebte.

Revolutionäre, schwarze Schafe und notleidende Handwerker: Auswanderung im 19. Jahrhundert

Die Katharinenvorstadt, aus der viele Haller abwanderten, in der ersten Hälfte des 19. Jahrhunderts. Aquarellierte Federzeichnung

Der wohl erste Schwäbisch Haller in Amerika war der Metzger Johann David Seckel, der 1736 in die britische Kolonie Pennsylvania auswanderte. Zwei Brüder und zwei Schwestern folgten ihm nach Philadelphia. Möglicherweise auf Veranlassung dieser ersten Emigranten reisten bis in die 1770er Jahre eine ganze Reihe von Hallern nach Amerika. Zu ihnen gehörte der Schneider Georg David Botz, der *zu Philadelphia 5 Jahr auf seiner Handthierung zubrachte*, aber zum Heiraten nach Hall zurückkehrte. Teilweise gingen größere Gruppen auf die Reise wie 1752, als der Haller Rat neun Personen ein Wegegeld für die Reise nach „Westindien" gewährte. Andere kamen als Soldat in die Fremde, so Peter Rauscher, der ab 1777 als britischer Söldner im amerikanischen Unabhängigkeitskrieg diente und sich nach Krieg und Gefangenschaft dort niederließ. Johann Friedrich Haafs Lebensweg führte mit dem 1786 an die Holländer verkauften württembergischen „Kapregiment" nach Südafrika, Indonesien und schließlich nach Sri Lanka. Hier brachte er es als Kunstmaler zu Reichtum.

Während diese Auswanderung nur geringfügig war, lässt sich die Massenauswanderung des 19. Jahrhunderts an den Bevölkerungszahlen Schwäbisch Halls ablesen. Obwohl andere Städte in dieser Zeit ein starkes Wachstum aufweisen – die Bevölkerung Heilbronns wuchs zwischen 1810 und 1900 von 5.919 auf 37.891 – verzeichnete Schwäbisch Hall im selben Zeitraum einen

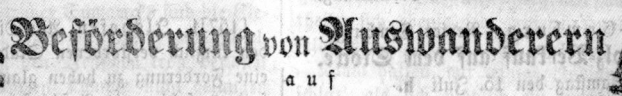

**Beförderung von Auswanderern auf
Dampf-, Post- & Dreimaster-Schiffen erster Classe
nach
New-York und New-Orleans,
sowie
in das Innere der vereinigten Staaten von Amerika.**

Gesellschaften begleitet Unterzeichneter von Hall und Heilbronn persönlich bis Havre. Zeugnisse, worin sich die Ausgewanderten aufs Günstigste aussprechen, liegen zur Einsicht bereit.

Schw. Hall, im Juli 1854.

Der concessionirte Agent:
Fr. Schwend, Buchdrucker.

Anzeige des Druckers und „Auswanderungsagenten" Friedrich Schwend aus dem „Haller Tagblatt" von 1854. Schwend, der nach der Revolution von 1848 selbst zeitweilig in den USA gelebt hatte, organisierte die Ausreisen zahlreicher Haller in die USA

Zuwachs von 5.488 auf lediglich 9.225 Einwohner. In den 1850er und 1890er Jahren kam es sogar zu Rückgängen. So weist die ehemalige Reichsstadt eine Bevölkerungsentwicklung auf, die zeigt, dass sie – in einer Zeit stark wachsender Bevölkerungszahlen – in großem Umfang Einwohner verloren hat, nicht nur ins Ausland, sondern auch an Ballungsräume wie Stuttgart oder Mannheim. Hier gab es im Zuge der Industrialisierung die Arbeitsplätze, die Hall nicht bieten konnte. Ein Beispiel ist die Familie des Hopfengärtners Karl Kayser, von dessen sechs Kindern vier in den Großraum Stuttgart zogen. Ein Sohn lebte am Bodensee, ein weiterer wanderte nach England aus.

Derzeit sind für das 19. Jahrhundert knapp 900 Schwäbisch Haller Auswanderer bekannt. Viele sind jedoch nicht ordnungsgemäß unter Verzicht auf das Bürgerrecht ausgewandert. Aus anderen Quellen lässt sich eine große Anzahl dieser „heimlichen" Auswanderer nachweisen – 45 % der bekannten Emigranten gehören dazu. Geht man trotzdem von einer gewissen Dunkelziffer aus, ist die Vermutung von insgesamt um die 1.200 Auswanderern sicher nicht zu tief gegriffen. Für die Umgehung der behördlichen Prozeduren sprach manches. Etliche dürften aus naheliegenden Gründen die damit einhergehende Bereinigung ihrer Schulden gescheut haben. Weiterhin bedeutete der Bürgerrechtsverzicht auch den Verlust eventuell wertvoller Rechte (Armenunterstützung). Noch weniger Interesse an behördlicher Aufmerksamkeit hatten jene, die sich der Strafverfolgung entzogen, wie etwa die Anfang der 1870er Jahre in die USA gereisten Brüder Leonhard und Lorenz Sommer, die als Deserteure mit harten Strafen rechnen mussten.

Da die Auswanderung vor allem wirtschaftlich motiviert war, stellen die Zahlen „Konjunkturbarometer" dar. Die ersten Phasen hoher Wanderungsintensität in den

Jahren 1816/1817 und 1832/33 – beide im Zusammenhang mit Hungersnot und Teuerung – haben sich in Schwäbisch Hall wie im gesamten Oberamtsbezirk nicht nennenswert bemerkbar gemacht. Um so stärker ist dann die Auswanderungswelle des von Missernten, Teuerung und der Revolution 1848 geprägten „Krisenjahrzehnts" 1845 bis 1855 präsent. Zwischen 1850 und 1855 wanderten aus Württemberg bei einer Gesamtbevölkerung von 1,7 Mio. (Stand 1849) ca. 140.000 Menschen vor allem in die USA aus. In Schwäbisch Hall waren es mindestens 262 von 7.328 Einwohnern, wahrscheinlich aber weit mehr. Der Höhepunkt mit 100 bekannten Auswanderern liegt im Jahr 1854. Weitere Auswanderungswellen zeichnen sich Ende der 1860er Jahre im Zusammenhang mit der andauernden Strukturkrise des Handwerks und in den 1880er Jahren mit der „Gründerkrise" ab. So ist es sicher kein Zufall, dass viele der Haller Auswanderer dem notorisch krisengebeutelten Handwerk angehörten. Bei vielen dürfte – wie bei dem Schmied Georg David Weber – der wirtschaftliche Ruin, zumindest eine erdrückende Perspektivlosigkeit, den Ausschlag gegeben haben. Auch nach dem Abflauen dieser Welle gab es weiterhin eine kontinuierliche Auswanderung auf niedrigerem Niveau – die amerikanische Reederei „Red Star Line" unterhielt noch 1914 eine Agentur in Schwäbisch Hall.

Die Auswanderung diente auch als Instrument der Sozialpolitik. Die Gemeinden bezahlten sie in manchen Fällen, um Unterhaltszahlungen zu sparen. Hierzu dürfte Magdalene Kuhlbach gehören, Tochter einer Armenhausmagd, die 1850 mit drei unehelichen Kindern auswanderte. Drastischer Formulierungen bediente man sich bei der auf Staats- und Gemeindekosten 1852 in die USA expedierten Josepha Eleonore Carl aus Steinbach, nach Auffassung der Behörden *eine liederliche Dirne und wegen Unzucht-Vergehen schon zweimal bestraft*. Manchmal half wohl auch die Familie nach und entledigte sich so ihrer „schwarzen Schafe". So dürfte es bei dem Pfarrerssohn Victor Schwegler gewesen sein, einem Bruder des bedeutenden Theologen, Philosophen und Althistorikers Albert Schwegler. Er hatte 1854 ungedeckte Schecks ausgestellt und wurde deshalb alsbald nach New York geschickt, wo sein weiteres Tun die Familie nicht mehr in Verlegenheit bringen konnte. Ein ähnlicher Fall dürfte der 1882 ausgewanderte Friedrich Cron gewesen sein, *welcher durch seinen ungeordneten Lebenswandel den Eltern großen Verdruß machte*.

Die meisten Haller wanderten in die USA aus, die Hauptziel der Massenauswanderung der 1850er Jahre waren und auch danach noch viele anzogen. Für die Mehrzahl war zuerst New York das Ziel. Zwar ist der endgültige Verbleib oft unsicher, doch lagen die Siedlungsschwerpunkte offenbar in Stadt und Staat New York, in Pennsylvania in und um Philadelphia und im Mittleren Westen, der als klassisches deutsches Siedlungsgebiet gilt, vor allem in den Staaten Iowa und Illinois. Bemerkenswert ist der hohe Anteil der Schweiz; ein Grund könnte die relativ frühe Industrialisierung sein. Die Zahlen der Nachbarstaaten Baden und Bayern deuten die Anziehungskraft der industriellen Zentren Mannheim und Augsburg sowie München an, dürften aber auch mit Heiraten über die Landesgrenzen zusammenhängen. Attraktiv für Metzger und Bäcker scheint Großbritannien gewesen zu sein, während Frankreich in kleinem, aber merklichen Umfang Gastronomiekräfte anzog.

Auswanderer in die USA nutzten die Dienste von „Auswanderungsagenten", von denen die Reise organisiert wurde. Umfangreiche Aktivitäten entwickelte der Haller Buchdrucker und Zeitungsverleger Friedrich Schwend, der seit 1855 auch ein „Süddeutsches Auswanderungs-Blatt" herausgab. Seine *auf zwei Seereisen und in Amerika selbst gemachten Erfahrungen* ermöglichten es ihm – so seine Werbung –,

New York war die erste Station vieler Schwäbisch Haller Emigranten. Die Stadtansicht stammt aus einem Brief des 1861 dort lebenden Hallers Christoph Schübelin.

jedem Auswanderer beherzigenswerten Rath sowohl für die Reise dahin, als auch für die Ankunft in der Neuen Welt, geben zu können. Schwend hatte nach der Revolution 1848 zeitweilig in den USA gelebt. Seine Kunden reisten meist über Mannheim nach Le Havre und von dort per Schiff nach New York. Ihre glückliche Ankunft wurde Familien und Freunden mit Anzeigen mitgeteilt. Sie waren nicht selten ihr letztes Lebenszeichen. Viele galten schließlich als „verschollen". Teilweise lag das daran, dass man generell wenig schrieb – die erhaltenen Briefe verraten oft Schwierigkeiten im Umgang mit Feder und Sprache. So mussten die Eltern von Johann Martin Dierolf 17 Jahre auf ein Lebenszeichen des 1855 in die USA ausgewanderten Sohns warten. Viele dürften aber Opfer der hohen Sterblichkeit unter Auswanderern geworden sein. Sie starben bei Schiffsunglücken wie 1873 die Taglöhnertochter Karoline Kienzle mit ihrer Familie, fielen vor allem aber Seuchen und Krankheiten wie den Gelbfieberepidemien von New Orleans oder den elenden Lebensbedingungen in den Slums der Großstädte zum Opfer.

Manche Lebenswege in der „Neuen Welt" haben auch Spuren in der alten Heimat hinterlassen. Sie deuten ganz unterschiedliche Schicksale an. Einige Haller kämpften im amerikanischen Bürgerkrieg 1861 bis 1865 für die Union, so der in New York lebende Goldschmied Carl Schmidt, der am 28. August 1862 in der Schlacht bei Manassas fiel. Mancher baute sich einen bescheidenen Wohlstand auf wie Johann Michael Dierolf, der schrieb, *es geht uns so zimmlich gut in Amerika. Reich sind wir zwar noch nicht geworden; aber keinen Mangel brauchen wir auch nicht zu leiden. Wier haben unser eigen Haus und Geschäft und wier verdienen immer so viel alls wier brauchen.* Der von Krankheit und Arbeitslosigkeit gebeutelte Schlosser Georg David Weber erlebte hingegen den völligen Ruin seiner Hoffnung auf ein besseres Leben. Ganz anders verhielt es sich bei Hermann Nördlinger, dem Sohn eines früh verstorbenen, armen jüdischen Kaufmanns aus

Steinbach. Als er 1883 bei einem Besuch in Schwäbisch Hall starb, war er Besitzer von Handelshäusern in New York, Paris und der Schweiz. Zumindest ein Haller Auswanderer des 19. Jahrhunderts hat also den sprichwörtlichen amerikanischen Traum von einer Karriere „vom Tellerwäscher zum Millionär" verwirklicht.

Georg David Weber – ein gescheiterter Auswanderer in den USA

Georg David Weber wurde am 10. Mai 1820 in Waldenburg als Sohn eines Schmieds geboren. Er heiratete 1845 infolge eines Arrangements der Eltern Rosine Föll, die Tochter eines Schwäbisch Haller Schmieds, wurde Bürger der Stadt und übernahm die Werkstatt des Schwiegervaters in der Langen Straße 36. Nur drei Jahre später gab er die Werkstatt wieder auf und zog nach Waldenburg, später nach Neuenstadt. Ein Grund hierfür mag die unglückliche Ehe gewesen sein, aus der die beiden Söhne Reinhold und Heinrich stammten. Georg David warf seiner Frau eine maßlose und unberechtigte Eifersucht vor, sie ihm seine Unfähigkeit, für die Familie zu sorgen. Im August 1863 kehrte Weber nach Schwäbisch Hall zurück und erwarb das Haus Im Haal 4. Er konnte sich jedoch keine gesicherte Existenz aufbauen und musste schließlich angesichts einer Schuldenlast von fast 4.000 Gulden seinen Besitz verkaufen.

Da er nun in jeder Hinsicht vor dem Nichts stand, wanderte er im Mai 1869 mit seinen beiden Söhnen in die USA aus. Georg David fand zunächst noch *überall lohnende Beschäftigung* und arbeitete einige Jahre in einer Fabrik in St. Louis (Missouri), die Omnibusse und Straßenbahnwagen herstellte. Eine Geldsendung an seine Frau fand eine *herzlose Antwort*. Im Zuge der 1873 beginnenden „Großen Depression" verlor er seinen Arbeitsplatz. In Dayton (Ohio) bekam er Arbeit in einer Fabrik für Landmaschinen, trat dann aber in ein Wagnergeschäft ein und wurde von seinem Geschäftspartner um sein Geld betrogen. Er kehrte nach St. Louis zurück, litt jedoch unter Herzproblemen und Asthma und konnte kaum arbeiten. Sein letztes Geld stahl ihm ein Landsmann, während er krank im Bett lag.

Auf Anraten der Ärzte reiste er wegen des Klimas nach Kalifornien, um auf der Farm seines Sohnes Reinhold zu leben. Dieser verhielt sich ihm gegenüber – wohl unter dem Druck wirtschaftlicher Not – *auf eine so brutale Weise*, dass der Vater schließlich voller Verbitterung ging. Zuvor zog er sich einen Rippenbruch zu, der seine Arbeitsfähigkeit weiter einschränkte. Die Wirtschaftskrise machte es sehr schwer, Arbeit zu finden; *kurz, es gieng mir so schlecht, daß mich wie so viele andere die Verzweiflung packte*. Er dachte an Selbstmord, aber *man sollte nicht sagen, ich hätte muthlos den Kampf ums Leben feigerweise aufgegeben*. So bemühte er sich weiter in den Städten Kaliforniens wie San Francisco und Oakland um Arbeit. Dies war zwar immer wieder erfolgreich, doch sein Gesundheitszustand machte es unmöglich, längere Zeit zu arbeiten und wieder eine gesicherte Existenz aufzubauen: *Mein Glück dauerte jedoch nicht lange*. Schließlich war er völlig mittellos, arbeitsunfähig und herzkrank. Da es ihm schließlich so elend ging, dass mit seinem baldigen Tod zu rechnen war, veranlasste man seine Aufnahme in ein Hospital in San Leandro bei San Francisco. Hier war er nun *sehr gut aufgehoben und verpflegt*. Nach knapp zweijährigem Aufenthalt starb er am 28. Juli 1878 an einem Lungenkatarrh.

Seinem Sohn Reinhold gelang es nach mehreren gescheiterten Anläufen, sich in einem Ort bei Santa Barbara eine gesicherte Existenz aufzubauen und eine Familie zu gründen. Er erbte 1894 das mütterliche Vermögen. Sein jüngerer Bruder Heinrich reiste 1876 nach Texas und ist dort verschollen.

48 "Ernste Ereignisse durchzucken wie ein Blitzstrahl die Gemüther" – vom Vormärz zur Revolution von 1848

18./19. Oktober 1817	„Wartburgfest" der deutschen Burschenschaften.
25. September 1819	Württemberg erhält eine Verfassung.
23. März 1819	„Karlsbader Beschlüsse" des Deutschen Bundes.
27.–29. Juli 1830	Julirevolution in Frankreich.
27.–30. Mai 1832	„Hambacher Fest".
24. Februar 1848	Februarrevolution in Frankreich: Gründung der 2. Republik.
13. März 1848	Metternich flieht vor der Revolution in Wien.
18./19. März 1848	Barrikadenkämpfe in Berlin.
23./24. März 1848	Beginn des deutsch-dänischen Kriegs um Schleswig-Holstein.
12. April 1848	Ausrufung der Republik in Baden durch Gustav Struve und Friedrich Hecker.
18. Mai 1848	Zusammentreten der Nationalversammlung in der Frankfurter Paulskirche.
16. September 1848	Preußen schließt einen Waffenstillstand mit Dänemark.
31. Oktober 1848	Rückeroberung Wiens durch Regierungstruppen.
28. März 1849	Die Nationalversammlung nimmt die „Frankfurter Verfassung" an.
28. April 1849	König Friedrich Wilhelm IV. von Preußen weist die deutsche Kaiserkrone zurück.
11. Mai 1849	Demokratische Revolution in Baden.
23. Juli 1849	Bedingungslose Kapitulation der badischen Revolutionäre in Rastatt.
18. Juni 1849	Württembergisches Militär treibt das in Stuttgart tagende „Rumpfparlament" auseinander.
6. November 1850	Aufhebung der verfassunggebenden württembergischen Landesversammlung

Die ehemalige Reichsstadt Schwäbisch Hall war seit 1802 eine Provinzstadt in einem zentralistischen, spätabsolutistischen Einheitsstaat. Eine freie politische Meinungsbildung war nicht möglich, die Zeitungen standen unter Zensur, und der Oberamtmann wachte über regierungskritische Äußerungen. Erleichterung brachte die 1819 unter König Wilhelm I. verabschiedete württembergische Verfassung. Sie wurde mit einem Festgottesdienst in St. Michael gefeiert. Ihr zufolge konnte jedes Oberamt einen Abgeordneten in die zweite Kammer des Landtags entsenden. Das Wahlrecht war jedoch stark eingeschränkt: Zwei Drittel der etwa 500 Wahlmänner waren diejenigen, die die meisten direkten Steuern zahlten, das restliche Drittel bestimmten die Bürger, die überhaupt Steuern entrichteten. Ausgeschlossen waren Gesellen, Fabrikarbeiter, Dienstboten und Frauen. Trotz dieser Einschränkungen konnten sich teilweise liberal gesinnte Kandidaten durchsetzen.

Ergänzend kam durch die Organisationsedikte von 1818 und das Verwaltungsedikt von 1822 eine Stärkung der kommunalen Selbstverwaltung hinzu, die damals in Deutschland einzigartig war. Der Stadtschultheiß als Gemeindevorstand wurde nun durch das Innenministerium aus drei Kandidaten ausgewählt, die von den männlichen „Aktivbürgern", den Inhabern des Bürgerrechts und Zahlern direkter Steuern, gewählt wurden. Erhielt ein Bewerber mehr als zwei Drittel der Stimmen, musste er auf Lebenszeit eingesetzt werden. Dieselbe Gruppe wählte auch den „Bürgerausschuss", der dem Gemeinderat als politisch mächtigstem Gremium beratend zur Seite stand. Dessen Mitglieder wurden zunächst auf zwei Jahre gewählt und hatten ihr Amt, wenn sie nach dieser Frist bestätigt wurden, auf Lebenszeit inne. Die politische Beteiligung war, wie erwähnt, auf die Inhaber des Bürgerrechts beschränkt, für dessen Besitz man über Grundbesitz bzw. Immobilien im Stadtgebiet verfügen musste. Erworben wurde es entweder durch Vererbung oder durch Verleihung durch den Gemeinderat. Ebenso erwarb man den Status eines „Beisitzers", der sich als der eines Bürger minderen Rechts – ohne politische Mitbestimmungsrechte – beschreiben lässt. Mit etwa 6.300 Einwohnern gehörte Hall der ersten der drei württembergischen Städteklassen an.

Über die politischen Aktivitäten und Diskussionen jener Jahre ist wenig bekannt. Ein subtiler Hinweis auf die Einstellung mancher Bürger ist eine Schützenscheibe von 1830, die bei genauerer Betrachtung Sympathien mit der Pariser Julirevolution verrät. Die prekäre Lage des von einer Strukturkrise getroffenen Handwerks ließ – vor allem bei den Handwerksgesellen – auch politische Unzufriedenheit wachsen. Die Gesellen gründeten im Ausland Geheimgesellschaften mit teils radikaldemokratischen Forderungen. Zu diesen polizeilich beobachteten „Umstürzlern" gehörte auch der Haller Schneider Karl Wilhelm Klenk. Doch auch privilegierte Bürger forderten Reformen, so die beiden Gemeinderäte Schließmann und Lachner, die sich gegen Wahlen auf Lebenszeit aussprachen. Ein gewisses Ventil für fehlende politische Gestaltungsmöglichkeiten bildeten die demokratisch strukturierten Vereine wie die 1831 gegründete Lesegesellschaft „Harmonie" oder die seit 1844 bestehende Turner-Gemeinde.

Als es 1846 – wie bereits 1816 – zu einer Hungersnot kam, befürchtete der Oberamtmann Krawalle. Eine Suppenanstalt und die Verteilung von Brot sollten die Not lindern.

Repräsentant des Obrigkeitsstaats: Karikatur eines württembergischen Offiziers oder Beamten aus dem ersten Protokollbuch des Gewerbevereins von 1831

Nicht verhindert werden konnte allerdings das Anwachsen der Unzufriedenheit. Auch in Hall forderte man um die Jahreswende 1847/48 bei Bürgerversammlungen Pressefreiheit, mehr politische Rechte und den Schutz des Gewerbes. Die in diesem Zusammenhang erhobenen Forderungen waren keineswegs nur „fortschrittlich", sondern durchaus konservativ. So forderten die Haller und Hohenloher Leinenweber die Wiederherstellung der Zunftordnung und lehnten den freieren Wettbewerb des aufkommenden Kapitalismus strikt ab. Die Landbevölkerung hingegen wollte die Beseitigung der Grundlasten (Zehnten, Gülten) und der verbliebenen Rechte der Standesherren durchsetzen.

Die Revolution in Frankreich brachte die Unruhe zum Ausbruch. *Ernste Ereignisse in Frankreich durchzucken, wie ein Blitzstrahl, die Gemüther*, heißt es in einer Einladung zu einer Volksversammlung auf dem Marktplatz am 3. März 1848. Stark sei das Vaterland *nur durch seine Bürger, wenn diese durch Bande der Einigung und durch das Gefühl des Stolzes auf ihre Rechte und Freiheiten sich begeistert fühlen zur Vertheidigung des Vaterlands*. Bei der Versammlung forderte man ein deutsches Parlament, Presse-, Religions- und Versammlungsfreiheit sowie Volksbewaffnung und Schwurgerichte. Eine entsprechende Petition mit 300 Unterschriften ging an den König. Vier Tage später trat Stadtschultheiß Wibel wegen angeblich *geschwächter Gesundheit* zurück. Am 14. März folgten auch die auf Lebenszeit gewählten Gemeinderäte diesem Schritt.

Eine zunehmend wichtige Rolle bei der politischen Meinungsbildung spielten die beiden Zeitungen, das „Haller Tagblatt" und der „Haller Merkur". Friedrich Schwend, der Herausgeber der ersteren, sympathisierte mit den Demokraten, während der „Merkur" sich eher monarchistisch gesinnt zeigte. Ein weiterer Träger der Politisierung waren Vereine. Die Mitglieder der Turn-Gemeinde bildeten den radikalsten Flügel der Demokraten in der Stadt und führten in ihrer Fahne die revolutionären Farben Schwarz-Rot-Gold. Hinzu kam ab dem 1. April 1848 als erste politische Partei der „Vaterländische Verein" mit bald über 500 Mitgliedern. Seine Aktivitäten standen zunächst im Zeichen der Wahlen zur Frankfurter Nationalversammlung am 25. April. Bei Versammlungen stellten sich die Kandidaten für das Mandat im Wahlkreis Hall-Gaildorf-Crailsheim vor. Es konkurrierten der für eine konstitutionelle Monarchie eintretende Haller Fabrikant Rudolf Weber, Professor Wilhelm Zimmermann, ein gemäßigter Republikaner und Autor einer bis heute gelesenen Geschichte des Bauernkriegs von 1525, sowie der Gaildorfer Glasfabrikant Gottlieb Rau, ein radikaler Republikaner.

Zimmermann siegte mit 62,5 % und vertrat den Wahlkreis in der am 18. Mai zusammentretenden Nationalversammlung.

Eine deutliche Radikalisierung der politischen Stimmung ist an der Verweigerung von Steuerzahlungen, dem Diebstahl von Holz aus den Hospitalwaldungen und zunehmendem Druck auf „vormärzliche" Amtsinhaber abzulesen. Die Ortsvorsteher auf dem Land wurden teilweise gewaltsam zum Amtsverzicht gezwungen. Dem Haller Gefängnisvorsteher Roos brachte eine *Pöbelversammlung* eine Katzenmusik dar, die beiden unbeliebten Polizeidiener Horn und Wolf suspendierte man. Symptom der Radikalisierung war auch die Spaltung des „Vaterländischen Vereins". Der Lehrer und Rau-Anhänger Theodor Rümelin rief im Juni den „Demokratischen Verein" – ab Juli 1848 „Volksverein" – ins Leben, der innerhalb weniger Tage 480 Mitglieder gewinnen konnte und damit der mitgliederstärkste demokratische Verein im Lande wurde. Als Vereinslokal diente die „Glocke" in der Mauerstraße.

Um *die Wehrhaftigkeit der Staatsbürger zu befördern, Verfassung und Gesetz zu beschützen und Ordnung und Ruhe aufrecht zu erhalten*, richtete man im April eine Bürgerwehr ein, zu der alle volljährigen Bürger bis 50 Jahre einberufen wurden. Über 700 Mann übten nun den Umgang mit der Waffe, mussten sich aber mangels Gewehren vielfach erst einmal mit Holzstäben begnügen. Mitte Juni schloss sich ihnen mit der von

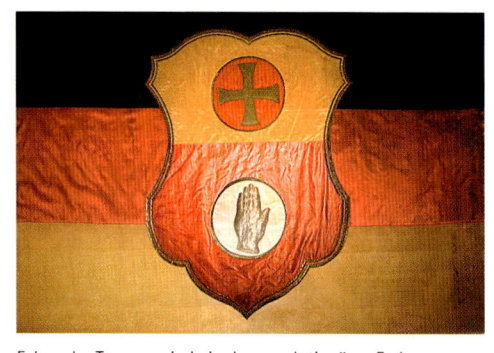

Fahne der Turngemeinde in den revolutionären Farben Schwarz-Rot-Gold

Marktszene 1848. Der gefiederte „Heckerhut" mit Kokarde weist den bärtigen Mann in der Mitte als Anhänger der radikalen Demokraten aus. Rechts sind ein Soldat der Bürgerwehr und ein berittener Offizier zu sehen.

Rümelin geleiteten Turngemeinde der „harte Kern" der Haller Revolutionäre an. Sie waren mit geradegeschmiedeten Sensen bewaffnet. Die Politisierung der Bürger zeigte sich auch in der Mode. Sympathisanten der Radikaldemokraten trugen „Heckerhut" und rauchten „Heckerpfeifen"; in vielen Wohnstuben hingen Portraits dieses badischen Revolutionshelden, Zimmermanns oder Raus.

Große Aufregung bewirkte der ohne Zustimmung der Nationalversammlung beschlossene Waffenstillstand zwischen Preußen und Dänemark im Krieg um Schleswig-Holstein. Am 17. September 1848 kamen etwa 4.000 Personen zu einer Volksversammlung auf dem Marktplatz, bei der mehrere Redner – darunter Rümelin und der Schriftsteller Franz Gräter – „aufrührerische" Reden hielten, die von Hochrufen auf Friedrich Hecker und die Republik unterbrochen wurden. Gerüchte über die auf die Zustimmung des Parlaments zum Waffenstillstand hin in Frankfurt ausgebrochenen Straßenschlachten liefen um. Ein Teil der Bürgerwehr wollte zu bewaffneter Hilfeleistung aufbrechen und ließ sich nur mit Mühe davon abbringen. Der zur Erkundung der Lage nach Heilbronn gereiste Rümelin unterrichtete am 21. September die Bürgerschaft vom Rathausbalkon aus über der Niederlage der Linken in Frankfurt und erinnerte an die Grundsätze des „Volksvereins", die eine friedliche Umsetzung einer republikanischen Verfassung forderten. Daraufhin wurde er als „Volksverräter" niedergeschrieen und musste aus der Stadt fliehen. Gemäßigten wie dem Apotheker David Sandel wurden „Katzenmusiken" dargebracht und Fensterscheiben eingeworfen. Glockenwirt Frizlin wollte sogar im „Adler" die Republik ausrufen.

Mittlerweile versuchte Gottlieb Rau, das Cannstatter Volksfest zum Ausgangspunkt einer Revolution zu machen. Seinem Aufruf zum bewaffneten Zuzug folgten am 25. September 70 bis 80 Haller, die jedoch unverrichteter Dinge zurückkehren mussten – Rau war bereits verhaftet. Da die Regierung einen Bürgerkrieg und den *anarchischen Geist* der Haller Bürgerschaft fürchtete, besetzten am 3. Oktober 1848 800 Soldaten Schwäbisch Hall, entwaffneten die Bürgerwehr und nahmen zehn Personen fest. Der Zivilkommissär Geßler übernahm die Verwaltung der Stadt. Am 16. Oktober wurde der bisherige Oberamtsaktuar Johann Friedrich Hager zum neuen Stadtschultheißen ernannt. Sieben der Verhafteten wurden bald wieder freigelassen, die anderen – Forstassistent Daser, der Buchhändler Georg Friedrich Pfeiffer und der Verleger Friedrich Schwend – auf den als „Demokratenbuckel" berüchtigten Hohenasperg gebracht, wo Theodor Rümelin bereits einsaß. Daser und Schwend wanderten wie viele andere „Achtundvierziger" nach ihrer Entlassung in die USA aus, Pfeiffer ging nach Bayern, und Rümelin wurde aufgrund von Verleumdungen aus dem Schuldienst entlassen. Schwend kehrte 1850 nach Schwäbisch Hall zurück.

Obwohl dem Oberamtmann zufolge *eine Gesinnungsänderung in der Sache nicht vorgegangen ist* und die vom Hohenasperg entlassenen Gefangenen als Helden begrüßt wurden, klang die revolutionäre Begeisterung ab. Der „Volksverein" hielt weniger Veranstaltungen ab, tagte in wechselnden Lokalen und ließ hierbei nur noch Mitglieder zu. Die Annahme der Grundrechte durch Württemberg weckte im Januar 1849 noch einmal Hoffnungen auf einen Sieg der Demokratie. Stärker als die Bereitschaft zu revolutionären Aktionen war jedoch die Angst vor militärischen Repressalien. So blieb es bei verbalen Solidaritätsbekundungen für die badische und pfälzische Revolution im Mai 1849, obwohl der Volksverein und Wilhelm Zimmermann – vor mehreren tausend Zuhörern – zu militärischer Unterstützung aufforderten. Die einzige „militärische" Aktivität in Schwäbisch Hall war die feierliche Fahnenweihe der Bürgerwehr am 10. Juni.

Während bereits die Zurückdrängung der Revolution in vollem Gang war, konnte mit dem Gesetz zur Ablösung des Zehnten vom 17. Juni 1849 eine zentrale Forderung der ländlichen Bevölkerung umgesetzt werden. Erste Schritte zur Ablösung der Feudallasten hatte König Wilhelm I. bereits 1817 in Angriff genommen, der Widerstand der Standesherren hatte sie jedoch verzögert. 1836 war lediglich die Ablösung eines Teils der alten Abgaben ermöglicht worden. Unter dem Eindruck teils gewaltsamer Proteste gerade in Hohenlohe kam nun das Ende der Zehnten als beträchtlichster aller Feudalabgaben. Die Ablösesumme umfasste den sechzehnfachen Betrag des durchschnittlichen Ertrags der Jahre 1830 bis 1847 und konnte in Jahresraten über einen Zeitraum von 21 bis 23 Jahren entrichtet werden. Hierdurch wurden erheblich Summen fällig, allein in Bibersfeld ohne Teilorte waren es 13.986 fl, die in diesem Fall an den württembergischen Staat gingen. Profiteur der Zehntablösung war auch das Hospital, das als Inhaber zahlreicher Zehntrechte nun große Geldmittel erhielt. Diese wiederum ermöglichten der Stadt umfangreiche Investitionen im Sozial- und Bildungsbereich.

Am 18. Juni 1849, als das nach Stuttgart ausgewichene Rumpfparlament von Militär auseinandergetrieben wurde, gründeten 83 Haller Bürger den „Bürgerverein", der für eine konstitutionelle Monarchie auf der Grundlage der Märzerrungenschaften eintrat und sich gegen den *verderblichen Terrorismus* der Linken wandte. Während seine Mitgliederzahlen stiegen, verlor der Volksverein, der schließlich 1852 verboten wurde, Anhänger.

Diese beiden Gruppierungen standen sich bei den Wahlen zu den verfassungsberatenden Versammlungen gegenüber, die die württembergische Verfassung im Sinne der Reichsverfassung reformieren sollten. Der ersten Wahl am 1./2. August 1849 ging ein in seiner Intensität und Schärfe beispielloser Wahlkampf voraus. Gegen Zimmermann als Kandidaten des „Volksvereins" trat der Oberjustizrat Franz Weber für den „Bürger-

Fahnenweihe der Bürgerwehr auf dem Haalplatz 1849

verein" an. Forum dieses Wahlkampfs waren Wählerversammlungen und die Zeitungen. Zimmermann gewann in Hall 78,8 % der Stimmen, sein Gegenkandidat nur 19,0 %. Die Wahlbeteiligung lag mit 72,1 % deutlich über dem Landesdurchschnitt – ein Hinweis auf den hohen Politisierungsgrad Halls. Zimmermann, so seine Gegner, habe *die ehrsamen Reichsstädter wieder herum gebracht; es herrscht dort ein gewisser Patrizierdünkel, der keinen rechten Mann aufkommen läßt, weil sich ein solcher nicht bequemen mag, diesem Dünkel zu huldigen. Herr Zimmermann versteht es aber ein X für ein U zu machen.* Der Konflikt zwischen der Regierung und der demokratischen Mehrheit führte zum Scheitern der Landesversammlungen und zu deren zweimaliger Auflösung. Die Neuwahlen im Februar 1850 gewann Zimmermann mit 68,4 % bei 69,4 % Wahlbeteiligung. Im September 1850 erreichte er 78,7 % bei nur noch 35 % Wahlbeteiligung. Am 6. November 1850 beendete ein Staatsstreich König Wilhelms diese „Fortsetzung der Revolution auf parlamentarischem Weg".

Trotz ihres Episodencharakters spielten die Landesversammlungen eine wichtige Rolle bei der Durchsetzung „moderner" Formen des Wahlkampfs, z. B. der öffentlichen Aufstellung von Kandidaten durch örtliche Parteien, Presseveröffentlichungen und Wahlreisen der Kandidaten. Diese Formen hielten sich – wenn auch abgeschwächt – trotz der Rückkehr zum Vormärz-Wahlrecht. Daher gilt für die Wahlen von 1849/50 in besonderem Maße, was für die Revolution von 1848/49 allgemein festgestellt werden kann: Aus längerfristiger Perspektive relativieren die Errungenschaften im Demokratisierungs- und Parlamentarisierungsprozess das kurzfristige Scheitern.

Die Verwaltung der Armut im 19. Jahrhundert

Die ersten zwei Drittel des 19. Jahrhunderts waren eine Zeit, in der Armut dramatisch zugenommen hatte. Für ihre Versorgung waren die Heimatgemeinden (nicht etwa die Wohnorte) zuständig. 1847 wurden in der ca. 7.300 Einwohner zählenden Stadt Hall 239 Arme im Spital und 708 außerhalb versorgt. 13 % der Bevölkerung waren ausschließlich oder zu großen Teilen auf öffentliche Unterstützung angewiesen. Genauer lässt sich dies noch für das folgende Jahrzehnt angegeben: Zwischen 1850 und 1860 wurden im Durchschnitt eines jeden Jahres 328 Personen wegen hohen Alters und Gebrechlichkeit, 229 wegen Krankheit und 245 wegen Arbeitslosigkeit unterstützt. Außerdem erhielten jährlich 113 Kinder Armenfürsorge. Jedes Jahr bezogen also 915 Erwachsene und Kinder „Sozialleistungen", worauf Jahr für Jahr 13.600 fl verwendet wurden. Da die Einwohnerzahl 1855 bei nur noch 6.720 lag, hatte sich der Anteil der unterstützten Einwohner auf 14 % erhöht.

Angesichts dieser Notlage wurden die sozialen Einrichtungen ausgebaut, die zu großen Teilen von der Spitalstiftung finanziert wurden. Das Spital war nach 1802 durch die Eingliederung zahlreicher anderer reichsstädtischer Stiftungen (Reichalmosen, Glöcklinsgeld, Almosen, St. Nicolai z. B.) theoretisch reicher geworden als je zuvor, war allerdings auch höher belastet als jemals vorher (unter anderem durch den Entzug von Geldern zugunsten des Königsreichs Württemberg). Zudem zeigte sich der Spitalverwalter in den kritischen Jahren zwischen 1802 und 1820 völlig überfordert, zog Abgaben nicht ein und stellte keine Rechnungen. Erst in einem mühevollen Aufarbeitungsprozess in den späten 1820er Jahren konnte das Chaos bereinigt und das Spital wirtschaftlich auf gesunde Füße

Das Hungerjahr 1817

Möglicherweise im Zusammenhang mit einer „Kleinen Eiszeit", die sich an der Vergrößerung der Gletscher in den Alpen festmachen lässt, und dem Ausbruch des Vulkans Tambora im heutigen Indonesien 1815/1816, der gewaltige Aschenmengen in die Atmosphäre schleuderte, verschlechterten sich die Ernten in Mitteleuropa. 1816 fiel die Ernte teilweise nur halb so hoch aus wie üblich, die Vorräte waren schon nach den langen Napoleonischen Kriegen erschöpft. In der Folge stiegen die Preise in bis dahin unbekannte Höhen (auf das Drei- bis Fünffache derjenigen von 1810). Gewicht und Qualität des Brotes verschlechterten sich im gleichen Rhythmus. Immerhin sah der Staat die Krise als Bewährungsprobe und intervenierte, wobei sich vor allem der Wohltätigkeitsverein, den Königin Katharina initiierte, dem Gedächtnis einprägte. Die Unterstützung konzentrierte sich auf Schaffung von Arbeitsgelegenheiten, die minimal bezahlt wurden, aber Bettelei, die als schlimmstes Übel galt, verhindern sollte. Im August 1816 wurden zum Gnadenpreis in Stadt und Oberamt 4.085 je vier Pfund schwere Brotlaibe verteilt. Im Frühjahr des folgenden Jahres gab es weitere Brotausteilungen. Die Überwindung der Krise durch die gute Ernte 1817 wurde mit der Einbringung der Erntewägen, durch Dankgottesdienste und mancherlei Souvenirs gefeiert. Im Nebeneffekt hatte das Königreich Württemberg neue Legitimität gewonnen.

gestellt werden. 1829 kam ein Vergleich mit der Staatsfinanzverwaltung zu Stande, der dem Spital 66.700 fl an Kapitalien zusprach. Den sozialen Aufgaben kam zugute, dass ab den 1830er Jahren, verstärkt aber nach der Revolution 1848 die Feudallasten abgelöst wurden, was dem Spital als dem größten aller Feudalherren in Hall und Umgebung gewaltige Kapitalien einbrachte. 1850/1851 wurde das Vermögen des Spitals auf 840.000 fl geschätzt (wobei Gebäude, Waldungen und noch vorhandene Feudalrechte mit eingeschlossen waren).

Zu diesen sozialen Einrichtungen rechnete z. B. eine „Kleinkinderschule" (gegründet 1834), in der 1835 105 Kinder untergebracht waren, von denen wiederum 60 als arm galten. Die „Industrieschule" beschäftigte im gleichen Jahr 27 Knaben und 68 Mädchen, wovon nur 18 Mädchen nicht zu den armen Leuten zählten. Beschäftigungen waren Spinnen, Stricken, Nähen und Strohhüte flechten. Dort waren auch 32 arme Alte tätig, denen auf diese Art Gelegenheit gegeben wurde, sich einen Teil des Lebensunterhalts zu verdienen. Zu den sozialen

Gesuch des Emanuel Daniel David Nieth um Unterstützung 1817

An Euer Königliche Majestädt

Ich kan nicht unterlassen Euer Königlicher Majestädt einen Ansuch zu machen von wegen meiner jezigen harten Lage. So sehr beträngt bin und mir nicht mehr zu helfen weiß, weil ich schon viele Jahr bin so hart gedrückt worden. Als ich ein Man wahr von 18 Jahren, kam ich unter das oesterreicher Militer. Da diente ich 6 Jahr und ano 1805 wurde ich gefangen von Franckreich und da war ich auch so lang 6 Jahr gegen Engelland zu Wasser. Zuvor aber war ich schon ein von Vatter und Mutter verlassener Waise, hate aber inn Vermögen etwas über dreyhundert Gulden. Weil ich aber so lang gedient hab und nicht hab abkommen können, so ist mein Vermögen ganz aufgegangen und aufgerechnet worden zur Besteurung der Kriegskosten unterworffen geblieben. Da ich vor 6 Jahr wieder zu Haußte kam, dar fand ich nichts mehr übrig von meinem Vermögen und ward starck verwundet. Doch aber meine Sachen gethan wie ein anderer Unterthan auch und dem Stadt vielle Dienste geleistet vor 2 Jahren bey denen gefangenen Franzsossen Durchmarsch und daß Nervenfieber so starck eingerißen hat, hab einzig und allein sie bewachen und abwarten müssen, daß ich hab durch die länge Zeit keinem Menschen in kein Hauß gedürft, daß mich hernach ein jeder Mensch geäusert hat und viele Zeit versäumen müßen und haben mir von meinem sauer verdienten Lohn zurückbehalten. Mir aber die ganze Zeit von meiner Herrschaft zu keinem Kreuzer geholfen worden, da ich mich aber die ganze Zeit hab erlich durchgebracht. Jetzt kan ich aber nicht mehr, mein Weib und die 3 Kinder zu erhalten und nicht mehr anderst zu helfen weiß, als Eure Königliche Majestädt fußfälig bitten aber allergnädig verzeihen, daß ich mir die Freiheit und Gewogenheit und Hülfe bey Eure Königliche Majestädt anflehen um eine Hülfleistung vor mich, daß ich mein Weib und meinen 3 liebe Kinder nicht verschmachten lassen darf. Ich verbleibe Iero Majestädt untergebenster Diener Emanuel Daniel David Nieth, Schwäbisch Hall, den 13ten Januar 1817.

Das Gesuch wurde von der „Hof- und Domainenkammer" an das Oberamt Hall zurückgegeben – mit dem Auftrag, es der Lokalleitung des Wohltätigkeitsvereins zu übergeben, die es an die Zentralleitung des Wohltätigkeitsvereins weiterleiten sollte. Im übrigen bat die Kammer darauf zu achten, dass keine derartigen Gesuche mehr an sie gelangten. Nieths Bitte um Unterstützung bliebt offenbar unerledigt in Hall liegen.

Feierliche Einholung des ersten Erntewagens nach der Hungersnot von 1817

Vereinen zählten der „Sparverein", der 1833 gegründet worden war, und die „Leichengeldsanstalt" von 1829, die die Finanzierung von Begräbnissen übernahm. Ihr gehörten 1831 schon 437 Mitglieder an. Für die Insassen des Armenhauses bestand seit 1830 ein separater Leichenverein, der 1833 Statuten erhielt und vor allem die bis dahin übliche Überführung der Leichname der Armen an die Anatomie in Stuttgart zu Forschungszwecken beenden sollte.

Ab 1850 entstand als neue Einrichtung das „Dienstbotenkrankenhaus". Es war für Gewerbegehilfen, Lehrlinge und Dienstboten in der Stadt Hall bestimmt, d. h. Personen, die im Krankheitsfall nicht auf die Unterstützung einer Familie rechnen konnten. Seine Kapazität war mit zunächst acht Krankenzimmern recht beschränkt. Für die Aufnahme war ein ärztliches Gutachten Voraussetzung. 1860 wurde es aus dem Spitalgebäude in das Armenhaus verlegt und mit dem (seit 1840 als eigene Institution bestehenden) „städtischen Krankenhaus" zusammengelegt. Dieses existierte bis 1934.

Vorläufer der späteren Armenvereine war die Lokalleitung der Armenkasse, deren Rechnungen aus den Jahren 1819 bis 1822 erhalten sind. Aktiv war dieser Verein danach hauptsächlich im Betrieb der Strohhutflechterei, für die Materialien eingekauft, Fertigprodukte verkauft und eine Lehrerin besoldet wurde. 1817 während der Hungerkrise hatte sie eine Suppenanstalt errichtet, Krankenkost ausgegeben, verbilligt Brot verteilt, Geldunterstützungen gewährt, Straßenbauten finanziert und Material für Spinnarbeiten bereitgestellt. 1831 wurden die Lokalleitungen wieder belebt, als die Cholera drohte. Nach der Revolution – 1850 – entwickelte sich daraus ein „Armenverein". Ein israelitischer Wohltätigkeitsverein entstand in den 1870er Jahren – charakteristisch für die religiöse Bindung der Sozialvereine.

Bettel!

Nachdem die Einrichtung getroffen ist, daß wandernde Handwerks-Gehülfen auf dem Polizei-Bureau eine Unterstützung neben dem Zunftgeschenk erhalten, werden die hier durchreisenden Handwerker vor dem Bettel ernstlich verwarnt, mit dem Anfügen, daß die Ortseinwohner jeden Bettelnden der Ortspolizeibehörde anzuzeigen haben, und daß diese neben der Strafverfügung oder Uebergabe an das K. Oberamt den Bettel mit auffallender Druckschrift in der Reise-Urkunde bemerken wird. **Bettel!**

Hall, den 1. Januar 1850.

Stadtschultheißenamt. Hager.

Warnung an wandernde Handwerksgehilfen vor dem Betteln von 1850

Seit 1824 war das traditionelle Heischen der Handwerksgesellen um einen Zehrpfennig untersagt. Sie sollten vielmehr zentral in den Gesellenherbergen unterstützt werden, was 1850 aber so immer noch nicht funktionierte und zu weiteren Aktionen der Obrigkeit einlud. „Vereine zur Unterstützung wandernder Gewerbe-Gehülfen" sollten die Gesellen unterstützen, Arbeit vermitteln und Bettel verhindern. Statuten der entsprechenden Einrichtung datieren von 1854, die auch allerlei Marken und Zettel vorsahen. Den Umfang der Wanderungen von Handwerkern zeigen Zusammenstellungen aus der Mitte der 1850er Jahre: 1855 erhielten 1.869 „Burschen" die vorgesehenen Geschenke beim Stadtschultheißenamt. Größte Gruppen waren die Schuhmacher (296) und Bäcker (266) sowie die Schneider (214), Müller (157) und Kübler/Küfer (151). 1856 lag die Gesamtzahl deutlich niedriger: in diesem Jahr wurden „nur" 1.165 Handwerksgesellen auf Durchmarsch registriert.

Das Bordell in der Gelbinger Gasse

Im August 1823 prangerte Dekan Franz Christian Neuffer vor dem Kirchenkonvent an, dass es in Hall ein Haus gebe, „wo Hurenwirtschaft getrieben werde, einem Bordel ähnlich". Auf diese doch im Lichte der städtischen Moralpolitik schockierende Eröffnung geschah – nichts, denn Stadtschultheiß Johann Friedrich Hetzel gestand zwar zu, von der Existenz dieses Etablissements zu wissen, da aber auch Honoratioren dorthin „wandelten", habe man nicht durch polizeiliche Ermittlungen Aufsehen erregen wollen. Das besagte Haus lag gegenüber der „Post" in der Gelbinger Gasse, also in guter Lage für Kunden von auswärts, die zudem einen Hintereingang benutzen konnten. Die hauptsächliche Betreiberin war Catharina Röthel, die ihren Lebensunterhalt durch Kuppelei und die Vermietung ihrer Kammer an Prostituierte und Kunden bestritt und in der Erpressung eben dieser Kunden einen lukrativen Nebenerwerb entdeckt hatte.

> Andere Frauen wie Johanna Friederika Walter, Eva Barbara Lude und Susanna Catharina Striffler kooperierten mit der Röthel, warben junge Frauen an und überbrachten Briefe, wirtschafteten zum Teil aber auf eigene Rechnung. Den Umfang des Netzwerkes spiegelt der Prozess wider: Zwischen 1824 und 1826 mussten mehr als 150 Personen vor Gericht erscheinen, 63 (davon 30 Frauen) wurden verurteilt. Die männlichen Kunden kamen weitgehend ungeschoren davon: Leugneten sie, das Bordell besucht zu haben, ließ das Oberamtsgericht die Anklage in der Regel fallen. Das Spektrum der (angeblichen) Kunden reichte von Adligen wie den Grafen Pückler aus Gaildorf über zahlreiche Beamte, Kaufleute und Bauern in Hall und Umgebung bis zum Kaminfeger Bertsch aus Löwenstein. Der herausgehobene soziale Status einiger der Männer erklärt die Ehrerbietung, mit der sie vor Gericht behandelt wurden – ganz im Unterschied zu den Frauen. Diese erklärten, die Armut habe sie dazu veranlasst, als Prostituierte bzw. Kupplerin zu arbeiten. Auch die Chronologie unterstützt das: Die ersten Erpressungen gehen anscheinend in das Hungerjahr 1817 zurück.

Die Tendenzen der Armenfürsorge lassen sich beispielhaft an der Wilhelmsanstalt zeigen, die für verwaiste und verwahrloste Kinder gedacht war. Charakteristisch ist die Mischung von öffentlichen Mitteln und privatem Engagement (vor allem von Frauen), von Zwang, Isolierung und moralischer Abwertung der Armut. Das ehemals allzuständige Spital gliederte spezialisierte Einrichtungen aus.

Die Wilhelmsanstalt

Die Versorgung der Waisen und der Kinder armer Eltern, die sich nicht um die Erziehung ihrer Sprösslinge kümmern konnten, lag traditionell beim Spital. 1808 waren 40 Kinder im Alter von einem halben bis zu 15 Jahren in der Kindstube und zwei Kammern untergebracht. Eine Kindsmutter und ein Schullehrer sorgten für das leibliche und geistliche Wohl. Üppig war die Verpflegung nicht: Jahraus, Jahrein gab es morgens, mittags und abends Suppe und/oder Gemüse, begleitet von 4 Pfund Brot pro Kopf in jeder Woche. Fleisch wurde nur an Sonn- und Festtagen gereicht. Die Kinder erhielten sechs Stunden Unterricht am Tag und arbeiteten darüber hinaus in der Industrieschule mit, wo Stricken und Spinnen auf dem Lehrplan standen. Für jedes Kind gab die ehemalige Reichsstadt ca. 80 fl im Jahr aus.

Wenige Jahre später (ca. 1813) „reformierte" man dieses System: Das Waisenhaus im Spital wurde aufgelöst, die Kinder kamen zu Pflegeeltern, denen ein Kostgeld von 30 bis 50 fl bezahlt wurde – also eine deutliche Einsparung verglichen mit dem Stand von 1808. 1823 bezahlte die Spitalstiftung für die Unterbringung von 34 Kindern, die weiterhin die Armenschule im Hospitalgebäude besuchten.

In den späten 1830er Jahren begannen die Planungen für einen erneuten Systemwechsel: Die Versorgung bei Pflegeeltern genügten den wachsenden Ansprüchen an Zucht und christlicher Erziehung nicht mehr. 1838 entwarf Diakon Stockmayer deshalb einen Plan für die Errichtung einer Kinderrettungsanstalt. Ein entsprechender Verein gründete sich unmittelbar danach, der die Stadt um die Überlassung des Schulhauses in Unterlimpurg bat, wo er eine Anstalt für 50–60 Kinder unterhalten wollte. Das war ein wenig überstürzt und naiv, da der Verein zu diesem Zeitpunkt noch keinerlei Überblick über die nötigen Finanzmittel hatte. Die Jahre 1839 und 1840 wurden daher zunächst mit Vorbereitungen verbracht. Immerhin gelang 1840 schon einmal die Anmietung des unteren Armenhauses von der Spitalstiftung. Außerdem sicherte die Wielandsche Stiftung (die der reiche Weinhändler Heinrich Wieland der Stadt hatte zukommen lassen) ein zinsloses Darlehen von 4.000 fl zu.

Plan für die neue Fassade des Hospitals von 1882

Entscheidende Schritte wurden 1841 unternommen: Im April schloss der Verein einen Anstellungsvertrag mit einem Schullehrer, der die Leitung der Anstalt übernehmen sollte; zwischen Juni und September stärkte man durch eine Lotterie die Kapitalbasis und wandelte das Darlehen der Wielandschen Stiftung in einen Jahresbeitrag um. Zudem wurden Frauenvereine gegründet, durch die jeweils zehn oder zwanzig Frauen einen Zögling der Anstalt finanzieren sollten. Die Frauen spendeten 6 oder 3 x pro Woche, so dass ein Verpflegungssatz von 52 fl pro Jahr erreicht wurde.

Am 31. Oktober 1841 nahm mit 22 Kindern und sieben Frauenvereinen die Wilhelmsanstalt ihre Arbeit auf. Kinder zwischen dem 6. und dem 14. Lebensjahr sollten verpflegt und erzogen werden. Der Hausvater war ein Schullehrer, der den Unterricht übernahm (wodurch die Waisenkinder im übrigen von allen übrigen Kindern in der Stadt getrennt wurden). Eltern und Verwandte durften die Kinder nur alle vier Wochen eine Stunde lang besuchen. Nach der Konfirmation wurden die Jungen in eine Lehre, die Mädchen in Dienst gegeben. So finanzierte der Verein für Wilhelm Paul Stein eine dreijährige Schuhmacherlehre bei Schuhmachermeister Sophonias Beischlag.

1844 musste die Anstalt verlegt werden, nachdem das Spital das Mietverhältnis für das untere Armenhaus beendet hatte. Die „Wilhelmsanstalt" kaufte für 950 fl das Gebäude Nonnenhof 4, wohin sie im Juli 1844 umzog. Gleichzeitig fand eine wesentliche Erweiterung statt: Die Zahl der eingewiesenen Kinder stieg auf das Doppelte. Zöglinge kamen jetzt auch von auswärts (z. B. Margaretha Maria Paulina Notz aus Ditzingen).

Anerkennung für die Arbeit gab es 1846, als die Königliche Armenkommission Lob ausdrückte.

Gleichzeitig begannen – trotz einer königlichen Spende von 300 fl – die Schwierigkeiten: 64 Kinder lebten jetzt in der Anstalt, die Lebensmittelpreise waren gestiegen, Spenden blieben aus. Eine Kollekte im gesamten Oberamt Hall brachte bei weitem nicht den erwünschten Ertrag. 1847 wurden von den 75 Zöglingen 50 vom Spital, sechs vom Oberamt und der Stiftspflege Steinbach, fünf privat, einer von der Zentralleitung des Wohltätigkeitsvereins in Stuttgart, vier von der Stuartschen Stiftung in Ellwangen und neun von den Frauenvereinen finanziert. Gründe für die Einweisung in die Anstalt waren z. B., dass Bernhard Wieland von seinem Vater misshandelt wurde, ansonsten extreme Armut und Vernachlässigung, wie im Falle des Johann Georg Carl Brodbeck aus Hütten, unehelicher Sohn der Katharina Rosina Brodbeck und des Johann Friedrich Hackert aus Untermünkheim. Austritte gab es auch: So beklagte die Stiftungspflege Steinbach, dass die von ihr unterstützte Elisabeth Bürger seit ihrer Einweisung nur sehr unregelmäßig zum katholischen Religionsunterricht erscheine. Sie wollte das Mädchen wieder aus der Anstalt nehmen und bei Pflegeeltern unterbringen. Im Februar 1851 holte die Frau des Wagner Fritsch ihr Kind ohne Einwilligung des Hausvaters ab. Auf Nachfrage erklärte sie, dass sie das Kind nicht mehr aus dem Haus gäbe, sie glaube, es selbst ernähren zu können.

1850 versuchte der Verein seine mittlerweile deutliche finanzielle Schieflage durch zusätzliche Spenden zu korrigieren. Er gab einen Rechenschaftsbericht heraus, der der Werbung dienen sollte, dessen Erfolg aber ausblieb. Die Zahl der untergebrachten Kinder ging zurück – angeblich war den einen die Wilhelmsanstalt zu pietistisch, den anderen zu wenig pietistisch –, das Kostgeld lag über dem vergleichbarer Einrichtungen. Ende 1851 führte kein Weg mehr um die Auflösung des Instituts und des Vereins herum, nachdem auch aus dem Bürgerausschuss Kritik geäußert worden war. Am 18. November 1851 stellte das Waisenhaus seinen Betrieb ein, das Mobiliar wurde in den Tagen danach verkauft. Das Gebäude Nonnenhof 4 ging 1852 in Privatbesitz über. Im Oktober 1852 löste sich der Verein auf. Sein letzter Beschluss betrifft die Deponierung der Akten im Spitalarchiv.

Aus einem Schreiben der Friederike Diemant, Arbeiterin in der Weberei/Spinnerei Ettlingen, 1842, nach Aufnahme ihrer unehelichen Tochter in die Wilhelmsanstalt

Ihren werten Brief hab ich erhalten es hat mich herzlich gefreut das sie alle recht wohl und gesund sein ich habe vor Freude geweint das mir der liebe Gott geholfen hat das mein liebes Kind versorgt ist wo mir ein groser Kummer vom Herzen ist Gott hat mein Gebett erhört ...

Niedergang und Wiederaufstieg der Bildungsstadt

Die Volksschule am Langen Graben um 1900

Mit dem Ende der Reichsstadt kam es auch zu tiefgreifenden Änderungen im Schulwesen. 1812 traten an die Stelle der sechs Deutschen Schulen und der Katechetenschule eine Elementarschule für die sechs- bis achtjährigen Kinder, je eine Knaben- und eine Mädchenschule für die Acht- bis Vierzehnjährigen und eine im Hospital angesiedelte Armenschule. Die „Industrieschule" behielt man bei. Die Schulen waren zunächst auf verschiedene Gebäude in der Stadt verstreut. Nach langem Streit um die Baukosten konnte 1838 die Volksschule am Haal eingeweiht werden. Bereits 1847 war sie jedoch zu klein. Zwei der zehn Klassen, die von vier Schulmeistern, zwei Unterlehrern und vier *Gehülfen* unterrichtet wurden, mussten in das Hospital ausweichen. Die Platznot erzwang schließlich einen 1882 eingeweihten Neubau am Langen Graben. Das Gebäude fasste je sieben Mädchen- und Jungenklassen mit maximal 1.524 Schülern. Die Stadt investierte große Summen und finanzierte drei der 14 Lehrerstellen.

Eine eigene jüdische Schule bestand seit 1829 in Steinbach; die Kosten trug weitgehend die jüdische Gemeinde Hall-Steinbach. Sie wurde 1852 nach Unterlimpurg verlegt und 1869 aufgehoben. Für die nun die Volksschulen besuchenden Kinder jüdischer Konfession gab es seit 1869 eine israelitische Religionsschule, deren tatkräftiger Lehrer Nathan Hähnlein in Schwäbisch Hall hoch angesehen war. Der Unterricht fand teils im späteren Rabbinat (Obere Herrngasse 1), teils in Hähnleins Haus in der Oberen Herrngasse 3, ab etwa 1890 im Volksschulgebäude statt. Eine private katholische Konfessionsschule mit 58 Schülern entstand 1885 in der Salinenstraße 8. Nur zögerlich beteiligte sich der Stadtrat des bislang weitgehend evangelischen Hall an den Unkosten, um die Schule dann aber 1905 ganz zu übernehmen.

Charakteristisch für das 19. Jahrhundert ist die schrittweise Veränderung der Lerninhalte weg von der anfangs dominierenden Religions- und Sittenlehre hin zu den „Realien" (Geschichte, Geografie, Physik, Naturkunde usw.). Die Durchsetzung der seit 1810 bestehenden allgemeinen Schulpflicht war mühsam, da die Kinder daheim vielfach als Arbeitskräfte benötigt wurden. Ein weiteres Konfliktfeld bot das Schulgeld, das manche Eltern zu umgehen versuchten, indem sie ihre Kinder in die Armenschule schickten. Die Lehrer hielten strenge Disziplin, Schläge waren alltäglich. Erst ab mehr als 100 Schülern bekamen sie einen Gehilfen, den sie meist selbst bezahlen mussten. Ihre Ausbildung veränderte sich im 19. Jahrhundert von der eines Handwerkers – man absolvierte eine Lehrzeit bei einem Schulmeister und legte dann eine Prüfung ab – hin zur staatlichen Ausbildung an Seminaren, was zu einer wesentlich verbesserten Qualifikation und auch einem steigenden Sozialprestige führte. Einen Zwischenschritt auf diesem Weg stellten private Lehrerseminare dar. Ein solches wurde hier 1831 auf Initiative des Pfarrers Hallberger eingerichtet und bestand bis 1844. Unter dem Druck eines chronischen Lehrermangels ließ man 1858 widerstrebend und unter Einschränkungen Frauen als Lehrerinnen an den Volksschulen zu.

Einen tiefen Einschnitt in das Volksschulwesen stellte 1936 die Umwandlung der konfessionellen Schulen in die „Deutsche Gemeinschaftsschule" dar, mit der die NS-Behörden nicht zuletzt den Einfluss der Kirchen zurückzudrängen versuchten. Charakteristisch für Stadt und Region ist das starke Engagement vieler Volksschullehrer für den Nationalsozialismus, dem sie teilweise eine explizit antikirchliche Stoßrichtung gaben. So klagte 1941 der Enslinger Pfarrer Wilhelm Fink, als gemäßigter „Deutscher Christ" durchaus kein Feind von Staat und Partei, es sei *das Unglück des Haller Bezirks, daß alle wichtigen Parteiämter in den Händen von kirchenfeindlichen Lehrern sind*. Eine Episode blieb die zwischen 1942 und 1945 bestehende nationalsozialistische Lehrerbildungsanstalt für Volksschullehrkräfte in beschlagnahmten Räumen der Diakonissenanstalt. Das Kriegsende 1945 brachte für die Volksschulen große Schwierigkeiten. 85 % der Lehrer des Schulamtsbezirks waren aus politischen Gründen entlassen worden, gleichzeitig stiegen die Schülerzahlen – nicht zuletzt durch den Zustrom von Flüchtlingen und Vertriebenen – enorm an. In der Schwäbisch Haller Volksschule lag die Klassenstärke 1946/47 bei 82, im folgenden Schuljahr bei 110 Kindern, insgesamt gab es etwa 1.700 Schüler. Man behalf sich mit der Einstellung von „Schulhelfern", der Reaktivierung von Pensionären und der schrittweisen Wiedereinstellung der „entnazifizierten" Lehrkräfte. Mit den nach 1945 neu errichteten bzw. ausgebauten Siedlungen entstanden auch neue Volks- bzw. Grundschulen, so 1955 auf dem Rollhof und 1961 in der Kreuzäckersiedlung. Hessental erhielt 1950 eine neue Volksschule, in Steinbach nutzte man ab 1951 den „Samenbau" bei der Comburg und übernahm dieses auch als Unterkunft für Vertriebene genutzte Gebäude 1961 ganz für schulische Zwecke.

Aus der Volksschule heraus und anfangs räumlich in diese integriert war mit der vierjährigen „Hauptschule" am 26. August 1942 eine neue weiterführende Schule mit zunächst 42 Schülerinnen und Schülern eingerichtet worden. Sie sollte als „Ausleseschule" die Begabten einsammeln, um sie *durch vertiefte Ausbildung fürs praktische Leben in mittleren, gehobenen und führenden Posten in Industrie, Handel und Gewerbe, Verwaltung, Landwirtschaft, Schule und nicht zuletzt auch bei der Wehrmacht zu erhöhtem Einsatz zu bringen*. Dieser Vorläufer der heutigen Realschulen wurde 1947 in eine „Mittelschule" umgewandelt und ging 1953 in die Träger-

Neubau der „Realanstalt" und der bald darauf zum Gymnasium aufgewerteten Lateinschule, um 1871

schaft des Landkreises über, der für die bisher im Spitalgebäude untergebrachte Einrichtung einen Neubau auf der Tullauer Höhe errichtete. Die Stadt hätte die Kosten für den Neubau nicht aufbringen können und deshalb einen Teil der vielfach aus dem Kreisgebiet stammenden Schüler abweisen müssen.

Ein Vorgänger der „Industrieschule" bestand bereits im 18. Jahrhundert im Hospital. Ab 1807 konnte sie von allen Kindern besucht werden; wer nicht als „Armenschüler" anerkannt war, musste Schulgeld entrichten. Eine Lehrerin unterwies die Schüler im Spinnen, Stricken und Nähen. Ein Teil der Erlöse ging an die Kinder. Mitte der 1860er Jahre integrierte man den überwiegend von Mädchen besuchten Industrieunterricht als „Arbeitsunterricht" in die Volksschulen. Die Lehrerinnen entlohnte ab 1868 das Hospital. Eine eigene „Frauenarbeitsschule" wurde 1875 eingerichtet und 1945 mit der Haushaltungsschule zusammengeschlossen. Eine katholische „Industrieschule" bestand zwischen 1868 und 1937 auf der Comburg, eine evangelische Nähschule zwischen 1926 und 1944, wurde nach 1945 neu begründet und ging 1972 in der evangelischen Familienbildungsstätte auf.

Frühe Bemühungen um die Etablierung eines Berufsschulwesens gingen von dem Apotheker Dr. Kober aus, der 1826 in Hall eine der ersten Sonntagsgewerbeschulen des Landes gründete. Sie sollte Lehrlingen und Gesellen vor allem kaufmännisches, mathematisches und physikalisch-technisches Grundwissen vermitteln. Nach anfänglich gutem Anklang kamen jedoch immer weniger Jugendliche. Einen zweiten Anlauf unternahm man auf Initiative von Handwerksmeistern und Honoratioren 1842 mit dem Beschluss zur Gründung einer *practischen Gewerbeschule*. Sie erweiterte ihren Unterricht 1852 auf sechs Stunden, vergrößerte das Fächerangebot und verlegte die Stunden teilweise vom Sonntag weg. Auf eine neue Basis gestellt wurden diese Bemühungen 1855 bzw. 1857 mit der „gewerblichen Fortbildungsschule", deren Erfolg 1874 die Ergänzung der gewerblichen durch eine kaufmännische Abteilung auslöste. Auch dehnte man den bislang nur in den Wintermonaten stattfindenden Unterricht auf den Sommer aus. Ein entscheidender Faktor für den Erfolg war die Tätigkeit qualifizierter Lehrer aus der Realanstalt. 1913 konnte ein Neubau am Langen Graben bezogen werden. 1956 wurde für die Einrichtung mit mittlerweile etwa 1.000 Schülern ein Neubau auf der Tullauer Höhe eingeweiht, der als wichtiger Ansatz *zur Stärkung der Leistungs- und Wirtschaftskraft des hällischen Raumes* galt. Für junge Landwirte gab es seit 1872 die „Landwirtschaftliche Winterschule", später „Landwirtschaftsschule", in die 1932 eine Mädchenklasse integriert wurde. Sie bestand als „Fachschule für Landwirtschaft und Hauswirtschaft" bis 1998.

Das Gymnasium verzeichnete mit dem 1804 berufenen Friedrich David Gräter den wohl bedeutendsten Leiter in seiner Geschichte. Doch obwohl er lebhafte Aktivitäten entwickelte, um seine Schule zu erhalten und auszubauen, konnte er nicht verhindern, dass König Friedrich I. am 15. Juli 1811 die Aufhebung sämtlicher Gymnasien in den Städten ohne das Prädikat „Gute Stadt" verordnete. Das Gymnasium wurde zu einer dreiklassigen Lateinschule degradiert, seine Basis mit der Aufhebung des „Contuberniums" 1813 noch weiter ausgehöhlt. Hintergrund dieser Maßnahme war die Anpassung der Akademikerausbildung an den tatsächlichen Bedarf des Staates. Daneben wollte der König die Anzahl der Studenten auch deshalb reduzieren, da diese vom Militärdienst ausgenommen waren. Dies bewirkte nicht nur eine Provinzialisierung der bislang akademisch geprägten Stadt, sondern verschlechterte die Bildungs- und damit auch die Aufstiegschancen in Stadt und Region. Besonders betroffen waren die Handwerkersöhne, die bis dahin oft das Gymnasium besucht hatten. Eine höhere Schulbildung war ihnen nun de facto verwehrt.

Die Schülerzahl der Lateinschule lag lange bei etwa 80. Nach zwei vergeblichen Versuchen etablierte man 1838 neben der Lateinschule eine zweiklassige „Realanstalt", deren Schwerpunkt auf den Naturwissenschaften, der Mathematik, der Geografie und den neueren Sprachen lag. Sie erlebte insbesondere in den 1860er Jahren ein starkes Wachstum. 1870 standen 183 Schüler in fünf Klassen der Realschule lediglich 113 in der Lateinschule gegenüber. Wegen Platzmangels waren die Klassen über die ganze Stadt verteilt. Dieser Mangel nötigte die Stadt zu einem aufwendigen Neubau, der nach Entwürfen des Stuttgarter Baurats Leins am Langen Graben erstellt und 1873 feierlich eingeweiht wurde.

Bereits zuvor war die Lateinschule von einem tatkräftigen neuen Leiter übernommen und revitalisiert worden. Professor David Banz lockte wieder zahlreiche auswärtige Schüler an – 1872 standen 68 auswärtigen lediglich 56 einheimische Schüler gegenüber – und erreichte in diesem Jahr die Erhebung der Lateinschule zum Lyzeum, d. h. „unvollständigen Gymnasium". Schon 1874 war es mit 170 Schülern das größte im Land. Der Gemeinderat setzte nun alle Hebel zur Wiederherstellung des Gymnasiums in Bewegung und erreichte dies 1877 unter erheblichen finanziellen Aufwendungen. Das neue Gymnasium hatte einen ähnlich großen Einzugsbereich wie sein reichsstädtischer Vorgänger. Nur 144 der insgesamt 477 Abiturienten kamen aus dem Haller Oberamtsbezirk, die anderen aus dem gesamten Nordwürttemberg, aber auch aus Nürnberg, München und sogar aus dem Elsass und der Schweiz.

Die seitens der Realanstalt betriebene Vollausbau wurde 1900 erreicht, als auch

Schülerinnen der Mädchenrealschule um 1925

die Reifezeugnisse mit denen der Gymnasien und Realgymnasien gleichberechtigt wurden. Während das Gymnasium vor allem Akademikerkinder (v. a. aus Pfarrerfamilien) anzog, dominierten bei den Schülern der „Oberrealschule" (seit 1903) Kinder aus der handwerklichen und gewerbetreibenden Mittelschicht. Die Stadt hatte sich allerdings mit beiden Schulen finanziell übernommen. Nach langen Diskussionen beschloss der Stadtrat deshalb 1908 die Umwandlung des Gymnasiums in ein Realgymnasium und seine Eingliederung in die Oberrealschule. Ausschlaggebend war neben der Konkurrenz neugegründeter Gymnasien und der finanziellen Belastung ein genereller Bedeutungsverlust der humanistischen Bildung, deren Vorrechte – z. B. bei der Zulassung zum Studium – schrittweise verschwanden. Neben dem Bedarf an technisch und naturwissenschaftlich vorgebildeten Schülern spielte auch der zunehmende Nationalismus eine Rolle. Auch dem Haller Gymnasium warf man vor, die „nationale" Erziehung zugunsten der „internationalen", griechisch-römisch geprägten Bildung zu vernachlässigen. Im Zeichen der Not nach dem Ersten Weltkrieg sanken die Schülerzahlen von zuvor etwa 430 auf 353 im Jahr 1924. In der Phase der Weltwirtschaftskrise stiegen sie zwar wieder an, Grund hierfür war jedoch vor allem die Perspektivlosigkeit – da die jungen Menschen keinen Beruf fanden, besuchten sie lieber die Schule. *Wir gehören*, so ein Schüler in einem Aufsatz, *zu den 20 Millionen Deutschen, die nach Clemenceau zu viel sind. Wir sind nichts und wir haben nichts. Ein Revolverschuß wäre das einfachste.* Schon 1931 gab es Beschwerden über nationalsozialistische Umtriebe in der Schülerschaft, und bei der „Machtergreifung" 1933 soll diese bereits zu mindestens 80 % Hitler angehangen haben. 1937 gingen das Realgymnasium und die Oberrealschule in der nach dem württembergischen Ministerpräsidenten, ehemaligen Haller Gymnasiallehrer und Mitbegründer der NSDAP-Ortsgruppe benannten Mergenthaler-Oberschule auf. Im selben Jahr galt die Schule auch als „rein arisch". Ein starkes Schülerwachstum auf 535 im Jahr 1944 deutet an, dass die Oberschule nun auch von Kindern aus sozialen Schichten besucht wurde, für die eine höhere Schulbildung bislang nicht in Frage gekommen war. Die Bennennung nach Mergenthaler legte die Schule 1945 wieder ab, 1947 erfolgte die Einführung eines gymnasialen Zuges mit Latein als erster Fremdsprache. Prägende Gestalt der Nachkriegsjahre war der spätere baden-württembergische Kultusminister Dr. Gerhard Storz, der sich nicht nur um den Neuaufbau der Schule verdient machte, sondern auch um die Freilichtspiele und – als Gemeinderat und Mitbegründer der Schwäbisch Haller CDU – um den demokratischen Neuanfang. Im Rahmen des 300jährigen Schuljubiläums gab er 1955 den neuen Schulnamen „Gymnasium bei St. Michael" bekannt.

Seit der Mitte des 19. Jahrhunderts gab es für Mädchen die Möglichkeit einer höheren Schulbildung. Eine Gruppe Schwäbisch Haller Honoratioren, darunter als treibende Kraft der Dekan und spätere Ehrenbürger Dr. Wilhelm Ludwig Wullen und der Stadtschultheiß Friedrich Hager, gründeten 1855 ein „Töchterinstitut" zur höheren Mädchenbildung unter der Leitung des Lehrers Christian Reiniger. Die neue, zunächst privat getragene und durch Schulgeld finanzierte Einrichtung zielte auf eine *ächt weibliche und zugleich den Anforderungen der Gegenwart entsprechende Bildung*. Sie musste gegen erhebliche Widerstände von Teilen der Lehrerschaft, innerhalb der Kirche und auch in der Bevölkerung durchgesetzt werden – ein Kirchengemeinderat etwa fand, *wir brauchen Bürgerstöchter – keine vornehm gebildeten Fräulein*. Die Töchterschule begann mit drei Lehrern, zwei Lehrerinnen sowie 59 Mädchen zwischen sechs und 16 Jahren in vier Klassen. 1858 ergänzte Reiniger sein Institut um eine „Vorschule für Knaben", die auf die Lateinschule bzw. Gymnasium und Realanstalt vorbereitete. Ab 1859 zahlte die Stadt einen Teil der Kosten, übernahm sie schließlich 1873 ganz und wandelte sie 1878 in eine sechsklassige höhere Mädchenschule um. 1882 fand sie in der Volksschule am Haal ein dauerhaftes Domizil. Ab 1907 konnten die Absolventinnen in einer höheren Knabenschule die Studienreife erwerben. Als erste Hallerinnen legten Julie Baur, Tochter des Stadtpfarrers, und Anna Heimann, Tochter eines jüdischen Arztes, 1909 das Abitur ab und studierten anschließend in Tübingen. Der Lehrplan von 1914 brachte die Aufwertung zur Mädchenrealschule; mit dem neuen Unterricht sollten, so Rektor Dr. Oskar Knieser, nun auch die Kräfte des Verstandes und das logische Denken geweckt und geschult werden, nachdem sich der Unterricht bisher mehr an Herz und Gemüt gerichtet habe. Nach einer Krisenphase während der Weimarer Zeit, in der zu wenig Schülerinnen zeitweilig die Existenz der Schule gefährdeten, erfolgte 1938 der Ausbau zur Oberschule mit einem Einzugsbereich für den gesamten Nordosten Württembergs. 1943 wurde die mit allen Schülerinnen und Lehrerinnen aus Duisburg evakuierte Johanna-Lebus-Schule im ohnehin zu kleinen Schulgebäude untergebracht. Wie überall brachte das Kriegsende auch hier den Unterricht zum Erliegen. Lehrerinnen und Schülerinnen bildeten im Mai 1945 einen „Landwirtschaftlichen Hilfsdienst", bis dieser im November 1945 wieder aufgenommen werden konnte. Angesichts steigender Schülerinnenzahlen (470 im Jahr 1955) blieben Lehrer- und Raummangel ein drängendes Problem, so dass manchmal sogar im Freien auf der Kochermauer unterrichtet werden musste. 1949 erfolgte die Umwandlung in ein vollgültiges Gymnasium.

Diese endgültige Etablierung der höheren Bildung auch für Frauen bildet quasi den „Schlussstein" des Wiederaufstiegs Schwäbisch Halls zu einem Bildungszentrum in Nordostwürttemberg mit Ausstrahlung über die Landes- und sogar Staatsgrenzen hinaus. Zu verdanken ist dies vor allem dem Engagement einzelner Bürger und Bürgergruppen, dem später auch der energische Einsatz der Stadtverwaltung und der Gemeindekollegien folgte.

Gewerbe und Handel im 19. und 20. Jahrhundert

Schwäbisch Hall von Südwesten. Lithographie von H. Kraneck, nach 1862. Links der neue Bahnhof

Mit den Napoleonischen Kriegen und dem Ende der Reichsstadt begann eine tiefe wirtschaftliche Krise. Zu den Auswirkungen der finanziellen Erpressungen durch die Kriegsparteien kamen die Folgen der Kontinentalsperre gegen England und französische Importbeschränkungen, die den Viehhandel zum Erliegen brachten. Weitere Belastungen resultierten aus den neuen Staatsgrenzen, die traditionelle Handelsverbindungen, z. B. in das nun bayerische Franken, kappten. So klagten die Haller Gerber 1820, ihr Gewerbe leide *in der neueren Zeit außerordentlich Noth. Eine Hauptursache hievon ist gleich der gänzlich abgeschnittene Verkehr mit dem Ausland.*

Schwerer wirkte die Übernahme der Saline durch die Krone. Durch das Ende des freien Salzhandels – der nun über den Staat abgewickelt wurde – kamen weniger Kaufleute, die öffentliche Ausschreibung von Aufträgen verringerte die Gewinnspannen der Handwerker. Viele Taglöhner verloren 1817 ihren Lebensunterhalt, weil das Holz für die Saline nun schon vor dem Transport nach Hall zerkleinert wurde. Die Stadt musste daraufhin *50–60 Familien mit Allmosen unterstützen ..., welche sich sonst selbst ernährt haben.* Die königliche Saline nahm ab 1825 durch die Verarbeitung von gelöstem Steinsalz aus dem Bergwerk Wilhelmsglück (erschlossen 1823), das durch ein Leitungssystem nach Schwäbisch Hall transportiert wurde, und den Bau einer neuen Saline (1835) nördlich der Altstadt einen neuen Aufschwung. Die alten Bauten auf dem Haalplatz brach man 1842 ab. Um 1855 beschäftigten Saline und Bergwerk mittelbar und unmittelbar etwa

Die königliche Saline im 19. Jahrhundert

500 bis 700 Personen. Obwohl die Saline im 19. Jahrhundert ein bedeutender Wirtschaftsfaktor blieb, nahm sie nicht mehr die dominierende Rolle wie in der Reichsstadtzeit ein; ab den 1850er Jahren kam es zu einem schrittweisen Bedeutungsverlust gegenüber dem neueren Steinsalzbergwerk in Jagstfeld. Nach 1888 verarbeitete die Saline Sole aus Bohrlöchern bei Tullau und wurde so vom 1900 geschlossenen Wilhelmsglück unabhängig. Trotz eines Rückgangs der Beschäftigten auf 30 bis 35 erreichte die Jahresproduktion um 1910 mit 100.000 Zentnern Salz einen Höhepunkt. Der wirtschaftliche Niedergang der 1920er Jahre veranlasste schließlich die württembergische Regierung zur Schließung der bedeutungslos gewordenen Saline mit nur noch 23 Beschäftigten zum 1. April 1924.

Im Handwerk verstärkte sich die sich bereits Ende des 18. Jahrhunderts abzeichnende Entwicklung. Gab es 1804 in Schwäbisch Hall noch 450 Handwerksmeister, so waren es 1820 schon über 600. Da die Nachfrage nicht entsprechend wuchs, sank das Pro-Kopf-Einkommen. In Hall galten 1819 etwa 12 % als arm, was deutlich über dem Landesdurchschnitt von 5 % lag. Anfang der 1830er Jahre verschärfte sich die Krise, so dass viele Handwerker *von dem Verbrauch des früher Ersparten oder Ererbten oder von der Nachsicht der Gläubiger* lebten. Ein Hauptgrund war die Konkurrenz durch Fabrikerzeugnisse, deren Zustrom nach der Beseitigung von Zollschranken durch den Beitritt Württembergs zum Deutschen Zollverein anstieg. So verloren nicht nur viele Handwerksgesellen ihre Arbeit, auch die Meister mussten ab Ende der 1840er Jahre oft ihre Betriebe schließen und sich teilweise als Taglöhner verdingen – ein dramatischer sozialer Abstieg. Die von den Handwerkern im Zuge der Revolution 1848 erhobenen Forderungen waren deshalb konservativ und zielten auf eine Wiederherstellung des alten Zunftsystems. Diese Krise dauerte bis in die

Der Solespeicher der Saline, der 1930 abgerissen wurde, mit der 1945 zerstörten Hirschlesmühle

1860er Jahre und führte zu einer erheblichen Abwanderung der betroffenen Bevölkerungsgruppen, insbesondere in der Phase der Massenauswanderung in den 1850er Jahren.

Vielfältige Initiativen zur Verbesserung der Situation gingen von dem 1831 durch den Redakteur und Advokaten Eduard Schübler nach Stuttgarter Vorbild gegründeten Gewerbeverein aus, dem zweiten in Württemberg. Er bemühte sich etwa um das Berufsschulwesen, um Gewerbeausstellungen, um die Bereitstellung von Fachliteratur, später auch um den Eisenbahn- und den Telefonanschluss. Direkte Betriebsgründungen misslangen zwar meist – die „Haller Seidenindustrie" blieb ebenso erfolglos wie eine „Runkelrübenzuckerfabrik auf Aktien" – doch aus der 1831 gegründeten „Leinen-Spinnerei-Gesellschaft" entwickelte sich mit der Baumwollspinnerei J. F. Churr & Söhne ein erfolgreiches Unternehmen, das 1847 130 Arbeiter und weitere 200 Weber in der Umgebung beschäftigte.

Die Gründungen der Oberamtssparkasse und der Genossenschaftsbank erleichterten ab den 1850er Jahren die Kapitalbeschaffung. In derselben Zeit stieg die Bereitschaft zu Investitionen in neue Techniken, sichtbar 1854 am Einsatz der erste Dampfmaschine in der Knochenmehlfabrik Ungeheuer & Cie, der 1855 die Saline, 1856 die Stärkefabrik Renner und die Churr'sche Spinnerei folgten. Ein weiterer positiver Faktor war ab 1862 der mit vielen Hoffnungen verbundene Eisenbahnanschluss. Tatsächlich kam es in den 1860er Jahren zu einem wirtschaftlichen Aufschwung, sichtbar auch an Unternehmensgründungen wie der Maschinenfabrik von Bischar, Heinrich, Löb und Hofacker in Steinbach (1862, später Waelde, Kade & Erath), der „Beschlägfabrik" von Friedrich Groß jun. in der Blendstatt (1863), der auch später weitere Unternehmen wie die „Fassfabrik" von K. Kurz in Hessental (1890) folgten. Charakteristisch für den Übergang vom Handwerk zur Industrie ist der Kupferschmied Carl

Das Clausnizerhaus (Am Markt 2) mit der „Strohhutmanufaktur C. Clausnizer", um 1929

Kirchdörfer (1814–1875). Aus seiner Werkstatt entwickelte sich in den 1860er Jahren eine Fabrik für Feuerspritzen u. a. mit bis zu 40 Beschäftigten, die jedoch 1885 in Konkurs ging. Von den zahlreichen Brauereien in der Stadt – 1847 gab es deren 21 – entwickelte sich die 1851 von Georg Friedrich Deutelin gegründete Löwenbrauerei in der Katharinenvorstadt zur größten und heute einzigen. Weitere große Brauereien gehörten zur Wirtschaft zum „Dreikönig" an der Neuen Straße (bis 1974) und zum „Ritter" im Weiler (bis 1979). Zur Druckerei Schwend mit ihrer reichsstädtischen Tradition kam eine Reihe weiterer Unternehmen dieser Art, so ab 1828 die Druckerei von Johann Friedrich Franz Haspel, der 1860 nach Stuttgart verlagerte Kinderbuchverlag von Wilhelm Nitzschke oder die Druckerei von Wilhelm German (ab 1894), der sich auch große Verdienste als Verleger, heimatgeschichtlicher Autor und ehrenamtlicher Archivar erwarb.

1895 dominierten Handwerk und Industrie mit 1852 Beschäftigten (63,4 %), gefolgt von Handel und Verkehr mit 553 (18,9 %) und der Landwirtschaft mit 441 Beschäftigten (15,1 %). Doch blieben viele der „Fabriken" klein und konnten nur wenige Menschen beschäftigen. Sichtbar ist dies daran, dass es 1895 zwar 646 selbstständig Erwerbstätige in Industrie und Handwerk gab, diese aber nur 1.206 Angestellte hatten. Verglichen mit den württembergischen Zentren der Industrialisierung wie Esslingen oder Heilbronn wies Schwäbisch Hall im 19. Jahrhundert ein geringes Bevölkerungswachstum auf. Das 1802 noch gleich große Heilbronn galt schon 1832 als erster Industrieort des Landes und war um 1900 mit 37.900 Einwohnern mehr als viermal so groß wie Schwäbisch Hall. Schon im 19. Jahrhundert machte man sich über dieses Zurückbleiben Gedanken. Ein nicht ohne Grund anonym gebliebener Autor nannte zum einen das Spital und die Art und Weise der von ihm an Arme gegebenen Unterstützung. *Es ist die Aussicht nach solcher oft die Ursache der Trägheit, des Leichtsinns; der Spital selbst, nicht selten statt einer Anstalt zu Verminderung der Armuth, eine Ursache zu ihrer Vermehrung.* Darüber hinaus würden die Siedensrenten hemmend wirken, da die Bürger zu lange über ihren Siedensbüchern grübeln würden, statt zu arbeiten. Vor allem aber verhinderten sie die Abwanderung der Bürger in die Fremde und die Zuwanderung von Fremden, was zu einer Verknöcherung führe. Deshalb fände man in Hall auch *Sitten, die unverkennbar um 40 Jahr zu alt sind, und die insbesondere mit den jetzigen Anforderungen des Gewerbefleißes nicht mehr im Einklang stehen.* Noch in den 1950er Jahren hieß es, die Siedensrenten – bis zur Inflation 1923 ein erhebliches Zusatzeinkommen – hätten zu einer „Lebenszufriedenheit, Sattheit und auch Enge" beigetragen, „welche den Anschluß an die Epoche der Industrialisierung... nicht finden ließ oder gar nicht suchte" (Theodor Hartmann). Ähnliches äußerte der Textilfabrikant Johann Friedrich Churr 1839; er fand, dass sich aus der Blütezeit der Saline eine *Neigung zum behaglichen Leben, ein gewisses Phlegma, ein Schlendrian, ein sorgloses Dahinleben* gehalten habe. Derartige Aussagen mögen zwar durchaus Zutreffendes enthalten, sind in ihrer Pauschalität jedoch kaum zulässig. Später hat man auch auf die Randlage in Württemberg und den Verlust alter Absatzmärkte verwiesen, auf schlechte Verkehrsverbindungen – der Eisenbahnanschluss von 1862 kam demzufolge zu spät – und die Benachteiligung von Stadt und Region bei staatlichen Förderungen. Der Vergleich mit anderen Städten wie der ehemaligen Reichsstadt Biberach, Crailsheim oder Bad Mergentheim und der Entwicklung des Königreichs Württemberg insgesamt zeigt jedoch, dass sich Schwäbisch Hall durchaus im Durchschnitt des Landes bewegte. Was bislang meist als „Stagnation" bezeichnet wurde, kann auch als ein anderes Industrialisierungsmodell interpretiert werden, das für Württemberg typisch sein dürfte. Es wäre deshalb weniger zu fragen, warum Hall zurückblieb, sondern warum einige Städte wie Heilbronn sich anders entwickelten als das Land insgesamt. Diese Entwicklung setzte später ein, verlief langsamer und ließ weniger Großbetriebe, sondern eine Vielzahl kleinerer und mittlerer Unternehmen entstehen. Die auf diese Weise gewachsene, mittelständisch geprägte Wirtschaftsstruktur ist bis heute nicht nur für Schwäbisch Hall, sondern auch für Württemberg typisch. Sie hat sich als insgesamt krisenfester und innovativer erwiesen als die aus der klassischen Entwicklung heraus entstandenen industriellen Monokulturen z. B. des Ruhrgebiets. Darüber hinaus kam es nicht zu den sozialen Problemen, wie sie in solchen Zentren entstanden. Einen weiteren Grund für eine positive Bewertung dieser Entwicklung zeigt wiederum der Vergleich mit Heilbronn, dessen Altstadt 1944 im Bombenhagel unterging. Hall hingegen war zu klein, um Ziel für die Flächenbombardements des strategischen Luftkriegs zu werden.

Auch im 20. Jahrhundert entstanden in Hall vor allem kleine und mittlere Unternehmen. Schon in den 1930er Jahren lässt sich eine Schwerpunktverlagerung hin zu Dienstleistung und Handel feststellen. 1933 beschäftigen Industrie und Handwerk 1.994 (44,3 %), Handel und Verkehr 930 (20,7 %), der Dienstleistungsbereich 1.294 (28,7 %) und die Landwirtschaft (ohne im Nebenerwerb Tätige) 285 Personen (6,3 %). Die Rolle als Umschlagsplatz landwirtschaftlicher Produkte schlug sich auch in der Entwicklung von Fabriken nieder, die solche verarbeiteten. 1920 z. B. gab es in Schwäbisch Hall vier Teigwarenproduzenten und die Renner'sche Stärkefabrik. Aus der 1926 neu gegründeten Milchverwertungsgenossenschaft entwickelte sich die Hohenloher Molkerei eG in Hessental mit 120 Beschäftigten und einem Jahresumsatz von 149 Mio. EUR im Jahr 2004. Auch die Präsenz mehrerer Produzenten von Abfüll- und Verpackungsanlagen (Ganzhorn & Stirn, gegr. 1900; Optima, gegr. 1922; J. Kugler, gegr. 1934; Breitner, gegr. 1960) dürfte hier ihre Wurzeln haben. Einen kriegsbedingten Industrialisierungsschub bewirkte die Ansiedlung etlicher Rüstungsunternehmen ab 1942/43; im Falle der Süddeutschen Kühlerfabrik J. F. Behr entwickelte sich daraus ein bis heute existierendes Zweigwerk.

In der Nachkriegszeit bremste anfangs das Fehlen von Arbeitskräften – vor allem Facharbeitern – sowie Material- und Rohstoffmangel die wirtschaftliche Erholung. Vielfach konnte dieser Bedarf durch den Zustrom der Vertriebenen gedeckt werden. Es kam zur Neuansiedlung von Unternehmen aus Ostdeutschland und der DDR. So ließ sich bereits 1945 Erich Klafs aus Stettin hier nieder – angeblich kam er nur zufällig durch eine Motorradpanne nach Schwäbisch Hall – und baute seine Firma für Arzt- und Krankenhausbedarf wieder auf, deren Schwerpunkt sich später zum Saunabau verlagerte. 2003 erwirtschaftete die Firmengruppe mit ca. 400 Mitarbeitern einen Umsatz von 67 Mio. EUR. Der aus Chemnitz stammende Färbereimaschinenhersteller Then wurde hier 1955 neu gegründet. 1968 siedelte sich Recaro in der Schwäbisch Haller Stadtheide an, wo seit 1982 Flugzeugsitze entwickelt und produziert werden. Ein Ableger der AEG-Telefunken Nachrichtentechnik entstand 1969/70 und entwickelte sich – ab 1983 als Bestandteil der ANT Nachrichtentechnik GmbH – zu einem der wichtigsten industriellen Arbeitgeber in Schwäbisch Hall. Das Werk wurde 1995 trotz heftiger Proteste unter dem Verlust von 400 Arbeitsplätzen geschlossen. Dem Strukturwandel ab den 1980er Jahren fiel auch eine Reihe Haller Traditionsunternehmen zum Opfer, so 1986 der Haushaltsgerätehersteller Grossag, 1997 die Kade GmbH & Co Stahlbau in Steinbach, 1998 die „Fassfabrik" K. Kurz GmbH in Hessental, in den 1950er Jahren mit etwa 600 Beschäftigten der größte industrielle Arbeitgeber, und 2002 die Druckerei E. Schwend. Auch wenn in einigen Fällen die Ansiedlung von Zukunftstechnologien gelang – etwa des 1997 gegründeten Hard- und Softwareherstellers Tlon GmbH – und das 1990 im „Haus der Wirtschaft" in Hessental eingerichtete Technologiezentrum Schwäbisch Hall erfolgreich Unternehmensgründungen fördert (bis 2002 35 Unternehmen mit 80 Beschäftigten), hat diese Entwicklung die Verlagerung des Schwerpunkts hin zum Dienstleistungsbereich beschleunigt. Charakteristisch ist der kontinuierliche Rückgang des Anteils der Beschäftigten im produzierenden Gewerbe von 42,9 % im Jahr 1974 auf 23,8 % im Jahr 2003. Analog wuchs der Dienstleistungssektor von 57,1 % im Jahr 1974 auf 75,5 % im Jahr 2003, wobei zu diesem Stichdatum 17,6 % auf Handel, Gastgewerbe und Verkehr sowie 57,9 % auf „sonstige Dienstleistungen" entfielen, wohinter sich vor allem die Bausparkasse verbirgt. Die Anzahl der sozialversicherungspflichtig Beschäftigten am Arbeitsort wuchs von 17.100 im Jahr 1974 auf einen Höchststand von 20.542 im Jahr 1992 und fiel wieder ab auf zuletzt 19.038 (2003). 10.947 Berufseinpendlern standen 2002 4.037 Auspendler gegenüber – ein Indiz für die Zentralität der Stadt. Die Zahl der Arbeitslosen stieg von 814 im Jahr 1993 auf einen Höchststand von 1.519 (6,3 %) im Jahr 2003.

Wochenmarkt 1915 auf dem Marktplatz

Das Gewerbe profitierte von der Rolle der Stadt als Zentrum für das ländliche Umfeld. An die traditionelle Funktion als Markt für landwirtschaftliche Erzeugnisse konnte Schwäbisch Hall nach einer Phase des Niedergangs am Anfang des 19. Jahrhunderts wieder anknüpfen. Mitte des 19. Jahrhunderts gab es vier Viehmärkte und zwei Schafmärkte. Auch die Wochenmärkte spielten eine wichtige Rolle als Umschlagsplatz für landwirtschaftliche Erzeugnisse, insbesondere für Getreide. Ihr Einzugsbereich reichte bis Hohenlohe, in den Odenwald und an den mittleren Neckar. Zeitweilig großer Popularität erfreute sich auch der ab 1856 belegte Pferdemarkt, ebenso der bis heute stattfindende Ferkelmarkt. Als bedeutendstes Fest für die Landbevölkerung galt der Jakobimarkt. *Alt und Jung freut sich* – so die spöttische Schilderung der Oberamtsbeschreibung von 1847 – *das ganze Jahr darauf, und es wird nicht nur der Ankauf vieler Bedürfnisse auf denselben verschoben, sondern auch eine große Kleiderpracht, besonders vom weiblichen Geschlechte, zur Schau getragen... Aus allen Wein- und Bier-Häusern schnarrts und fidelts, das Einem die Ohren sausen, und der eigenthümliche Hall'sche Gesang johlt ohrenzerreißend in allen Ecken.* Einen großen Einzugsbereich hatten auch die hiesigen Vieh- und „Landesproduktenhändler", bis 1938 vielfach jüdischer Herkunft. Mit dem generellen Rückgang der Landwirtschaft hat auch Hall an Bedeutung als Umschlagplatz für deren Produkte verloren, doch findet ein Teil der Märkte – so zwei Wochenmärkte und der Schweinemarkt – bis heute statt. Die 35 Kaufleute, die es 1828 gab, erzielten wie die Handwerker einen wesentlichen Teil ihres Umsatzes durch die Landbevölkerung. Auch die hohe Zahl der Wirtschaften ist wohl so zu erklären. 1851 gab es bei 7.000 Einwohnern 23 Schildwirtschaften, 10 Speisewirtschaften und 42 Gassenschenken, 1890 waren es 25 Gast- und nicht weniger als 50 Schankwirtschaften. Die Kaufmannschaft engagierte sich im 1831 gegründeten Gewerbeverein und profitierte von dessen Aktivitäten; zeitweilig bestand jedoch auch ein separater Handels- bzw. Kaufmännischer Verein. Ein „Konsum- & Ersparnißverein"

„Conversations-Saal" des neuen Solbads. Zeichnung des Architekten J. Holch

entstand wohl 1867, einen Laden richtete der Konsumverein 1905 im Widmanhaus (Am Markt 5) ein. Am Ende des 19. Jahrhunderts gab es zahlreiche Geschäfte, die jedoch meist klein waren, wenig Fläche und Personal sowie ein begrenztes Angebot hatten. Auffällig ist die hohe Zahl von Kolonialwarengeschäften – 1890 waren es 34. Zu den größten Geschäften zählte die 1888 gegründete Manufakturwarenhandlung von Julius Kapp mit bis zu zehn Angestellten. Einen Einschnitt stellte die Zeit des Nationalsozialismus dar, in der die 19 jüdischen Geschäfte (1932) – darunter das Kapp'sche – ruiniert und meist aufgegeben wurden. In den 1950er Jahren begann ein Modernisierungsschub, der vielfach zu neuen Ladenfronten und erweiterten Geschäftsflächen führte. 1955 zählte man 240 Handelsbetriebe, meist in der Innenstadt. 1984 sind 329 Geschäfte des Ladeneinzelhandels und Ladenhandwerks

mit einen Einzugsbereich bis Gaildorf, Sulzbach-Laufen, Mainhardt, Vellberg, Bühlertann und Bühlerzell genannt. Durch die zunehmende Mobilität entwickelte sich der Einzelhandel des Oberzentrums Heilbronn zur Konkurrenz. Charakteristisch für die Entwicklung der letzten Jahre ist das seit 1990 am Rand der Haller Gemarkung entstandene Gewerbegebiet „Kerz", das als Konkurrenz für den Innenstadthandel betrachtet wird. Großflächige Geschäfte entstanden aber auch in der sich an das „Kerz" anschließenden Stadtheide sowie im Hessentaler „Gründle" (Bebauungsplan 1988) auf Haller Gemarkung. Die seit den 1960er Jahren diskutierten Pläne für ein großes Kaufhaus in der Innenstadt wurden nicht verwirklicht, stattdessen entstand 2000 in der Weilervorstadt ein großer Lebensmittelmarkt mit Parkhaus. In diesem Jahr hatte der Schwäbisch Haller Einzelhandel mit seinen 336 Geschäften einen Einzugsbereich von 105.700 Personen, der Umsatz lag bei 306 Mio. EUR. Die Kaufkraftbindungsquote betrug 81 %.

Ein weiterer wichtiger Faktor für die Entwicklung Schwäbisch Halls zum Dienstleistungszentrum war die aus der Einrichtung des Oberamts resultierende Ansiedlung von Ämtern im 19. Jahrhundert (s. Kap. 52). Im Jahr 2003 war Schwäbisch Hall Standort von 21 Bundes-, Landes- und Kreisbehörden; hinzu kamen Einrichtungen der Bahn AG, der Post und der Deutschen Telekom. Aus dem 1957 gegründeten Fernmeldeamt hat sich die Technik-Niederlassung der Telekom in den Herrenäckern mit etwa 700 Beschäftigten (2002) entwickelt. Weitere Schritte waren der Ausbau des Schulstandorts sowie die Einrichtung des Diakonissenkrankenhauses, aus dem sich mit dem Evangelischen Diakoniewerk einer der größten Arbeitgeber der Stadt entwickelte (s. Kap. 54).

Nach dem Scheitern einiger privater und öffentlicher Versuche zur Einrichtung einer Sparkasse widmete die Amtsversammlung des Oberamts 1854 den zwei Jahre früher gegründeten „Privat-Sparverein" zu einer

Der 1880 eröffnete Neubau des Solbads auf dem Unterwöhrd. Im Vordergrund links das klassizistische alte Solbad von 1827

öffentlich-rechtlichen Sparkasse des Oberamtsbezirks um (heute Sparkasse Schwäbisch Hall-Crailsheim). 1857/58 erfolgte auf Initiative des Gewerbevereins die Gründung einer genossenschaftlich organisierten Gewerbebank (heute Volks- und Raiffeisenbank), mit der man vor allem den Kreditbedarf der Handwerker und Gewerbetreibenden abzudecken hoffte. Raiffeisenbanken entstanden auch in einigen umliegenden Gemeinden, so 1893 in Bibersfeld. Während des Kaiserreichs kamen weitere Banken hinzu, z. B. die „Süddeutsche Provinzialbank", die Württembergische Sparkasse und die Postsparkasse. Charakteristisch für den Banksektor war ein bereits in den 1960er Jahren beginnender Konzentrationsprozess, bei dem u. a. die kleineren Raiffeisenbanken der Umgebung in der Haller Bank aufgingen. Das größte Dienstleistungsunternehmen, die seit 1944 ansässige Bausparkasse Schwäbisch Hall AG mit ihren Tochterunternehmen, war 2002 mit 3.396 Beschäftigten der größte Arbeitgeber im gesamten Landkreis (s. unten).

Erste Ansätze für die Entwicklung zum Fremdenverkehrsort liegen in der 1827 erfolgten Einrichtung eines Solbads im ehemaligen Schützenhaus auf dem Unterwöhrd. Es hatte zunächst sechs Badekabinette, wenig später bereits 14. Die Sole kam vor allem aus dem Haalbrunnen. Das Bad sollte hauptsächlich der Heilung von Haut- und rheumatischen Krankheiten dienen. Bis Mitte der 1850er Jahre gab man jährlich 3.000 bis 4.000 Bäder ab, kam aber nicht über eine lokale Bedeutung hinaus. Die bessere Verkehrslage durch den Eisenbahnanschluss 1862 machte sich auch in erhöhten Besucherzahlen bemerkbar, weswegen bis 1880 ein großer Neubau errichtet wurde. Bis 1900 stieg die Zahl der verabreichten Bäder auf ca. 13.000 pro Jahr. Ca. 300 auswärtige Gäste wurden jährlich bedient. Ein Höhepunkt wurde 1907 mit 20.000 Bädern erreicht. Mit dem Ersten Weltkrieg begann 1914 jedoch der Niedergang, der auch nach 1918 nicht mehr rückgängig zu machen war. 1928 gestaltete man das Solbad auf der Basis eines Vertrags mit der

Der Neubau der Bausparkasse von 1956

Reichsversicherungsanstalt grundlegend zu einem Kurheim um. 1938 kamen ca. 500 Kurpatienten, die für eine vierwöchige Kur blieben. Nach 1945 hatte das Solbad kaum noch Bedeutung. Da sich kein Investor fand, wurde es 1967 geschlossen und 1968 abgerissen.

Neben dem Badebetrieb zog auch die historische Altstadt ab Ende des 19. Jahrhunderts zunehmend Besucher an. Der Tourismus war ein wesentlicher Faktor für die Neuentdeckung des Brauchtums der Salzsieder, das als zusätzlicher Publikumsmagnet erkannt wurde. 1878 entstand der aus Kindern bestehende „Kleine Siedershof", 1883 der „Große Siedershof". Ab 1907 fanden jährlich Aufführungen historischer Theaterstücke statt, aus denen sich das Kuchen- und Brunnenfest der Sieder an Pfingsten entwickelte. 2003 besuchten 12.000 Menschen die dreitägige Veranstaltung. Mit den Freilichtspielen entstand 1925 ein weiterer Publikumsmagnet. Weitere Feste mit großem Publikumsandrang sind z. B. der Jakobimarkt, das Sommernachtsfest und seit 2001 die Kunstnacht. Ein überregionales Publikum ziehen neben den Museen insbesondere auch die Freilichtspiele an; zunehmend an Bedeutung gewinnt der Fahrradtourismus entlang des Kocher-Jagst-Radwegs. Neue Formen wie „Ferien auf dem Bauernhof" entstanden in einigen Teilorten. Schwäbisch Hall ist tendenziell eher Ziel für Tagesaus-

Briefkopf der Bausparkasse unmittelbar nach dem Umzug nach Schwäbisch Hall 1944

flüge und Kurzurlaube. Kamen 1931 noch 18.620 Gäste mit 75.260 Übernachtungen, so stiegen die Zahlen – wohl nicht zuletzt durch die Aktivitäten von NS-Organisationen wie „Kraft durch Freude" – bis 1938 auf 24.032 Gäste mit 131.141 Übernachtungen. Nach einem kriegsbedingten Einbruch kamen 1960 wieder 27.451 Gäste mit 46.452 Übernachtungen. 2003 zählte man 67.113 Besucher und 130.278 Übernachtungen. Wie der steile Anstieg auf 81.116 Gäste im folgenden Jahr zeigt, ist im Bereich des Tourismus noch ein deutliches Wachstum möglich. Die weitgehende Erhaltung der Altstadt, die nicht zuletzt der Armut des 19. Jahrhunderts zu verdanken ist, stellt so heute einen der wichtigsten Vorzüge Schwäbisch Halls und ein Kapital für die Zukunft dar.

Die Bausparkasse

Die Idee des Bausparens kam bereits im 18. Jahrhundert in England auf, im frühen 19. Jahrhundert war sie auch in den USA präsent. Erst nach dem Ersten Weltkrieg setzte sie sich in Deutschland durch – die erste Bausparkasse entstand hier 1921 in Wüstenrot. Den Hintergrund bildete jeweils ein steigender Bedarf an Wohnungen, bei zu geringen finanziellen Mitteln der privaten Haushalte. In Deutschland kam zusätzlich die Erfahrung der Inflation, die vielen Menschen ihr Geldvermögen genommen hatte und Immobilienbesitz als besonders erstrebenswert scheinen ließ, dazu. Im Zeichen der Weltwirtschaftskrise erfolgte am 16. Mai 1931 in Köln aus Handwerkerkreisen des Handwerkskammerbezirks Köln die Gründung der Bausparkasse „Deutscher Bausparer, A.G., Bau-, Spar- und Entschuldungskasse" mit einem Anfangskapital von lediglich 100.000 Reichsmark. Hintergedanke war, den Sparern insbesondere dadurch eine gewisse Sicherheit zu bieten, dass die Seriosität jedes Mitglieds einer übergeordneten Stelle – der Handwerkskammer – bekannt war. Auf diese Weise wollte man sich u. a. gegen Spekulationen abschirmen. Das neue Unternehmen blieb nicht lange regional gebunden und siedelte nach Berlin über, wo das sog. „Treubau-Haus" Firmensitz des nun als „Gesellschaft für zweitstelligen Grundkredit, Deutsche Bausparer A.G." bezeichneten Unternehmens wurde. 1936 beteiligten sich die Deutsche Zentralgenossenschaftskasse und die meisten gewerblichen Zentralkassen am Kapital. Der Gedanke, dieses Finanzierungssystem auf sämtliche Volksbanken auszudehnen, wurde 1941 umgesetzt. Der Sitz der nunmehrigen „Bausparkasse der deutschen Volksbanken AG" wurde 1943 ausgebombt, die Geschäftspapiere waren jedoch zuvor in Sicherheit gebracht worden. Zunächst verblieb das Unternehmen in Berlin, doch da der Luftkrieg den Geschäftsbetrieb zunehmend erschwerte, machte man sich auf die Suche nach einem Ort, der größere Sicherheit bot. Die genauen Gründe für die Entscheidung, nach Schwäbisch Hall zu gehen, sind nicht mehr nachvollziehbar; persönliche Beziehungen scheinen eine Rolle gespielt zu haben. Außerdem lag die Stadt „im Geburtslande des deutschen Bausparwesens". Die Vorbereitungen zur Verlagerung wurden heimlich durchgeführt, da die Aussiedlung von Betrieben aus Berlin als „Defätismus" galt. Ende Januar kamen die Geschäftsunterlagen nach Schwäbisch Hall, bereits am 1. Februar 1944 nahm das offiziell nur als *Zweigstelle* bezeichnete Unternehmen im „Ratskeller", dem heutigen Hotel Adelshof (Am Markt 12), mit 30 Angestellten, vier Lehr- und Anlernlingen sowie einer *elektrisch betriebene[n] Rechnungsmaschine* den Betrieb auf. Später diente erst die Klosterstraße 10, dann der „Ritter" im Weiler und anschließend das Spitalgebäude (Spitalbach 8) als Unterkunft. Es war offenbar der den kriegsgefangenen Vorstandsvorsitzenden Rudolf Mohring vertretende, geschäftsführende Vorstand Erwin Boesler, der 1947 die Beibehaltung Halls als Firmensitz durchsetzte – gegen Bestrebungen für eine Verlagerung nach Stuttgart. Der Wiederaufbau, der nach der Währungsreform 1948 einen Bauboom auslöste, war für die Bausparkasse der Beginn einer sprunghaften Entwicklung. Die Bilanzsumme steigerte sich von 1948 bis 1955 um mehr als das Hundertfache von 3,48 Mio. DM (1,78 Mio. EUR) auf 362,53 Mio. DM (185,36 Mio. EUR). 1956 erfolgte die Umwandlung in das gemeinsame Bausparinstitut der Volksbanken und der im Deutschen Raiffeisenverband organisierten ländlichen Kreditgenossenschaften unter dem neuen Namen „Bausparkasse Schwäbisch Hall AG". Die Expansion machte auch den Bau des 1956 eingeweihten, eigenen Verwaltungsgebäudes an der Crailsheimer Straße notwendig. Zuvor hatten der steigende Platzbedarf des Unternehmens und die Notwendigkeit, Fachkräfte von außerhalb hinzuzuziehen, angesichts des gravierenden Wohnungsmangels teilweise zu Spannungen zwischen der Bausparkasse und der Stadtverwaltung geführt. Die Firmenzentrale wurde seitdem mehrfach erweitert, zuletzt um den markanten Turm von 1997. Heute ist „Schwäbisch Hall" die größte und kundenstärkste Bausparkasse in Deutschland mit 6,6 Mio. Kunden und einer Bilanzsumme von 35,39 Mrd. EUR (2004). Seit 1948 war sie an der Finanzierung von etwa 6,4 Mio. Wohneinheiten beteiligt. Aktuell hat sie 738 Mitarbeiter, hinzu kommen etwa 2.800 Beschäftigte bei den Tochterunternehmen VR Kreditwerk Hamburg-Schwäbisch Hall AG, der Schwäbisch Hall Facility Management GmbH, der Schwäbisch Hall Training GmbH und der Bellevue and more GmbH.

Vom Ende des Deutschen Bundes bis zum Kaiserreich

1862	Otto von Bismarck wird preußischer Ministerpräsident.
1864	Krieg Preußens und Österreichs gegen Dänemark.
1866	Preußen besiegt Österreich. Gründung des Norddeutschen Bundes.
1870–1871	Deutsch-französischer Krieg.
1873	Gründerkrise.
1878	Übergang zur Schutzzollpolitik. Sozialistengesetz.
1888	Tod Kaiser Wilhelm I. und Kaiser Friedrich III. Regierungsantritt Kaiser Wilhelm II.
1890	Entlassung Bismarcks.
1900	Inkrafttreten des Bürgerlichen Gesetzbuches.
1914	Beginn des Ersten Weltkrieges.

Im Schwäbisch Hall der Reaktionsära nach der Revolution 1848/49 herrschte politisch „eine Art Grabesstille". Erst 1862 begannen wieder Aktivitäten, die 1865 in die Gründung des „Volksvereins" als eine der ersten Ortsgruppen der linksliberalen, demokratischen „Volkspartei" mündeten. Diese Partei dominierte das politische Leben bis weit in das Kaiserreich hinein und hatte eine starke Basis bei Handwerkern und Gewerbetreibenden. Politisch mobilisierende Ereignisse waren der deutsch-dänische Krieg von 1864 – während dem ein *Schleswig-Holstein-Comité* Geld sammelte und Schießübungen veranstaltete – und der preußisch-österreichische Krieg von 1866. Der überwiegende Teil der Haller wollte eine Einigung Deutschlands unter Einbeziehung Österreichs und demokratischen Vorzeichen, er lehnte eine preußische Vorherrschaft strikt ab. Mit besonderem Hass verfolgte man Bismarck, der als *Mörder des Rechts* und *Verräther deutschen Landes* galt. Der Volksverein initiierte die Gründung einer antipreußischen Jugendwehr, für die sich spontan 50 Freiwillige meldeten. Das Ergebnis dieses Krieges, der die Vorherrschaft Preußens besiegelte und die Weichen zur „kleindeutschen" Einigung (unter Ausschluss Österreichs) stellte, bekamen die Haller unmittelbar zu spüren.

Nach der württembergischen Niederlage bei Tauberbischofsheim am 24. Juli 1866 bemühte sich der hiesige Sanitätsverein um Verwundete, später besetzten preußische Truppen im Rahmen des Waffenstillstands einige Wochen lang die Stadt. Obwohl ihr Verhalten *ordentlich und anständig* war, brachte eine Schützenscheibe von 1867 mit einem gehängten preußischen Offizier drastisch zum Ausdruck, wie verhasst die Sieger waren. Demgegenüber blieben die preußenfreundlichen Nationalliberalen der „Deutschen Partei", die sich im Herbst 1866 formierten, ein kleiner „Honoratiorenclub" ohne große Basis in der Bevölkerung.

Der Ausbruch des Krieges mit Frankreich 1870 weckte auch in Schwäbisch Hall eine Welle der Hilfsbereitschaft und der nationalen Begeisterung, die nicht zuletzt den verwundeten Soldaten im hier eingerichteten Lazarett zugute kam. Während die Reichsgründung im Spiegelsaal von Versailles am 18. Januar 1871 offenbar keinen großen Widerhall fand, kannte der Jubel über den mit einem „allgemeinen Festtag" gefeierten Waffenstillstand vom 28. Januar keine Grenzen. Über mehrere Tage hinweg gefeiert wurde dann der Friedensschluss vom 26. Februar, zu dessen Ehren am 7. März unter anderem ein Festgottesdienst, Umzüge

Die bereits 1809 erbaute Synagoge von Steinbach diente der im 19. Jahrhundert stark wachsenden jüdischen Gemeinde als Gotteshaus. Gemälde von Gustav Kullrich, 1928

und eine Festbeleuchtung stattfanden. In den folgenden Jahren entwickelte sich wie überall auch hier eine breite Festkultur, bei der der Nationalstaat – und die Monarchie als seine Verkörperung – im Mittelpunkt stand. Die Initiative ging zunächst von der als Vertreter des „Nationalgedankens" auftretenden „Deutschen Partei" aus. Gefeiert wurden etwa der Jahrestag der Schlacht bei Sedan im Krieg 1870/71 am 2. September, kaiserliche und königliche Jubiläen und Geburtstage und ab den 1890er Jahren auch der Geburtstag Bismarcks, der nun auch in Schwäbisch Hall sehr populär war. Reden, Umzüge, Bankette und Festgottesdienste waren typische Elemente dieser Feiern. Ab den 1890er Jahren ging die Organisation „nationaler Feste" auf die Gemeindegremien und nicht zuletzt Kirche und Vereine über. Auch die der Reichsgründung anfangs skeptisch gegenüberstehenden Linksliberalen beteiligten sich schließlich. Eine „Entliberalisierung der deutschen Politik und Gesellschaft" ab Ende der 1870er Jahre ist in Schwäbisch Hall an der nationalen Festkultur ebenso wenig wie an den politischen Gegebenheiten ablesbar. Der für die wilhelminische Ära charakteristische aggressive Nationalismus spielte hier keine große Rolle. Unterstrichen wird dies durch den zeitweilig großen Anklang, den die 1895 gegründete Ortsgruppe der bürgerlich-liberal geprägten „Deutschen Friedensgesellschaft" fand. Sie entwickelte lebhafte Aktivitäten, konnte namhafte Redner gewinnen und wies zeitweilig über 100 Mitglieder auf, darunter hoch angesehene und einflussreiche Honoratioren wie die Gemeinderäte Wilhelm Bayerdörfer und Theodor Blezinger – ein eindrücklicher Hinweis darauf, dass das Kaiserreich nicht auf Nationalismus und säbelrasselnden Militarismus reduziert werden kann.

Als Verkörperung von Staat und Nation sah man die Monarchie. Besucher aus dem Königs- und Kaiserhaus wurden deshalb meist mit großem Pomp gefeiert. Kronprinz Karl besuchte die Stadt 1857 und – als König – 1864. Kronprinz Friedrich von Preußen, der spätere Kaiser Friedrich III., reiste 1875 durch Hall, und König Wilhelm II. von Württemberg hielt anlässlich einer Fischereiausstellung 1894 einen feierlichen Einzug. Kurz zuvor hatte Königin Charlotte das Diakonissenhaus besucht.

Bis zur Jahrhundertwende blieb das politische Klima in Schwäbisch Hall bestimmt von der Auseinandersetzung zwischen der „Deutschen Partei" und der „Volkspartei". Während erstere von der Reichsgründung 1871 Auftrieb erhielt und sich kaisertreu und betont patriotisch gab, behielt die „Volkspartei" Distanz zum preußisch-deutschen Obrigkeitsstaat. Dabei behielten die Linksliberalen bei Reichstags- und Landtagswahlen meist die Oberhand – obwohl man ihre Kandidaten gern als unpatriotisch, als Reichsfeinde oder verkappte Sozialdemokraten diffamierte. Nach der Jahrhundertwende wurde der reaktionäre und antisemitische „Bauernbund/Bund der Landwirte" zur dominierenden politischen Kraft im Bezirk. Seine Erfolge verdankte er allerdings weitgehend der Landbevölkerung, während er in der nach wie vor liberal geprägten Stadt wenig Anklang fand. Die politische Spaltung zwischen Stadt und Land bildete eine Konstante des 20. Jahrhunderts. Deutlich wird dies z. B. an der Reichstagswahl 1912. Während der Bauernbund-Kandidat Wilhelm Vogt in Bibersfeld 83 % der Stimmen gegenüber 12 % für den Liberalen Johann Schock und 5 % für den Sozialdemokraten Wilhelm Erlenbusch erhielt, bekam Schock in Schwäbisch Hall 56,81 %, Erlenbusch 34,03 % und Vogt nur 9,16 % der Stimmen. In einer Stichwahl konnte sich Vogt aufgrund seines Übergewichts auf dem Lande durchsetzen.

Feierliche Fahnenweihe des „Königsbanners" am 18. Mai 1891 beim 10. württembergischen Kriegertag in Schwäbisch Hall

Die Familie von Professor Conrad Dietrich Hassler, wohl 1880er Jahre. Die Familie ist auf die Kernfamilie (Eltern und Kinder) reduziert. Die Gesten drücken die den Geschlechtern zugewiesenen Rollen (väterliche Autorität, mütterliche Zuwendung) aus.

In die Jahre vor der Reichseinigung fallen die Anfänge der Arbeiterbewegung in Schwäbisch Hall. Der im April 1864 gegründete „Arbeiter-Bildungs-Verein" gehörte zu den ersten in Württemberg. Zunächst zielte er auf *geistige Bildung des Arbeiters*, politisierte sich aber rasch in Richtung Sozialdemokratie. 1869 hielt der Arbeiterführer August Bebel einen Vortrag über die Arbeiterfrage, zu dem auch der Gewerbeverein einlud. Einen politischen Neuanfang nach einer Krisenphase bildete 1875 die Gründung eines Ortsvereins der *socialdemokratischen Arbeiterpartei*. Bei der Reichstagswahl 1877 gewann die Partei 25 % der Stimmen und baute diese Position 1878 sogar aus. Im Gemeinderat war die Partei über lange Jahre durch den Sägmühlenbesitzer und erfolgreichen Unternehmer Christoph Schwend vertreten. Das Sozialistengesetz drängte die Parteiaktivitäten 1878 in den Untergrund, beendete sie aber nicht. Nach dessen Aufhebung 1890 konnte der Schreiner und Gemeinderat Karl Krüger bei Landtags- und Reichstagswahlen bis zu 26 % erzielen, was damit zusammenhängen mag, dass die Haller Sozialdemokraten einen unideologisch-pragmatischen Kurs ohne Klassenkampfparolen vertraten. In Anlehnung an den „Arbeiterverein" bildeten sich auch örtliche Gewerkschaften. Um 1873 wurde eine Holzarbeitergewerkschaft gegründet, 1874 eine Metallarbeitergewerkschaft. Auch eine Schuhmachergewerkschaft scheint vor 1878 vorhanden gewesen zu sein. 1898 entstand eine Ortsgruppe des „Verbands der deutschen Buchdrucker". Der 1. Mai als „Kampftag der Arbeit" wurde in Schwäbisch Hall erstmals 1890 mit einer *geselligen Unterhaltung* am Abend gefeiert. In den folgenden Jahren wurden die politischen Kundgebungen um ein Maifest auf dem Einkorn ergänzt. Einige Betriebe gaben ihren Beschäftigten sogar frei. Die ablehnende Haltung der bürgerli-

Ausschnitt aus einer Karikatur des Haller Singkranzes von 1836

chen Vereine gegenüber der Arbeiterbewegung veranlasste vor 1878 die Gründung des Arbeitergesangvereins „Liberté" und 1909 des Arbeiterturnvereins „Vorwärts".

Während sich Demokraten und Nationalliberale bei überörtlichen Wahlen teils heftige Wahlkämpfe lieferten, blieben solche Auseinandersetzungen bei Gemeinderats- und Bürgerausschusswahlen aus. Hier wurden im voraus Vereinbarungen getroffen. „Das kleinstädtische Mit- und Nebeneinander wirkte hier ausgleichend und versöhnend" (Hans Peter Müller). Dies galt allerdings nicht unbedingt für die Stadtschultheißenwahlen. Schon bei der Wahl Friedrich Hagers hatte es 1848 öffentliche „Besprechungen" gegeben. Hager, dem vom Oberamt die *Gabe eines öffentlichen Redners* und eine große Liebe zu seiner Vaterstadt attestiert wurde, hatte das Amt bis zu seinem Tod 1881 inne. Vor der Wahl seines Nachfolgers 1882 gab es erstmals einen harten Wahlkampf. Der Sieger der ersten Wahl, Stadtpfleger Gottfried Helber, hatte gar nicht kandidiert. Da alle Kandidaten die Wahl ausschlugen, fand ein zweiter Durchgang statt. Diesen gewann zwar Amtmann Simon aus Ludwigsburg. Da er jedoch eine Zweidrittelmehrheit verfehlte, konnte entsprechend dem Wahlrecht trotzdem der Uracher Amtmann Otto Wunderlich als Wunschkandidat des Gemeinderats und offenbar auch des Staates zum Stadtschultheißen ernannt werden. Es scheint ihm jedoch nicht gelungen zu sein, die Wogen zu glätten, da er es nach fünf Jahren vorzog, auf eine schlechter dotierte staatliche Stelle zu wechseln. Nun war der Weg frei für Helber, der 1887 mit großer Mehrheit zum Stadtschultheiß gewählt wurde und dieses Amt bis 1899 inne hatte. Wegen seiner Verdienste ernannte man ihn bei seiner Verabschiedung zum Ehrenbürger. Um seine Nachfolge entbrannte wiederum ein heftiger Wahlkampf. Der Herrenberger Amtmann Emil Hauber fand mit seinem temperamentvollen, „burschikosen" Auftreten Anklang – zu seinen Unterstützern zählte auch der Arbeiterverein – und gewann die Wahl am 8. Juni 1899 mit 424 von 770 Stimmen. Sie sorgte noch einige Zeit für Gesprächsstoff. Hauber-Unterstützer wehrten sich etwa gegen die Behauptung, *sie habe bei der Wahl das Motiv geleitet, auf dem Rathaus auszuputzen*. Mit einem Teil des Gemeinderats verwickelte sich der energische Stadtschultheiß in massive Streitereien, die einigen Staub aufwirbelten.

Das „Haller Tagblatt" sprach von *heftigen Kämpfen im Kollegium*, die erst nach und nach einer vertrauensvolleren Zusammenarbeit wichen. Auseinandersetzungen mit dem Gemeinderat blieben jedoch ein Kennzeichen der bis 1927 dauernden Amtszeit Haubers. In diese fiel die Gemeindeordnung von 1906; ihr zufolge wurde die bislang lebenslange Amtszeit auf 10 Jahre, im Fall der Wiederwahl auf 15 Jahre beschränkt.

Auch konfessionell veränderte sich das bis 1802 rein evangelische Hall. Neben 8.337 Protestanten gab es 1895 immerhin 674 Katholiken, 20 Christen anderer Konfession und 142 Juden. Mit der 1887 eingeweihten Kirche St. Joseph am Langen Graben bekam die u. a. durch den Zuzug von Arbeitern für

Das Aufblühen der Vereine

Mit der Entwicklung hin zur bürgerlichen Gesellschaft ging ein Zerfall alter Organisationsformen wie der Zünfte einher, denen Bürger und Untertanen durch Geburt und Stand angehörten. Dies führte jedoch nicht zu einem Vakuum, sondern zu neuen Formen, den Vereinen, die zum bürgerlichen Anspruch auf Emanzipation vom Obrigkeitsstaat und auf freies Zusammenwirken in und für private und öffentliche Angelegenheiten passten. Aus kleinen Anfängen im späten 18. Jahrhundert wurde das Vereinswesen bis zur Mitte des 19. Jahrhunderts eine sozial gestaltende, Leben und Aktivitäten der Menschen prägenden Macht. Fast jeder Schwäbisch Haller Bürger des Kaiserreichs war in das dichte Netzwerk von Vereinen eingebunden, das auch eng mit der Kommunalpolitik verknüpft war. Mit ihrer demokratischen Organisationsform kompensierten die Vereine bis zu einem gewissen Grad die Demokratiedefizite des Obrigkeitsstaates. Daneben war der Verein Ort für Unterhaltung und Geselligkeit, Freizeitbeschäftigung, Sport, Kultur, Wohltätigkeit sowie für die Förderung, Durchsetzung und Absicherung öffentlicher, privater, materieller oder ideeller Zwecke und Ziele. Vereine richteten Feste, Ausstellungen, Empfänge, Vorträge und andere Veranstaltungen aus und bildeten so einen wesentlichen Faktor des öffentlichen Lebens. Obwohl sie ursprünglich schichten- und ständeübergreifend gedacht waren, wurden sie zunehmend exklusiver und zu bestimmten Sozialmilieus zugehörig.
Die 1411 erstmals erwähnten, seit Mitte des 17. Jahrhunderts in zwei Gesellschaften organisierten Schützen nutzten ab 1828 das neue Schützenhaus in den Ackeranlagen (heute Anlagencafé) und schlossen sich 1846 zur „Schützengesellschaft" zusammen. Als daneben früheste Gründung entstand 1817 der Musikverein. Dieser älteste Gesangverein Württembergs, in dem sich die Bürger ungewöhnlich stark engagierten, hat der Stadt den Ruf eingebracht, „Wiege der deutschen Sängerbewegung" zu sein. Große, vom Musikverein ausgerichtete Sänger- und Liederfeste lockten 1838, 1872 und 1901 zahlreiche Besucher nach Schwäbisch Hall. Obwohl vordergründig unpolitisch, förderten die Musikvereine doch Nationalbewusstsein und Einheitsgedanken. Auch in Steinbach entstand bereits 1838 der Männergesangverein „Liederkranz". Die 1831 gegründete Lesegesellschaft „Harmonie", ein exklusiver Honoratiorenverein, beschaffte

den Eisenbahnbau gewachsene katholische Kirchengemeinde ein eigenes Domizil. Der Schwerpunkt der 1828 gegründeten jüdischen Gemeinde Steinbach-Hall lag zunächst im benachbarten Steinbach, wo es seit 1809 auch eine Synagoge gab (seit 1811 außerdem einen Friedhof). 1822 lebten in Schwäbisch Hall 24, in Steinbach 78 Juden. Zu den Nachfahren der reichsstädtischen „Schutzjuden" kamen weitere Zuzügler, die anfangs durchaus Widerstände zu überwinden hatten – der spätere Waldhornwirt Marx Reiss etwa brauchte drei Anläufe, um die Verleihung des Bürgerrechts zu erreichen. Nach der vollständigen bürgerlichen Gleichberechtigung der Juden 1864 wuchs die jüdische Gemeinde Hall-Steinbach von 102 Personen in diesem Jahr durch Zuzug aus den Landgemeinden auf bis zu 285 Mitglieder im Jahr 1880, um dann durch Wegzug und Auswanderung bis 1910 auf 162 zu schrumpfen. Da sich der Schwerpunkt der Gemeinde nach Hall verlagert hatte, richtete man 1893 in der Oberen Herrngasse 8 einen Betsaal ein. Die gewachsene Bedeutung Halls spiegelt sich 1913 auch in der Verlegung des Rabbinats aus Braunsbach in die Haalstraße 1 bzw. die Obere Herrngasse 1 wieder. Die weitgehend problemlose Integration dieser Jahrhunderte lang diskriminierten Minderheit unterstreicht die Liberalität der Bürgerschaft während des Kaiserreichs, die bereits 1871 den Waldhornwirt Marx Reiss als Kandidaten der „Nationalen Partei" in den Gemeinderat wählte.

Zeitschriften und Bücher, die von den Mitgliedern im Gasthof „Lamm" unter Aufsicht eines „Harmoniedieners" gelesen werden konnten. Daneben organisierte man Bälle und Tanzveranstaltungen. Die Lektüre weist auf politisches Interesse hin, ohne dass man eine bestimmte Richtung favorisiert hätte. Stark politisiert war die 1844 gegründete Turngemeinde – während der Revolution 1848 bildete sie den „harten Kern" der radikalen Demokraten in Hall. Später sind hier eher deutschnationale Töne zu vernehmen, die u. a. die militärische Bedeutung des Turnens hervorheben. 1847 entstand der seit 1872 in Hall ansässige Historische Verein für Württembergisch Franken, dessen Gründungsväter Hermann Bauer und Ottmar Schönhuth sich intensiv mit der Vergangenheit von Stadt und Region beschäftigten. Seine Sammlungen gingen im Hällisch-Fränkischen Museum auf, das Jahrbuch „Württembergisch Franken" erscheint bis heute. Wie dicht das Netzwerk der Haller Vereine im Kaiserreich war, zeigt ein Blick in das Adressbuch von 1910, wo etwa 50 von ihnen genannt sind, darunter zwei Armenvereine (einer davon israelitisch), die Sängergesellschaft „Frohsinn", der Gabelsberger Stenographen-Verein, ein Israelitischer Frauen-Verein, der Kaninchenzüchter-Verein, der Krieger- und Militär-Verein, der Leichen-Verein (eine private Versicherung für Beerdigungskosten), die Gesellschaft „Museum", zwei Radfahrer-Vereine, drei Schützenvereine (Schützengilde, Schützenklub, Zimmerstutzen-Schützenverein), der Spar- und Konsumverein, die Turngemeinde, der Verschönerungsverein, ein Verein für Naturheilkunde, Homöopathie und Gesundheitspflege sowie die Vogelfreunde, der Wirtsverein und ein Ziegenzuchtverein. Das Aufkommen neuer Sportarten und Freizeitgewohnheiten führten auch zum Entstehen neuer Vereine, z. B. des Radfahrervereins (1888), des Athletiksportvereins (1896), des Fußballclubs Sportfreunde (1912), des Skiclubs (1923, heute Ski- und Tennisclub) oder der „Flug- und Arbeitsgruppe" (1929, heute Luftsportverband). Nach einer Phase der Gleichschaltung und der Lähmung des Vereinslebens durch Nationalsozialismus und Zweiten Weltkrieg und der Auflösung aller Vereine durch die Besatzungsmacht kam es nach 1945 zu zahlreichen Neugründungen, die die Grundlage für das heutige, vielfältige Vereinsleben bilden. Nicht zuletzt aufgrund seiner Funktion als Kreisstadt ist Schwäbisch Hall heute Sitz von 225 Gruppen und Vereinen, deren Bandbreite vom Sport und anderen Aspekten der Freizeitgestaltung über den kulturellen bis in den sozialen Bereich reicht.

Einen Aufschwung nahm die Stadt als Behördenstandort. Seit 1807 gab es das Kameralamt (ab 1919 als Finanzamt Reichsbehörde), seit 1811 das Oberamtsgericht (ab 1879 Amtsgericht) als untere Gerichtsinstanz des Oberamtsbezirks. 1839 verfügte man die Einrichtung eines Kreisgefängnisses für den Jagstkreis und einer für das ganze Land zuständigen Jugendstrafanstalt in Schwäbisch Hall. Einer gern erzählten, jedoch nicht zu belegenden Anekdote zufolge sollen sich die Haller, vor die Wahl zwischen einer Kaserne und einem Gefängnis gestellt, für zweiteres entschieden haben, da von diesem weniger Gefahr für die Tugend der Bürgertöchter ausginge. Der ab 1846 genutzte Neubau war um 1850 mit etwa 550 Häftlingen belegt, um 1900 waren dort 44 Mitarbeiter beschäftigt. 1871 wurde das „Zuchtpolizeihaus" (so seit 1849) in ein Landesgefängnis umgewandelt, die „Strafanstalt für jugendliche Verbrecher" und die Frauenabteilung 1876 ausgegliedert und aus Hall weg verlegt. Stolz war man jedoch vor allem darauf, seit 1868 Sitz eines der acht württembergischen Kreisgerichtshöfe (ab 1879 Landgericht) mit der zugehörigen Staatsanwaltschaft zu sein, dem die Oberamtsgerichte Hall, Crailsheim, Gaildorf, Künzelsau, Öhringen, Langenburg und Bad Mergentheim unterstanden. Daneben siedelten sich weitere Behörden der Telegrafen-, Post-, Eisenbahn-, Straßenbau-, Schul-, Zoll- und Militärverwaltung an.

Es gab zahlreiche Gründe, warum die Zeitgenossen in Hall das Kaiserreich als eine Epoche des Fortschritts sehen konnten. Eingriffsrechte der Gemeinde bei Eheschließungen verschwanden bereits 1871, das bislang kirchliche Monopol auf Beurkundung des Personenstandes ging 1876 auf die neu geschaffenen Standesämter über. Das Krankenversicherungsgesetz von 1883 und die folgenden Sozialgesetze schufen die bis heute bestehenden Grundlagen des Sozialstaats, stießen allerdings auf weit verbreitete Skepsis und Ablehnung. Als städtische Ergänzung kam 1896 ein Arbeitsamt hinzu. Es wurde 1927 in eine Reichsbehörde umgewandelt. Die Einweihung der Eisenbahnlinie nach Heilbronn hatte Schwäbisch Hall 1862 an dieses Symbol des technischen Fortschritts angeschlossen. Bereits in den 1860er Jahren erlebte die Stadt einen wirtschaftlichen Aufschwung, der durch rege Aktivitäten des Gewerbevereins unterstützt wurde. Eine Hilfe waren hierbei die seit den 1850er Jahren vorhandenen ersten Sparkassen und genossenschaftlichen Banken. Diese durch die „Gründerkrise" ab 1873 gebremste Aufwärtsentwicklung konnte allerdings kein Bevölkerungswachstum analog zu Industriestädten wie Heilbronn bewirken. Zwar wuchs die Bevölkerung zwischen 1871 und 1910 von 14.065 auf 16.117, doch musste die Stadt in den 1890er Jahren sogar einen vor allem durch Abwanderung in benachbarte Ballungszentren verursachen Bevölkerungsrückgang hinnehmen. Obwohl keine neuen Wohnviertel entstanden, nahmen öffentliche und private Bauaktivitäten zu. Augenfälligster Neubau war das 1880 eingeweihte neue Solbad auf dem Unterwöhrd, das den Aufschwung Halls als Kurstadt und Tourismusziel unterstrich. Der erste Stadtführer aus der Feder des Oberlehrers Johann Jakob Hausser erschien 1877. Die Neuentdeckung der Stadtgeschichte und des Brauchtums – vor allem der Salzsieder – bescherte Bürgerschaft und Gästen farbenprächtige Umzüge, Theaterstücke und andere Darbietungen. Einen bedeutenden Aufschwung nahm Schwäbisch Hall auch als Bildungsstadt. Die Infrastruktur verbesserte sich erheblich, nachts erhellte Gasbeleuchtung die Straßen. Neue Techniken wie die „Telefonanstalt" zogen ein, um deren Einrichtung sich der Gewerbeverein zehn Jahre lang hartnäckig bemüht hatte. Im September 1892 waren die ersten 25 Teilnehmer an das Telefonnetz angeschlossen. Das expandierende deutsche Kolonialreich brachte Haller auch an exotische Orte – Leonhard Otterbach etwa als Soldat nach Deutsch-Südwestafrika.

Die kleinen Sieder auf einer Postkarte von etwa 1900

Eine weniger lebensnotwendige, aber ebenfalls als Zeichen des Fortschritts begrüßte Einrichtung war das Kino. Nachdem bereits 1908 ein *Theater lebender Photographien* und ab Januar 1911 ein Stuttgarter Tonbildtheater mit Vorführungen im „Goldenen Ritter" gastiert hatten, eröffnete am 1. April 1911 das erste Haller Kino in der Zollhüttengasse mit den Filmen „Elefantenjagd am Victoriasee" und „Die weiße Sklavin". Ab 1913 konnte man dort auch Wochenschauen sehen und sich so mit bewegten Bildern über das Geschehen in der Welt informieren. Thema dieser Filme sollte bald ein Ereignis sein, das den Untergang der scheinbar so festgefügten Welt des Kaiserreichs mit ihrem optimistischen Fortschrittsglauben herbeiführte – der Erste Weltkrieg.

Ende und Neubeginn der Salzsiedertradition und die Neuentdeckung der Stadtgeschichte

Die frühesten Hinweise auf das Fest der Salzsieder geben die im Original nicht mehr erhaltenen Rechnungen der Dorfmühle (heute „Stadtmühle"), in denen ab 1501 ein Kuchen *vor die Siedersgesellen* aufgeführt war. Bis 1681 fand der „Hof" der jungen Siedersburschen im Anschluss an Pfingsten statt und wurde dann – wohl aufgrund von Beschwerden der Geistlichkeit, die derlei weltliche Vergnügungen an einem kirchlichen Fest missbilligte – auf Peter und Paul (29. Juni) verlegt. Der Legende zufolge soll die Kuchengabe daher rühren, dass die Salzsieder 1316 einen Brand der Dorfmühle gelöscht haben. Es scheint jedoch wahrscheinlicher, dass es sich um ein Zunftfest handelt, das durchaus um 1500 entstanden sein könnte, da für das Spätmittelalter ein Aufblühen der anfangs religiös, später zunehmend geselligen Bruderschaften charakteristisch ist und die Etablierung der Erbsiederschaft zu wesentlichen Teilen im 15. Jahrhundert stattfand (s. auch Kap. 7). Bei der auf Moral bedachten Obrigkeit erregte der „Hof" der Siedersburschen immer wieder Ärger, da damit angeblich „ärgerliche Exzesse und üble Aufführung" einhergingen. Die deshalb erlassenen Ordnungen von 1764 und 1785 erlauben genauere Einblicke in den Verlauf dieses dreitägigen Fests, in dessen Mittelpunkt das feierliche Kuchenholen, dessen Präsentation im Haalgerichtshaus und der Tanz der Siedersburschen mit den Jungfern stand. Das Ende der Reichsstadt und die Änderungen in der Saline beendeten diese Tradition. Die offiziell letzte Aufführung des Siederstanzes fand 1803 anlässlich des Besuchs von Friedrich I. von Württemberg statt; zwar sind danach noch weitere Feste nachweisbar, doch trat diese Tradition stark in den Hintergrund und verschwand wohl endgültig nach der Revolution 1848. Kennzeichnend dürfte sein, dass im Jahre 1858 die Bemühungen des Gewerbevereins, einen Siederszug zu initiieren, mangels Resonanz aufgegeben werden mussten.

Ein Neuaufgreifen dieser Tradition veranlasste die Einweihung der Eisenbahnlinie zwischen Heilbronn und Hall am 2. August 1862. Aus diesem mit großen Hoffnungen auf einen wirtschaftlichen Aufschwung verbundenen Anlass besann man sich auch auf die glanzvolle Vergangenheit, die durch eine Aufführung des fast vergessenen Siederstanzes repräsentiert werden sollte. Man orientierte sich an der Festordnung von 1785 und konnte auf einige erhaltene Originalkostüme zurückgreifen. Eine dauerhafte Wiederbelebung war nicht geplant, obwohl der Auftritt großen Erfolg hatte. So blieb es zunächst bei einem Auftritt der Sieder in dem 1868 aufgeführten historischen Theaterstück „Die Rache der Stättmeisterin", das bereits typisch für ein überall neu erwachendes Interesse an der Geschichte ist. Dieses zeigte sich z. B. im „Historismus" der Architektur, in historischen Festen und einer Flut populärer Sachbücher und Romane. Angesichts des rapiden Wandels dieser Jahre wurde Geschichte bewusst zur Stiftung von Identität und zur Legitimierung der Gegenwart eingesetzt – z. B. indem der Kaiser in die mittelalterliche Tradition gestellt und eine gemeinsame Nationalgeschichte propagiert wurde, die es bis 1871 eigentlich nicht gegeben hatte. Auf der anderen Seite gab es beim Bürgertum steigenden Wohlstand, ein gesteigertes Repräsentationsbedürfnis und speziell hier auch die Hoffnung, vom Glanz der Vergangenheit zu profitieren – denn die Stadt war für geschichtsbegeisterte Reisende ein attraktives Ziel.

In Schwäbisch Hall ist das Erwachen des Geschichtsinteresses vor allem mit dem gebürtigen Stuttgarter Conrad Schauffele (1838–1901) verbunden, der durch Heirat die „Conditorey-Handlung und Lebküchnerey Bühl" übernahm. Er entfaltete in seiner Wahlheimat lebhafte Aktivitäten, die natürlich auch seinem Repräsentationsbedürfnis entsprangen und ihm ein Gemeinderatsmandat einbrachten. Als Sammlungsleiter und späterer Vorstand des Historischen Vereins für Württembergisch Franken bemühte er sich um die Erhaltung von Zeugnissen der Vergangenheit und unterstützte die Herausgabe von Darstellungen zur Stadtgeschichte, so die 1896 erschienene „Hällische Geschichte" von Julius Gmelin und die „Chronik von Schwäbisch Hall" des Buchhändlers Wilhelm German. Sein Schwerpunkt lag jedoch nicht in der Geschichtsforschung, für die ihm auch die Ausbildung fehlte, sondern in der volkstümlichen Vermittlung und Popularisierung. Er initiierte historische Festzüge, szenische Darbietungen und Volksschauspiele. Auf seine Anregung hin bildeten Kinder einen „Kleinen Siedershof" in Kostümen des 18. Jahrhunderts, der den Siederstanz erstmals beim „Kinderfest" am 19. Juni 1878 wieder aufführte. Man orientierte sich an Elementen der früheren Siedershöfe, ohne alles zu übernehmen. Die große Resonanz führte dazu, dass der Kleine Siedershof auch bei anderen Gelegenheiten als Repräsentant der Stadt auftrat. Einen Höhepunkt dieser Auftritte bildete das 9. Württembergische Landesschießen in Schwäbisch Hall am 1. bis 4. Juli 1883, zu dessen Programm ein aufwendiger historischer Umzug gehörte, bei dem erstmals auch der neu gegründete „Große Siedershof" auftrat. Im Gegensatz zu den „Kleinen Siedern" orientierte man sich bei den von Schauffele entworfenen Kostümen an der Zeit Kaiser Maximilians I., die Thema des Umzugs war.

In der Folge entwickelten sich die Sieder zu einem Aushängeschild der Stadt und ihrer Tourismuswerbung, das durch Veröffentlichungen und Postkarten popularisiert wurde. Auf Initiative des Gymnasialprofessors und späteren Ehrenbürgers Dr. Georg Fehleisen (1855–1934) wurde ab 1907 um den Tanz herum an Pfingsten ein groß angelegtes Stadtfest mit historischen Theaterstücken, Festumzügen und anderen Darbietungen entwickelt, das explizit der Fremdenverkehrswerbung diente. Die Festspiele wurden zwar nach dem Ersten Weltkrieg 1924 wieder aufgegriffen, endeten aber in einem finanziellen Fiasko. Stattdessen fand ab 1928 an Pfingsten ein bescheideneres Fest statt, in dessen Mittelpunkt der Siederstanz stand. Träger des Großen Siedershofs wurde der neu gegründete Verein Alt-Hall, die Tänzer stellte die Turngemeinde. Ein tiefer Einschnitt kam nach 1933. Den Siederstanz übernahm 1935 eine Volkstanzgruppe der NS-Gemeinschaft „Kraft durch Freude". Die Sieder mutierten zu einer folkloristischen Trachtengruppe und zum Repräsentanten der Stadt bei nationalsozialistischen Massenveranstaltungen wie der Olympiade 1936. Das Pfingstfest entwickelte sich bis 1936 zu einer touristischen Großveranstaltung mit ortsfremden Attraktionen wie einem „Fischerstechen", bei dem das Siedersbrauchtum nur noch eine Randrolle spielte. Der Krieg beendete Feste und Auftritte.
Auf die Neugründung des Vereins Alt-Hall und einen ersten Siederauftritt bei der Einweihung der Henkersbrücke 1949 folgte 1950 das erste, an der Festordnung von 1785 ausgerichtete Kuchen- und Brunnenfest. Daraus entwickelte sich das wichtigste Fest im städtischen Jahreskalender, eine dreitägige Veranstaltung an Pfingsten, die nach und nach um weitere Attraktionen erweitert wurde und z. B. 2003 12.000 Besucher anzog. Darüber hinaus treten die Sieder bei zahlreichen anderen Festen und Veranstaltungen in Schwäbisch Hall, seinen Partnerstädten und andernorts auf und sind heute nicht wegzudenkende Repräsentanten der Stadt und ihrer historischen Traditionen.

Eine neue Stadt – Städtebau und Infrastruktur bis 1914

SOLBAD HALL. PARTIE BEIM BRENZHAUS

Das alte Brenzhaus, das 1899–1901 errichtet wurde, auf einer Postkarte aus der Zeit des Ersten Weltkriegs

Nach der Beseitigung der Schäden des Stadtbrands von 1728 war die Bautätigkeit in Schwäbisch Hall weitgehend zum Erliegen gekommen. Das Ende der Reichsstadt 1802 brachte zunächst vor allem den Verlust historischer Bauten. Bereits 1807 beschloss der Gemeinderat den Abbruch des Stätt-Tores, 1808 folgten das Gelbinger Tor sowie das Klötzlestor. Auch große Teile der Stadtmauern sollten abgerissen werden, *um den hiesigen Maurern im Winter Arbeit zu verschaffen.* Diese Abbrucharbeiten zogen sich durch das ganze 19. Jahrhundert – das Limpurger Tor etwa fiel 1831 der Spitzhacke zum Opfer, das Kelkertor 1844, noch 1878 ein Teil der Stadtmauer hinter dem Weilertor. Von den über 4 km langen Befestigungen blieben nur 84 m unversehrt. Mit der Schöntaler Kapelle und St. Maria am Schuppach verschwanden auch zwei mittelalterliche Kirchen. Weiter reichende Vorhaben – u. a. zum Abbruch der Kleincomburg – wurden glücklicherweise nicht verwirklicht. Planungen zur Beseitigung der Treppe von St. Michael hat es allerdings nie gegeben. Vielfach vermutet man hinter den Zerstörungen den Wunsch des württembergischen Staates, Symbole der reichsstädtischen Unabhängigkeit zu beseitigen. Tatsächlich kam es, wie der Bürgermeister Romig missbilligend bemerkte, *auf Anstiften* des Oberamtmanns Heinrich Dünger zu den ersten Abbrucharbeiten, aber auch die meisten Haller hatten kein Interesse an der Erhaltung der Stadtmauern, die man – wie überall – als Relikte einer überlebten Zeit und nutzlose Hindernisse für Verkehr und Stadtplanung ansah, deren Erhaltung unnötig Geld verschlang. Die Idee des „Denkmalschutzes" kam erst gegen Ende des Jahrhunderts mit der Neuentdeckung der Stadtgeschichte zum Tragen – 1900 hoffte Wilhelm German, dass die verbliebenen

Befestigungen *noch bis in recht späte Zeiten geschützt werden, um auch da noch von der alten Reichsstadtherrlichkeit sichtbare Kunde zu geben.*

Doch hat das 19. Jahrhundert das Stadtbild in einem weit stärkeren Maße durch Neubauten geprägt, als zunächst auffällt. Am Standort des Stätt-Tores am Säumarkt entstand 1811 als Manifestation der neuen Herrschaft die klassizistische württembergische Hauptwache. Ähnliche Bauten errichtete man am Ausgang der Gelbinger Gasse und an Stelle des Riedener Tores. Der Umbau des alten Schützenhauses auf dem Unterwöhrd zum Solbad 1827 markiert die Anfänge Schwäbisch Halls als Bade- und Kurstadt. Das im Jahr darauf errichtete Ausweichquartier der Schützen in den Ackeranlagen (heute „Anlagencafé") ist der wohl schönste erhaltene Bau des Klassizismus in Schwäbisch Hall.

Mit diesen Projekten begann eine Phase intensiverer Bauaktivitäten durch die Stadt. Einen Schwerpunkt bildete das Schulwesen. Der erste größere Bau war die 1835 bis 1838 errichtete Volksschule am Haalplatz. 1856 entstand am Langen Graben eine „Kleinkinderschule", die 1896 aufgestockt wurde. Der bedeutendste Schulbau war die bis 1873 nach den Plänen des Stuttgarter Architekten Christian Friedrich Leins gebaute Real- und Lateinschule am Langen Graben. Die Stadt investierte erhebliche Summen, um eine vorbildliche Schule zu bauen und damit die Voraussetzung für die Rückgewinnung des Gymnasiums zu schaffen. Ergänzend kam 1882 am Langen Graben ein Neubau für die Volksschule am Haal hinzu.

Als aufwendigster städtischer Bau des 19. Jahrhunderts entstand bis 1880 das neue Solbad auf dem Unterwöhrd, mit dessen Errichtung sich große Hoffnungen auf eine Weiterentwicklung als Bade- und Kurstadt verknüpften. Der aus Hall stammende Architekt F. Holch entwarf das vierflügelige Bauwerk mit Fachwerkfassaden und Turm im Stil des Historismus. Der Grundriss nahm wie viele damalige Kurbadbauten die römische Bäderarchitektur als Vorbild.

Das größte staatliche Bauprojekt war die königliche Strafanstalt am Kocher unterhalb der Gelbinger Gasse. Der 1845 bis 1849 errichtete Neubau mit drei dreigeschossigen Flügeln hatte Mustercharakter und verwirklichte ein modernes System der Kontrolle und Überwachung der Häftlinge. 1898/99 musste ein großer Anbau ergänzt werden. Weitere staatliche Bauten waren der in einer typischen „Amtsarchitektur" gehaltene Bahnhof von 1862 sowie die Straßenbauinspektion im Stil einer Großstadtvilla (1897), das Postgebäude am Hafenmarkt (1899) und das Amtsgericht in der Unterlimpurger Straße (1902).

Nachdem 1843 eine neue Kapelle auf dem Nikolaifriedhof im neuromanischen Stil entstanden war, stellte man 1887 mit der katholischen Pfarrkirche St. Joseph den ersten größeren Haller Kirchenbau des 19. Jahrhunderts in einem schlichten, neugotischen Stil fertig. Einem Neubau gleich kam die Erweiterung der mittelalterlichen Kirche St. Katharina. Der Stuttgarter Architekt Heinrich Dolmetsch behielt lediglich Chor und Turm bei. Sein zwischen 1896 und 1899 errichteter Bau im Übergangsstil zwischen Spätromanik und Frühgotik stellt den „bedeutendsten Beitrag der historistischen Kirchenarchitektur zur Baugeschichte Halls im 19. Jahrhundert dar" (Harald Siebenmorgen). Im Zusammenhang mit der Blüte des kirchlichen Vereinswesens steht das 1899 zum 400. Geburtstag des Reformators begonnene „Brenzhaus", einem historistischen Fachwerkbau mit Versammlungs- und Vereinsräumlichkeiten in der Mauerstraße. Ein weiteres für Schwäbisch Hall wichtiges kirchliches Gebäude war das Diakonissenkrankenhaus aus den Jahren 1885 und 1886. Das U-förmige Bauwerk mit Platz für 30 Patienten griff die damalige Villenarchitektur auf und sollte den Grundgedanken einer „großen Familie" von Patienten und Pflegerinnen unter einem Dach verwirklichen, umgeben von einem

Der historische Neubau der Kirche St. Katharina von Heinrich Dolmetsch, der 1898 geweiht wurde.

der Erholung dienenden Garten. Durch den raschen Ausbau der Einrichtung verlor sich dieser Charakter jedoch schnell. Schon 1888 begann ein zweiter Krankenhausbau, 1890 kam das Johanniter-Kinderkrankenhaus hinzu, 1900 ein zentraler Kapellenbau von Heinrich Dolmetsch. 1905/06 entstand das „Mutterhaus" für die Wohnungen der Diakonissen, 1912 ein „Schwachsinnigenheim" für geistig Behinderte. Aus dem „Stammhaus" hatte sich so bis Anfang des 20. Jahrhundert eine eigene „kleine Stadt" entwickelt.

Im Zuge der zögerlichen Industrialisierung errichteten Unternehmen nach und nach eine Reihe von Industriebauten. Ab 1835 baute der Staat im Norden der Stadt eine weitläufige neue Saline als Ersatz für den traditionellen Standort auf dem Haalplatz. Sie zeichnete sich durch Nüchternheit und Schmucklosigkeit aus. Etwa gleichzeitig entstand am Ripperg als erster großer privater Industriebau die Churr'sche Spinnerei mit klassizistischen Architekturelementen. In der 2. Hälfte des 19. und Anfang des 20. Jahrhunderts kamen weitere Bauten hinzu, von denen ein Teil durch den bedeutenden Industriearchitekten Philipp Jakob Manz entworfen wurde. Obwohl nach 1871 im Bereich westlich des Bahnhofs in den „Ritterwiesen" ein kleines Industriegebiet entstand, gab es kein eigentliches „Industrieviertel". Die „Fabriken"

Der 1945 zerstörte Bahnhof von 1862 auf einer Postkarte von 1917

waren über die ganze Stadt verstreut, teils an den Rändern, teils auch in der Innenstadt. Viele Betriebe hatten in einem Wohnhaus oder einer Scheune ausreichend Platz, etwa die 1862 in einem Scheunenanbau untergebrachte Schlosserei von Friedrich Groß in der Blendstatt, aus der sich eine Beschläge- und Bügeleisenfabrik entwickelte. Mangels Platz für großflächige Industriebauten entstand ein neuer Baukomplex der Firma an der Salinenstraße, dessen Hauptbau von 1900 ebenfalls von Manz stammte. Wie hier spielte auch bei der 1903 gebauten, hoch über die Dächer der Katharinenvorstadt hinaus ragenden Löwenbrauerei der Repräsentationsgedanke eine wichtige Rolle – es handelte sich um „gebaute Werbung", die mit ihren Zinnen und Erkern unübersehbar vom Historismus geprägt ist. Häufiger waren jedoch nüchterne, schmucklose Bauten wie die Brauerei „Glocke" in der Mauerstraße, laut Denkmalschutzbericht von 1940 eine „schreiende Verunstaltung des Stadtbildes", oder die eher noch hässlichere Ritterbrauerei im Weiler. Typisch dürfte die Ansicht des Gießereibesitzers Carl Kirchdörfer gewesen sein, der sein Betriebskapital nicht in teuren Häusern angelegt sehen wollte, und deshalb in seiner Fabrik in Unterlimpurg ab 1863 wenig ansehnliche Bauten, teils aus Holz, errichtete.

Im Bereich des privaten Wohnungsbaus sind in der ersten Hälfte des 19. Jahrhunderts wenig Aktivitäten festzustellen. Trotz der Niederlegung der Stadtmauern entstanden bis über die Jahrhundertmitte praktisch keine Bauten außerhalb des Altstadtbereichs. Die meist nach 1728 entstandene Bausubstanz war noch relativ neu. Veränderte Platz- und Nutzungsbedürfnisse sowie strengere Bauvorschriften konnten meist mit Aus- und Umbauten befriedigt werden. Insbesondere ab den 1860er Jahren kam es zu einer „Modernisierungswelle", die zahlreiche Privathäuser der Altstadt erheblich veränderte. Ein Beispiel ist das Haus Gelbinger Gasse 16, das 1882 eine komplett neue, aufwendig dekorierte Fassade im Stil des Historismus erhielt. Neubauten entstanden hingegen nur vereinzelt, z. B. 1809 der klassizistische

Blick auf den Mühlgraben mit dem 1971 abgerissenen Gaswerk (rechts) in den 1930er Jahren. Letzteres ist heute Standort des Zentralen Omnibusbahnhofs, der Mühlgraben wurde zur Verbreiterung der Salinenstraße zugeschüttet.

Anbau an die Löwenapotheke am Marktplatz oder 1817 die Engelapotheke in der Marktstraße. Erst nach dem Bau der Eisenbahnlinie Heilbronn – Schwäbisch Hall 1862 entwickelten sich Ansätze einer städtebaulichen Planung. Die geringe Anzahl der Neubauten verhinderte jedoch die gewünschte Umgestaltung insbesondere der Langen Straße zu einer repräsentativen Hauptstraße. Es blieb bei einzelnen, großstädtisch anmutenden Häusern nahe dem Bahnhof. Im Zuge dieser Erweiterungspläne entstanden in der zweiten Hälfte des 19. Jahrhunderts auch einzelne neue Straßen zur Erschließung neuer Wohnflächen. Neben der Katharinen- und Bahnhofstraße waren dies der Lange Graben und die Gartenstraße oberhalb der Gelbinger Gasse sowie die Büschlerstraße in Unterlimpurg. Darüber hinaus verbreitete man 1858/59 die Henkersbrücke, um Platz für den verstärkten Verkehr zu schaffen. Neubauten wie der Rippergsteg von 1835 und der Kettensteg von 1836 – mit seiner Konstruktion eine „Musterbrücke" für ganz Württemberg – blieben den Fußgängern vorbehalten.

Erst in den 1870er Jahren verstärkte sich die Bautätigkeit, neue Siedlungsflächen wurden erschlossen, allerdings auch jetzt nur in bescheidenem Umfang. So fehlen hier die typischen gründerzeitlichen Wohnviertel für eine sprunghaft steigende Bevölkerung. Stattdessen brauchte man komfortable Wohnungen für wohlhabende Bürger, Akademiker und höhere Beamte, deren Ansprüchen die Altstadthäuser nicht genügten. Ein Beispiel sind die luxuriösen Villen in der Bahnhofstraße 19 und 21. Die Stadt baute sie nach 1879 – unter lautem Klagen – um den Beamten des neu eingerichteten Landgerichts den Aufenthalt in der Provinz schmackhaft zu machen. Ein neues Viertel aus Villen und Zweifamilienhäusern entstand in einem Gartenareal oberhalb des Langen Grabens. Die dort in den 1890er Jahren angelegte „Gartenstraße" blieb jedoch ein Torso, da der Erste Weltkrieg die Bautätigkeit zum Erliegen brachte. Es verdient, hervorgehoben zu werden, dass die Stadt im 19. Jahrhundert zwar nur unwesentlich erweitert wurde, sich ihre Bevölkerungszahl von 5.681 im Jahr 1803 auf 9.321 im Jahr 1910 aber fast verdoppelten. Die Wohnverhältnisse waren folglich oft sehr beengt, worauf auch das häufig anzutreffende Stockwerkseigentum deutet.

Wesentliche Bedeutung für den Alltag hatten die Bemühungen um eine Verbesserung der städtischen Infrastruktur, die – was neu war – darauf abzielten, die einzelnen Haushalte an die Versorgungssysteme anzuschließen. Den Anfang machte 1861 der Bau eines Gaswerks als Grundlage für eine Gasbeleuchtung der Stadt. Diese galt als Synonym des Fortschritts. Schrittweise erhielten auch private Haushalte sowie Gewerbe- und Industriebetriebe Anschlüsse. Nur zögerlich ging der Ausbau eines Elektrizitätsnetzes vonstatten, da man Konkurrenz für das Gas fürchtete. Ein privates Elektrizitätswerk richtete 1908 der Kaufmann Wilhelm Heller in Unterlimpurg ein. Er versorgte vor allem die Gewerbetreibenden, aber zunehmend auch Privatleute mit Strom für Elektromotoren und Licht. Der Wasserversorgung diente ursprünglich ein Netz von öffentlichen Brunnen. 1841 gab es 45 von ihnen. Zusammen mit Gasleitungen verlegte man 1869 auch Wasserleitungen für Privathaushalte. Schon 1876 waren 400 der etwa 700 Häuser in der Stadt angeschlossen. Der Bereitschaft hierzu half man nach, in dem man bei jeder Gelegenheit öffentliche Brunnen abriss. Dies führte natürlich zu Protesten von Bürgern, die lieber Wasser schleppten, statt es zu bezahlen. Mühsam war die Gewährleistung der nötigen Wasserqualität und -menge. Erst 1906 konnte – nach heftigen Streitereien – eine befriedigende Lösung gefunden werden. Ein Problem blieb die Entsorgung von Abwasser und Fäkalien. Über die Zustände in der Altstadt berichtet eine Eingabe von 1848 über die Kerfengasse: Wer diese im Winter einmal passiert habe, *wird dieses Wagnis gewiß für immer unterlassen, denn das sich hier in dieser Jahreszeit sammelnde Wasser und Eis aus Kloaken, Wassersteinen und ausgepumpten Kellern gibt der Gasse das Aussehen einer Wette* [eines Tümpels] *und zwingt jeden zum Umkehren... Der größte Teil des Abwassers vom mittleren Stock passiert unser so sehr heimgesuchtes Gässchen; hiezu kömmt noch das beinahe jede Woche ausgepumpte Kellerwasser des Dreikönigwirts (was schauerlich riecht), das des Kappen- und Leonhardtbecks; alsdann die Mistjauche und sonstige ekelhafte Flüssigkeiten...* Diese Klage zeigt nicht nur Verhältnisse, wie sie schon im Mittelalter herrschten, sondern auch, dass die Ansprüche wuchsen und man nun nicht mehr bereit war, derartige Zustände zu erdulden. Doch die damals gebauten Dolen brachten keine grundlegende Abhilfe. Noch 1906 liefen die Kanalabwässer in unzähligen kleinen und undichten Kanälen in den Kocher und führten insbesondere im Sommer zu Schmutz und Gestank – was nach Meinung eines Gemeinderats *nicht dazu angetan ist, den Ruhm unseres Solbads und unserer Stadt zu vermehren.*

Diakonissenhaus – Diakonissenanstalt – Evangelisches Diakoniewerk

Die Diakonissenanstalt um 1900

Als der Reiseprediger der „Südwestdeutschen Conferenz für Innere Mission" Pfarrer Hermann Faulhaber (Anstaltsleiter 1886 bis 1899) im September 1880 auf einer Versammlung von Pfarrern und Pfarrfrauen des Bezirks Hall seine Idee von einem Diakonissenhaus mit angeschlossenem Krankenhaus vorstellte, stieß er auf breite Zustimmung. Die Defizite in der häuslichen Kranken-, Alten- und Armenpflege vor allem in ländlichen Gebieten waren offensichtlich. Aus diesem Grunde plante Faulhaber die Gründung einer *fränkischen Diakonissenanstalt ... zur Heranbildung und Aussendung von Diaconissen vornehmlich für christliche Krankenpflege in städtischen und ländlichen Gemeinden, und zwar zuvörderst innerhalb des fränkischen Württembergs.* Faulhabers Ziel war es, im nördlichen Württemberg ein flächendeckendes Netz von Gemeindediakoniestationen mit gut ausgebildeten Schwestern aufzubauen, deren Dienste jeder, der sie benötigte, kostenlos in Anspruch nehmen konnte. Ohne Lohn, jedoch vom Mutterhaus mit allem Notwendigen, Kost, Logis und Kleidung, versorgt, sollten junge Frauen und kinderlose Witwen im Alter zwischen 18 und 36 Jahren nach ihrer Ausbildung im Krankenhaus für drei oder vier Jahre und ohne Gelübde in den Gemeinden arbeiten. Nach jahrelanger Vorbereitungs- und Bauzeit nahm am 1. Februar 1886 das Diakonissenhaus in Schwäbisch Hall seine Arbeit auf. Zwei Ärzte, drei Diakonissen, eine Oberin und Faulhaber als Anstaltsleiter versorgten zu Beginn das 39 Betten umfassende Krankenhaus.

Nur sehr zögernd wagten junge Frauen den Schritt, Diakonisse zu werden. Zudem waren die ersten Jahre des Haller Diakonissenhauses geprägt von einer hohen Fluktuationsrate: 1886 traten zwölf Frauen ein, von denen neun das Mutterhaus schon nach wenigen Monaten wieder verließen. Vielen war der permanente Umgang mit jammernden Kranken und nörgelnden Alten, die Ansteckungsgefahr, der ständige Kontakt mit Blut, Schweiß und übelriechenden Exkrementen rasch zuwider. Aber auch der Einsatz in Küche, Wäscherei und Metzgerei ernüchterte manche, die sich von dem Beruf allzu große Illusionen gemacht hatte. Um den Schwesternmangel zu beheben, trat Faulhaber immer wieder an die Gemeindepfarrer mit der Bitte heran, sie möchten in Konfirmations- und Schulunterricht, in Jungfrauenkreisen und Marthavereinen „die Diakonissensache ihren Beichtkindern ans Herz" legen. Einzige Vorbedingung für den Beruf war eine „tüchtige Schulung in guter Küche und pünktlicher Haushaltung", d. h. die Frauen sollten ein bis zwei Jahre in einem Haushalt – entweder im elterlichen oder in einer fremden Familie – tätig gewesen sein. Vor dem Eintritt ins Mutterhaus musste das Mädchen oder die Frau an die Anstaltsleitung Heimat-, Tauf- und Impfschein, ein ärztliches Zeugnis und einen handgeschriebenen ausführlichen Lebenslauf sowie eine Beurteilung des Gemeindepfarrers senden. Außerdem hatte sie für ihre Ersteinkleidung zu sorgen.

Die Ausbildung zur Schwester war zu Beginn noch wenig differenziert: Der im Diakonissenhaus angestellte Hausarzt Dr. Robert Dürr unterrichtete die Schwestern während der Visite am Krankenbett; sein Sohn, Dr. Richard Dürr, erteilte abends theoretischen Unterricht, und die Oberin leitete die Schwestern im täglichen, praktischen Umgang mit den Patienten an. In der Regel legten die Schwestern bereits nach sechs Monaten eine „Haus-Prüfung" ab. Gerade in den Anfangsjahren, als die ersten Gemeindestationen gegründet wurden, hatten die Schwestern gegen Vorurteile sowohl in der Bevölkerung als auch in der Ärzteschaft zu kämpfen. Erst im Laufe der Jahre akzeptierte man die Arbeit der Diakonisse, und sie stieg im ländlichen Sozialverband zu einer wichtigen und geachteten Persönlichkeit auf, die unmittelbar hinter dem Pfarrer, Bürgermeister und Lehrer rangierte.

Die Zeit vor 1900 war für das Haller Diakonissenhaus eine Zeit des Umbruchs, ausgelöst durch eine schwere wirtschaftliche Krise, die beinahe das Aus für die Anstalt bedeutet hätte. Mit dem Nachfolger Faulhabers, Pfarrer Gottlob Weißer (Anstaltsleiter 1899 bis 1930), kam es 1899 zu einem Neuanfang: Das „Diakonissenhaus" wurde in „Diakonissenanstalt" umbenannt, die Ausbildung der Schwestern systematisiert und mit einer Prüfung abgeschlossen, der Diakonissenberuf nach dem Kaiserswerther Vorbild zum Lebensberuf. Rund fünf Jahre nach dem Eintritt erfolgte nun die Einsegnung der Diakonissen. Darüber hinaus wurde Frauen die Möglichkeit geschaffen, den Krankenpflegeberuf zu erlernen, ohne sich mit einem Gelübde an das Mutterhaus zu binden. 1924 erlangte die Haller Krankenpflegeschule die staatliche Anerkennung.

Das Aufgabenspektrum der Anstalt erweiterte sich stetig – neben der Kranken-, Alten- und Siechenpflege spielte ab 1900 die Betreuung von lernunfähigen Geistigbehinderten eine wichtige Rolle. Die Zahl der zu Betreuenden stieg in den ersten Jahren so stark an, dass viele Anträge von Angehörigen abgelehnt werden mussten. Um hier Abhilfe zu schaffen, beschloss der Verwaltungsrat der Diakonissenanstalt am 14. März 1911 den Neubau eines „Schwachsinnigenheimes" für 300 erwachsene Frauen und 40 Kinder, sowie für 70 dauernd bettlägrige oder tuberkulöse Behinderte. Am 8. Juli 1912 konnte das Gebäude, das seit 1935 den Namen „Gottlob-Weißer-Haus" trägt, eingeweiht werden.

Zunächst nur in Krankenhaus, Gemeinden und Hauswirtschaft der Anstalt vorgesehen, waren Haller Diakonissen 1920 außerhalb Halls in 130 Gemeindestationen, 15 Krankenhäusern, einem Mädchenheim und zwei Kinderkrippen eingesetzt. Zehn Jahre später mussten 178 Gemeindestationen, 13 Krankenhäuser, die Universitätsnervenklinik und die Universitätskinderklinik in Tübingen, die Heilanstalt Göppingen, das Versorgungshaus Wächterheim in Kirchheim/Teck, das Mädchenheim in Ulm, zwei Kinderkrippen, die häusliche Nothilfe in Calw, das neue Diakonissenhaus in Novi Vbras (Jugoslawien), sechs Altersheime, die Gemeinschaftspflege Künzelsau, die Weibliche Jugendpflege Stuttgart und diverse Nähschulen mit Diakonissen versorgt werden. Auch die Differenzierung der Krankenhausabteilungen forderte immer mehr Arbeitskräfte, wobei Spezialausbildungen für Schwestern wichtiger wurden.

Die Ausdehnung der Arbeitsbereiche führte notwendigerweise zu einer regen Bautätigkeit auf dem Anstaltsgelände. In den späten 1920er Jahren zeigte sich immer deutlicher, dass das bisherige Krankenhaus den Anforderungen der Zeit nicht mehr genügte. Platzmangel und veraltete Einrichtungen veranlassten den Verwaltungsrat am 9. Juni 1928 zum Neubau eines Krankenhauses mit 250 Betten und angeschlossenem Badhaus. Man rechnete mit einer Bauzeit von drei Jahren und mit einem Gesamtaufwand von 3 Millionen Mark. Nach langer Vorplanung erfolgte am 10. September 1930 der Baubeginn, und am 1. Juni 1933 konnte das an das Hochhaus angeschlossene Badhaus seinen Betrieb aufnehmen. Doch der Bau des neuen Krankenhauses stockte immer wieder, die geplante dreijährige Bauzeit erwies sich als utopisch, da zugesicherte Gelder ausblieben. Schließlich übernahm 1935 der württembergische Staat eine Bürgschaft in Höhe von 2,5 Millionen Reichsmark. Durch diese Staatsbürgschaft geriet die Anstalt in Abhängigkeit von der inzwischen an die

Diakonissen mit Patienten, um 1895

Diakonissenanstalt mit Erweiterungsbauten, 1913

Macht gekommenen NS-Regierung. Kam es in der Folgezeit zu Differenzen zwischen Anstaltsleitung und Vertretern der NSDAP, wies man von offizieller Seite auf die „Schuld" hin, in der die Diakonissenanstalt stand. Dies genügte meist, um jeden Widerstand im Keim zu ersticken. Im Herbst 1937 bezogen die ersten Abteilungen das neue Krankenhaus; bis Juni 1938 hatte es vollständig den Betrieb aufgenommen.

Nach der Machtübernahme durch die Nationalsozialisten in Deutschland begann für die Diakonissenanstalt eine Gratwanderung zwischen Anpassung an die neuen politischen Verhältnisse und Bewahrung ihrer christlich-kirchlichen Identität. Der Vorstand begrüßte zunächst die neuen Parolen, den Ruf nach „opferwilligen Einsatz für den Nächsten, selbstlosen Dienst am Volk, Gemeinnutz vor Eigennutz". Einrichtungen wie das Winterhilfswerk, die NS-Volkswohlfahrt und die Kindererholungsarbeit schienen den Idealen der Diakonie zu entsprechen. Selbst das „Gesetz zur Verhütung erbkranken Nachwuchses" vom 14. Juli 1933 sah man angesichts der langjährigen Arbeit mit Geistigbehinderten positiv. Am 6. April 1934 erhielt Dr. Wilhelm Dürr die Ermächtigung, alle davon betroffenen Menschen im Diakonissenkrankenhaus zu sterilisieren.

Dennoch erkannte man schon früh die Gefahren der NS-Ideologie. Im Frühjahr 1933 betonte die ehemalige Oberin Lotte Gerok, dass die Geistigbehinderten nicht der „Kehricht der Welt", sondern „Kleinodien" seien. Und der Anstaltsleiter Pfarrer Wilhelm Breuning (1931 bis 1956) meinte, wer einerseits „die Vernichtung schwachsinnigen Lebens" vertrete, ziehe andererseits damit ein „skrupelloses Geschlecht" heran. „Die Welt soll nicht sagen können, das Dritte Reich habe seine Schwachen vergessen", appellierte er am 2. Oktober 1933 in seiner Einweihungsrede auf dem Rollhof. Hier sollten Geistigbehinderte leben und in der Landwirtschaft arbeiten.

Breunings Befürchtungen bewahrheiteten sich. Mit Kriegsausbruch im September 1939 lief in Deutschland die seit Jahren vorbereitete „Euthanasie" von Geistigbehinderten und Psychischkranken an. Nachdem die Leitung der Anstalt passiven Widerstand geleistet hatte, beschlagnahmte am 14. November 1940 die Volksdeutsche Mittelstelle das Feierabendhaus und das von 545 Schwerbehinderten bewohnte Gottlob-Weißer-Haus. 265 Behinderte konnten in den anderen Gebäuden der Anstalt sowie auf den Höfen untergebracht, 270 Bewohner, darunter 51 Kinder, mussten den Heilanstalten in Weinsberg und Göppingen überstellt werden. 173 dieser Menschen fanden im Winter 1940/41 in Grafeneck den Tod. Zunächst beherbergten die beiden beschlagnahmten Häuser Umsiedler aus dem Osten, von Mai 1942 bis Januar 1945 eine Lehrerbildungsanstalt.

Zu Kriegsbeginn wurde im Krankenhaus ein Lazarett mit 100 Betten eingerichtet. Diese genügten bald nicht mehr: 1944/45 mussten durchschnittlich 270 verwundete Wehrmachtsangehörige und rund 500 Zivilkranke versorgt werden. Durch die Einberufung der Männer zum Militär fehlten der Anstalt Arbeitskräfte: Die medizinische Versorgung übernahmen nun weitgehend Ärztinnen, die Arbeit in der Küche und Wäscherei sowie auf den Höfen vor allem Kriegsgefangene und Fremdarbeiter/innen.

Die Zeit nach 1945 brachte einen weitgehenden Strukturwandel mit sich. Mit der Änderung des Frauenbildes vor allem seit den sechziger Jahren, mit der gesellschaftlichen Gleichstellung der Frau und ihren Konsequenzen in Bildung und Berufswahl hat der Diakonissenberuf seinen „Reiz" und Stellenwert verloren. Die Zahl der Diakonissen ging kontinuierlich zurück, während die der sogenannten freien Krankenschwestern stieg. Beide, Diakonissen und diakonische Schwestern, schlossen sich 1968 zur „Haller Schwesternschaft" zusammen und gaben sich eine neue Ordnung.

Heute gehören zu den Aufgabenfeldern des Evangelischen Diakoniewerks (so der Name seit 1978) das Krankenhaus, Behinderten- und Altenhilfe, Gemeindekrankenpflege und die Schulen für Krankenpflege und Kinderkrankenpflege. Außerdem ist es Lehrkrankenhaus der Heidelberger Universität. Das DIAK ist mit rund 2.400 Beschäftigten der zweitgrößte Arbeitgeber in Hall.

„Eine Zeit des großen Sterbens":
Der Erste Weltkrieg und die Revolution von 1918

28. Juni 1914	Ermordung des österreichischen Thronfolgers Franz Ferdinand in Sarajevo.
1. August 1914	Mobilmachung in Deutschland.
1.–4. August 1914	Kriegserklärungen an Russland und Frankreich, britische Kriegserklärung an Deutschland.
23.–31. August 1914	Deutscher Sieg in der Schlacht bei Tannenberg.
6.–9. November 1914	Marneschlacht: Ende des deutschen Vormarschs in Frankreich.
21. Februar–16.Dezember 1916	Schlacht von Verdun.
1. Juli–28. November 1916	Sommeschlacht.
6. April 1917	Die USA erklären Deutschland den Krieg.
3. März 1918	Frieden von Brest-Litowsk mit der UdSSR.
21. März–5. April 1918	Letzte deutsche Großoffensive im Westen.
8. August 1918	„Schwarzer Tag des deutschen Heeres" – Zusammenbruch der Westfront.
9. November 1918	Ausrufung der Republik.
10. November 1918	Kaiser Wilhelm II. geht ins Exil.
11. November 1918	Waffenstillstandsvertrag von Compiègne.

Die politischen Spannungen in Europa machten sich auch in Schwäbisch Hall bemerkbar. So protestierte die Arbeiterbewegung am 1. Mai 1914 für den Völkerfrieden, und das Rote Kreuz warb bereits Anfang April um Spenden *zugunsten der freiwilligen Krankenpflege im Kriege*. Über den Verlauf der auf die Ermordung des österreichischen Thronfolgers Franz Ferdinand am 28. Juni 1914 in Sarajevo folgenden Krise berichtete das „Haller Tagblatt" in immer größeren Schlagzeilen. Die SPD kündigte am 1. August eine Kundgebung gegen den Krieg an, die jedoch vom Lauf der Ereignisse überholt wurde. Am selben Tag kamen die allgemeine Mobilmachung und die Kriegserklärung an Russland.
Eben spielte zwischen 6 und 7 Uhr unsere städt[ische] Kapelle auf dem Unterwöhrd bei der Kurmusik, wie sie es in den letzten Tagen gewohnt war, patriotische Weisen, als diese plötzlich abgebrochen wurden auf die ja – leider – nicht mehr unerwartete Kunde: Der Mobilmachungsbefehl ist da! Keiner, der sich nicht des furchtbaren Ernsts dieser Tatsache bewußt war. ... Keinerlei lärmende Kundgebung! Aber auch keine Niedergeschlagenheit, vielmehr Ruhe und Ernst auf allen Gesichtern der Männer, Gefaßtheit auf denen der Frauen, wenn auch ... da und dort eine stille Träne über die Wange rann.
Die Gottesdienste am folgenden Sonntag waren stark besucht; Jubelszenen wie z. B. in Stuttgart gab es hingegen nicht. Eine Frucht der überall grassierenden „Spionenfurcht" war das *sensationelle Gerücht*, man habe den russischen Zahnarzt Max Magun standrechtlich erschossen. Tatsächlich war er kurzzeitig in die Schweiz ausgewiesen worden. Neben „feindlichen Ausländern" galten aber auch einzelne Einheimische wie der Fahrlehrer Ensinger und der Musiker Krönlein als verdächtig und wurden durch das Oberamt bespitzelt.

VOM ALTER IST MORSCH SCHON DER BAU ES NAHT SICH DER TOD MIT DER SENSE
SIE ABER ENTEILEN GEWANDT SICH FREUEND IM GÖTTLICHEN ZWERCHFELL

Die scherzhafte Postkarte zum Abitur 1912 gewinnt im Nachhinein eine schreckliche Vorbedeutung: Der Tod griff nicht nach der „altersmorschen" Schule, sondern nach den Abiturienten, von denen viele im Ersten Weltkrieg fielen.

Wichtigste Aufgabe der Stadtverwaltung und des hiesigen Landwehrbezirkskommandos war die Mobilisierung, Ausrüstung und Versorgung der Wehrpflichtigen aus Stadt und Oberamt. Hier aufgestellt wurden zwei Infanteriebataillone mit jeweils etwa 1.000 Mann sowie drei kleine Kommandos. Für die Versorgung und Unterbringung der Soldaten sowie die Unterstützung Verwundeter und der Familien Ausmarschierter musste die Stadt erhebliche Summen aufbringen. Zwei Tage, nachdem mit dem Lehrer Karl Rück bereits der erste Haller gefallen war, wurde am 11. August 1914 das in Schwäbisch Hall

„Wer weiss ob Wir uns Wiedersehen im schönen Heimatlande!"
10. Aug. 1914.

Eine Kompanie des in Schwäbisch Hall aufgestellten III. Bataillons des Reserve-Infanterie-Regiments 121 vor dem Ausmarsch. Tatsächlich sahen viele der hier abgebildeten Soldaten die Heimat nicht wieder.

aufgestellte III. Bataillon des Reserve-Infanterieregiments 121 mit einem feierlichen Feldgottesdienst auf dem Marktplatz verabschiedet und von der Stadtkapelle, dem Kriegerverein und der begeisterten Bevölkerung zum Bahnhof eskortiert. Von den damals so festlich verabschiedeten haben nur wenige die Heimat wiedergesehen. Auf sie wartete – wie auf alle „Ausmarschierten" – das Grauen der „Materialschlachten" mit einem bislang unvorstellbaren Massensterben und -töten. Im August 1918 wurde das Bataillon bei Cambrai vernichtet. Hier fielen die letzten Überlebenden von 1914 oder gerieten in Gefangenschaft. Als zweite in Schwäbisch Hall aufgestellte Einheit rückte das für Sicherungsaufgaben hinter den Fronten eingesetzte Landsturm-Bataillon Hall am 6. Oktober 1914 „ins Feld". Zum Kriegseinsatz kamen jedoch nicht nur Männer. Schon bei Kriegsausbruch musste die Haller Diakonissenanstalt dem Roten Kreuz 65 Diakonissen zur Verfügung stellen, die in Lazaretten als Krankenschwestern dienten. Insgesamt war fast ein Drittel der Diakonissen im Kriegseinsatz, für den das Kriegstagebuch der Marie Stier ein eindrückliches Beispiel bietet.

Auch nach dem Ausmarsch der Truppen blieb die Stadt militärisch geprägt. Als Oberamtsstadt war sie Schauplatz der Musterung und Ausbildung von Rekruten, die in immer größerem Umfang als Ersatz für die enormen Verluste eingezogen wurden. Für Jugendliche richtete das Landwehrbezirkskommando Ende 1914 die „Jugendwehr" ein, die der vormilitärischen Ausbildung diente. In diesem Rahmen „verteidigten" die Haller bei einer Übung 1915 den hiesigen Bahnhof gegen einen Angriff der Backnanger Jugendwehr. Eine wichtige Rolle spielte Hall als Lazarettstandort. Schon am 23. August 1914 kam der erste Transport mit Verwundeten an. Man brachte sie in der Diakonissenanstalt, im städtischen Krankenhaus, später auch im Brenzhaus und in einem Fabriksaal bei Held & Teufel unter. Ab September 1914 wurden täglich etwa 350 Verwundete behandelt, insgesamt waren es 6.270, von denen 50 gestor-

Abmarsch des Bataillons nach einem Feldgottesdienst auf dem Marktplatz am 11. August 1914

ben sind. Die Haller bemühten sich mit Spenden, Sammlungen und Unterhaltungsveranstaltungen um „ihre" Verwundeten.

Der Krieg griff immer umfassender in das Alltagsleben ein. Der Mangel an Arbeitskräften brachte Frauen in viele bislang Männern vorbehaltene Berufe und Positionen. Darüber hinaus engagierten sich viele Frauen ehrenamtlich. Besonders aktiv war der Evangelische Frauenverein. Neben karitativen Aufgaben wie dem Sammeln und Verschicken von „Liebesgaben" für Frontsoldaten, der Fürsorge für Angehörige von Soldaten oder der Vermittlung von Patenschaften für Kriegswaisen bemühte man sich um eine Förderung der politischen Bildung. Auch Kriegsgefangene kamen zum Arbeitseinsatz. Eine zu gute Behandlung und übertrieben reichliche Nahrung waren unerwünscht; ein besonderes Ärgernis aus Sicht der Behörden waren Liebesbeziehungen mit hiesigen Frauen, die in der Regel mit Haft zwischen drei und fünf Wochen bestraft wurden. Der Schulbetrieb litt, da viele Lehrer eingezogen wurden – schon 1914 fehlten 20 der 66 Lehrer des Oberamtsbezirks – und viele Schüler bei der Ernte oder beim Roten Kreuz mithelfen mussten.

Ein wichtiges Mittel der Kriegsfinanzierung waren die „Kriegsanleihen", für die mit aufwendigen Kampagnen geworben wurde. Viele Haller investierten ihre Ersparnisse in die attraktiv verzinsten Anleihen. Allein bei der achten Anleihe 1918 kamen hier knapp 3,5 Mio. Mark zusammen. Der Kriegsfinanzierung dienten auch Edelmetallsammlungen, für die man im Rathaus 1916 eine „Gold-Ankaufstelle" einrichtete.

Mit den Fortgang des Krieges machte sich immer stärker Mangel in allen Bereichen bemerkbar. Ab 1915 gab es immer mehr Lebensmittel nur noch mit Berechtigungskarten, die im Rathaus abgeholt werden mussten. Die „Nahrungsmittelkommission" wurde zum wohl wichtigsten Gremium der Stadtverwaltung. Ein besonderes Ärgernis war die Butterversorgung. Schon im Novem-

Gegen Ende des Kriegs nötigte der Mangel an Kleingeldmünzen die Stadt, „Kriegsnotgeld" herzustellen.

ber 1915 übernahm das Schultheißenamt Verkauf und Verteilung, konnte aber nicht verhindern, dass die Quote von 100 Gramm pro Woche nicht eingehalten wurde und die Bürger bis zu vier Wochen auf eine Zuteilung warten mussten. Die Schuld gab man dem Schwarzhandel. An Fetten und Öl mangelte es ebenso wie an Fleisch; der Staat verordnete „fleischlose Wochen"; hungrige Bürger halfen sich beispielsweise, indem sie per Zeitungsannonce nach einem *gutbeleibten Hund* suchten, dessen Schicksal sich leicht ausdenken lässt. Besonders schlecht war die Lage im berüchtigten „Steckrübenwinter" 1916/17. Mangelware waren auch Rohstoffe aller Art von Papier über Textilien und Leder bis hin zu Chemikalien und Metallen. Letztere wurden ab 1916 systematisch beschlagnahmt, wobei man nicht nur Blitzableiter, Dachrinnen oder Türgriffe enteignete, sondern auch vor Orgelpfeifen und Kirchenglocken nicht zurückschreckte. Sechs Glocken der Stadtkirchen waren trotz dem teils hartnäckigen Widerstand der Kirchengemeinden betroffen. Ein Ergebnis des Metallmangels war auch fehlendes Kleingeld. Deshalb ließ die Stadt zwischen 1917 und 1920 in 14 verschiedenen Auflagen über 432.000 Notgeldmünzen in Werten von 5, 10 und 50 Pfennig herstellen, die bis 1922 im Umlauf waren. Massive Einschränkungen brachte auch der Mangel an Brennstoffen mit sich. Einrichtungen wie das Solbad und die Schulen wurden geschlossen oder nur noch zeitweilig geöffnet, die Öffnungszeiten von Restaurants und Cafés limitiert. Im Zuge des Krieges verwandelte sich das Deutsche Reich de facto in eine Militärdiktatur mit einer sozialistisch anmutenden Planungs- und Lenkungsbürokratie, die alles und jedes regulierte, vom Zwangsankauf von Getreide bis hin zur Verwertung von Traubenkernen. Hauptobjekt dieser „Zwangswirtschaft" waren die Bauern, die auf die Eingriffe mit steigender Erbitterung reagierten. Angesichts dieser Zustände und des landwirtschaftlich geprägten Umfelds blühte der Schwarzhandel und vergrößerte den Mangel – zumal die amtlichen Zuteilungen dem „Haller Tagblatt" zufolge *zu viel zum Sterben und zu wenig zum Leben* boten. Hamsterer und Schwarzhändler galten als *wahre Landplage. Zu Dutzenden erscheinen sie in aufdringlicher Weise in den Dörfern und Höfen.* Immer wieder wurden Auswärtige und Haller als „Schleichhändler" entlarvt und – wie ein Heimbacher Gastwirt – in der Presse bloßgestellt, ohne dass diesem Treiben damit Einhalt geboten wurde. Lebensmittelknappheit und Wohnungsnot reduzierten den Fremdenverkehr, da das Solbad durch den Kohlenmangel nur noch eingeschränkt in Betrieb war und man zudem die Kurgäste des „Hamsterns" bezichtigte, weswegen eine feindselige Stimmung gegen sie herrsche.

Kino, Theater und sonstige kulturelle Veranstaltungen dienten der Kriegspropaganda, feierten militärische Erfolge, klärten über die Heimtücke des Feindes auf und förderten „vaterländische" Gesinnung. Deutschland kämpfe, so Schulrektor Dr. Knieser, *für deutsches Geistesleben und Sittlichkeit, für Kultur und Freiheit der ganzen Welt.* Die Deutschen seien *das führende Kulturvolk der Erde.* Als besonders eifriger Propagandist betätigte sich der Lehrer und Heimatdichter Heinz Sausele, der zahlreiche Vorträge hielt, Kriegsgedichte verfasste und dafür 1917 einen Orden erhielt. Deutsche Siege feierte man mit Konzerten, Glockengeläut, patriotischen Ansprachen und Fackelzügen. Die deutschen Anfangserfolge der Großoffensive im Frühjahr 1918 weckten noch einmal Siegeszuversicht, doch folgten mit den Niederlagen ab August 1918 Enttäuschung und Resignation. *Kaum je hat der Tod so furchtbare Ernte gehalten wie in der Gegenwartszeit,* hieß es im November 1918. *Es ist eine trübe Zeit, eine Zeit des großen Sterbens.*

Eine Sonderausgabe des „Haller Tagblatt" teilte den Hallern das Ende des Kaiserreichs mit: Reichskanzler Max von Baden verkündete am 9. November 1918 den Thronverzicht des Kaisers und übergab sein Amt dem SPD-Vorsitzenden Friedrich Ebert. Es folgte die Ausrufung der Republik. Reichsweit kam es zu Unruhen, Arbeiter- und Soldatenräte übernahmen die Macht. Unter dem Vorsitz Friedrich Eberts bildete sich der „Rat der Volksbeauftragten" als provisorische Regierung.

Diese *grundstürzenden Ereignisse* veranlassten am 10. November auch in Schwäbisch Hall eine von der SPD und den Gewerkschaften veranstaltete Volksversammlung. *Bürger aus allen Gesellschaftskreisen, Soldaten, Arbeiter und Arbeiterinnen waren in großer Zahl erschienen, um an dieser Versammlung unter der neuen Regierungsform teilzunehmen.* Im Vordergrund standen praktische Fragen, vor allem die Versorgung der heimkehrenden Soldaten. Georg Brotz von der SPD bekannte sich zur deutschen Kriegsschuld: *Unser Militärstaat war tatsächlich eine Gefahr für ganz Europa, ihm haben wir diesen schrecklichen Krieg zu verdanken.* Zwar schätze er König Wilhelm II. von Württemberg, aber dem monarchistischen System *mußte ein Ende gemacht werden.* Als Vertreter der Bürgerlichen begrüßte Professor Hermann Wild das Ende des Kaiserreichs als *ungeheuren Fortschritt,* denn *wir sind vom Obrigkeitsstaat losgekommen, und ich sage deshalb: Gott sei Dank!*

Die zurückkehrenden Soldaten wurden feierlich empfangen. In der Nacht zum 26. November 1918 kehrte das Landsturm-Bataillon in das zum Empfang der Soldaten festlich geschmückte und beflaggte Hall zurück. Trotz der frühen Stunde wurden sie von vielen Bürgern empfangen und gefeiert. Das neu aufgestellte III. Bataillon des Reserve-Infanterieregiments 121 löste sich in Schwäbisch Gmünd auf. Viele Haller kehrten jedoch nicht zurück – die Stadt betrauerte 303 Tote und 13 Vermisste. Für sie wurde am 21. November 1920 ein aufwendig gestaltetes Kriegerdenkmal auf dem Nikolaifriedhof eingerichtet.

Das politische Leben in der Weimarer Republik

12. Januar 1919	Niederschlagung des kommunistischen „Spartakus"-Aufstands.
19. Januar 1919	Wahl zur Nationalversammlung in Weimar.
11. Februar 1919	Friedrich Ebert wird Reichspräsident.
28. Juni 1919	Unterzeichnung des Versailler Friedensvertrags.
24. Februar 1920	Gründung der NSDAP.
13.–17. März 1920	Kapp-Putsch.
April 1920	Die Reichswehr schlägt einen kommunistischen Aufstand im Ruhrgebiet nieder.
8. März 1921	Beginn der Besetzung des Ruhrgebiets durch Frankreich und Belgien.
24. Juni 1922	Ermordung von Reichsaußenminister Walther Rathenau.
9. November 1923	Niederschlagung des Hitlerputschs in München.
26. April 1924	Paul von Hindenburg zum Reichspräsidenten gewählt.
25. Oktober 1929	„Schwarzer Freitag" – Beginn der Weltwirtschaftskrise.
30. März 1930	Regierungsantritt des Reichskanzlers Heinrich Brüning, der – ohne parlamentarische Mehrheit – mit „Notverordnungen" des Reichspräsidenten regiert.
1. Februar 1932	6,1 Mio. Arbeitslose in Deutschland.
31. Juli 1932	NSDAP wird stärkste Fraktion im Reichstag.
28. Januar 1933	Reichskanzler Kurt von Schleicher tritt zurück.

Kommunalpolitik und Alltagsleben waren nach dem Kriegsende von Versorgungskrise und Zwangswirtschaft geprägt. Bei diesen Aufgaben wirkte auch der November 1918 gegründete Arbeiter- und Soldatenrat mit, der sich wohl Anfang 1920 wieder auflöste. Angesichts der Krise kam es am 12. und 13. Juni 1919 zur Plünderung zweier Geschäfte am Milchmarkt und in der Rosmarinstraße. Verantwortlich machte man „Wucher" und „Habsucht" der Geschäftsleute, die wohl gegen die Preiskontrolle verstoßen hatten. Auf den drängenden Wohnungsmangel reagierte die Stadt mit Zuzugsbeschränkungen, Zwangseinweisungen, dem Ausbau von Wohnungen sowie Neubauten, die direkt durch die Stadt und über die 1919 gegründete „Gemeinnützige Baugenossenschaft Hall" abgewickelt wurden. Durch die von den 1920er Jahren bis in die NS-Zeit kontinuierlich weitergeführte Siedlungsbaupolitik wuchs die Stadt erstmals aus dem Kochertal heraus (s. Kap. 57). Erleichtert wurde dies durch die 1928 beginnenden Eingemeindungen, die das Stadtgebiet zunächst um die Tullauer Höhe, 1930 um Steinbach erweiterten.

Verschärft wurden die Probleme durch die Inflation, deren Wurzeln in der Finanzierung des Ersten Weltkriegs durch die Notenpresse lagen, zu denen noch die „Reparationen" an die Kriegsgegner und weitere Kriegsfolgelasten kamen. Mangels Alternativen deckte das Reich das Defizit erneut durch die Neuausgabe von Banknoten ab. Dies wiederum führte zu einem immer dramatischeren Wertverfall des Geldes. Da die Reichsdruckerei mit der Herstellung von Banknoten nicht mehr hinterherkam, ließ der Gemeinderat ab August

Plünderung eines Geschäftshauses am Milchmarkt am 12./13. Juni 1919

1923 eigenes Notgeld mit einem Nennwert von 70 Milliarden Mark ausgeben. Dieses Geld verlor jedoch seinen Wert schnell: Im Oktober 1923 verdiente ein Haller Lehrling 48 Mio. Mark am Tag, ein Zentner Kartoffeln kostete 2 Milliarden, ein Liter Milch 5,4 Millionen, im November schon 360 Millionen. Sparguthaben, Wertpapiere, Gehälter und Renten verloren ihren Wert, wohlhabende Menschen waren plötzlich arm. Ein Gemeinderat berichtete von einem Fall, *wo zwei alte Leute seit Wochen kein Brot zu essen gehabt haben* – ein solches kostete im November 1923 60 Milliarden Mark. Trotzdem war seine Herstellung ruinös: *Wird heute ein Sack Mehl verarbeitet, so kann der Bäcker für den Erlös nicht nur keinen neuen Sack mehr kaufen, sondern häufig reicht er nicht einmal aus, die Unkosten zu decken... Jeder Brotpreis, der heute festgesetzt wird, ist schon überholt, ehe er in Kraft tritt.* Auch Teile des Mittelstands konnten sich kein warmes Essen mehr leisten. Als Instrument der Nothilfe – z. B. zur Verteilung von Lebensmitteln – diente insbesondere das Spital, das Ende 1923 kurz vor dem finanziellen Kollaps stand. Die Stadt organisierte auch den Ankauf und die Verteilung von Kohlen und Lebensmitteln und verschaffte Arbeitslosen mit *Notstandsarbeiten* ein Gehalt. Gewinner der Inflation waren Industriebetriebe, die billig produzieren konnten, und alle Schuldner. Deshalb profitierte auch die Stadt. Ihre Kriegsschulden verschwanden, sie erwarb billig Immobilien wie den „Keckenturm" und konnte Bauarbeiten wie die Errichtung des 1924 eröffneten „Bürgerheims" günstig durchführen lassen. Diese Einrichtung für Senioren wurde vom Hospital getragen.

Die Umstellung auf die „Rentenmark" am 15. November 1923 beendete die Inflation. Doch die Folgen waren verheerend. Ein wesentlicher Teil der Mittelschicht war verarmt und hatte das Vertrauen in die Republik verloren. Auch Stadt und Hospital

1923 von der Stadt herausgegebenes Inflationsgeld

befanden sich in einer prekären Finanzlage, so dass *für absehbare Zeit nur das Notwendigste geleistet werden könne.* Die Finanznot des Landes veranlasste die Schließung der wirtschaftlich unbedeutenden Saline mit ihren 23 Arbeitern zum 1. April 1924. Zwar regte sich hier kaum Widerstand, um so wütender waren aber die Proteste gegen die Aufhebung des Landgerichts, die man als eine *ohne jede Rücksicht auf die Vergangenheit und Zukunft des Frankenlandes und Halls erfolgte diktatorische Verfügung der Regierung* geißelte. Zwar konnte die Schließung 1924 verhindert werden, doch 1932 blieb aller Widerstand vergeblich. Zurück blieb ein lange nachwirkender Groll über einen *vernichtenden Schlag* für *Ansehen und Bedeutung der Stadt.*

Ungewöhnliche Einmütigkeit herrschte bei der Wahl eines Nachfolgers für den langjährigen Stadtschultheiß Emil Hauber, der am 25. Februar 1927 starb. Der aus Neu-Ulm stammende Jurist Dr. Wilhelm Prinzing, der seit 1926 als Amtsverweser für Hauber gewirkt hatte, wurde nicht nur von den meisten bürgerlichen Parteien und Vereinigungen, sondern auch von der SPD unterstützt und siegte mit 85,4 %. Der tatkräftige neue Stadtschultheiß bzw. (ab 1930) Bürgermeister prägte die Stadt bis 1945.

Nach dem Ende der Inflation bemühte man sich um eine Wiederbelebung des Fremdenverkehrs. Der Kurbetrieb konnte die alten Dimensionen nicht mehr erreichen. Erst 1928 gelang durch einen Vertrag mit der Reichsversicherungsanstalt eine Wiederbelebung des Solbads, das zu einem Kurheim umgestaltet und jährlich von etwa 4–500 Badegästen benutzt wurde. Zur Verbesserung der Fremdenverkehrswerbung schuf man 1927 ein „städtisches Verkehrsbüro". Die Übernachtungen stiegen von 14.000 im Jahr 1924 auf 75.260 im Jahr 1931, womit Hall in Württemberg an 11. Stelle stand. Zunehmend wichtig wurden die 1925 durch Robert

Wahlkampfpropaganda der Kommunisten zur Reichspräsidentenwahl 1932 auf dem Marktplatz. Das Plakat spielt auf die durch die Weltwirtschaftskrise ausgelöste soziale Not an: „Das letzte Stück Brot raubt ihnen der Kapitalismus".

Braun, den Direktor des Kurtheaters, begründeten „Jedermann"-Spiele auf der Treppe von St. Michael.

Die Weltwirtschaftskrise machte ab 1929 erneut die Sozialfürsorge vorrangig. Die Stadt beschäftigte die aus der staatlichen Arbeitslosenfürsorge herausfallenden „Wohlfahrtserwerbslosen" bei der Stadt, beim Gas- und Wasserwerk und beim Hospital z. B. bei Waldarbeiten, um ihnen zu einem Lohn zu verhelfen. Gleichzeitig musste sie jedoch selbst Arbeiter entlassen. Bis 1932 war fast jeder fünfte Erwerbstätige im Arbeitsamtsbezirk ohne Arbeit. Die Stadt musste sich auf *die möglichste Milderung der wirtschaftlichen Notlage der zahlreichen Erwerbslosen* konzentrieren; die Fürsorgelasten stellten eine große Belastung des Stadthaushalts dar, der durch Einbrüche in allen Bereichen gekennzeichnet war. Die Einnahmen lagen an der untersten Grenze vergleichbarer Städte in Württemberg. Die Schwierigkeiten von Gewerbe und Handwerk unterstrichen zahllose Nachlassgesuche bei der Gewerbesteuer. In welche Nöte die Arbeitslosen kamen, zeigt ein Schreiben Bürgermeister Prinzings an das Arbeitsamt von 1932: *Man kann doch einer Familie ... nicht zumuten, daß sie von 32 RM Wochenlohn auskommt, zwei arbeitslose Söhne und noch einen verheirateten arbeitlosen Sohn, der einen eigenen Haushalt führt, unterstützt... Wir bitten dringend darauf zu achten, daß ... die Arbeitslosen zu Gewalttätigkeiten und kriminellen Handlungen gezwungen werden, wenn sie in einer derart harten Weise ohne Unterstützung gelassen werden.* Im selben Jahr sah man sich genötigt, den *Auswüchsen des Bettlerunwesens* entgegenzutreten.

Die Wahl zur Nationalversammlung vom 19. Januar 1919 – wo erstmals, nicht unbedingt zur Freude der hiesigen Männer, auch die Frauen abstimmen durften – gewann die SPD mit 40,7 % vor der liberalen „Deutschen Demokratischen Partei" (DDP) mit 38,2 % und der deutschnationalen „Württembergischen Bürgerpartei" (WBP) mit 15,9 %. Der als nationale Demütigung empfundene Versailler Vertrag und die politischen und wirtschaftlichen Krisen spielten eine Schlüsselrolle bei der folgenden Abwendung des Bürgertums von den demokratischen Parteien. Ein Faktor war auch die systematische Hetze der Deutschnationalen, die der Haller DDP-Vorsitzende Dr. Ulrich Zeller 1923 bei einer Demonstration gegen die Ermordung von Reichsaußenminister Rathenau als *Aufreizung zum Bürgerkrieg* bezeichnete. Charakteristisch dürfte die Entwicklung des Haller Gewerbevereins sein. 1919 stellte er noch mehrere Gründungsmitglieder der DDP-Ortsgruppe. 1928 unterstützte man nicht mehr die Liberalen, sondern die „Reichspartei des deutschen Mittelstands", eine reine Klientelpartei des gewerblichen Mittelstands, und initiierte die

Gründung einer Ortsgruppe. 1931 hingegen äußerte der Vorsitzende, Schlossermeister Karl Kurtz, offen seine Sympathien für die NSDAP, während sich der Vorstand noch skeptisch zeigte, da man deren wirtschaftspolitische Forderungen zwar befürwortete, ihre Umsetzung jedoch bezweifelte. 1932, im Jahr des Erdrutscherfolgs der NSDAP, sah man schließlich *nur noch den Weg, sich den nationalen Parteien anzuschließen*.

Im Gegensatz zum Bürgertum erwies sich die Arbeiterschaft als weitgehend resistent gegenüber der Rechten. Sie wählte ziemlich geschlossen SPD, die mit meist um die 30 % die stärkste Partei in Schwäbisch Hall war. Die Stadt war so „eine rote Insel im bauernbündlerischen bzw. nationalsozialistischen Meer" (Thomas Schnabel). Ein wesentlicher Faktor für die Stärke der SPD dürfte das breite Vereinsleben gewesen sein, das sich schon im Kaiserreich entwickelt hatte. So gab es den Arbeiterturnverein „Vorwärts", den Gesangverein „Freiheit", den Arbeiterradfahrverein, den Arbeiterschachclub und eine rege genutzte Leihbibliothek. Zum sozialdemokratischen Umfeld gehörten auch der Konsumverein, der Mieterverein, die Naturfreunde, die „sozialistische Arbeiterjugend" und das „Reichsbanner Schwarz-Rot-Gold", ein militärisch organisierter Kampfverband zum Schutz der Republik, dem sich auch einige Haller Juden anschlossen. Die Kommunisten blieben bis 1931/32 bedeutungslos und scheinen dann eher bisherige Nichtwähler gewonnen zu haben. Der 1930 gegründete Ortsverein umfasste offenbar vor allem Arbeitslose. Zwar gewann die KPD dank einer Listenverbindung mit der SPD 1931 ein Gemeinderatsmandat. Die Kooperation endete jedoch durch den 1932 von der Berliner KPD-Spitze erzwungenen Konfrontationskurs gegen die SPD, der einen gemeinsamen Kampf gegen Rechts unmöglich machte.

Die liberale Haller Tradition des Kaiserreichs setzte sich in der Ende 1918 gegründeten DDP fort, in deren Reihen sich

Werbepostkarte für die „Jedermann"-Aufführungen der Freilichtspiele, wahrscheinlich 1927

anfangs noch zahlreiche Honoratioren fanden. Die Partei, die sich als entschiedener Gegner der antidemokratischen Rechten und des Antisemitismus auszeichnete, fiel jedoch analog zur landesweiten Entwicklung einem raschen Niedergang zum Opfer, der durch den Austritt der in der „Deutschen Volkspartei" (DVP) organisierten Nationalliberalen beschleunigt wurde. Bis 1928 ging ihr Anteil auf 7,7 % zurück; in diesem Jahr löste sich wohl auch der Ortsverein auf. Zu den wenigen, die bis zuletzt DDP wählten, dürften viele Haller Juden gehört haben, für die es angesichts des in den anderen bürgerlichen Parteien teils offen propagierten, teils tolerierten Antisemitismus kaum Alternativen gab, wenn sie sich nicht trotz ihrer sozialen Herkunft der SPD anschließen wollten. Zum Teil trat die nationalliberale DVP das Erbe der DDP an. Sie erreichte zwar 1924 mit 16,5 % einen Höhepunkt, stagnierte aber 1928 und 1930 bei 13 %, um 1932 mit der DDP in der

Bedeutungslosigkeit zu verschwinden. Das „Zentrum" konnte wohl die Stimmen der meisten Katholiken auf sich vereinen, spielte aber im weitgehend protestantischen Hall keine große Rolle.

Bedeutendster Vertreter des wachsenden rechten Lagers war zunächst die 1919 gegründete „Württembergische Bürgerpartei" (WBP), der regionale Ableger der antidemokratischen und antisemitischen „Deutschnationalen Volkspartei" (DNVP). Sie gewann in den 1920er Jahren bis zu 23,9 %, verlor dann aber 1928 und vor allem ab 1930 massiv Stimmen an gesellschaftliche oder konfessionelle Klientelparteien wie die „Reichspartei des Deutschen Mittelstands" und den „Christlich-Sozialen Volksdienst". Die Haller WBP war eine Honoratiorenpartei, verstand sich als Sammelbecken des nationalen Bürgertums und pflegte *den Geist ernster völkischer Pflichterfüllung*. Angesichts vielfältiger personeller und ideologischer Überschneidungen kann eine Trennlinie zwischen den „honorigen" bürgerlichen Deutschnationalen und den rechten Extremisten kaum gezogen werden. Man unterschied sich eher im gemäßigteren Stil als inhaltlich – der *tückisch schleichende Verrat* der demokratischen Parteien 1918, die Feindschaft gegen die Republik und gegen die Juden, gegenüber denen man an der *Blutsgemeinschaft des Völkischen* festhalten müsse, gehörten zum Repertoire auch der Haller WBP. Dies zeigt auch der in der Stadt kaum präsente, auf dem Lande durch seine Verklammerung mit den landwirtschaftlichen Vereinen um so stärkere „Württembergische Bauern- und Weingärtnerbund" (WBWB), der z. B. in Bibersfeld bis zu 80 % der Stimmen gewann. Die hier vertretenen Ideen unterschieden sich inhaltlich oft kaum vom Nationalsozialismus. Im Dunstkreis von WBP und Bauernbund bewegte sich eine Reihe weiterer, teils explizit antidemokratischer und antisemitischer Gruppierungen und Vereine wie der von dem Schulrat und WBP-Ortsvorsitzenden Otto Brude geleitete „Alldeutsche Verband", der „Wandervogel Völkischer Bund", der „Bismarckbund", der „Deutschnationale Handlungsgehilfenverband" oder der 1928 in Hall gegründete Frontkämpferbund „Stahlhelm" mit seinem weiblichen Ableger, dem „Bund Königin Louise". Mit ihrer republikfeindlichen, antisemitischen und polarisierenden, den politischen Gegner zum Volksfeind abstempelnden Agitation bereiteten die deutschnationalen Parteien und Verbände der NS-Diktatur auf vielfältige Weise den Boden.

Keimzelle der Schwäbisch Haller NSDAP soll ein „Marine-Club" um zwei ehemalige U-Boot-Matrosen gewesen sein. Eine weitere Wurzel bildete der seit 1920 in Schwäbisch Hall präsente „Deutschvölkische Schutz- und Trutzbund", dem zufolge die Juden an allen Nöten Deutschlands bis hin zur Maul- und Klauenseuche schuld waren. Derartige Aktivitäten brachten Hall den Ruf ein, eine „Hochburg des Antisemitismus" zu sein. Aus diesem Milieu ging im Herbst 1922 die NSDAP-Ortsgruppe hervor. Sie entstand auf Initiative des Kaufmanns Kurt Ismer, der in München Hitler gehört und das Parteiprogramm mitgebracht hatte. Zu den ersten Mitgliedern zählten neben einigen Geschäftsleuten auffällig viele Lehrer, darunter Professor Christian Mergenthaler vom Realgymnasium und der Gewerbeschullehrer Wizemann, der seine Schüler für die SA rekrutierte. Mit etwa 200 Mitgliedern übertraf die Ortsgruppe Ende 1923 wohl sogar die SPD. Treibende Kraft war der spätere Ministerpräsident Mergenthaler, ein talentierter Redner und Agitator. Er genoss bei Schülern, Vorgesetzten und Teilen der Bürgerschaft hohes Ansehen als „ausgesprochen tüchtiger Lehrer" und begabter Redner. An seiner Betätigung für eine radikal republikfeindliche, antisemitische und gewalttätige Partei störte man sich offenbar nicht. Dass sie ihre Feinde – Juden, Sozialdemokraten, Kommunisten – mit *brutalsten Mitteln bekämpfen* und vernichten wollten, sagten die Haller Nazis offen. Die NSDAP profitierte von den Krisen der Republik. Im Mai 1924 gewann sie über 8 %, doch nach dem Wegzug Mergenthalers und der wirtschaftlichen Erholung kollabierte die Ortsgruppe. Befriedigt meldete der Haller SPD-Parteisekretär Heinrich Fackler 1925, dass hier *von den einst so anmaßend auftretenden Hakenkreuzlern fast nichts mehr zu hören und zu sehen ist.* Man sähe *die Mussolinis in Miniatur nur noch vereinzelt und verlegen einherschleichen.* Die 1929 beginnende Weltwirtschaftskrise belebte die NSDAP wieder. 1930 gründete der Verwaltungssekretär Gottlieb Hommel die Ortsgruppe neu. Wieder zog sie vor allem Geschäftsleute, Handwerker und Beamte an und erwies sich in erster Linie als Partei der evangelischen Mittelschicht. Mit einem enormen Werbeaufwand konnten die Nationalsozialisten ihren Stimmenanteil zwischen den Reichstagswahlen von 1930 und vom 31. Juli 1932 von 6,6 % auf 34,4 % steigern. Bei der zweiten Wahl am 6. November 1932 brachen sie zwar auf 28,8 % ein, blieben aber stärkste Partei.

In Schwäbisch Hall existierten so quasi zwei „Parallelgesellschaften", einerseits der sozialdemokratisch orientierten Arbeiterschaft mit ihren Vereinen und andererseits des zunehmend politisch rechts stehenden Bürgertums, zu der nicht nur die politischen Gruppen, sondern auch bürgerliche Vereine wie die Turngemeinde und auch die evangelische Kirche mit ihren oft deutschnational gesinnten Pfarrern zu rechnen sind. Zwischen Bürgertum und Arbeiterschaft herrschte eine deutliche, teilweise sogar fast feindselige Distanz. Alte Haller erzählen, dass „rote" Handwerker von manchen Bürgern nur dann gegrüßt wurden, wenn man sie brauchte. Ein Massenprotest gegen die Versailler Friedensbedingungen am 13. Mai 1919 dürfte wohl die einzige politische Kundgebung gewesen sein, an der sich die gesamte Bürgerschaft quer durch alle sozialen Schichten und politischen Gesinnungen beteiligte. Die hier vom DDP-Vorsitzenden Zeller ausgesprochene Befürchtung, dieser Friede würde *eine Saat des Hasses... legen, die schließlich fürchterlich aufgehen müßte,* sollte sich als nur zu berechtigt erweisen. Wie gespannt die Lage am Ende der Republik war, zeigt sich daran, dass sich die Haller Kommunisten 1932 Waffen beschafften und auch die SA solche besaß.

Eine zunehmende Polarisierung wird auch bei den Gemeinderatswahlen offenbar. Traten 1919 neben der SPD noch die bürgerlichen Parteien sowie Vertreter des Handels und Handwerks mit eigenen Listen an, schlossen sich die bürgerlichen Parteien und Interessengruppen ab 1922 zu einer „Wahlvereinigung" zusammen, die während der gesamten Weimarer Zeit die relative Mehrheit im Gemeinderat hatte; lediglich der Beamtenbund, teilweise auch das „Zentrum" scherten hier zeitweilig aus. Bei den zuvor im Stil des 19. Jahrhunderts mit Zeitungsanzeigen und einigen Versammlungen bestrittenen Wahlkämpfen war der von 1931 eine Zäsur. Das äußerst aggressive Auftreten der NSDAP entfesselte *eine Wahlschlacht, wie sie unsere Stadt noch nicht erlebt hat.* Der von den „Braunen" betriebene Aufwand war enorm, auch Parteiführer wie der damalige thüringische Minister Dr. Wilhelm Frick kamen in die Stadt. Charakteristisch ist, dass man seitens der „Bürgerlichen" *die Ehrlichkeit und Gesinnung der Mitglieder der NSDAP, sowie deren nationales und ideales Denken* hervorhob und es außerordentlich bedauerlich fand, dass es *nicht einmal möglich gewesen sei, das gesamte Bürgertum ..., wenigstens bei der Gemeinderatswahl zu einer einheitlichen Front gegen den Marxismus ... zusammenzuschweißen.* Die „marxistische" SPD konnte sich jedoch behaupten, im Gegensatz zur Wahlvereinigung, die drei Mandate verlor, eines davon an die NSDAP, die damit angesichts ihres Aufwands kaum zufrieden sein konnte.

Jedermann-Aufführung der Freilichtspiele 1932

Die Freilichtspiele

Begründer der Freilichtspiele war der Schauspieler und Theaterdirektor Robert Braun, der 1919 bei einem Besuch in Schwäbisch Hall die Idee entwickelt haben soll, auf der Freitreppe von St. Michael Theater zu spielen. 1924 wurde Braun Direktor und Spielleiter des Haller Kurtheaters, wo er ein ständiges Ensemble aufbauen wollte. Stadtschultheiß Emil Hauber und der Gemeinderat sahen dieses Projekt mit großer Skepsis, da sie weitere Lasten für die durch die Inflation geleerte Stadtkasse befürchteten. Erst nach Stellung einer hohen Kaution wurde das Vorhaben bewilligt. Tatsächlich erwies sich das Kurtheater auch bis zu seinem Ende 1939 als defizitäres Unternehmen. Die bereits 1924 diskutierte Idee, das Mysterienspiel „Jedermann" des österreichischen Dramatikers Hugo von Hofmannsthal nach dem Vorbild der Salzburger Festspiele auf dem Marktplatz aufzuführen, griff Braun auf und setzte mit Hilfe der „Kunstgemeinde" gegen erhebliche Widerstände bei Stadt und Kirchengemeinde die Treppe als Spielort durch. Die Premiere fand am 16. August 1925 statt, die Hauptrolle spielte der renommierte Schauspieler Leopold Biberti. Daneben wirkten Darsteller des Kurtheaters und zahlreiche Laien aus der Bevölkerung mit, insgesamt 250 Personen. Der Erfolg ermöglichte eine Wiederholung im folgenden Jahr. Nach Brauns frühem Tod am 13. November 1926 wurden die „Jedermann"-Spiele von seiner Lebensgefährtin Else Rassow weiter geführt. Die trotz künstlerischen Erfolgs anhaltenden finanziellen Probleme führten zu Absagen in den Jahren 1928, 1930 und 1931, mangels städtischer Zuschüsse musste Rassow die „Jedermann"-Spiele 1932 selbst finanzieren. Eine grundlegende Wende brachte ab 1933 die NS-Dikatur. Die seit 1928 vom Verein Alt-Hall getragenen „Jedermann"-Spiele wurden in den „Reichsbund der deutschen Freilicht- und Volksschauspiele e. V." aufgenommen, erhielten staatliche Förderung und gingen in die Verantwortung der Stadt über. Ab 1934 wich der „Jedermann" des „Halbjuden" Hugo von Hofmannsthal einer ideologisch unbedenklichen, älteren Version. Die Überfrachtung der Festspiele mit NS-Propaganda – Else Rassow war bereits 1931 in die NSDAP eingetreten – führte 1935 zu einem merklichen Verlust an Besuchern und Renommee. Deshalb bat Bürgermeister Prinzing den aus Schwäbisch Hall stammenden Autor Paul Wanner, unpolitische Stücke für die Treppe zu schreiben, berief ab 1937 Wilhelm Speidel vom Württembergischen Staatstheater als Regisseur und drängte Else Rassow 1939 endgültig aus dem Amt als Intendantin. Der Beginn des Zweiten Weltkriegs bedeutete zunächst das Ende der Freilichtspiele. Die Neuaufnahme mit Hofmannsthals „Salzburger Großem Welttheater" erfolgte 1949 wiederum unter der Leitung von Speidel, der bis zu seinem Tod 1968 Intendant der Freilichtspiele blieb und hierbei eng mit dem Leiter des Gymnasiums bei St. Michael und späteren Kultusminister Dr. Gerhard Storz zusammenarbeitete. Storz hatte von 1949 bis 1955 den Vorsitz des Theaterausschusses des Vereins Alt-Hall inne und stand ab 1956 auch dem als Träger der Freilichtspiele neu gegründeten Kuratorium Freilichtspiele vor. Speidel vertrat die Auffassung, dass sich die Treppe lediglich für ernste Dramen in konservativer Inszenierung eigne, und richtete den Spielplan nach dieser Grundauffassung aus. In den 1950er Jahren erweiterte man das Repertoire um deutsche Klassiker – den Anfang machte 1951 Schillers „Braut von Messina" – später um zeitgenössische Stücke von Bernd von Heiseler, Gerhart Hauptmann oder Georg Kaiser. 1954 war die Treppe Schauplatz der deutschen Premiere von Thierry Maulniers „Prozess der Jeanne d'Arc". Als Träger wurde nach dem Tod Speidels der selbstständige Verein Freilichtspiele Schwäbisch Hall e. V. gegründet. Nachfolger Speidels wurde 1968 sein bisheriger Assistent Achim Plato, der das Programm behutsam erweiterte, Komödien, später auch Musicals und Singspiele auf die Treppe brachte und die Vielfalt durch die Verpflichtung namhafter Theaterregisseure vergrößerte. Darüber hinaus wurden mit der für Theateraufführungen für Kinder genutzten „Kleinen Treppe" vor dem Landratsamt (ab 1985) und dem zum 75. Jubiläum der Freilichtspiele gebauten Globe-Theater auf dem Unterwöhrd (ab 2000) neue Spielorte erschlossen und ein breites Rahmenprogramm z. B. mit Konzerten und Aufführungen im „Theaterkeller" oder im Hohenloher Freilandmuseum Wackershofen entwickelt. Damit einher ging ein starker Anstieg der Besucherzahlen. Waren es 1967 noch 16.835 Zuschauer, stiegen diese Zahlen auf bis über 86.182 (2001) an und bewegen sich in den letzten Jahren zwischen 64.000 und 68.000. Nachfolger Platos als Intendant wurde 2003 Christoph Biermeier. Mit ihrem künstlerischen Ansehen und ihrer überregionalen Anziehungskraft sind die Freilichtspiele heute eine der wichtigsten kulturellen Institutionen der Stadt und ein wesentlicher Faktor für den Tourismus.

57 Siedlungen, Sanierungen, Infrastruktur, Verkehr: Die baulichen Veränderungen im 20. Jahrhundert

Steine klopfendes „Jungvolk" beim Bau der „Kriegsopfersiedlung", um 1941

Im Zuge der nach dem Ende des Ersten Weltkriegs herrschenden Wohnungsnot begann erstmals ein systematischer Ausbau der Stadt durch die Anlage neuer Siedlungen. 1919 beschloss der Gemeinderat den Bau zweier Doppelwohnhäuser im „Lohn'schen Garten" und ließ auf der „Ritterwiese" hinter dem Bahnhof zwei Baracken mit je fünf Wohnungen aufstellen, die aus einem Kriegsgefangenenlager in Ellwangen stammten. Trotz dieser wenig schmeichelhaften Herkunft wurden sie 1934 ausgebaut. Als Instrument der Selbsthilfe gründeten Haller Bürger 1919 die „Gemeinnützige Baugenossenschaft Hall", die das Ziel verfolgte, *für die Genossen gesunde und zweckmäßige Wohnungen zu billigen Preisen zu erstellen.* Die Stadt förderte dies durch Beitritt sowie Zuschüsse oder verbilligtes Baumaterial und Grundstücke und übernahm auf diese Weise eine dominierende Rolle. Erstes Bauprojekt der Genossenschaft war 1920 die Erstellung von drei Häusern mit 12 Wohnungen an der Urban- und Büschlerstraße.

Der neue Stadtschultheiß Prinzing intensivierte die Förderung des Siedlungswesens. Ab 1927 begann der Erwerb großer Baugebiete, die erschlossen und günstig weiter verkauft wurden; in diesem Zusammenhang kamen 1928 Flächen der damaligen Bibersfelder Teilgemeinde Hagenbach auf der Tullauer Höhe zur Haller Gemarkung hinzu. Darüber hinaus gewährte die Stadt Darlehens- und Zinszuschüsse, übernahm Bürgschaften und sicherte sich hierbei die

Unterstützung der Landeskreditanstalt, der Landesversicherungsanstalt und der Kreissparkasse, die als eine der ersten württembergischen Sparkassen zinsverbilligte Baudarlehen anbot. 1927 begann der Bau von Siedlungen in der Neumäuerstraße, im Ziegeleiweg und an der Alten Reifensteige, 1930 kam die Siedlung im „Heller'schen Garten" in Steinbach hinzu, die man ab 1935 zur Kocherfeldsiedlung erweiterte. 1931 begann der Bau der Gartenstadtsiedlung auf der Tullauer Höhe. Auf diese Weise wuchs die Stadt erstmals aus der Tallage hinaus auf die umliegenden Höhen. Während der Zeit des Nationalsozialismus wurde der Siedlungsbau fortgesetzt. 1933 begann man mit der Erschließung der Rollhofsiedlung, deren zweiter Bauabschnitt 1936 folgte. 1937 kam der Baubeginn der Grundwiesensiedlung in Hessental. Ab 1939 errichtete die NS-Kriegsopfersiedlung eGmbH (Stuttgart) in den Kreuzwiesen und Kreuzäckern die Kriegsopfersiedlung. Den ideologischen Hintergrund dieses als nationalsozialistisches Vorzeigeprojekt geplanten Unternehmens zeigen Straßennamen wie „Ypernweg" oder „Langemarckweg", die an *große Taten im Weltkrieg* erinnerten. Wie einige andere Straßen, die man nach NS-Größen benannt hatte – die Adolf-Hitler-Straße (Johanniterstraße), die Dr.-Ley-Straße (Im Vogelsang), die Gustloffstraße (Schillerstraße), die Mergenthalerstraße (Im Schönblick), in Steinbach die Wilhelm-Frick-Straße (Hartwigstraße) und die Wilhelm-Murr-Straße (Burkhardstraße) sowie in Hessental die Hermann-Göring-Straße (Schmiedsgasse) – erhielten sie nach 1945 unverfänglichere Namen. 1939 entstanden hier 20 Siedlungshäuser, 1940 folgten 17 weitere, 1939/1940 begannen auch Planungen für eine Siedlung in den Ghagäckern in Hessental. Ab 1941 verzögerte und behinderte der Krieg die Bauarbeiten, bei denen man auch Kriegsgefangene einsetzte, und erzwang schließlich ihre weitgehende Einstellung. Diesen Kriegsauswirkungen ist wohl auch zu verdanken, dass Ende 1941 entstandene Pläne für ein „Kreishaus der NSDAP" nicht verwirklicht wurden. Ihnen wäre das gesamte Altstadtviertel zwischen Neuer Straße, Schwatzbühlgasse und Haalplatz zum Opfer gefallen.

Der Zustrom von Vertriebenen und Flüchtlingen führte nach 1945 erneut zu einer Phase verschärften Wohnungsmangels, der durch Wohnungsbeschlagnahmungen für die Besatzungstruppen, vor allem aber für befreite Zwangsarbeiter und jüdische Überlebende des Holocaust gesteigert wurde. Der Mangel an Baumaterialen ließ den Siedlungsbau jedoch erst mit Verzögerung anlaufen. Bis zur Währungsreform konnten lediglich 30 Wohnungen erstellt werden. 1948 beschloss der Gemeinderat eine Erweiterung der Rollhofsiedlung um sechs Doppelhäuser. Ein Jahr später begann auf ehemaligem Grund des Freiherrn von Palm, der auf Grundlage des Bodenreform-Gesetzes von 1946 teilweise enteignet worden war, der Bau der Heimbachsiedlung, der größten Bodenreform-Flüchtlingssiedlung in Württemberg. In zwei Bauabschnitten entstanden bis 1951 100 Siedlerstellen mit 200 Wohnungen. Eine großangelegte Erweiterung der Kreuzäckersiedlung begann 1952. Bis Ende 1953 wurden in Schwäbisch Hall 902 Wohneinheiten erstellt. Die Bautätigkeit setzte sich auch nach diesem ersten Bauboom fort. Erweiterungen der Heimbachsiedlung folgten 1958/59 sowie 1965/66. Ab 1966/67 erschloss man den Teurershof als Bauland, dessen Gelände die Stadt 1963 von den Freiherren von Palm erworben hatte. Planungen für eine Großsiedlung in diesem Bereich mit etwa 6.000 Einwohnern begannen 1970, der Bau – nach verschiedenen Änderungen der Pläne – 1975; 1982 starteten die Planungen für das Wohngebiet Teurershof II, für das eine gemischte Bebauung mit Ein- und Mehrfamilien sowie Wohnblocks vorgesehen wurde. Erstmals in Schwäbisch Hall wies man hier verkehrsberuhigte Zonen aus.

Der Ausbau des Teuershofs, wo derzeit etwa 3.840 Menschen leben, ist noch nicht abgeschlossen; um die Ausweisung des anschließenden „Katzenkopfs" als Siedlungsgebiet gab es 2000 eine kontroverse Diskussion. Weitere Siedlungen entstanden ab 1969 im Bereich Tullauer Höhe-Hagenbach (Hagenbacher Ring) und im Loh in Steinbach, daneben erfuhren bestehende Wohngebiete wie die Kreuzäckersiedlung, der Rollhof und die Grundwiesensiedlung teils sehr umfangreiche Erweiterungen. Weitere Möglichkeiten eröffnete 1993 der Abzug der US-Armee aus den „Dolan Barracks" in Hessental. Die Stadt erwarb das Areal vom Bund und begann ab 1998 die Erschließung des „Solparks" mit einer Mischung aus Wohnbebauung und gewerblicher Nutzung. Die vorerst letzten Siedlungen sind seit 2001 das auf Sonnenenergienutzung ausgerichtete Wohngebiet „Sonnenrain" in Hessental und die „Hartäcker" im Reifenhof (2005). Teils umfangreiche Neubaugebiete entstanden in den 1960er und 1970er Jahren auch in den meisten Teilgemeinden, etwa in Sulzdorf (Kirchäcker), Gailenkirchen (Im Flur), Tüngental (Schönäcker), Bibersfeld (Im Bühl), Eltershofen (Breitenstein) oder Gottwollshausen (Riegeläcker, Grohwiesen). Letzteres, das erheblich gewachsen ist und sich von einem bäuerlich geprägten Dorf zu einer Wohnsiedlung verwandelt hat, ist ein gutes Beispiel für den tiefgreifenden Strukturwandel im Umland der Stadt.

Trotz relativ geringer Kriegsschäden hat sich auch das Gesicht der Altstadt im 20. Jahrhundert erheblich verändert. Den wohl massivsten Eingriff in die gewachsene Struktur stellte 1933/35 der Durchbruch der Johanniterstraße durch den nordwestlichen Teil der Weilervorstadt dar, der nicht nur historische Bausubstanz zerstörte, sondern auch einen Teil des Weilers von der Altstadt abschnitt. Weitere größere bauliche Veränderungen der 1920er und 1930er Jahre waren der Abbruch der 1924 geschlossenen Saline, die Erweiterung der Post und die Errichtung der Kreissparkasse am Hafenmarkt (1939), letztere ein Werk von Dr. Eduard Krüger (1901–1967), der sich als Architekt und Bauhistoriker auf vielfältige Weise um die Erhaltung und Erforschung der Altstadt und ihrer Baudenkmale verdient gemacht hat. Obwohl sich die Zerstörungen durch den Zweiten Weltkrieg in Grenzen hielten, trafen sie einige stadtbildprägende Gebäude wie den Pulverturm, die Hirschlesmühle, das Hotel Lamm-Post am Milchmarkt und das Rathaus. Bereits 1949 war die 1945 gesprengte Henkersbrücke, 1950 die heutige Friedensbrücke und bis 1955 das Rathaus wiederhergestellt. Der Wiederaufbau des Bahnhofs zog sich bis 1956 hin, der Pulverturm blieb Ruine. Die nicht immer vorteilhaften Modernisierungen von Altstadtgebäuden beurteilte Bürgermeister Theodor Hartmann schon 1956 sehr kritisch: „Durch die Straßen und die Gassen schleicht ein Untier gesuchter Modernität, um hier mit einer nicht glücklich aufgerissenen Ladenfront, dort einem kahlen Repräsentationsgebäude, das vielleicht ins Wiederaufbaugebiet von Mannheim, aber nicht in die Altstadtatmosphäre passt, die Abgestimmtheit langen Wachstums und die Familiarität der Ordnungen zu durchbrechen". Vor allem in den 1960er und 1970er Jahren gab es einige aus heutiger Sicht bedauerliche Abbrüche historischer Bausubstanz, so 1965 des ehemaligen Geschäftshauses von Heinrich Herz am Haalplatz durch die Südwestbank, 1969 des durch ein Geschäfts- und Bürohaus ersetzten Gasthauses „Zur Traube" in der Marktstraße oder – besonders herausstechend – das neue „Brenzhaus" von 1970 in der Mauerstraße mit seiner Sichtbetonarchitektur. Gegen wesentlich weiter gehende Pläne des Baukonzerns „Neue Heimat" für einen Kaufhauskomplex, dem die gesamte historische Bausubstanz im Kornhausareal zum Opfer gefallen wäre, mobilisierte der Verein Alt-Hall 1973 den Widerstand; sie scheiterten schließlich am Veto des Regierungspräsidiums. 1970 begann eine systematische Sanierung der Altstadt, die in den 1980er Jahren auch auf die Katharinen- und Weilervorstadt ausgedehnt wurde. Die Stadt hat sich insbesondere für die Sanierung denkmalgeschützter und stadtbildprägender Bauten engagiert; zahlreiche Häuser im Altstadtbereich wurden erworben, um ihre Erhaltung zu gewährleisten. Seit 1980 dient die „Stadtgestaltungssatzung" dem Schutz des Altstadtbildes. Eine vom Landesdenkmalamt 1985 geplante, weitergehende Unterschutzstellung von Altstadt, historischen Vorstädten und Steinbach als „Schutzzone" lehnte der Gemeinderat ab. Die Aufgabe von Industriebetrieben bzw. ihre Verlagerung an neue Standorte außerhalb des Altstadtbereichs schuf Platz für eine Reihe stadtbildprägender moderner Bauten, so auf dem Fabrikgelände der „Grossag" an der Blendstatt das Landratsamt von 1981 und die sich daran anschließende Blendstatthalle von 1988, auf dem Areal der Ritterbrauerei im Weiler das Park- und Geschäftshaus „Ritter" (2000) und – als architektonisches Glanzlicht in der Katharinenvorstadt – die Kunsthalle Würth des dänischen Architekten Prof. Henning Larsen (2001) am alten Standort der Löwenbrauerei; das Sudhaus von 1903 dient heute der Museumsgastronomie. Den Platz des 1945 zerstörten Gasthauses „Lamm-Post" und der nachfolgenden Landeszentralbank nimmt seit 1993 die mit mehreren Architekturpreisen ausgezeichnete Stadtbibliothek (ursprünglich „Modehaus am Milchmarkt") von 1993 ein, deren Glasarchitektur heftige Diskussionen auslöste. Die Verwendung des nach der Verlegung der Justizvollzugsanstalt 1998 in einen modernen Neubau in der Stadtheide von der Stadt erworbenen Gefängnisareals am Kocher ist derzeit (2006) offen.

Nachdem die bereits seit dem Kaiserreich für die Ansiedlung von Industriebetrieben genutzten „Ritterwiesen" für den steigenden Flächenbedarf nicht mehr ausreichten, erschloss die Stadt ab 1961 die „Stadtheide" als erstes größeres Industrie- und Gewerbegebiet. Es folgten das Industriegebiet Sulzdorf (ab 1976), das Gewerbegebiet „Breitloh" in Hessental (ab 1979), das „Gründle" ebenfalls in Hessental (ab 1988) und der „Solpark" (ab 1998). Kleinere Flächen entstanden z. B. in der Auwiese und im Anschluss an das Michelfelder Gewerbegebiet „Kerz", dessen Lage am Rand der Schwäbisch Haller Gemarkung Befürchtungen wegen eines Kaufkraftverlusts der Innenstadt weckte und zu Konflikten mit der Nachbargemeinde führte. Insgesamt verfügt die Stadt über 311 Hektar Gewerbegebiete.

Erneute Probleme bei der Wasserversorgung beseitigte 1928 die Anlage einer Grundwassergewinnungsanlage auf der Gemarkung von Gschlachtenbretzingen. Den steigenden Bedarf nach 1945 deckte die Errichtung eines Hochbehälters auf dem Einkorn 1952, der Abschluss eines Wasserbezugsrechts mit der 1953 gegründeten Nordostwasserversorgung und schließlich 1968 die Erstellung einer Flusswasseraufbereitungsanlage. Nach dem Anschluss Hessentals an das städtische Wassernetz entstand der Hochbehälter auf dem Einkorn, weitere Hochbehälter baute man am Reifenhof und 1975 im Streifleswald. 1932 beschloss der Gemeinderat den Bau eines Schwemmkanalisationsnetzes mit einer Kläranlage. Den Anfang machten Unterlimpurger Straße und Waschwiese in Steinbach. 1937 wurde Hessental mit dem Fliegerhorst angeschlossen, 1941/42 beendete der Krieg weitere Baumaßnahmen. Nach 1945 wurde zunächst das Hauptsammlernetz fertig gestellt. Eine Kläranlage für Hessental entstand 1951, eine Kläranlage für die Stadt im „Vogelholz" auf Gelbinger Gemarkung nahm 1956 ihren Betrieb auf. Der Ausbau des Elektrizitätsnetzes ging nur zögerlich vonstatten, da man Konkurrenz für das Gas fürchtete. Trotzdem versorgte das Elektrizitätswerk Heller neben Gewerbebetrieben zunehmend auch Privatleute. Auch in der „Dorfmühle" von Carl Obenland entstand nach 1918 ein privates Elektrizitätswerk. 1928 schloss

Heller mit der Stadt einen Konzessionsvertrag ab. Mit dem Zweiten Weltkrieg und der folgenden Versorgungskrise beschleunigte sich die Umstellung von der Gas- auf die elektrische Beleuchtung sowohl der Straßen als auch der Häuser. Die konventionelle Gaserzeugung aus Kohle wurde 1962 aufgegeben, das Gaswerk 1971 abgerissen. 1982 erfolgte der Anschluss an das Erdgasnetz. 1969 kaufte die Stadt das Elektrizitätswerk Heller und bildete 1971 aus diesem und den Stadtwerken die Stadtwerke Schwäbisch Hall GmbH. 1975 kamen die Wasserkraftanlagen der Kocherwerke GmbH in Steinbach, 1979 die der Firma Held & Teufel am Neuberg, 1983 die Stadtmühle und 1990 eine neugebaute Anlage am Dreimühlenwehr hinzu. Als weiteres Element der Versorgungsinfrastruktur errichteten die Stadtwerke 1975 ein Fernheizwerk für das Neubaugebiet Teurershof. 1985 wurde hier ein Blockheizkraftwerk eingebaut. Weitere Anlagen dieser Art entstanden bereits 1983 im Schenkensee-Hallenbad sowie 1987 am Hessentaler Flugplatz. 1996 beteiligten sich die Stadtwerke an einer Windkraftanlage in Bühlerzimmern, 2001 errichtete man zwei große Photovoltaikanlagen im Hessentaler „Solpark" und auf dem „Taubenhof" bei der ehemaligen „Fassfabrik" K. Kurz. Weiter ausgebaut wurde auch das Telefonnetz; 1957 erhielt Schwäbisch Hall ein eigenes Fernmeldeamt.

Als Infrastruktur anderer Art entstanden im 20. Jahrhundert zahlreiche Sportanlagen, oft mit Unterstützung der Stadt. So hatte beispielsweise die Turngemeinde seit 1846 die profanierte Johanniterkirche als Turnhalle genutzt. 1928 erstellte man die „Jahnturnhalle" in der Weilerwiese, die 1978 durch eine neue Vereinsanlage beim Sportzentrum Hagenbach ersetzt wurde. Eine Sportanlage der Post-Sportgemeinschaft entstand im Schulzentrum Schenkensee (1979), im Anschluss daran die Tennisanlage des Ski- und Tennisclubs (1990/91). Weitere Schwerpunkte entwickelten sich bei der Heimbachsiedlung um den Sportplatz des 1951 gegründeten SSV Schwäbisch Hall-Heimbach sowie in der Auwiese. Auch

Abbruch von Häusern für den Durchbruch der Johanniterstraße durch die Weilervorstadt im August 1933

Bau des Schenkensee-Freibads, 1941 oder 1942

in den meisten Teilorten sind Turn- und Festhallen sowie Sportanlagen der dortigen Vereine vorhanden. Getrennte Flussbäder für Männer und Frauen bestanden bereits 1876, 1928 kam ein Familienbad hinzu. Aufgrund einer Stiftung des Ehrenbürgers Max Kade konnte 1942 das Freibad Schenkensee eingeweiht werden, das 1973 um ein Hallenbad ergänzt und bis 1989 zu einem Freizeitzentrum erweitert wurde. 2004 erneuerten die Stadtwerke das Freibad grundlegend, 2005 das Hallenbad.

Die Ausweisung der Reichsstraßen 14 und 19 (heute Bundesstraßen) ab 1932 machte Schwäbisch Hall zum Schnittpunkt zweier wichtiger Verkehrsverbindungen. Um den bislang durch die Stadt fließenden Durchgangsverkehr um die Altstadt herum zu leiten, errichtete man 1933 die Hindenburgbrücke (Friedensbrücke) und brach 1933/35 die Johanniterstraße durch die Weilervorstadt. Eine Ostumgehung der Altstadt war bereits während des Kaiserreichs durch den Ausbau von Crailsheimer Straße und Langem Graben – letzterer als Allee mit Linden – geschaffen worden.

Weitere größere Verkehrsregulierungen im Stadtbereich kamen in den 1960er und 1970er Jahren, als die B 14 über die Crailsheimer Straße, den Langen Graben und die Johanniterstraße um die Altstadt herum geführt und vierspurig ausgebaut wurde. Mit dem Ausbau der Unterlimpurger Straße (ab 1974) und der Steinbacher Straße (ab 1972) wurde die Umleitung des Durchgangsverkehrs um die Altstadt herum abgeschlossen, durch die Zuschüttung des Mühlkanals entstand Platz für Verlegung und Ausbau der Salinenstraße. 1976 bis 1978 wies man den größten Teil der Altstadt als Fußgängerzone aus, von der lediglich die Hauptzufahrtsstraßen und die größeren Plätze teilweise ausgenommen wurden. Parkhäuser am Langen Graben (1980), am Schied (1990), auf dem Areal der Alten Löwenbrauerei (1997) und im Ritter (2000) entlasten die Innenstadt vom Parkverkehr; ergänzt wurden sie durch eine Reihe von Parkplätzen (Froschgraben, Weilerwiese, Haalplatz).

Erster Schritt zu einer weiträumigeren Umfahrung Schwäbisch Halls war 1980 die Freigabe des ersten Teilstücks der „Ostumgehung" vorbei an Breitenstein und Eltershofen. Die Weiterführung um die Kreuzäckersiedlung und Hessental herum verzögerte sich erheblich; 2004 waren die Planungen weitgehend abgeschlossen. Die Frage einer Westumgehung mit Anschluss an die Autobahn A 6 war die wohl schärfste und längste kommunalpolitische Kontroverse der 1980er und 1990er Jahre. Ein Bürgerentscheid von 1988, bei dem sich eine Mehrheit von 60 % gegen einen Bau aussprach, stoppte die Westumgehung zunächst, ohne sie ganz aus der Diskussion zu bringen, ein erneuter Bürgerentscheid ergab 2001 eine Mehrheit von 67 % für den Bau der modifizierten „kleinen Westumgehung".

Pläne für eine nahe an Schwäbisch Hall vorbei führende Fernstraße Heilbronn – Nürnberg gab es schon in den 1920er Jahren – teilweise mit einem Fernstraßenkreuz bei Hessental. Die Planungen für die heutige Autobahn A 6 konkretisierten sich 1935, erste Bauarbeiten begannen 1938, wurden jedoch durch den Zweiten Weltkrieg gestoppt. Erst 1966 nahm man – weitgehend den alten Plänen folgend – den Autobahnbau zwischen Heilbronn und Nürnberg wieder auf und schloss ihn 1979 mit der Freigabe der Kochertalbrücke bei Braunsbach ab.

Im Zeichen des Automobils erfolgte ein Ausbau des öffentlichen Nahverkehrs, der einen gewissen Ausgleich für die vielfach als unbefriedigend angesehene Eisenbahnanbindung bewirkte. Ab 1909 verband ein Post-Omnibus Schwäbisch Hall mit Mainhardt, ab 1919 mit Künzelsau und Bad Mergentheim, ab 1927 mit Kirchberg. Zu den Postbussen kamen ab den 1920er Jahren auch private Buslinien (z. B. ab 1926 nach Oberrot und ab 1928 nach Westheim), die die Stadt mit ihrem Umland verbanden. Ein „Zentraler Omnibusbahnhof" entstand auf dem Areal des 1971 abgerissenen Gaswerks. In ummittelbarer Nähe zum ehemaligen Fliegerhorst ging 1958 ein Sportflugplatz in Betrieb. Mit dem Abzug der US-Armee aus den „Dolan Barracks" im Jahr 1993 konnte auch der bis dahin militärisch genutzte Flugplatz in Hessental zivil verwendet werden. Die Stadt verkaufte den für Geschäfts- und Sportflugzeuge genutzten Flugplatz 2004; Träger der Flughafen Hessental GmbH ist zu 90 % die Künzelsauer Würth-Gruppe, zu 10 % die Bausparkasse. Nach umfangreichen Investitionen und einer Verlängerung der Landebahn auf 1.540 Meter konnte der nun instrumenten- und nachtflugtaugliche Adolf Würth Airport im November 2004 neu eingeweiht werden.

„Anbetung der Gewalt": Der Nationalsozialismus

30. Januar 1933	Reichspräsident Paul von Hindenburg ernennt Hitler zum Reichskanzler.
5. März 1933	Reichstagswahl – NSDAP wird stärkste Fraktion.
23. März 1933	Der Reichstag nimmt das „Ermächtigungsgesetz" an.
14. Juli 1933	Verbot aller politischer Parteien bis auf die NSDAP.
30. Juni 1934	„Röhmputsch".
2. August 1934	Nach dem Tod Hindenburgs vereinigt Hitler die Ämter des Reichspräsidenten und Kanzlers auf sich.
16. März 1935	Wiedereinführung der Wehrpflicht.
1. Dezember 1936	Die Teilnahme an der „Hitlerjugend" wird verpflichtend.
4. Februar 1938	Hitler wird Oberbefehlshaber der Wehrmacht.
13. März 1938	„Anschluss" Österreichs an das Deutsche Reich.
29. September 1938	Münchner Abkommen – Deutschland annektiert daraufhin das tschechoslowakische, deutsch besiedelte Sudetenland.
23. August 1939	Deutsch-sowjetischer Nichtangriffspakt (Hitler-Stalin-Pakt) – Aufteilung Osteuropas.

Es ist zu vermuten, dass der größte Teil des Haller Bürgertums die Machtübertragung an Hitler am 30. Januar 1933 begrüßte. Wenn man nicht ohnehin zur Anhängerschaft der NSDAP zählte, die bei der letzten Wahl mit 28,8 % knapp vor der SPD die stärkste Partei geworden war, so dürfte man – wie der „Haller Tagblatt"-Schriftleiter Hermann Schwerdtfeger schrieb – zumindest auf eine größere politische Stabilität gehofft haben.

Im Wahlkampf für die Reichstagswahl am 5. März 1933 sah die Haller NSDAP *ein neues Deutschland der nationalen Freiheit und der sozialen Gerechtigkeit, der Sauberkeit und der Ordnung heraufdämmern* und feierte den Sieg vorweg mit Höhenfeuern *zum Tag der erwachenden Nation.* Der 1945 ermordete Staatspräsident Eugen Bolz warnte bei einer überfüllten Veranstaltung des Zentrums davor, dass in der NS-Ideologe *das Streben nach der Alleinherrschaft* stecke, und die SPD wies darauf hin, dass diese *Neuheidentum, eine Vergötzung von Fleisch und Blut, eine blinde Menschenvergötterung und eine antichristliche Anbetung der Gewalt* bedeute.

Unbekannte sabotierten am 15. Februar die Radioübertragung einer Hitlerrede mit einer Stromstörung, der Kommunist Erwin Wieland brachte kurz vor der Wahl in einer halsbrecherischen Kletteraktion eine rote Fahne am „Neubau" an. Nach dem Brand des Reichstags am 27. Februar wagten es die Haller Kommunisten nur nachts, Flugblätter zu verteilen, in denen sie die Schuld an der Brandstiftung zurückwiesen. Vertreter von SPD und KPD trafen sich, konnten sich aber nicht auf ein gemeinsames Vorgehen einigen. Während erstere auf ein „Abwirtschaften" der NSDAP hofften, hielten die Kommunisten auch einen Aufstand für denkbar. Besprochen wurde ein solcher angeblich bei einem nächtlichen Treffen in einer Scheune zwischen Heimbach und Michelfeld am 3. März 1933. Wie aufgeheizt die Stimmung war, zeigt sich daran, dass im März in Hall *die schlimmsten und dümmsten Gerüchte über Attentate, Brandstiftungen und ähnliches* kursierten.

Das Ergebnis der Wahl zeigte die Dominanz der NSDAP im bürgerlichen Lager. Mit 40,7 % ließ sie Bürgerpartei (11,7 %), Zentrum (8,3 %), Christlich-Sozialen Volksdienst

(5,3 %) und die in die Bedeutungslosigkeit gefallenen Liberalen weit hinter sich, blieb aber unter dem Reichs- und Landesdurchschnitt. Dies lag vor allem an der SPD, die immer noch 23,9 % erreichte, während die KPD bei 5,9 % lag. Zeichen der nationalsozialistischen Machtübernahme war am 9. März das Hissen der Hakenkreuzfahne und der schwarzweißroten Reichsflagge am Rathaus, das von SA und „Stahlhelm" vor einer großen Menschenmenge vorgenommen wurde. Aus Protest blieb die SPD-Fraktion der nächsten Gemeinderatssitzung fern. Der KPD-Stadtrat Friedrich Kaiser hatte bereits zwei Tage zuvor auf sein Mandat verzichtet und war aus der Partei ausgetreten.

Im politischen Leben der Stadt kam ein tiefer Umbruch. Der Gemeinderat wurde aufgelöst und aufgrund des „Gleichschaltungsgesetzes" vom 31. März 1933 entsprechend dem Reichstagswahlergebnis neu besetzt. Die NSDAP hatte nun zehn, die „Nationale Vereinigung" zwei, die SPD vier, Zentrum und Christlich-sozialer Volksdienst je einen Sitz. Bei der Einführung des neuen Gemeinderats marschierte die NSDAP-Fraktion in Uniform ein. Laut Fraktionsführer Spiegel war die Frage überholt, ob die Neubildung dem Willen der Bevölkerung entspreche, da in den Gemeinden keine *Stützpunkte für eine versteckte Gegnerschaft* erhalten bleiben dürften. Im Zusammenhang mit Drohungen gegen städtische Arbeiter, *die gegen uns stehen*, dürfte die Entlassung der in der SPD aktiven Spitalköchin Babette Reichling am 21. Juni 1933 stehen. Am 22. Mai und am 12. Juni traten die vier SPD-Gemeinderäte Wilhelm Vogelmann, Georg Brotz, Ludwig Fritsch und Heinrich Gräter zurück, da es die *derzeitigen politischen Machtverhältnisse* ihnen unmöglich machten, gleichberechtigt mitzuwirken. Schon vor dem Verbot der SPD am 22. Juni existierte die Ortsgruppe nicht mehr. Abgeschlossen wurde die politische „Gleichschaltung" durch das Verbot aller Parteien am 14. Juli. Die Stadträte traten als

Nationalsozialistische Kundgebung zum 1. Mai (wohl 1936) auf dem Marktplatz. Die Parole am Balkon lautet „Nicht Rang und Stand, Leistung macht den deutschen Mann".

„Hospitanten" der NSDAP-Fraktion bei oder schieden aus. Seine endgültige Verfassung erhielt Hall durch die „Deutsche Gemeindeordnung" vom 30. Januar 1935. Sie beseitigte die kommunale Selbstverwaltung und machte die Stadt zum Vollzugsorgan des NS-Staats. Bürgermeister Prinzing, der am 1. Mai 1933 in die NSDAP eingetreten war und eine politische Überprüfung unbeschadet überstanden hatte, wurde ihr alleiniger Leiter. NSDAP-Kreisleiter Bosch hatte als „Beauftragter der NSDAP" eine Aufsichtsfunktion; er berief und entließ u. a. die Gemeinderäte und zwei „Beigeordnete", die dem Bürgermeister zur Seite standen. Der Gemeinderat hatte nur noch beratende Funktion und war keine Vertretung der Bürger, sondern der NSDAP. Deren Primat zeigen die Verleihungen des Ehrenbürgerrechts. Es ging nicht nur an den New Yorker Unternehmer und Wohltäter Max Kade, sondern auch an den Reichsstatthalter und NSDAP-Gauleiter Wilhelm Murr, den Ministerpräsidenten

Fischerstechen auf dem Kocher, 1938. Mit derartigen ortsfremden Aktionen versuchte man, das Pfingstfest für Touristen attraktiver zu machen.

Christian Mergenthaler, den stellvertretenden Gauleiter Friedrich Schmidt sowie Reichsinnenminister Dr. Wilhelm Frick. Grund für diese Verleihungen waren offiziell „Verdienste um den Nationalsozialismus", tatsächlich wohl der Versuch, hochgestellte Fürsprecher im auf Klientelwesen beruhenden NS-System zu gewinnen.

Schwerpunkt der Gemeindepolitik war die Beseitigung der Arbeitslosigkeit, die das Regime legitimieren sollte und von großen Propagandakampagnen begleitet wurde. In Hall setzte man die bereits vor 1933 betriebenen Arbeitsbeschaffungsmaßnahmen fort. Bauprojekte im Rahmen der „Arbeitsschlacht 1934" senkten sie von 4,5 % im Januar 1933 auf 0,5 %. Bürgermeister Prinzing konnte 1935 berichten, die Stadt sei *ziemlich frei von Arbeitslosigkeit*. Die 1928/1930 begonnene Eingemeindungspolitik wurde ab 1933 beschleunigt, wobei Prinzing geschickt die Machtmittel des neuen Staates nutzte. Hagenbach konnte 1935 gegen den Willen der Gemeinde Bibersfeld eingegliedert werden. Auch bei Hessental setzte man sich 1936 über Bedenken im Ort hinweg, zumal Prinzing ihm wegen Bahnhof und Luftwaffen-Fliegerhorst große Bedeutung beimaß. Auf diese Weise wuchs die Markung um das Vierfache und die Einwohnerzahl um über ein Drittel auf knapp 15.000 Menschen. Bemühungen um die Eingemeindungen von Weckrieden, Heimbach, Gelbingen und Tullau sowie Gottwollshausen beendete der Kriegsbeginn. Fortgesetzt und intensiviert wurde auch die Siedlungspolitik (s. Kap. 57). Kehrseite dieser Maßnahmen waren 1935 die Planungen für eine „Asozialensiedlung", in der Unliebsame unter primitiven Bedingungen fernab der Stadt untergebracht werden sollten.

Als großen Erfolg betrachtete man die Ansiedlung des Luftwaffen-Fliegerhorsts in Hessental. Aus einer Initiative für einen Sportflugplatz entwickelten sich 1934 rasch Planungen für eine militärische Anlage, zunächst getarnt als Lufthansa-Projekt. Am 17. März 1936 wurde der offizielle Einzug der Garnison mit einer Kundgebung auf dem Marktplatz gefeiert, in deren Rahmen eine Formation Ju 52-Maschinen die Stadt überflog. In der Folge waren die in der Bevölkerung populären Flieger öffentlich stark präsent, etwa am „Tag der Wehrmacht" (16. März) und bei den Sportfesten im Fliegerhorst mit bis zu 10.000 Besuchern. Stationiert waren Bomberverbände, zunächst die III. Gruppe des Kampfgeschwaders (KG) 155, ab 1938 die II. Gruppe des KG 355 (1939 umbenannt in KG 53). Beide Einheiten kamen mit der „Legion Condor" im Spanischen Bürgerkrieg (1936–1939) zum Einsatz. Der Fliegerhorst war nur der auffälligste Aspekt einer allumfassenden Militarisierung, die von einer Aufrüstung der Sprache, Uniform und Gleichschritt der „Nationalen Verbände" über die vormilitärischen Ausbildung in „Hitlerjugend" und „Reichsarbeitsdienst" – für den die Stadt 1934/35 im „Samenbau" ein Lager einrichtete – bis hin zu der schon 1933 einsetzenden Werbung für den Luftschutz reichte. Stolz notierte man 1935 nach der Wiedereinführung der Wehrpflicht die Einrichtung eines Wehrbezirkskommandos. Hellsichtige sahen diese Militarisierung und die aggressive Außenpolitik mit immer größerer Sorge, da sie den nahenden Krieg ahnten. Der Gymnasiallehrer Dr. Gerhard Storz etwa verband während der Sudetenkrise 1938 den abendlichen Gang zur Post mit einem Kontrollgang entlang dem Wehrmeldeamt im Spital: „Waren die Fenster dunkel, dann ließ sich besser einschlafen".

Über die Parteien hinaus hatte die „Gleichschaltung" sämtliche Gruppen und Vereine in der Stadt getroffen. Als erstes verschwanden die Vereine der Arbeiterbewegung. Um das Vereinsvermögen nicht dem NS-Staat zu überlassen, verteilten die Mitglieder des Arbeitergesangvereins „Sängerlust" das Geld, verkauften das Klavier und setzten den Erlös in Bier und Vesper um, wobei *an diesem Festgelage sämtliche Vereinsmitglieder teilnahmen*. Auch das Naturfreundehaus am Lemberg wurde enteignet, da dort angeblich *staatsfeindliche Zusammenkünfte* stattfanden. Bald darauf war es im Besitz der Hitlerjugend. Das selbe Schicksal traf die lokalen Gewerkschaften.

Etwas länger existierte noch der „Stahlhelm", dessen Kreisführer, der Haller Studienrat und frühere Freikorpskämpfer Dr. Gustav Pfeiffer, auf eine lupenreine antidemokratische Vita verweisen konnte. Reibereien zwischen Haller Stahlhelmführern und SA-Leuten kamen weniger durch inhaltliche Unterschiede als durch gegenseitige Ressentiments aufgrund der unterschiedlichen sozialen Herkunft zustande. Da sich offenbar mancher dem „Stahlhelm" anschloss, um einen Eintritt in die NSDAP zu vermeiden, wurde er noch 1933 in die SA eingegliedert, 1934 zum NS-Frontkämpferbund herabgestuft und im November 1935 aufgelöst. Der „Röhmputsch" vom 30. Juni 1934, während dem auch an die Haller SA Waffen verteilt worden sein sollen, bedeutete dann für diesen Verband einen Bedeutungsverlust, der viele Mitglieder schwer enttäuschte. Bewaffnete SS-Männer führten an diesem Tag bei SA-Leuten Hausdurchsuchungen durch, der Oberrealschulleiter Richard Eppler wurde wegen angeblicher Verbindungen zu österreichischen „Putschisten" stundenlang in der Kreisleitung verhört.

Ebenso wenig von Dauer war die selbstständige Fortexistenz der bürgerlichen Vereine. Sportvereine wie die TSG wurden Ende 1933 gleichgeschaltet. Bereits im Mai 1933 hatten sich Vertreter der hiesigen Jugendgruppen mit dem Hitlerjugend-Unterbannführer Bäuerle zwecks *Ein- und Unterordnung sämtlicher Jugendverbände in das nationale Aufbauwerk* getroffen. Charakteristisch sind die – sicher nicht immer ehrlichen – Freudenbekundungen. So feierte der Militär- und Kriegerverein, der Anfang 1934 in die SA-Reserve eingegliedert und de facto aufgelöst wurde, bei seiner wohl letzten Generalversammlung vor allem den „nationalen Umschwung" und beendete seine selbstständige Existenz *mit einem*

Fahnentruppe des „Adolf-Hitler-Marsches" der Hitlerjugend im August 1939 vor der Comburg, die als „Schwäbisches HJ-Lager" diente.

begeistert aufgenommenen Sieg Heil. Auch eine selbstständige Presse gab es nicht mehr, denn die Verlegerfamilie Schwend hatte unter dem Druck der Kreisleitung die Mehrheit am „Haller Tagblatt" an die „NS-Presse Württemberg" abgetreten, die einen neuen Chefredakteur stellte.

Nennenswerten Widerstand gab es gegen die „Gleichschaltung" nicht. Sichtbarstes Zeichen für das Arrangement mit der neuen Zeit war eine Eintrittswelle in die NSDAP, die den Neumitgliedern den Spottnamen „Märzgefallene" einbrachte. Die offene Verfolgung politisch oder rassisch Unliebsamer hinderte nicht daran. Nicht ohne Grund klagte die Haller NSDAP über die *Konjunkturritter.* Auch von der Linken schwenkten einzelne um, so ein ehemaliges SPD-Mitglied aus Steinbach, das Ortsgruppenamts- und Propagandaleiter wurde und als *fanatischer, überzeugter Nazi* galt. Dem neu zugezogenen Gerhard Storz schien die Stadt besonders braun durchdrungen: „Wenn manches auch in Hall ganz unmittelbar auf das Heilige Römische Reich als ein scheinbar gegenwärtiges hindeutete, so war es mir doch weit stärker spürbar, daß das alte Städtchen eben nicht mehr in jenem Reich liege, sondern in einem recht unheiligen, ganz und gar neudeutschen, von arteigener Nation".

Zweifellos ließen sich viele von den aufwendigen Inszenierungen des Regimes überzeugen, die ihre lokalen Entsprechungen in Schwäbisch Hall fanden. Für den zum gesetzlichen Feiertag erklärten 1. Mai 1933, nun „Fest der Nationalen Arbeit", hatten sich die Belegschaften und Mitglieder sämtlicher Unternehmen, Behörden, Innungen und Berufsvertretungen sowie auch die Landwirte zu einem Festzug mit Kundgebung auf dem Marktplatz einzufinden. Vor 10.000 Zuhörern betonte NSDAP-Kreisredner Dr. Max Kibler, der Sinn des 1. Mai sei, *daß wieder jeder sein eigenes Ich dem Vaterland opfern muß, und wenn es heute nicht im Kampf sein kann, so soll es in der Arbeit sein.* Dass der Appell an die Sehnsucht nach einer politische und sozi-

Überflug einer Formation Junkers Ju 52-Kampfflugzeuge über den Marktplatz während der Feierlichkeiten zum Einzug der Fliegerhorstgarnison in Schwäbisch Hall am 17. März 1936

ale Grenzen überwindenden „Volksgemeinschaft" Erfolg hatte, zeigte der Schrifteiter des „Haller Tagblatts": *Der Traum der deutschen Idealisten ist zur Wirklichkeit geworden, zur schönsten, beglückenden Wirklichkeit: Die deutschen Menschen sind in ihrer erdrückenden Mehrheit sich eins geworden über den zu gehenden Weg, der aus dem dunklen Tal ... hinaufführt in die lichten Höhen.* Wie allerdings die Realität aussah, zeigte sich an diesem Tag beim Marktbrunnen. Als einige alte Sozialdemokraten und Gewerkschaftler demonstrativ die Hüte aufbehielten, während die Stadtkapelle das Horst-Wessel-Lied spielte, die Parteihymne der NSDAP, wurden sie von SS-Männern brutal zusammengeschlagen. Einer der Schläger war später als SS-Obersturmführer an der Ermordung zehntausender Menschen beteiligt.

Nicht nur hier ging man mit Härte gegen politische Gegner vor. Durchsuchungen und Verhaftungen begannen unmittelbar nach der Reichstagswahl am 5. März. Insgesamt kamen im Bereich des Oberamts bis Ende 1933 66 Menschen in „Schutzhaft". Über die Hälfte waren Haller, neben vielen Kommunisten auch die SPD-Stadträte Hofmann und Fritsch. Vier Brüder mussten z. B. mit einem Monat Haft dafür büßen, dass sie versucht hatten, die Bibliothek der „Sozialistischen Arbeiterjugend" zu retten. Als sich der Schriftsetzer Hans-Georg Albrecht über Beschlagnahmungen beschwerte, wurde er gleich verhaftet und durch den Polizisten bedroht, wer das veranlasst habe, ginge ihn nichts an, *und wenn es mir nicht passte, schlage er mir in die Fresse.* Mit einigen anderen Hallern kam Albrecht in das KZ Heuberg. Im „Haller Kommunistenprozess" mussten sich im März 1934 19 Angeklagte aus Waiblingen, Backnang, Schwäbisch Hall und Gnadental vor dem Reichsgericht in Stuttgart verantworten. Anlass war ein bei Gnadental entdecktes Waffendepot, das angeblich für einen bewaffneten Aufstand gedacht war. Unter den wegen „Beihilfe zum Hochverrat" zu Haftstrafen zwischen zwei Jahren und elf Monaten und sechs Monaten Verurteilten waren neben Heinrich Stark aus Gnadental die Haller Hans-Georg Albrecht, Erwin Wieland, Hans Denner und Georg Hosemann. Dass die Haller SA und SS ebenfalls illegal Waffen gehortet hatte, spielte keine Rolle.

Erleichtert wurde die Verfolgung politischer Gegner durch eine weitreichende Bereitschaft zu Denunziationen, die ein

Luftwaffensoldat mit einem antiquierten Maschinengewehr in einer Flugabwehrstellung des Fliegerhorsts, um 1939

wesentlicher Faktor des Überwachungs- und Unterdrückungssystems war. Die „allwissende" Gestapo reagierte meist auf Anzeigen. Diese nahmen auch hier solche Ausmaße an, dass das „Haller Tagblatt" im Januar 1934 eine scharfe *Warnung an Denunzianten* veröffentlichte, die *sich auf schmierige Art und Weise persönliche Vorteile verschaffen* wollten. Die Motive reichen von „staatsbürgerlichen" Gründen über persönliche Konflikte bis hin zur Angst, bei Nichtanzeige selbst verhaftet zu werden, die Konsequenzen von Verwarnungen über „Schutzhaft" bis hin zu langen Haftstrafen. Aufgrund von Eheproblemen zeigte die eigene Ehefrau im April 1933 einen Haller Malermeister an, der u. a. gesagt hatte, *Hitler sei ein Fahnenflüchtiger und der größte Lump, der existiere.* Die Folge war fast ein Monat „Schutzhaft". Elsa Kröll, die Ehefrau des Tierarzts Dr. Wilhelm Kröll, wurde im Sommer 1934 von der Gestapo verhaftet, nachdem sie sich bei einem Klassentreffen im „Café Ableitner" u. a. negativ über Goebbels geäußert hatte. Interventionen mehrerer Haller Honoratioren führten zur baldigen Freilassung. Sie und ihre Familie waren jedoch noch lange danach *übelsten Verleumdungen aller Art* bis hin zur öffentlichen Brandmarkung im „Haller Tagblatt"

und im NS-Hetzblatt „Flammenzeichen" ausgesetzt. Sogar Landrat Dr. Arthur Schicker soll in einem Fall von einem Redakteur des „Haller Tagblatts" bespitzelt und denunziert worden sein.

Die Machtmittel von Partei und Staat boten auch sonst zahlreiche Möglichkeiten, Gegner zu drangsalieren. Ein NS-Funktionär pöbelte Gerhard Storz öffentlich an, weil er als Staatsbeamter einen Gottesdienst besucht hatte. Der Krankenkassenangestellte Friedrich Baumann wurde 1933 als *politisch unzuverlässig* entlassen, 1935 strich man ihm unter fadenscheinigem Vorwand trotz seiner vier Kinder seine Pension. Als er wieder Arbeit fand, *wurde ich schikaniert, wo es nur ging.* Bei etwa 30 Hallern schmierte man mit roter Farbe „Volksverräter" an das Haus, weil sie bei der Reichstagswahl und Volksabstimmung vom 10. April 1938 mit „Nein" gestimmt hatten. Der Sparkassenbeamte Karl Pflugfelder wurde deshalb von Landrat Dr. Schicker entlassen und fand nur unter Schwierigkeiten wieder eine Stelle. Handwerker wie der Schlosser Ernst Hornung erhielten keine öffentlichen Aufträge mehr. Dem Gipser Georg Köhler entzog man 1936 auf seine Weigerung hin, in die NSDAP einzutreten, einen Auftrag im Fliegerhorst. Er

Kreisleiter Otto Bosch (Mitte) an der Spitze einer Formation von SA-Männern auf der Henkersbrücke

durfte nicht einmal mehr sein Material abholen und erlitt dadurch schweren Schaden. So entstand ein Klima der Angst, in dem viele Menschen sich nicht einmal daheim politisch äußerten. Der Oberrealschulleiter Richard Eppler sagte daheim nie ein Wort über Hitler, ebenso nichts über die lokalen Parteigrößen oder über den Antisemitismus, „wohl aus Vorsicht, seine temperamentvollen Kinder könnten sich verplappern".

Die nationalsozialistische Rassenideologie löste nicht nur die Verfolgung der Juden (s. Kap. 60) aus, sie richtete sich auch gegen psychisch Kranke, Behinderte und auf andere Weise angeblich „minderwertige" Menschen. Mit Zustimmung auch über nationalsozialistische Kreise hinaus fanden ab 1934 aufgrund des „Gesetzes zur Verhütung erbkranken Nachwuchses" Zwangssterilisierungen statt, meist in der Diakonissenanstalt. Die Zahlen sind unbekannt, allein zwischen Dezember 1934 und Juli 1935 waren es 105 Fälle. Die Rücksichtslosigkeit hierbei zeigt der Fall eines Weckrieder Gemeinderats und NSDAP-Blockleiters, der 1934 nach einem Nervenzusammenbruch wegen angeblicher Schizophrenie sterilisiert wurde. Man hatte ihm im Weigerungsfall Haft angedroht. Ärzte der Diakonissenanstalt sollen auch versucht haben, seine schwangere Frau zur Abtreibung zu nötigen. Nach dem Beginn des Kriegs kam es zu einer weiteren Eskalation. Im Rahmen der Aktion „T 4" begann die systematische Ermordung geistig Behinderter und psychisch Kranker, was man schönfärbend als „Euthanasie" bezeichnete. Auch 173 Behinderte aus der Diakonissenanstalt, darunter viele Kinder, wurden 1940/41 in Grafeneck und Hadamar getötet (s. Kap. 54).

Der allumfassende Zugriff der NSDAP auf die Bevölkerung machte den Aufbau einer entsprechenden Parteiorganisation notwendig. Als Oberamts- bzw. seit 1938 Kreisstadt war Schwäbisch Hall Sitz der Kreisverwaltung. An Spitze dieses Apparats stand Kreisleiter Otto Bosch. Der aus Truchtelfingen stammende Michelfelder Volksschullehrer war 1930 aus *Überzeugung und innerer Begeisterung* in die NSDAP eingetreten und stieg 1932 zum Kreisleiter auf. Nach einer kurzen Zeit in Heilbronn wurde er im Juni 1933 Volksschulrektor in Hall, 1938 hauptamtlicher Kreisleiter. Die Beurteilungen nach 1945 schwanken stark – zwar entlastete ihn mancher, und Gerhard Storz erlebte ihn als gutmütigen Mann, „auch nicht ganz ohne

Humor", aber andere betonten sein autoritäres, despotisches Auftreten. Zwar war Bosch kein Gewaltmensch wie Richard Drauz in Heilbronn und setzte sich in einzelnen Fällen auch für politisch Verfolgte ein oder ließ Anzeigen „im Sand verlaufen". Trotzdem war der begabte Redner Schlüsselfigur und unermüdlicher Agitator des Nationalsozialismus und damit auch für dessen terroristische Seite verantwortlich. Dass sein Auftreten durchaus nicht ohne lächerliche Züge war, zeigen Erhard Epplers Erinnerungen, den dieser „ziemlich füllige Herr mit dem ganz ungermanischen Rundschädel" durch ein endlos rollendes Rrr faszinierte. „Was er uns über die Gesetze der Naturrr, die Verrräterrr an Deutschland und den genialen Führrrerr beibringen wollte, habe ich schon deshalb nicht verstanden, weil ich immer gespannt auf das nächste Rrrr wartete".

Als Verkörperung des Machtanspruchs der Partei war das „Kreishaus der NSDAP" gedacht, dessen Bau der Krieg verhinderte. Für dieses von Albert Speers Monumentalarchitektur beeinflusste Projekt von 1941 wollte man das Altstadtviertel zwischen Neuer Straße, Schwatzbühlgasse und Haalplatz abreißen. Unter der Kreisleitung standen die Ortsgruppenleitung der NSDAP, die allerdings nur wenig in Erscheinung trat, sowie die „Gliederungen" wie SA, SS, NS-Frauenschaft, Hitlerjugend, NS-Kraftwagenkorps (NSKK) oder die Einheitsgewerkschaft „Deutsche Arbeitsfront" mit der NS-Gemeinschaft „Kraft durch Freude". Alle traten mit vielfältigen Wünschen nach Zuwendungen und Vergünstigungen an die Stadt heran – so erhielt die SS kostenlos den Torturm am Roten Steg als Wachlokal, die SA ein Gelände für ihr Heim auf der Tullauer Höhe und die weitgehende Begleichung der Baukosten. Eine besonders wichtige Rolle bei der Umerziehung für den Nationalsozialismus spielte die Hitlerjugend, die seit dem 1. Dezember 1936 als „Staatsjugend" fungierte und alle Jugendlichen im „Jungvolk" (10–14jährige Jungen), „Hitlerjugend" (14–18jährige Jungen), „Jungmädel" (10–14jährige Mädchen) und „Bund deutscher Mädel" (14–18jährige Mädchen) erfasste. Obwohl der Anspruch der HJ auch mit Zwang durchgesetzt werden musste, erfreute sie sich oft großer Popularität, da sie einen enormen Werbeaufwand entfalten konnte, den Schein eines selbstverwalteten Raums bot („Jugend wird durch Jugend geführt") und an Idealismus, Gemeinschaftsgefühl und Abenteuerlust appellierte. Auch Erhard Eppler ging „gern zum Jungvolk, ich wäre auch hingegangen, wenn es nicht ab 1937 gesetzliche Pflicht gewesen wäre", da ihm Geländespiele, Zeltlager, Sport und eine erbitterte Fehde mit einem anderen Jungvolk-Fähnlein viel mehr bedeuteten als die politische Schulung. Die Haller Hitlerjugend übernahm zunächst das Lemberghaus der Naturfreunde, später Teile der Comburg und weitere Räume in der Stadt.

Plan für die Fassade des geplanten „Kreishauses der NSDAP" zum Haalplatz hin von 1941/42. Dem Bauwerk wäre das komplette Altstadtviertel zwischen Haalplatz und Neuer Straße zum Opfer gefallen.

Bürgermeister Dr. jur. Wilhelm Prinzing im Jahr 1938

Die Machtergreifung war zunächst auch in der weithin deutschnational gesinnten evangelischen Kirche begrüßt worden; charakteristisch dürfte eine Stellungnahme aus der Diakonissenanstalt sein, der zufolge *die vaterländische Bewegung hin zu Volk und Staat unter den Sternen Hindenburg und Hitler... den stärksten Widerhall* fand. Der „Kirchenkampf" um die Eingliederung der Landeskirche in eine nationalsozialistisch dominierte „Reichskirche" wirkte 1933/34 jedoch ernüchternd. In Hall kam es zu scharfen Auseinandersetzungen mit der aggressiv auftretenden Ortsgruppe der „Deutschen Christen", die Christentum mit nationalsozialistischer „Blut und Boden"-Ideologie verbanden. Schließlich traten 1938/1939 fast alle „Deutschen Christen" – etwa 100 – aus der Kirche aus. Trotz der oft bekundeten Treue zum „Führer" sahen sich die Kirchen an den Rand gedrängt. Feste wie Erntedank, Weihnachten oder die Konfirmation „übernahm" die NSDAP und deutete sie nationalsozialistisch um. Kirchen und Pfarrer sahen sich teils heftigen Propagandaattacken ausgesetzt. Besonders maßlos war der NSDAP-Kreisredner, ein Haller Lehrer, dem zufolge *die Tiermehlfabrik in Sulzdorf auf die Pfarrer warte.* Konsequenterweise mehrten sich ab 1936 die Kirchenaustritte von NS-Funktionären.

Hauptkonfliktfeld war die kirchliche Jugendarbeit, die seitens der „Hitlerjugend" auf vielfältige Weise sabotiert wurde. Offen sagte der Haller HJ-Bannführer 1939 zu BDM-Mädchen: *Wir bejahen durchaus das positive Christentum, bloss gibts das in der Kirche nicht, sondern die ist gleichzusetzen mit dem Freimaurertum und Weltjudentum... Die Kirche ist staatsfeindlich und wenn ihr auf ihre Lager geht, dann seit ihr Volksverräter.* Durch die Abschaffung der konfessionellen Bekenntnisschulen 1936 und durch den Entzug der Lehrerlaubnis für die meisten Pfarrer im Zusammenhang mit dem Konflikt um die Eidesleistung auf Hitler (1937) verschwand auch der kirchliche Einfluss auf die Schulen. Dekan Roller erhielt *erschütternde Klagen* von Eltern, deren Kinder *in widerchristlichem Geist beeinflußt und in schwere innere Konflikte hineingestoßen werden.* Er selbst wurde auf Anweisung des Kreisleiters bei seinen Gottesdiensten bespitzelt.

Die Haltung des NS-Staats der katholischen Kirche gegenüber unterschied sich nicht; sie spielte im noch größtenteils evangelischen Hall aber keine große Rolle. Im weitgehend katholischen Steinbach wurde der Pfarrer wegen seiner Jugendarbeit polizeilich überwacht. Ein lokaler NS-Funktionär soll die Kirchgänger bespitzelt haben.

Auch das kulturelle Leben wurde auf Parteilinie gebracht. Ab 1935 war es weitgehend in der Hand der „NS-Kulturgemeinde", die jedoch trotzdem bis Ende 1935 nur 200 Mitglieder hatte, weshalb man Nichtmitgliedern drohte, sie öffentlich zu brandmarken. Eine Ergänzung kam mit der Eröffnung der vom Volksbildungswerk der NS-Gemeinschaft „Kraft durch Freude" (KdF) betriebenen „Volksbücherei" in der

„Keckenburg" am 5. April 1939. Aus den Siedern wurde eine KdF-Volkstanzgruppe, aus dem Pfingstfest eine touristische Großveranstaltung mit ortsfremden Attraktionen. Die Jedermann-Spiele blieben bis zu ihrem kriegsbedingten Ende 1939 das kulturelle Aushängeschild für den Tourismus, der nicht zuletzt durch die Aktivitäten der KdF einen starken Aufschwung erlebte.

Der Selbstinszenierung des nationalsozialistischen Schwäbisch Hall diente das Fest zum 900jährigen Jubiläum am 18.–20. September 1937, das sich auf den „Öhringer Stiftungsbrief" bezog. Im Nationalsozialismus, so der Tenor der Festansprachen von Gauleiter Murr und Ministerpräsident Mergenthaler, habe die Stadt den Höhepunkt ihrer Geschichte erreicht: *Wie selten eine Stadt zeigt Schwäbisch Hall deutsche Heimat, ernst und heiter mit einer großen Vergangenheit, die stolz hineinragt in die Größe des Dritten Reichs.* Am Ende des großen Festumzugs von Kostümgruppen, NS-Verbänden, Luftwaffensoldaten und Vertretern von Industrie, Gewerbe, Handwerk und Landwirtschaft stand eine festliche „Beschießung" der Stadt mit Kanonenschlägen und einem *Raketentrommelfeuer*. Auch in dieser Inszenierung wird die 1933 von der Haller SPD erkannte *Anbetung der Gewalt* deutlich, die Schwäbisch Hall tatsächlich an den Tiefpunkt seiner langen Geschichte führte.

Dr. jur. Wilhelm Prinzing – Schwäbisch Haller Stadtschultheiß und Bürgermeister 1926–1945

Wilhelm Prinzing wurde am 31. Januar 1895 in Neu-Ulm geboren, studierte in Tübingen Rechtswissenschaften und nahm von 1915 bis 1918 am Ersten Weltkrieg teil, aus dem er als Kriegsversehrter zurückkehrte. Nach seinem Referendariat (1920–1922) arbeitete er für eine Anwaltskanzlei in Ulm, später beim Oberamt Göppingen und beim Oberamt Blaubeuren. Ab Juni 1924 wirkte er als Justitiar eines Ulmer Industrieunternehmens.

Am 17. November 1926 wurde Prinzing vom Schwäbisch Haller Gemeinderat einstimmig zum Amtsverweser für den erkrankten Stadtschultheißen Emil Hauber gewählt. In seinem Amt gelang es ihm, *die Herzen aller Mitbürger, gleichviel welcher Partei ... sie angehören, im Sturme zu erobern*. Nach dem Amtsverzicht Haubers 1927 konnte er für seine Kandidatur einen breiten Unterstützerkreis gewinnen, der auch die SPD einschloss, und siegte am 10. April 1927 mit 85,4 %. Bereits zwei Jahre später kandidierte er bei der Oberbürgermeisterwahl in Reutlingen, verlor aber überraschend gegen Dr. Karl Haller.

Prinzing war ein tatkräftiges Stadtoberhaupt, der Hall entscheidend prägte und sich zahlreiche Verdienste erwarb. In der Weltwirtschaftskrise betrieb er eine aktive Beschäftigungspolitik, die darauf abzielte, Arbeitslose in Arbeit zu bringen und die Not dadurch zu verringern. Der Siedlungsbau wurde stark ausgeweitet und u. a. durch Bereitstellung von Flächen und günstigen Krediten gefördert; in diesem Zusammenhang erfolgten erste Eingemeindungen auf der Tullauer Höhe (1928) und von Steinbach (1930). Bis 1933 übte er sein Amt politisch neutral aus und arbeitete auch mit den Sozialdemokraten problemlos zusammen. Danach betonte er zwar, *er habe immer auf der nationalen Seite gestanden*. Sein Eintritt in die NSDAP am 1. Mai 1933 erfolgte jedoch vor allem, um sein Verbleiben im Amt zu sichern. Zu diesem Schritt soll ihn der NSDAP-Stadtrat Dr. Max Kibler überredet haben. Als einziges Parteiamt hatte er kurzzeitig das eines Ortsgruppenamtswalters, ab 1938 das eines Wirtschaftsberaters der Kreisleitung inne. Den Siedlungsbau führte er ebenso weiter wie die Eingemeindungspolitik, die zur Erweiterung um Hagenbach (1935) und Hessental (1936) führte. Ein weiterer Schwerpunkt war der Tourismus, der stark gefördert und mit dem Ausbau der Pfingstfestspiele um neue Attraktionen bereichert wurde. Besondere Bedeutung maß Prinzing den Freilichtspielen bei, deren – für die

Besucherzahlen negative – propagandistische Instrumentalisierung er zu hintertreiben versuchte. Mit „schwäbischer Schlitzohrigkeit und viel Raffinesse" (Carmen Klenk) gelang es ihm, die linientreue Intendantin Else Rassow zu neutralisieren und schließlich aus dem Amt zu drängen. Obwohl sich der Bürgermeister bei öffentlichen Auftritten und schriftlichen Verlautbarungen als überzeugter Nationalsozialist gab, verdächtigte man ihn immer wieder fehlender politischer Zuverlässigkeit. Mit dem 1. Beigeordneten und stellvertretenden Kreisleiter Gottlieb Hommel kam es zu heftigen Auseinandersetzungen, angeblich wegen *nichtnationalsozialistischer Gesinnung*. Auch aus der Stadtverwaltung gab es Beschwerden, Prinzing sei kein Nationalsozialist. Kreisleiter Bosch will diese Einschätzung zwar geteilt haben, schritt aber nicht ein, *weil ich ihn als Bürgermeister schätzte und weil er seine Arbeit machte, wie ich es nicht besser wünschen konnte*. 1936 gab es angeblich Bemühungen, Prinzing gegen einen „alten Kämpfer" der NSDAP zu ersetzen, was Landrat Dr. Arthur Schicker verhindert haben soll. Wohl aufgrund dieser Konflikte bewarb sich Prinzing 1938/39 mehrfach vergeblich auf andere Stellen. Zwar wurde er im September 1942 zum Amtsverweser des Oberbürgermeisters von Schwäbisch Gmünd berufen, kehrte aber im Januar 1943 zurück. Zumindest ab 1940 stand er offenbar unter Beobachtung der Gestapo bzw. des SD, der belastendes Material über ihn sammelte. Vielfach wurde ihm attestiert, sich um die Unterstützung und Freilassung politisch und rassisch Verfolgter bemüht und im Rahmen des ihm Möglichen geholfen zu haben. Auf die Ausschreitungen der Reichspogromnacht vom 9./10. November 1938 reagierte er mit Entrüstung, die er Kreisleiter Bosch gegenüber drastisch zum Ausdruck brachte. Sein Amt brachte andererseits u. a. auch die Verantwortung für den Vollzug zahlreicher Maßnahmen zur Entrechtung, Beraubung und schließlich auch Deportation der Haller Juden mit sich, die auf lokaler Ebene durch die Stadtverwaltung und die dem Bürgermeister unterstehende Gemeindepolizei vollzogen wurden – ohne erkennbare Widerstände. In seinem für 1944 teilweise erhaltenen Kriegstagebuch notierte er trotz dessen offiziellen Charakters neben zahlreichen Propagandaphrasen auch Hinweise auf deutsche Kriegsverbrechen und immer offenere Zweifel am Kriegsausgang. Der kurz vor Kriegsende von Bosch befohlenen Zerstörung der Industrie- und Versorgungseinrichtungen („Nerobefehl") widersetzte er sich; ebenso versuchte er, darauf hinzuwirken, dass die Stadt nicht verteidigt würde, hatte aber über Appelle hinaus wenig Möglichkeiten, da die Verantwortung beim Militär und bei der Kreisleitung lag. Da er seine Meinung hierzu nicht für sich behielt, wurde er am 16. April 1945 zusammen mit Polizeiobermeister Gottlob Bulling von der Gestapo verhaftet und nach Stuttgart gebracht. Die angeblich bereits befohlene Hinrichtung unterblieb wohl aufgrund der allgemeinen Auflösung wegen des raschen Vormarschs der Amerikaner. Nach dem Einmarsch der US-Armee amtierte Prinzing zunächst weiter, wurde aber am 19. Juli 1945 von den Amerikanern wegen seiner früheren Funktion als Kreiswirtschaftsberater festgenommen, aufgrund der er als „politischer Leiter" galt. Er befand sich bis Dezember 1947 in Internierungshaft, zu deren Länge ein negativer Ermittlungsbericht beitrug, der ihn als aalglatten Opportunisten schilderte. Von der Spruchkammer Schwäbisch Hall wurde er 1948 als „entlastet" freigesprochen; ein Berufungsverfahren bestätigte dies 1949. Nach seiner Freilassung arbeitete er zunächst noch als Prokurist der „Fassfabrik" in Hessental, beantragte aber 1949 die Versetzung in den Ruhestand und zog nach Ulm. Dort war er als Justitiar der Max Kade Foundation tätig, spielte bei deren Spendenprojekten – auch in Schwäbisch Hall – eine wichtige Rolle und wurde von der Technischen Hochschule Stuttgart und der Universität Tübingen mit dem Titel eines Ehrensenators geehrt. Zu seinem 70. Geburtstag verlieh ihm der Haller Gemeinderat die Goldene Rathausmedaille. Als er am 21. Februar 1967 in Ulm starb, würdigte man ihn *für seine besonderen Leistungen und seine ihn überlebenden Verdienste um die Entwicklung der Stadt*.

„Unsere Feinde sollen nur Trümmer vorfinden": Der Zweite Weltkrieg

1. September 1939	Mit dem Überfall auf Polen beginnt der Zweite Weltkrieg.
22. Juni 1940	Waffenstillstand zwischen Frankreich und Deutschland.
22. Juni 1941	Deutscher Überfall auf die Sowjetunion.
7. Dezember 1941	Überfall auf Pearl Harbor; Deutschland erklärt den USA am 11. Dezember den Krieg.
2. Februar 1943	Die letzten deutschen Truppen in Stalingrad kapitulieren.
18. Februar 1943	Reichspropagandaminister Joseph Goebbels ruft den „totalen Krieg" aus.
13. Mai 1943	Das deutsche Afrikakorps kapituliert in Tunis.
6. Juni 1944	Landung der Westalliierten in der Normandie.
22. Juni 1944	Beginn einer sowjetischen Großoffensive, die bis Oktober Ostpreußen erreicht.
20. Juli 1944	Missglücktes Attentat auf Hitler.
30. April 1945	Hitler begeht Selbstmord.
2. Mai 1945	Berlin von der Roten Armee erobert.
8. Mai 1945	Bedingungslose Kapitulation Deutschlands.

Die meisten Haller reagierten auf den Beginn des Zweiten Weltkriegs am 1. September 1939 wohl ähnlich wie Epplers: „Meine Eltern waren bedrückt und wortkarg ... Von Kriegsbegeisterung keine Spur". Obwohl bereits 1939 ein Bezugsscheinsystem eingeführt wurde, änderte sich das Alltagsleben lange nicht, die Ausplünderung der besetzten Gebiete verhinderte Notzustände wie im Ersten Weltkrieg und führte z. B. nach der Eroberung von Frankreich, Belgien und Holland zu einem Pelzmodeboom in Hall. Erst gegen Kriegsende kam es zu ernsthaften Engpässen, doch schon lange vorher gab es Kampagnen zum Sparen und Sammeln, deren berühmteste Figur der „Kohleklau" war.

Haller Unternehmen produzierten zunehmend Kriegsmaterial – der Küchengerätehersteller „Grossag" u. a. Panzerketten und Schalter für die Luftwaffe – oder wurden stillgelegt. Im Zuge der Eskalation des Luftkriegs siedelten sich ab 1943 immer mehr Rüstungsbetriebe aus Ballungsräumen in Schwäbisch Hall an, so die Kühlerfabrik J. F. Behr, die Robert Bosch GmbH, die NSU-Werke AG und die Messerschmitt AG, die ab 1944 mit bis zu 700 Arbeitern in einem getarnten „Waldwerk" in Hessental den Düsenjäger Me 262 baute. Der aus den Einberufungen resultierende Arbeitskräftemangel führte zu einer zunehmenden Belastung der Beschäftigten. In den Rüstungsbetrieben arbeitete man 1944 mindestens 60, oft 72 Stunden in der Woche. *Einer der auf dem Flugplatz beschäftigten Arbeiter sagte ..., er gehe morgens um ½7 Uhr weg, um 10 Uhr abends sei seine Arbeitszeit zu Ende, er schlafe beinahe beim Abendessen schon ein.* Entgegen der NS-Ideologie kamen Mädchen und Frauen immer stärker in Industrie und Landwirtschaft zum Einsatz, u. a. im Weiblichen Arbeitsdienst und als „Pflichtjahrmädel". Auch Jugendliche, selbst Zuchthäusler wurden herangezogen. 50 Schülerinnen mussten z. B. 1944 als „Rüstungsmaiden" den Düsenjäger Me 262 zusammenbauen, jüngere Schüler sammelten Kartoffelkäfer, Kräuter oder Altmaterial und arbeiteten beim „Ernteeinsatz". Für Erhard Eppler wäre

Passbilder von Zwangsarbeitern des geheimen Messerschmitt-Werks auf dem Hasenbühl

letzteres schön gewesen, „hätten die armen Kleinbauern nicht geglaubt, uns von früh um fünf bis abends um neun beschäftigen zu müssen". Außerdem lötete er bei „Grossag" Verteiler für Kampfflugzeuge zusammen. „Strenge Konzentration ... über 56 Wochenstunden, das hat mich so ausgelaugt, daß ich mich anschließend in der Schule erst langsam von den Ferien erholte".

Da die Arbeitskräfte nicht ausreichten, setzte man in immer mehr Zwangsarbeiter ein. Bekannt sind etwa 2.100, die tatsächlichen Zahlen dürften deutlich höher liegen. Über 60 % stammten aus Polen und der UdSSR, hinzu kamen meist französische Kriegsgefangene und die Arbeitssklaven aus dem KZ Hessental. Sie arbeiteten überall, in Privathaushalten, in der Landwirtschaft, in Gewerbe und Industrie, in der Diakonissenanstalt und bei der Stadt. Größere Unternehmen hatten eigene Lager, allein das von Behr auf der Auwiese umfasste 600 Personen, das der „Fassfabrik" 350. Auf der Comburg gab es ein Kriegsgefangenenlager mit maximal 370 Franzosen. Auch Kinder beutete man aus. Der mit seiner Familie aus Slowenien verschleppte siebenjährige Viktor Stopar musste 1942 in dem mit über 300 Menschen belegten „Samenbau" Fliegenfänger für eine Westheimer Firma herstellen. Das Essen war dürftig, „gerade so viel, dass man nicht verhungerte". Insbesondere den „Ostarbeitern" aus Polen und der UdSSR erging es schlecht. Ein Pole berichtete, er habe 12 Stunden in einer Fabrik gearbeitet und danach nachts Eisenbahnwaggons abgeladen, ein anderer Arbeitgeber soll 14 Estinnen *wie Vieh* gehalten haben. Manche Zwangsarbeiter bettelten um Brot, und einer erhängte sich, weil er Arbeitsbelastung und Heimweh nicht mehr ertrug. Hinzu kamen Schikanen wie die eines Steinbacher NS-Funktionärs, der Ausländer regelmäßig geschlagen haben soll. Auch vor Zwangsabtreibungen bei Zwangsarbeiterinnen schreckte man nicht zurück; der Haller Arzt Dr. Hellmut Teichmann wurde 1943 an die Ostfront versetzt, weil er deren Durchführung

Barackenlager für Zwangsarbeiter bei der „Fassfabrik" K. Kurz in Hessental

verweigerte. Auf sexuelle Kontakte zu Deutschen stand für „Ostarbeiter" die Todesstrafe. Der Pole Wladiyslaw Ochanski wurde deshalb 1941 im Steinbruch von Eltershofen von der Gestapo gehängt, ein weiterer Pole in Stuttgart hingerichtet. Aus demselben Grund stellten NS-Funktionäre eine junge Deutsche 1941 durch Haarescheren auf dem Pranger bloß. „Daß dies ein widerliches Schauspiel war, spürten die meisten. Fast niemand blieb stehen und gaffte, alle, auch ich, drückten sich schweigend vorbei", erinnert sich Erhard Eppler. Humanes Verhalten, das einzelne Unternehmer und Privatleute trotzdem wagten, galt als Straftat. So wurde Karl Kurz, der Inhaber der „Fassfabrik", bei der Gestapo angezeigt, weil er russischen Zwangsarbeiterinnen erlaubt hatte, sich im „Gefolgschaftsraum" der deutschen Beschäftigten aufzuhalten, eine Steinbacherin erhielt 1942 10 Tage Haft, weil sie Franzosen Essen zugesteckt hatte. Wegen „verbotenem Umgang mit Kriegsgefangenen" gab es von 1941 bis 1943 17 Verfahren.

Eine Sonderrolle unter den Kriegsgefangenen spielten Opfer des „Nacht- und Nebel-Erlasses". Im Sommer 1944 wurden 24 französische Widerstandskämpfer einige Zeit unter Geheimhaltung im Haller Gefängnis festgehalten, von einem angeblich auf der Comburg tagenden Kriegsgericht zum Tode verurteilt und am 21. August 1944 in Heilbronn erschossen. Mitgefangener war ein britischer Funker, der den Krieg überlebte.

Neben Zwangsarbeitern kamen auch Evakuierte. Den Anfang machten Flüchtlinge von der Grenze zu Frankreich, denen 1941 700 umgesiedelte Baltendeutsche folgten. Sie quartierte man im März 1941 in zwei beschlagnahmten Häusern der Diakonissenanstalt ein. Später kamen Menschen aus durch Bombenangriffe gefährdeten Großstädten. Insgesamt lebten hier bis zu 1.000 Evakuierte, darunter eine komplette Mädchenschule aus Duisburg. Auch die Bausparkasse der deutschen Volksbanken

Das U-Boot U 634, für das die Stadt Schwäbisch Hall eine „U-Boot-Patenschaft" übernahm. Schemenhaft ist am Turm das Stadtwappen erkennbar. U 634, ein Boot der VIIc-Klasse, wurde 1943 mit der gesamten Besatzung im Atlantik versenkt.

verlegte 1944 ihren Sitz aus Berlin hierher. Militärisch geprägt blieb die Stadt durch den Fliegerhorst mit bis zu 2.000 Luftwaffensoldaten. 1940 flogen Hessentaler Piloten Angriffe in Frankreich, später diente der Horst vor allem der Ausbildung, Umrüstung und „Auffrischung" verschiedener Verbände. Ab April 1944 flogen hier die im „Waldwerk" gebauten Me 262-Düsenjäger, ab September 1944 Nachtjäger. Hinzu kamen Verwundete. Schon 1939 wurde die Diakonissenanstalt Reservelazarett, nach einer kurzzeitigen Auflösung bezog man 1941 auch das Kurheim (Solbad) ein; an beiden Orten gab es 280 Betten. Allein 1943 wurden 1.954 Soldaten behandelt. Die Bevölkerung bemühte sich mit Geschenken, Konzerten, Besuchen usw. um die Verwundeten. Die Wohnbevölkerung stieg bis 1944 auf über 20.000 Menschen.

Die steigenden Verluste der Wehrmacht führten zur Einberufung immer jüngerer Jahrgänge. Ende 1943 leisteten etwa 1.800 Haller Kriegsdienst. Erhard Eppler wurde im Sommer 1944 als Siebzehnjähriger eingezogen, aus seiner Klasse fiel noch jeder Vierte. Ab 1943 mussten Zehntklässler als „Flakhelfer" Flugabwehrgeschütze bemannen, zunächst in Karlsruhe, später auf dem Hessentaler Fliegerhorst. Manche waren nicht einmal 16 Jahre alt, als sie dort Luftangriffe und das Elend der KZ-Häftlinge erlebten. 1944 arbeiteten Vierzehnjährige beim Befestigungsbau am „Westwall". Schließlich erhielten noch Fünfzehnjährige auf der Comburg eine Ausbildung „für den Endkampf". Darüber hinaus versuchten Werber der Waffen-SS, Schüler zur „freiwilligen" Meldung zu nötigen. Erhard Eppler entzog sich einer solchen Veranstaltung durch einen Sprung aus dem Fenster der Gewerbeschule.

Immer bedrohlicher entwickelte sich der Luftkrieg. An nur einem Tag im April 1944 überflogen über 800 alliierte Bomber die Stadt. Stadt und Privatleute verstärkten den Bau von Fluchtwegen, Deckungsgräben

UNSERE TOTEN HELDEN
Gefallen für Großdeutschland im Einsatz für Führer, Volk und Vaterland.

Mathias Wiesner
gefallen am 5. 9. 39 als Schütze in der Schlacht an der Warthe

Hans Uebele
abgestürzt am 13. 4. 40 als Gefreiter und Flugzeugführer bei Kraulshorst.

Gerhard Träber
gefallen am 10. 5. 40 als Oberfeldwebel auf Feindflug.

Karl Schwinghammer
gefallen am 17. 5. 40 als Schütze und Meldegänger in Belgien.

1941 ließ die NSDAP-Ortsgruppe eine „Ehrentafel" für die ersten Schwäbisch Haller Gefallenen des Zweiten Weltkriegs herstellen.

und Luftschutzbunkern. Den Fliegeralarm kommentierte man: *D' Polizeikuha schreit.* Angst lösten die schweren Luftangriffe von 1944 auf Stuttgart und Heilbronn aus, deren Flammenschein hier zu sehen war. Bereits am 25. April 1944 hatte es den ersten Jagdbomberangriff auf den Fliegerhorst gegeben, dem am 13. September ein Angriff von 64 „Liberator"-Bombern folgte. Es gab einen Toten und schwere Schäden, auch im Dorf Hessental, wo u. a. die Kirche zerstört wurde. Anschließend evakuierte man den Ort teilweise. Weitere Jagdbomberattacken folgten.

Der nächste Angriff richtete sich gegen die Stadt. Am 23. Februar 1945 bombardierten 24 „Fliegende Festungen" im Zuge der amerikanischen Luftoffensive „Clarion" gegen deutsche Verkehrseinrichtungen den Bahnhof. *Wie oft, so rannten auch wir wieder mal*

Trümmerfelder in der Katharinenvorstadt nach dem amerikanischen Luftangriff vom 23. Februar 1945, im Hintergrund der Turm von St. Michael

vom Mittagstisch ..., in den Bunker, beladen mit Rucksack, Handkoffern, links und rechts, um den Hals noch eine Tasche, in die [Baders-]Klinge. Dort saßen in dem ... Gang hunderte von Leuten, alt und jung, es gab sogar neugeborene Kinder, die ihren ersten Ausflug machten in diese feuchte Höhle. Hie und da brannte ein armes elektrisches Licht ... Da plötzlich zitterte unser ganzer Berg mächtig, und es donnerte greulich. Mit dem Bahnhof wurden 16 Gebäude im Bereich der Katharinenvorstadt, der Ringstraße und der Ackeranlagen zerstört, weitere 73 beschädigt, zwischen 48 und 53 Menschen getötet. Allein in der Bahnhofstraße 31 starben sieben Personen, darunter die Ehefrau, die 1934 denunzierte Tochter Elsa Kröll und die drei Enkel des während des Angriffs abwesenden Tierarzts Dr. Wilhelm Botsch. Zwei Tage später war Hessental Ziel von 92 B 24-Bombern, wobei es schwere Gebäudeschäden und vier Tote gab. Ein letzter schwerer Schlag gegen den Fliegerhorst erfolgte am 22. März 1945. 81 US-Bomber verwüsteten ihn mit 3.700 Bomben und setzten ihn außer Gefecht. Ein Beschäftigter von Messerschmitt starb.

Wie trotz aller Schrecken das „normale Leben" weiterging, zeigen die Erinnerungen Erhard Epplers an seinen Tanzkurs: „Während in Stalingrad die Soldaten erfroren oder still an Erschöpfung starben, krächzte da im ‚Hirschen' eine Platte: ‚Ich tanze – mit Dir – in den – Himmel – hinein ...', und wir holten zu den großen Schritten aus, die der langsame Walzer verlangt. Als Goebbels im Berliner Sportpalast die handverlesenen Massen anheizte, ließen wir den totalen Krieg totalen Krieg sein – er würde uns noch bald genug in die Finger bekommen – und drehten unsere Foxtrott-Runden auf ‚Du hast Glück bei den Frau'n, Belami ...' Nur einmal mussten wir eine Woche pausieren. Nach der Kapitulation von Stalingrad gab es ein kurzes Tanzverbot". Vielfach war der Alltag so anstrengend, dass man kaum Zeit zu Gedanken über die Zukunft hatte. *Die Hausfrau versäumt viel Zeit mit dem Einkaufen, da man um geringe Dinge oft stundenlang anstehen muss ... Sodann fehlt es an vielem, beispielsweise an Putzmittel, Scheuertüchern, Bodenwichse, Seife, Putzeimern, Heizmittel müssen gespart werden ... Weiter hat fast jede Hausfrau Einquartierung.* Klagen waren jedoch selten: *Jeder hat Sorge, dass er wahrscheinlich noch schlimmer hinkommt und gibt sich zufrieden mit der jetzigen Lösung.*

Die Moral an der „Heimatfront" blieb, wie überall, wohl bis Anfang 1943 im wesentlichen ungebrochen. Man glaubte meist trotz aller Sorgen und Nöte an den Sieg und vertraute dem „Führer", der vom allgemeinen Ansehensverlust der NSDAP noch lange Zeit ausgenommen gewesen zu sein scheint. Nach der Niederlage von Stalingrad – wo mindestens 26 Haller gefallen oder vermisst sind – verloren viele den Glauben an einen Sieg, was die folgenden Rückschläge verstärkten. Vor allem *die sich mehrenden Todesanzeigen* erzeugten Prinzing zufolge *eine bedenkliche Stimmung.* Hatte es anfangs oft die Berufssoldaten des Fliegerhorsts getroffen, gab es im Sommer 1944 *kaum noch eine Familie, deren Söhne, Väter oder Brüder nicht verwundet oder gefallen sind.* Im August 1944 sprach man *in den verschiedenen Schichten des Volks ... schon vom verlorenen Krieg.* Ein alter „Parteigenosse" meinte, *mit Vernunft könnten wir die Lage nicht mehr meistern, wir müssen eben glauben.* Haller Bürger erwogen aus Angst vor den Russen den Selbstmord und diskutierten offen, ob man auch die Kinder töten sollte. Aus Misstrauen gegenüber der Propaganda – laut Prinzing ein *dummes Geschwätz, das einem die Galle hochtreibt* – hörte mancher „Feindsender". Andere glaubten bis zuletzt an den „Führer", so ein SS-Mann, der zugab: *Auch nach Stalingrad glaubte ich noch immer an die neuen Waffen. Ich glaubte auch, dass der Glaube Berge versetzt. Beim totalen Krieg dachte ich, dass nochmals die letzten Reserven zusammen genommen werden, um es zu schaffen.*

Nicht ohne Grund erschrak die Mutter einer Hallerin „furchtbar", als jemand an die Tür klopfte, während sie „Feindsender" hörte – derartige „Vergehen" waren nicht ungefährlich. 1940 etwa wurde der Schlosser und Heizer Paul Flumm deshalb zu drei Jahren Zuchthaus verurteilt. Vor einer anschließenden KZ-Haft bewahrte ihn die Intervention von Prinzing und Bosch. Der Schmied Emil Schmidt senior kam 1942 wegen desselben Delikts mangels Beweisen mit einer Verwarnung davon. Eine abfällige Bemerkung zu einer Hitlerrede und die Denunziation durch einen Mitarbeiter brachten dem Kaufmann Willi Röhler 1943 ein Jahr Haft ein. Nach seiner Begnadigung musste er in Berlin Bomben entschärfen. Besser ging es Dr. Hubert Mühlbauer, der bei einem Verfahren wegen „defätistischer Äußerungen" vor einem Sondergericht in Berlin freigesprochen wurde. Die Entlassung einer Angestellten der Stadt, die im Mai 1944 von einer Kollegin denunziert worden war, *sie habe vom Führer geäussert, dieser habe den Größenwahn,* verhinderte Prinzing. Zwischen 1940 und 1943 sind 25 Verfahren wegen Landes- und Hochverrat und 39 aufgrund des „Heimtückegesetzes" nachweisbar, aber nur eines wegen Abhörens feindlicher Sender – oft gab es hier wohl nur Verwarnungen. Zeichen einer sich verschärfenden Repression war 1942 die Ansiedlung einer Gestapo-Nebenstelle. Regimegegner wurden weiter drangsaliert. So erhielt Ernst Hornung viermal eine Einberufung, obwohl ihn die Wehrmacht stets als nicht verwendungsfähig zurückschickte. Der pensionierte Pfarrer und NS-Gegner Christian Heller musste noch als 58jähriger Soldat werden und fiel Ende 1944. Seine rechtzeitige Entlassung hat wahrscheinlich Bosch verhindert.

Auch die Kirchen wurden schikaniert, nicht zuletzt, weil sie angesichts der Nöte und der ungewissen Zukunft steigenden Anklang fanden. „Gerade dadurch aber festigte sich der Zusammenhalt in der Gemein-

Der wegen angeblicher Desertion am 2. April 1945 in den Kocherwiesen gehängte Soldat Otto Küstner

de, auch erstarkten ihr Geist und Leben ... In einer kleinen Stadt gewann jetzt das Verbleiben in der Gemeinde, ja jeder Kirchgang ganz von selbst den Sinn einer Parteinahme gegen die Obrigkeit", beobachtete Gerhard Storz. Manche Veranstaltungen – so 1943 ein Vortrag des Prälaten Schlatter – wurden als „staatsfeindlich" von der Gestapo überwacht. Wie im Ersten Weltkrieg wurden auch nun wieder Kirchenglocken für Rüstungszwecke beschlagnahmt. Selbst wohltätige Stiftungen instrumentalisierte man – vom Hospital verwaltete Spendengelder von Max Kade flossen in eine „U-Boot-Spende". Es ist eine der vielen Absurditäten des Kriegs, dass das u. a. aus Geldern eines US-Bürgers finanzierte U-Boot „U 634" mit dem Haller Stadtwappen am Turm ein amerikanisches Schiff versenkte, wobei 72 Besatzungsmitglieder starben, bevor es selbst 1943 mit der ganzen Besatzung im Atlantik unterging.

Im März 1945 überschritt die 17. US-Armee den Rhein und stieß auf Nürnberg vor. Das KZ Hessental wurde nun evakuiert, ebenso der Fliegerhorst. Die Gefahr durch „Jabos" stieg auf ein Höchstmaß, ebenso der „Durchhalteterror" gegen alle, die sich dem angeordneten Untergang verweigerten. In der mit Zivilisten und verwundeten Soldaten überfüllten Diakonissenanstalt herrschten furchtbare Zustände, es gab zahlreiche Fehlgeburten, und der Mangel an Medikamenten und Verbandmaterial verurteilte viele Verwundete zu einem qualvollen Tod. Aufgrund des „Nero-Befehls" vom 19. März 1945 verlangte Kreisleiter Bosch Ende März 1945, alle Industriebetriebe im Kreis zu zerstören. *Er gab weiter bekannt, daß auch die öffentlichen Versorgungsbetriebe zu zerstören seien und die landwirtschaftlichen Gehöfte in Brand zu setzen und das Vieh abzutransportieren sei.* Auch die Stadt sollte evakuiert werden. Prinzing und Kreisbauernführer Bay lehnten dies offen ab. Als der Unternehmer Hans Honold Bosch die Weigerung sämtlicher Betriebsleiter mitteilte, drohte dieser mit Erschießung. Daraufhin tat Honold so, als würden die Befehle umgesetzt, unternahm aber nichts; auch Prinzing führte sie nicht durch. Letzterer versuchte, Verteidigungsmaßnahmen – etwa die Sprengung der Brücken – zu verhindern und wollte bei Bosch erreichen, dass Hall zur „Lazarettstadt" erklärt würde. Bosch soll zwar zunächst zugestimmt, jedoch später gesagt haben: *Hier ist man nicht feige, hier wird gekämpft.* Trotz markiger Sprüche mischte er sich aber in die Planungen der Militärs kaum ein, verhielt sich aus deren Sicht merkwürdig passiv und hatte offenbar *den Gedanken an die Verteidigung der Stadt aufgegeben* – was angesichts der verheerenden Rolle anderer Kreisleiter ein bislang unterschätzter Faktor für den glimpflichen Verlauf des Kriegsendes in Hall sein dürfte. In Erscheinung traten er und seine Funktionäre noch durch weitgehend ignorierte Aufrufe, die Stadt zu verlassen, und durch in den Luftschutzbun-

Der Brand des Rathauses am 16./17. April 1945. Gemälde von R. Fechner

kern verlesene Drohungen, dass man für das Hissen weißer Fahnen erschossen werde.

Entscheidend war, dass auch der Ende März zum Stadt- und Kampfkommandanten ernannte Oberstleutnant Hermann Neuffer eine Verteidigung für sinnlos hielt und die Stadt zusammen mit Leutnant Karl Hüfner, dem aus der Stadt stammenden Leiter einer „Versprengten-Sammelstelle", von Truppen weitgehend entblößte. Damit riskierten beide die Hinrichtung durch ein Standgericht. Statt eine „Alarmkompanie" zur Stadtverteidigung aus versprengten Soldaten zu bilden, schickten sie diese zu anderen Einheiten weiter. Auch ein Standgericht zur Aburteilung von Fahnenflüchtigen wurde nicht gebildet, *da die Zersetzung der Truppe durch solch sinnloses Erschiessen oder Erhängen nicht mehr aufzuhalten gewesen wäre.* Trotzdem fielen dem Terrorregime noch mehrere Menschen zum Opfer. Am 29. März war der Luftwaffensoldat Heinz Leiermann auf dem Fliegerhorst als Deserteur zum Tode verurteilt und am nächsten Tag erschossen worden. Unklar sind die Umstände des Todes von Otto Küstner und Gottlieb Rüter am 2. April. Es ist fraglich, ob sie überhaupt desertiert waren, und wer das Todesurteil verhängt hat. Angeblich war es ein fliegendes Standgericht, an dem wohl Bosch beteiligt war; bei der Beerdigung Küstners hieß es: *Auf dem Weg zu seiner Kompanie fiel er einem von der neuen Weltanschauung durchdrungenen Kreisleiter in die Hände. Der ließ den Gefreiten, der fünf Jahre an den Fronten sein Blut und seine letzte Kraft geopfert hatte, wie einen Verbrecher zwischen Hall und Steinbach an einen Baum hängen, und den Henkersdienst vollzogen zwei SS-Männer, die nie die Front auch nur von weitem gesehen oder gehört hatten.* Neuffer wurde zwar nach dem 10. April als Kampfkommandant abgesetzt, blieb aber Stadtkommandant. Sein Nachfolger als Kampfkommandant, Hauptmann Knödler, legte den Schwerpunkt der Verteidigung an die Kocherenge bei Untermünkheim. Da Neuffer und Hüfner nach wie vor alle durchmarschierenden Soldaten weiterschickten, stand Knödler lediglich die „Kampfgruppe Haug" aus 230 älteren, schlecht

Die Stadt am Nachmittag des 17. April 1945, kurz nach der Besetzung durch die Amerikaner. Die Ruine des Rathauses qualmt noch, an den Häusern hängen weiße Fahnen.

bewaffneten Luftwaffensoldaten und der Ende März aufgebotene und zunächst zum Bau von Befestigungen eingesetzte Haller „Volkssturm" zur Verfügung, der 250 Männer und 60 Hitlerjungen mit italienischen Beutekarabinern und „Panzerfäusten" umfasste. Zusätzlich kam um den 13. April der Schwäbisch Gmünder Volkssturm.

Mittlerweile waren US-Panzer von Norden her durchgebrochen, hatten am 7. April Ilshofen und am 8. April Cröffelbach erreicht, zogen sich aber nach einem Schusswechsel an der Steige aus dem Bühlertal wieder zurück, nachdem ein Haller Hitlerjunge mit einer Panzerfaust einen Panzer abgeschossen hatte. Der leicht mögliche Durchbruch nach Hall, wo man am 8. April „Panzeralarm" gegeben hatte, unterblieb. Am 11. April überschritten die Amerikaner die Jagst und stießen in Richtung Nürnberg vor, weshalb

die deutsche Führung die meisten Truppen im Haller Raum dorthin verlegte. Währenddessen drangen Teile der 63. US-Infanteriedivision und der 10. US-Panzerdivision von Nordwesten her in das Kreisgebiet ein, nahmen am 16. April Waldenburg und durchbrachen bei Brachbach die letzen Stellungen vor Schwäbisch Hall. Die schwachen deutschen Einheiten zogen sich nach Süden in die „Alpenfestung" zurück und leisteten nur noch hinhaltenden Widerstand. Über 100 Hitlerjungen wurden beim Rückzug mitgenommen und in der Gegend von Isny sich selbst überlassen.

Bereits am 8. April waren Granaten in der Stadt eingeschlagen. Am 13. April erschien die letzte Ausgabe des „Haller Tagblatts", die *Hohe Material- und Menschenverluste der Gegner* behauptete und das Öffnen von Panzersperren mit dem Tod bedrohte. Am

Oberstleutnant Edward P. Thompson, Kommandeur des 2. Bataillons des 255. Infanterieregiments der US Army, blickt am 18. April 1945 auf das nächste Ziel seiner Einheit: Steinbach und die Comburg.

14. April begann ein andauernder Artilleriebeschuss, für die meisten das Signal, die Luftschutzkeller aufzusuchen. *Während die großen Herren sich aus dem Staub machten, saßen wir armes Volk zum letzten Mal, und diesmal für 3 Tage und 3 Nächte im Limpurg-Bunker. Am schlimmsten dran waren die armen Mütter, deren z. T. 14 bis 15jährige Buben die Partei als letzte Rettung dem Feind entgegen geschickt hatte,* erinnerte sich die Lehrerin Auguste Reinhardt. *Es war der helle Wahnsinn. Ebenso wie die Aussprüche gewisser 150 Prozentiger Parteigenossen im Bunker an diesem Apriltag, wo der Feind doch schon knapp vor Hall stand: Jeder Busch wird verteidigt.* Tatsächlich hatte der am Teurershof in Stellung gegangene Volkssturm den Befehl erhalten, *die Stellung bis zur letzten Patrone zu halten.* Am folgenden Tag griffen Jagdbomber den Fliegerhorst und die Stadt an, wo ihre Bomben unter anderem die „Hirschlesmühle" zerstörten. Einem erneuten Angriff am 16. April mit Brandbomben fielen das Gasthaus „Lamm-Post" am Milchmarkt und das Rathaus zum Opfer. Eine rechtzeitige Löschung verhinderte dort ein bewaffneter SA-Mann, der zwei junge Frauen mit den Worten verjagte: „Ich schieße jeden nieder, der versucht, das Rathaus zu betreten. Unsere Feinde sollen nur Trümmer vorfinden". Spätere Bemühungen konnten die Zerstörung nicht mehr verhindern. Die Behauptung, die Amerikaner hätten die Rettung blockiert, ist falsch. Am Nachmittag wurden Bürgermeister Prinzing und Polizeiobermeister Gottlob Bulling von Gestapobeamten verhaftet. Ihre Festnahme

war angeordnet worden, denn *Dr. Prinzing habe sich geäussert, er denke nicht daran die Stadt zu verteidigen, da jeder weitere Widerstand zwecklos sei, die ganze Sache sei doch sinnlos. Bulling habe der Meinung Dr. Prinzings beigestimmt u[nd] erklärt, er habe bereits die SS-Runen an seiner Uniform entfernt.* Der Denunziant war wahrscheinlich ein Haller Kriminalpolizist, der geprahlt haben soll, dass er Prinzing und Bulling *um die Ecke bringe*. Die beiden wurden nach Stuttgart gebracht, wo angeblich bereits ein Erschießungsbefehl vorlag, und intensiv verhört. Da die Vorwürfe telefonisch nicht mehr bestätigt werden konnten, höhere Beamte bereits geflohen waren und die Amerikaner sich Stuttgart näherten, ließen die zunehmend nervösen Gestapobeamten die beiden kurz nach Mitternacht wieder frei – ein Glücksfall, denn andere Häftlinge wurden noch am 18. April getötet. Kreisleiter Bosch setzte sich mit seinem Stab nach Süden ab, *nicht etwa im Braunhemd, sondern in merkwürdig harmloser Aufmachung, mit Zimmerflinte bewaffnet*. Die Amerikaner erreichten am 16. April Sülz, eroberten am Morgen des 17. April Gailenkirchen und Gottwollshausen und stießen von dort auf die Stadt vor. Pioniere sprengten die Henkersbrücke, die Hindenburgbrücke – wo nur eine Fahrbahn zerstört wurde –, den Lindachsteg sowie die Steinbacher Kocherbrücke und steckten den Roten Steg in Brand. Anwohner, die ihn wegen der Brandgefahr für ihre Häuser löschen wollten, wurden mit der Waffe bedroht. Gegen 11 Uhr kam es beim Teurershof zu einem Schusswechsel zwischen den Verteidigern und US-Panzern, die drei Scheunen und Ställe des Teurershofs in Brand schossen. Ein Volkssturmmann und ein Soldat starben, die Verteidiger zogen sich ins Tal zurück. Der Haller Volkssturm löste sich gegen 12:30 Uhr auf Befehl des Kommandeurs Dr. Franz Mehrle auf, ebenso der Gmünder. Nach der Überwindung einer Panzersperre drangen US-Soldaten am frühen Nachmittag über die Gottwollshäuser Steige in die Stadt ein. Über 100 deutsche Soldaten, darunter auch Neuffer und Hüfner, ergaben sich kampflos, in Gefangenschaft gerieten auch etwa 600 Verwundete in der Diakonissenanstalt. Gegen 18:00 Uhr übergab Stadtpfleger Friedrich Butz vor dem „Dreikönig" die Stadt an Leutnant Frederick J. Kroesen. Die Bewohner mussten weiße Fahnen aufhängen und Waffen abgeben. Insgesamt starben in Hall zwischen dem 15. und dem 17. April zehn oder elf Menschen. Sechs Häuser wurden zerstört, zwei schwer und 75 leicht beschädigt.

Währenddessen hatte der Lehrer Hugo Sauter in Steinbach den Volkssturm entwaffnen und die Panzersperre öffnen lassen. Er wurde zwar verhaftet und von Bosch mit dem Tod bedroht, aber entlassen. Am 18. April erfolgte die kampflose Besetzung. Zuvor hatten Sauter, Karl Walter und Christian Leipersberger mit den US-Soldaten Kontakt aufgenommen und für weiße Fahnen gesorgt. Ein erster Vorstoß der Amerikaner nach Hessental wurde von deutschen Soldaten abgewehrt; als die Einwohner den Kommandeur baten, abzuziehen, drohte dieser mit Erschießungen. Hessental lag zwei Tage lang unter Artilleriefeuer, bis die Amerikaner vom Schenkensee her angriffen. Nach dem Verlust von 20 Toten und zahlreichen Gefangenen zogen sich die Reste der deutschen Einheit in den Einkornwald zurück; auf die Erschießung eines US-Offiziers durch die abziehenden Deutschen reagierten die Amerikaner mit Brandgranaten, bevor sie Hessental am 19. April besetzen. Auch andere Orte des Umlands traf es schwer, so Sulzdorf, Tüngental und Bibersfeld. Ihr Schicksal zeigt, dass die weitgehende Bewahrung Schwäbisch Halls glücklichen Umständen, dem passiven Widerstand vieler und dem mutigen Engagement einzelner zu verdanken ist, die dem auf eine erzwungene Selbstvernichtung zielenden NS-Regime und seiner Helfershelfer eine „Allianz der Vernünftigen" entgegensetzten.

Die Vernichtung der jüdischen Gemeinde und das Konzentrationslager Hessental

1. April 1933	Reichsweiter Boykott gegen jüdische Geschäfte.
7. April 1933	„Gesetz zur Wiederherstellung des Berufsbeamtentums" – Entlassung jüdischer und politisch unliebsamer Beamter.
15. November 1935	Nürnberger Gesetze.
17. August 1938	Juden müssen die Namen „Israel" und „Sara" annehmen.
9.–11. November 1938	Reichsweite Pogromwelle („Reichskristallnacht").
1. September 1941	„Judenstern"-Verordnung.
23. September 1941	Erste Morde mit Giftgas in Auschwitz.
14. Oktober 1941	Deportationen aus dem Deutschen Reich in die Vernichtungslager Osteuropas beginnen.
20. Januar 1942	Wannsee-Konferenz über die „Endlösung" der „Judenfrage".
16. Mai 1943	Niederschlagung des Aufstands im Warschauer Ghetto.
26. Januar 1945	Die Rote Armee befreit das KZ Auschwitz.

Fast sofort nach der nationalsozialistischen Machtübernahme begannen auch in Schwäbisch Hall Maßnahmen gegen die Mitglieder der jüdischen Gemeinde, die 1933 noch 121 Personen umfasste. Wie im ganzen Reich fand am 1. April 1933 eine von der hiesigen NSDAP organisierte und der SA überwachten Boykottaktion gegen die 20 jüdischen Geschäfte und Geschäftsleute wegen angeblicher jüdischer *Greuel- und Boykottpropaganda* im Ausland statt. Sie stand unter dem Motto *Deutsche, kauft deutsche Waren in deutschen Geschäften.*

Hauptinstrument der Verfolgung waren jedoch administrative Maßnahmen, deren ausführendes Organ auf lokaler Ebene meist die Haller Stadtverwaltung war. Ihre Akten hierzu sind teilweise erhalten. So wurde eine schrittweise Strangulation des wirtschaftlichen und sozialen Lebens der Juden und schließlich ihre Ermordung durchgeführt. Wichtige Stationen waren etwa 1933 die Entlassung „nichtarischer" Beamter und die „Nürnberger Gesetze" von 1935, die deutsche Juden zu Bürgern minderen Rechts machten, Verbindungen mit „Ariern" unter Strafe stellten und u. a. die Beschäftigung weiblicher „arischer" Angestellter unter 45 Jahren verboten. Anfangs scheint man dies noch lax gehandhabt zu haben, denn die Haushälterin von Moses Herz wurde zwar vorgeladen und ermahnt, arbeitete aber bis zu seiner Auswanderung 1939 weiter für ihn. Zwei ähnliche Fälle sind bekannt. Doch erhöhten die sich verschärfenden Maßnahmen und die permanente Hasspropaganda, die über Presse und Zeitschriften, Vorträge und Schulungen der Partei und ihrer Gliederungen oder den Schulunterricht verbreitet wurde, den Druck auf die Juden und alle, die mit ihnen noch privaten oder wirtschaftlichen Kontakt hatten. Auf diese Weise erzwang man die Entlassung jüdischer Angestellter und die Schließung oder den Verkauf jüdischer Unternehmen. „Arische" Geschäfte erhielten im Oktober 1933 Schilder mit der Aufschrift „Deutsches Geschäft". Insbesondere NSDAP-Mitglieder, Beamte und Reichsbehörden sollten nicht mehr bei Juden kaufen. So geschah es etwa bei Leopold Wertheimers Geschäft für Leder, Häute, Felle und Schuhmacherbedarf in der Neuen Straße 14. Schon im März 1933 verlor er das Gefängnis als Kunden, bald darauf folgte die Diakonissen-

Die Henkersbrücke mit dem Haus von Julius Kapp (rechts) wohl um 1930

anstalt. „Uneinsichtige" Käufer brachte man mit Drohungen auf Linie. So schilderte ein Kunde Wertheimers Sohn Alfred unter Tränen, *dass er von der Kreisleitung Hall eine Vorladung bekam und ihm eroeffnet wurde, falls er seine Kaeufe bei dem Juden Wertheimer nicht sofort einstellt, wird die Kreisleitung dafuer sorgen, dass sein Geschaeft in die Brueche geht.* Nach einiger Zeit konnte Wertheimer seinen beiden Söhnen kein Gehalt mehr bezahlen. Sein Haus musste er 1935 verkaufen, um Kredite und laufende Zahlungen abzudecken; 1937 schloss er das Geschäft. Nicht anders erging es dem Kurzwaren- und Antiquitätenhändler Isaak Frey. *Meine Kunden hatten Angst, den Laden zu betreten, da man ihnen drohte, sie aus der Partei auszuschliessen ... Auch meine Lieferanten wollten mir keine Ware mehr geben.* Hugo Öttinger schloss 1936 sein Tuch- und Modewarengeschäft in der Marktstraße 1 mit früher bis zu zwölf Beschäftigten. Moses Herz musste 1936 seine letzte Angestellte entlassen und 1937 sein Textilgeschäft in der Schwatzbühlgasse 20/20a verkaufen. In der Haalstraße 1 führte der einst hochangesehene Bürger dann einen bescheidenen Laden weiter. 1937 klagte er, *dass infolge des nationalsozialistischen Regimes und der besonders antisemitischen Einstellung in Schwäbisch Hall sein Geschäft auf weniger als die Hälfte seines Umfangs zurückgegangen war.* Die Existenzgrundlage von Viehhändlern wie Abraham Pfeiffer, Nathan Wertheimer, Abraham Schlachter oder Louis Rothschild zerstörte man durch Entzug oder Verweigerung von Handelslizenzen. Die Stadt schloss 1936 jüdische Händler vom Jakobimarkt und 1937 von den Vieh- und Pferdemärkten aus. Aus der „Arisierung", dem meist weit unter Wert erfolgenden Verkauf jüdischer Wirtschaftsbetriebe und Immobilien, ließen sich erhebliche Profite ziehen. In Schwäbisch Hall wurden fünf jüdische Betriebe „arisiert", zwölf geschlossen, hinzu kamen Immobilien, die verkauft oder nach der Deportation der

Besitzer eingezogen wurden. Neben Privatleuten und Banken hatte auch die Stadtverwaltung keine Hemmungen, sich auf Kosten ihrer Bürger zu bereichern, und erwarb die Synagogenruine in Steinbach, das Haus der Heumanns in der Gelbinger Gasse 25, das Reiss'sche Haus in der Klosterstraße 8 („Löchnerhaus"), das Geschäft der Geschwister Wolff in der Schulgasse 12 und den Friedhof. Eine rühmliche Ausnahme sind die Gebrüder Leonhardt, die sich weigerten, den Anteil der Kapps an der Neuen Straße 33 zu kaufen, weil sie die Not ihrer Nachbarn nicht ausnutzen wollten. Eine einvernehmliche Übernahme gab es wohl bei der Zigarrenfabrik Heumann, die Jakob Reichling unter dem alten Namen weiterführte, bis die Stadtverwaltung eine Änderung erzwang.

Behördliche Schikanen und Druck aus der Bevölkerung ergänzten einander. So arbeitete der „Halbjude" Fritz Böhm zwar noch bis etwa 1937 als Vertreter einer Versicherung, doch ein Haller Geschäftsmann beschwerte sich darüber, dass man noch Juden beschäftige und verbat sich Böhms Besuch. Die antisemitische Hetze und die Angst vor Sanktionen auf beiden Seiten zerstörten – mit wenigen Ausnahmen – die Kontakte zwischen Juden und Nichtjuden. In Läden und Gaststätten tauchten Schilder auf, dass hier Juden unerwünscht seien. „Seit Mitte der dreißiger Jahre kam es nicht mehr zu Gesellschaftstreffen der beiden Bevölkerungsteile, Sport- und Unterhaltungsabende, wie sie früher vielseitig bestanden, wie z. B. bei Karten und Kegelspielen, wurden fallengelassen. Auch der allseits so beliebte Kaffeehausbesuch mit köstlichen Kuchensorten aus der berühmten Konditorei kam zu seinem Ende", erinnerte sich der Lehrer Simon Berlinger. Man blieb unter sich, die jüdischen Jugendlichen Halls trafen sich mindestens dreimal in der Woche zu gemeinsamen Aktivitäten. Höhepunkte waren Begegnungen mit anderen jüdischen

Pferdemarkt auf dem Haalplatz 1934, im Hintergrund (Mitte) das Geschäft von Heinrich Herz

Der mit „J" („Jude") gestempelte Reisepass von Moses Herz, mit dem dieser in letzter Minute aus Deutschland entkam.

Jugendbünden. „Für Nichtbeteiligte ist es unvorstellbar, welchen Rückhalt solche Ereignisse für die vom täglichen Umgangsleben ausgeschalteten und geächteten Kinder bedeuteten" (Simon Berlinger). Ab 1936 durften jüdische Schüler nur noch die jüdische Bezirksschule in Braunsbach besuchen – andernorts wurden sie ohnehin schikaniert und ausgegrenzt. Höhere Schulen waren ihnen verwehrt, weshalb z. B. Lieselotte Öttinger 1935 die Mädchenrealschule verlassen musste. In immer stärkerem Maße lebte man in einer Atmosphäre der Angst; kleine Zwischenfälle konnten schwerwiegende Folgen haben. Simon Berlinger verbrachte Wochen in Sorge, nachdem ihm ein Kind in das Fahrrad gelaufen war, „denn damals war gerade eine Verordnung veröffentlicht worden, wonach jüdische Verkehrssünder ohne Prozess ins KZ einzuliefern sind". Auch Pöbeleien durch fanatisierte Hitlerjungen und nächtliche Würfe von Pflastersteinen durch die Fenster von „Judenwohnungen" gehörten zu diesem Alltag.

Die letzten Reste jüdischer Geschäftstätigkeit und Selbstständigkeit wurden 1938 durch Berufsverbote vernichtet. Hinzu kam die zwangsweise Annahme der „jüdischen" Vornamen „Sara" und „Israel". Der Pogrom vom 9./10.November 1938 machte endgültig klar, dass die jüdischen Deutschen Freiwild geworden waren. Nach der Ermordung des Diplomaten Ernst vom Rath in Paris durch den polnischen Juden Herschel Grünspan – der zu seiner Tat durch das Elend der aus Deutschland ausgewiesenen „Ostjuden" veranlasst wurde, zu denen auch der am 28. Oktober 1938 aus Hall abgeschobene Salomon Lewkowicz gehörte – inszenierte der NS-Staat „spontane Aktionen". Einen entsprechenden Befehl gab Kreisleiter Bosch am 9. November kurz vor Mitternacht an SA und NSKK (NS-Kraftfahrerkorps) weiter. Die Steinbacher Synagoge steckte man mit Benzin an, am frühen Morgen brannte sie lichterloh. Als Feuerwehrleute versuchten, zu löschen, wurden sie von NSDAP-Mitgliedern behindert und bedroht, ein Befehl Boschs

Die Brandruine der Synagoge in Steinbach (erstes Gebäude rechts nach dem Tor) mit teilweise eingestürztem Giebel und ohne Dach

beendete ihre Bemühungen schließlich. In Schwäbisch Hall drang der von SA-Sturmbannführer Bühler geführte Mob zwischen 2 und 3 Uhr mit Äxten, Beilen und Pickeln in den Betsaal in der Oberen Herrngasse 8 ein und demolierte ihn systematisch. Eine Brandstiftung erfolgte nicht, da sie die Nachbarhäuser gefährdet hätte. Dafür schleppten die Randalierer Kultgegenstände und Bücher auf den Marktplatz, um sie zu verbrennen. Der angeblich angetrunkene Bühler schrie dazu, *daß dem Judentum gezeigt werden muß, daß der deutsche Mensch kein Freiwild ist.* Erst spät wurde Bürgermeister Prinzing informiert. Er telefonierte mit verschiedenen Stellen, um Feuerwehr und Polizei zum Eingreifen zu bewegen, erreichte aber gegen Bosch nichts und verlor so die Fassung, dass er diesen mit einer derben Beschimpfung bedachte.

Neben den Gottesdiensträumen wurden auch Privatwohnungen verwüstet. Bei dem 1934 zwangspensionierten Rabbiner Dr. Jakob Berlinger und seiner Frau Rifka in der Oberen Herrngasse 1 warfen die SA-Leute Einrichtungsgegenstände und die 3.000 Bände zählende Bibliothek auf die Straße und in das Feuer auf dem Marktplatz. Moses Herz entkam in Hausschuhen durch die Hintertür. Die Eindringlinge zerschlugen in seiner Wohnung Möbel und Geschirr und verbrannten u. a. seine Bibliothek und Thorarollen. SA-Leute verwüsteten auch die Wohnung der Metzgers- und Gastwirtseheleute Louis und Mina Rothschild und sollen den 88jährigen Schwiegervater Raphael Marx geschlagen haben, in der Klosterstraße demolierte man Wohnung und Geschäft des Lederhändlers Maier Pfeiffer. Josua Schwab, Josef Pfeiffer, die Geschwister Wolff und Isaak Schorsch waren die anderen Opfer dieser Nacht. Max Schorsch soll im Geschäft seines Vaters einen der Randalierer niedergeschlagen haben. Mancher Haller Bürger war über die Vorgänge dieser Nacht entsetzt. Es gab jedoch auch Schadenfreude, Zustimmung und hämische Witze. „Auch später kam die Rede gelegentlich wieder auf diese Nacht", erinnerte sich Erhard Eppler. „Es gab auch Kritik, aber niemand hat gefragt, was denn die alten Frauen [Wolff] in ihrem Lädle mit Herschel Grünspan zu tun hatten. Erst nach dem Krieg wurde mir klar, dass es da plötzlich Bürger mit und ohne Rechte gegeben hatte, Bürger, für welche die Feuerwehr ausrückte, und solche, für die sie nicht löschte, Bürger, denen man die Scheiben einschlagen und andere, denen man sie nicht einschlagen durfte." Die Randalierer der Pogromnacht waren soziologisch gesehen kein Pöbel, sondern bildeten einen Querschnitt der Haller Bevölkerung. Zu ihnen gehörten angesehene Bürger, Lehrer, Beamte, Angestellte, Kaufleute, Handwerker und ein Arzt. Abgeschlossen wurde der Pogrom durch die Verhaftung von Dr. Jakob Berlinger, Leopold Wertheimer, Heinrich Guthoff und Max Schorsch am 10. November. Moses Herz entging der „Schutzhaft", indem er einige Zeit untertauchte. Die älteren kamen am 11. November wieder frei, Guthoff und Schorsch wurden ins KZ Dachau verschleppt und erst Mitte Dezember 1938 freigelassen. Zwei der Geschwister Wolff, deren kleiner Kolonialwarenladen zerstört worden war, kamen zu Bürgermeister Prinzing, um seinen Schutz zu erbitten. Er rief darauf Bosch an, der diesen versprach – leere Worte, denn alle vier wurden 1942 ermordet. Haller Juden, die ihn um Rat fragten, legte der Bürgermeister die Auswanderung nahe, da er keinen anderen Ausweg sah. Das Eigentum an der Synagogenruine ging an die Stadt, die noch 1938 den Bau eines Dreifamilienhauses in die Wege leitete, denn: *Die Brandruine des früheren Judentempels verschandelt die Landschaft.* Das Grundstück wurde 1940 an unbeteiligte Privatleute veräußert.

Die Ausschreitungen der Reichspogromnacht war für viele, die bislang trotz allem an ihrer Heimat festgehalten hatten, ein Anlass, auszuwandern. Ziele waren vor allem die USA und Palästina. Vier Jahre zuvor war Simon Berlinger bei einer Gemeindeversammlung noch auf weitgehende Ablehnung gestoßen, als er meinte, „daß unser deutscher Patriotismus uns nicht abhalten dürfe, auch an Auswanderung zu denken". Nur wenige wie die Stobetzkis hatten Deutschland frühzeitig verlassen. 1936/37 begann dann verstärkt eine Welle von Auswanderungen. Kapital für einen Neuanfang konnten die Emigranten nun kaum mehr mitnehmen, da sie systematisch ausgeraubt wurden. Zur „Reichsfluchtsteuer" von 25 % des Vermögens kamen 1938/39 die ebenso hohe „Judenvermögensabgabe" sowie individuelle Willkür. Aus Dr. Ludwig Wolff, Besitzer einer Altmaterial-Verwertungsanstalt hinter dem Bahnhof, presste das in dieser Hinsicht sehr kreative Finanzamt auch noch das letzte Geld heraus, indem man z. B. willkürlich festgelegte Steuernachzahlungen verlangte oder die Reisepässe beschlagnahmte und erst gegen die Zahlung einer horrenden Summe herausgab. Was er danach noch hatte, blieb auf einem später eingezogenen „Sperrkonto". Zur Bezahlung der Ausreise musste er sich Geld von Freunden und Verwandten in der Schweiz und in den USA leihen, wo er sich mühsam als Arbeiter und Vertreter durchschlug. Wie er taten sich vor allem die älteren Emigranten schwer, eine neue Existenz aufzubauen. Hugo und Paula Öttinger wanderten 1936 nach Palästina aus, wo sie sich mit bescheidenem Erfolg als Gemüsebauern und Hühnerzüchter versuchten. Sie konnten sich nur schwer einpassen, lernten nie hebräisch und hingen voller Sehnsucht an ihrer verlorenen Heimat. Auch Dr. Jakob Berlinger und seine Frau Rifka lebten in Jerusalem in einfachen Verhältnissen. Isaak Frey arbeitete in New York als Hilfsarbeiter und Hausierer, verlor 1942 seine Frau und war laut seinem Arzt ein chronisch kranker, nervöser, müder, resignierter und vor der Zeit gealterter Mensch. In letzter Minute entkam Moses Herz, der sich bis zuletzt für die jüdische Gemeinde eingesetzt hatte. Einen Tag vor der britischen Kriegserklärung an Deutschland landete er in England, wo man ihn zeitweilig als „feindlichen Ausländer" internierte. Später lebte er unter ärmlichen Bedingungen in London und arbeitete für eine jüdische Wohltätigkeitsorganisation. Er starb 1953 als britischer Staatsbürger. Simon Berlinger erreichte 14 Tage vor Kriegsbeginn per Schiff in einer mondlosen Augustnacht illegal die Küste Palästinas. Er hatte sich in Deutschland auf einer Landwirtschaftsschule auf die Auswanderung vorbereitet und tat sich leichter. Der Jurist Dr. Albert Flegenheimer studierte als 50jähriger noch einmal in den USA und begann eine Karriere, die ihn an den Obersten Gerichtshof des US-Staates Washington führte.

Der Zweite Weltkrieg beendete die Emigration weitgehend. In Deutschland blieben oft Alte, Arme und Behinderte zurück, die kein Auswanderungsland haben wollte, etwa die Geschwister Wolff, die Kleinrentnerin Berta Reiß, das Ehepaar Kapp mit ihrer behinderten Tochter Lucie oder der beinamputierte Kriegsveteran Emil Obenheimer, den sein „Eisernes Kreuz" nicht vor Entrechtung und Ermordung bewahrte. Sie alle wurden nun immer strikteren Reglementierungen unterworfen. Zu den insgesamt 1.900 Vorschriften gehörten etwa die Judenstern-Verordnung vom 1. September 1941, das Verbot, den Wohnort zu verlassen, Ausgangssperren, Verbote, Züge und Busse oder öffentliche Telefonzellen zu benutzen, sowie die Schlechterstellung bei Lebensmittelzuteilungen. Hinzu kam eine Fortsetzung des staatlichen Raubs aller Vermögenswerte; selbst die Deportation mussten die Opfer noch selbst bezahlen. Die einst wohlhabende Familie Kapp etwa lebte in Isolation und Armut. Karoline Wieland, eine „arische" Freundin der Kapps, besuchte sie regelmäßig und brachte ihnen Lebensmittel, da sie *sehr wenig zu essen* hatten. Sie war damit ziemlich allein, *denn alles hatte damals Angst, dass man persönliche Nachteile haben könnte, wenn man Juden besuchte.* Julius Kapp starb am 6. Januar 1941 und wurde als wohl letzter Haller Jude auf dem Steinbacher Friedhof begraben, der mehrfach geschändet wurde. Die Steine benutzte man u. a. als Baumaterial. 1940 lebten hier noch 16 Juden, 1941 waren

es 13. Im Herbst dieses Jahres begannen die Deportationen in die Vernichtungslager, oft über Zwischenstationen. Direkt aus Schwäbisch Hall verschickt wurden Karoline und Maier Pfeiffer, Mathilde Adler und Jakob Stern. Der Arbeitgeber des letzteren – der von der Stadtverwaltung getadelt worden war, weil er einen Juden beschäftigte – hatte zuvor vergeblich versucht, seine Deportation zu verhindern. Die Gemeindepolizei holte sie am Morgen des 28. November ab. Nach der Beschlagnahme ihrer letzten Vermögenswerte und einer Durchsuchung wurden sie in aller Öffentlichkeit von einem städtischen Polizeibeamten per Zug nach Stuttgart gebracht, von wo aus am 1. Dezember die Fahrt in das KZ Riga-Jungfernhof erfolgte. Sie alle wurden dort ermordet. Berta Reiß kam am 17. Februar 1942 in das Schloss Eschenau; Augenzeugen erinnern sich, wie sie mit einem kleinen Koffer auf einem Schlitten zum Bahnhof fuhr. Sie starb am 17. Dezember 1942 in Theresienstadt. Ihre Wohnung wurde offenbar von Angehörigen der NS-Frauenschaft geplündert. Berthold und Karoline Wolff mussten die Stadt am 24. April 1942 verlassen, ihre Spuren verlieren sich im KZ Izbica. Emil und Lina Obenheimer kamen am 6. Mai 1942 nach Heilbronn und von dort nach Theresienstadt. 1944 schickte man sie in Auschwitz ins Gas. Für Rosalie und Lucie Kapp, die am 8. Mai die Stadt verließen, war das jüdische Altersheim Tigerfeld Zwischenstation auf dem Weg in den Tod in Theresienstadt bzw. Auschwitz. Ihre Deportation mussten sie selbst bezahlen. Adolfine Adler brachte man am 22. August 1942 nach Theresienstadt, wo sie am 18. Dezember starb. Auch mehrere ins Ausland geflüchtete Haller Juden fielen dem Terror zum Opfer. Raphael Marx war 1939 im Alter von 89 Jahren nach Rotterdam zu seiner Tochter Lydia und deren Ehemann Davis Stoppelmann gezogen. SS-Männer enthoben sich der Mühe, den alten Mann zu verschleppen. Sie töteten ihn an Ort und Stelle, indem sie ihn eine Treppe hinunterwarfen. Seine Tochter und ihr Mann starben in Auschwitz. Auch der seit 1938 in Holland lebende Richard Wertheimer endete dort. Insgesamt wurden etwa 40 aus Schwäbisch Hall stammende oder dort lebende Juden Opfer der nationalsozialistischen Judenverfolgung. Durch Augenzeugen erfuhren einige Haller von den unfassbaren Geschehnissen im Osten. Erhard Eppler hörte 1942, wie ein als Militärarzt in der Ukraine tätiger Onkel erzählte, dass man junge SS-Männer zu ihm brachte, die angesichts der Massenerschießungen psychisch zusammengebrochen waren. Von einem Urlauber lief, so Gerhard Storz, der Ausspruch um, „Deutschland habe keine Wahl als die, den Krieg zu gewinnen. Denn eine Niederlage würde die Vergeltung bringen, die furchtbar sein werde, selbst wenn sie den in Polen verübten Greueltaten auch nur annähernd entspräche". Bürgermeister Prinzing wusste spätestens 1944 von den Massenmorden. Er *erfuhr von einem aus Podolien zurückgekehrten Angestellten ... dass zur Zeit die Ukrainer die Polen und zwar Mann Frau und Kind, restlos totschlagen unter grausamen Martern ... Er erzählt mir ferner, dass ähnlich von uns gegen die Juden vorgegangen worden sei und zwar unter Zuhilfenahme von ukrainischen Leuten.* Ob er eine Verbindung zwischen diesen Berichten – für ihn ein Beweis für die *ganze viehische Gemeinheit des Menschengeschlechts* – und dem Schicksal der dorthin verschleppten Bürger seiner Stadt erkannte, muss offen bleiben.

Prinzing hatte in seinen Jahresberichten erklärt, die Deportationen seien *eine Gegenmassnahme gegen die feindlichen, Deutsche behelligenden Maßnahmen* gewesen. Die Stadt sei *seit 6. Mai 1942 judenfrei, an welchem Tag auf Grund von Massnahmen der Gestapo der letzte Jude Hall verließ.* Dies stimmte jedoch nicht, da in Schwäbisch Hall mehrere Juden oder „Halbjuden" in einer gefährdeten Außenseiterexistenz überlebten, z. B. Fritz Böhm und Margarethe Gutöhrlein, die Ehefrau des Inhabers der „Wildbadquelle". Rätselhaft ist der Fall des Zahnarzts Max Magun. Er galt zwar 1933 als „Ostjude", konnte aber auf nicht restlos geklärte Weise seine Einstufung rückgängig machen und lebte hier unbehelligt bis zu seinem Tod 1944.

Tatsächlich brachten die nationalsozialistischen Verbrechen mehr Juden nach Schwäbisch Hall, als hier bisher gelebt hatten. Wahrscheinlich auf Anforderung der für Bauarbeiten auf dem Fliegerhorst eingesetzten „Organisation Todt" (OT) wurde im Sommer 1944 am Hessentaler Bahnhof in einem ehemaligen Barackenlager des Reichsarbeitsdiensts ein Konzentrationslager eingerichtet. Organisatorisch unterstand es dem KZ Natzweiler-Struthof im Elsass. Am 14. Oktober 1944 traf in Hessental ein Zug mit 600 Häftlingen ein. Nach weiteren Transporten im November und Dezember waren es 800 Gefangene, größtenteils polnische Juden, die zuvor im Raum Radom Sklavenarbeit geleistet hatten. Wegen des Vormarschs der Roten Armee hatte man sie nach Auschwitz gebracht, wo die nicht Arbeitsfähigen ermordet wurden. Die Überlebenden kamen zunächst nach Vaihingen/Enz, von dort nach Hessental. Dem Lagerkommandanten, SS-Hauptscharführer August Walling, unterstanden einige SS-Männer und OT-Angehörige; Arbeitskommandos wurden von Luftwaffensoldaten bewacht. Die Häftlinge beseitigten hauptsächlich Bombenschäden auf dem Fliegerhorst und hielten den Flugplatz benutzbar. Daneben mussten sie an Gleisanlagen, im Wald, in Steinbrüchen, bei Gewerbebetrieben, bei Handwerkern und Landwirten sowie für die Stadt Hall und das Hospital z. B. beim Bau von Bunkern und Beseitigen von Bombenschäden arbeiten. Sie waren der Willkür ihrer Bewacher völlig ausgeliefert. So soll sich Lagerleiter Walling damit vergnügt haben, Lebensmittel auf den Appellplatz zu werfen, auf die sich dann die halb verhungerten Häftlinge trotz Prügeleien von „Kapos" und Wachen stürzten. Andererseits bemühte er sich ernsthaft um eine Verbesserung der miserablen Ernährungssituation. Sadistische Quälereien, Misshandlungen und Morde gab es aus nichtigen Anlässen. Die Häftlinge litten

Amerikanisches Luftbild des Konzentrationslagers Hessental (die dreieckige Struktur oberhalb der Straßenkreuzung in der Bildmitte), das bei einem Luftangriff auf dem Fliegerhorst am 25. Februar 1945 entstand.

unter einem hohen Arbeitspensum und einer chronischen Unterernährung, die bewusst auf eine „Vernichtung durch Arbeit" abzielte. Sie versuchten alles, um an Lebensmittel zu gelangen. Mülleimer wurden trotz brutaler Schläge der Bewacher durchsucht und Abfälle gierig gegessen. Diese Zustände blieben nicht verborgen. Ein Haller beobachtete, *dass diese Häftlinge furchtbar unter Hunger zu leiden hatten. Wenn sie auf Aussenarbeit waren, fielen einige mitunter um wie Fliegen.* In einigen Fällen versuchten Hessentaler oder Haller Einwohner zu helfen, z. B. indem sie Äpfel oder Kartoffeln an den Marschwegen bereitlegten. Die Luftwaffenhelfer auf dem Fliegerhorst und einige der Arbeitgeber gaben Lebensmittel weiter, auch Bürgermeister Prinzing ordnete eine Verbesserung der Verpflegung aus städtischen Beständen an. Beim „Organisieren" Ertappte mussten jedoch mit Schlägen bis hin zur Ermordung rechnen. So wurde ein Häftling in aller Öffentlichkeit vor der Gaststätte Berger umgebracht und lag dort dann den ganzen Tag „zur Abschreckung". Einen anderen schlugen die Wachen wegen eines Apfels zusammen, ließen ihn einen Tag lang im Drahtverhau des Lagers stehen und erschossen ihn anschließend. Als Angehörige des Nachtjagdgeschwaders 6 vom Horstkommandanten verlangten, die Gefangenen anständig zu ernähren, führte dies lediglich zur Standpauke eines Generals, der den Fliegern vorhielt: „Wenn der Krieg verloren ginge, läge es an Leuten wie uns, die nicht genug Härte mitbrachten". Der miserable Gesundheitszustand ließ Mangelkrankheiten wie Ruhr ausbrechen, im Februar 1945 forderte eine Typhusepidemie über 100 Opfer. Die Toten brachte man auf einem Mistwagen auf den Jüdischen Friedhof in Steinbach, wo sie in Massengräbern beigesetzt wurden. Insgesamt fielen in Hessental mindestens 182 Häftlinge Krankheiten, Entkräftung und Morden zum Opfer.

Angesichts der näherrückenden US-Truppen wurde das Lager am 5. April 1945 geräumt. Die Häftlinge sollten mit Eisenbahnwaggons in das Außenlager Allach des KZ Dachau gebracht werden. Der Zug geriet jedoch bei Sulzdorf in einen Jagdbomberangriff, der die Lokomotive schwer beschädigte. 17 Häftlinge starben durch den Angriff oder wurden von den Wachen getötet. Für die Häftlinge begann nun der „Hessentaler Todesmarsch". Die SS trieb die völlig entkräfteten Menschen zu Fuß in Richtung Osten. Wer nicht mehr konnte, wurde erschossen oder totgeschlagen. Entlang der Marschroute spielten sich schreckliche Szenen ab. Den Gräueltaten der SS-Männer standen immer wieder auch Versuche gegenüber, den Opfern zu helfen. Insgesamt starben wohl etwa 150–200 Hessentaler Häftlinge. Von Augsburg aus kamen sie per Zug nach Allach, ein Teil wurde noch in die Alpen getrieben und dort erst Ende April von den Amerikanern befreit. Der Haller Raum war Durchgangsstation für weitere Todesmärsche aus den Lagern Kochendorf und Neckarelz, die ebenfalls zahlreiche Opfer forderten.

Mendel Gutt bei der Einweihung der KZ-Gedenkstätte Hessental am 5. April 2001

Mendel Gutt, ein Überlebender des Konzentrationslagers Hessental

Mendel Gutt wurde am 10. Mai 1929 in der Stadt Grójec nahe Warschau als jüngstes Kind des Müllerehepaars Salomon und Esther Gutt geboren. Sein Vater war ein gebürtiger Österreicher aus Wien. Mendel hatte zwei Geschwister, den Bruder Meir und die Schwester Hawa. Seine unbeschwerte Jugend endete 1939 mit der Besetzung Polens durch die deutsche Wehrmacht. Gutts mussten nun den Judenstern tragen und erniedrigende Arbeiten leisten, der Vater durfte die Mühle nicht weiter betreiben. Im Frühling 1941 wurde der zwölfjährige Mendel mit seiner Familie und den anderen Juden von Grójec in das Warschauer Ghetto deportiert. Wie viele andere Kinder verließ er es durch einen unterirdischen Gang, um heimlich Nahrung zu beschaffen und hineinzuschmuggeln. Angesichts der Gerüchte über die bevorstehende Deportierung und Ermordung der Ghettobewohner floh er schließlich. Seine Eltern und seine Schwester, die den dringenden Warnungen eines deutschen Freundes keinen Glauben geschenkt hatten, wurden zwischen Juli und September 1942 in Treblinka ermordet. Mendel war mittlerweile aufgegriffen und als Arbeitssklave in eine Fabrik gebracht worden, wo er seinen Bruder Meir wieder traf. Als die beiden in das berüchtigte Arbeitslager Skarzysko Kamienna zur Arbeit für den deutschen Rüstungskonzern HASAG überstellt werden sollten, sprang Mendel unterwegs vom Lastwagen und floh. Sein Bruder, der nicht mitkommen wollte, erkrankte an einem Halsabszess und wurde – weil arbeitsunfähig – ermordet.

Mendel Gutt konnte sich einige Zeit im Wald versteckt halten, stellte sich aber schließlich halb verhungert und erfroren im Arbeitslager Radom, wo er als Pferdeknecht, im Haushalt eines SS-Offiziers und bei der „Verwertung" von Kleidern vergaster Juden aus Treblinka arbeitete. Im August 1944 wurde die Belegschaft des Lagers nach Auschwitz gebracht. Mendel Gutt überlebte die Selektion durch Josef Mengele an der berüchtigten Rampe, von wo aus viele andere in die Gaskammern geschickt wurden. Von dort kam er mit seinen Leidensgefährten in das KZ Vaihingen/Enz. Als Mendel bei einer Entlausung versuchte, seinen grünen Pullover zu retten, schlug ihn ein SS-Mann mit dem Gewehrkolben so brutal zusammen, dass er sein linkes Auge verlor. In Vaihingen wurde er bei Bauarbeiten eingesetzt, später auch bei Aufräumarbeiten im bombenzerstörten Stuttgart. Ein Hemd, das er dort geschenkt bekam, brachte ihm erneut brutale Prügel ein.

Nachdem er sich freiwillig nach Hessental gemeldet hatte, kam er dort mit dem ersten Transport am 14. Oktober 1944 an. Er arbeitete vor allem bei der Instandhaltung der Eisenbahngleise zwischen dem Bahnhof und dem Fliegerhorst und begrub Tote auf dem Friedhof in Steinbach. Am 5. April 1945 begann für ihn und seine Leidensgefährten der „Hessentaler Todesmarsch". Er und zwei Freunde halfen sich gegenseitig, ihn zu überstehen, aber er musste erleben, wie ein Barackennachbar von SS-Männern zu Tode geprügelt wurde. Wohl am 14./15. April erreichten die Überlebenden das Außenlager Allach des KZs Dachau. Von dort wurden er und andere Gefangene noch in das Alpenvorland verschleppt, wo die Wachen flohen, als der Zug in die Nähe amerikanischer Truppen geriet. Am 30. April 1945 war er frei.

Danach trat Mendel Gutt in mehreren Prozessen als Zeuge gegen NS-Verbrecher auf. Die Pläne für eine Auswanderung in die USA zerschlugen sich, weil die US-Behörden diese wegen seines verlorenen Auges ablehnten. Er blieb deshalb in Deutschland und war als selbstständiger Kaufmann in Mannheim und Nürnberg tätig. Nach einigem Zögern nahm Mendel Gutt 1997 eine Einladung der neu gegründeten Initiative KZ-Gedenkstätte Hessental an, wurde dann aber ein häufiger Gast in Schwäbisch Hall und berichtete hier mehrfach von seinen Erlebnissen. 2001 war er Ehrengast bei der Einweihung der KZ-Gedenkstätte, 2002 drehte der Haller Siegfried Hubele über ihn den Dokumentarfilm „Nur leben wollte ich …". Im selben Jahr trug er sich mit anderen ehemaligen Zwangsarbeitern in das „Goldene Buch" der Stadt ein. Mendel Gutt starb am 7. Dezember 2004 nach einem Krebsleiden im Alter von 75 Jahren in Mannheim.

Die Nachkriegszeit 1945–1955

5. Juni 1945	Der alliierte Kontrollrat übernimmt die Regierungsgewalt in Deutschland.
2. August 1945	Ende der Potsdamer Konferenz über die Zukunft Deutschlands.
30. November/1. Dezember 1946	Ende der „Nürnberger Prozesse" gegen deutsche Kriegsverbrecher.
20./21. Juni 1948	Währungsreform: Einführung der D-Mark.
15. Dezember 1949	Deutschland tritt dem Marshallplan-Abkommen bei.
23. Mai 1949	Verkündung des Grundgesetzes für die Bundesrepublik Deutschland.
14. August 1949	Erste Wahlen zum Bundestag.
12. September 1949	Theodor Heuss wird erster Bundespräsident.
20. September 1949	Erste Bundesregierung unter Kanzler Konrad Adenauer gebildet.
7. Oktober 1949	Verabschiedung der DDR-Verfassung.
26. Mai 1951	„Deutschlandvertrag" mit Westalliierten beendet Besatzungsstatut.
17. Juni 1953	Arbeiteraufstand in der DDR.
23. Oktober 1954	Aufnahme der Bundesrepublik in die NATO.
4. Juli 1954	Deutschland wird Fußball-Weltmeister.
7. Oktober 1954	Ankunft der ersten „Spätheimkehrer" aus sowjetischer Kriegsgefangenschaft in Deutschland.

Die Besetzung durch die Amerikaner scheint für die meisten trotz aller Not eine Erleichterung gewesen zu sein, bedeutete sie doch das Ende von Kämpfen und Durchhalteterror: *Ein Gefühl der Entspannung lässt sich nicht ganz unterdrücken*, notierte eine Diakonisse. Mit Staunen sah man die Materialüberlegenheit der Gegner: *Panzer, Wagen mit großen Geschützen, Kraftwagen mit Material, mit Truppen fuhren in nicht abreißender Folge dem Mainhardter Wald zu*, während in die Gegenrichtung Gefangenentransporte rollten. In der Regel verhielten sich die amerikanischen Soldaten diszipliniert und korrekt. Vor allem gegenüber Kindern war das Verbot der „Fraternisierung" schnell vergessen. Insbesondere die farbigen US-Soldaten, so Auguste Reinhardt, *waren bald kindisch vergnügt mit allen Kindern auf der Straße und spendierten manch guten Bissen.*

Anders waren die Erfahrungen mit der vom 26. April bis zum 3. Mai im Stadtgebiet liegenden 2. französischen Panzerdivision (General Philippe Leclerc). Auf der Comburg einquartierte, marokkanische Soldaten sollen zahlreiche Plünderungen und Vergewaltigungen verübt haben. Insbesondere in Hessental und Steinbach lebten die Frauen einige Zeit in Angst, die Diakonissenanstalt führte zahlreiche Schwangerschaftsabbrüche bei Vergewaltigungsopfern durch.

Durchmärsche und damit einhergehende Beschlagnahmungen gehörten lange zum Alltag, neben Privathäusern nutzten die Soldaten auch Wirtschaften und öffentliche Räume wie die Schulen. Auf die durchziehenden Truppen folgten Besatzungseinheiten, die dauerhaft blieben (s. unten). Auch das Gefängnis wurde von der US-Armee beschlagnahmt und unter anderem für mutmaßliche Kriegsverbrecher genutzt. Die Voruntersuchungen von 1945/46 zum „Malmedy-Prozess" gegen Waffen-SS-Männer, die 1944 kriegsgefangene US-Soldaten ermordet haben sollen, veranlassten angesichts von Foltervorwürfen gegen die Ermittler die Bildung einer Kommission des US-Senats, die 1949 in Schwäbisch Hall Zeugen befragte. Bis heute wird der Fall kontrovers beurteilt. Schon am 18. April 1945 übernahm eine für Kreis und Stadt zuständige Abteilung der Militärverwaltung, das „Detachment 14C3" unter der Führung von Major Philipp C. Lewis, die Verantwortung. Ihr unterstanden die deutschen Verwaltungsstellen der Stadt und des Kreises. Das „Resident Office" im ehemaligen Landratsamt Am Markt 7/8, dessen Kompetenzen Schritt für Schritt wieder auf die deutschen Behörden übergingen, bestand bis 1952.

Bürgermeister Prinzing war schon am 19. April wieder im Amt, ein Gemeinderat aus unbelasteten Persönlichkeiten tagte erstmals am 14. Mai 1945. Hauptaufgabe war es zunächst, das Alltagsleben wieder in Gang zu bringen, denn die Niederlage brachte die Auflösung aller überörtlichen Verwaltungsstrukturen, die Einstellung des Schulunterrichts sowie den Stillstand der meisten Verkehrs-, Kommunikations- und Wirtschaftseinrichtungen mit sich. Trotz Ausgangssperren und Strafandrohungen der Militärregierung gehörten Plünderungen zum Alltag. Neben einzelnen Soldaten waren es offenbar befreite Zwangsarbeiter, die sich nun teilweise für die jahrelange Ausbeutung rächten, wogegen die Amerikaner nur zögernd einschritten. Aber auch Haller bedienten sich an den Hinterlassenschaften von Wehrmacht und NS-Staat. Erhebliche Schwierigkeiten bereiteten auch aus dem Gefängnis entlassene Kriminelle, die die Amerikaner für politische Häftlinge gehalten hatten. Ein Zwangsarbeiter soll in der Nacht zum 20. April auch das Claßgebäude angezündet haben, ein Übergreifen des Brandes auf St. Michael konnte trotz Ausgangssperre die von Prinzing mit Erlaubnis der Besatzungsmacht alarmierte Feuerwehr verhindern. Zu den ersten Maßnahmen gehörten z. B. die Wiederherstellung der Gas-, Wasser- und Stromversorgung, die Öffnung der Geschäfte, der Bau von Notstegen über den Kocher, die Beseitigung von Schutt, die Erfassung von Arbeitskräften – Arbeitslose und ältere Schüler unterlagen einer Arbeitspflicht und erhielten im Weigerungsfall keine Lebensmittelkarten –, der Neubeginn der Schulen im Oktober 1945 oder die Herausgabe der „Amtlichen Mitteilungen" als Ersatz für eine Tageszeitung. Eine solche erschien mit dem „Zeit-Echo" ab August 1946. Im Juli 1949 übernahm Emil Schwend jr. die Druckerei wieder in den Besitz der Verlegerfamilie und gab der Zeitung den alten Namen.

Prinzing wurde am 19. Juli von den Amerikanern verhaftet und abgesetzt, da er als Kreiswirtschaftsberater als „Politischer Leiter" galt und unter „automatic arrest" fiel. Sein Nachfolger Hornung hatte entgegen anderslautender Behauptungen damit nichts zu tun – Anlass war anscheinend die Denunziation eines ehemaligen Zuchthäuslers. Ähnlich erging es dem ersten Landrat Eduard Hirsch. Er wurde im August 1945 verhaftet und durch Erich Diez ersetzt, der bis 1949 wirkte. Sein Nachfolger war der bis 1960 amtierende und sehr populäre Dr. Hermann Müller (FDP). Zum Nachfolger Prinzings wählte der Gemeinderat den Schlosser Ernst Hornung (SPD), den die Bürgerschaft am 29. Februar 1948 mit 92,9 % im Amt bestätigte. Als erste Partei wurde am 12. Dezember 1945 die Ortsgruppe der SPD neu gegründet. Nach der ersten Gemeinderatswahl vom 27. Januar 1946, bei der die „Demokratische Wählervereinigung" 14, die SPD zehn Mandate gewann, entstanden am

Blick von oben in die Ruine des Rathauses

22. März 1946 die DVP (später FDP) und am 23. März ein Kreis- und Ortsverband der CDU. Die KPD war bereits am 12. Januar wieder aufgetreten. Hinzu kamen die Neugründungen zahlreicher Sport-, Gesang- und sonstiger Vereine. Den 1. Mai feierten erstmals wieder die Gewerkschaften als „Tag der Arbeit". Zur Kreistagswahl am 28. April 1946 traten die Parteien, da die *kommunalen und wirtschaftlichen Interessen ... den politischen Parteiinteressen vorangehen müssen*, mit gemeinsamen Wahlvorschlägen an. Die Beteiligung lag bei 62,5 %. Bei den ersten überregionalen Wahlen zur Verfassungsgebenden Landesversammlung von Württemberg-Baden vom 30. Juni 1946 gewann bei einer Wahlbeteiligung von 77 % die SPD 39,3 %, die CDU 38,8 %, die DVP 16,6 % und die KPD 5,3 %, gleichzeitig sprach man sich mit 88,1 % für die Annahme der Landesverfassung aus. Noch höher war 1951 mit 95,7 % die Zustimmung für den Südweststaat. Bei den ersten Bundestagswahlen 1949 lag die CDU mit 38,6 % vor der SPD mit 28,2 %, der DVP mit 11,7 %, der Vertriebenenpartei „Notgemeinschaft" mit 16,9 % und der KPD mit 4,5 %. Lange Zeit war das politische Interesse jedoch gering, *denn die Not ist zu gross, um viele Menschen am politischen Leben zu interessieren ... Der Hunger ist ein schlechter Wegbegleiter der Demokratie*. Dies änderte sich zwar ab dem Herbst 1947 – politische Ereignisse wurden demzufolge *lebhaft besprochen* – doch erschwerten es die Erfahrungen von vor 1945 *ungeheuer*, für die Parteien Mitarbeiter und Kandidaten zu finden. Kaum jemand – so hieß es 1947 – wolle sich für ein öffentliches Amt hergeben, *um nur Sorge, Elend und Verantwortung zu übernehmen.*

Große Schwierigkeiten bereitete die Organisation der Lebensmittel- und Konsumgüterversorgung, bei der das Bezugsmarkensystem

Lebensmittelmarken der Nachkriegszeit

der Kriegszeit weitergeführt wurde. 1946 galt die größte Sorge dem *tägliche[n] Brot*. Im Frühjahr 1947 war es für eine Hausfrau angesichts des Mangels bei Kartoffeln, Fett, Fleisch und Brot *eine schwere Aufgabe, ein Essen ... auf den Tisch zu bringen*. 1947 litten von den 550 Schülern der Oberschule 378 an Unterernährung. Dankbar nahm man die CARE-Pakete mit Lebensmitteln aus den USA an; hinzu kam 1947 die bis in die 1950er Jahre weiter geführte „Hoover-Speisung" für anfangs etwa 2.700 Schulkinder. Auch die Max Kade-Stiftung organisierte Lebensmittelspenden. Küchenabfälle der Besatzungstruppen wurden noch 1949 verwertet, Zigaretten dienten als Ersatzwährung, und selbst Zigarettenkippen waren ein begehrtes Handelsgut, während das Geld wertlos war. Insbesondere in den Wintern bereitete der Mangel an Schuhen, Bekleidung und Brennstoffen *grösste Sorgen* und war Anlass für *viel böses Blut*. Unter diesen Umständen nahm der Tausch- und Schwarzhandel solche Ausmaße an, dass man den sozialen Frieden gefährdet sah. Ein Treffpunkt der Schwarzhändler befand sich an der Haalmauer am Sulfersteg. Auch hohe Haftstrafen änderten nichts, so gut wie jeder beteiligte sich, da manches anders kaum zu bekommen war, auch wenn man gern Ausländer und Auswärtige verantwortlich machte. „Hamsterfahrer" auf der Suche nach Lebensmitteln kamen von weither in Stadt und Kreis. Felddiebstähle erreichten im Sommer 1946 ein nie gekanntes Ausmaß, und im Winter häuften sich Einbrüche. *Man kann ruhig sagen*, so Hornung, dass *allmählich jeder Eigentums-Begriff verloren geht*. Diebstähle würden *auf Grund der Not von Leuten begangen, denen [man] es früher nie zugetraut hätte*. Eine grundlegende Änderung bewirkte erst die Einführung der D-Mark am 20. Juni 1948. Direkt danach begann das Ende der Zwangswirtschaft, schon wenige Tage später freuten sich die Haller am freien Kauf von

Obst und Gemüse, über *die herrlichsten Gebilde kleiner Leckereien* bei den Konditoren und die Möglichkeit, bislang zurückgehaltene Waren zu bekommen. Die Reform bildete zwar einen Ausgangspunkt für das „Wirtschaftswunder", beraubte aber aufgrund der Umtauschmodalitäten (bei Sparguthaben 10:1) viele ihrer Ersparnisse; die Stadt verlor dadurch 700.000 RM, profitierte aber andererseits durch das Aufblühen der Wirtschaft. Gingen 1949 noch 555.230 DM Gewerbesteuer ein, waren es 1952 schon 1.111.079 DM.

Obwohl die Stadt insgesamt ohne große Zerstörungen davon gekommen war, machten Kriegsschäden vielen das Leben schwer. *10 Monate, bis Weihnachten 1945, hausten wir in der furchtbar zugerichteten Küche mit vielen Löchern in den Wänden – Zugluft – Staub – Dreck ... Monatelang – bis in den Sommer – war im Hause kein Lokus benutzbar; man mußte weit wandern, denn in der Umgebung waren ja alle Häuser mehr oder minder demoliert. Eigentlich dauerte es drei Jahre, bis alles so ziemlich wieder in Ordnung war*, so eine Bewohnerin von Unterlimpurg. Große Schwierigkeiten machte der Mangel an Baumaterial. „Baustoffe waren kaum zu haben, und wer keine Materialien besaß, war schnell am Ende seines Lateins", so Hornung. Ebenso fehlten anfangs kriegsgefangene Fachkräfte. Der Wiederaufbau der Henkersbrücke oder des Rathauses gestalteten sich deshalb sehr mühsam. Die Henkersbrücke konnte am 18. Juni 1949 wieder eingeweiht werden, wobei erstmals wieder der Kleine Siederhof und das Erste Hofpaar des Großen Siedershofs auftraten. Die Wiederherstellung des Rathauses gab am 30. April 1955 Anlass für einen großen Festakt. Der Bahnhof stand erst 1956 wieder.

Wichtigstes kommunalpolitisches Thema und *brennendes Problem* der Nachkriegszeit war die Wohnungsnot. Der Mangel wurde durch die zögernde Rückführung der Eva-

Wiederaufbau der Henkersbrücke: Bau einer Verschalung für einen Brückenbogen im September 1946

Schule für polnische „Displaced Persons" in Schwäbisch Hall, wohl 1946

kuierten sowie die Beschlagnahmungen für Besatzungstruppen und „Displaced Persons" verstärkt und verschärfte sich ab 1946 durch den Zustrom von Vertriebenen aus dem deutschen Osten noch erheblich. Ende 1947 lag der Wohnraum pro Kopf bei 7,5 qm, in jedem Raum lebten durchschnittlich 1,8 Personen. Die Anzahl der Vertriebenen stieg von 2.642 im Jahr 1946 auf 4.004 1954. Die Unterbringung der Transporte bereitete große Schwierigkeiten, viele Ankömmlinge wurden von dem Auffanglager im ehemaligen Zwangsarbeiterlager in der Auwiese aus auf die Kreisgemeinden oder andere Unterkünfte weiter verteilt. Eine solche bestand z. B. im „Samenbau" bei der Comburg, wo 180 bis 200 Ungarndeutsche lebten. Im Lager Auwiese mussten die Insassen 1946 *derartig zusammenrücken, dass die Stimmung bereits auf den Nullpunkt gesunken ist. Das ist auch kein Wunder: 30 Personen einschließlich Kindern und Säuglingen und Kranken in einer Jahreszeit, bei der man nicht mehr ins Freie flüchten kann, zusammen in einer Lagerstube, zwei Bettstellen übereinander, jede Familie trotz guter Lagerküche Nebenmahlzeiten kochend, schreibend, lesend, arbeitend und – schimpfend, das ist wirklich kein Zustand mehr, den man Menschen, die sowieso schon alles verloren haben, noch für lange zumuten kann.* Eine grundlegende Besserung erfolgte erst, nachdem ab 1948 der Wohnungsbau anlief und v. a. mit der Heimbachsiedlung eine große Flüchtlingssiedlung geschaffen wurde (s. Kap. 57). Die Vertriebenen erwiesen sich als wichtiger wirtschaftlicher Faktor. Zum einen

US-Soldaten in den „Dolan Barracks" in Räumen des ehemaligen Fliegerhorsts der Luftwaffe, 1949

stellten sie dringend benötigte Arbeitskräfte, zum anderen gründeten sie eine erstaunlich hohe Anzahl von Wirtschaftsbetrieben – 1954 gab es nicht weniger als 65 „Geschädigten-Betriebe". Eine weitere Folge war die Änderung der konfessionellen Zusammensetzung – die Katholiken, vor 1945 eine kleine Minderheit, stellten 1950 etwa ein Viertel der Gesamtbevölkerung (4.605 Katholiken gegenüber 14.105 Protestanten). Trotz der enormen Probleme und einer anfangs teilweise durchaus vorhandenen Ablehnung ist die gelungene Integration der Vertriebenen einer der beeindruckendsten und unbestreitbarsten Erfolge der jungen Bundesrepublik.

Um das Problem der Unterbringung der befreiten Zwangsarbeiter („Displaced Persons", kurz DPs) zu lösen, deren Rückführung sich erheblich verzögerte, beschlagnahmte die Militärregierung im Oktober 1945 die Kocherfeldsiedlung, die Kriegsopfersiedlung und den Ziegeleiweg. Die Bewohner mussten sie innerhalb von zwei Stunden verlassen und durften kaum etwas mitnehmen, was verständlicherweise Empörung auslöste – zumal das Inventar offenbar teilweise zerstört oder auf dem Schwarzmarkt verkauft wurde. Auch Hornung wurde vor vollendete Tatsachen gestellt. Die Lager, die von der Stadt zu tragenden Kosten, die Schwierigkeiten mit ihren Bewohnern und die Nöte der Betroffenen der Beschlagnahmungen, die ihren Zorn auch gegen die Stadtverwaltung richteten, waren bis 1950 eines der größten Probleme des Bürgermeisters. Zuständig für die Versorgung der DPs war die UN-Flüchtlingshilfsorganisation UNRRA bzw. ab Juli 1947 deren Nachfolgeorganisation IRO. Die Lager „Camp 619 Warszawa" (Kriegsopfersiedlung), „Camp 623 Lwow" (Kocherfeldsiedlung) und „Camp 624 Nowa Lodz" (Ziegeleiweg) nahmen etwa 2.900 meist polnische DPs auf, Mitte 1946 waren es noch 1.888. Nach der Auflösung der polnischen Lager lebten von Oktober 1946 bis Mai 1949 in den drei nun „Jehuda", „Negev" und „Hagali" benannten Siedlungen bis zu 1.456 Juden, die sich hier auf eine Auswanderung nach Palästina oder Übersee vorbereiteten. Es entstand eine eigene Gesellschaft mit einer Schule, einem Kindergarten, einer Schule für Erwachsenenbildung, religiösen und kulturellen Einrichtungen und den Sportvereinen „Hapod" und „Makabi". Eine dauerhafte Erinnerung ist das von ihnen initiierte Denkmal für die Opfer des KZ Hessental auf dem jüdischen Friedhof von 1947. Nachdem sie im Mai 1949 die Stadt verlassen hatten, kamen bis Februar 1950 noch einmal 1.200 Polen. Bei der Rückkehr fanden die Besitzer ihre Häuser teilweise total verwüstet vor. Ein weiteres Lager für nicht auswanderungswillige oder -fähige DPs bestand von von 1951 bis 1962 auf dem Hasenbühl. Auf beiden Seiten scheinen Aversionen vorgeherrscht zu haben; immer wieder kam es zu Beschimpfungen, Rempeleien und Tätlichkeiten. Sahen die DPs in den Deutschen meist ihre ehemaligen Unterdrücker und Ausbeuter – eine Hallerin etwa wurde bei einem Streit als *Hitlermensch* beschimpft –, stempelten diese sie meist pauschal als Plünderer, Gewalttäter und Schwarzhändler ab und ignorierten das an diesen Menschen vor 1945 verübte Unrecht.

Durch die Jahre nach 1945 begleitete viele Haller die Sorge um Kriegsgefangene und Vermisste. Zwar entkamen einzelne der Gefangenschaft – Erhard Eppler etwa durch einen abenteuerlichen Fußmarsch aus der Nähe von Hamburg bis nach Hause – doch für die meisten brachte spätestens die Kapitulation am 8. Mai eine teilweise jahrelange Zeit hinter Stacheldraht, die durch Hunger, Krankheiten oder Unfälle manchmal nicht mit der Heimkehr, sondern mit dem Tod endete. Von Gefangenen in der UdSSR fehlte oft jahrelang jedes Lebenszeichen, und auch das Schicksal Gefallener vor allem der Jahre 1944/45 blieb jahre-, manchmal jahrzehntelang ungewiss. Noch Mitte 1947 waren 350 Haller in Kriegsgefangenschaft, die meisten in der UdSSR, bis 1954 zählte man 1.722 Heimkehrer. Als wahrscheinlich letzter Haller kehrte der Major Walter Reuschle erst im Oktober 1955 aus Russland zurück. Für viele „Spätheimkehrer" war es schwer, in der fremd gewordenen Heimat wieder Fuß zu fassen; ihre Integration und die Fürsorge für Kriegswitwen und -waisen war ein drängendes Problem. Nach derzeitigem Stand sind 552 Schwäbisch Haller gefallen, weitere 298 sowie 28 Zivilisten gelten als vermisst. Auch heute gehen gelegentlich noch Mitteilungen über den Verbleib Vermisster und Suchmeldungen nach Angehörigen ein – ein Beispiel für den langen Schatten des Kriegs.

Rasch kam es zu ersten Verhaftungen von NS-Funktionären. Kreisleiter Bosch war nach seiner Festnahme von den Amerikanern an den Pranger gestellt und von Teilen der Bevölkerung u. a. mit Eiern beworfen worden. Es folgte eine Säuberung der Wirtschaft, in deren Verlauf Betriebe politisch Belasteter geschlossen oder Treuhändern unterstellt werden mussten. Allein vom 3. bis 6. Dezember 1945 waren es 53. Die Stadtverwaltung entließ 30 Beschäftigte, ebenso andere Behörden und Institutionen wie die Sparkasse. Eine systematische Grundlage erhielt die „Entnazifizierung" durch das „Befreiungsgesetz" vom 5. März 1946. In dessen Folge wurden Spruchkammern eingerichtet, vor denen sich jeder Erwachsene auf Grundlage des berühmten „Fragebogens" zu verantworten hatte. Zwischen 1946 und 1948 führte die Spruchkammer für Stadt und Landkreis Schwäbisch Hall im Solbadsaal 39.731 Verfahren durch. Ein kritischer Beobachter war der spätere Politologe Iring Fetscher, dessen Mutter Beisitzerin war: „Am Stadtrand von Hall war ein Lager mit ‚Displaced Persons', Polen, Letten usw., die gern bereit waren, gegen Lebensmittel und andere Geschenke sogenannte ‚Persilscheine' für belastete Altnazis auszustellen … Außerdem kannte in der Kleinstadt natürlich jeder den anderen, und keiner wollte den Nachbarn ‚belasten', mit dem er noch jahrelang zusammen leben würde. Fast alle, die etwas ‚zu sagen hatten', waren in der Partei gewesen, niemand fühlte sich ‚schuldig'".

Drastischer drückte es eine 1944 verhaftete Frau aus, die Angst hatte, den Verantwortlichen zu belasten: *Die grossen Herren seien immer fein heraus und wer gegen sie auftrete sei der Dumme*. Damals wie heute wurden die Verfahren kritisiert, so wegen ihrer zu Oberflächlichkeit führenden Masse, wegen ihres formalistischen Rubrikenschemas oder der zunehmend milden Verfahrensweise, weswegen die früh abgeurteilten leichteren Fälle oft härter bestraft wurden als die später verhandelten schwerer Belasteten. So erregte 1947 das Urteil gegen den Ortsgruppenleiter Jäger *wegen der Milde ausserordentliche Kritik in der hiesigen Bevölkerung, zumal diese Herren seither als Erholungsnehmende in dem Lager behandelt wurden und die schwer arbeitende Bevölkerung mit geringeren Lebensmittelsätzen auskommen muss*. Kreisleiter Bosch, 1948 als „Belasteter" eingestuft und drei Jahre und drei Monate in Haft, war schon 1952 wieder Lehrer in Ottendorf. Bereits 1948 hatte ihn kaum mehr jemand belasten wollen. 1955 zum „Mitläufer" herabgestuft, wurde er 1957 noch Schulleiter. Verurteilt worden war er auch im „Synagogenprozess" von 1948 gegen die am Pogrom von 1938 beteiligten Täter. Von den 35 Angeklagten gestanden nur vier. Die Urteile reichten von acht Freisprüchen bis zu zwei Jahren für Bosch und wurden teils in der Revision abgemildert, teils 1949 durch eine Amnestie erlassen. *Alle Ermittlungen haben es nicht vermocht, volles Licht in dieses verbrecherische Unternehmen zu bringen. Die Hauptschuld wird einmütig den verstorbenen Teilnehmern zugeschoben, im übrigen ein dichtes Lügengewebe über das Unternehmen gebreitet, worin sich kaum eine Masche befindet, die Durchblick gewährt*, bemerkte ein beteiligter Jurist resigniert.

Bei allen Mängeln dürften jedoch auch nicht die positiven Aspekte übersehen werden. Sie zwangen zu einer ersten Auseinandersetzung mit der Vergangenheit und

Schwäbisch Hall als Standort der US Army

Mit dem Einmarsch am 17. April 1945 begann eine fast 48jährige Präsenz amerikanischer Soldaten in Schwäbisch Hall. Aus ihren Standorten in der Stadt wurden die Besatzungstruppen nach und nach in den ehemaligen Fliegerhorst der Luftwaffe verlegt, den die US Army am 1. Juli 1947 formell beschlagnahmt hatte. Die Anlage erhielt am 17. Juni 1947 auf Befehl von Militärgouverneur Lucius D. Clay den Namen „Camp Dolan" (nach einem 1945 gefallenen Offizier der Besatzungseinheit) und hieß seit 1949 offiziell „Dolan Barracks". Das zunächst hier stationierte 771. Panzerbataillon diente als Besatzungstruppe des Landkreises und wurde in zwei Polizeieinheiten umgewandelt. Später war das Camp Standort von Artillerie-, Pionier-, Nachschub- und Sanitätseinheiten. Bereits 1955 hatte es nicht realisierte Pläne zur Stationierung von Düsenjägern in Hessental gegeben, die heftige Proteste auslösten. Anfang 1966 begann die Reaktivierung des Flugplatzes, der nun für Hubschrauber genutzt wurde, darunter große „Chinook"-Transportmaschinen. Aufgrund der daraus resultierenden Lärmbelästigung gab es immer wieder Proteste und Kritik.

Trotz solcher Reibungspunkte entwickelte sich bald ein freundschaftliches Verhältnis zu den US-Soldaten. So wollten die 1947 abziehenden Angehörigen der 71. Constabulary Squadron *immer an Schwäbisch Hall als unsere deutsche Heimat denken,* und 1949 empfing die Haller Stadtkapelle aus dem Manöver zurückkehrende Soldaten mit *stirring music*. Der 1958 nach Schwäbisch Hall versetzte, spätere Generalmajor William F. Burns erinnerte sich: „Wir werden nie die Herzlichkeit vergessen, mit der wir empfangen wurden, nie die Freundlichkeit der Haller und die Art und Weise, wie wir in die örtlichen Aktivitäten einbezogen wurden". Hilfe für Kinder war von Anfang an ein wichtiges Ziel der Amerikaner. So gestalteten US-Soldaten 1946 eine

Sieder und US-Soldaten bei einer Parade 1982

Weihnachtsfeier für Kinder im Neubausaal und beschenkten sie; besondere Unterstützung erfuhr das Kinderheim der Diakonissenanstalt in Wilhelmsglück. Gerne angenommen wurden die ab 1946 von den „Sportoffizieren" ausgehenden Aktivitäten zur demokratischen Erziehung der Jugend, etwa Boxwettkämpfe, Jugendlager und „amerikanisch-deutsche Ausspracheabende". Gebündelt wurden diese Aktivitäten ab 1948 im GYA-Programm (German Youth Activites), in dessen Rahmen bis 1951 zahlreiche Veranstaltungen angeboten wurden, unter anderem am 12. Juni 1948 ein Boxabend mit Max Schmeling. Hinzu kam die 1947 im „Gräterhaus" eingerichtete und 1957 in die Stadtbibliothek eingegliederte Deutsch-Amerikanische Bibliothek, die nicht nur Bücher, sondern auch Vorträge, Konzerte und Filmvorführungen anbot. Große Popularität gewannen ab 1955 die „Tage der offenen Tür" in der Kaserne, aus denen sich die „Deutsch-Amerikanische Freundschaftswoche" mit 20.000 bis 30.000 Besuchern entwickelten. Gemeinsame Aktivitäten fanden auch im 1948 gegründeten deutsch-amerikanischen Club und im deutsch-amerikanischen Frauenclub (ab 1955) statt. Eng waren die Beziehungen zwischen den Haller Sportfliegern und den Amerikanern, die ersteren die Benutzung von Teilen des Militärgeländes gestatteten (ab 1957). Ein Zeichen für das herzliche Verhältnis zwischen Hallern und US-Soldaten sind auch 566 deutsch-amerikanische Brautpaare zwischen 1947 und 1993. Die Kaserne wurde jedoch auch immer wieder zum Ziel von Demonstrationen, so 1969 gegen den Vietnamkrieg, später z. B. gegen die US-Politik in Nicaragua oder gegenüber Libyen.
Da die Soldaten schon ab den 1950er Jahren mit ihren Familien nach Schwäbisch Hall kamen, entstand eine eigene Infrastruktur mit Wohnungen, Freizeitangeboten, einem Geschäft, einer Kapelle, einem Hospital, einer Bibliothek, einer Kindertagesstätte und einer „Elementary School". Die anfangs 400, zuletzt 150 deutschen Beschäftigten in diesem „Klein-Amerika" waren „Gastarbeiter in der eigenen Heimat".

dürften angesichts des kläglichen Auftretens der Ex-Nazis auch zur Diskreditierung des Nationalsozialismus beigetragen haben. „Wie hätte es denn", so der als NS-Gegner „unbelastete" Gerhard Storz zur Entnazifizierungpraxis, „nach der monströsen Verirrung eines ganzen Volkes, unmittelbar nach der dadurch herbeigeführten Katastrophe problemlos, glatt, in korrekter Verwaltungspraxis zugehen können? Wer weiß, wie viel neues Unheil durch die westlichen Besatzungsmächte verhindert worden sein mag"? Neu aufgerollt wurde die Vergangenheit auch durch die sich bis Mitte der 1960er Jahre hinziehenden Entschädigungsverfahren für jüdische Überlebende. Hierdurch sahen sich Profiteure der „Arisierung" unversehens mit teils erheblichen Nachforderungen konfrontiert. Die Opfer hatten ihrerseits Grund, sich über kleinlichbürokratische, schleppende Prozeduren zu ärgern. Wie demütigend es etwa für den in bitterer Armut in New York lebenden Isaak Frey gewesen sein muss, erschütternde und im übrigen erfolglose Bittbriefe an deutsche Behörden zu schreiben, die ihn wegen angeblicher Falschangaben von der Entschädigung ausgeschlossen hatten, lässt sich kaum ermessen.

Das Ende der ohnehin mit steigender Unlust betriebenen Verfahren sah man offenbar weithin als Anlass, einen Schlussstrich unter die Vergangenheit zu ziehen und diese als „bewältigt" ad acta zu legen. Charakteristisch dürfte sein, dass der Gemeinderat schon 1951 keine Bedenken gegen eine Rückkehr des anscheinend völlig uneinsichtigen Ex-Kreisleiters als Lehrer hatte, was die Schulbehörden trotz öffentlicher Unterstützung ablehnten. Die Entlassung politisch belasteter Lehrer sah aber auch Schulrat Mezger als von der Besatzungsmacht aufgezwungenes Unrecht. Er dürfte damit die Haltung der meisten Haller zur Entnazifizierung repräsentieren. Hierzu passt, dass zwei Kriegsverbrecher teilweise bis in die 1960er Jahre unbehelligt in Schwäbisch Hall lebten. Schon im Mai 1945 bezeichnete man das KZ als früheres Arbeitsdienstlager, und das einstige Führungspersonal der Stadtverwaltung konnte trotz gegenteiliger Beweise unwidersprochen behaupten, *mit den Angelegenheiten der Juden nichts zu tun gehabt zu haben*, und alle Verantwortung der Kreisleitung zuschieben.

Max Kade

Max Kade, Ehrenbürger und Wohltäter der Stadt Schwäbisch Hall

Max Kade wurde am 13. Oktober 1882 als elftes von zwölf Kindern des Unternehmerehepaares Rosina und Jakob Friedrich Kade in Steinbach geboren. Nach Schulbesuch und einer kaufmännischen Lehre verließ er im Alter von 18 Jahren seinen Heimatort, lebte zunächst in Völklingen, später in Antwerpen und wanderte 1904 nach Nordamerika aus.

1907 ließ er sich in New York nieder, wo er nach einer pharmazeutischen Ausbildung mit einem Berliner das Arzneimittelunternehmen Seeck & Kade Inc. gründete. Ab 1911 führte er es allein und erwarb v. a. mit dem Hustensaft „Pertussin" ein großes Vermögen. 1908 heiratete er Annette Marie Baudais. Die Ehe blieb kinderlos. Ab den 1920er Jahren begann Max Kade, sein Vermögen für soziale Zwecke einzusetzen. Mit einer Spende von 100.000 Mark für den Bau einer Beleuchtung an der Ödenbühlsteige trat er erstmals als Stifter für Steinbach auf. In der Folge gab der „Wohltäter der Gemeinde", dem 1929 das Ehrenbürgerrecht verliehen wurde, regelmäßig Geld, das z. B. an die Schulen und die Armenpflege floss. Dies setzte er nach der Eingemeindung Steinbachs nach Schwäbisch Hall 1930 fort, so dass er 1935 auch Schwäbisch Haller Ehrenbürger wurde. In den Genuss der Spenden kamen vor allem Einrichtungen wie Schulen, Kirchengemeinden, die Diakonissenanstalt, der Steinbacher Gesangverein oder der Historische Verein für Württembergisch Franken. Daneben wurden auch Einzelprojekte wie das 1937 erschienene „Heimatbuch" gefördert. Große Summen flossen für das 1942 eingeweihte Schenkensee-Freibad. Bis 1940 hatte Max Kade etwa 600.000 Reichsmark gespendet. Mit der deutschen Kriegserklärung an die USA brach Ende 1941 der Kontakt ab. Am 20. Dezember 1944 gründete das Ehepaar Kade die „Max Kade Foundation" und übergab ihr den größten Teil ihres gemeinsamen Vermögens. In den ersten Nachkriegsjahren konzentrierte sich die Stiftung auf Hilfe für Opfer des Zweiten Weltkriegs in den USA und in Europa. Schwerpunkt war anfangs die Beseitigung der unmittelbaren Not durch die Lieferung von Lebensmitteln, Kleidern, Medikamenten und anderen Hilfsgütern, daneben auch der Wiederaufbau zerstörter Kulturdenkmäler. Auch nach Schwäbisch Hall gingen umfangreiche Lebensmittellieferungen. Gelder flossen u. a. für den Wiederaufbau der kriegszerstörten Kirche von Gelbingen, für die Restaurierung historischer Altäre in St. Michael oder für den Ausbau des Keckenburgmuseums. Großen Anteil nahm Max Kade am Wiederaufbau des kriegszerstörten Rathauses. Allein hierfür flossen 120.000 DM (61.355 EUR), weshalb er 1955 mit der Goldenen Rathausmedaille geehrt wurde. Auch kleinere Dinge wie die Brezeln für das Kinderfest 1948 oder Ersatz für die 1945 verbrannten Kostüme der Sieder fanden Berücksichtigung. Letztes großes Projekt war 1961 die Max Kade-Halle in Steinbach. Eine Änderung der US-Steuergesetze Anfang der 1960er Jahre führte zu einer Änderung der Spendenpraxis und dem Ende der Spenden nach Schwäbisch Hall.
Schwerpunkt der Max Kade Foundation war zu diesem Zeitpunkt bereits der universitäre Bereich, der durch Stiftungen für Forschungseinrichtungen, Studentenwohnheime, Mensen und Bibliotheken unterstützt wurde. Ein besonderes Anliegen Kades war es, den wissenschaftlichen und kulturellen Austausch zwischen Deutschen und Amerikanern zu fördern. Deshalb unterstützt die Stiftung das Studium der deutschen Sprache sowie der deutschen und deutsch-amerikanischen Geschichte. Zu den hierzu gegründeten Einrichtungen gehören Forschungsbibliotheken und Zentren für deutsche Studien an mehreren US-Universitäten sowie die „Max Kade-Häuser" in deutschen Universitätsstädten, die Begegnungen zwischen Studenten beider Länder fördern sollen. Darüber hinaus finanziert die Stiftung Stipendien, Professuren, Austauschprogramme und Forschungsprojekte.
Das Engagement des Stifters wurde in den 1950er und 1960er Jahren durch zahlreiche Ehrungen vor allem durch deutsche Universitäten honoriert. Er engagierte sich auch als Kunstsammler und Mäzen, dem mehrere deutsche Museen hochkarätige Stücke zu verdanken haben.
Max Kade starb am 15. Juli 1967 im Alter von 85 Jahren während eines Kuraufenthalts in Davos und wurde in Steinbach beerdigt. Annette Kade starb am 21. Mai 1974 in Stuttgart. Auch sie liegt in Steinbach begraben.
Seit 2005 erinnert in Schwäbisch Hall auch das Max-Kade-Wohnheim für Studenten und Gäste der Fachhochschule für Gestaltung in der Gelbinger Gasse an den Ehrenbürger. Seine Einrichtung im ehemaligen Gasthaus „Grüner Baum" wurde durch die Max Kade Foundation ermöglicht.

Die letzten 50 Jahre

Die Geschichte Schwäbisch Halls in den letzten 50 Jahren entzieht sich noch einer abschließenden Bewertung. Im folgenden sollen deshalb Entwicklungslinien aufgezeigt werden und weder ein Anspruch auf Vollständigkeit noch auf Endgültigkeit erhoben werden.

Für die Gemeinderatswahlen stellt die Kommunalreform der 1970er Jahre einen wichtigen Einschnitt dar, da sie auch eine Änderung des Wahlsystems mit sich brachte. Von 1945 bis 1975 wurden 24 Mandate vergeben; alle drei Jahre wählte die Bürgerschaft jeweils zwölf Räte auf sechs Jahre. Die stärkste Fraktion stellte die CDU, die SPD konnte zeitweilig aufschließen. Die Position als drittstärkste Fraktion hatte zunächst die FDP/DVP inne, Konkurrenz erwuchs ihr jedoch aus der ab 1956 präsenten Freien Wählervereinigung (FWV), die bis zu sechs Stadträte stellte. Die KPD konnte lediglich 1947 ein Mandat gewinnen. Ein bis zwei Stadträte kamen zwischen 1951 und 1965 vom „Block der Heimatlosen und Entrechteten" (BHE), der Interessenvertretung der Vertriebenen. Das Verschwinden dieser Partei ist ein Zeichen für die gelungene Integration der Vertriebenen, die sich zunehmend in den anderen Parteien engagierten und von diesen vertreten fühlten. Seit der Kommunalreform findet eine Neuwahl des gesamten Gemeinderats alle fünf Jahre statt. Bei der ersten Wahl am 20. April 1975 waren 32 Mandate zu vergeben. Die CDU erhielt 14, die SPD 7, die FDP 2 und die FWV 9 Sitze. Die CDU verlor ihre Position als stärkste Fraktion zwischen 1989 und 1999 an die SPD. Die FWV etablierte sich als drittstärkste Fraktion. Seit 1984 sind auch die Grünen im Gemeindeparlament vertreten; die anfänglich zwei Mandate konnten 2004 auf sechs ausgebaut werden. Zwischen 1999 und 2004 war die links von den Grünen angesiedelte „Alternative Liste" mit einem Stadtrat vertreten.

Durch seinen überraschenden Wahlsieg vom 21. Februar 1954 konnte der Waiblinger Regierungsrat Theodor Hartmann den bisherigen Amtsinhaber Ernst Hornung als Bürgermeister mit 65,2 % gegen 33,0 % der Stimmen ablösen. Hartmann bewarb sich erst 10 Tage vor der Wahl und profitierte u. a. wohl vom Ärger darüber, dass sich die politischen Parteien auf den Verzicht auf einen Gegenkandidaten geeinigt hatten. Am 28. Januar 1962 konnte er seine Wiederwahl mit 81,5 % erreichen. Seit der Erhebung Schwäbisch Halls zur Großen Kreisstadt 1960 führte er den Titel Oberbürgermeister. Überregionales Aufsehen erregte die Wahl seines Nachfolgers. Der als „Remstal-Rebell" bekannte Dauerkandidat und Obstbauer Helmut Palmer aus Geradstetten lag im ersten Wahlgang am 17. Februar 1974 mit 40,7 % an erster Stelle, verlor aber im zweiten Wahlgang am 3. März mit 41,4 % gegen den Nellinger Bürgermeister Karl-Friedrich Binder mit 57 %. Die Wahlbeteiligung lag bei über 80 %. Der mit harten Bandagen geführte Wahlkampf hatte die Stadt in bisher nicht da gewesener Weise polarisiert und zu scharfen Konflikten bis in einzelne Familien hinein geführt. So kündigte ein Milchmann an, Palmer-Wählern nichts mehr zu verkaufen, und ein Unternehmer und Palmer-Anhänger versuchte, seinem anders denkenden Sohn die Vollmacht für den Familienbetrieb zu entziehen. Am Abend der entscheidenden Wahl sammelten sich 10.000 Menschen auf dem Marktplatz, die Palmer feierten und Binder am Reden hinderten. Der Beinahe-Erfolg Palmers wird mit einer tiefgreifenden Unzufriedenheit über die Kommunalpolitik der Ära Hartmann und Ärger über die Kommunalreform in Verbindung gebracht, wurde aber auch als grundsätzliches „Lehrstück" bezeichnet: „Unsicherheit, Verärgerung, Mangel an Einsicht in die Arbeit der politischen Institutionen, dagegen ein vage-allgemeines Unbehagen am politischen Betrieb überhaupt, am Planen und Verteilen und Verwalten und Posten-Zuschieben, das irgendwo ‚da oben' stattfindet und nur noch höchst mittelbar mit dem Leben des einzelnen, seinen Erwartungen und Problemen zusammenhängt. Auf diesem Boden entstand die Woge aus Protest und Lust am Denkzettelgeben" (Hermann Rudolph). Zum Erstaunen des Wahlsiegers kehrte aber nach einigen Tagen wieder Ruhe ein: „Der Spuk war vorbei und keiner mehr wollte Palmer gewählt haben" (Michael Ohnewald). Binder konnte am 14. März 1982 seine Wiederwahl mit 89,3 % gegen nur noch 8,9 % für Helmut Palmer sichern. Noch unangefochtener gelang dies am 11. März 1990 mit 95 % der Stimmen. Nach seinem Amtsverzicht wählte die Bürgerschaft am 15. Dezember 1996 im zweiten Wahlgang den parteilosen Kurt Leibbrandt aus Bietigheim-Bissingen, dieser verzichtete aber aufgrund einer Anfechtungsklage auf sein Amt. Bei der erneuten Wahl setzte sich im zweiten Wahlgang am 27. April 1997 der SPD-Kandidat Hermann Josef Pelgrim mit 39,2 % gegen Claus Boldt (CDU) mit 31,8 % und Thomas Grieser (ebenfalls CDU) mit 28,2 % durch.

Bei den Bundestagswahlen lieferten sich seit 1949 die beiden großen Parteien ein Kopf- an Kopf-Rennen, bei dem meist die CDU (1961, 1965, 1976, 1983–1990, 1998–2005), gelegentlich auch die SPD (1969, 1972, 1980, 1994) vorne lag. Auch die Eingemeindungen von 1972 bis 1975 haben hieran wenig verändert. Die FDP erzielte überdurchschnittlich starke Ergebnisse von teils über 20 % (1961, 1965, 1987) und wurde erst 2001 von den Grünen, die 15 % erreichten, aus der Position der drittstärksten Partei verdrängt. Kurzzeitige Phänomene waren der „Block der Heimatlosen und Entrechteten" (BHE), der 1949 fast 17 %

Wahlkampfauftritt von Helmut Palmer auf dem Pranger am Marktplatz 1974

gewann, aber 1961 nur noch 3,1 % der Wähler ansprach, und die „Republikaner", die nur 1998 mit 6,3 % über den Status einer Splitterpartei hinauskamen. Die Landtagswahlen weichen von diesen Ergebnissen vor allem durch das Abschneiden der FDP ab, für die der Landrat und spätere baden-württembergische Wirtschaftsminister Dr. Hermann Müller 1960, 1964 und 1968 das Direktmandat gewinnen konnte. Mit über 20 % knüpfte der aus Schwäbisch Hall stammende FDP-Landesvorsitzende und Wirtschaftsminister Dr. Walter Döring 1996 und 2001 an diese Erfolge an. Ein einmaliges Phänomen war der offensichtlich vor allem zu Lasten der SPD gehende Erfolg der rechtsradikalen NPD 1968. Die „Republikaner" konnten sich seit 1992 oberhalb der 5 %-Grenze etablieren.

Die Jahre nach 1945 brachten der Stadt ein starkes Wachstum der Bevölkerung, wofür der Zustrom der Vertriebenen ein wesentlicher Faktor war. Hatte Schwäbisch Hall 1946 noch 16.589 Einwohner, waren es 1950 bereits 19.266. In diesem Jahr zählte man 3.147 Heimatvertriebene. Zwar überschritt die Stadt bereits 1956 die 20.000-Einwohner-Grenze, die Erhebung zur Großen Kreisstadt folgte jedoch erst vier Jahre später, da erst dann die Voraussetzungen gegeben schienen, die daraus resultierenden zusätzlichen Lasten verkraften zu können. Einen weiteren Einschnitt stellte die Kommunalreform der 1970er Jahre dar. Zum 1. Januar 1972 trat die Eingemeindung der bisher selbstständigen Gemeinden Gailenkirchen, Sulzdorf, Weckrieden und Tüngental in Kraft, zum 1. Juni diejenige von Bibersfeld. Am 1. Juli 1973 folgte Eltershofen. In Gelbingen, dessen Bewohner sich zu 80 % gegen eine Aufgabe der Selbstständigkeit ausgesprochen hatten, einigte man sich angesichts einer drohenden Zwangseingemeindung auf ein freiwilliges Zusammengehen mit Hall, das am 1. Januar 1975 wirksam wurde. Den Abschluss bildete Heimbach, zuvor ein Ortsteil von Michelfeld, der – ebenfalls gegen den Willen der Mehrheit der Einwohner und Michelfelds – zum 1. Januar 1978 aufgrund einer Verordnung des baden-württembergischen Innenministeriums zur Stadt kam. In allen ehemals selbstständigen Gemeinden entstanden gewählte Ortschaftsräte.

Durch die Eingemeindungen vergrößerte sich das Stadtgebiet von 2.600 auf 10.424 Hektar, die Bevölkerung umfasste nach der Reform 32.181 Einwohner (1978). Einen erneuten Entwicklungsschub bewirkte in den 1990er Jahren die Zuwanderung von Aussiedlern aus der ehemaligen Sowjetunion und aus der ehemaligen DDR. 1996 stiegen die Zahlen mit 35.467 erstmals über die 35.000er-Marke. 2005 lebten in Schwäbisch Hall 36.576 Menschen, davon 3.651 oder 9,98 % Ausländer. Den größten Anteil mit 22,9 % stellen türkische Staatsangehörige, gefolgt von Italien (11,09 %), Serbien-Montenegro (9,07 %), Russland (4,38 %), Kroatien (4,16 %), Kasachstan (3,22 %) und Griechenland (2,71 %).

Ein Beispiel für die ab den 1960er Jahren einsetzende Arbeitsmigration nach Schwäbisch Hall sind die Türken, bei denen es sich anfangs meist um ledige Arbeiter handelte. Sie lebten zunächst in Wohnheimen und Baracken und fanden z. B. bei der Spinnerei Held & Teufel, bei Keiper-Recaro, bei Grossag, der Textilfabrik Hengella oder AEG/ANT Beschäftigung. Später wurden die Familien nachgeholt, einige machten sich selbstständig, so Sebahattin Arslan, aus dessen 1977 gegründetem Lebensmittelgeschäft sich der erste türkische Kebap-Laden Schwäbisch Halls entwickelte. Es entstanden eigene Vereine wie der Türkische Arbeitnehmer-Hilfs- und Sportverein und der Fußballverein Türk Gücü. Der 1988 gegründete Ortsverein des türkisch-islamischen Verbands ist Träger der 2002–2004 errichteten Mevlana-Moschee in der Gaildorfer Straße 8. Der Standort war zuvor kontrovers diskutiert worden.

Die Aussöhnung zwischen den Völkern Europas und die kommunale Zusammenarbeit über nationale Grenzen hinweg ist Ziel der Städtepartnerschaften. Schon ab 1955 gab es Kontakte zur Stadt Coswig in der DDR, die jedoch Episode blieben. 1964 wurde die erste Städtepartnerschaft mit der französischen Stadt Epinal abgeschlossen, zwei Jahre später folgte eine solche mit der englischen Stadt Loughborough. Weitere Partnerschaften entstanden 1985 mit Lappeenranta (Finnland), 1988 mit Neustrelitz, damals noch DDR, und 1989 mit der polnischen Stadt Zamość Aus den Partnerschaften sind eine Fülle institutioneller und privater Kontakte und Kooperationen entstanden, nicht zuletzt mehrere Ehen. Seit den 1980er Jahren pflegt die Stadt den Kontakt zu den ehemaligen jüdischen Bürgern. Ein erster Besuch erfolgte 1985, als mit der Ausstellung „Juden in Hall" erstmals wieder an die jüdische Geschichte der Stadt erinnert wurde. Weitere Besuche erfolgten 1992 und 2000. Seit 2001 erinnert die von dem Verein „Initiative KZ-Gedenkstätte Hessental e. V."

getragene Gedenkstätte an das KZ Hessental. 2002 besuchten auch ehemalige Zwangsarbeiterinnen und -arbeiter des Zweiten Weltkriegs Schwäbisch Hall und erhielten eine symbolische Entschädigung durch die Stadt.

Seit 1950 steigerte sich die finanzielle Leistungskraft der Stadt enorm. Die Einnahmen aus der Gewerbesteuer stiegen von 600.800 DM (307.200 EUR) im Jahr 1950 auf knapp 4 Mio. DM (2,1 Mio. EUR) 1960, sprangen 1971 auf 12,2 Mio. DM (6,2 Mio. EUR) und erreichten bis 1980 den Stand von 52,8 Mio. DM (27,0 Mio. EUR). Ende der 1990er Jahre waren es durchschnittlich etwa 130 Mio. DM (66,5 Mio. EUR). In diesen Zahlen spiegelt sich der wirtschaftliche Aufschwung nach 1950, vor allem aber die Erfolgsgeschichte der Bausparkasse wider, die der mit Abstand größte und wichtigste Steuerzahler der Stadt war. Das Ende der Gewerbesteuerzahlungen durch die Bausparkasse, das einen Einbruch von 66,7 Mio. EUR im Jahr 2001 auf 15 Mio. EUR im Jahr 2002 bewirkte, hat deshalb eine Finanzkrise der Stadt ausgelöst, deren langfristige Konsequenzen heute noch nicht absehbar sind. Die zukünftige Entwicklung wird stark davon abhängen, wie die Stadt diesen Einschnitt bewältigen kann.

Das starke Anwachsen der finanziellen Möglichkeiten veränderte auch die Leitlinien der Kommunalpolitik. Stand der Haushalt von 1974 noch unter der Befürchtung „magerer Jahre" und unter dem Zwang, mit begrenzten Mitteln Prioritäten aus zahlreichen drängenden Aufgaben auszuwählen, so war Kommunalpolitik elf Jahre später in den Worten von Oberbürgermeister Binder „nicht nur Daseinsfürsorge für die Bürger im weitesten Sinn, sie schließt ebenso die vermittelnde Hilfe und die Lösung gesellschaftlicher Konflikte ein. Es gibt so etwas wie eine kommunale ‚Allzuständigkeit'." Im Zeichen dieses stark gestiegenen Anspruchs an die Kommune wuchsen die städtischen

Königin Elisabeth II. von Großbritannien trägt sich am 26. Mai 1965 in das „Goldene Buch" der Stadt Schwäbisch Hall ein.

Haushalte an – umfasste der Haushaltsplan 1950 noch 3,03 Mio. DM (1,5 Mio. EUR), waren es zehn Jahre später 12,57 Mio. DM (6,4 Mio. EUR) und 1970 43,6 Mio. DM (22,3 Mio. EUR). Bis 1980 hatte sich das Haushaltsvolumen mit 128,4 Mio. DM (65,6 Mio. EUR) fast verdreifacht, lag 1990 bei 217,93 Mio. DM (111,4 Mio. EUR) und erreichte 2001 mit 350,9 Mio. DM (179,4 Mio. EUR) einen Höchststand, auf den durch den Einbruch der Gewerbesteuer ein rapides Schrumpfen auf zuletzt (2005) 74,3 Mio. EUR folgte.

Im Zuge dieses steigenden Anspruchs verstärkten sich die städtischen Investitionen in die Infrastruktur. Die Erschließung weiterer Flächen für den Wohnungsbau wurde stark ausgeweitet, Schwerpunkte ab den 1960er Jahren waren der seit 1966/67 erschlossene Teurershof, der Hagenbacher Ring und die Kreuzäcker. Hinzu kam die Sanierung der Altstadt und der historischen Vorstädte, die sich bis in die 1990er Jahre hinzog, sowie die Frage der Entlastung der Stadt vom Verkehr (s. Kap. 57). Im Fall der Westumgehung löste dieses Thema die wohl längste und am schärfsten ausgetragene kommunalpolitische Kontroverse der letzten Jahrzehnte aus.

Einen erhebliche Erweiterung des schulischen Angebots brachte die Bildungsreform der 1960er und 1970er Jahren mit sich. Das Gymnasium bei St. Michael erhielt 1966 einen inzwischen mehrfach vergrößerten Neubau in den Herrenäckern. Von teils hitzigen Diskussionen begleitet waren die Planungen für das 55 Mio. DM (28,12 Mio. EUR) teure „Schulzentrum West", eines der größten Schulbauprojekte Baden-Württembergs, das 2.500 Schüler aufnehmen sollte. Bestandteil des 1974 in Betrieb genommenen Schulzentrums wurde das bisherige Mädchengymnasium, das seitdem auch Jungen offen steht, die aus der Mittelschule hervorgegangene Kreisrealschule (seit 1973 in der Trägerschaft der Stadt), sowie eine Hauptschule, in der die Hauptschulen von Steinbach, der Rollhofschule sowie diejenigen von Michelbach/Bilz, Michelfeld und Westheim aufgingen. Seit 1987 heißen sie Erasmus-Widmann-Gymnasium, Leonhard-Kern-Realschule und Thomas-Schweicker-Hauptschule. 1979 erfolgte auch die Erweiterung des Gymnasiums bei St. Michael um die Haupt- und Realschule Schenkensee zum Schulzentrum Ost für 22 Mio. DM (11,25 Mio. EUR). Vorausgegangen war erneut ein erbitterter „Schulstreit", der einen Journalisten zu dem Stoßseufzer veranlasste: „Ließe sich ein Schulhaus mit Worten bauen, so hätte das Bildungszentrum Schenkensee die Ausmaße seines westlichen Gegenparts schon lange weit übertroffen". Weitere Ausbauten erfolgten 1993 und 2000. Ergänzt wird das Bildungsangebot seit 1985 durch die Freie Waldorfschule auf dem Teurershof. Hinzu kommen die Friedensbergschule (Förderschule, seit 1923) im Langen Graben, die Sonnenhofschule für Kinder und Jugendliche mit einer geistigen Behinderung (seit 1973) und die Wolfgang-Wendlandt-Schule (Sprachheilschule, seit 1978) im Rollhof.

Der Landkreis übernahm 1966 die Trägerschaft des 1984 wesentlich erweiterten Berufsschulzentrums auf der Tullauer Höhe. Hierzu gehören die gewerbliche Schule mit Technischem Gymnasium (seit 1969), die Kaufmännische Schule mit Wirtschaftsgymnasium (seit 1966) und die aus der Frauenarbeitsschule entstandene Sibilla-Egen-Schule (Hauswirtschaftliche Schule) mit Ernährungswissenschaftlichem Gymnasium (seit 1989, vorher Frauenberufliches Gymnasium, seit 1972) sowie Biotechnologischem Gymnasium (seit 2003). Weitere berufsbildende Einrichtungen sind die Evangelische Fachschule für Altenpflege Hohenlohe (seit 1975), die dem „Sonnenhof" angeschlossene Evangelische Fachschule für Heilerziehungspflege (seit 1971) und die Evangelische Fachschule für Sozialpädagogik mit einer Fachschule für Organisation und Führung (seit 1973). Zum Diakoniewerk gehören die bereits 1924 eingerichtete Krankenpflegeschule und die Kinderkrankenpflegeschule (seit 1949). 2000 gelang die Ansiedlung der zuvor in Metzingen ansässigen Fachhochschule für Gestaltung, die vom Hospital zum Heiligen Geist getragen wird. Studenten aus aller Welt besuchen seit 1965 das Goetheinstitut im Spitalbach.

Eine Volkshochschule entstand bereits 1919, musste aber aufgrund der Inflation 1923/24 ihre Tätigkeit wieder einstellen. Eine Heimvolkshochschule zur Förderung der Arbeiterbildung bestand auf der Comburg von 1926 bis Ende 1936. 1947 wurde die VHS auf eine Aufforderung der US-Militärverwaltung hin neu gegründet. Sie verfügt heute über Außenstellen in Bühlertann, Gaildorf, Ilshofen, Mainhardt, Oberrot, Obersontheim und Vellberg. Integriert in die Volkshochschule ist die 1992 gegründete Frauenakademie. Weitere Bildungseinrichtungen sind die städtische Musikschule (seit 1970/71), die private Akademie der Künste

Blick von der Kunsthalle Würth auf die Altstadt, 2005

sowie die im Rahmen der „Bildungsinitiative SHA-Z" angesiedelte „Akademie Schwäbisch Hall" für berufliche Aus- und Fortbildung (seit 2002). Die Comburg ist seit 1947 Standort einer Staatlichen Akademie für Lehrerfortbildung des Landes Baden-Württemberg.

Mit seinem großen Angebot an Bildungseinrichtungen ist Schwäbisch Hall ein Zentrum für den umliegenden ländlichen Raum. Im Schuljahr 2003/04 besuchten 1.602 Schüler die Grundschulen, 948 die Hauptschulen, 444 die Sonderschulen, 1.331 die Realschulen und 2.124 die Gymnasien. Die Waldorfschule hatte 487, die Berufsschule 1.702 Schüler. Die aus dieser Mittelpunktfunktion resultierenden Kosten konnte die Stadt in Zeiten finanziellen Überflusses ohne Probleme schultern. Ob sie dies angesichts dramatisch gefallener Einnahmen einerseits, steigender Erwartungen insbesondere an die Schulen andererseits weiterhin tun kann, ist fraglich.

Aus den Anfängen im 19. Jahrhundert entwickelte sich ein breites Kinderbetreuungsangebot. 2005 standen in Schwäbisch Hall 30 Tageseinrichtungen für Kinder mit 1.505 Betreuungsplätzen zur Verfügung. Neben den von der Stadt und den Kirchen getragenen Kindergärten gab es auch zwei Waldorfkindergärten, ein Montessori-Kinderhaus, einen Waldkindergarten sowie Betriebskindergärten im DIAK und in der Bausparkasse.

Erste Einrichtungen zur Fürsorge für Senioren in der Diakonissenanstalt gehen in das Kaiserreich zurück, seit 1934 bestand im ehemaligen städtischen Krankenhaus ein Altenheim (seit 1979 „Nikolaihaus", 1990 renoviert). Hinzu trat 1981 das Gottlob-Weißer-Haus, womit das Diakoniewerk zwei Wohn- und Pflegestifte mit 56 bzw. 117 Plätzen (Stand 2000) betreibt. Zusätzlich betreut das DIAK die 1995 durch das Hospital eingerichtete Seniorenwohnanlage „Ilgenwiesen". Das Bürgerheim sowie das Altenwohnheim im Hospital wurden 1979 zugunsten des Altenzentrums Teurershof (heute Wohn- und Pflegestift) aufgegeben, das 135 Pflegeplätze sowie 67 Wohnungen bietet. Weitere Einrichtungen für Senioren sind die städtischen bzw. hospitalischen Altenwohnheime Kreuzäcker, Reifenhof und „Rudolf Popp" – letzteres 1971 durch eine Stiftung des Namensgebers und Schwäbisch Haller Ehrenbürgers eingerichtet –, die Seniorenwohnanlage „Am Gänsberg" der Arbeiterwohlfahrt in der Langen Straße 54 und das Seniorenwohnstift der Bausparkasse Schwäbisch Hall „Im Lindach" (beide seit 1997).

Eine starke Expansion erfuhr auch die Behindertenfürsorge. Das vom DIAK getragene „Heim Schöneck" für Erwachsene mit geistiger und mehrfacher körperlicher Behinderung wurde 1980 eingeweiht. Derzeit (2004) sind hier 161 Wohnplätze vorhanden. Mit Unterstützung der Diakonissenanstalt entstand 1968 der Sonnenhof e. V. am Reifenhof als Einrichtung für Kinder und Jugendliche mit geistigen oder Mehrfachbehinderungen. Mittlerweile wurde die Arbeit auch auf Erwachsene ausgedehnt. Der mehrfach erweiterte „Sonnenhof" bietet 269 Plätze im Wohnbereich und verfügt über eine Außenstelle in Gaildorf. Mit dazu gehören der Sonnenhofkindergarten mit 41 Kindern, die Sonnenhofschule mit 245 Schülern (beide seit 1969, Neubauten 1996 bzw. 1973), die Tagesförderstätte für Erwachsene mit 47 Plätzen, die Offenen Hilfen (ambulant begleitende Dienste, interdisziplinäre Frühförderung, Kindergartenintegrationsdienst) sowie die Fachschule für Heilerziehungspflege. Als weiteres Angebot besteht seit 1974 eine Außenstelle der Beschützenden Werkstätte für geistig und körperlich Behinderte Heilbronn e. V., die 1984 erheblich ausgebaut und 1994 um ein Wohnheim auf dem Teurershof ergänzt wurde.

Ein Ortsverein der Arbeiterwohlfahrt (AWO) entwickelte sich ab 1924. Die AWO ist unter anderem Träger des Mobilen Sozialen Hilfsdienstes (mit Rotem Kreuz und Arbeiter-Samariter-Bund, seit 1988) sowie von Angeboten für Senioren und Migranten. Präsent sind u. a. auch Einrichtungen der evangelischen und der katholischen Kirchen (z. B. Sozialstationen, Krankenpflegevereine), die „Caritas", die sich u. a. um die Integration von Spätaussiedlern bemüht, der Sozialverband VdK oder „pro familia", die seit 1973 eine Beratungsstelle für die Bereiche Sexualität und Partnerschaft betreibt. Schwäbisch Haller Frauen haben sich im 1989 gegründeten Frauenzentrum organisiert. Für ihre Belange setzt sich auch die Frauenbeauftragte der Stadt (seit 1992) ein. Ein Frauen- und Kinderschutzhaus besteht seit 1984. Hilfeleistungen für die verschiedensten Lebensbereiche finden sich auch unter dem Dach des Kreissozialamts. Die vielfältigen Angebote spiegeln die Funktion Schwäbisch Halls als regionales Zentrum wider.

Einen erheblichen Ausbau erfuhren die kulturellen Einrichtungen. Die Freilichtspiele ziehen ein überregionales Publikum an (s. Kap. 56). Seit 1925 ist in Schwäbisch Hall auch „Gerhards Marionettentheater" ansässig, dessen Vorführungen im „Schafstall" (Im Lindach 9) stattfinden. Zu den seit dem Kaiserreich bestehenden kommerziellen Kinos kam 1972 das Programmkino „Kino im Schafstall". Seit 1995 gibt es auch das inzwischen im Kulturzentrum Altes Schlachthaus untergebrachte nichtkommerzielle „Radio StHörfunk e. V." Die Stadtbibliothek entwickelte sich aus der 1939 vom Volksbildungswerk der „Deutschen Arbeitsfront" in der „Keckenburg" eingerichteten „Volksbibliothek". Sie war nach 1945 zeitweilig im Hospitalgebäude, später zusammen mit der 1947 eröffneten „Amerikanischen Bibliothek" im Solbad auf dem Unterwöhrd, ab 1957 im alten Hospital am Spitalbach 8 untergebracht. 2001 zog sie in das ehemalige „Modehaus am Milchmarkt" (Neue Straße 7). Am „Keckenburgmuseum" des Historischen Vereins für Württembergisch Franken über-

Ehrenbürgerurkunde für Wilhelm Freiherr von Hügel von 1901, gezeichnet von Johann Friedrich Reik

nahm 1981 die Stadt die Mitträgerschaft. 1988 begann eine umfangreiche Erweiterung des „Hällisch-Fränkischen Museums" (so seit 1984), die 2001 mit der Einweihung der „Stadtmühle" abgeschlossen werden konnte. Wohl bedeutendstes Exponat ist die 1738/39 von Eliezer Sussmann ausgemalte Synagogenvertäfelung aus Unterlimpurg, ein in Europa einmaliges Zeugnis jüdischer Kultur. In Wackershofen liegt das 1983 eröffnete Hohenloher Freilandmuseum mit über 50 wieder aufgebauten Gebäuden und Sammlungen zur ländlichen Kultur der Region. Die Einrichtung wird von einem Verein getragen und zieht pro Jahr mehr als 100.000 Besucher an.

Als Dependance des Museums Würth in Künzelsau-Gaisbach entstand die 2001 eröffnete Kunsthalle Würth. Das preisgekrönte Gebäude des dänischen Architekten Henning Larsen dient der Präsentation der Kunstsammlung des Künzelsauer Unternehmers und Mäzens Reinhold Würth mit einem Schwerpunkt auf Künstlern des 20. und 21. Jahrhunderts. Die 2003 von Reinhold Würth erworbene ehemals Fürstenbergische Sammlung alter Meister wird zukünftig ebenfalls in Schwäbisch Hall präsentiert werden. Die Kunsthalle Würth strahlt mit ihren hochkarätigen Beständen und Sonderausstellungen über die Region hinaus. Weitere Museen in Schwäbisch Hall sind das 1982 gegründete Feuerwehrmuseum sowie die 1976 gegründete, ehemals städtische Galerie am Markt für Moderne Kunst, die 2002 durch den Kunstverein Schwäbisch Hall übernommen wurde.

Daneben weist Schwäbisch Hall ein von Vereinen, privaten Initiativen, Kirchen, Schulen und anderen Einrichtungen getragenes, reiches Kulturleben auf, das seine Bedeutung als kulturelles Zentrum der Region Württembergisch Franken unterstreicht. Ein Beispiel hierfür ist etwa der 1966 aus der damaligen Studentenbewegung entstandene

Club Alpha 60, u. a. Träger des Kinos im Schafstall und Veranstalter von Jazz- und Rockkonzerten. Zu den in Schwäbisch Hall lebenden Autoren gehören der frühere SPD-Landesvorsitzende Erhard Eppler und die Mundartdichter Dieter Wieland und Walter Hampele, die sich um die Erhaltung des regionalen Dialekts bemühen. Die gebürtige Hallerin Ulrike Schweikert hat die Stadt zum Schauplatz mehrerer erfolgreicher historischer Romane gemacht. Zu den bildenden Künstlern gehören die Bildhauer Wolfgang Bier (gest. 1998), Ulrich Henn und Michael Turzer oder der Maler Michael Klenk, Leiter der Haller Akademie der Künste. Auf seine Weise das Stadtbild geprägt hat auch Bernhard Deutsch mit seinen „Kunstautomaten". Zur Koordination dieser Aktivitäten richtete die Stadt 1997 die Stelle einer Kulturbeauftragten ein. Als Zentrum für Konzerte und andere Veranstaltungen gibt es seit 2003 das von einem Verein getragene Kulturzentrum Altes Schlachthaus.

In seinem Reichtum und seiner Vielfalt ist das kulturelle Leben zweifellos ein wesentlicher Faktor der Attraktivität Halls für Einwohner und Besucher und bei einer Stadt dieser Größe ungewöhnlich, in einzelnen Punkten vielleicht sogar einzigartig. Es befindet sich jedoch in einer Umbruchphase. Die dramatisch gesunkene finanzielle Leistungskraft der öffentlichen Institutionen hat bereits einen Wandel hin zu mehr Engagement der Bürgerschaft ausgelöst und ist in einer steigenden Zahl von Fördervereinen und Stiftungen abzulesen. Die Auswirkungen dieses tief in das Selbstverständnis der Stadt eingreifenden Prozesses, der neben der Kultur ebenso den sozialen Bereich und andere öffentliche Investitionen trifft, können derzeit noch nicht abgesehen werden. Mit einer Jahrhunderte alten Tradition bürgerschaftlichen Engagements sind die Voraussetzungen für Schwäbisch Hall jedoch gegeben, auch diese Herausforderung zu bestehen.

Die Ehrenbürger von Schwäbisch Hall

Adolf von Daniel (1816–1891), Ehrenbürger seit 1874
Der in Großgartach geborene Adolf von Daniel war von 1849 bis 1883 Oberamtmann (Vorläufer des Landrats) in Schwäbisch Hall. Die Ehrenbürgerwürde erhielt er zum 25jährigen Dienstjubiläum wegen seiner „ausgezeichneten und ersprießlichen Wirksamkeit als Oberamtmann".

Dr. Wilhelm Ludwig Wullen (1806–1890), Ehrenbürger seit 1877
Der evangelische Theologe Dr. Wilhelm Ludwig Wullen war Lehrer am Gymnasium in Öhringen, Pfarrer in Gelbingen und von 1853 bis 1877 Dekan in Schwäbisch Hall. Er engagierte sich insbesondere für die Armenfürsorge und für die Einrichtung der Höheren Töchterschule, die er gegen erhebliche Widerstände durchsetzte. Das Ehrenbürgerrecht erhielt er anlässlich seiner Pensionierung.

Friedrich Helber (1829–1899), Ehrenbürger seit 1899
Der aus Nagold stammende Friedrich Helber war seit 1881 Stadtpfleger (Kämmerer) in Schwäbisch Hall, erhielt bei der Stadtschultheißenwahl 1882 am meisten Stimmen, ohne kandidiert zu haben, und wurde 1887 in dieses Amt gewählt, das er bis 1899 innehatte. Mit der Ernennung zum Ehrenbürger würdigte die Stadt „Eifer, Treue und Sachkenntnis" seiner Amtsführung.

Wilhelm Freiherr von Hügel (1828–1908), Ehrenbürger seit 1901
Der Oberforstrat Wilhelm Freiherr von Hügel war seit 1876 Leiter des Schwäbisch Haller

Forstamts, verbesserte das hiesige Forstwesen, initiierte die Einrichtung einer Gartenanlage auf dem Friedensberg und war in vielen Vereinen aktiv. Die Ehrenbürgerwürde erhielt er zum 25jährigen Dienstjubiläum.

Professor Dr. Georg Fehleisen (1855–1934), Ehrenbürger seit 1924

Georg Fehleisen war von 1884 bis 1915 Professor am Schwäbisch Haller Gymnasium. Als Vorsitzender des Historischen Vereins für Württembergisch Franken organisierte er die Ausgrabung der Limpurg, initiierte die Einrichtung eines Museums im „Gräterhaus" und den Einbau eines Festsaals im „Neubau". Am Wiederaufleben des Salzsiederbrauchtums war er maßgeblich beteiligt. Darüber hinaus trat er mit zahlreichen Vorträgen und Veröffentlichungen zur Stadtgeschichte an die Öffentlichkeit. Der Gemeinderat verlieh ihm am 26. November 1924 die Ehrenbürgerwürde. Er starb am 5. Februar 1934 in Tübingen, seine Asche wurde auf der Burgruine Limpurg beigesetzt.

Max Kade (1882–1967), Ehrenbürger seit 1935

Der in Steinbach geborene Max Kade erwarb in den USA mit einem Pharmazieunternehmen ein Vermögen, aus dem er ab den 1920er Jahren umfangreiche Stiftungen für soziale Zwecke machte, in deren Genuss auch Steinbach bzw. Schwäbisch Hall kamen. Die Ehrenbürgerwürde von Steinbach erhielt er 1929, die von Schwäbisch Hall 1935 (s. eigener Text in Kap. 56).

Emil Schmidt sen. (1871–1959), Ehrenbürger seit 1951

Der Kunstschlossermeister Emil Schmidt stand viele Jahre an der Spitze der Siederschaft und war auch in der Turn- und Sportgemeinde und anderen Vereinen aktiv. Viele seiner Arbeiten für die Stadt und die Turngemeinde führte er kostenlos aus. Die Ehrenbürgerwürde erhielt er anlässlich seines 80. Geburtstags.

Rudolf Popp (1892–1972), Ehrenbürger seit 1971

Der Landwirt Rudolf Popp, Besitzer des Reifenhofs, stiftete 1967 nach der Auflösung des Hofs Grundstücke und Gebäude im Wert von 1,2 Mio. DM (613.550 EUR) zur Einrichtung eines Seniorenwohnheims. Eine weitere Stiftung von 600.000 DM (306.775 EUR) für ein Hallenbad im Schulzentrum West folgte 1972. Seine Stiftungen honorierte der Gemeinderat mit der Goldenen Rathausmedaille und der Ehrenbürgerwürde.

Dr. Wilhelm Dürr (1887–1979), Ehrenbürger seit 1972

Dr. Wilhelm Dürr war von 1933 bis 1961 Chefarzt der chirurgischen Abteilung im Diakoniekrankenhaus, gehörte von 1956 bis 1968 für die CDU dem Gemeinderat an und war von 1953 bis 1972 Vorsitzender des Historischen Vereins für Württembergisch Franken, der ihn 1972 zum Ehrenvorsitzenden ernannte. Die Ehrenbürgerwürde der Stadt erhielt er aus Anlass seines 85. Geburtages.

Die Verleihungen des Ehrenbürgerrechts an den württembergischen Reichsstatthalter und NSDAP-Gauleiter Wilhelm Murr, den württembergischen Ministerpräsidenten Christian Mergenthaler, den stellvertretenden Gauleiter Friedrich Schmidt (alle 1935) sowie an den Reichsinnenminister Dr. Wilhelm Frick (1937) wurden 1945 durch Gemeinderatsbeschluss gelöscht.

Die Rechte aller Fotos liegen beim Stadtarchiv Schwäbisch Hall außer in den folgenden Fällen:
Landesarchiv Baden-Württemberg: S. 21, 25, 390, 410
Foto Zwicker, Würzburg: S. 45
Fotoatelier Kern: S. 75, 117, 128, 132, 139, 156, 157, 224, 241, 243, 254, 276, 313, 323, 327, 328, 340, 356, 358, 359, 391, 402, 403
Landesbildstelle Württemberg: S. 96, 101, 270, 330
Fotografie Jürgen Weller: S. 104, 115, 209, 212, 252, 209
Germanisches Nationalmuseum: S. 150
Hans Kubach: S. 17, 158, 192, 292, 335, 431, 433
Württembergisches Landesmuseum Stuttgart: S. 206
Städtisches Museum Ludwigsburg: S. 268
Hällisch-Fränkisches Museum Schwäbisch Hall: S. 276, 297, 310
Haller Tagblatt: S. 304
Ruth Balluff: S. 336
Friedrich Gschwindt: S. 387, 411
U-Boot-Archiv Cuxhaven: S. 398
US National Archives and Records Administration: S. 404, 405, 415
Eva Maria Kraiss: S. 416
Gerd Haida: S. 425